复旦大学杜威与美国哲学研究中心　组译

杜威全集

Collected works of John Dewey

1921至1922年间的期刊文章、论文及杂记

第十三卷
1921-1922

赵协真　译　莫伟民　校

华东师范大学出版社

The Middle Works of John Dewey, 1899–1924
Volume Thirteen: Journal Articles, Essays, and Miscellany Published in the 1921–1922 Period
By John Dewey
Edited by Jo Ann Boydston
Copyright © 1983 by the Board of Trustees, Southern Illinois University
Published by agreement with Southern Illinois University Press, 1915 University Press Drive, SIUC Mail Code 6806, Carbondale, IL 62901, USA
Simplified Chinese translation copyright © 2012 by East China Normal University Press
All rights reserved.

上海市版权局著作权合同登记　图字：09-2004-377号

《杜威全集》中期著作(1899—1924)

主　　编　　乔·安·博伊兹顿(Jo Ann Boydston)
文本顾问　　弗雷德森·鲍尔斯(Fredson Bowers)　弗吉尼亚大学　荣誉退休

编辑顾问委员会成员
刘易斯·E·哈恩(Lewis E. Hahn)　主席　南伊利诺伊大学
乔·R·伯内特(Joe R. Burnett)　伊利诺伊大学
S·莫里斯·埃姆斯(S. Morris Eames)　南伊利诺伊大学
弗农·A·斯顿伯格(Vernon A. Sternberg)　南伊利诺伊大学出版社

文本编辑　　芭芭拉·莱文(Barbara Levine)

《杜威全集》中文版编辑委员会

主　编　刘放桐
副主编　俞吾金　童世骏　汪堂家（常务）

编辑委员会（按姓氏笔画排序）
万俊人　　冯　俊　　江　怡　　孙有中
刘放桐　　朱志方　　朱杰人　　张国清
吴晓明　　陈亚军　　汪堂家　　沈丁立
赵敦华　　俞吾金　　韩　震　　童世骏

目 录

中文版序 / 1
导言 / 1

论文 / 1
评价与实验知识 / 3
知识与言语反应 / 26
并无一元论或二元论的实在论 / 36
对反思性思维的一个分析 / 55
中国是一个国家吗？/ 64
远东的僵局 / 70
银行团在中国 / 77
老中国与新中国 / 83
中国的新文化 / 96
中国内地 / 107
分裂的中国 / 112
再访山东 / 121
中华民国成立十周年纪念 / 127
联邦制在中国 / 129
中国与裁军 / 135

美国在岔路口 / 138

华盛顿的各项议题 / 150

中国的诉求中表现出了精明的策略 / 165

对中国的四条原则 / 168

地洞 / 170

山东问题的各个角度 / 173

会议和一个快乐的结局 / 176

中国人的辞职 / 181

条约的三个结果 / 184

关于《四国条约》的几点事后思考 / 186

像中国人那样思考 / 190

美国与中国人的教育 / 199

西伯利亚共和国 / 204

远东共和国：西伯利亚与日本 / 210

种族偏见与冲突 / 212

日本的公众舆论 / 223

国家之间相互理解中的一些因素 / 229

通过亨利·亚当斯受到教育 / 237

事件与意义 / 240

工业与动机 / 244

作为一种福音的古典意义 / 248

平庸与个体性 / 250

个体性、平等与优越 / 255

美国思想边界 / 260

实用主义的美国 / 265

社会绝对主义 / 270

作为一种宗教的教育 / 276

作为工程技术的教育 / 281

作为政治的教育 / 286

书评 / 291
评《公众舆论》/ 293
评《首相们与总统们》及《东方人增长着的怒气》/ 300

课程大纲：哲学思想的各种类型 / 303
导论 / 305
第一部分：非批判的常识经验 / 309
第二部分：近代反思经验 / 322

投给《教育百科辞典》的稿件 / 343

杂录 / 351
回复《美国的中国政策》/ 353
《战争的非法性》前言 / 355
《宇宙》的第一导言 / 356
答复《自由主义与非理性主义》/ 364

杜威访谈报道 / 367

附录 / 375
1. 《改造》文章摘要 / 377
2. 实用主义对实用主义者 / 384
3. 杜威教授对思维的分析 / 417
4. 询问信 / 425
5. 美国的中国政策 / 427
6. 自由主义与非理性主义 / 429

文本研究资料 / 433
文本说明 / 435

校勘表 / 442

《课程大纲》及《前言》中的更改 / 459

行末连字符列表 / 463

引用中具有实质意义的异文 / 465

杜威的参考书目 / 470

索引 / 482

译后记 / 500

中文版序

《杜威全集》中文版终于由华东师范大学出版社出版了。作为这一项目的发起人,我当然为此高兴,但更关心它能否得到我国学界和广大读者的认可,并在相关的学术研究中起到预期作用。后者直接关涉到对杜威思想及其重要性的合理认识,这有赖专家们的研究。我愿借此机会对杜威其人、其思想的基本倾向和影响以及研究杜威哲学的意义等问题谈些看法,以期抛砖引玉。考虑到中国学界以往对杜威思想的消极方面谈论得很多,在这方面大家已非常熟悉。我在此主要谈其积极方面,但这并非认为可以忽视其消极方面。

一、杜威其人

约翰·杜威(John Dewey,1859—1952)是美国哲学发展中最有代表性的人物。他不仅进一步阐释并发展了由皮尔士创立、由詹姆斯系统化的实用主义哲学的基本理论,而且将其运用于社会、政治、文化、教育、伦理、心理、逻辑、科学技术、艺术、宗教等众多人文和社会科学领域的研究,并在这些领域提出了重要创见。他在这些领域的不少论著,被西方各该领域的专家视为经典之作。它们不仅对促进这些领域的理论研究起过重要的作用,在这些领域的实践中也产生过深刻的影响。杜威由此被认为是美国思想史上最具影响的学者,甚至被认为是美国的精神象征;在整个西方世界,他也被公认是20世纪少数几个最伟大的思想家之一。

杜威出生于佛蒙特州伯灵顿市一个杂货店商人家庭。他于1875年进佛蒙特大学,开始受到进化论的影响。1879年,他毕业后先后在一所中学和一所乡村学校教书。这时他阅读了大量哲学著作,深受当时美国圣路易黑格尔学派刊物《思辨哲学杂志》的影响,1882年在该刊发表了《唯物主义的形而上学假定》和《斯宾诺莎的泛神论》二文,很受鼓舞,从此决定以哲学为业。同年,他成了约翰·霍普金斯大学的哲学研究生,在此听了皮尔士的逻辑讲座,不过当时对他影响最大的是黑格尔派哲学家莫里斯(George Sylvester Morris)和实验心理学家霍尔(G. Stanley Hall)。两年后,他以《康德的心理学》论文取得哲学博士学位。

1884年,杜威到密歇根大学教哲学,在此任职10年(其间1888年在明尼苏达大学)。初期,他的哲学观点大体上接近黑格尔主义。他对心理学研究很感兴趣,并使之融化于其哲学研究中。这种研究,促使他由黑格尔主义转向实用主义。在这方面,当时已出版并享有盛誉的詹姆斯的《心理学原理》对他产生了强烈的影响。杜威对心理学的研究,又促使他进一步去研究教育学。他主张用心理学观点去进行教学,并认为应当把教育实验当作哲学在实际生活中的运用的重要内容。

1894年,杜威应聘到芝加哥大学,后曾任该校哲学系主任。他在此任教也是10年。1896年,他在此创办了有名的实验学校。这个学校抛弃传统的教学法,不片面注重书本,而更为强调接触实际生活;不片面注重理论知识的传授,而更为强调实际技能的训练。杜威后来所一再倡导的"教育就是生活,而不是生活的准备"、"从做中学"等口号,就是对这种教学法的概括。杜威在芝加哥时期,已是美国思想界一位引人注目的人物。他团聚了一批志同道合者(包括在密歇根大学就与他共事的塔夫茨、米德),形成了美国实用主义运动中著名的芝加哥学派。杜威称他们共同撰写的《逻辑理论研究》(1903年)一书是工具主义学派的"第一个宣言",它标志着杜威已从整体上由黑格尔主义转向了实用主义。

从1905年起,杜威转到纽约哥伦比亚大学任教,直到1930年以荣誉教授退休。他以后的活动也仍以此为中心。这一时期不仅是他的学术活动的鼎盛期(他的大部分有代表性的论著都是在这一时期问世的),也是他参与各种社会和政治活动最频繁且声望最卓著的时期。他把两者有机地结合在一起。他对各种社会现实问题的评论和讲演,往往成为他的学术活动的重要组成部分。从1919年起,杜威开始了一系列国外讲学旅行,到过日本、墨西哥、俄罗斯、土耳其等国。"五四"前夕,他到了中国,在北京、南京、上海、广州等十多个城市作过系列讲演,1921年7月返美。

杜威一生出版了40种著作,发表了700多篇论文,内容涉及哲学、社会、政治、教育、伦理、心理、逻辑、文化、艺术、宗教等各个方面。其主要论著有:《学校与社会》(1899年)、《伦理学》(1908年与塔夫茨合著,1932年修订)、《达尔文主义对哲学的影响》(1910年)、《我们如何思维》(1910年)、《实验逻辑论文集》(1910年)、《哲学的改造》(1920年)、《人性与行为》(1922年)、《经验与自然》(1925年)、《公众及其问题》(1927年)、《确定性的寻求》(1929年)、《新旧个人主义》(1930年)、《作为经验的艺术》(1934年)、《共同的信仰》(1934年)、《逻辑:探究的理论》(1938年)、《经验与教育》(1938年)、《自由与文化》(1939年)、《评价理论》(1939年)、《人的问题》(1946年)、《认知与所知》(1949年与本特雷合著)等等。

二、杜威哲学的基本倾向

杜威在各个领域的思想都与他的哲学密切相关。它们不只是他的哲学的具体运用,有时甚至就是他的哲学的直接体现。我们在此不拟具体介绍他的思想的各个方面和他的哲学的各个部分,仅概略地揭示他的哲学的基本倾向。杜威哲学的各个部分,以及他的思想的各个方面,大体上都可从他的哲学的基本倾向中得到解释。这种基本倾向从其积极意义上说,主要表现为如下三点:

第一,杜威把对现实生活和实践的关注当作哲学的根本意义所在。

在现代西方各派哲学中,杜威哲学最为反对以抽象、独断、脱离实际等为特征的传统形而上学,最为肯定哲学应当面向人的现实生活和实践。如何通过人本身的行为、行动、实践(即他所谓以生活和历史为双重内容的经验)来妥善处理人与其所面对的现实世界(自然和社会环境),以及人与人之间的关系,是杜威哲学最为关注的根本问题。杜威哲学从不同的角度说有不同的名称,例如,当他强调实验和探究的方法在其哲学中的重要意义时,称其哲学为实验主义(Experimentalism);当他谈到思想、观念的真理性在于它们能充当引起人们的行动的工具时,称其哲学为工具主义(Instrumentalism);当他谈到经验的存在论意义,而经验就是作为有机体的人与其自然环境的相互作用时,称其哲学为经验自然主义(Empirical Naturalism)。贯彻于所有这些称呼的概念是行动、行为、实践。杜威哲学的各个方面,都在于从实践出发并引向实践。这并不意味着实践就是一切。实践的目的是改善经验,即改善人与其自然和社会环境的关系,一句话,改善人的生活和生存条件。

杜威对实践的解释当然有片面性。例如，他没有看到人类的物质生产活动在人的实践中的基础作用，更没有科学地说明实践的社会性；但他把实践看作是全部哲学研究的核心，认为存在论、认识论、方法论等问题的研究都不能脱离实践，都具有实践的意义，则在一定意义上是合理的。

值得一提的是：与胡塞尔、海德格尔等人通过曲折的道路返回生活世界不同，与只关注逻辑和语言的意义分析的分析哲学家也不同，杜威的哲学直接面向现实生活和实践。杜威一生在哲学上所关注的，不是去建构庞大的体系，而是满腔热情地从哲学上去探究人在现实生活和实践的各个领域所面临的各种问题及其解决办法。在杜威的全部论著中，关于政治、社会、文化、教育、心理、道德、价值、科学技术、审美和宗教等各个领域的具体问题的论述占了绝大部分。他的哲学的精粹和生命力，大多是在这些论述中表现出来的。

第二，杜威的哲学改造适应和引领了西方哲学由近代到现代转向的潮流。

19世纪中期以来，西方哲学发展出现了根本性的变更，以建构无所不包的体系为特征的近代哲学受到了广泛的批判，以超越传统的实体性形而上学和二元论为特征的现代哲学开始出现，并越来越占主导地位。多数哲学流派各以特有的方式，力图使哲学研究在不同程度上从抽象化的自在的自然界或绝对化的观念世界返回到人的现实生活世界，企图以此摆脱近代哲学所陷入的种种困境，为哲学的发展开辟新道路。西方哲学由近代到现代的这种转折，不能简单归结为由唯物主义转向唯心主义、由进步转向反动，而包含了哲学思维方式上一次具有划时代意义的转型。它标志着西方哲学发展到了一个新的、更高的阶段。杜威在哲学上的改造，不仅适应了而且在一定意义上引领了这一转型的潮流。

杜威曾像康德那样，把他在哲学上的改造称为"哥白尼革命"（Copernican revolution）。但他认为康德对人的理智的能动性过分强调，以致使它脱离了作为其存在背景的自然。而在他看来，人只有在其与自然的相互作用中才有能动作用，甚至才能存在。哲学上的真正的哥白尼革命，正在于肯定这种交互作用。如果说康德的中心是心灵，那么杜威的新的中心是自然进程中所发生的人与自然的交互作用。正如地球或太阳并不是绝对的中心一样，自我或世界、心灵或自然都不是这样的中心。一切中心都存在于交互作用之中，都只具有相对的意义。可见，杜威所谓哲学中的哥白尼革命，就是以他所主张的心物、主客、经验自然等的交互作用，或者说人的现实生活和实践来既取代客体中心论，也取代主体中心论。他也是在这种意义上,既反对忽视主体的能动性的旧的唯物主义,也反对忽视自然作为存在的根据和作用的旧的唯心主义。

不是把先验的主体或自在的客体、而是把主客的相互作用当作哲学的出发点;不是局限于建构实体性的、无所不包的体系,而是通过行动、实践来超越这样的体系;不是转向纯粹的意识世界或脱离了人的纯粹的自然界,而是转向与人和自然界、精神和物质、理性和非理性等等都有着无限牵涉的生活世界,这大体上就是杜威哲学改造的主要意义;而这在一定程度上,也正是多数西方哲学由近代到现代转向的主要意义。杜威由此体现和引领了这种转向。

第三,杜威的哲学改造与马克思在哲学上的革命变更存在某些相通之处。

西方哲学从近代到现代的转向与马克思在哲学上的革命变更的政治背景大不相同,二者必然存在原则性区别;但二者发生于大致相同的历史时代,具有共同的历史和文化背景,因而又必然存在相通之处。如果我们能够肯定杜威的哲学改造适应并引领了西方哲学从近代到现代转向的潮流,那就必须肯定杜威的哲学改造与马克思在哲学上的革命变更必然同样既有原则区别,又有相通之处。后者突出地表现在,二者都把实践当作哲学的根本意义而加以强调。马克思正是通过这种强调而得以超越旧唯物主义和唯心主义辩证法的界限,把唯物主义和辩证法有机地统一起来,建立了唯物辩证法。杜威在这些方面与马克思相距甚远。但是,他毕竟用实践来解释经验而使他的经验自然主义超越了纯粹自然主义和思辨唯心主义的界限,并由此提出了一系列超越近代哲学范围的思想。

杜威的经验自然主义并不否定自然界在人类经验以外自在地存在,不否定在人类出现以前地球和宇宙早已存在,而只是认为人的对象世界只能是人所遭遇到(经验到)的世界,这在一定程度上类似于马克思所指的与纯粹自然主义的自在世界不同的人化世界,即现实生活世界。杜威否定唯物主义,但他只是在把唯物主义归结为纯粹自然主义的唯物主义的意义上去否定唯物主义。杜威强调经验的能动性,但他不把经验看作可以离开自然(环境)而独立存在的精神实体或精神力量,而强调经验总是处于与自然、环境的统一之中,并与自然、环境发生相互作用。这与传统的唯心主义经验论也是不同的,倒是与马克思关于主客观的统一和相互作用的观点虽有原则区别,却又有相通之处。

杜威是在黑格尔影响下开始哲学活动的。他在转向实用主义以后,虽然抛弃了黑格尔的绝对唯心主义,甚至也拒绝了黑格尔的辩证法,但是在他的理论中又保留着某些辩证法的要素。例如,他把经验、自然和社会等都看作是统一整体,其间都存在着多种多样的联系;他在达尔文进化论的影响下,明确肯定世界(人类社会和自然界)处于不断进化和发展的过程之中。他所强调的连续性(如经验与自然的连续、人与世界的连续、身心的连续、个人与社会的连续等等)概念,在一定程度上就是统一整体的概念、进化和发展的概念。这种概念虽与马克思的辩证法不能相提并论,但毕竟也有相通之处。

三、杜威哲学的积极影响

杜威实用主义哲学对现实生活和实践的强调,对西方哲学从近代到现代转向的潮流的适应和引领,特别是它在一些重要方面与马克思哲学的相通,说明它在一定程度上体现了时代精神发展的要求。正因为如此,它必然是一种在一定范围内能发生积极影响的哲学。

实用主义在美国的积极影响,可以用美国人民在不长的历史时期里几乎从空地上把美国建设成为世界的超级大国来说明。实用主义当然不是美国唯一的哲学,但它却是美国最有代表性的哲学。实用主义产生以前的许多美国思想家(特别是富兰克林、杰斐逊等启蒙思想家),大多已具有实用主义的某些特征,在一定意义上为实用主义的正式形成作了思想准备。实用主义产生以后,传入美国的欧洲各国哲学虽然能在美国哲学中占有一席之地,其中分析哲学在较长时期甚至能在哲学讲坛上占有支配地位;但是,它们几乎都毫无例外地迟早被实用主义同化,成为整个实用主义运动的组成部分。当代美国实用主义者莫利斯说:逻辑经验主义、英国语言分析哲学、现象学、存在主义同实用主义"在性质上是协同一致的",它们"每一种所强调的,实际上是实用主义运动作为一个整体范围之内的中心问题之一"[①]。就实际影响来说,实用主义在美国哲学中始终占有优势地位。桑塔亚那等一些美国思想家也承认,美国人不管其口头上拥护的是什么样的哲学,但是从他们的内心和生活来说都是实用主义者。只有实用主义,才是美国建国以来长期形成的一种民族精神的象征。而实用主义的最大特色,就是把哲学从玄虚的抽象王国转向人所面对的现实生活世界。实用主义的主旨就在

[①] Morris, Charles W. *The Pragmatic Movement in American Philosophy*. New York: George Braziller, 1970, p.148.

指引人们如何去面对现实生活世界,解决他们所面临的各种疑虑和困扰。实用主义当然具有各种局限性,人们也可以而且应当从各种角度去批判它,马克思主义者更应当划清与实用主义的界限;但从思想理论根源上说,正是实用主义促使美国能够在许多方面取得成功,这大概是一个不争的事实。

在美国以外,实用主义同样能发生重要的影响。与杜威等人的哲学同时代的欧洲哲学尽管不称为实用主义,但正如莫利斯说的那样,它们同实用主义"在性质上是协同一致的"。如果说它们各自在某些特定方面、在一定程度上体现了现代西方社会的时代特征,实用主义则较为综合地体现了这些特征。换言之,就体现时代特征来说,被欧洲各个哲学流派特殊地体现的,为实用主义所一般地体现了。正因为如此,实用主义能较其他现代西方哲学流派发生更为广泛的影响。

杜威的实用主义在中国也发生过重要的影响。早在"五四"时期,杜威就成了在中国最具影响的西方思想家。从外在原因上说,这是由于胡适、蒋梦麟、陶行知等他在中国的著名弟子对他作了广泛的宣扬;杜威本人在"五四"时期也来华讲学,遍访了中国东西南北十多个城市。这使他的思想为中国广大知识界所熟知。然而,更重要的原因是:他在理论中所包含的科学和民主精神,正好与"五四"时期中国先进知识分子倡导科学和民主的潮流相一致。另外,他的讲演不局限于纯哲学的思辨而尤其关注现实问题,这也与中国先进分子的社会改革的现实要求相一致。正是这种一致,使杜威的理论受到了投入"五四"新文化运动和社会改革的各阶层人士的普遍欢迎,从而使他在中国各地的讲演往往引起某种程度的轰动效应。杜威本人也由此受到很大鼓舞,原本只是一次短期的顺道访华也因此被延长到两年多。胡适在杜威起程回国时写的《杜威先生与中国》一文中曾谈到:"我们可以说,自从中国与西方文化接触以来,没有一个外国学者在中国思想界的影响有杜威先生这样大的。我们还可以说,在最近的将来几十年中,也未必有别个西洋学者在中国的影响可以比杜威先生还大的。"①作为杜威的信徒,胡适所作的评价可能偏高。但就其对中国社会的现实层面的影响来说,除了马克思主义者以外,也许的确没有其他现代西方思想家可以与杜威相比。

尽管杜威的实用主义与马克思主义有原则区别,但"五四"时期中国马克思主义者对杜威及其实用主义并未简单否定。陈独秀那时就肯定了实用主义的某

---

① 引自《胡适哲学思想资料选》(上),华东师范大学出版社1981年版,第181页。

些观点,甚至还成为杜威在广州讲学活动的主持人。1919年,李大钊和胡适关于"问题与主义"的著名论战,固然表现了马克思主义与实用主义的原则分歧,但李大钊既批评了胡适的片面性,又指出自己的观点有的和胡适"完全相同",有的"稍有差异"。他们当时的争论并未越出新文化运动统一战线这个总的范围,在倡导科学和民主精神上毋宁说大体一致。毛泽东在其青年时代也推崇胡适和杜威。

"五四"以后,随着国内形势的重大变化,上述统一战线趋向分裂。20世纪30年代后期,由于受到苏联对杜威态度骤变的影响,中国马克思主义者对杜威也近乎于全盘否定了。20世纪50年代中期,为了确立马克思主义在思想文化领域的主导地位,从上而下发动了一场对实用主义全盘否定的大规模批判运动。它在一定程度上达到了预期的政治目的,但在理论上却存在着很大的片面性。当时多数批判论著脱离了杜威等人的理论实际,形成了一种对西方思潮"左"的批判模式,并在中国学术界起着支配作用。从此以后,人们在对杜威等现代西方思想家、对实用主义等现代西方思潮的评判中,往往是政治标准取代了学术标准,简单否定取代了具体分析。杜威等西方学者及其理论的真实面貌就因此而被扭曲了。

对杜威等西方思想家及其理论的简单否定,势必造成多方面的消极后果。其中最突出的有两点:一是使马克思主义及其指导下的思想理论领域在一定程度上与当代世界及其思想文化的发展脱节,使前者处于封闭状态,从而妨碍其得到更大的丰富和发展;二是由于扭曲了马克思主义哲学和现代西方哲学的关系,忽视了二者在某些方面存在的共通之处,在批判杜威哲学等现代西方哲学的名义下扭曲了马克思主义哲学一些最重要的学说,例如关于真理的实践检验、关于主客观统一、关于个人与社会的关系等学说都存在这种情况。这种理论上的混乱导致实践方向上的混乱,甚至在一定程度上导致实践上的挫折。

需要说明的是:肯定杜威实用主义的积极作用并不意味着否定其消极作用,也不意味着简单否定中国学界以往对实用主义的批判。以往被作为市侩哲学、庸人哲学、极端个人主义哲学的实用主义不仅是存在的,而且在一些人群中一直发生着重要的影响。资产阶级庸人、投机商、政客以及各种形式的机会主义者所奉行的哲学,正是这样的实用主义。对这样的实用主义进行坚定的批判,是完全正当的。但是,如果对杜威的哲学作具体研究,就会发觉他的理论与这样的实用主义毕竟有着重大的区别。杜威自己就一再批判了这类庸俗习气和极端个人主义。如果简单地把杜威哲学归结为这样的实用主义，那在很大程度上就是把杜威所批判的哲学当作是他自己的哲学。

四、杜威哲学研究在当代中国的积极意义

改革开放以来，中国政治和思想文化上的"左"的路线得到纠正，哲学研究出现了求真务实的新气象，包括杜威实用主义在内的现代西方哲学研究得到了恢复和发展。以1988年全国实用主义学术讨论会为转折点，对杜威等人的实用主义的全盘否定倾向得到了克服，如何重新评价其在中国思想文化建设中的作用的问题也越来越受到学界的关注，对杜威等人的实用主义的研究由此进入了一个新阶段。"五四"时期，由于杜威的学说正好与当时中国的新文化运动相契合，起过重要的积极作用；今天的中国学界，由于对马克思主义哲学和现代西方哲学都已有了更为全面和深刻的理解，对杜威的思想的研究也会更加深入和具体，更能区别其中的精华和糟粕，这对促进中国的思想文化建设会产生更为积极的作用。

对杜威哲学的重新研究在当代中国的积极意义，至少包括如下三个方面：

第一，有利于对马克思主义哲学有更为全面和深刻的理解。

这是因为，杜威哲学和马克思的哲学虽有原则性区别，但二者在一些重要方面有相通之处。这主要表现在二者都批判和超越了以抽象、思辨、脱离实际等为特征的传统形而上学；都强调对现实生活和实践的关注在哲学中的决定性作用；都肯定任何观念和理论的真理性的标准是它们是否经得起实践的检验；都认为科学真理的获得是一个不断提出假设、又不断进行实验的发展过程；都认为社会历史同样是一个不断发展的过程，社会应当不断地进行改造，使之越来越能符合满足人的需要和人的全面发展的目标；都认为每一个人的自由是一切人取得自由的条件，同时个人又应当对社会负责，私利应当服从公益；都提出了使所有人共同幸福的社会理想，等等。在这些方面将马克思主义与杜威的实用主义作比较研究，既能更好地揭示它们作为不同阶级的哲学的差异，又能更好地发现二者作为同时代的哲学的共性，从而使人们既能更好地划清马克思主义和实用主义的界限，又能通过批判地借鉴后者可能包含的积极成果来丰富和发展马克思主义。

第二,有利于对中国传统文化的批判继承。

杜威哲学和中国传统文化有着两种不同的联系。以儒家为代表的中国传统文化是一种前资本主义文化,没有西方资本主义文化的理性主义特质,不会具有因把理性绝对化而导致的绝对理性主义和思辨形而上学等弊端;但未充分经理性思维的熏陶又是中国传统文化的缺陷,不利于自然科学的发展,更不利于人的个性的发展和自由民主等意识的形成。正因为如此,以儒家为代表的中国传统文化往往被历代封建统治阶级神圣化和神秘化,成为他们的意识形态,后者阻碍了中国科学技术的发展、人民的觉醒和社会历史的进步。"五四"新文化运动的主要矛头就是针对儒家文化作为封建意识形态的方面,以此来为以民主和科学精神为特征的新文化开辟道路。杜威哲学正是以倡导民主和科学为重要特征的。杜威来到中国时,正好碰上"五四"新文化运动,他成了这一运动的支持者。他的学说对于批判作为封建意识形态的儒学,自然也起了促进作用。

但是,儒家文化并不等于封建文化;孔子提出的以"仁"为核心的儒学本身并不是统治阶级的意识形态。直到汉武帝实行"罢黜百家,独尊儒术"的政策以后,儒学才取得了独特的官方地位,由此被历代封建帝王当作维护其统治的精神工具。即使如此,也不能否定儒学在学理上的意义。它既可以被封建统治阶级所利用,又能为广大民众所接受,成为他们的生活信念和道德准则。历代学者对儒学的发挥,也都具有这种二重性。正因为如此,儒学除了被封建统治阶级利用外,还能不断发扬光大,成为中华民族宝贵的思想文化遗产。儒学所强调的"以人为本"、"经世致用"、"公而忘私"、"以和为贵"、"己所不欲,勿施于人"等观念,具有超越时代和阶级的普世意义。新文化运动的代表人物并不反对这些观念,而这些观念与杜威哲学的某些观念在一定程度上是相通的。杜威哲学在"五四"时期之所以能为中国广大知识分子接受,在一定程度上正是因为中国文化传统中已有与杜威哲学相通的成分。正因为如此,研究杜威的实用主义思想,对于更清晰地理解儒家思想,特别是分清其中具有普世价值的成分与被神圣化和神秘化的成分,发扬前者,拒斥后者,能起到促进作用。

第三,有利于促进对各门社会人文学科的研究。

杜威的哲学活动的一个突出特点,是他非常自觉地超越纯粹哲学思辨的范围而扩及各门社会人文学科。我们上面曾谈到,在杜威的全部论著中,关于政治、社会、文化、教育、道德、心理、逻辑、科学技术、审美和宗教等各个领域的具体问题的论述占了绝大部分。他不只是把他的哲学观点运用于这些学科的研究,而且是通过对这些学科的研究更明确和更透彻地把他的哲学观点阐释出来。反过来说,他对这些学科的研究都不是孤立地进行的,而是通过其基本哲学观点的具体运用而与其他相关学科联系起来,从而把对这些学科的研究形成为一个有机整体,并由此使他对这些学科的研究可能具有某些独创意义。

例如,杜威极其关注教育问题并在这方面作了大量论述,除了贯彻他对现实生活和实践的重视这个基本哲学倾向、由此强调在实践中学习在整个教学过程中的决定作用以外,他还把教育与心理、道德、社会、政治等因素紧密地结合在一起,从而使教育的内容更加丰富、全面。他的教育思想也由此得到了更为广泛的认同,被公认为是当代西方最具影响的教育学家。值得一提的是:无论在中国还是在苏联,杜威在教育上的影响几乎经久不衰。即使是在政治和意识形态影响极为深刻的年代,杜威提出的许多教育思想依然能不同程度地被人肯定。陶行知的教育思想在中国就一直得到肯定,而陶行知的教育思想被公认为主要来源于杜威。

我们这样说,并不是全盘肯定杜威。无论是在哲学和教育或其他方面,杜威都有很大的局限性,需要我们通过具体研究加以识别。但与其他现代西方哲学家相比,杜威是最善于把哲学的一般理论与其他人文社会学科密切结合起来、使之相互渗透和相互促进的哲学家,这大概是不可否认的事实。在这方面,很是值得我们借鉴。

五、关于《杜威全集》中文版的翻译和出版

要在中国开展对杜威思想的研究,一个重要的条件是有完备的和翻译准确的杜威论著。中国学者早在"五四"时期就开始从事这方面的工作。当时杜威在华的讲演,为许多报刊广泛译载并汇集成册出版。"五四"以后,杜威的新著的翻译出版仍在继续。即使是杜威在中国受到严厉批判的年代,他的一些主要论著也作为供批判的材料公开或内部出版。杜威部分重要著作的英文原版,在中国一些大的图书馆里也可以找到。从对杜威哲学的一般性研究来说,材料问题不是主要障碍。但是,如果想要对杜威作全面研究或某些专题研究,特别是对他所涉及的人文和社会广泛领域的研究,这些材料就显得不足了。加上杜威论著的原有中译本出现于不同的历史年代,标准不一,有的译本存在不准确或疏漏之

处,难以为据。更为重要的是,在杜威的论著中,论文(包括书评、杂录、教学大纲等)占大部分,它们极少译成中文,原文也很难找到。为了进一步开展对杜威的研究,就需要进一步解决材料问题。

2003年,在复旦大学举行的一次大型实用主义国际学术讨论会上,我建议在复旦大学建立杜威研究中心并由该中心来主持翻译《杜威全集》,得到与会专家的赞许,复旦大学的有关领导也明确表示支持。2004年初,复旦大学正式批准以哲学学院外国哲学学科为基础,建立杜威与美国哲学研究中心,挂靠哲学学院。研究中心立即策划《杜威全集》的翻译。华东师范大学出版社朱杰人社长对出版《杜威全集》中文版表示了极大的兴趣,希望由该社出版。经过多次协商,我们与华东师范大学出版社达成了翻译出版协议,由此开始了我们后来的合作。

《杜威全集》(*Collected works of John Dewey*)由美国杜威研究中心(设在南伊利诺伊大学)组织全美研究杜威最著名的专家,经30年(1961—1991)的努力,集体编辑而成,乔·安·博伊兹顿(Jo Ann Boydston)任主编。全集分早、中、晚三期,共37卷。早期5卷,为1882—1898年的论著;中期15卷,为1899—1924年的论著;晚期17卷,为1925—1953年的论著。各卷前面都有一篇导言,分别由在这方面最有声望的美国学者撰写。另外,还出了一卷索引。这样共为38卷。尽管杜威的思想清晰明确,但文字表达相当晦涩古奥,又涉及人文、社会等众多学科;要将其准确流畅地翻译出来,是一项极其庞大和困难的任务,必须争取国内同行专家来共同完成。我们旋即与中国社会科学院哲学研究所、北京大学、清华大学、中国人民大学、北京师范大学、南京大学、浙江大学、武汉大学、北京外国语大学,以及华东师范大学和上海社会科学院哲学研究所等兄弟单位的专家联系,得到了他们参与翻译的承诺,这给了我们很大的鼓舞。

《杜威全集》英文版分精装和平装两种版本,两者的正文(包括页码)完全相同。平装本略去了精装本中的"文本的校勘原则和程序"等部分编辑技术性内容。为了力求全面,我们按照精装本翻译。由于《杜威全集》篇幅浩繁,有一千多万字,参加翻译的专家有几十人。尽管我们向大家提出在译名等各方面尽可能统一,但各人见解不一,很难做到完全统一。为了便于读者查阅,我们在索引卷中把同一词不同的译名都列出,读者通过查阅边码即原文页码不难找到原词。为了确保译文质量,特别是不出明显的差错,我们一般要求每一卷都由两人以上参与,互校译文。译者译完以后,由复旦大学杜威与美国哲学研究中心初审。如无明显的差错，交由出版社聘请译校人员逐字逐句校对，并请较有经验的专家抽查，提出意见，退回译者复核。经出版社按照编辑流程加工处理后，再由研究中心终审定稿。尽管采取了一系列较为严密的措施，但很难完全避免缺点和错误，我们衷心地希望专家和读者提出意见。

复旦大学杜威与美国哲学研究中心的工作是在哲学学院和国外马克思主义与国外思潮创新基地的支持下进行的，学院和基地的不少成员参与了《杜威全集》的翻译。为了使研究中心更好地开展工作，校领导还确定研究中心与美国研究创新基地挂钩，由该基地给予必要的支持。《杜威全集》中文版编委会由参与翻译的复旦大学和各个兄弟单位的专家共同组成，他们都一直关心着研究中心的工作。俞吾金教授和童世骏教授作为编委会副主编，对《杜威全集》的翻译工作作出了重要的贡献。汪堂家教授作为常务副主编，更是为《杜威全集》的翻译工作尽心尽力，承担了大量具体的组织和审校工作。华东师范大学出版社的编辑人员一直与我们有着良好的合作，她们默默无闻地在组织与审校等方面做了大量的工作，在此一并表示衷心的感谢。

刘放桐
2010 年 6 月 11 日

导 言
拉尔夫·罗斯(Ralph Ross)

乔治·贝克莱(George Berkeley)出版他著名的论文①时年仅25岁,而《人性论》(Treatise of Human Nature)出版时,大卫·休谟(David Hume)才29岁。这些是他们最重要的哲学著作,虽然他们分别活到68和65岁。这些哲学家们在如此年轻的时候就出版了如此重要的著作,这令人吃惊吗?其实,牛顿在作出现在被称为二项式定理的发现时只有23岁,而且一年之内就发展出积分学的各项原理,并完成了他的万有引力理论的大部分工作;而莫扎特在谱写他所有可爱的小提琴协奏曲时,也只有19岁,这又有什么值得奇怪的呢?至于他们生命中以后的岁月,牛顿再没有做出重要的成就,而莫扎特则在他短暂的一生中有着令人惊异的进展。

尽管如此,我们确实②应该为贝克莱与休谟感到惊奇,因为伟大的哲学通常不是年轻人所能达到的成就,虽然伟大的数学与伟大的音乐是年轻人能够达到的。然而,数学家们极少做出超越他们早年成就的重要工作,音乐家们则常常做得到。解释这些现象一个合理的假设是:人们自然而然地认为,智力上与操作上的能力是自然的,并且在一生中出现得很早,它们只需要社会所提供的工具。数学是这些技能的完美典范。当一个人的工作需要经验或真正的情感成长与成熟时,即使是同样的一些技能,也很少能够在情感与经验成熟之前得到应用。音乐

---

① 指《论人类知识原理》(A Treatise concerning the Principle of Human Knowledge)一书,首次出版于1710年。——译者
② 英文原版书中的斜体,在中文版中改为楷体,下同。——译者

具有足够的数学味道，因为人们年轻时能够写出相当杰出的作品，比如门德尔松（Mendelssohn）16 岁时为《仲夏夜之梦》（*A Midsummer Night's Dream*）所作的配乐。但是，对于更伟大的音乐作品的力量、范围与深度而言，成熟则是必要的。

而要产生历史、哲学与小说（不是诗歌，它在这方面有着音乐的特质）作品，成熟与经验是必要的。所有这些都在杜威与霍布斯（Hobbes）这些长寿的哲学家的工作中表现出来。他们较年轻时写了许多著作，但他们最值得纪念的作品是随着年龄与智慧的增长，当然还有持久不衰的活力而来的。他们在其最后与最著名的那些作品问世之前很久，就已经提出了其哲学的基本原理；但在这些作品中，他们的洞察力发展到了充分的地步，他们的重新表述更加贴切，他们的眼界更宽阔——一句话，他们显示出了一种新的把握，似乎在与这些常驻常新的观点共度了那么多岁月之后，这些观点已经变成了一种第二天性。

霍布斯在 54 岁时出版了《论公民》（*De Cive*），在 63 岁时出版了《利维坦》（*Leviathan*），在 70 岁时出版了《论人》（*De Homine*），在 82 岁时出版了《狴希莫斯》（*Behemoth*）。这些相继问世的书中并无太多出人意料之处，但人们只要将《论公民》这本出色的书与 9 年后的《利维坦》作一个比较，便可以发现，在后一本书中有着霍布斯先前未曾有过的对那些观点的丰富与发展。杜威在写作摆在您面前的这卷著作时，已经 63 岁了。毫无疑问，他是美国最杰出的哲学家，并且享誉世界。那个时候，他发表的作品已是数量惊人，几乎超过人们对任何人所寄有的期望；而他的影响也是不可估量的。他不仅作为一个哲学家闻名于世，而且是一个深入涉足其所处时代的社会问题的人，甚至可以称得上是一个活动家；此外，他或许是世界上最广为人知的教育家与教育哲学家。在 57 岁时，他在《民主与教育》（*Democracy and Education*）一书中，总结了自己一生的教育思想（至少看起来如此）。其时，他正在写作本卷中的那些文章。在 63 岁时，他出版了《人性与行为》（*Human Nature and Conduct*）一书；该书既总结又推进了他的经验哲学，以及他关于人类行为的那些信念。

尽管如此，杜威如今最著名的几本大部头著作那时候都还在酝酿之中。在 66 岁时，他出版了《经验与自然》（*Experience and Nature*），有些评论家把这本书视为巅峰之作，而另一些人则把它看作是对形而上学一个不典型的附论，他们倾向于认为《确定性的寻求》（*The Quest for Certainty*）（出版于杜威 70 岁之时）更具杜威的特点。在此前与此后，杜威就比较具体的主题撰写了一些著作，这些著作充实了他的整个哲学,并几乎使之成为体系性的。在这些著作中,《自由主义与社会行为》(Liberalism and Social Action)出版于他68岁时,而《公众及其问题》(The Public and Its Problems)出版于他76岁时,这两本书都探讨社会与政治。《作为经验的艺术》(Art as Experience)在他74岁时问世,《逻辑》(Logic)出版于他79岁时,80岁时出版了《自由与文化》(Freedom and Culture)这本小书,以及重要的专著《评价理论》(Theory of Valuation)。最后,他还在90岁时出版了与一位合作者阿瑟·F·本特利(Arthur F. Bentley)共同完成的著作《认知与所知》(Knowing and the Known)。

　　本卷中的杂录为杜威在63岁时所持的那些信念作了辩护,并预告了他将要写作的内容。他的语气偶尔会比较尖锐,比如在和阿瑟·O·洛夫乔伊(Arthur O. Lovejoy)这样的批评者打交道时,但总体来说,杜威比平常更具探询意味,语气更柔和。他尝试着各种后来得到修正、确定与扩展的表述。他以这种方式区分了"评价"(valuation)与"评价活动"(valuing),或者说"价值判断"(judgments of value)(第10页①)。他说,评价既涉及尚未存在的那些价值,也涉及使它们存在的行为;评价活动是在估价(prizing)现成存在的价值。17年后,当杜威写作《评价理论》时,他仍用"评价"一词部分地指某些预期中的事物。"因为评价在评价与关切的意义上,只在有必要使某种目前尚缺乏的东西成为现实或使某种受外部条件威胁的东西得以保持存在的情况下才会发生,评价包含了欲求"(芝加哥大学出版社,1939年,第15页)。但在这里,"评价"包括了评价行为,它不仅被看作评价或珍惜,而且被作为保存或试图去保存的行为。这是杜威的观点随着他的年岁增长而拓展的一个典型例子。

　　《评价理论》涉及当时流行的各种价值理论,但它在分析新兴的逻辑经验主义理论方面,具有一种特别的论辩上的重要意义。逻辑经验主义者关于价值,持有与奥格登(Ogden)和理查兹(Richards)合著的《意义的意义》(The Meaning of Meaning)一书中十分相似的观点。对这些新实证主义者而言,价值的表达指的是两件事:突然发出像"噢"或"啊"这样的叫喊,加上一种吸引其他人像我一样感觉与行动的意图。因此,要告诉某人像他刚刚所做的那样偷窃钱财是错误的,无非是以一种恐怖的语调(像一声突然的叫喊那样)说"你偷了那笔钱",以期兴许

---

① 指英文原版书页码,即本书边码,下同。——译者

能说服小偷不再行窃。这意味着人们不能就价值问题作出争论，因为关于价值的句子什么也没陈述。

没有必要在此把杜威的完整回答加以叙述，但有趣的是在很长一段时间里，他不仅相信价值是可以争论的，甚至趣味（taste）也是可以争论的。在本卷中论评价的文章里，他说出了一个他很偏爱的观点，"生活中大多数紧要的关头都是这样的情况，在其中，趣味是唯一值得讨论的东西；而且，如果理性的生活要存在并占据主导的话，人们必须根据判断的逻辑蕴涵而作出判断"（第14页）。现在，趣味与价值不再那么容易区分了。在一个基本层面上，你喜欢喝葡萄酒，而我喜欢喝啤酒，这些是我们的趣味。在一个较高的层面上，你喜欢听巴赫，而我喜欢听摇滚乐。但是，你可能会因此而赞扬巴赫，评价他的音乐，而不仅仅是喜欢听。趣味与价值巧妙地融合在一起，而讨论不是只针对其中之一，但是，如同经常发生的那样，当趣味被运用于像巴赫或摇滚乐、弥尔顿或鲍勃·迪伦（Bob Dylan）这些文明的产物时，这与很大的问题息息相关；而当趣味被运用于生活方式时，比如你喜欢喧嚣与危险，而我喜欢宁静与安全，那么，尤其是当我们面临一个具体选择并且必须共同行动时，我们也许处在一个紧要关头。在此，"趣味是唯一值得讨论的问题"。

当我们考虑各种形式的趣味并偏爱其中一种胜过其他，或者当我们强调要么把国家要么把社会作为目的时，与其说是趣味，不如说是价值才是主导因素。杜威在这种情况下如此强烈地看重社会，以至于他的语言变得极端："这不是说这个国家从整体上来看，不是建立在一种值得尊敬和有必要的体制之上，而是说成为具有国家观念而非社会观念的人意味着成为一名狂热份子、一个偏执狂，于是失去关于国家是什么的一切概念。"（第313页）在各种国家形式中，他显然偏爱民主国家，但杜威并不是从根本上把民主视为一种政治制度，他认为民主更是一种社会信念。它尤其意味着对个体性、每个正常人的各种特质及行为方式的信念，以及对由个体能力的施展所引起的社会变革的接受。由此观之，民主是贵族统治性质的：每个人都能最适合于某个目的。人们可以为这种贵族统治式的民主辩护说，对个体的所有独特性的强调能防止个体消融于大众——或者说"阶级"，这指的是同一回事——之中，这种消融在当今世界实在是太司空见惯了。人们还应该加上杜威的另一条主要民主原则，即人在道德上的平等，因为选择的自由与相应的对责任的承担，是在道德平等成为普遍的情况下贵族统治成为普遍的标志。

这样一系列的信念,应当会使杜威把机械地对待人的做法看作一种暴政而加以对抗。不用说,他确实如此。1922年有两个重大事件,一是按照华生(Watson)①的方式所建立的心理学行为主义,二是智商测验的广泛运用。后者激怒了杜威,因为它只把人作为量化群体中的一员来对待,并在一群自封的精英中间制造了一种蔑视大众的观念,认为大多数人完全逊色于他们。对此,他的问题是:"在哪一点上逊色?"令人震惊的回答必定是:"毫无疑问,在智力上。"对这个回答,他的确切评论是:"我们称为智力的东西在多大程度上是一种习得的东西,是由机遇与经验造成的。无论天生的特性会在多大程度上造成局限,它们都不是积极的力量。经验,也就是说教育,依然是智慧之母。"(第294页)如果大多数人事实上智力低下,那么,什么能用来证明多数人的统治是正当的呢?这个问题,作为智商测验的一个结果也引起了争论,而它能够,也确实导向非民主的答案。然而,这个问题中仍有些很愚蠢的东西。大多数人怎么可能具有低智商呢?比谁低呢?智商一定有一个标准、平均水平或中值,而这个标准必定是符合大多数人的情况的。任何其他东西都是一派胡言。

后来,有人试图在测验中将"智力"与"创造力"区别开来。无论如何,假如给贝多芬或米开朗基罗做一个智商测验,而结果显示他们具有低智商,这对测试者们而言都是一个可怕的设想;而如果能设计出一个好的创造力测验的话,他们会在创造力测验中得到高分。在给当代人作这类测试时,看起来很可能出现这样的情况。但是,这个简单的观点似乎冒犯了大多数测试者。智商测验衡量我们称之为智商的一系列能力(对社会化程度足够的人而言),而这些能力要求特定的语言与数学技能,所以不应当被称为智力。所有的测验都是建立在一个模型或选定的准则(norm)之上的。但是,如果准则不符合明显的经验事实,那么,我们不应死抱着准则而抛弃事实。如果因为艾萨克·牛顿在这样一个测验中失败了,就去对他的智力表示怀疑,而不是对那些测验设计者的智力表示怀疑,这是愚蠢的。一般而言,这样一种观点能够为人所接受。那么,另一个显而易见的天才,沃尔夫冈·阿马迪厄斯·莫扎特又如何呢?如果他在测验中失败了,我们就应当对与特别的音乐天才共存的低能喋喋不休吗?杜威知道得更清楚,因为他

---

① 华生(John Broadus Watson, 1878—1958),美国心理学家,行为主义心理学派的创始人。——译者

坚持认为,在一部伟大的音乐作品上所花费的才智,至少与伟大的科学发现所需要的相等,虽然两者运用的材料和符号不同。

在巴甫洛夫训练狗在缺少食物的情况下产生过量分泌唾液的条件反射之后,美国人被心理学行为主义刺激得兴奋起来了;而据华生本人所说,他已经准备去在几乎任何方面对一个孩子进行条件反射训练,把遗传和基因特性(heredity and genetics)减小到几乎为零。杜威自称是一个行为主义者,有部分原因是因为"心理"活动并不能被观察到,虽然关于它的许多迹象可以从实际行为中推断出来。但是,他转而把矛头指向心理学中的这一新领地,尽管当时华生因观察到人们思考时发生喉部运动而把思考定义为无声的言谈,但该领域的绝大部分仍旧停留在斯金纳(B. F. Skinner)的更为复杂的工作中。通过有意地训练条件反射行为(conditioning)来操纵人类的这一整套想法,与杜威的信念是背道而驰的,相反,他相信通过教育来发挥与施展人的潜力。条件反射训练还有点洗脑与暴政的意味。

尽管如此,在研究思考时引入言语(speech),是走对了路子。思想与语言有着很深的相互关联。当思想被等同于有声或无声的言说(speaking)时,这种观点就偏离正轨了,因为归根到底说出什么来了呢?把各种观念与言语相等同,这么做并不能得到它们的意义与真理,也无法由此探查到心灵对符号的依赖。对杜威来说,行为不仅发生于一个自然的或社会的环境中,而且就是那个被看作完整处境的环境的一部分。由于行为主义对外部刺激十分关注,它仅仅根据身体的官能(bodily functions)来定义思想与情感。像它试图去取代的内省主义(introspectionism)一样,它隐含着一种"具有无可救药的主观和私人性质的形而上学"(第29页)。

杜威用教育来反对条件反射训练有许多理由,其中隐含着对条件反射行为训练的批评,就是说,即使这种训练是可能的,也不得不询问我们应该训练人们对什么作出反应。通过运用斯金纳的操作性反射训练(operant conditioning),显然可以做许多有意义的事;但这个问题对他的思想来说,与对华生的思想一样是致命的。因为条件反射训练本身并不能提供答案。教育至少可以试着回答这个问题。杜威把教育看作是条件反射训练之外的另一种选择,事实上是唯一的一种其他选择,这一点在他关于教育所写的文章中表现得十分明显,就如同一个行为主义者关于条件反射训练所能写出的那样。"对教育的信念,指的无非是对人

的性情和智力的形成加以审慎引导(deliberate direction)的可能性的信念。"(第318页)

本卷中论述教育的这些出色的文章清楚地表明,"审慎引导",是对那些已经学会了思考、感受与行动的自由人而言的。这样,他们就能由着对各种目标的本质与结果的理解,深思熟虑地来选择自己的目标。这里不存在由教师或其他权威所强加的审慎引导。

杜威对1922年正在实行的教育并不满意。如果可能的话,他对当时的教育理论以及教育家们关于教育过程中起作用的那些因素所作的华而不实的表态更不满意。谈到遗传特征与环境,他发现这些词既含糊又浮夸,而对聪明与愚蠢、天才与堕落的讨论,听起来像是在诉诸上帝与魔鬼这些我们无法掌握的力量。关于自由意志与决定论的大多数讨论,也是如此。

杜威在学校里发现了两个阻碍真正教育的因素。第一,与当前情势有关的东西教授得太少,结果,人们对危机没有准备,既没有料到又无法理解它。第二,在涉及历史、政治与经济方面时,对批评存在着一种系统性的回避,也许这是因为人们相信这样能造就出好公民与爱国者。对教师来说,武断当然比质疑来得容易,讲解习见当然比批评它们来得容易;但悬置判断、要求证明、对当代的各种理想化的东西(idealizations)持怀疑态度这项比较艰难的工作,也许会获得对私人与公共事务的英明管理作为回报。重要的是,一定不能通过把所有困难与混乱都归结为某个人的有意谋划来掩盖社会问题的复杂性。大多数改革家都这样做,并且都失败了。

杜威给《教育百科辞典》(*Encyclopaedia and Dictionary of Education*)的投稿,是其教育观点的一个浓缩总结。它有助于我们在他更广泛的教育哲学语境中来理解本卷中重新刊印的那些文章。在给《教育百科辞典》的文章中,杜威主张,一个社会性的理念(ideal)(通过教育改革社会)与一个个体性的理念(自我实现)的价值在成长(growth)的理念中调和在一起了。一个完全保守的理想(改变现状)是无法实现的,因为文化的转变,这个教育的基本任务从来就不完全或确切,而总是由一代一代人之间的本质差异来表现的。在一个不变的环境中,这也许不那么符合实际情况,但即使是最不发达的民族也极少拥有这种环境。

成长作为一个目标所具有的优势在于:它关注的是一个持续的过程,而不是一个产物。社会变革与自我实现通常被认为是在一个特定时期,由准备造成它们的人所带来的产物。由此,教育就被认作是为最终变革所作的预备(preparation),但那种预备并不是一个良好的预备。当下的迫切重要性被忽视了,而动力减弱了。成长适用于正规教育的所有阶段,并能超越它;成长关注的焦点是个体的人,是能够只以自己的方式和依据自身的潜力来成长的人。在根据他们自身的能力与局限所进行的教育的指导下成长起来的人们,有机会达到自我实现与适当的社会变革。但这还不是终点。自我实现不是固定不变的,社会变革也从来不是终级的。如果我们足够幸运,那么,这个过程会持续整个一生。约翰·杜威是幸运的。

II.①

《人性与行为》出版于1922年,而杜威为开设于哥伦比亚大学的一门课程"哲学思想的各种类型"(Types of Philosophic Thought)所撰写的教学大纲日期标注为1922—1923年,因此,人们可以推测他在这一时期哲学上的进展。我不清楚这份教学大纲是不是写给学生看的。文章充满了思想速记,这或者是杜威为了提醒自己打算讲些什么,或者是为了说明一个要在课堂上经过扩充后向学生讲授的主题。扩充的内容并未包含在这份教学大纲之内,结果使它经常显得神秘费解;而另外一些部分则很完整,足以表明杜威想要说什么。

参考书目散见于整篇文本之中,并且是如此多样,足以显示杜威的阅读范围之广,完全不仅限于哲学。人类学几乎比心理学更让杜威感兴趣;博厄斯(Boas)和戈登韦泽(Goldenweiser)经常被他引用。但是,他也引用到某些哲学家书中的一些章节,杜威在他的著作中不同意,甚至是强烈地反对他们的观点;但他认为,这些哲学家写出了一些有价值的东西。在这些人中,为首的是罗伊斯(Royce)、布拉德雷(Bradley)与鲍桑奎(Bosanquet),一个德国式客观唯心主义三人组。当他说到他较为同情的作者时,詹姆斯(James)占有我们预料之中的一席之地,米德(G.H. Mead)也同样如此;虽然人们能见到他对桑塔亚那(Santayana)的大量引用,但他似乎已经忘记了他有多么赞赏桑塔亚那的《理性生活》(*The Life of Reason*)。

作为哲学,这份教学大纲是令人着迷的;作为对杜威在课堂上所讲内容的一

---

① 原书即如此,有二、三、无一。——译者

个提示,它是富有启发性的。人们可能会期望"哲学思想的各种类型"不是编年式的;但它的第一部分确实是编年式的。它不是对当时的主流哲学——观念论、新实在论、批判的实在论、实用主义——所作的一个考察,而基本上是杜威本人的哲学,他称之为"批判的彻底经验主义"(Critical Radical Empiricism)的学说的一部分。而且,虽然人们也许期待杜威会以一种编年顺序从古希腊人开始,事实上,他却是从前文字社会的——当时称为"原始的"——人开始的。显然,这门课程讨论"原始"思想与经验、古希腊人、教父与中世纪思想,然后是近现代哲学。尽管如此,它根本不是一种系统的和在某些细节上讨论重要思想家的"哲学史",而是试图理解各种思想的意义及其存在理由的一个努力。

在杜威那里,具有典型意味的是:他对各种类型思想的存在所给出的理由同时是对这些思想的一种解释,而这还不是发生学上的谬误(a genetic fallacy)。他并没有说,因为一种过去的哲学是由处理某些特定种类的社会问题——而自然或科学的思想处理另一些特定种类的问题——的意图所引发的,所以它是正确的或错误的。事实上,这种说法的确是一个发生学谬误。但是,确切地说,他所说的是,一种处理公元前5世纪雅典所面临的一系列问题的哲学,无论有多么成功,也不大可能适用于20世纪的美国所面临的问题。这种说法不是一个发生学谬误。不过,在此有一点清楚地得到了暗示,即各种哲学都不是永恒与普遍的,而是与时间、地点和环境相呼应的。同样,"每一种类型的哲学都具有……作为对被经验世界的某些特征的强调而具有的积极价值"。而且,人们还可以加上,呼应于其他文明的观点也许对我们的文明有用,既由于文明间的相似性,也由于它们之间的对比。不过,杜威可以说,"哲学被视为一种历史哲学,不是在解释为什么历史是或必定是它现在的样子这个意义上说的,而是在各种哲学是从人类历史中的典型状况与危机中发源并包含这些状况和危机的意义上说的"(第353页)。

随着时间的推移,杜威的基本观点有了一个从早期思想到古典希腊思想的巨大转变。人们在社会等级秩序(social order)中发现所有等级秩序的模型。他们所习惯的并提供无论什么样保障的社会结构与功能,是自然与宗教等级秩序的一个范式。在《哲学的改造》(*Reconstruction in Philosophy*)一书中,杜威用这个观点去解释中世纪的天堂,他认为它反映了世俗的封建等级秩序。在这里,他这样解释早期人类。古希腊人在不稳固的社会的经常性危机之中,把这一切倒转过来，在自然或本质中寻求永恒与绝对的准则，并试图在社会中找到这些准则的反映。后来，通过意识到人们是在谈论自然，对它作出解释，而不只是在反映自然，希腊思想在哲学方面跨出了伟大的一步，并影响到了所有后来的哲学。他们还认识到，对自然的每一种解释都只是一种解释；因此，人们应该探究自然、环境(conditions)，并得出一种解释作为结果。对理性话语与逻辑的分析越来越多了。

所有这些以及近现代思想，都是根据经验来加以看待的。虽然杜威对经验的分析随着大纲的展开而继续着，并变得更加复杂，但他在一开始便说，"'经验'一词在这里并不是在专门意义上说的，与它最相近的同义词是像'生活'、'历史'、(人类学运用上的)'文化'这些词。它指的不是独立于被经验和经历的**东西**之外的经验过程与模式"(第 351 页)。随着经验分析的进展，杜威依赖于所经历到的**东西**并将它扩展为经验的一部分。在生物学意义上，经验是一种"维持生存的机能(living function)"，因此，它超越有机体与环境之间的区别或存在于这种区别背后，由此向我们表现出它们未加区分的统一。尽管如此，出于它的时间性(temporal)或系列性(serial)，一种机能使我们得以区分这两者，其中有机体是"代表机能的保持的那些要素系列"，而环境则是"那些以首先扰乱平衡而后恢复平衡的方式介入的要素系列"(第 378 页)。从一种非时间性的观点来看，这种区分的基础不存在。如果有机体正在挨饿，那么，这就是整个环境的一种作用。在挨饿的过程(时间性的)中，存在着那些直接相关的要素(有机体)和那些间接或经过中介而相关的要素(环境)。如同我们在《人性与行为》中所能看到的，呼吸和空气与身体同样有关。经验，作为一种机能，既不是主观的，又不是客观的；它包含了两者，虽然我们可以出于分析的目的把它们区别开来，正如我们可以在我们所面对的统一[或者说格式塔(gestalt)]中作出其他的区分一样。

当我们达到一个功能的最终阶段时，就从工具性的东西那里来到了完成性的东西那里。也就是说，我们达到了欣赏、专注、赞美、钟爱之类的状态。这些是我们通过自己的所作所为来加以寻求的好(the goods)。作为意义，完成(consummation)不是指涉性的；它并不意味或指涉任何以较早的阶段预示着后来的阶段的方式来超越自身的东西。对杜威来说，机能或对象指的是它们将会成为什么样子或与什么东西相关，而完成的意思是自我包含的或固有的(immanent)，这是在一首莫扎特的协奏曲并不意味着任何超越它本身与它自身价值的意义上说的。事实上,杜威在这里说,价值"并不暗含任何新的或独特的概念。它只不过是有别于指涉性意义的一种固有意义的名称"(第380页)。

当然,我们并不是整个一生都固定地处于完成状态之中。以适当的辩证方式(杜威在多大程度上借用黑格尔来为他自己的目的服务?),完成开始了另一个"循环节律"(cyclical rhythm)。更进一步,"每一个准备性或工具性的阶段对它们前面的阶段而言,都具有终极的或固有的意义。也就是说,每一种具体的意义都既是指涉的又是固有的"(第380至381页)。在通向完成状态的途中,每件事物既是手段又是目的(end)[在目标(purpose)的意义上而言],并且作为目的就是完成。虽然杜威并未提及,但由此引出的是:每一种意义都是一种价值。意义是杜威最重要的概念之一,是贯穿其著作的阿里阿德涅之线(Ariadne thread)①。他像看待经验本身那样,把意义看作某种不是主观的、不是隐藏在某个称为心灵或意识的心理实体中的东西。"意义",他说,"存在着,它们在那里。但它们的所指、合适性(fitness)与应用是成问题的"(第386页)。我认为,这意味,我们并不创造意义,而是发现它们。并且,它们的指称、合适性以及应用不是被给予的,而是通过我们运用与处理各种意义的方式最终被发现的。在结构主义的影响下,我们自己的时代已经造成了一种意义的神秘,并至少与这样一种观点纠缠不清;这种观点认为,语言就是一切,而词语只具有私人指称。事物不是被看作仿佛是充满意义的;事实上,正是它们的存在受到质疑,或得到认可。莎士比亚的一出戏剧的意义在如今看来,似乎成了私人的、相对的与主观的;而在杜威看来,它的意义在剧本中,有待于在仔细的阅读与批评中得到发现。

有这样一种经常被人重新提起的、关于意义的中世纪观点,认为自然就是一部自然之书(the Book of Nature),它的所有部分都可以通过把《圣经》与神学作为词汇来运用而得到有意义的解读。为什么鸽子有着红色的双脚?因为,根据圣维克托修道院的休(Hugh of St. Victor)的说法,教会通过圣徒的血得到了提升(advance)。十分明显,这与科学或杜威都沾不上边,但杜威仍有着他自己的自然之书版本,杜威把它看作一个受惠于科学的版本,并且对此十分肯定。"自

---

① 阿里阿德涅,是希腊神话中克里特王米诺斯的女儿。她的母亲帕西法厄生了一个牛头人身的怪物,米诺斯把它囚禁在一座迷宫里,并命令雅典人每年进贡七对童男童女来喂养这个怪物。雅典王子忒修斯发誓要为民除害,他借助阿里阿德涅给他的线球和魔刀,进入迷宫杀死怪物后循线而返。人们后来用"阿里阿德涅之线"比喻摆脱困境的方法。——译者

然,"他在他的教学大纲中写道,"是事物借以相互揭示、相互暗示、相互显明的一种讯息或语言"。他还补充说,"撇开贝克莱特别的形而上学不说,对这一事实的认识是他的历史意义所在"(第385页)。

事物相互暗示、相互显明,杜威把这视为它们的意义。无论何时,只要我们追寻那种意义,就涉足于科学、艺术(在技艺与美术的双重意义上)或伦理,或三者的组合之中。自然是一种讯息或语言的理由是:自然事物相互意指,这是一个其他人已经表达过的观点,他们在乌云意味着下雨的意义上把自然事物视为自然符号(signs)。但是,杜威把所有的自然事物都看作符号;它们的意义是我们试图去了解的,所以,自然又一次成了自然之书,只不过是以不同的方式罢了。

我们试图去了解的东西,在某种意义上,至少是在认知的意义上,永远不可能完全为我们所知晓,因为有些东西是无法得到充分的表述,或者也许是根本无法表述的。杜威是这样说的,"在每一种经验中,都存在着某种难以名状或未曾言明的东西。一切陈述都是关于手段的;我们无法表述完成状态而只能表述达到它们的手段或条件。但是,完成的对象通过让它的条件被表述出来而获得了一种固有的意义"(第385页)。只要所有意义都既是工具性的又是完成性的,我们就能表述每种意义的一部分,即工具性的部分;但完成性的部分,产生可以感觉到的满足的部分,是无法被直接表述出来的。对此最好的例证要算是终极意义(terminal meanings)了,这些意义是更充实的完成。人们也许深深地享受爱或友谊的时刻,却无法用那么多描述性的词语把它传达出来。爱是怎样的一种感觉呢?答案可以在诗歌或虚构作品中呈现,或用戏剧化的方式表达出来,但它蔑视逐字逐句的陈述。我们所能达到的最多不过是列举爱的种种境况,但那些境况本身并不是爱的感觉,而只是对获得这一感觉的指示(prescriptions)。

从杜威对工具性意义与固有意义的区分中,我们应当清楚地看到:只有学究式的严厉,才会否认爱的意义;因为,从根本上说,它并不是由于与它本身之外的某个东西相关联而具有指涉性,就像一个路标牌那样。即使爱变得木然,它也不是一个路标牌。固有的意义应当是可以感觉到的意义,它能够较好地在行动或艺术中得到表达,但是很难,甚至不可能用直白的词语来表达。使威廉·詹姆斯为之陶醉的神秘经验,没有被直白地描述出来,但已经在隐喻中,通常通过性爱得到了表达。这就好像人们描述一个修女的天职,说她是基督的新娘一般。然而,固有的意义是最有价值的意义,我们为了它们而使用指涉性的意义。

要想为杜威的教学大纲写一份完整的概述是件蠢事,因为它本身就是一个概述。我们只好羡慕那些在杜威的课堂上,听到他用生动的语言对它加以扩充的学生们了。但这份教学大纲本身是专业哲学的一份有价值的作品,它充满了洞见与丰富的论据。

III.

杜威在中国的逗留,为他的大量写作提供了刺激。他为美国人和中国人撰写有关中国的文章,并写作有关第一次呈现在中国人面前的一般社会事务与哲学问题的文章。1919 年夏季,他被邀请在中国的各个大学作演讲,并且被保证会受到热烈欢迎,因为他从前在哥伦比亚大学的许多学生在中国身居要职,主要是在教育领域。但是,一个偶然情况改变了他的计划,虽然也许对一个比较远离社会与政治活动的哲学家来说,这个情况不会引起这一改变。杜威于 1919 年 5 月 1 日到达上海,三天以后,以"五四运动"著称的学生运动在一场群众抗议中爆发。杜威一直逗留到 1921 年 7 月。

第一次世界大战,当时人类历史上唯一的一次世界大战,刚刚结束;而巴黎和会正在应付威尔逊①的"十四点原则"与协约国各个成员之间充满分歧的野心。中国在和会中有着一种利害关系:德国这支被打败了的强大力量在山东拥有殖民地和特许权,中国想使这些得到归还,这一要求看起来完全是正当的。但是,日本作为协约国的一员,对它的欧洲朋友提出要求,并对在中国的扩张觊觎已久,这一欲望后来果然导致侵略。大多数中国人也许正盼望着德国人对山东的干预结束,以及在山东不再有关于外国人的麻烦,所以当来自巴黎的报道证实日本人将代替德国人,或者说,至少中国在山东问题上必须同日本进行协商时,人们感到真正的震惊与愤怒。在学生中,由爱国主义,也许还由对现状的长期不满所点燃的巨大愤怒产生了结果,而且并没有像典型的学生抗议那样销声匿迹,而是导致了通常被描绘为"新文化"的一种态度。

当 1911 年中华民国宣告成立、孙中山被选为第一任总统时,人们曾经对这个国家寄予巨大的希望。但四个月以后,孙辞职了,他随后成为一个以广东为中心的新宣告成立的共和国的总统。在孙中山组建的国民党内部与外部,党派之

---

① 威尔逊(Woodrow Wilson, 1856—1924),美国政治家,1913 至 1921 年间任美国总统。——译者

争非常激烈;而不久以后情况就清楚了,无论孙中山对他的新中国多么尽心尽力,也既无法制止军阀,又无法减少腐败。学生们无论是出于爱国主义还是幻想破灭,都有很充分的理由来抗议。他们愤怒的回应是一种催化剂。

杜威知道中国的处境无法与任何西方历史中的情况相比,因为中国与任何西方国家都不同。事实上,根据我们对"国家"(nation)这个概念的理解,它不是一个国家。比起法国来,它与欧洲更相像。法国同样具有有着不同习惯风俗与语言的地区,但与中国的地域辽阔和中国人的多样性比起来,它是同质的。在政治上,法国是中央集权的,但中国实际上没有能够运作的中央政府。而且,法国人通常认为自己首先是法国人,然后才是各个地区的成员。但是,中国忠于乡土的观念如此强大,以至于有些中国人根本就不认为自己是中国人。西方社会后封建时代的巨大阶层分化是工业革命的产物,但它几乎没有触及中国。从我们对"资产阶级"一词的理解来看,中国不存在资产阶级,它从根本上来说还是一个农业社会。

也许美国人比欧洲人更能理解中国人。杜威最杰出的中国追随者胡适显然是这么想的,他的理由是美国人与中国人同样具有实用主义倾向。杜威认为,还存在着某种别的共同点:异质性。美国的联邦政府同法国、英国、德国、意大利或西班牙都不相像,因为它充满了所有类型的移民:被粗暴地带到这里来的非洲人,从各个国家来到这里寻求财富、政治自由或单纯的安全感的欧洲人,拉丁美洲人,东方人,以及人们所能想象得到的几乎所有类型的人,他们最初有些固执地居住在(部分地)由他们自己建造的贫民窟内,回忆着他们自己的传统。多样化的中国人不是新近的移民,但他们的背景并不总是相同的;而且在许多方面,地区之间的差异如此之大,不同地区的人甚至说的不是同一种方言。

杜威认为,如果美国人能够理解中国人,这会是一件很不错的事情,因为从某种程度上说,中国的命运掌握在美国的手中。这不是内部的,因为主要由交通与通讯的发展所带来的某种类型的国家统一正在形成。但是,国家统一的另一个因素是外部侵略,而来自日本的侵略的紧迫性部分的是美国的问题。我们同日本的联系以及在远东地区与日本的敌对是关键的。如果做得太过,可能会导致战争;日本会攻击我们。而对日本的中国计划的默许,将导致日本对中国人的统治与掠夺。杜威想要的,是一种冷静而理性的外交。

假如新的中国没有成立,那么,这个国家也许会停留在四分五裂的殖民与干预状态之中。而一种中国的国家主义正在缓慢地发酵。它汇集于孙中山身上，而且部分的是由在国外受教育的归国学生所带来的，这些学生大部分来自墨尔本、利物浦、泽西城、墨西哥与加利福尼亚。在目睹了现代经济创造的奇迹之后，他们希望中国通过这些奇迹得到"拯救"，他们在资本家与马克思主义者的主张中为这种"拯救"能够发生的信念找到了支持。孙中山本人就深受列宁的影响，虽然他并不认为马克思主义适用于中国，因为中国是前工业化的。杜威不接受这种对纯粹经济变革的"唯物主义式"信念，因为他认为中国还没有为这样一种转变做好准备。当几乎找不到科学的任何蛛丝马迹时，人们能有现代技术吗？需要作出根本改变的地方在于旧的道德，在于一种被习俗僵化了的儒学，在于传统家庭结构。杜威谈到一种新的伦理、一些新的文化理念、一种新的家庭生活，在这种生活中，人们自己选择自己的伴侣。中国人的生活方式与体制必须能够接纳西方技术并做好去运用它的准备。

在对中国的所有分析中，杜威不断地从其他话题突然跳回到外交事务上来，他似乎在发出一个警告。日本是问题的核心，但英国接近这一核心。全世界都对日本的野心有相当程度的认识，因为日本人在广泛地公开宣扬这种野心，而英国仍是帝国式的，而且不想惹人注意。杜威所看到的具体危险，在于一个已经存在并起作用的英日同盟，虽然它伤害到了英国的商业利益。那么，英国人为什么让这个同盟继续下去呢？没有明确的答案。杜威认为，英国人追求的是一个长期目标，其中美国已经取代俄国成为英国在远东地区的重要对手。

当人们读到杜威的这一评论，即与英国的结盟带给日本的力量会反过来不利于英国时，会想到后来日本对新加坡的侵略。但是，英国固执于它的方案，而不管事实情况如何，即使日本力量的壮大使英国的亚洲殖民地受到威胁。日本人经营的中国报纸不仅鼓吹泛亚细亚主义，而且特别作出反对英国的宣传。与此同时，日本不断侵占英国的主要势力范围长江流域，日本在那里对煤与铁的控制不断增强。而杜威从他遇到的在中国的英国人那里，得出的是一种对美国不断增长的敌意。

中国是一个不情愿的受害者，但它没有能力来保护它自身。它完全无法以一种中央集权国家所能做到的方式来统治它的人民，也无法在地方上不通过贿赂与阴谋诡计干成任何哪怕是简单的事情。当孙中山的属下蒋介石，后来在与毛泽东的争斗中成了国民党的领袖时，腐败是如此厉害，以至于应该用于军备的钱款留在了一些人的口袋里。对这样一个中国来说,没有什么国际协定是可能的,因为那里没有任何人足以保证它们付诸实施。杜威认为,在政治管理上,虽然不是在文化上,1911年革命以后的中国情况比清政府统治时更加糟糕了。

在政治与贪婪的沼泽下面,仍旧存在着坚强而出色的农民。杜威先前(《中期著作》第12卷)曾试图用他所居住的地方那种蚁巢般的拥挤,来说明城市居民的一些态度。本卷中,他谈及的是社会的堤坝——农民,他们有着自己的特质,但仍与其他中国人有一些共同点。问题看来似乎在于,杜威所谓的"社会主义"与"保守主义"都是农民的特点。长篇讨论中的大部分是关于保守主义的;他关于社会主义的谈论是在一个不同的语境之下进行的,并且几乎是神秘费解的。"从一种模糊的伦理的意义上来说,他们几乎要成为社会主义者了。"(第184页)也许他想说的是他们愿意同甘共苦而且富有合作精神,但是他们独立,关心共同体却并不融化在其中。这种描述,不会与他所发现的独特的根深蒂固的保守主义相冲突。

中国人当农民已经有40个世纪之久了。杜威认为,这对说明一种气质与一种由持续积淀建立起来并像大地本身一样固化了的个人性格特点而言极其重要。他在这些农民身上看到的两个特质也许可以用来描述所有地方的农民,如果他们与其他类型的生活相对隔绝的话:对自然的崇敬和对人类骚动与巧计(artifice)的蔑视。自然在它缓慢的循环与旱涝更替中,在用传统的方法耕作时,能够产出生活所需的食物。它像一位严厉的女士,要求经常的奉献与极端辛苦的劳作,但有规律地给予回报以恩惠。与此相反,人类骚动与自然的循环无关,并表现出无目标的狂乱活动的荒谬景象。机巧(contrivance)也许被认为是非自然的,而如果它是非自然的,那么就是不必要的,甚至是错误的。

那些在保存土地中度过生命的人,很可能也在保存传统。农民通常在两方面都是保守的,正如杜威已经有机会在他的家乡佛蒙特(Vermont)见到的那样。他在中国也发现了这一情况,但是有40个世纪之久。土地由于经常的耕作而地力枯竭了;表层土壤消失,而底层土壤并不那么适合耕种。农民必须保存自然的资源,而那意味着耐心与极其顽强的储藏。然而,为什么是储藏?现在的东西足够用了。为什么不把它用完呢?答案也许与问题一样隐晦,这个问题从来没有人明白地询问过。一个人的子孙,以及子孙的子子孙孙,会继承这片土地。除此之外,他们没有什么可继承的,但那已经足够了。并且,它始终在那里,但必须得到储藏。

相反,一旦人们接触到商业社会的特性,他关心他的所得胜过关心他所继承的东西。西方农业依然奇迹般地繁荣,但土地被开发和荒废了。树林的面积缩小,表层土壤被污染,原始的土地被铺平。甚至在佛蒙特也是如此,但还没有像在较大的州中那样达到灾难性的程度。中国人等待自然的收获;我们试图去加快它。中国人灵魂深处的一个源泉是由老子的教导而得到滋润的,老子倡导无为。人们也许会想起弥尔顿的十四行诗《哀失明》(*On His Blindness*),它著名的最后一行是:"但侍立左右的,也还是为他服务。"[①]习惯性的劳作与无为,另一方面产生了通过屈服来征服的信条。这不是一种堂吉诃德式的观念,就像俄国人不断撤退,随后纵火焚烧了莫斯科时拿破仑了解到的那样。与自然合作,能够达到征服。

传统中国社会自上而下显示出相同的美德与缺陷。杜威指出,在我们的意义上,甚至皇帝也没在做事。他作为天的代表,具有一种独立的特殊地位,并因此而受到崇敬。但是,他并不统治。他把统治的事情留给中国真正的统治者,这个统治者就是习俗。根据我的设想,他更多是礼仪性的而非政治性的,但对于把一个民族集合在一起而言,他具有极大的重要性。但是,如同杜威知道但并未指出的那样,习俗无法适应非习俗的处境。无论政治看上去显得多么非理性,它都把理性的可能性作为其存在的一部分。习俗是对旧处境的旧回应;政治涉及运用权力去应付任何情况。但是,有些习俗无处不在,并且无论对好人还是坏人来说,政治的理性都受到被统治者习俗的限制。然而,在中国人那里,那么长时间以来,习俗已经被证明足够幸存下来,无论眼下的情况有多糟,中国人似乎都对结果满怀信心。

杜威对美国的了解,使他意识到白人在面对东方人时的偏见,即黄种人压迫下的"黄祸"。他当然还在他的职业生涯中了解到所有种类的种族偏见,尤其是针对犹太人的偏见,这种偏见伤害到他的许多出色的学生。所以,他试图为东方听众作一个对种族偏见的分析。大屠杀的时期尚未到来,所以他能够具有一种冷静而超脱的态度;而希特勒的出现,不允许任何人有这种态度。并且,他还从长远的角度来加以讨论。他说,谴责与告诫很少能改变人们的想法,所以我们必

---

① 译文参照殷宝书先生翻译的《弥尔顿诗选》,人民文学出版社,1958年。——译者

须更加深入,进到偏见的根源中去,发现它们是什么,消除它们,并创造新的条件来取代它们。实际上,他认为偏见的根源中存在着对新事物的震惊与恐惧。

当新事物是一个自然现象时,也许除了深入探究并试图经受住它之外,我们对它什么也做不了。当然,我们可以大声谩骂老天爷,但那会显得像是在渎神;而这样做,比忍气吞声更让我们害怕。但是,针对陌生和与我们不同的人们,我们可能经常毫不掩饰地表达敌意并伤害他们。作为一个移民国家,美国对许多移民的态度处理得相当不错,但那需要时间。每一波新的移民潮都遭到强烈的厌恶,但后来逐渐得到接受。由一位前总统领导的无知党人(Know-Nothing party),想要把爱尔兰人赶到海里去。而爱尔兰人接着迫害加利福尼亚的中国人。意大利人与犹太人,像爱尔兰人一样,缓慢但不完全地从其与自己族类的孤立隔绝中逐渐走出来。人们由于找不到更好的工作而成为职业拳击手的历史,就是美国种族偏见的历史。在英国人夺冠之后,爱尔兰人来了,接着是意大利人,然后是犹太人,现在又是黑人。

杜威认为,种族偏见常常是民族主义的偏见,在这种偏见中,其他文化由于它们的陌生之处而受到嘲笑。民族之间的竞争成了一场政治竞争。来自其他民族的人,必须被排除在我们自己的政治权力之外。而且,不用说,既然大多数移民是贫穷的,那么就存在着一个阶层因素。对杜威来说,问题最终是如何去调节不同的文化使之相互适应。他还没有见到纳粹,也还不知道当种族偏见真的建立在种族(无论这个词有多么人为与不科学)基础上时,它就达到了一个特别恐怖的极端;因为,虽然文化与阶层及政治可以得到改变,种族却不能。

让我以杜威关于东方与西方之间一些基本误解的沉思这个适合作结论的主题作为结束吧。我们已经习惯了精神性的东方这一概念,而那些改奉新宗教像换一身新衣服一样的美国人中,有许多人皈依在了东方大师的门下;这些大师们中间,有些人看起来令人可畏,而有些人看起来十分幼稚。相比之下,我们认为,我们自己的文化更具物质性,无疑较少倾向于冥想、神秘主义,以及长年累月的追随。寺院的钟声是从印度响起的,并在其他地方得到了一些回响,比如日本和中国的禅宗。但杜威在20世纪20年代却不是这样看的,或者也许他看到的是美国的早期岁月,因为他认为我们的自我意象是一个精神性文化的意象,与东方的物质主义相反。我们也许确实把东方人看作是难以对付的贸易者,因为我们与他们之间有许多贸易往来。

杜威说,东方认为它自身的文化是精神性的,不仅倾向于冥想,而且倾向于静谧、闲适,以及对美好与神圣之物的欣赏。而且,在东方人眼里,西方人是物质主义的,是活动的发电机,忙忙碌碌,干预自然,不断劳作。圣人力求达到完美,但商人争取获得财富。杜威坚持认为东方与西方都是正确的,但都是对各自标准而言的正确,两者之间无法进行互通。问题的关键也许在于什么是人们认为在精神上有价值的东西。在这里,两边都各有其优缺点,问题(正如它在西方历史中更清楚地存在的那样)是拯救自己还是拯救他人。有些人感到,如果一个人不能拯救世界,那么至少还能试着拯救自己,而奉献与祈祷的生活为拯救提供了一个机会。但是,当一个人听到求救的呼喊时,他应当中断他的祷告吗?

在另一个极端,一个人可以匆忙奔走,舍己为人,点燃所有人的炉火却让自己的炉膛冰凉。托尔斯泰评论道,有些人想要拯救世界,却无法放弃吸烟。尽管如此,当海里有人求救时,他们会潜入海中,也许以他们自己的生命为代价努力救助溺水的孩子,却从不要求上天的宽容作为回报。人们如何在这些不同的生活方式中选择更具精神性的东西呢?也许人们无法作出这样的选择,并且应当寻求最大限度地发挥两者的优点和减小两者的缺点的一个结合。然而,杜威提出了一个区分,这也许有助于澄清这一问题以及东西方之间的误解:东方人所认为的精神性的东西是审美的,而西方人所认为的精神性的东西是伦理的。有趣的是,两者指的都不是宗教性的东西,也许这是因为,杜威并不是在简单地回避这一概念,而是他认为东方人把宗教等同于审美的东西,而西方人把它等同于伦理的东西。

这样,东方精神那充满欣赏的冥想式的闲适生活就是审美的生活类型;而西方急急匆匆、忙忙碌碌的生活是伦理的生活类型,它充满了社会福利与帮助老人、穷人、年轻人和无助的人、最低工资和退休福利的目标。相对于冥想或祈祷的深刻,这听起来似乎很庸俗,但它能够救助生命,使肉体得到复原,使灵魂得到治愈。在杜威逗留期间,中国缺乏这样做的物力财力,但它也没有这样的愿望。美国确实这样做了,但杜威特地要保留的生活的审美特质减少了。问题是:让西方把它对福利的关心与一种审美的要素相调和,与让东方在它的感性主义之上加入福利的伦理,这两件事哪一件更费力呢?也许两者都无法加在自身既有的状态上,而只能慢慢地从一种生活方式转向另一种生活方式,如同当今中国正在发生的那样。时间会告诉我们预想无法告诉我们的东西。

论 文

评价与实验知识[1]

很久以前,柏拉图就提醒我们注意书面讨论与口头讨论相比较而言的劣势。印刷出来的文稿并不回答印在它上面的问题,它不会参与讨论。但是,从作者这一方面来说,也像读者方一样,存在着一个不利的条件,即他永远无法以曾经所具有的那么多自由来再次探讨同一个问题,他受到了束缚并因此而受到连累。即使他能摆脱想要使观点前后一致的那种徒劳,也无法轻松地完全根据主题本身来对它加以重新探讨。写出来的东西兴许会引发各种需要加以答复的评论和批评;这样,他就间接地被从主题那里引开,进行他先前关于这个主题如何想和说了些什么的讨论。

我说这些话是为了对价值与判断的关系,或者说为了解各种价值问题进行一番思考作个铺垫。在先前所写的文章[2]和各种大多对我不利的评论和批评所构成的窘境中,我将尽自己所能就主题本身的是非曲直对它加以讨论,并修正和扩充这个讨论以顾及我的批评者们的主要论点;同时,我会不可避免地重复一些先前已经说过的东西。关于本文中所说的东西和先前的讨论中说过的东西之间的一致性,我将基本上留给读者去查看,万一他对这个并不十分有趣的话题感兴

---

[1] 首次发表于《哲学评论》(*Philosophical Review*),第 31 卷(1922 年);第 325—351 页。
[2] 《实践评价》(Judgments of Practise),《哲学、心理学与科学方法杂志》(*Journal of Philosophy, Psychology and Scientific Methods*),第 12 卷,第 505—523 页。该篇文章稍作修改后,再次发表于《实验逻辑论文集》(*Essays in Experimental Logic*),第 335—389 页《杜威中期著作》,第 8 卷,第 14—82 页)。但是,第 374—384 页,关于标准的一个讨论在最初的文章中是没有的。有关评论将在下文中给出。

趣的话。

I.

为了避免含混与误解,我们从列举一些老生常谈开始。(1)"价值"这个词意味着许多相当不同的东西,比如像内在的、直接的好(good)和对其他东西来说的好或有用——辅助性的(contributory)、工具性的价值这样的东西。由此推知,当人们不加限定地使用"价值"一词时,它意指的是内在的或直接的价值。(2)价值,无论是直接的还是辅助性的,我们都可以发现它或许不包含判断,不隐含认知。如果说我们直接地称赞、珍视、推崇,直接地赞赏等等,那么,这些词指的是情感的(affecional)或情感驱动的(affecto-motor)态度,不是理智的态度。因此,我们是把对象作为手段来使用,是把它们看作有用的东西,而不对它们加以判断。如此,在写前面一个句子的时候,我使用了打字机和一些词,没有思考过它们的功用。打字机之类的东西是工具性的价值,但它们没有得到判断或认识。不过,我们也能使价值从属于知识(knowledge)和判断。既然我们没有通常的语言来意指未经认知的价值(non-cognized values)和经过认知的价值之间的差异,那么当存在含混不清的危险时,我们就将采用某种迂回的说法来标示其中的差异。(3)与判断相关,在各种价值(包括内在的和辅助性的类别)中间存在着一个进一步的区分。(a)在一些情况下,判断仅仅陈述或记录给定的价值和功用。它们是关于价值与功用的判断。一种关于价值的理论就是一个以一种高度普遍化的形式表现的这类判断。(b)在其他情况下,关于我们可以对之下判断的东西,不存在给定的或确定的价值。对于一种缺席的不确定的价值,我们求助于评估和鉴定。在这种情况下,判断的目标不是去陈述(state)而是去安置(en-state)一种价值或功用。这个人真的是一个朋友吗？他是否真的具有人们在他身上发现的那些价值呢？或者,就一种功用来说,也可以有对工具的理智寻求。人们运用判断来决定在论述中什么是恰当的、有效的词,而不是自动地使用一个自己送上门来的词。这两种判断之间的区别在行文推论中偶尔会被提到,为了避免啰嗦,我们称其为情况(a)和情况(b)。①

---

① 皮卡德(Picard)博士在刊登于《哲学、心理学与科学方法杂志》第17卷第11页的《价值的心理学基础》(The Psychological Basis of Values)的文章中说道:"从杜威教授的文章中很难看(转下页)

虽然工具性的好与目的性的好之间的区分是一个必要的理智上的区分，但是我们必须避免把它变成一种逻辑上的析取或存在上的分离。从存在上来看，最直接的好或喜好（liking）无论如何总归是整体事件过程的一部分。这样，它就对未来的直接的好坏产生结果。① 没有必要急切盼望看到每一种直接的好中的辅助性属性。相反，这样一种先入之见显然会干扰到完全的、完整的目前的好，并因而减少或毁掉它的内在价值。但是，我们必须做好准备，无论何时，只要有必要，就根据一种好在未来的或工具性的能力去判断它。任何其他态度都会使把喜好带进理性生活变得不可能，并把关于价值的各种经验降低为无法再进一步论述的、原始的好（brute goods）构成的一个不连续的系列。判断一种向来是毫无疑问的价值在目前或将来的价值，意味着我们如今从它辅助性的效用方面来考虑它，而并不否定或背离它过去的直接价值。这是关于道德的一句老生常谈；如果需要的话，它也可以被证明是关于美学批评的一句老生常谈。

另一方面，辅助性的价值，或者说功用，也可以作为目的性的价值或直接的价值而存在。在这里要提的不是守财奴和他的金子这个举滥了的例子，在这个例子中，手段最终篡夺了目的的位置。这里所要说的情况是这样的：手段不仅是**单纯的**手段，而且是**不可或缺**的手段。在这样的情况下，手段和目的之间的任何固定的区分都瓦解了，两者融合在一起了。手段是这样一个手段，它因为其本身

（接上页）出他是否愿意承认有一类直接的价值，它们与现在有关并且作为独立于判断的好或坏而被给出。"我不仅愿意承认，而且，这类价值的存在，正是我的论点的一个基本部分。我的观点是——与我以前关于知觉本身这个话题频繁提出的观点相类似——在认识隐含着判断的任何意义上，经验的明显在场并不等于认识。只因为直接的价值存在着，考虑这些价值与认知判断联结在一起的情况就很重要。皮卡德的文章中另一段在我看来，似乎显得含糊不清或不正确。"于是，显然辅助性的价值并不需要一个判断来使它们得以成立，它们只要求作为目的的一种手段的存在。"（第18页）也许这句话的意思只不过是说它们并非在所有情况下都需要判断。如果是这种意思，那么，我同意，情况正如上面所说的那样。许多东西都是直接被人使用的。另一方面，我们有时探究适用性、恰当性，在这种情况下则需要一个判断来使手段得以成立。

① 有一个前提也许会使这个观点被否认。有人或许会说，喜好是一个自我封闭的精神（psychic）或心理事件，从其本质上来说，这个事件一旦过去就完全结束了。本文暗示喜好是一种主动的或行为主义的态度，我在此不对这个问题进行直接讨论。但是，认为喜好不具有结果（无论我们是否对这些结果加以思考），这种断言的涵义似乎与事实相좋。这种与事实的不符可以用来批评完全用精神来立论的喜好理论，这种理论把喜好说成仅仅是意识的一种状态。认识论上的实在论者们在证明他们的观点时，如此不注意道德境况的这些内涵，这真是令人吃惊。无论意识的领域被认为是认知性的还是非认知性的，认为在道德中存在的领域与意识的领域相一致的观点对道德而言都是灭顶之灾，除非用来定义道德的根据可以完全排除对没有呈现于意识之中的标准、目的和结果进行参照。据我所知，迄今为止还没人做到过这一点呢。

的缘故,作为整个目的或内在的好的一个有机部分而受到"喜爱"。许多批评判断的工具性理论的人,一直以来都忽略了这个事实。判断的工具性理论主张,从逻辑上来说,必须把认知作为安置(安置,不是陈述)一种直接境况的中介来加以分析。但实际上,从人性上来说,从存在上来说,认知是这样一种受到喜爱的手段。在它和它产生的作用之间不能作任何存在上的分离。因此,它也是一种直接的价值或好。

由此得出,在情况(a)与情况(b)之间不能作任何固定不变的分离。人们对过去的好和坏进行判断,为的不是看它们是否曾经是"真的"好或坏,那是通过描述来确定的;而是看它们是否现在是或者在将来的一个具体情境下将会是"真的"好或坏。这当然意味着人们现在是相关于它们未来的可能性来看它们的;换句话说,是从它们的辅助性方面来看的。此外,判断[或情况(b)]的目的是要使某种直接的价值或者说情况(a)复位(reinstate)。当新的依赖于判断的价值产生时,它像任何别的事物一样,是一种直接的好或坏。然而,它也是属于一种附加(plus)一类的直接价值。先前的判断不仅作为其产生的条件而影响新的好,还通过进入新的好的性质来影响它。新的好具有一个附加的价值维度。在这种情况下,目的与它的手段如此有机地结合在一起,以至于目的的意义发生了改变。一个未开化的野蛮人和一个有着文明趣味的人都能够从一幅画中得出一种直接的价值来,但他们得出的价值在实际性质上很难是相同的。只要承认这个事实,我们就一定得承认:没有人,至少没有哪个心智成熟的人,拥有完全不受先前价值判断的结果影响的直接价值。对这样一个人来说,关于价值的那种天真纯朴是某种有待恢复的东西。它依赖于利用先前的世故的那些结果。简而言之,在情况(a)与情况(b)之间作一个理智上的区分是必要的;但是,我们一定不能假设这在事实上意味着一个完全在存在意义上的区分。

接下来的列举或许显得像是一个冗长乏味的吹毛求疵。但是,我们可以支配的术语是如此含糊又稀少,以至于如果我们想要清楚所指的是什么并使意义对其他人显得明白,那么区分各种意义就是必要的。价值有六个涵义。第一,就其直接性或孤立性而言的直接的好,对任何心智成熟的人来说,在很大程度上是一个理智上的抽象;第二,就其直接性或孤立性而言的某一种功用,或者说有用的、辅助性的好;第三,在判断的结果中被认可或发现的一种好;第四,对于某种有用的或辅助性的价值来说的同样情况;第五,一种直接的好,它原初依赖于判断,但带有先前的判断或反思探究的结果作为其特性中一个有特征的部分;第六,对于某一种直接功用来说的同样情况,这种功用带有与它的目的所具有的直接的好相融合的意味。第五种和第六种意义在存在中趋于重合。①

通过指出忽略这些区分会产生的混淆,整个这篇文章可以轻松地来强调作出这些区分和按照规则来应用它们的重要。就第一种和第二种涵义而言,经常有人做这项工作;就第三种和第四种涵义来说,我先前讨论的目的之一就在于完成这项工作。所以,在这里,我只局限于举一个例子,与第五种和第六种涵义的区别有关的一个例子。概括地说,其要点是:对审美(包括文学)内容的批评依赖于先前的直接鉴赏,并且对安置后来的鉴赏而言是工具性的(如果它发挥了自身作用的话),这些后来的鉴赏有着我们已经提到过的那种*附加*性质。鉴赏(appreciation),或者说趣味,必须为批评提供材料;而一个批评的所值(worth)则通过它在一个新的鉴赏中起作用的能力得到检验,这个新的鉴赏因为这个批评而得到了拓展,具有了新的深度和意义范围。

普劳尔(Prall)先生关于价值写了一篇有趣的文章,其中特别涉及批评理论。② 在这篇文章中,他有机会提到我先前的那篇文章,并借机对某些价值因判断而是其所是的这样一种观念进行了批评。③ 这一批评附带地认为我忽视了第一与第二种涵义的价值,要不然就是我把情况(a)消融在情况(b)之中。我希望本文至少可以消除这种误解。但是,他否认第三与第四种价值的存在。他坚持认为,用他本人的话来说:"只要我们根据目前所主张的定义(就是说,由兴趣或

---

① 善意地阅读了这篇文章的皮卡德博士提出,还有其他的情况。存在着这样的情况:我们把某物判断为有价值的——令人渴求的——却并不真的喜欢它。他建议用"值得"(worth)来描述这些情况。举例说(借自皮卡德博士),判断告诉我,佩特(Pater)的行事风格是值得赞赏的,但我仍旧一直不喜欢它。或者,判断告诉我,一个朋友是不值得交往的;但我仍旧一直喜欢他,他一直保持为一种直接的价值。这个例子是很重要的,因为它表明判断就其理论方面而言,本身并不确定一种新的内在价值(即被定义为喜好这种情况的价值)。由于皮卡德博士的批评,我在行文中插入了一个段落,对这个问题加以讨论。在这里,我仅仅补充说,如今我意识到,我在处理这种情况时令人可惜的失误,无疑造成了人们对我先前文章不小的误解。之前我一直没能明白,为什么我对以判断为前提条件的那些价值的坚持,会显得(比如在普劳尔先生看来)像是包含着一个否定,否定内在价值是由情感驱动的态度构成的。如今,我明白了。
② 《关于价值理论的一个研究》(A Study in the Theory of Value),《加州大学哲学期刊》(*University of California Publications in Philosophy*),第3卷,第2期。它包含一个有价值的参考文献目录。
③ 同上书,第215—226页。

者一种情感驱动的倾向来规定的价值)正确推进,我们就应当指望能通过分析把杜威认为由评价(这是实践判断中的一类)所构成的一切价值都还原为根据我们的定义来规定的价值。"同时,他对批评与价值的关系这个问题很感兴趣。在理论方面,由于他否定由判断构成的那些价值,他便致力于把批评的判断降低为纯粹关于先前的直接价值或兴趣的判断,降低为记录、列举、分类等等。既然否认第三与第四种意义,那么不用说,他当然进一步否认第五与第六种意义了。尽管如此,他对于批评所发挥的实际功能或作用的感觉,却使他在事实上几乎承认了他在理论上所否定的东西。因此,他说(第271页):"从根本上说,要使批评能够存在,就必须既要有直接的情感驱动反应……又要有在理性话语中,以逻辑形式对这种反应的表达。判断是以理性方式对印象(也就是说对情感驱动的态度)所进行的*事后*表达的名称。但是,无论定义得多么松散或不明确,一个有理性的存在者都是一个统一体,而他接受的那些印象在很大程度上都是由他的心智成长状态来决定的;这种成长,至少在它的诸多重要方面中的一个,意味着作出一系列判断的逻辑推理。因此,虽然判断仅仅表达印象,但印象却不可避免地以先前的判断为前提条件。"

我并不认为上面引用的这段话在承认构成新价值并因而使一个新的直接鉴赏成为可能的判断方面毫无含糊之处。相反,在这方面,它是含混不清的。出于前后一致的考虑,我们必须完全在对先前毫无疑问的价值的事后记录这种意义上来理解普劳尔先生所说的批评判断。在这种意义上,理性话语和逻辑形式只不过是一些结构的名称,它们外在于主题,并且除了进行鸽笼式的分类和开列清单之外,无法对主题进行任何修正。但是,我相信,任何人读了这段话都能在其中至少认出一种模糊的理解,即"理性存在者统一体"确实以某种方式产生着某种东西,这种东西不仅仅是对先前印象的一个静态记录,而且确实以某种方式影响着后续的价值——我们所说的第五和第六种意义。说判断必然是后续印象——价值的先决条件,这至少是承认了有这样一类判断,它们的具体内容是对后来的价值产生影响的条件作用(conditioning)。任何注意到这种条件作用的人,都几乎一定会对此产生兴趣。那么,在特殊的例子和一般的理论中,为什么把这种条件作用作为我们的思考对象呢?既然我们承认一些判断具有这种功能,那么为什么不能以它的最有效运用为明确目的而再构成一些其他判断呢?如果 a 是 b 的条件,而我们对 b 感兴趣,那么,作为有理性的存在者,我们怎么能不去注意 a 如何影响 b,以及不同形式的 a 如何规定不同变体的 b 的呢? 在详细考察了这个根据以后,只要一步就能构成一个 a,它的真正内容(主题、对象)是由它所规定的那个特定种类的 b。真正明智的批评除了这个过程之外,还会是什么呢? 无论如何,只要一个人像普拉尔先生那样明确承认,后来的价值受到先前判断的影响或以先前判断为条件,那么在逻辑上,他就不可能否认这样一类价值判断的存在,这类判断并不完全与**事后**记录相关,而是以这些判断对后续的直接价值所施加的条件影响为**主题**的。

II.

不过,这些提醒只是为了使问题明确,而不是要解决问题。为了清楚明白起见,我们需要一个词来专门意指后一类判断,如果它们存在的话。目前使用的语言在关于判断方面,正如它在关于价值方面一样不完善。相应地,我们就要用评价(valuation)这个形式来意指我们假设的情况,把关于价值的评价活动(valuing)和判断这些词留给那些事后记录和陈述的情况。

那么问题如下:仅仅记录、描述、罗列和分类的价值判断[属于情况(a)的各种价值],我们容许它们存在。它们穷尽了这个领域了吗? 或者还存在着另一类我们称之为评价的判断,这类判断评估尚未存在的价值并使它们成立吗? 通过这类判断,我们指的不仅仅是判断使先前存在着而如今缺乏或缺失的价值成立。问题是相关于这一点而产生的,即是否存在这样的情况:人们不清楚任何已经给出的价值是否会是一种价值,价值是受到质疑的,而判断的目标则是要获得一种确定无疑的价值。这是一个事实问题。我断言,这类判断和价值是存在的。我的一些批评者们则断言它们不存在,认为这样的判断总是可以通过分析,在逻辑上被还原为关于已经存在的价值的事后判断这种类型。他们否认判断本身的创造性功能(creative function)。① 我的假设是:在我们应用了关于给定价值的全部判断连同在逻辑上可以从它们之中推出的那些规则和通则之后,仍旧还剩下一个无法用这样的分析来处理的逻辑剩余物,它要求一种不同类别的判断。当我们不清楚我们喜欢什么或者我们应当去喜欢什么的时候,借助于对过去的喜好

---

① 如果不用"工具性的"这个形容词,而用"创造性的"(creational)这个词来描述判断在逻辑方面的特征的话,也许人们早就理解这个问题了。

进行列举和分类，并不总是足以解决问题的。那么，我们也许会求助于盲目的试错；根据我们的批评者们的理论，这是唯一可用的其他选择。但我的观点是，我们也可以求助于判断、反思、理性探究；并且，如果我们这样做了，就会得到一个如下形式的判断：如果我们完成特定种类的一个行为，就会拥有为了得出一个更加概括的价值判断所需的材料，而且只有通过这种方式才能获得这样的材料。或者，换种方式说，为了获得一种确定的价值来作为一个以后的**事后**价值判断的主题，必须完成如此这般的一个行为。用价值的术语来说，"完成如此这般的一个行为，对一个新的内在的好来说，是一种不可或缺的辅助性的好"，这个行为是缺少判断就不会存在的一个行为。这三种形式是同一个判断的不同表述方式。

在日常语言中，尽管我们经常称赞和推崇而不对称赞或推崇行为的价值进行任何判断，但也存在着其他情况，即我们鉴定或评估、评价（evaluate）。在这些情况下，我们不再把过去的价值作为终极的、毫无疑问的价值接受下来。我们根据它们在新的、独一无二的情境中的好或坏来评价它们。过去的价值对于新情境而言是有疑问的，至多也只能是假定的。它们表明，它对完成某个特定行为来说是有用的、不可或缺的，但不会对作为结果而产生的价值作出证明。在关于一个行为的功用的判断中，我们利用关于先前价值的判断——**事后**的判断。这一点，我不否认。我否认的是：认为目前判断的对象可以根据这样的判断建构起来，或者可以被"还原"为这样的判断。① 如果我们要作出选择，那么，关于给定的价值的那些判断可以称为价值-判断，虽然也许只是在我们可以把关于土豆的判断称为土豆-判断的意义上。全部哲学上的意义，在于价值本身的事实和本质。赋予价值-判断任何特异的含义都会造成迷惑，如果它们全都是**事后**判断的话。②

---

① 佩里（Perry）先生和鲁宾逊（Robinson）先生在普劳尔先生之前，就主张评价判断（valuation judgments）是我自己发明的一个没有必要的东西。分别见《哲学、心理学与科学方法杂志》，第17卷，第169页和第225页。糟糕的是，他们以为我是为了评价判断的缘故，否认或无视关于价值的判断的存在。
② 我先前的文章感兴趣的是：是否存在与价值有关的、**确实**有着独特含义与功能的一些判断这个问题，它仅限于探讨现有的作为称赞、珍视、看重行为的对象的价值。那篇文章的观点是：无论这样的价值如何被定义，评价问题仍旧作为与关于价值的判断有别的东西而存在。本文接受了价值是由兴趣、喜好、基本偏见（vital bias）所构成的这个观点。但是，我怕这样一来，我的批（转下页）

如今我们的论证到达了一个分界点。我们首先考察了一个逻辑的或辩证的问题，即根据我们的定义对评价判断各个独特特征的一个分析。这样一个分析，就像任何辩证的问题一样，是独立于存在的。但我们的最终兴趣并不是逻辑的：它触及一个非逻辑的假设——通过判断并且仅仅通过判断才成立的那些尚未确定的价值存在着。这个假设无法在逻辑上被证明或否证。我们必须诉诸事实。人们无法强行让一匹不想饮水的马饮水。但是，为了引导有意愿去弄明白能发现些什么的人，我建议考虑以下几点：

（1）我们有时对各种目标——预期中的好——和各种手段的创造进行仔细考虑。这些情境以怀疑、不确定和悬而未决为特征。我们并不**清楚**我们要什么或者应当想要什么。因此，明摆着的，它们不能被还原为先已存在的判断。比如说，创造发明就显得不仅仅是一个机械过程，好像只要求助于足够的先前知识，它就会在任何一个明白事理和受过教育的人那里发生似的。显然，这种完完全全求助于精确表述出来的、完整的先前知识的做法遗漏了某些东西。这个"某些东西"，就是说，目前讨论的问题中所知之物的**意味**（bearing），正是关键所在。而在对有待形成的目标进行仔细考虑时，对过去的各种价值以及从中得出的种种规则的考虑看来，似乎只是加剧了情况的复杂难解。我们加以收集和归类的过去的例子越多，就越是犹豫不决。它们中的一些似乎指向这个方向，另一些又指向那个方向。没有哪一个对它们的计数和组合有决定的意义。新的情况看起来如此独一无二，以致就是无法融入它们之中。换句话说，需要注意：与我相反的鲁宾逊、佩里和普劳尔的理论，隐含着对怀疑、不确定的真正逻辑实在性的一

（接上页）评者们走向相反的方向，认为我的逻辑分析依赖关于价值本质的这种特殊观念。无论如何，我愿意公开表明我对布洛根（Brogan）博士提出的那种理论的支持，这一理论见于《基本价值共相》(The Fundamental Value Universal)一文，刊于《哲学、心理学与科学方法杂志》，第16卷，第96页。他的观点是：价值-判断总是以一种关系——比……好或坏——作为它的主题。基于这种观点，这是我接受的，我们应该把喜好理解为**偏好**（preference），理解为选择-拒绝，把兴趣理解为"宁可要这个而不要那个"。"偏见"这个词似乎已经把它的意思带在字面上了。那么，对评价的一个完整的讨论就必须把价值的本质这个要素考虑进来，而到目前为止，这篇文章还是不完整的。但是我并不认为**就论证的推进来说**，它涉及论点的任何改变。它倒确实涉及在此略过的一些补充和完善。关于与喜好、兴趣、偏见相联系着的价值的本质，读者可以参考皮卡德已经引用了的一篇文章，普劳尔和布许（Bush）所作，《哲学、心理学与科学方法杂志》，第15卷，第85页。佩里把价值与欲望及其现实的或预期的实现相联系。见他的《道德经济》(Moral Economy)，以及《哲学、心理学与科学方法杂志》，第11卷，第141页。关于价值的概念，后者包含许多历史材料和批评材料。又见已经提到过的普劳尔文章中的参考文献。

个否定。他们的理论主张是一种表面现象，是由于个人没能成功地把目前的情况还原为旧有情况的适当组合而引起的。

（2）这包含着出于理智的目的而对时间的实在性或意义的一个否定。据此，在急需仔细考虑的关于时间的例子中不存在真正的新奇，不存在真正的独一无二。① 它否认这样的可能性，即根据已经给出的存在的知识无法得到完全表述的那些情况。

（3）它否认深思熟虑中产生的那个行为具有理智的、逻辑的、认知的功能。从常识层面上说，这个行为是为了使一个在逻辑上**有决定性的**判断成为可能而必需的那个判断的近似对象。② 也就是说，它满足了要求指导或启发的一个理智上的需要。我们意在通过判断建立起这样一个行为，它会使那些没有被给出而且直到判断产生一个行为为止都无法被给出的材料显现出来。常识也许会出错，它经常是错的。也许，为了揭示规定价值的那些条件并非必须有一个行为。但是，就这个问题来看，自相矛盾的是那些人，他们认为，那些引发深思熟虑的判断的不确定价值可以完全消融在关于先前存在的东西的那些判断之中，而不需要有进一步的行为来使一个完整的价值-判断得以作出。

俗话说：各有所好，无可计较。用一句话来概括，对价值的判断的传统理论而言确实如此。作为用来防止毫无意义的任意争论的一个手段，它是一条有价值的应用规则。但是，也存在着我们显然不得不讨论趣味、喜好、偏见、兴趣和欲望的情况。几乎没有一个家长或教育者会承认这种辩解的普遍有效性。他也许会诉诸纯粹生理的或心理的手段，用一顿鞭打或者一块蜜糖来改变他所反对的那种趣味或价值。这样就不存在评价判断，而顶多只是把一种趣味或喜好用另一种更加符合他本人口味的趣味或喜好来取代罢了。但即使是家长们和教师们，有时也会求助于一种理智的方法、判断的方法，以去除一种旧的情感驱动的

---

① 那么，归根到底，这个重要的问题还是形而上学问题。
② 这个行为所占据的中介地位是思考的关键所在。比如说，为了获得所需的信息来使我对某件事拿定主意，我可以步行去图书馆。步行这个行为有理智上的结果。但是，这个行为也许未曾被看作是形成一个判断或者我拿定主意的有机部分。我们所考虑的情况则是：在一个形成最终判断的过程中，我们经过判断认为，一个行为的完成是形成一个完整判断的不可或缺的条件——就像一个科学家经过判断认为，一个特定的实验可以算作给他的问题的解决提供启发的那个行为。这个实验是离开了他的判断就不会发生的一个行为，并且，它还作为一个不可或缺的逻辑条件而进入关于主题的进一步的判断之中。

态度,创造一种新的态度。生活中的大多数紧要关头都是这样的情况,在其中,趣味是唯一值得讨论的东西;而且,如果理性的生活要存在并占据主导的话,人们必须根据判断的逻辑蕴涵而作出判断。

说点具体的。也许不仅是趣味而且是一种坏的趣味,才使我更喜欢爵士乐而不是贝多芬。也许我应该喜欢立体主义或意象主义,虽然我并没有这样。也许我对学院派绘画的兴趣是由于我缺乏对绘画的敏感和才智的一个标志,而非像我以为的那样,是对绘画的一种兴趣的标志。也许,虽然惠蒂埃①(Whittier)的作品一直是我在诗歌欣赏方面的主要价值,我也应该在一些其他的诗歌形式中寻找价值。自由体诗怎么样?我喜欢——或者不喜欢它,——但它是不是一样应该被一个文明人喜欢——或者不喜欢——的东西呢?把话题从艺术转移到道德上来,受到喜爱的东西和应该受到喜爱的东西之间的类似区别也是道德学家们争论的焦点。在审美鉴赏领域之内,它们是一切明智批评必然讨论的话题。

注意这个"也许"。有这样的情况,一种趣味或价值直接让位于另一种趣味或价值。我们说,一个人在成长过程中逐渐抛弃旧有的喜好;不同的喜好代替了它们。这不是我们关心的情况。但有一些情况是,一个人并不清楚他喜欢什么,或什么对他是好的,或应当把什么看作是好的。作为一个非理性的造物,他也许会求助于简单的试错。作为一个理性的造物,他试着用判断来规范他的尝试,就是说,把他的尝试作为一个实验,通过形成一些使更加准确的判断得以可能的新材料,这个实验会让情况更加明了。我们并不否认旧有的价值曾经是价值,因为既然它受到喜爱或称赞,那么根据定义,它就是一种价值。然而,我们要问的是:它是否确实应当是一种价值,对这样一件事物的喜好是不是我们性格中某种缺陷的表现?简而言之,我们询问我们应该喜欢什么。我们进行判断,是为了形成一个明确的喜好。一个理性的喜好,指的不是理性作为一个实体而制造出来的喜好;而是从关于过去的喜好及其各自结果的判断中产生出来的喜好。目前论证的关键在于,这样一个理性的喜好——它与未经理性思考的喜好之间的相反之处是道德和美学批评的主要话题,也是一种审慎生活理论的主要话题——根本就无法成立,除非判断以要完成的一个行为作为对象,这个行为不是喜好的表现,而是对喜好的检验;这个行为是一个手段,为的是获取能使喜好与判断在理

---

① 惠蒂埃(1807—1892),美国作家,废奴主义者。——译者

性上可能的那些材料。那么，如果某些喜好及其价值被认定为是错误的（wrong），而不是假的（false）（根据定义，它们不可能是假的），而人们意在通过反思的探究去纠正或改善它们，那么，我们就能找到评价-判断存在的经验依据。我们断定，这样的判断独有的特征是：否定地说，无法通过对已经给出的事实、价值和规则进行还原来得到它们；肯定地说，只有通过那些以一个有待完成的行为的本质为直接对象的判断才能得到它们。

III.

这样，我们就进到一种特别具有逻辑性质的分析上来了。我们所概括的这种处境的逻辑蕴涵是什么呢？

1. 一个评价-判断是复合的。在什么也没被给定、不经过关于确定的对象和关系的一系列判断的情况下，我们无法形成关于应当去喜欢什么的判断，也无法确定一种明确的好或功用。对确定无疑的材料的各种判断和关系与此密切相关。没有这样的构成性（constituent）判断，就不可能有评价-判断，不可能有真正的情况（b），有的只是随机的猜测和盲目的试错。我们的第一个任务是要列举这些构成性的、从属性的判断。假定评价-判断是指向对一种好的行动过程（兴趣、深思熟虑地要去选择的"喜好"、好）的一个评估，而这一行动过程是关于国际上欠美国的战争债务的，那么，好是不是全部或部分地取消这笔债务呢？是不是保留这笔债务并坚持它得到偿付才是好呢？或者它是别的什么呢？显然，在公众舆论中存在着各种兴趣之间的一个冲突，而我们需要的是达到一个统一的或综合的公众舆论或判断。否则，一个人兴许会在各种摇摆不定的意见之间犹豫，并且需要自己拿定主意（拿定主意是评价-判断的俗称）。

关于这个问题的判断由三个层次构成，虽然前两者可以被归入同一个逻辑形式之下。(1)存在着我们定义过的那种意义上的评价-判断，存在着关于毫无疑问的好与坏的记录和分类，存在着不经过判断的那些价值。繁荣兴旺是好的，工人的普遍就业是好的，友善的国际关系是好的，遵守义务、协定、契约是好的。许许多多直接的好和有价值的东西，人们所知道的——或者自认为知道的——各种内在的和辅助性的好，都可以合并起来形成判断。如果评价-判断要成为有意义的，或者要成其为一个判断，我们就必须如此陈述它们。(2)非价值的事实（non-value facts）必须得到收集和陈述。每笔债务的准确金额和名目必须得到确认和陈述;每个相关国家的经济条件、财政状况以及列出的赔偿条约的条款,国际贸易、汇率状况,对国内贸易与工业体系的影响等等,均是如此。从逻辑上说,这类可以归并为第一类。无论上述哪一种情况,我们都要报导事实、事件,用材料确保判断。(3)存在着普遍判断,或者对各种已知联系的陈述。一种单方面的黄金储备积累影响汇率;汇率的不一致使一些国家无法自由购买另一个有着基准黄金储备的国家的东西;工业的复兴是社会与政治稳定的一个条件;国内工业萧条导致国际贸易损失;处于汇兑不利地位的国家可以在中立的国际市场上竞争以图优势,以低于有基准黄金储备的国家所能给出的价格出售东西;免除债务是高尚的,拒绝偿债是危险的,等等。

2. 关于上述三个条目下列出的这些陈述,本身的确切事实是无关紧要的。如果人们否定其中一个陈述,那么还会有类似形式的其他陈述可以放在它的位置上。重要的是,如果人们不接受这些关于相关材料和关系的判断,就不可能有评价-判断。① 但是就我们的目标而言,这个事实的重要性在于:这些判断以及它们之间的联系并不确切地规定一个*决定性的*评价-判断,也就是说,它们并不确定我们正在寻找的那个好或功用。它们提供必需的材料。而一个评价-判断的典型**对象**是这种材料或手段意指的东西,一个尚在形成中的"喜好"或兴趣。它们与在这个特定情境下作为好的而得到选择的东西的关系是什么呢?一些判断指向一个方向,另一些判断指向另一个方向。一些被援引来支持不取消债务是好的,另一些被引用来支持相反的行为是好的。类似的事实可以在任何未得到解决的道德的或需要审慎考虑的难题中发现。在每一个合理的审美批评中,在**各种趣味存在着冲突之处**试图区分各种审美价值的努力中,人们都可以发现它们。

在我先前撰写的文章中,我在众多情况中挑选了与看医生的价值有关的一个判断。这个例子的目的是要表明一个所谓的评价-判断能很容易地"还原"为关于已知事物的先前陈述。还原采取如下形式:健康是一种已知的好;疾病是一种已知的坏;这些是关于给定价值的判断。存在着一个可以找到的医生;我感觉

---

① 如今我可以说明人们之所以抱怨我早先就这一话题写的著作模糊不清,主要应归咎于我的批评者方面的一个假设。这个假设是:我否认上面列出的这些类别的判断的存在和重要性。那么,当人们发现这个论证使用的正是这样的判断时,他们就会自然而然地根据这种假定指出,这是一个混淆不清和自相矛盾的论证。

不舒服;这些是关于已知事实的判断。有一条一般规则,即这么难受应该去看医生;这是一个关于已知的关系或普遍之物的判断。于是,我就去了。这里所有的一切,不过是日常判断的一个组合。即使在哲学中,一点想象也是有用的。那么就请想象这样一种情况,在其中,事情确实复杂难解且无法遵循惯常已有的事实和格言来解决。我只有很少的钱;看医生的费用将会是一个负担,一种坏(a bad);我听说了一些传闻,这些传闻质疑这唯一一个可以找到的医生的能力;医生们,甚至是有本事的医生造成伤害的情况如此之多;许多严重的疾病被"自然"治好了;我的邻居有一个药方,据他所说,用这个方子治好了他的一位朋友,诸如此类。此外,还有一个柏拉图反复强调的基本观点,他把一个知道如何去治愈病人的医生所具有的知识与一个知道被治愈且继续生活下去是否真的是好的聪明人(如果有这种人的话)的知识进行对比。

简单地说,各种事实、一般规则以及过去的好和坏可以以抽象形式被援引来反对看医生。构成真正复杂情况的是:这**两套**考虑,赞成的和反对的,**都**摆在面前并且互不相容。不需要非凡的机敏就能指出,如果你构造出一种情况,其中没有难解的结,没有各种相反事实与规则之间的冲突,那么,你手头就已经有了用来判断它的材料和原则。那么,我们在个人生活和公共生活中碰到的无数尚未解决的问题又如何呢?逻辑学家们为什么不造出关于各种规则、事实以及已有的好和坏的判断来把这样一些问题还原为常规判断的一个简单组合呢?

通过考虑判断被用来确定一种辅助性价值的情况,讨论可以继续下去。目前有一个在经济上甚至政治上都有相当重要意义的法律问题。各个法院和委员会必须决定各个公用事业公司应该交纳的税率。在做这件事时,他们受制于一个主要的固定条件。税率必须定得使纳税人可能得到一份合理的回报;否则,就是对财产的非法侵吞了。为了确定一份合理的回报,就有必要对要授以回报的财产进行一个评估。这里正是困难开始出现的地方。计算适当回报的经济价值是什么?从法院的一些判决中,我们很容易得到一些否定性的陈述。它不是交易价值。如果把这看作价值,那么就不可能降低税率了,因为显然交易价值会反映出价值是由现有税率固定下来的。它不是原始成本,会因为各种暂时条件,不节约或者腐败而增长。而有时候,对税率基准的评价是定在高于原始成本的水平之上的。它也不总是目前的替换成本。某些特定情况——比如一些马路在最初施工时已经铺好了,要切断它们,费用会相当昂贵——也许会使人们作出一个过高的评价。而且,它也并不总是一个相似的交易可能获得的价值,如果它是处于竞争状态下而不是在一个由公营特许造成的准垄断状态下的话。在上面列出的内容中,我们似乎已穷尽了所有关于给定价值的判断了。如果哪个否认评价起着使一种新价值成立的作用的人来着手司法评估的这个例子,并且来解决法院没能成功解决的这个问题,这也许会对我们有所启发。而在做这件事的时候,他应当注意,对关于已有价值的上述情况的这些判断进行一种组合是不够的,因为它们存在于不同的方面。因此,在作出新评价时,对不同的给定价值给予的相对比重就成了问题的关键。关于这个问题,没有哪些给定的事实和价值是决定性的。显然,这个问题是预期性的,不是回溯性的;而判断则是实验性的,不是记录。①

3. 那么,正面地表述,评价-判断是什么呢?正如我们已经说过的那样,它是复合的,包括(i)关于各种事实与通则的一系列判断。那么,它采取的形式(ii)是"就举出的事实和规则来看采取如此这般的一个行动是有用的,具有一种辅助性的价值"。结论是要去采取的行动是评价的近似对象,但仅仅是近似的(proximate)。因为根据定义,这个行动是作为一个手段而被判断为有用的。那么,潜在的对象才是评价的目的:发现或揭示一些将会使一个更加准确的价值判断成为可能的更进一步的材料与关系。通过以这个判断为规定条件的行动对事实的这种揭示,仍是一个手段。它的目的是一个喜好、兴趣,以及基于更加准确的材料、更加合理的根据之上的一个价值判断。因此,就有了(iii)关于价值——得以成立的价值的一个最终判断。

---

① 我是从罗伯特·L·黑尔(Robert L. Hale)的一篇文章中借用的这段材料,见《哥伦比亚法律评论》(*Columbia Law Review*),第22卷,第209页,论《税率制定与财产概念的修改》(Rate Making and the Revision of the Property Concept)。黑尔先生本人的结论更为重要,因为他讨论的是一个具体的法律问题,而不是对价值与评价的分析。他说:"在公共事业税率的制定上,法律正尝试着在一个有限范围内进行实验,试着不按照*它在其他情况下遵循的那些原则*做。如果成功的话,这个实验也许会延伸到其他领域。我们正试验用一根法律的勒马绳来抑制财产所有人的力量。为了应用这根勒马绳,我们必须制定出一些原则或应用规则——简而言之,一整套法律。"[第213页,斜体字是我标的(中译本中用楷体表示,下同。——译者)]因此,这个讨论指的不仅是各种新的经济价值,而且是通过评估-判断(evaluation-judgments)衍生出来的一类新的价值。这篇文章也列举了对评估判断作一个理论考察对于实践的重要意义,因为它明白地揭示出法院和委员会的各种困难主要是由于他们试图维护这样一个假想,即他们的任务仅仅是"找出"和宣示已经给出的价值而产生的。

例如,在关于由取消债务(取消本身当然是相对于目的的一个手段)而创造出的这种情境的价值的一个判断,如果把它作为一个完整的整体来看,这个判断在内容上很可能是非理性的。为了成为一个理智的判断,它必须被分解成一系列对各个步骤的判断,其中每一个都是尝试性的、部分的。采取一个行动,比如,召集或者参加一个关于取消债务的会议,并且看看产生了哪些结果,有哪些先前不存在的新事实作为关于下一个要采取的步骤的判断之根据得到了揭示等等。谨慎观望,只要它不被当作逃避与随意推卸责任的借口,就不仅是行动的一条规则,更是判断的一条准则。人们还应该注意,一系列直接价值和评价活动由此就开始成立了。我们以喜欢或厌恶来回应开始成立的这一系列结果,其中的每一个行为都以判断为前提,并由此确保进行下一个步骤的新增材料,以及关于那个假设被我们采用了的一般程序更多的可靠性。①

无论人们是否接受这个分析,它都应当消除被人拿来作为根据而批评我的那个误解。一些批评者一直认为,它是一个超逻辑的(extralogical)、个人的或心理的或实践的判断行动,它与我所依据的主题无关。上文应该已经表明,不是这么回事儿。判断这个行动,也许可以作为无关的东西而排除出去。我所强调的行动是眼下正在讨论的、被判断为手段的行动,这一行动是对象-内容(object-matter)或判断内容的一部分,不是一个额外的判断行为。判断称:情况是如此这般,如果我采取了一个具体特定的行动,新的事件就会发生,这些事件将推进一种更明确的喜好和评价-判断的形成;相比较而言,如果不采取这个行动,形成这种喜好和判断的可能性就小。这个分析的涵义中还包括了对普劳尔和佩里的观点的一个回应,他们认为,我称为评价-判断的东西只不过是众所周知的假设判断罢了。这第二个"关键词"是说对了:但不是他们所宣称的那种假设,也就是说,不是已经给出的各个要素之间的一种联系。它采取这样的形式:"就给出的各种事实和价值而言,如果一个行动被实施了,那个行动将会带来不可或缺的材料。"这个假设与一个要去作为一个实验而实施的行动有关。联系或普遍的东西,与行动及其各个结果有关。这样,就有了逻辑上确证的必然性。

让我们来考察另一种不同看法来扩充已经作出的这个分析,并使它的意义更加清晰。这种看法比起已经考察过的那些反对意见来,与我自己的观点有更

---

① 据皮卡德博士的主张,在这一过程的每个横截面上都存在着直接的内在价值。

多的共同之处。科斯特洛(Costello)博士①列举了一种情况为例:一个厨娘认为她可以通过一种新的办法混合各种配料来做出一个特别美味的蛋糕。科斯特洛博士并不像我的其他批评者那样,否认这个判断对使一种新价值成立的行动来说是工具性的。我的观点是:那个厨娘,如果她变成逻辑学家并对她的判断进行分析,就必定会说,一个行动是她的判断的直接对象,而一种新的、先前未被给定的价值的存在是判断的潜在对象——如果想进一步说明,她还会说,一个更具决定性的判断,与建立在对一种现实趣味的实际喜好之上的价值有关的判断,是它的最终对象和内容。但是,科斯特洛博士说:"在判断中得到断言的是联系,'如果一个蛋糕用这个配方来做,味道就会好'。厨娘做出来的是蛋糕,不是假设的联系或各种性质的蕴涵……仅仅说这个判断促使厨娘去做蛋糕,这是不够的。这个判断必须促使厨娘确信,一定要以这个配方做蛋糕味道才好,*不然的话,它们的味道就不会好*,并且促使她去做蛋糕。"②如果这是对我的观点的一个正确分析,那么,我就承认我的论据很荒谬并放弃我的理论。但这个解释是错误的。毫无疑问,这个判断包含了一种联系。但是,请注意那个条件分句。它说的不是一个这种样子的蛋糕是好的,而是说如果它*被做出来*,它将会是好的。因此,判断不仅仅是制作的一个实际刺激、诱因。制作活动,或者说行动,是判断的逻辑内容的一部分。③ 判断的对象是一个行动与它的各个结果之间的一种联系,因此不包含行动产生了配方与味道之间的关系这种涵义。但是,它非常确实的有一种涵义,即缺少了关于行动及其结果之间关系的判断,味道这种*好*就不会存在,那么关于它的直言判断也就没有可能了。我们不能断言说一个以某些特定配方做出来的蛋糕味道是好的,"不然的话就不会存在的东西",简单地说,是这种好、这种味道。我只能猜想,科斯特洛博士的误解是由于我的实际意思对他来说是如此理所当然的,以至于他无法设想我会花费如此多的口舌把它们指出来。我能切身体会这种感觉,但佩里、普劳尔以及其他人的批评表明,它们并不是被认为理所当然的东西,而是被某一派人给否定掉了的东西。那些人把一切实践

---

① 《哲学、心理学与科学方法杂志》,第17卷,第449页。
② 第454页,斜体字是我标的。
③ 我说的不是这个厨娘会逻辑地分析这件事情。这显然是很荒谬的。无疑,从厨娘的立场出发,这种观念和预期仅仅作为做的一个刺激而起作用。我指的是,如果这个判断在逻辑上得到了分析,被分析为一个实践判断,那么,我们就得到了我们所说的结果。

判断都"还原"为关于给定事实和给定联系的判断的一个集合。

科斯特洛博士在他文章的最后一段中,概括了他认为我所犯的根本错误。"我能判断在某些特定条件下硫酸和铜会生成硫酸铜,并且我可以做实验来检验它。毫无疑问,有必要在我能宣布自己获得了真正的知识之前这么做。但如果那时有个人下结论说'你已经把硫酸和铜变成了硫酸铜——**好像不然的话,它们会变成别的什么东西似的**——因此,你的判断已经确立它本身为真了'——这样一个陈述在我看来,是一个最纯粹的用词错误"(斜体字是我标的)。我同意这样一个论证会是用词上的,并且是愚蠢的,所以从来没用过这种论证方法。目前正在讨论的这个判断并不是说,由于跟随在一个判断之后的一个行动,铜和硫酸会化合成某种东西,如果少了一个判断,它们就不会形成;形成是只要判断发生,它就会发生的一个事件。我们的判断是:通过采取一个行动,知识将会产生出来,这种知识是关于所发生的事情的一个决定性判断。而这一点,科斯特洛博士也是承认的。实验性制作作为判断的近似对象使知识得以存在,我的目标仅仅是引导人们去注意这个逻辑事态的蕴涵。如果它们得到了注意,就让词句,尤其是关于真理的词句,自己去照顾自己好了。我几乎无法设想科斯特洛博士会把铜和硫酸共同形成硫酸铜这个事件与一个真理等同起来。如果有谁想要使用真理这个词,我当然不会反对,只要它的定义前后一贯地得到了遵照。但是接下来,我们必须用一个与真理这个词不同的词,既应用于确证(verification),又应用于一个判断之为判断所具有的所谓前件属性(antecedent property)上。无论如何,确证是通过判断的近似对象——一个实验性行动的功用而得以存在的。由此,**被认识了**的真理就得以存在。而在我的词汇中,只有被认识了的真理才被称为真理,把先前的判断称为对真理的一个要求或假设或意义会简单些。然而正如刚才所说的,只要事实及其涵义得到了承认,对词语的共同理解是很容易达到的。

科斯特洛博士提出的另一点值得注意,他说我混淆了确证和真理。正如刚刚说过的,我很愿意在术语上有一个区分,只要事实得到承认和遵循。而对他提出的说明作一番考察,会使关于评价的问题更加清楚。他说:"我并不是为了确证是否要下雨了而判断'要下雨了'。我作这个判断是为了避免被雨淋湿这种突然袭击般的确证。我对情况进行判断,是为了就一个进一步的出自意愿的决定拿定主意,比如我是不是应该出去散个步。我非常希望我关于雨的这个判断是确实的。但是,我完全不希望亲自去确证它的真。因此,把真理等同于确证,是非常麻烦的。"(第452页,斜体字是我标的)就评价-判断而言,我几乎不能要求有一个更好的说明了,即使是度身定做的也很难比这个更好了。注意:"要下雨了"这个判断的逻辑对象的蕴涵,并不是雨本身。下雨仅仅是作为进一步判断——就是说,关于一个行动之价值的判断——的一个逻辑要素而得到判断的。"出去散步"这个行动的价值是有疑问的或不确定的,通常我们可以假设它是一个给定的价值。但是,它在这个独一无二的、以前从未经历过的情况下会是一个价值吗?于是就有了关于雨的判断、关于雨和淋湿的坏处之间联系的判断,以及万一不下雨而出去散步的价值的判断。根据描述,所有这些判断都不是最终的,而是与另一个判断相关的,那个判断是关于要去做的某件事情的。因此,这个行动就是判断的真正主题,而它的发生或不发生是以这个判断为前提条件的。因此,一种否则就不会存在的价值是以评估为规定条件的,而由此一个后来的关于价值的事后判断也就成为可能。那么,我们假设这个人决定呆在家里;假设不管怎么样,他留在了家里。在这两种情况下,他都不会被淋湿。但是,根据这是不是先前判断的一个结果,这个事实的直接价值是不同的。如果他未曾进行过判断,如果他留在家里仅仅是因为他有事忙或者仅仅是出于习惯,那么,他留在家里的价值就仅仅与他的习惯或忙着处理的事相关。如果他留在家里是由于他关于出去散个步的所值所作的一个判断,那么,这个事实就具有一个附加的价值——使他避免了否则将已经陷入其中的一个恶的价值,以及对他的明智的一个证实或反驳的价值。假如结果没有下雨,那么,他可能会追悔莫及,怪自己愚蠢,竟没去冒这个险;假如结果下雨了,那么,他或许会庆幸自己的谨慎。无论哪种情况,根据科斯特洛博士的观点,判断的真正对象出自意愿的决定,都由结果得到了确证或否证。那个判断是否具有前件,是否具有独立于确证或反驳的真或假,都可以作为一个用词问题而略过。看起来似乎它先行具有的正是真或假;但我现在并不准备讨论那个问题。

科斯特洛博士提出了另一个更加尖锐的问题。关于这个问题,我承认我最初的观点引起了一些困难,这些困难不只是用词上的。与其他批评者不同,科斯特洛博士主张:"实践判断是关于将来的判断,这个将来的特性是因果性地依赖于作出这个判断[的行为]①的。"这也是我的主要观点。但是,他指出了我应该

---

① 方括号里的内容由译者补充,下同。——译者

注意而没有注意到的东西;没有哪个判断能包括所有将来的可能情况,把一个可能判断为好而加以选取的选择的同时,也使我们不可能获得其他可能的但受到了排斥的好,并因此使任何关于它的实际价值的决定性判断变得不可能。① 他说:"杜威教授说,这些实践判断的主题到目前为止还是不完整的。我要进一步说,这个主题的一个基本部分注定永远只是一种可能性。判断被作出来是因为我们必须选择与排斥,而对我们所排斥的东西,我们把它永远放到实际确证经验的范围之外了。"(第 453 页)我希望尽可能明确地声明,科斯特洛博士已经把这一点说得很明白了,而我所写过的任何与这一点相反的东西都必须予以取消。即使在我先前的观点中没有什么东西与这一点在逻辑上不相容,我也应该早就看到这一点并对它进行说明。

  关于价值的判断并不包含选择的必然性,它们只是记录过去的选择与排斥的结果。它们记录的必然是根据选择而获得的结果,而作出这些选择是因为受到了排斥的影响。它们既没有也不可能记录如果受到排斥的东西被选取了会发生什么情况。相反,只是在必须进行审慎选择的情况下,我们才作出评价判断。这就是我们说它们是实践判断所指的意思。我们称赞和推崇而不经过思考,在这样做的同时,我们就在进行排斥。② 随后,排斥一边的结果变得明显了。显然,我们冒着失去某个更好的东西的危险,不加思考地进行选择。这就是为什么一个直接的喜好可能是**错的**但不可能是**假的**。它的对象是好的,但是它本来可以更好,并且根据被排斥了的那个更好来看它是坏的——这就是事后反思的裁决。如果"喜欢"是绝对的而不是有偏向的,那么,我们就处于自相矛盾之中。

  但是,评价-判断无法摆脱这种处境。尽管我们带着过去的各种价值、事实和联系的帮助,尽可能周详地仔细考虑,最终进行选择时,我们还是在排斥,而被排斥的东西被视为是比较坏的东西,被排除在充分的实验性检验之外了。来自

---

① 正是与这一点相关,对一个完整的评价判断理论而言,布洛根博士的关系价值(value as relational)概念具有了重要的意义。
② 正是在这一点上,布洛根博士的观点变得如此重要,这正是对一种完整的评价理论来说需要补充的地方。然而,我在此处必须满足于指出应当避免的一个模糊之处。他把评价判断视为表示关系的。我的观点是,作为一个行动的喜爱或偏见包含着偏向——选择-排斥。这并不意味着这个行动是一个判断,而是说,当它的结果在判断中得到陈述时,判断必然采取一个用关系表示的形式。我说的模糊之处是动力意义上的"关系"一词和逻辑或理智意义上的"关系"一词之间的含混不清,这是相当常见的。

各种评价的各种价值,与未经判断的直接价值一样,都是完全固定不动的。换句话说,没有哪个事实判断可以得到完全的确证。正是在解决一个先前疑问的过程中,任何实验都包含着一个新的风险。但这并不是说,判断和实验性检验得不出任何结果,或者如果我们掷硬币来决定,效果也差不多。正如科斯特洛博士所说:"我们当然可以通过添加进一步的经验材料来检验这些实践判断,但是这些材料本身也需要得到解释。它们成为有待逐渐糅合、融入新的思想活动、新的比较判断之中的新材料"——如此以往以至无穷。① 这个事实为评价和实验的进行规定了一个非常重要的准则:"留心你的可能选择,并且要以这样一种方式注意它们,以使以判断为前提的行动能确保在目前状况下进行检验的最大可能,以及随时可以进行的重新鉴定(re-appraisal)的最大可能。"这条准则与不宽容——忽视和否定其他选择——正相反,也与乌托邦主义——如此含糊笼统,以至于我们可以就选择和计划产生的各种结果的意义无休止地争论下去——正相反。关键是把我们的选择判断或者要采取的行动分解成许多尽可能具体的特定行动,以使灵活的重新鉴定能够以最小的浪费得到完成。没有哪个"理想"立即或完全得到实现过。我们只是通过行动来使之具体化,通过这些行动,它的意义变得更明确了,而我们由此就获得了采取进一步理智行动的可能性。

到目前为止,我们还没有讨论过"值得"(worth)的情况。正如先前所指出的那样(这要感谢皮卡德博士),一个判断可以终止于一个结论,这个结论认为,一个物或人是值得去喜爱或赞赏的,但喜爱和赞赏并不一定随之而来。这种情况无疑是那样一些人的堡垒,他们否认判断在确定价值这件事情上可以参与一份;他们认为判断也许能确定某物应当是一种价值,但没法说它就是一种价值。如果需要补充,我们还可以说,这类情况是一种强有力的抱怨的根据,抱怨理性及

---

① 我想,这解释了卡图因(Mr. Katuin)先生如此恰当地指出了的那个事实(见《哲学、心理学与科学方法杂志》,第17卷,第381页),即对评价来说,价值总是*理想的*(ideal)。或者,用他的话说,一个好"从来都不是就那么好了,而是总还可以更好"。我简直无法原谅自己忽略了科斯特洛提出的观点,因为它已经由斯图亚特(Stuart)博士在一篇我从中受益良多的文章中提了出来——《作为逻辑过程的评价》(Valuation as a Logical Process),见《逻辑理论研究》(*Studies in Logical Theory*)。这篇文章写于1903年,比我的文章要早得多。在其中,作者说,评价并不确定或认知各种价值,而是规定或固定它们;随后,他又补充说,这种固定"在当下起作用并永远受重新鉴定的支配"(第298页)。从中当然也得出所有以实验方式获得的存在判断总是有一种"理想的"性质——就是说,总是具有一个超出存在和实验性检验的意义侧面。

理性的好在对抗自然偏好(inclination)与直接的好的力量方面的无效。但是,我们也可以表明,这种情况是理所当然地检验着规则的一个例外。首先,我们应当注意,我们的论证所要求的只是如下这一点:喜好——或偏向——是不确定的,而判断的发生是为了确定喜好,并因而确定价值。那么,关于判断并不确定喜好的情况,我们应当说什么呢?我们应该单纯地抱怨人类天性的顽固或轻浮吗?首先,存在着这样一些情况,其中根本不存在真正的不确定或无规定(indetermination)。我们肯定地喜欢,而且从根本上知道我们喜欢。我们遵从习惯与社会期望而作出判断行为,但我们在内心里意识到,我们正在进行一种多余的仪式。这种判断是假装的,并不是真实的。因此,对以下事实感到奇怪是没有根据的:判断并不决定情感驱动性态度。已经作出的说明,可以解释其余的情况。那个分析的要点是:评价判断的直接对象采取某个特定行动,为使一个完全的最终判断成为可能而采取某种行动是好的,或者是更好的。那么,现在如果我们跳过这个直接判断和作为其对象的那个行为,就没有理由问为什么判断应当确定一个喜好并因而确定一种价值了。判断一个特定的物或人是否值得尊重、仰慕、赞赏、渴望,这个判断只是假设的或辩证的,而说从辩证的东西到存在之间并没有笔直的大道可通,已经是老掉牙的说法了。行动是通向存在的唯一途径。"值得"是理性献给价值的一个贡品。但是,当它悬在假设的理智之中时,它始终是有名无实的、无效的,直到它转换为行动。基于判断之上的行动是这样一种判断的前提,这种判断揭示将会使一种确定的情感驱动性态度成为可能的材料。如此一来,表面上看来的反对意见反而确证了我们的分析。

在结束本文时,我想简单地说明一下依据实用主义方法来思考问题的意义。批评家们常说实用主义的检验隐含着一个先在的确信或判断,即某些结果是好的。因此,实用主义方法的运用隐含着一个先在的非实用主义的判断:如果前提是站得住脚的,那么,肯定能得出结论。但实际上并不是这样。日常生活中不具批评意识的实用主义当然常常陷于一种断言,肯定一些结果是内在的好,应该毫不犹豫地得到断定或默许。但它这么做,正是背离了实用主义方法。实用主义方法主张:根据一个行为的各个结果对它进行反思并根据这一反思来行动,这是好的。因为得到揭示的各种结果会使关于好的一个更好的判断得以可能,因此可以预见的结果或已经获得的结果的好,就既不是最终的,也不是独断地得到规定的。它作为一个"比……好"而是好的——比如果判断未曾参与所能得到的存在状况好。关于另一个危险的修饰语——"工具性的",情况与此类似。这个词的意思不是说,反思对预先想到或预先存在的确定结果而言是工具性的,更不是针对身体上的需要或经济上的成功或甚至社会改善而言的。它指的是:从其整体上或以实验的方式来看,反思对创造各种新的结果和**新的**好来说,是工具性的。作为把各种旧有的好转换成新的好的唯一一种中介,它与各个目的之间是相连的;因此,从美学和道德上来说,中介像目的一样,是一种内在的好。但是,我们必须区分它的严格理智意义上的结构和目标,以及它的美学与道德价值,前者是非个人的和工具性地得到规定的,后者是个人的和直接的。认为知识就其认知性质而言是工具性的,这与主张"在其直接和个人方面知识是一个美丽而令人喜欢的东西"并不矛盾。

28

知识与言语反应[1]

全新的概念总是起着简化作用。事实上，全新的概念通常产生于一个流行的观点变得过于繁冗复杂之时。行为的概念在认识论领域已经在起着简化与削减的作用了，并且在我看来，这只是一个开始。但是，一个新的观点也往往容易过分简化、忽视、忽略、最终走向否认。举个例子说，像先前的各种理论所做的那样，尤其是像现代心理学连同它那具有无可救药的主观和私人性质的形而上学所做的那样，否认性质、意义、感觉、意识等等，这是一回事。而否认独立于任何理论的常识与日常言语用上述这些名称来称呼的那些事实，这就是另一回事了。我个人认为，把求知（knowing）和思考等同于言语，这条思路是完全正确的。但是，除了一个值得注意的例外，我还没有看到任何对言语的分析看起来恰当，或者能够避免人们对它做出指责，说它忽略并实际上否认明显的事实。[2]

1. 当人们断言言语（speech）作为思想是一种反应（reaction）时，问题马上就产生了：它的刺激物是什么呢？简单容易的回答是错误的。我们很可能会说，言语是对感性地呈现出来的一件事物的反应，例如，我说"这是一把小刀"，因为一把小刀作为言语的刺激物是感性地呈现出来的。所有的行为主义者，都无法接受对言语的刺激物作出这种解释。因为如果谁这么解释，那么，他就会使自己受到一个致命的反驳。如果这么解释，那么，小刀的感性呈现已经是一种知识了，

---

[1] 首次发表于《哲学杂志》（Journal of Philosophy），第19卷（1922年），第561—570页。
[2] 这个例外是米德所写的一篇十分明白易懂的文章《对意指符号的一个行为主义解释》（A Behavioristic Account of the Significant Symbol），见《哲学杂志》，第19卷，第6期。

而言语就不是在建立知识,而仅仅是在用声音表示、说出或重复已经完全现成存在着的一种知识。如果刺激物不是一件感性地呈现出来的事物,那么它也不仅仅是某种先前的完整行动(act)或者引起发声器官收缩的行为片断。一部留声机发出的声音是由一个内部机械装置所引导的,但这些声音不是言语或知识;一声打嗝、呻吟或叹息也同样不是言语或知识,虽然这是由先前的有机体状况在发声肌肉组织中引起的。

在刺激-反应的概念与原因-结果的概念之间存在着一种差异。前者固然包含了后者,但它添加了某种东西,比后者多了产生效果的适应(adaptation)或不适应的属性。但是,仅仅适应本身还不足以区分言语中的刺激与回应(response)。一声叹息也许能缓解痛苦,因而是适应性的。看,作为一个行动,也许是说"那是一把小刀"的刺激的一部分,但它不可能成为整个刺激。因为"看"作为一个完整的刺激,引起的是伸手去拿或把手缩回的回应,而不是言语回应。必须得到解释的是整个明显反应的延迟,及其成为一个中介性的发声反应的转换。在看-伸手的序列中必定存在着某种断裂,某种阻止这一序列发生的障碍,它在伸手与发声之间引起了一种区分。在看与拿之间必定存在着一种有缺陷或摇摆不定的联系,这种联系在言语中得到完善与补全。因此,言语的刺激物不能被简单地等同于它的对象。对象是言语的结果,而不是它的前提。

2. 在充分展开这一观点的涵义之前,我们必须转向言语反应的另一个方面。即使是真正的言语反应而不仅仅是发声,也并非每一个都是认知性的陈述(cognitive statement),甚至从涵义来看也是如此。讲故事并不一定要陈述"事实"或"真相";逼真(*vraisemblance*)或许反倒会使故事变得更加有趣,但这个特点是服务于一个戏剧的或想象的目的,而不是理智的目的。莎士比亚的读者可以研究莎士比亚用来写作的那些素材,并对这一研究作出言语反应。这么做的时候,这个反应就是认知性的。但是,他没有必要这么做;他可以满足于把他的言语反应限定在一场演出(dramatic production)之上。这里,读者或许也会对莎士比亚是否想让哈姆雷特表现为疯癫的这一点感兴趣;这样,他的反应就是一个判断。但是,他还可以满足于只用他的言语作为再造一个或疯癫或清醒的哈姆雷特的手段;作为一种故事讲述或戏剧的形式,哈姆雷特是疯癫还是清醒这并没有什么不同。除非我们来到故事讲述本身的范围之外,否则就不存在外部的标准。戏剧就是它本身,它不具有知识的对象。

说这些是为了使人们注意到一种需要,在那些确实建立知识的言语反应中探寻某种区别特征的必要。一个故事或一出戏剧就在那里,而以言语的方式再次演出它,这纯粹是附加性的。再次演出构成另一个行为片断,但这一新的行为方式并不回过头来在戏剧或故事或它的情境中起作用。戏剧或故事完全是自足的。莎士比亚的一出戏剧,对一百群观众或一群观众中的一百个不同的人具有一百种不同的意义,而它所引起的这一百种言语反应的多样性是无关紧要的。言语反应没有必要与莎士比亚本人在他的反应中所意指的东西相联系,除了前者是由后者引起的这一点之外。但是,关于莎士比亚本人意图的一个判断或想法,就不具有任何这样自足的独立性。它必须与它自身之外的某种东西相联系。它必须不仅仅是对作为刺激原因的戏剧的一个反应,而且必须是一个回应,这个回应在某种程度上适合或符合作为刺激物的戏剧。我们的问题是去命名言语反应的这样一种独有的特征,这种特征赋予言语反应以回应、答复、回答的特征;它向言语反应提供了某种少了它就缺乏的东西。

这样,我们就回到先前的分析上来了。"这是一把小刀",这个陈述是认知性的,因为它并不仅仅是由先前的一个行为片断所引起的结果。它起着补充或补全一个行为的作用,这个行为少了它就是不完整的或零碎的。作为回应,它在另一个意义上是反应,这种意义不同于我们在物理学中所说的:作用力与反作用力大小相等,方向相反。有些物理学上的反作用,在相当程度上独立于它们只是在一个因果性意义上才是其反作用的那些作用。但用陈述来表示的回应,与它所回答的东西密切相关。它不是简单地符合或背离它所回答的东西,而是回到它所回答的东西之中;也就是说,它继续、推进、引导着某种少了它就不完善的东西。缺少了言语反应,引起言语反应的行为就是盲目的尝试或错误;有了言语反应,或确切地说,通过言语反应,刺激行为才变得有目的,也就是说,变得具有连续性与累积性。更确切地说,"这是一把小刀",这个回应是由看的反应以及最初的伸手、触摸、把握的反应所产生的,这些反应直到成为言语反应之前都是笨手笨脚、断断续续、相互冲突的。言语反应把它们统一为一种毫不犹豫地准备去抓与切的态度。它综合或协调了行为的各种倾向,这些倾向如果缺少了它就是不确定的和或多或少相互对抗的。这个特点就是判断有别于讲故事的形式或引起共鸣的戏剧再现形式的言语反应之处。除非我们承认并强调这一特点,否则,行为主义理论就很容易成为一种主张的受害者;这种主张认为,语言只不过是在重复或以口头形式表达一种缺少了语言仍是完整的理解。我们无法逃脱一种两难困境:要么言语反应对引起它的东西产生了某种作用,修正这种东西,并给予它一个具有特征性的行为,缺少了言语反应就不会有这样的行为;要么言语反应只不过是说出了已经独立于它而存在的东西而已。

这个事实凸显了我们在文章开头所说的过分简化。人们很容易忽视言语作为回应所具有的修正、重新引导,以及综合的作用。这样,它只有一个方面得到了认识,即它是由一个先前的行为所*引起*的。其结果就是将刺激物与知识对象相等同,这一等同不仅与事实相悖,而且贬低了关于行为的陈述。因为既然反应发生时刺激物作为原因就在那里,那么,如果刺激物与对象简单地等同的话,对象必须也在那里。这样一来,从认知上说,言语就是一种无用的重复,无论它作为一个吸引注意力或提供方便回忆的备忘录的工具是多么有用。

在我看来,缪塞尔(Mursell)先生在他最近的一篇有趣的文章中①似乎展示了我们所说的这种过分简化及其后果。谈到知觉判断——陈述知觉的言语反应,他说,它们是"那样一些判断,与这些判断有关联(reference)的是言语-反应的刺激物。我看到一块有颜色的斑,并以说出'那是红色的'作为回应。我看到我的台灯亮着,而我的发声器官的肌肉受到支配去作'灯亮着'这个断言"。到目前为止,这个解释相对于我们的问题来说,还是不完整的。没有人会否认言语反应与它的刺激物有关联,或者否认看这个行动至少是言语反应的刺激物的一部分。但是,这段话这样继续道:"在这样的情况下,判断*与其对象*之间的关系看来是足够清楚的。对象是判断的*原因*,是走相互交错的路径通过神经节的因果联系(nexus)。"关联的本质在这里被毫不含糊地表达出来:刺激物是原因,并且作为原因,它又是判断的对象。

如果刺激物不仅是一个去看的倾向,或者不仅是对视觉器官的一个支配(innervation),而是对"台灯亮着"的看,那么,非行为主义者就能恰当地反驳说,看见灯和写字台以及它们各自的位置已经是求知或判断的一种情形了。所以,言语仅仅是一个附加,是外加于判断的,虽然毫无疑问,言语具有实践与社会功用。如果刺激物是一个受到了阻碍的或不完全的视觉行为,而语言起着释放、引导与把握它的作用,那么,情况就不一样了。在后一种情形下,比如说,这块斑就

---

① 《哲学杂志》,第 19 卷,第 187 页,《作为符合的真》(Truth as Correspondence)。

不会被认为是红色的,或者光不会被认为是写字台上的一盏灯发出的光,除非言语反应明确地确定了一个刺激物。这其中没有什么自相矛盾的东西。我们经常通过使用来对灯作出反应,而不对它进行认识或命名——不进行明显的区分与等同,而我们也非常了解在与新奇事物打交道时,名称是怎样澄清与确定否则将是一团乱麻的情况。以行为主义的眼光来看,首先,我们必须设想言语回应不是某种终极的和孤立的东西,而是在作为某种更加有效与恰当的调整的条件而起作用的。虽然在实践中,这种作用也许常常在一个**远离**(*away*)其原因的方向上起作用,就像我们叫一个处于危险中的人注意,却不停下来告诉他为什么应当注意一样。在理智上,它的职责是**转向**(*toward*)原因而去修正它。因此,判断的对象就不单纯是原因;而是结果,是通过言语反应在原因中产生了影响的修正。言语回应确实是反作用的(retroactive);这不是说它能够修正任何已经不存在的东西,而是说它影响了一个视觉行为,以及一种伸手把握的倾向,为的是给它们一种有方向的统一。如果没有言语回应,那么除非结束一个反复尝试与失败的阶段,否则,这种统一是不可能达到的。

3. 这个分析仍旧是过分简化了的。说话与耳朵、听觉器官,以及它们的神经-肌肉和器官内的(intra-organic)联系有关。把言语反应纯粹等同于对发声器官的支配,这是违背事实的。这种做法使言语无法与一声叹息、一声咕哝或者由痛苦引起的突然大叫相区分。一个言语反应是对发声器官的支配,以通过听觉器官来刺激其他器官的回应。它与听话者(auditor)及其对所听到的言语作出的独特反应有关。听话者往往是另一个有机体,他的行为被要求来使言语反应变得完整,这一行为是言语反应所指向的目标。①

当言语反应是一个"无声的"支配时,原理也是一样的。在这种情况下,它是对我们自己的耳朵以及与它相关的整个联系而言的。我们不是向另一个行动者下达命令、给予警告或建议,以使他对此作出反应;而是讲给作为进一步的再行动者(re-agent)的我们自己听。发出刺激的行动者与接受刺激的行动者,构成两个行动者,或人(persons),或行为体系。我认为,没能明白地记录听话者在一个言语反应中表达的涵义以及他的进一步行为这一点,要为这样一种通常的信念负主要责任;这种信念认为,在为了不顾一切地坚持行为主义理论而把思想等同

---

① 米德已经在我们提到过的文章中有力地表达了这个观点。

于言语的做法中,有某种任意的东西。因为当言语被限定为只是对发声的支配时,知识的核心显然不在那里,但言语的核心也不在那里。只要引入与听话者的回应性调整的联系,这个牵强的悖论就消失了。这样,我们就如同米德先生所表明的那样,拥有了意义的条件。

一个言语反应是后续行为的一个引导:看与看见;听与听见;跳,向左转——这些是向任何与我们自身相关的人、同一个行为体系中的参与者说的话,然后是当没有别人在场的时候,向作为进一步再行动者的我们自己说的话。

命令式、祈愿式与虚拟式是言语反应的首要形式;陈述语气与说明语气是一个扩充。比如说,即使一个数学家或一个化学家所撰写的一篇论文,也是采取特定行为反应的一个指南,这些行为反应是一系列行动;如果采取这些行动,结果就可以得出作者以特定陈述作为回应的那些东西。随之得出的是,一个言语反应的**对象**是它所设定的协调的回应(concordant responses)。先前的刺激是这个对象的一部分,但不是知识的整个对象;后者还与先前的刺激通过由言语所引起的行为而得到的进一步规定有关。知识或言语的对象是说话者与听话者之间协调回应的最终**一致**(consent);肯定(affirmation)的对象是共同适应行为(co-adapted behavior)的确定(confirmation)。它的对象是对以后的系列行动进行的那个复杂的协调,使其进入一个单一的行为体系,该体系少了这种协调就无法存在。一个人的回应是与听话者的回应共同适应的,反之亦然。我们从中得出下面几点结果。

1. 首先是对唯我论的反驳。不仅两个人能够认识同一个对象,而且一个单独的个体反应**无法**认识同一的对象。作为单个的存在者,我可以对刺激作出原始的非认知性反应。当我的耳朵以某种特定方式受到刺激时,我会发抖;但是当我说"这是一把锯子发出的声音"时,这个陈述是向着一个听话者、以要求协调反应的方式作出的回应。他听了我的话后看了看,说:"不,那是一个车轮的轮轴发出的声音。"然后,我必须去看,以进一步的行为来回应。直到建立起协调的回应,言语反应才是完整的。换句话说,言语就是对话,它与经验或观点的二元性有关。一个单独的呈现或观点并不构成判断或陈述。这种特殊的处理事实的方式也许显得不那么平常,但其中没有什么令人吃惊的新东西。认知(cognition)涉及再识别(recognition)、确认(acknowledgment),以及两个不同经验时间或地点的对比与联系;通过这种对比与联系,一种独特的同一(identification)建立起来了。一个单个的行动无法构成使事件具有一个对象的特征所需要的那种同一,必须有在一个稍微不同的情境中的复现(recurrence)。这需要一个像前面那样的回应,或者能够在将来引发一个类似回应的回应,或者当前的某个其他再行动者的回应。而如果缺少两个时间或地点的回应之间的相同或符合(correspondence),直截了当地说,就会产生矛盾。一个知识对象必须无矛盾地包括或包含对至少两个不同刺激的回应。

2. 这个结论与符合的本质有着直接的关联,而符合是我们用来定义真实的。我们能在一个单一的同时性的行为体系对各种行为反应的包含中找到这种符合。在处于孤立状态的当前的回应和过去的回应之间,或者在处于孤立状态的一个当前的回应和一个将来的回应之间,没有任何符合能确定地建立起来。必须有包含两者要素的和谐一致的行为作用。缪塞尔先生在我们提到过的文章中,把符合说成是反作用的。他说:"如果我断言凯撒渡过了卢比孔(Rubicon)河,那么,我是在重复两千年前的观察者所作出的最初反应。他们看见他蹚着水过了河,并在视觉中找到了一个刺激去作出回应说'他渡过了卢比孔河。'"①这个解释与我们在"这是红色"这个陈述的例子中所指出的错误有关。它设想对象是被认识到了,而且在言语反应之前就已经被认识到了。我怎么知道某个从前的观察者作出了我们算在他头上的言语反应呢?归属(ascription)是有疑问的,以上引用的解释也是非常成问题的。对缪塞尔先生所引用材料的正确表述应该是:"我说一个两千年前的观察者说'凯撒渡过了卢比孔河';接着,我以自己的方式重复了这句话。然后,我说这两句话相互一致或符合。"这两句话当然如此。但是,我在任何地方都没有超越我自己所说的话。符合只不过是我自己关于某个人所说的一句话与我自己说的另一句话之间的一致。这里存在的只是一种新的唯我论,是关于私人言语(private speech)的唯我论。在这个与历史有关的例子中,显然我无法把我的话说给一个早已作古的人听,并从他那里获得协调行为回应的保证。但是,我确实对其他人说话,并说如果他们查看历史记录,包括那些关于事件前后过程的记录,那么,他们的回应会与我的回应相一致——或者说不同的反应将会全部进入一个单一的复杂行为体系之中。

---

① 《哲学杂志》,第19卷,第187页。

缪塞尔先生的另一个例子表达的是同样的观点。他说:"假设我说拿破仑的墓在巴黎,让我们设想我是在某处读到这些文字的。我最终读到的那些印刷出来的符号是一条记录下来的回应链的末端,沿着这条回应链倒推,我最终就来到开启了这整个系列的最初的观察者所站立的地方。我被引向一个特殊的所在,在那里,我接受到一个刺激,这个刺激引发回应说:'是的,拿破仑的墓在巴黎。'而这就是构成判断的真理的东西……记录下来的回应链总是把我们带向某个具体的所在。"①我们必须毫无疑问地承认这最后一句话。但是,这个所在是什么,它在哪里呢?如果它只是过去——而不是一个持续到当前的刺激-回应过程——那么,我只能说:"我说一个最初的观察者说墓在巴黎。"简而言之,如果沿着这个链倒推,我最终达到的终究只不过是我自己关于其他人所说的东西而说的话。如果我去了巴黎,然后我的确想到另一句话,这句话与我先前说墓在巴黎这句话相一致,但在这种情况下,对象不是一个反作用的回应。或者,我不用去巴黎,也能以引起其他发表相同意见的人作出反应的方式进行回应——说墓在巴黎。这里,对象同样是在行为中达到的共同适应。

假设我们对一个事件作出判断,这个事件发生在人类或者任何拥有语言反应能力的有机体存在之前的地质时期。在这样的情况下,显然谈不上与当时的观察者的言语反应相符合的问题。根据我们的描述,语句的反作用的符合被排除了。虽然如此,没有人会怀疑,关于这个古老的事态,某些判断比其他判断更加确实。既然谈不上重复一个观察者的判断,那么,这怎么可能呢?如果说我们现在作的判断是假如一个当时的观察者在场也会作的判断,这显然是成问题的。一个当时的观察者无法在某些方面作出像我们的判断那样精确而完整的判断,因为我们还可以根据那以后所发生的情况对一个特定的时期作出判断。显然,我们的言语反应是针对现在对资料,对岩石、化石等的考察而得出的结果的。这些陈述所面向的其他听话者与说话者,是这些资料和其他类似资料的可能观察者。潜在的"对象"是协调的、相互加强的行为体系,其中当然包括言语回应。识(sciousness),在这里也像在其他例子中一样,是同识(con-sciousness)。而这个等同不仅仅是言语的一个特征,并且给言语一词以原初的涵义。

---

① 《哲学杂志》,第 19 卷,第 188 页。

总而言之，我们可以说，存在着三类有必要加以区分的回应。首先，有对刺激的感觉神经中枢运动系统的自动性直接有机体回应。对反应而言和在反应之中，这些刺激都不是对象。它们与回应的联系是因果性的，而不是认知性的。反应是物理-化学的，虽然它的结果可能是位移或分子运动。刺激或回应都不是知识的对象，虽然回应可能成为有待于认识的对象的一部分。如果刺激是恰当的或完整的，那么就会发生完整的适应性回应或运用。它现在是不完整的，所以它是对进一步回应的一个挑战，这个回应将给予它规定性的特征。这样，有待于认识的东西成了知识的对象，它成了一个回答而不是一个疑问。

其次，言语回应占据着中介的位置。通过把握并固定刺激，它释放出进一步回应的各种形式。说这块有颜色的斑是红色的，这使我们得以把它看作我们正在寻找的那个东西，或者把它作为一个明确的危险警告而对它作出反应。先前的活动构成被我们认识到的事物的一部分主题，但它们不是被认识到的对象。被认识到的对象是先前的行为与由言语的中介所引起的后续行为之间的协调。除非我们抛弃这样一个假设，即认为求知的刺激与知识的对象是同一个东西，否则，我们对知识与真实的分析将一直是混淆不清的。第三，行为的最终协调与进一步的再行动者，即听话者的回应有关，不管这个反行动者是另一个有机体还是我们自己。这种说话者与听话者之间活动的协调，构成知识的潜在对象。作为至少两个回应者之间的协调或共同适应，它建立起我们称为知识或真实的那种符合。过去的回应与当前的回应之间的符合，只有通过一个以一种统一的方式把两者都包含进自身之内的进一步回应才能确定下来。这个理论解释了真实与一致性以及真实与符合之间的关系。不同的回应必须共同一致，前后一贯。当一致性被理解为是把不同的回应整合进一个单一的更加丰富的行为中的能力时，它就获得了一种客观的、非心理主义的意义。

我们可以用提示一种可能的解释来结束本文，这种解释是针对我们已经指出的对言语的行为主义解释的过分简化来说的。内省主义心理学不可避免地把心理学的内容分解为许多支离破碎的片断，把这些片断看作独立自足的整体。我说"不可避免地"，是因为把这些片断关联起来的联系是在环境条件与有机体行为构成的情境中找到的，而内省主义者们则意识不到这个情境。如今，行为主义过于经常地把自身局限于寻找一些对应物，即与内省主义心理学所处理的材料和论题相同的东西在行为主义中的对应物。① 结果,现实而具体的行为就被分解成了许多支离破碎的片断,而不是根据它本身自由地得到分析。这样,内省主义心理学的某些错误就在恰恰要对抗内省主义的行为主义心理学中被重复了。

---

① 这里的情况与坎特(Kantor)先生关于神经系统所描述的处境十分类似。他的文章《神经系统,是心理学事实还是虚构?》(The Nervous System, Psychological Fact or Fiction?)见《哲学杂志》,第19卷,第38页。正如坎特先生所说,过于经常地,"神经系统被看作是无形精神的有形对应物"。类似地,某些形式的行为被认为是先在的主观实体与过程的客观替代物。

并无一元论或二元论的实在论[1]

I.

与过去有关的知识

洛夫乔伊(Lovejoy)教授在他投给《批判实在论论文集》(*Essays in Critical Realism*)的那篇文章中,坚持认为实用主义只有使其自身与一种二元论的认识论相一致,才能合理地号称是一种实在论,而这种二元论的认识论则是他的同人以及他本人所表述的那个种类。他主要是通过对摘自我的著作中的一些段落作一个详细的考察来支撑这个论点的。而我所能做的,起码是表达我的同意或者说明不同意的理由。他的某些观点,虽然占据着较小的篇幅,却也许是有着比较基本的特征的观点,与经验的概念有关。问题的这个方面,有待进行单独的讨论。不过,其他观点似乎适合分开来讨论,这就是我要做的事。第一个观点涉及过去的知识,或者用我的立场出发会比较偏爱的说法,涉及关于过去事件的知识或与过去事件有关的知识。

洛夫乔伊先生,像其他许多人一样,认为这种知识构成了一种再现的或二元论的知识论的一个立足点。甚至一元论的认识论者们看上去似乎也接受对某个过去的孤立事物的某种超越的(transcendent)指向或强调,这个事物在它本身内部显然带有它过去的位置或日期,尽管这些人否认一种中间的心理状态的存在,

---

[1] 首次发表于《哲学杂志》,第19卷(1922年),第309—317、351—361页。关于本文回应的文章,见本卷附录2。

并回到一个一般的求知者或头脑过程(brain process)来作出这种特定的超越关联。对我来说,相对于跳到一个被视为与现在没有关联的过去的这个问题,后一个差异看来是个小问题。所以,我一直试图表明,包含过去的知识在逻辑上就是关于过去的知识,这种过去乃是"与现在和未来联系着的过去";或者表明,现在和未来井井有条的问题,包含着某种过去。在对我而言,在很大程度上与我本人的观点无关的几页之后,洛夫乔伊先生说出了我的观点实际上是什么,并说它[第68页(第471页①)]是"实用主义者针对严格的'回溯性的'(retrospective)知识的可能性而进行的辩证推理中最有效和最有说服力的部分"。它当然应当是这样,它表达了我的讨论的旨趣。

  这一点涉及证实与思考的关系,并由此涉及证实与知识的关系。对关于过去的思考的证实必定是现在的或未来的,那么,除非关于过去的思考在它的意义中具有一个未来的关联,否则,它如何能得到证实呢?关于这个问题,洛夫乔伊先生完全可以说我的"悖论"涉及对一个真正的困难或至少显得是一个困难的东西的回避。在讨论洛夫乔伊先生的具体反对意见之前,让我来对这一点加以发挥。与实用主义者相当不同,在试图遵循科学方法来对待自然科学的意义上属于经验论的经验主义者一定会觉得,从逻辑上说,无法证实的东西都不能称为知识。那么,对他来说,关于过去的知识将一直呈现为假说性的,直到获得证实为止——证实只有在某个现在的或未来的经验对象中才可能发生。在思考这种观念应用于通常的"记忆-判断"的可能性时,他会因为自然科学中发生着的情况而感到吃惊。他会看到,许多动物学家已经不再满足于关于过去演化的各种理论,这些理论纯粹依赖对过去各种事件的一个有说服力的协调;他们如今投身于获取现在结果的尝试之中,趋向于去寻找规定某些结果的当下的、因而可以观察到的过程。他发现,地质学家们不仅试图通过搜寻补充性的事实,而且通过实验来进行确证。转向关于过去的判断的另一个领域,他发现,"文学性的"历史学家们受到他们处理的那些事件一些奇特有趣的或者具有道德意味的方面的影响,同时受到他们自己致力于构筑一幅协调画面的行为的影响;而"科学性的"历史学家们则不仅对各种事实更加小心谨慎,而且搜寻新的、迄今为止隐藏着的事实来证明他们的推论性重构。说这些特殊的科学例子给予我们线索理解并非在

---

① 圆括号里的数字指的是本卷中的页码(即中文本的边码)。——原编者

科学上得到规定的、日常情形的逻辑,这种说法中并没有任何内在的悖论性的东西。

我看见一个信箱;这里有着一个被观察到的事物。每一个回想(recollection)都直接或间接地始于某个被感知到的、直接呈现的事物,这是一个常识。它提示一封信,这可能只是一个单纯的提示(suggestion)。对昨天或者去年写的一封信的思考,可能成为某个纯粹由幻想去玩赏的东西——一个审美事件,我称之为一个回忆(reminiscence)。真实或虚假并未参与到这一情形中来。但是,它可能会提出问题:我确实写了这封信,还是不过想要写这封信? 如果我写了这封信,我把它寄出去了,还是留在了书桌上或者放进了自己的衣兜里? 接着我做一件事情。我翻翻衣袋,看看书桌,甚至可能写信给相关的那个人问他是否收到过写于某个日期的一封信。通过这些手段,一个尝试性的推论获得了明确的地位。如果这些实验成功,那么就带来断言这封信写过或者没有写过的逻辑权利。把这一情形一般化,你就能得到如此烦扰洛夫乔伊先生的那种涉及关于过去的知识的逻辑理论了。①

然而,到目前为止,对洛夫乔伊先生异议的控诉并未被触及。他回答说,判断的意义涉及过去本身,因此证实(即便是未来的证实)是对关于过去的意义的证实。只有证实的所在(locus)——证实的手段,而非被证实的东西——是未来的。因此,我的论证混淆了最初的判断所指的并知道它本身意指的东西和一件外加的事情,它的证实的时间[见第 69 页(第 471 页)]。值得怀疑的是,辩证地看,情况是否像洛夫乔伊先生的区分使之成为的那样明确。如果一个将来事件的意义和一个过去事件的意义像洛夫乔伊先生的论证所要求的那样是分离的,那么究竟以怎样一种方式,我们才能把这个将来事件设想为使过去的判断有效的手段呢? 拿本来就无法回答、至少无法通过我们如今掌握的那些手段来回答的关于过去的问题的例子来说,布鲁图斯(Brutus)在他刺杀凯撒的那天吃了什么早饭? 在一种逻辑的意义上,存在着那些人称为关于这样一件事的陈述的一个判断或命题。在我看来,它顶多只能算是一个审美的幻想,可以作为内容来填

---

① 洛夫乔伊先生顺带提到了"我们甚至发展出一种技艺,我们相信自己用这种技艺能够对这些过去的再现作出区分,把其中的某一些认作虚假的,把另一些认作真实的"[第 67 至 68 页(第 470 页)]。我不明白,对这种技艺的说明怎么会不能证明上面的立场。我愿意冒险一试。

充想要为自己的小说添加现实细节的历史小说家的作品。理智上的阻塞(estoppal)是从哪里来的呢？我认为，来自这样一个事实，即被作为早餐吃掉的东西没有留下现在可以观察到的结果。连续性被打断了。只有当受到评判的过去事件是一个与现在仍然可以直接观察到的结果有着持续关联的事件时，判断和知识才是可能的。

这个结论的要点是：它使洛夫乔伊先生所作的在关于过去的意义与所谓证实的手段之间的那个鲜明而固定的区分变得无效了。只要意义完全关于过去并处于过去之中，它就无法为了知识而得到恢复。这个否定性的看法暗示着，关于一个过去事件的判断的真正对象，可能是一个有着一种延续到现在和未来的关联的过去事件。我们可以说些什么用事实来支持它在假设上的可能性呢？

让我们从被称为回忆的情况开始。人们讲述关于过去发生在某个人身上的各种事情的故事，重构那个人身处的各种有趣情境的倾向，是一个众所周知的事实。只要故事是为了说明某个目前的情境，为了获得处理某个眼下的复杂问题的材料，为了得到指点或给予建议而被讲述，那么，它们就表现着关于前瞻性的(prospective)意义所说的东西。但是，只有少数人仅仅满足于理智上相关的东西，把回忆削减得只剩下光秃秃的逻辑骨架。审美的兴趣修改着这个故事，而个人的、多少有些自我本位的兴趣填满和围绕着它。对过去时代的回忆，毫无疑问，部分地补偿了现实场景的缺失和它迫在眉睫的问题：对行动的迫切需求。

但是，从它可能具有的无论什么理智核心来看，比如它是被用来就如何处理一个混乱不清的状况而向另一个人提出建议的材料，在被应用的主题与被意指的对象之间似乎存在着一个明确的区分。过去发生的事，不是这些命题的意义。毋宁说它更像是一种材料，人们以此为基础来预测某件与所要采取的较好行动有关的事情，这后者才是被意指的对象。描述这个被谈及的过去插曲时，是否伴随着字面上的准确，这是无关紧要的。想象通常伴随着它起作用，并把它引向更加贴近眼下情况的方向。这并不一定影响这个判断——被给出的建议——在所要采取的较好行动方面所具有的价值或判断的对象。被引述的事实，以及为了支持某个特定的行动是比较好的这种观念而被人留心列举出来的材料，这些是主题而非意义或对象。

这样一种情况并不直接而明显地包括关于过去的判断。如果给出建议的那个人开始思考他本人过去的经验与这个新问题的相关性，我们就可以想象，他正在回到过去的插曲上来判断他对它的讲述究竟有多么准确。无论如何,究竟发生什么?这对我的理论而言是很关键的。它表明这样一种情境,即洛夫乔伊先生宣称在其中有待证实的意义完全只与过去有关,即使证实手段的所在是未来的。值得注意的是,用这个例子来说,对现在关于过去的概念的准确性的检视(examination),是从关于现在和未来的一个问题中产生出来的。人们可以设想,归根到底,与过去的特定关联仅仅是尽可能作出恰当的关于现在的判断这个过程的一部分。

不过,我并没有强调这一点,因为在讨论的目前阶段,人们很容易反驳说这样一个推论随之而来,仅仅是因为这个例子已经被安排指向那个方向了。但是,作为一个提示,人们可以把它记在心里。从先前的讨论中实际得出的东西,就是对判断和知识中的**题材**和**对象**的一个区别。这个区别在多大程度上是一个普遍的区别呢?它不是为了讨论关于过去的判断而专门引入的一个区别。从逻辑必然性来看,它体现了任何**探究**的逻辑必然性。因为如果对象是当前的,那么在"探究"一词的任何理智意义上,就将不存在任何探究、任何思考或推论、任何判断。另一方面,必须要有主题,必须要有得到接受的观点,否则就没有建构或发现对象的基础了。一个判决代表着一个法庭中的判断;它包含着对象,即被意指的东西。罗列出来的证据和被应用的法律条文丰富着主题。这些东西是复杂多样的,并且对象是从其中逐渐形成的。关于爱因斯坦的理论、温度的本性或地震原因的科学探究,表现着同样的反差:一个终极的、尚未获得的、有疑问的对象与逐渐呈现出来并被筛选着的主题之间的反差,直到在判断结束时主题融入一个对象为止。①

如果我们把这种一般而必不可少的区分应用于对关于过去的判断的分析,那么在我看来,下面这个结论是自然而然的:对过去事件的判断的真正对象就是联系到关于现在和未来的过去事件。由此,后者就构成了关于过去的判断的对象或真正意义。拿信的例子来说,它的**对象**必须以下面这样的方式得到描述。某个其他人与我自己之间的状况**现在**是怎样的?他的信是否得到了承认,交易是否完成了,合同是否订好了,是否提供了保障?唯一可以为这个问题提供回答

---

① 主题不能与材料(data)相混淆,它比材料更宽泛,包括一切被认为相关的观点,无论通过事实性的材料还是通过被接受的意义被认为相关,而材料指的是明确地被选取出来用作证据的那些事实。

的主题是某个过去的插曲。因此,有必要看与过去事件相近的地方。在主题中总是存在着至少两条可供选择的道路,而对象则是单一而明白无误的。我要么写了这封信,要么没有写过。哪一个想法或假设是正确的呢?少了如此呈现于头脑中的互不相容的其他选择,恰恰不可能存在探究。我必须通过确定判断的适当主题——发生了什么,来弄清它的对象是什么这个问题。简言之,判断的对象是一个意图的实现。我曾经试图或想要与一个通信人发生某些特定的关系。我这么做了吗?还是对此仍犹豫不决?当然,无论我的分析正确与否,认为在所有这样的情形中,实际被意指的东西即判断的对象是前瞻性的,这种观点似乎不存在任何牵强和悖论性的地方。①

为了避免使这个结论看上去依赖于我们所用的特定例子的性质,即涉及个人的过去和个人行动的性质,我们需要一个关于过去事件的非个人的例子。我们可以用洛夫乔伊先生提供的那个例子。"当我把今天早晨的小水坑作为昨晚下过雨的证明时,这些水坑是证明的手段,但不是被证明的东西。为了证实的目标,它们唯一吸引我的地方并不在于它们本身,而在于它们使我能够对昨晚的天气作出推论。如果有人指出它们是由洒水车造成的,那么,它们就变得与我探究的主题无关了——尽管关于未来的相同命题,'街上将会有水坑',仍然通过它们而得到了实现。"[第69页(第471页)]我希望洛夫乔伊先生以他在考察我的观点时所用的那同一种批评性的细致来对待他的陈述。当我们对它作如此检视时,一些有趣的结果浮现出来了。

首先,我的观念不是包含在任何像"街上有或者将会有水坑"这样的判断之中,或者由这样的判断来表达。我的假说的意思是,判断的对象是"先前下的雨导致现在的和未来的结果",比如水坑,或者洪水,或者水池的注满,等等。在否认过去的事件本身是知识的对象时,我们并没有断定,一个现在或未来的特定的对象是它独一无二的对象,而是过去的内容具有"未来的关联和功能"②。也就是说,对象是一个与现在和未来的结果和后果有着关联的过去事件。就其本身而言的过去和现在,都是有损于完整判断对象的任意截取。在上面那个信的例

---

① 这个论证并不依赖于目标(objective)与对象之间的任何模糊不清。只要探究还在进行,对象就是一个目标,因为它仍是有疑问的。最终的对象代表着某个具有确定而明确的形式的目标。
② 我用了洛夫乔伊先生从我这里引用的话[第67页(第469页)]。不过,我并不想宣称先前我已经把这一点说得像现在一样明白了。

子中表现为一种意图的实现的东西,在这里表现为条件和结果的一个时间序列。无论如何,过去的事件只有在与一个现在或未来的事件或事实相关联的情况下,才是融入其对象中的探究主题的一部分。

其次,分析表明,对"街上将会有水坑"这个命题来说,洒水车的经过是不是恰当地融入探究主题的那个过去事件,情形是不一样的。正是通过对现在和未来的各种事实作进一步探究,我们才能确定洒水车或一场阵雨是否确实是实际发生的过去事件。如果洒水车是产生水坑的原因,那么就不会所有的街道都有水坑,或者至少屋顶不会是湿的,水池不会被再次注满,农田不会是湿润的。如果我们向一个海员或一名芝加哥商会(Chicago Board of Trade)的成员请教精确的天气情况的价值,那么,我们就会对涉及过去天气情况的判断的真正对象获得启发。关键是过去-现在-未来的关联,一个时间性的连续体。正是为了避免根据像洛夫乔伊先生的例子中注意到的那种观点而作出不完整的推论,其结论表现为像"街上将会有水坑"这样,我们才把过去事件的准确本质作为准确而谨慎的探究的论题。① 作为关于过去的推论的基础,现在的重要性可以从同时代的记载、记录技术,以及为把过去的事件带入现在可以探测到的各种事物而制造的各种设备、衡量和记录时间流逝的各种设备等日益增长的重要性中看出。这正是科学思维与大众思维之间的差异。与现在和未来的联系在完成的那一端出现。现在不仅为关于过去的一个正确推论提供仅有的材料,而且由于现在的潜在含义或意义依赖于它们与之相关联的过去的各种条件,因此未来的事件也作为意义的一部分而被隐含在其中了。如果原因是一辆洒水车,或者一场局部的阵雨,因此对谷物就没有影响,对粮食的价格也没有影响;或者,更小范围地说,就没有必要做穿雨鞋的准备。

先前提到的(第42页)关于过去的判断缺少持续至今的结果就不可能成立这一点,其逻辑意义应该更加明确了。我的分析可能对,也可能不对:这是一个事实问题。但是,我给出的这种解释,并不包含为了维护某种心爱的理论而造出的一个任意的悖论。目前真正的要点在于,在我们与孤立的、自足的事件或事态打交道的情况下,任何可以被恰当地称为知识或知识对象的东西能否存在。洛夫乔伊先生论证的真正要点在于:孤立的、自身完整的事物确实是知识的对象。

---

① 就是说,我们更加仔细和广泛地考察现在的事物。

我的理论否认这种观念的有效性。它断言经验之中的单纯呈现与知识或判断是相当不同的两回事,后者总是包含着一种联系,而在时间加入进来的情况下,就是现在与过去和未来的联系。读者或许不接受这种理论,尽管它与关于事实的知识中最有确凿凭据的那些情形,即科学的对象相一致。但是,在涉及比较次要的不一致或任意悖论的情况时,把握要点就是很主要的。关于过去事件的判断,只是关于知识的普遍(逻辑)理论中的一种情况而已。而且,先前我已经指出,它使我们有可能抛弃关于神秘的"先验"的认识论理论,以各个事件的客观的时间性联系为基础来处理问题,这样,即使在关于最久远的地质学上的过去的判断中,我们绝对不必回避可以在将来和现在加以考虑的事件。只要承认关于过去的思考依赖现在可以观察到的事件,并通过能够进行直接呈现的、得到预测或预期的将来事件而得到确证,那么在同等程度上,关于超越和认识论的二元论(或一元论)的整个构造就被消除了。

不同于我的观点的其他选择是什么呢?洛夫乔伊先生把这个其他选择是什么说得很明白。毕竟,当我们假设了一个以某种方式超越自身并跳回到过去之中的心理的东西之后,我们还不算走得很远。我们怎么知道它不是跳到了虚空之中,或者跳到某个相当错误的过去之中了呢?在谈到这一点,并否认实现关于过去的各种意义的可能性的同时,他提到"一种无法抗拒的倾向,要去相信其中的*一些*是实际上有效的意义"[第 67 页(第 470 页),斜体字是我标的]。一种适用于"一些"意义而不适用于另一些的无法抗拒的倾向,最客气地说,是一个古怪的事实。它暗示着最无法抗拒的倾向也许是最靠不住的。他也谈到基于"直觉性的假定"[第 71 页(第 473 页)]的间接确证。他说,一个真正的实用主义分析"应当包括对非直接给予的事物的一个列举,这些事物是*做出效果的行动者在那时有必要相信或假定的……如果这个反思过程对他构造一个有效的行动计划会有什么帮助的话*"[第 70 页(第 472 页)]。他指责我作为一个实用主义者没能忠实于实用主义,并"试图超越人类思维最无法逃避的局限之一"[第 70 页(第 472 页)]。

有这样一些实用主义者,他们回到直觉性的假定与倾向之上,把其作为接受与断定意义有效的一个根据。他们会欢迎洛夫乔伊先生加入他们中间的。但是,"十三种实用主义"的作者应当明白,存在着一个并不属于"相信意愿"(will to believe)类型的差异。如果他的观点是实用主义定义中一个如此固定的部分,以至于拒绝承认它就是与实用主义不一致,那么,正如我前面说过的那样,我并不要求被称为一个实用主义者。我甚至希望,他关于直觉性的倾向与逻辑确证作为其他选择的相互对立的清晰描述,会有助于使一些非实用主义者转而同意我关于涉及过去事件的知识的解释。

列举在构造一个有效的行动计划中有必要假定的那些东西,是这个过程一个明确无疑的部分。然而,这是一个假设性的列举。弄清哪些是目前情境的需要,这是明智地构造一个行动计划所要做的事情中的一部分。但是,一个行动者各种需要的本身,只有联系到与行动者一起参与到这个情境中来的其他东西,才能得到公正的评价。把行动者的各种需要或倾向孤立起来,并把它们看作对意义有效性的信念的依据,这似乎是主观论的本质。当行动计划被构造出来时,它仍是尝试性的。它通过其结果而得到确证或否定。一种倾向毫无疑问暗示着一种特定的见解或计划:当联系周围的各种因素而得到应用时,它成了一个值得为了**尝试**而被接受的见解或计划,作为一个起作用的假说而被接受。如果超过了这个程度,认为一种倾向或假定确保着关于一种意义是有效的信念,无论这种倾向在实际上多么无法抗拒,这种假定多么具有直觉性——假如存在这种与习惯分离的东西的话,这样的看法会使我们陷入一种主观论。在我看来,这是观念论中最令人反感的东西。

对我而言,洛夫乔伊先生正是投身于一种主观的实用主义之中。

II.

前一篇文章①讨论了涉及过去事件的知识的本质。本文试图表明,在这样的情况下(涉及过去的事件),知识的**对象**是一个包括过去-现在-未来的事件序列或连续体。虽然人们可以就其本身的优缺点来看待这个分析,但它也暗含了这样一层意思,即对它的接受使具有所谓超越能力的各种心理状态的认识论架构变得没有必要了。洛夫乔伊先生在《批判实在论论文集》中的讨论,还涉及对预期性的思考,涉及期望、预报、预测的判断。他试图说明,至少在那些例子中,必须允许有一种心灵的状态,这种状态从存在上来说,是心理的一种再现。他也质疑我的一个观点[包含在《达尔文的影响……》(*Influence of Darwin*)的《实验

---

① 指本文的第 I 部分。本文最初发表于《哲学杂志》时,是以两篇单独文章的形式出现的。——译者

的知识论》(The Experimental Theory of Knowledge)这篇文章中],我主张这种预期性的关联包含在一切知识之中。

从原则上来说,预期性知识的问题并未引入任何没有包含在先前讨论中的东西,在那个讨论中,我们已经表明,与未来的关联是被包含在涉及过去的知识之中的。但是,对这个问题的讨论在某种程度上转换了强调的重点,而且提供了澄清先前讨论中一些涵义的机会,尤其是涉及证实与再现以及各种观念在一种自然主义的实在论中的地位。这种实在论既不是一元论的实在论,也不是二元论的实在论。让我们首先来考虑再现的本质。

在任何与未来或过去有关的判断中,都存在着某个可以恰当地冠以再现之名的东西。一块现在的石头代表着生活于过去的一个动物,一堆灰烬代表着已经熄灭的一个火堆,一种香气代表着一朵有待去嗅闻的花,指针的一次突然晃动代表着一个有待于去发现的事件,诸如此类。

那么,这块石头,这堆灰烬,这丝香气,这根晃动的指针,首先是一些就它们本身而言或者非认知性地呈现于经验之中的东西;随后,它们可能涉及一种反思性的探究。我们可以询问它们代表或意味什么,它们证明什么或是什么东西的证据,或者它们预示着什么。在这种情况下,并且当我们断定它们意指或支持某个特定结论的时候,它们才获得了一种并非*内在具有的*再现能力。这块石头仍然是一块石头,但是,根据反思达到的阶段,它或者是假设性地或者是范畴性地被看作某个其他东西的标志或证据,即一块化石。它履行一种再现的**功能**,尽管从它本身的存在来看,它不是一个再现。正是以这种方式,一首诗不仅可以被人欣赏,而且可以被用来作为出自某个特定作者之手的证据,或者作为它的作者生活中某一次危机的暗示;一个审美对象的最初意图并不是这种类型的,但是,一旦它作为一个材料而参与到关于某个其他东西的判断之中,它就变成了这样的。正是以这种方式,一块板可以成为一个标志,一个水银柱可以成为温度的一个指示,一缕烟柱可以成为火的一个线索,一个污渍可以成为某种化学反应的证据。有这样一种众所周知的修辞手法,通过它,一种功能被转换成了一个事物,而我们又用这种功能的名称来称呼这个事物。正是以这种方式,我们称声音或纸上的记号为词语,称一块石头为化石;正是以这种方式,我们可以称具有再现功能的事物为再现。在第一种情形下,我们不太容易忘记所用的这个词暗示的是一种关联,而不是一种自身具有的特性。而在第二种情形下,我们太容易忘记这个事实并陷入麻烦了。

这一点是有些独断地被表述出来的,因为目前需要的与其说是一个论证,不如说是对一种受到了批评的立场的简要重述;如果我们要对批评的力量进行评价,就有必要把这种立场牢记在心。它把我们引到知识中的"中介论"(mediatism)和"直接论"(immediatism)这个问题上来了。①

洛夫乔伊先生说,关于知识境况的两种相互对立的观点,可以"被称为'直接论'和'中介论'。根据前者,无论知识的对象是哪种实体,那个对象必须被现实地给予,其本身必须就是被直接经验到的材料。根据后一种看法,认知性过程的本质就在于它是中介的,对象从来无法直接地——这么说吧——和原原本本地被达到,而总是要通过虽然以一种特殊的方式与之相关联,却不同于它的某种本质或实体"②。他为这个表述添加了一个尖锐的评论,说观念论者和一元论的实在论者都是直接论者。他在这样一个假定之上进行他的讨论,即在他定义的这种意义上,我是一个直接论者,并且我排斥一切中介论。那么,在我的处理方式中找到不一致之处,对他来说就不存在困难了。我应该进一步说,基于这个假定,我关于知识写过的所有东西都是一个巨大的不一致。

因为,正如关于再现的论断所暗示的那样,无论推论或反思在哪里开始起作用(而除非它确实开始起作用,否则,我是不会在一种逻辑的或理智的意义上把任何东西称为知识的),显然都存在着通过某个其他实体而对一个对象进行的中介,这个实体指向、意指、代表、证明或显明着它。尽管如此,只有当这种指示或意指在某个直接呈现或直接地被经验到而非直接地被知晓的东西中得到了证实、确证,思考或推论,才在知识这个词的完整意义上成其为知识。对象必须最终"被达到",为的是得到确证或否证;而当它如此被达到时,它是直接地呈现的。然而,它的认知性状态却是**中介的**,也就是说,被知晓的对象替某个其他实体实现了某种特定的再现或指示功能。缺少了直接呈现的、起确证作用的对象,我们就没有知识,而只有其内容是**假设性的**推论。推论的主题是对要求使其价值得到检验的知识的一个候补或要求。这个检验从最终直接呈现的东西那里得来,具有一种由于先前的中介而获得的意义,这种意义是它从其他途径无法获得的。

---

① 经验的直接性与留待讨论的问题中的一个有关。
② 《批判实在论论文集》,第 48 页(第 453—454 页)。

我认为,在这种看法中,没有什么从根本上来说是全新的东西,虽然它与比较普遍的那种认为知识是对某个事物或事件的一种直接把握或感知的看法相反。在某种意义上,洛夫乔伊先生远比我更像一个直接论者。我的意思是,对他来说,心理的再现只不过是把握或指向某个实体的一种官能或外在手段罢了,这个实体作为知识的一个对象,就其自身而言是直接完整的——正如先前探讨《关于过去的知识》那篇文章中所指出的那样。而从我的观点来看,一事物与另一事物的关系、联系或中介,是知识的**主题**的一个基本特征。前面已经说过,这种观点本质上并不新奇。它不是实用主义固有的。它产生于向逻辑的知识论、各种目前为自然科学所广泛采用的方法,或者对自然事件探究的延伸。它对这种科学而言,就像认为知识的对象是一些必须被直接探测到的形式或本质这个假定对亚里士多德的科学那样适当。实验或行动参与进来,在进行意指的事物和被意指的事物之间建立起关联,以使假说变成知识;当这一点得到人们的注意时,"实用主义的"特征就开始起作用了。由此推之,一些"结果",即实验的那些结果,就是完成或实现或引导"再现"成为最终对象的过程中的一个有机部分。①这样,我们就在知识中再一次获得了直接与中介的一个统一,而不是它们的截然分离。

这些看法看起来与对理智上的预期、预测等讨论相关。我在《实验的知识论》这篇文章中指出,在这些情形中存在着一种内在的完成:一方面,存在着某个确实无疑地呈现的东西,比如烟;另一方面,它被看作意指某个不在场的东西,比如火。尽管如此,它却不是像完全的忽视所暗示的那样,是一种完全的不在场的情况。火是作为不在场的在场者,作为被意料的东西而被呈现的。为了实现烟的关联,必须有火的后续呈现。洛夫乔伊先生说,这种"被呈现为不在场",正是认识论一直用"再现"一词来意指的东西[第51页(第456页)]。到目前为止,很好,让我们记着关于"再现"一词的意思所说的东西。但是,洛夫乔伊先生引入了一个进一步的限定条件。我已经说过,为了实现作为呈现而被给出的东西的意义,作为不在场而被给出的东西必须变为呈现着的,而这涉及一个操作,这个操

---

① 我认为,有时会产生混淆。这是因为,詹姆斯先生接受一种"直接的"知识——"亲知"(acquaintance),并把转换性引导的观念仅仅用于"关于……的知识"(knowledge about)。在后者中,他并不强调结果通过实验产生,虽然他没有否认这一点。于是在讨论知识论时,区分各种不同的实用主义的重要性也就随之产生了。

作试图以像烟呈现出来那样相同的一种直接的方式,把被推论的火带入经验之中。洛夫乔伊先生否认任何操作或行动的必要。他说,我们可以梦想一笔个人对之无能为力的飞来横财的到来。一个人当然可以这样想,就像他可以构筑无穷无尽的白日梦一样。但是,在任何认知性的意义上,这些想法是不是关于将来的思考?或者仅仅是一些幻想,其功能——只要它有任何功能——是对现在时刻的审美的充实呢?它也以呈现着的事物——烟——也许只不过令我们想起了一个过去的对象为理由而否认把被意指的对象带入现实经验中来的行动的必要性;它可能仅仅唤起一个回忆罢了[第53页(第458页)]。我不想否认这个事实,我的理论的主张开始于我们询问这个提醒物或回忆的认知性状态是什么的时候。我可能会想起我在一首诗里读到的某种美妙的东西,这使提醒物成为知识了吗?它是否在存在领域内给予烟或这首诗一个位置呢?甚至,它是否依赖于我能够根据它的作者、我在其中读到它的那本书,或者我读它的时间来放置这首诗呢?我的理论所遵循的,恰恰是一个审美的提醒物或回忆与一个认知性的提醒物或对事实的提醒物之间的区别,它并不包含对提醒物的存在的任何忽略。它主张,当我们把它们作为知识来看待时,我们进而根据它们去行动,而行动的结果则检验一个回忆要成为真正的知识的要求之有效性。洛夫乔伊先生或许会主张,每一个梦和每一个提醒物都是知识的一种情形。但是,我不明白他如何能把那种学说的涵义归于这样一种理论,该理论认为,某些被经验到的对象在审美方面是自我封闭的,并因而缺乏认知性状态。此外,他的推论,即既然我们并不根据一个梦去行动,那么,我的理论便是错误的。这种看法对一些人来说,与其说是在质疑我的理论,不如说或许更像是在质疑认为梦是知识的一种情形的那种理论。

在讨论我对一元论的实在论的批评时,洛夫乔伊先生可以毫无困难地发现许多暗示我不是一个一元论的实在论者的段落。考虑到我之所以批评一元论的实在论,因为它是一种一元论,他的发现并不令我吃惊。相反的发现,倒会使我大吃一惊呢。洛夫乔伊先生接着论证说,如果我不是一个一元论的实在论者,那么,我必定是个二元论的实在论者。"那么,那就是他(眼下的作者)所局限于其上的其他选择——要么是观念论,要么是二元论……一种应当同时既是实在论又是一元论的知识观念,对他来说是无法得到的。"[第62页(第465至466页)]洛夫乔伊先生似乎喜欢运用排中律。但是,这条原则是一把双刃剑,除非小心拿捏,否则就会割伤使用者的手指。我们已经说明了洛夫乔伊先生如何在知识中的直接和中介之间作了一个详尽无遗的划分,他以此为根据来证明我的不一致。我们也已经说明,我关于知识对象的理论的要点在于它在一个**方面**是中介的,而在**另一个方面**是直接的,所谓的不一致是由于没能理解我的理论。一元论的实在论与二元论的实在论之间的区分,已经穷尽了可能性;但除此以外,还有多元论的实在论,我所提出的理论正是这一种。那些作为意义或意指其他事物的事物是无限多样的,它们的意义也是无限多样的,就如冒烟意味着火,香气意味着玫瑰。不同的气味代表了不同的事物,汞柱代表着大气压力或热度,一个污渍代表着一个生物化学过程,如此等等,以至无穷。事物是事物,不是心灵的状态,如此就是实在论。但是,事物是无限多的,如此就是多元论。它把关于知识本质的假说全都联系到一起了。①

但是,洛夫乔伊先生还有另外一手。既然我承认在预期性的推论中——从我的观点来看,在一切反思之中——有某种东西在经验中呈现为不在场,并有待于成为一种直接的呈现;他就认为,我已经允许心理的或心灵的东西作为一个项而加入判断过程中,并因此投身于二元论。他用来支持这个见解的辩证论证,似乎表现为喜欢对排中律作非批判性运用的又一个例子。呈现为不在场,或不在场的呈现,就任何物理事物而言,是一种不可能。因此,就有对心理实体的肯定。因为,他说,他用心灵的和心理的两个形容词指的只不过是"任何明确地成其为一小份经验的东西,但是[它]要么无法用物理的术语来描述,要么无法定位于单一的、客观的、或者'公共的'空间性体系中而不产生自相矛盾的属性,物理科学处理的对象是属于这个体系的"[第61页(第465页)]。

物理的东西和心理的东西之间这种详尽无遗的划分,是有其重要意义的。它以一扫而空之势驳倒的不是实用主义者,而是越来越多这样的人,他们认为,某些实体对于心理和物理的区分来说是中性的。根据涵义,它断定一切意义、关系、活动体系、功能,一切像数学实体,像宪法、选举权、价值、操作、观念、规范之

---

① 就这方面而言,我在这种看法中并无原创之处。某些实在论立场或许不像我的立场那样令人怀疑的人,比如伍德布里奇(Woodbridge)教授,持有这种看法。见他的《意识的本性》(Nature of Consciousness),《哲学、心理学与科学方法杂志》,第2卷,第119页。他从这种观点出发,作了一些我发现自己无法接受的推论,而我也作了一些恐怕得不到他同意的推论。但是,我很愿意就他对我本人在这个问题上的思想的廓清而对他表示感谢。

类的东西都是心理的。这样一种立场在一本频繁使用本质概念的书中出现,尤为令人惊讶。洛夫乔伊先生本人,在这个段落所引的这一页上,提到在再现着的事物和被再现的事物之中发现的"一种共有的特征或本质"。

从这一论点出发,我认为,我有资格把问题留在这里,直到洛夫乔伊先生和他的同人们在物理的东西和心理的东西之间划分的详尽无遗方面,努力解决了本质问题,并且直到许多非实用主义者被说服了为止。目前的状况显然把证明的重担加到了洛夫乔伊先生的头上。但是,利用这个机会,就我自己关于"观念"或精神的东西的本性的观点作一简要重述则更好。洛夫乔伊先生从一个现成的具有关联或意指功能的心理存在入手,认为被呈现为不在场的事物就其本身而言是心理的,或者不就其本身而言,至少就其作为不在场的呈现而言。我的假设把这个观念颠倒了过来。它从一个实际呈现着的事物、物(res),比如烟、石头,以及这个某物指涉一个与它本身属于同一存在秩序的其他东西,比如一堆火或者地质学上的动物这样一个当下的事实入手。它把它本身的基础建立在一个推论的明确无疑的发生之上,即从一个呈现着的事物向一个属于同一个非心理种类的不在场的事物的推论。由此,它避免了连续性的断裂,避免了把存在区分为物理的和心理的两种秩序所引发的二元论;这两种秩序只有通过相互反对的属性才能得到定义,并且具有这样一种本质,它们之间的关联和相互作用是完全不同于其他已知事物的一回事。我的假设还具有这样一个优势,即它始于一个确实原因(vera causa)、明确无疑的推论事实。①

那么,根据这个假设,被意指的未来的事物是客观的——一堆火,发现已灭绝动植物的另外痕迹的可能性;一场暴雨,对某些行为方式的处罚;或者一次日食。它被某个同样客观的事物——数字、语词、听到或看到的东西等等所代表或再现。一个客观的东西具有代表,意指另一个东西的力量,这是个奇迹。在我看来,这是一个应当完全像发生在任何其他关于性质的东西的世界中,比如在水的性质中发生那样,得到接受。② 但是,一个具有或履行着某个不在场事物的代表

---

① 《实验逻辑论文集》,第 225 页(《杜威中期著作》,第 4 卷,第 94 页)。
② 这就是说,它是一个形而上学的或宇宙论的或科学的问题——比如说这个例子的情况——它对所有认识论思想的学派发生着类似的影响。它不是对某一个学派比对另一个学派而言更加关系重大的一个问题,虽然二元论学派因其隐含的连续性断裂而比其他派别在面对它时存在更多的困难。

性质的事物是如此独特,如此独一无二,以至于它需要一个单独的名称。**就它执行着这种功能而言,我们可以称其为心灵的。被意指的事物和进行意指的事物都不是心灵的。在任何心理的、二元论的存在意义上,意义本身也不是精神的。**传统实在论接受了材料与意义之间明确无疑的逻辑上的二元性或分工,并通过把它转换为一种**存在上的二元论**,即两种截然不同的存在秩序的分离,而陷入了困境。① 从明确无疑的推论的存在,或者说从一种逻辑功能入手,"观念"意指有疑问的对象,只要它们被呈现着的事物所意指,并且能够进行逻辑操作。一场可能的暴雨由于通过观察云或气压计而被暗示给了我们,就在一个词语或某个其他的呈现着的事物中得到了具体化,并因而能够**为了某些特定的目的而完全像一场现实的暴雨那样得到对待**,那么,我们就可以把它称为一个精神实体。人们将会明白,这样一种理论以一种逻辑功能为根据来解释精神的东西。它不是通过把某个心理的东西硬塞到一个逻辑操作之下来入手。②

这个问题是如此重要,以至于也许值得以另一种方式来对它进行表述。意义是理智经验中标志着其特征的东西。它们是每一种逻辑功能的核心。它们既不是物理的,又不是心理的(套用洛夫乔伊先生的划分)。③ 一种意义并不一定能称得上是一个观念或思想,但是,一种意义可以假设性地得到接受,作为开始进行探究的一个基础,或者作为为了推理而与其他意义相关联的一个出发点,一个把意义结合在一起看看会产生出什么来的实验。对意义这样一种尝试性的接受,是在有疑问的情况下唯一可能的一种做法,除非我们要么作一个独断的肯定,要么作一个独断的否定。某个事件的意义是什么呢?它整体上是关于什么的呢?某个东西作为一个可能的答案或解答而提示着它本身。然而,它还仅仅是作为一种可能的、推测的意义。它如何超越推测而得到明确的肯定或否定呢?自然而然,探究通过接受这个意义并把它当作新的观察和推理的一个基础加以运用而进行。**如果是这样的情况,那么是那样的结果**。我们来察看"那么是那样的结果"能否在经验中现实地得到呈现。在由此发现被假设性地要求的东西,并

---

① 这一点如果不说得到了详尽阐述,至少在《材料与意义》(Data and Meanings)这篇文章中得到了发挥,见《实验逻辑论文集》,第136—156页(《杜威中期著作》,第2卷,第237—250页)。
② 见《观念的逻辑特性》(Logical Character of Ideas),《实验逻辑论文集》,第220—229页(《杜威中期著作》,第4卷,第91—97页)。
③ 当然,根据我的理论,从存在上来说,它们是在任何情境中涉及一种认知关系的活动(operations)。

且能确定只有"如果是这样的情况"才隐含着它的程度上,我们能够作出明确的肯定。这就是任何合理反思的过程。但是,这个操作要求意义具体化于存在之中,要求它是一个"话语中的具体化"(concretion in discourse),这里借用桑塔亚那(Santayana)先生偏爱的词来说。通常的方法是一个词或图表,但是无论如何,如果意义要为了理智的操作和实验而得到应用,或者要成为一个有效的假说,就必须有某个物理的东西来承载意义。以这种方式得到具体化的假设性意义,构成了一个想法或一个观念、一个再现。

这就是我已经提出的这种理论。① 当然,它很有可能是不准确的。但如果是这样,那么,它是因为事实而不准确。它不是任意的或悖论性的,尽管它显然与呈现的二元论或超验的直接论不一致,但是就其本身来看,它却并不显得与它本身不一致。

我以对争论的要点,即适合于探究知识问题的方法这个问题,作一个一般性评论来结束本文。与其说是"实用主义",还不如说是这一问题,才是争论的要点。罗杰斯(Rogers)教授,在他给《批判实在论论文集》的投稿中,已经以这样一种明确问题的方式来对问题进行表述了。他说,"批判的实在论者与实用主义者之间的争论,首先是因为事实上他们不是在处理同一个问题。杜威教授关心的是在具体方面实际推进知识的技艺——它与其他加入这个行为整体中来的过去和将来的知识相联系的长度。相反,批判的实在论者感兴趣的是它的宽度——它向人的心灵呈现对他必须在其中行动与生活的那个世界的真实本性作一个忠实记述的能力"(第160页)。

我感谢罗杰斯教授从他的观点出发,把状况说得如此清楚。它标志着富有成效的讨论的一个真正进展。这给了我一个机会来表明,从我自己的立场来看,这个争论不是起于我们在处理不同的问题这一事实。我们讨论的是同一个问题,差异是关于探讨和处理这个问题的方法。我的反对意见是针对不同于把逻辑步骤作为一个事实接受下来,然后试图对它进行分析的方法的那种认识论方法。我的主张是:对我们必须在其中行动与生活的那个世界的忠实记述,只有通过对现实知识得到保障和推进的具体步骤进行探究,才能富有成效地达到。在

---

① 除了已经给出的参考文献外,见《实验逻辑论文集》,第430—433页(《杜威中期著作》,第8卷,第75—77页)。

大多数情况下，我们已经费力地得知，获得一个合理概括的方法是通过对特定具体情况的检视和分析。为什么不把科学过程的这份经验用在获得一种知识观念的问题，用在关于世界的忠实记述的本性这个问题上呢？如果我们扩展了这份经验，那么，像罗杰斯先生所说的批判实在论者的问题和"实用主义者的"问题之间的划分就消失了。

"忠实的"意指什么呢？"记述"意指什么呢？更重要的是，我们应当通过何种方法来为这些问题寻求解答呢？普劳特（Pratt）先生在他的投稿中引用了桑塔亚那先生的一个说法："一种看法是正确的，如果它所谈论的东西是像这种看法断言其构成的那样被构成的话"（第99页）。对此，完全同意；同意不能过于缺乏依据。但这个陈述是一个解答，还是包含着一个问题的要旨？从存在上来说，什么是一种看法，它指的又是什么呢？关于"谈论"、"断言"这些词也是如此，关于"像……那样"这个词所暗示的谈论和被谈论的"东西"之间的联系也是如此。如果我们要对忠实记述的本性获得一个令人满意的结论，这些就是要加以仔细研究的东西。而除了采取与我们在研究其他问题时所应用的步骤相同的办法——分析知识得到保障和推进的特定情况，并把分析的结果加以普遍化，我看不出有什么办法可以回答这些问题。我对认识论方法的反对在于，该方法忽视了已在其他情况的探究中被证明为富有成效的仅有的一种方法，而原因在于，它不加批判地接受了关于心理状态、感觉和观念的那种过时了的心理学传统①；还在于，在这样做的同时，它就以一种除非通过引入一种神秘的超越加上对无法抗拒的倾向和无法逃避的假定的一种天真的自信，否则就使这个问题变得以无法解决的方式来表述它了。而当碰到所谓知识的任何具体特殊情况时，我们发现认识论者们抛弃了认识论方法，并回到了以实验性的确证为终点的批判性研究中实际应用的那个逻辑步骤。那么，为什么不从这一点上开始呢？

我们正在试图知晓知识，言下之意是知识毫无疑问地存在着。我一直试图遵循的步骤，无论有着什么样的模糊与混淆，都是始于关于知识的各种事实，并对它们进行分析以发现它们为什么以及如何是知识。如果这个过程能够成功地进行，那么，我们就可以说清什么是知识。有哪一种别的方法是合理的呢？让我们记住，我们正在试图知晓知识，试图了解并表述它的特征。如果我们排除知识

---

① 见《哲学、心理学与科学方法杂志》中的一篇文章，第11卷，第505页。

的具体情况并试图泛泛地研究知识,那么成功的可能性有多大呢？如果我们没有据以前进,据以为关于知晓一种提供给我们的知识的价值而进行判断奠定基础的关于知识的事实,那么,知识这个词具有什么意义呢？为什么不称它为阿布拉卡达布拉,或者噼里啪啦,或者你想到的随便什么其他的东西呢？说到底,知识如何意指某种不同于诗歌或幻想或梦的东西呢？在我看来,如果我们想要知道对我们生活于其中的这个世界的一个忠实记述是什么意思,我宁可拿一些可以获得的最可靠的忠实记述之例,把它们与足够数量的已被确认为不忠实的和可疑的记述之例作比较,然后看看发现了什么。以这种方法着手,我们就有了一种也能用来区分和确定诗歌、幻想、梦、感觉、观念、假说、材料以及一切其他东西的方法。用词节俭的原则已经说出了就这种逻辑方法的运用而言要说的一切。

对反思性思维的一个分析[1]

在回应布尔梅耶(Buermeyer)先生关于我对反思性思维的分析作出的批评时[2]，我在某种程度上也经历着在他写作时影响着他的那种尴尬。他的不利之处在于这样一个事实，即他拿来作为批评的那个分析，更多是为教学目的而非严格的逻辑目的而写就的。我在回应时的不利之处在于这样一个事实：既然布尔梅耶先生声称他接受一般的工具性立场，而且既然他碰巧在对《我们如何思维》(How We Think)一书的某些部分的批评中发挥了自己的观点，我就无法十分肯定地知道，如果他为了表达自己的独立见解而写作，他的确切立场会是什么。无论如何，我将忽略《我们如何思维》中的那些观点，并尽力试着就其本来面目而讨论布尔梅耶先生文章中的这些观点。我几乎完全不认为最初的文本自然而然地带有他加诸其上的那个结构的所有要点，那是一个小问题；而且如果像布尔梅耶先生这样敏锐的一个批评者误解了它，那么，这个文本对其他读者就几乎肯定会显得含混不清。因此，我很感谢他提供了这个机会。

布尔梅耶教授提出的这些问题与思维的各个步骤(steps)或过程有关。从(i)一个问题的产生，(ii)它的具体确定，(iii)一个解决的建议、假定或假设的产生，(iv)对这个建议的扩展或推理，(v)实验性的检验，从我对这些步骤的分析着手，他举出一些理由来支持这样一种观点，即反思性的行为不能被分解为各个分

---

[1] 首次发表于《哲学杂志》，第19卷(1922年)，第29—38页。关于本文所回应的那篇文章，参见本卷附录3。
[2] 《哲学、心理学与科学方法杂志》，第17卷，第673—678页(第482—491页*)。*括号里的数字指的是本卷的边码。

离的步骤,并且,尤其是随着思考变得更有力或更具科学性,第二、第三和第四步"倾向于融为一个不可分割的行为"。我毫无保留地接受布尔梅耶先生主张中的一部分;并且,我懊恼地发现自己居然会给人留下任何相反的印象。谈到"各个步骤",人们自然会设想这指的是某种有时间顺序的东西,而由此想当然地得出一个自然的结论,认为这些步骤是按照上面列出的那个时间顺序发生的。然而,实际上,我的分析并没有任何这样的意思。这个分析是形式的,暗示的是一个批判思考的行为中所包含的那些逻辑"运动"。哪一个步骤放在第一个,这是无所谓的。即使是问题的产生,也不是非得在时间上第一个到来。因为一个具有科学头脑的人会进行推理和实验,为了一个明显的目的,即发现可以在其上进行探究的问题。如果让我现在来写一个完整的表述,那么,我肯定会强调一点,即非批判性的思考和批判性的或科学的思考之间的主要区别在于,后者试图在尽可能大的程度上把推论和检验的功能结合在一个行为之中。这种努力显示出一种除非在数学之中,否则无法达到的理想或限度。但是,只要与这个努力相关,我就不仅接受布尔梅耶先生对各个步骤在时间上的分离的批评,而且接受他关于归纳、演绎和实验性检验融合成为一个过程的结论。

显然,这个观点没有在布尔梅耶先生和我本人之间留下显著的差异。但是,事情并不像这样简单。布尔梅耶先生说了一些话,暗示着在否定时间上分离的同时,他也否定各种功能之间存在任何有意义的区分,而我则仍然基于逻辑分析不可或缺的本性而坚持这些区分。不过,从这一点上开始,我在文章开篇时提到的那种尴尬就开始起作用了。我无法确定他想要在逻辑学的等同(identification)的方向上走多远,恰如我无法确定他想在心理学的等同的方向上走多远一样。不管怎么说,他针对逻辑中的归纳与演绎之间区分的消除作了具体的论述,而这些论述将被我用来阐明在我看来是重要的逻辑区分的东西。实际上,他在说明归纳、演绎和实验的相互演变时,相当连贯地提到了它们的功能。但是,这个提及是否标志着布尔梅耶先生承认归纳、演绎和实验在**逻辑**上是彼此不同的,还是说它只不过是布尔梅耶先生出于批评目的、为了陈述我本人的立场而作出的一个让步,我无法确定。

这是一个重要的问题,因为它关系到我们各自对归纳和演绎的定义。在我的印象中,布尔梅耶先生接受传统的把归纳和演绎视为分别从特殊到普遍和从普遍到特殊的逻辑运动的观点。我主要关注的就是修改这一传统。我把归纳视为从各种事实到意义的一个运动;把演绎视为各种意义的一个发展、各种蕴涵的一个展示;同时我坚持认为,事实与意义之间的联系只有通过通常物理意义上的一个行动,就是说,通过与身体的运动和周围环境变化相关的实验,才得以形成。这些是我坚持的观点,虽然我向布尔梅耶先生承认,《我们如何思维》中的那些部分除了不明确和不充分之外,很难称得上能留下任何其他印象。在传统观点和我刚才所说的观点之间,当然存在着联结点。事实、材料从逻辑上来说是殊相,而意义则起着一个共相的作用。但是,传统的讨论或者把殊相或者把共相或者把两者都当作天经地义的,而我则试图对它们进行说明,而且是根据一个被经验到的处境,从一种混乱而不确定的状态到一种明确而连贯的状况的反思性转变来进行说明。在这个过程中,当对这一处境进行分析性的观察时,各种材料连同它们的殊相性质的功能就呈现出来了;它们代表着试图使问题具体确定的努力。作为建议而被提出的各种意义,呈现为恢复各个殊相间的统一、融贯和一致的手段。这样,它们就具有共相性质的功能。实验是把意义应用于殊相之上的指示法,来看看会发生什么——来看看提议出来的统一是否能够实现和维持。实验具有双重功能。从作为建议被提出来的意义这边来看,它是一个检验(test);从否则将支离破碎的材料这边来看,它提供了组织化和体系。在布尔梅耶先生的批评中,有多种不同的迹象表明他接受传统的现成的或被给予的殊相和共相,以及材料和意义观念。在这一点上,我们有分歧。

对归纳和演绎的明确讨论可以方便地从对这个事实的参照入手,即前面的论述只提到三个功能,而更早些引用的论述则包含四个——不算我们之间在其上不存在差异的那个问题。这个看上去的不一致是由如下事实引起的:《我们如何思维》的文本有着突出的教学性质的目标,特别注重强调非批判性的思考和批判性的思考之间的差异。① 那么,糟糕的思考和好的思考之间一个最明显的差异,就是前者对各种作为建议提出来的意义的不成熟的接受和肯定。自制的思考的标志之一,就是这类接受的延迟。因此,我在问题与建议的提出之间插入了对"事实情况"(facts of the case)进行分析性考察的要求。但是,在批判性的

---

① 读者不应当由于布尔梅耶先生和我在不同的意义上使用"推理"(reasoning)一词而受到误导。他用这个词来表示我称为批判性的或反思性的思考的意义——褒义的思考。我则更愿意把它限定为"三段论推理"(ratiocination)或理性论述对各种蕴涵的阐发。

思考中,这个"步骤"并不与对一个建议的尝试性或假设性采纳有所不同。它标志着控制一种假设性的意义采取的形式的意图。与我对归纳的观点相关的这一点,可以通过在归纳性的运动和作为一种批判地得到实施的功能的归纳之间作出区别而变得更加清楚。两者在逻辑上都终止于一个假设。但是,在通常的思考中不用费心去控制假设的形成。在批判性的或科学的探究中,要花很大力气来确保对观察到的材料进行准确的具体确定和收集,用来作为控制的手段。在我看来,这个"步骤"是科学归纳独有的特点,其中丝毫没有建议只有在进行这个步骤之后才产生这样的意思。相反,各种建议蜂拥而至并迫切要求得到接受。这正是系统进行的分析性观察保护我们免于遭受的那种危险。

密尔[①](Mill)着手为归纳制定了一些规则,其严格程度如同三段论规则对亚里士多德的演绎那样。如今,与此观点相反,对我来说,坚持这一点是很重要的,即解释性的"原因"在头脑中出现,完全不是可以受严格规则支配的一件事。个体的能力和偶然机缘这些因素,永远不能被排除在归纳操作之外。赫胥黎(Huxley)说过,在读过达尔文和华莱士(Wallace)的著作之后,他们的物种起源理论看上去如此一目了然,以至于他只能对他自己和其他人何以在接触到同样一些事实之后竟然没有想到如此明确的一个解释而感到奇怪。这里就有无法像密尔想要作出的还原那样,被还原为各条规则的因素。但是另一方面,假说的出现在某种程度上确实存在着规律性。它是怎么发生的呢?我至今仍然坚持《我们如何思维》中的回答,即对观察到的事件的分析性检验(广泛的和特定的)使这样的控制成为可行。这个过程可以在一个相当大的程度上被还原为各种规则。密尔的"准则"(canons)不是他认为它们所是的那样,而是进行观察以便确保最有可能让对意义的建议(假设,理论,"原因")变得相关和丰富的材料——是"最有可能",尤其是求异法(the method of Difference)和[契合差异]并用法(the Joint Method),其他的也一样。这里不存在像密尔所希望的亚里士多德三段论那样的保证。

我不是要排除密尔对归纳理论的贡献,而是试图把它放到它应有的位置上。这种想法为我提供了对布尔梅耶先生意见的回答,他认为,我的说明使我得不到

---

① 亦译穆勒。——译者

密尔各条准则的支持，而且概括地说，是把归纳降格成为一个巧妙猜测（happy guessing）。正是由于巧妙猜测的阶段**不能被排除**，对问题本质的具体确定或分析性的观察才在归纳中有着优先的重要性。分析性观察的完成，当然包括实验；它并不先于后者。而且在大多数情况下，它是受到某种观念或建议的引导的。尽管如此，在产生的影响着形成一个假设的材料的实验和影响着它的接受的实验之间，还是存在着**逻辑上**的差异。即使同一个实验实际上同时具有这两个效果，情况也是如此。因此，我无法接受布尔梅耶先生的修正，他认为不应当把科学归纳定义为一些过程的总和，通过这些过程，解释性的概念得到了**加强**（和调整）；而是应当把它定义为这样一些过程，通过这些过程概念的**接受**得到确定。从逻辑上来说，我们必须区分这两种结果，虽然在实际中（正如已经说过的那样），科学方法的理想或界限在于同一个具体的操作会同时产生这两个效果。

这不是一件无关紧要的事。为了让一个解释性概念的假说性特点有可能充分得到把握，为了让那个思考着的人得以肯定一个起着证明或检验作用的实验，除了导向它的形成和（尝试性的）采纳的那些事实之外，还带出其他事实，在实际中，这一点是很关键的。人们只要读一读最近关于唯灵论和释梦的文献，它们出自那些已在其他领域中树立了科学声望的人之手，就足以明白这个区分的实际重要性了。科学史上充满了类似的例子——比如魏斯曼理论（Weismannism）的阐发。

坚持归纳与作出假设有关这一点的理论意义，可以通过考察布尔梅耶先生关于它"就特征来看至少同等程度是演绎的"这种观点来看清楚。在认为它会在相应于其利用演绎而恰当得到完成的程度上，我与布尔梅耶先生并无不同。但是，这一点意味着它们**在逻辑上**是相互有别的，而布尔梅耶先生则走到了主张它们是等同的这一边。根据他的看法，演绎与对"已经掌握了的知识、观念的应用"相关［第675页（第484页）］。他接着宣称，这表明构成一个假设是演绎的，既然它依赖于先前的知识。"只有在我们关于一个有争议的情境已经有了一些了解和类似情境的经验的情况下，我们才能形成一个不完全是任意的推测。"［第675页（第484页）］。这里，他再一次把聪慧的思考者描述为这样一个人，他"把注意力集中在由行动者过去经验提供的所有结果构成的目前情况之上，集中于一些既微妙又相关的类比的出现"［第678页（第488页）］。他认为，少了这种演绎特征,假设就会成为完全是随意的,理论之间的优劣也就无从谈起了。

我不仅承认而且强调对有争议的情境的了解,正是它表达着通过刚才讨论的分析性观察来调节概念的形成这种需要。但是有一点我绝对否认,即认为这种了解在逻辑上是按照演绎推理的前提的方式进行的。如果确实是这样,那么任意两个有着相同技术能力(technical competency)的人就会收集到相同的材料,并对其中的各个要素给予同样的分量。建议,一种假设性意义的出现,归根到底是一个原始事实,是非逻辑的。它可能出现,也可能不出现;一个特定的"主意"可能冒出来,也可能不冒出来;也许某个其他概念占据了头脑(我并不怀疑,一个类似的归纳性的跳跃实际上在一切有意义的演绎中都在发生。但是,这并不能确定它们的功能,即各自的功用、价值、特征性的结果)。

关于从其他类似情况中得来的了解,在我看来,布尔梅耶先生似乎有着一个我在其他地方指出过的错误或混淆[比如,《民主与教育》,第187页(《杜威中期著作》,第9卷,第165—166页)]。提出的假设建议缺少了先前的经验,就不会**出现**与它依赖于对先前经验的应用,这两种说法之间是有差异的。前者是一个物理的陈述,后者是一个逻辑的陈述。事实上,经常是人们头脑中冒出一个建议,而不曾意识到使这个建议得以出现的先前经验。即使在他们意识到引发这个建议的早先经验的情况下,如果他们头脑聪明,也不会把提出建议的经验和作为建议而被提出的意义置于前提和结论的关系,而只会把它们看作建议者和被建议的东西——用通行的话来说,就是"观念的连结"。逻辑上的问题是,这两个情境是否确实是类似的。知识存在着,并被用来提议一个假设。但是对**目前的知识**来说,问题在于旧的情况或规则是不是能适用于新的情况或规则。我们平常的许多错误,都源于想当然地认为,在某些情况下已知的东西对于手头的情况来说也可算作知识。这种归摄是一切独断论的本质。对旧有知识的演绎性依赖,也就是说,以前提和结论的关系把旧的情况及其隐含的概念应用到新情况之上,这恰恰是归纳功能要保护我们去防止的。一个训练有素的人,比一个没受过训练的人更有自信地依赖旧有的知识,这是事实。但是,从逻辑上来说,训练有素的人仍会在作为建议来源的旧有知识和作为结论的演绎性前提的旧有知识之间作一个区分。被我作为归纳中关键的东西而加以如此强调的分析性检视,必须不仅涵盖目前有争议的情境,而且涉及先前的种种情境,一个可能的规则或结论从这些情境中产生出来。只有以这种方式,我们才能通过确定存在于两个情况之间的相似程度来确保对一个建议的接受。布尔梅耶先生提到了牛顿关于万有引力的推论。那么,为什么不也提一下他关于光的推论呢?那是同一个人用同样一些工具在做事。在前一情况下,与先前经验的类比假设已经得到了确证;在后一情况下,它还没有被确证。简而言之,归纳推论的**假设性**特征,正是在于目前的这些有争议的情况与其他已经确定了的情况之间的类似的假设。这是关键点。在一个情境中是知识的东西,在另一个情境中是假设,甚至是错误,这样一个事实并不存在自相矛盾之处。但是,这个事实排除了布尔梅耶先生的观点所依据的把对先前知识的接受作为演绎的前提这一点。

关于从许多相互竞争的假设中进行归纳的重要,以及关于淘汰、排除、众里挑一(all but one)的重要,我高兴地发现,自己同布尔梅耶先生的观点完全一样,而且很乐意接受他给出的解释[见第 676 页(第 485 页)]。我也同意摩尔(Moore)先生的观点,即认为假定众多假设可应用(就是说,值得试着去加以应用)到同样一些事实之上,这有着怀疑论的本质。但是,我还要补充两点说明:这样一个假定本身就被包含在各个假设之中;或者它本身就是一个假设,换句话说,众多假设中的每一个有着自明要求的假设都值得加以展开和检视。我还要补充说,对归纳推论的绝对价值(categorical value)的怀疑是良好思考的先决条件;相互竞争的各种假设以及相继淘汰的方法的部分价值,在于它恰恰促进了这种健康的怀疑。

但是,在对淘汰方法的重要性的接受上,我看不出任何与我的分析相冲突的东西。我在其中看到,有好几点与布尔梅耶先生的观点相冲突。比如说,既然所有相互竞争的假设都是在与先前的类似情境相关联的目前有争议的情境下而同等地被提出来的,那么,它们就**不是**来自同等前提的演绎性结论,而是源于不同来源的一些建议。在后一种情况下,其中的每一个建议或许都需要演绎的扩展并值得去进行实验性检验。在我看来,声称互不相容的假设是植根于同等前提之中的断言,是一种最具虚无主义特点的怀疑论;正是它,摧毁了任何有效演绎的可能性。从这一观点来看,摩尔先生的观点是相当温和的。但是,它暗示着通过淘汰的方法,众多假设以及一个在其间进行选择的过程并没有贬值。恰恰相反。如果一个假设是好的,因为它开启了一系列演绎的蕴涵并引发了一系列实验,那么一些假设就更好了,因为它们扩展了这一操作。在任何复杂的情况下,实际上都不可能得出一个明确的结论,除非不同演绎体系被拿来加以比较,并且不同实验的结果被用来相互检验。

布尔梅耶先生的批评也涉及把演绎看作通过追溯一种作为建议而提出的意义的各种蕴涵,即它与其他意义或观念的逻辑联系而对这种意义进行的发展。不过,他对这一点的讨论相对来说比较简略,我的讨论也必须如此。他把现代逻辑中的演绎称为"关于各种类型的次序(order)或蕴涵的一种普遍理论"[第676页(第485页)]。在这个概念中,我并没看到有什么与我的观点相反的东西。因为普通的推理经常运用蕴涵关系以便拓展或阐发一种作为建议而被提出的意义,于是,关于为何要发挥一种关于蕴涵关系的抽象理论就有了充分的理由。在参与这种逻辑的发展的那些人中,有许多人会否认它们最终的工具性和方法论性质的特征。但是,布尔梅耶先生对工具性逻辑的全面接受,暗示着在他那里并不存在任何这样的倾向。但是他说,虽然对一个假设的内容的发展会用到这些次序类型,却不能等同于它们,因为它是有偏向的或有选择性的。的确如此。正如归纳在形成一个假设的过程中运用被选择的事实信息那样,演绎运用一个先已形成了的由概念或意义或关系构成的体系。它必须为了眼下的目标而进行挑选和调整,该目标是由问题设定的。选择是归纳性的,因为它涉及根据它们对眼下目标而言的价值和适用性而形成一个假设。它们在一般的蕴涵类型体系中的既有地位,并不能确保其在这个特定情境下的适当性,正如在一种情境下得到确认位置的信息,并不能保证它在一种新的有争议的情境下的运用一样。

到目前为止,只要涉及归纳和演绎的运用,我一直在重复我与布尔梅耶先生的一致。我还要承认或宣称,演绎是为了实验性检验而出现的。不仅如此,在演绎的过程中还存在经常的检验;心理概念被放到一起,看它们是否适合于眼下的目标。不然的话,正如布尔梅耶先生明确指出的那样,演绎将会变得像加法计算器的运算一样[第680页(第490页)]。① 但是,在我看来,这种对归纳的依赖和运用对如下观点并无影响,该观点认为,演绎的**功能**,或者说从逻辑上来看的演绎,在于对意义的阐发,它起先以一种原始的、未经发展的形式出现,不是作为最

---

① 我认为,布尔梅耶先生或许会同意我的观点,即新学派用以替代古老的三段论的那个关于各种类型的次序或蕴涵的普遍理论的情况也是如此。实际上,它们也涉及归纳。

终状态而是作为值得作为发展基础的东西而得到接受的。① 事实上，布尔梅耶先生是不是否认这一点，不容易看出来。

最后，对于行为（或过程）与功能的关系，或者如同布尔梅耶先生所说，心理学的东西和逻辑学的东西之间的关系，还可以说一点。我完全同意布尔梅耶先生的这个主张，认为根据思考得以顺利进行的程度来看，实验和演绎是*被包含在归纳中的*——诸如此类等等。但是，我否认这种事实上的包含意味着逻辑上的等同。这个否认在布尔梅耶先生看来，似乎暗示着回到心理学与逻辑学的密切关系的信念上来，这是实用主义的或工具性的逻辑的本质。我认为并非如此。一个人可以认为，一种生理学科学依赖于化学检测过程并追溯至其相应于有机体的一切功能的运作能力。这是否会取消呼吸和循环之间的差别，即使它们被证明不仅相互依赖，而且在两者之中找到了本质上相似的化学反应？功能不是一个孤立的过程：把它假设为孤立的，在我看来，是一切抽象主义和绝对主义的谬误。但是，它是一个有区别的事情，因为它与过程的结果相关。一个人可以沿着同一条路线，乘同一个司机驾驶的同一辆车从纽约到芝加哥，再从芝加哥到纽约。但是，目的、结果是不同的。归纳和演绎的情况也是如此。我们越是能意识到心理过程的同一性，功能上的差异就变得越发明显。因为行为的统一性而忽视功能的区别，在我看来，是把具体的、心理的思考的原因交到对手——那些断言所有的真正推理都是演绎的，而归纳只不过是心理上的一个准备，仅仅在个体思考者的个人生活中才有意义的人——手中。我希望布尔梅耶先生能把他那装满弹药的枪支转向那个阵营；而作为结束语，我再一次感谢他为我提供了一个机会来澄清我无疑在《我们如何思维》一书中留下的令人遗憾的含糊之处。

---

① 如果布尔梅耶先生把他的推论推进到认为在反思性思维的每个阶段中，结论都会出现的地步，我也会同意他的。认为结论一直延迟到问题得到解决的时候才出现（正如按时间顺序对我的观点进行解释的人会推想的那样），实在大谬不然。我们每时每刻都在接受或采纳。差别在于接受的条件和目的，就像关于对一个假设的接受所说的情况那样。

中国是一个国家吗？①

对于赫尔本（Helburn）先生这封字面正确但充满误导的信所提出的问题，要给出一个答案是很容易的。中国在我们所了解的欧洲国家的意义上，当然不是一个国家；它是松散的，不是紧密的。它至少与欧洲一样多样化，而不是像瑞士或法国那样同质。大家都听到过来自中国北方与南方的学生相互之间用英语交谈，以使对方听得懂。在中国许多人口稠密的地区，一个当地人只要走上几英里的路，就听不懂他的同胞说的话了。至于政治上的自我意识，还是让下面这个真实的故事来告诉大家吧。在反日运动开始一年半以前，一群学生从上海来到一个邻近的村庄。学生们要求村民们关心被"卖国贼"所掌控的北京政府的政策，并出于爱国主义对日本进行抵制。村民们耐心地听完了学生们充满热情的恳求，最后他们说："这对你们来说很好。你们是中国人，但我们是乡下人（Jonesvillians）。这些事情不关我们的事。"这还不是在内地，而是在靠近最发达的沿海城市的地方。

但是，尽管如此，如果任何人单纯或主要从这些事实出发来推断中国的未来，他就会步入歧途。这不是因为这些事实不具有普遍的代表性，而是因为事情都在变化之中。我们无法确切预言事情将向哪个方向发展，但它们确实正在向

---

① 首次发表于《新共和》(*New Republic*)，第 25 期(1921 年)，第 187—190 页；重刊于《苏俄和革命世界印象：墨西哥—中国—土耳其》(*Impressions of Soviet Russia and the Revolutionary World: Mexico-China-Turkey*)，纽约：新共和出版公司，1929 年，第 252—270 页，以及约瑟夫·拉特纳编《人物与事件》(*Characters and Events*)，1929 年，第 1 卷，纽约：亨利·霍尔特出版公司，第 237—243 页，以"中国国家身份的诸条件"为题。关于本文所答复的信件，见本卷附录 4。

某个方向发展,所以一个固执地与作为一个国家的中国的利益背道而驰的中国政治家迟早是要被赶下台的。即使是中国国内的中国人,也不能放心地依据上述真实表现出来的事实行事。但我们同样不能根据有数以千计的电报发往巴黎抗议签订包含有关山东条款的条约这一事实,或者根据由亲日的政客所组成的一个内阁掌控财政与军队,他们完全不敢与日本就山东问题进行直接谈判这一事实,就放心地主张存在一个有持续影响力的少数派。在一场危机中,可能会存在一个如此有实力以至于占据主导地位的少数派,但仅仅是在危机中才能存在。

中国是一个国家吗?不,在我们评价国家的意义上不是。但是,中国正在变成一个国家吗?这将要花多长时间呢?这些是悬而未决的问题。任何能够确定地回答这些问题的人,都能像读一本书那样来解读远东地区的未来。然而,没有人能够对这些问题给出确定的答案。在这份悬疑不决之中,存在着当前境况那转瞬即逝的有趣之处。说到底,是什么时候开始有国家的呢?法国成为一个紧密而同质的国家有多长时间了?意大利和德国呢?是哪些力量促使它们成为国家的呢?而中国之外的民族国家(the national state)的未来将会怎么样呢?国际主义的前景如何?我们关于国家的整个概念的起源如此晚近,这就不奇怪它在任何方面都不符合中国的情况了。也许政治上的国家性(political nationality)最充分地建立起来的时候,就是它开始衰落的时候。最后这个提法似乎有些狂野,但它暗示着世界与中国都处在变动之中。而无论对中国何时成为一个国家,还是对中国将成为一个什么样的国家这些问题的答案,在我们知道俄国以及普遍地说欧洲将会发生什么之前,都无法找到。

目前,继续就事态的消极方面来说,中国非常缺乏公共精神。家庭与乡土观念使中国在旧有的传统目标上强大,而在当前形势与国际关系上弱小。即使在政治家中间,派系观念也比公众或国家观念强大得多——这个弱点无论对传统事物还是新事物来说,都是相似的。一支庞大的军队消耗了公共税收,这使中国越来越依赖于外国的借贷并屈服于外国势力的干预。它对国家进攻与国家防卫毫无用处,而对贪污、个人野心与派系冲突有用。中国具有极度中央集权与极度州权利(extreme states' rights)的所有弊端,而极少有两者中任何一个的长处。不仅在北方与南方之间存在着分裂,而且北方与南方各自的内部都存在着相互交错的分裂,加上许多地方性的孤立与野心所带来的各种相互交错的问题。

不过话得说回来,在1785年后的那段危机时期中,美国是一个国家吗?60

年前不是刚刚发生过一场痛苦的内战,而格拉德斯通(William Ewart Gladstone)①不是宣布杰弗逊·戴维斯(Jefferson Davis)②建立了一个新的国家吗?所有关于国家统一性与各州权利的问题都已经解决了吗?距今不远的几个世纪以前,欧洲政治家们从外国政府那里取得资助,以壮大自己那一派的力量;并且,偶尔随着党派或宗教冲突的加剧,还会邀请或欢迎外国的干预。直至今日,国家与教会各自的要求都还未充分协调好,直到不久以前,教会还独立于国家所要求与保障的干预力量之外。而中国至少没有这种麻烦。

我最近读了一个从英国到美国来访问的聪明人的一些文字,他说,未曾融合的人口与传统的多样性是如此的丰富,以至于美国只在欧洲大陆是一体的意义上才是一个国家。而几乎与此同时,威尔斯(H. G. Wells)③根据一个不同的标准,即迁徙与交通的自由和便利的标准,说美国是一个自身如此完整的帝国,以至于我们不能在与说法国是一个国家相同的意义上用"国家"一词来形容它。这些零碎的引用提醒我们,即使对西方的情况,我们也只能在一个变动不居的意义上使用"国家"这个概念。它们也暗示着对中国的国家统一性作出有力而迅速的断言的困难。

当从政治事务转向经济事务,我们惯常的西方观念就更无用武之地了。这些观念简直是牛头不对马嘴,使我们不可能用它们来巧妙地描述中国的情况,甚至不可能用来恰当地把握这些情况。在我们对"中产阶层"一词所熟悉的意义上,中国**不存在**中产阶层。以前曾经存在过一个掌握着相当多的不成文权力的士绅阶层,但起码在眼下它实际上并不存在。商人阶层一向被排除在政治权力之外,并且尚未萌发任何政治性的或社会性的阶层意识,虽然它的一些端倪已经在1919年的抗议中露了出来。即使在西方,要把农民放进(我们几乎忍不住要说)有产者-无产者的术语框架中,也会遇到相当大的困难。而一个自耕农阶层,他们不仅构成一个民族的一大部分,而且是这个民族的经济与道德基础,他们在一贯以来的以及目前人们的评价中,是**那些仅次于学者的值得敬重的人**,如何在我们的西方概念之下得到归类呢?

---

① 格拉德斯通(1809—1898),英国政治家,曾先后四次出任英国首相。——译者
② 戴维斯(1808—1889),美国军人、政治家,美国南北战争期间担任南方政府的唯一一任总统。——译者
③ 威尔斯(1866—1946),英国著名小说家、新闻记者、政治家、社会学家和历史学家。——译者

即使在西方,这些区分的特点也是工业革命的产物。而在中国,工业革命尚未到来。比起应用目前政治科学与经济科学的概念和分类来,中国这个地方更适于人们研究几个世纪以前的欧洲历史。如果来访者能从中国学到任何东西的话,他需要花时间去了解,而不要用他在本国认为理所当然的那些观念去思考他所看到的东西,否则,他得出的结论必然是模糊不清的。但我们可以询问:他对那些对中国感兴趣的人所能做的最有启发性的事,是不是去与他们分享他的发现,这个发现是中国只能根据它本身或较早的欧洲历史来得到了解。尽管如此,我们仍然必须强调说,中国正在迅速地发生着变化;而继续用古老的王朝式的观念来思考中国——就如濮兰德先生①所坚持的那样——就像把有关中国的事实塞进西方观念的框架中来解释一样愚蠢。从政治与经济上来说,中国确实是另一个世界、一个巨大而持久的世界,以及一个无人知其将往何处去的世界。正是这些事实的组合,才使人类事务的观察家产生难以抗拒地去琢磨中国的兴趣。

中国的国家身份(nationhood)问题,正如来信的作者接下来发现的,"并不是一个毫无用处的问题。中国是通过归顺来幸存的一个现成例子。如果中国是欧洲或巴尔干意义上的国家,那么,显然,日本就无法永远在那里作威作福。如果不是,那么,组织起它的工业和教育的那个国家可能会出于政治与经济的目的而吞噬它,比英国吞噬印度更彻底——吞噬,如果不说消化的话。或者也许地域规模与耐性的古老惯性会胜出,而日本人会被吞噬并被消化,就像他们的前人那样"。

这些评价都很贴切,而且涉及在中国的外国观察家常有的疑问。但是,虽然如此,除了指出问题,指出事态的变化,以及某些可能左右事态变化方向的因素之外,他做不了别的什么事了。一方面,我们不能放心地主张,因为中国已经吸收了所有从前的入侵者,它也能把未来的入侵者并入自身之内。它从前的征服者都是文化层次较低的北方蛮族。如果他们把一种先进的工业技术与管理一起带到中国,那么没有人知道将会发生什么。据说大隈侯爵②用中国没有铁路来解释中国历史上长期的独立状态,乍一看,这似乎有点幼稚,就像说别针救了人

---

① 濮兰德(J. O. P. Bland, 1863—1945),英国活动家,曾担任中国海关官员,也曾作为《泰晤士报》的记者走访和游历中国,著有《李鸿章传》、《慈禧外纪》(与白克好司合著)等。——译者
② 大隈重信(Okuma Shigenobu, 1838—1922),日本政治家,曾两次出任内阁总理大臣。——译者

的命，因为人没有把它们吞下去。但是，这种观点暗示了古代入侵与现代入侵在特征上的根本差异。现代入侵以开发先前未得到利用的经济资源为核心。一个拥有中国的港口、铁路、矿藏与通讯的国家会控制中国。入侵国越聪明，它所承担的超过必要治安维持的国民管理负担就越少。它会像长期压榨的资本家那样，利用这个国家的自然资源与不熟练的劳动力来为自己的目的服务。此外，毫无疑问，它会试图招募当地的人力来充实军队。一般来说，当地人会像苦力那样生活，而外国人则像上层人物那样生活。在这样的情况下，文化同化的成功或不成功就无关紧要了。

但是，只要人们一说起这些事，我们就会回想起内部通讯与交通的改善已经使国家发展成为政治单位的一个主要因素，而来自外部的压力是另一个重大的因素。同样的力量正在中国起着作用，并将继续发生作用。如今存在着的民族主义情绪在很大程度上是对外国侵略的反应的产物，在沿海地区最为强烈，不仅是因为工业的发展在那里最为发达，而且因为外国的侵略在那些地区最为明显地被人所感受。利用国家统一性的缺乏来控制一个国家，很可能导致一种国家意识的诞生。朝鲜就是一个明显的例子。政治上的腐化与分裂，缺乏国家的政治意识，在不到一代人的时间里，结合着完全意在为外国势力的利益服务的工业与教育变革的异族统治，已经几乎把朝鲜变成了第二个爱尔兰。历史表明，在企图颠覆国民性的意图的影响下，国家似乎反而会巩固形成。中国也不像是一个例外。虽然它不是一个"现成存在的"国家，但也许情势在召唤一个"正在形成的"国家，而这一过程会因阻止其企图而加快。与此同时，任何报道，只要不表明几乎中国任何地方的任何派系，无论北方还是南方，都会把国家权利交给一个外国来换取对其派系的援助以对抗国内的对手，就是不诚实的。

另一个在可能的变化中的因素也应该提一下。长期以来，除美国之外的各国列强都在按照这样一个假设行事，即中国应该处于分裂状态，而每一个外国的政策都是在其中分得自己认为应得的一杯羹。这个断言可能过于强烈了。但至少正在起着作用的假设是，无论何时发生任何分裂，对中国来说，向任何国家屈服都必须以向其余国家的让步作为补偿。世界大战造成了其他国家无法在这一问题上与日本相竞争的局面。现在很清楚，中国的分裂状态几乎只对日本一国有利。因此，其他列强对中国的国家完整性的善意关注有了很大的增长。中国历史上的政策，一贯是借一股力量来对抗另一股力量。现在，中国有受到所有列强支援的倾向,至少给它一种力量,以对日本侵略消极对抗。国际银行团(consortium)的形成及其对特定地区外国影响的消除,英日同盟的重新确立或废除问题,以及山东问题,都是在这一背景下获得它们的意义的。迄今为止尚未解决的问题是:日本能通过许诺或威胁对其他列强作出什么样的补偿,以引诱它们放宽对日本在中国活动的限制。

  一个长期居住在中国中部的美国教育家提醒我说,中国正试图在半个世纪内完成文化、宗教、经济、科学与政治革命,而西方花了数个世纪来完成这些。这个提醒意味着作出预言与确定描述的困难。尽管惯性与稳定性统治着广阔的乡村地区,尽管过去的具体预言在变化着的中国未曾应验,中国确实是在变化。由与西方方法和观念的接触所带来的成千上万微小的变化所积累起来的作用,已经在受过教育的阶层中创造出了一种新的精神。眼下,这一事实比任何单独的外部剧变或能够单独区分出来的外部变化的失败更为重要。在这种新的精神能够达到任何确定的成就,甚或能够确定地追寻可以察觉到的进步轨迹之前,还需要很长的时间。但这些使得一个巧妙描述如此困难的条件,却正是使中国具有引人入胜的兴趣的因素。

远东的僵局[1]

目前远东地区和平的钥匙掌握在美国的手中,这是十分确定的。但是,是否有谁知道该到哪里去找这把钥匙,并对它是什么样子知道得足够清楚,以便万一偶然发现它时能够辨认出来,这是有疑问的。然而,这把锁却是明摆着的,它就是日本与美国的关系。因为目前美国与中国以及西伯利亚的关系,只要涉及大的问题,就都不是直接的,而是要通过日本。有两把钥匙正在被尝试,而且肯定不会合适;第三把钥匙,我们在承认它是一个其价值有待于去发现的 X 的同时,可以称它为一种政治家式的策略。最明显和被谈论得最多的两种行为,注定会把事情搞得更糟的两种行为,是收买日本和对其不断地加以抱怨。

通过贿赂或收买日本来保持日本与美国之间和平的策略,最近拥有一些突出的代表——尽管他们当然不会在公众面前使用这些赤裸裸的言词——也许在他们自己的头脑中,也不曾如此坦率地称呼它。论证的步骤是这样的。日本领土狭小,人口众多且继续增长着,每年 70 万是宣传家们偏爱的数字;它原材料紧缺,粮食供应不足,人口的输出是绝对需要的。"白人"国家,可以腾出地方来的这些国家,拒绝接纳日本人为移民。那么,对于世界和平来说,必要的变通之计就是在亚洲大陆上扩张;而且对亚洲原生自然资源的这种需求,可以使日本得以在本国发展稳固的工业体系(industralism),以及能够承受由人口增长所引起的重担的发达工业。此外,日本是一个有开拓精神的、高效率的、开化了的现代国

---

[1] 首次发表于《新共和》,第 26 期(1921 年),第 71—74 页。

家,它具有组织能力,尊重法律与政府,有合理诚实的公共服务。因此,它令人赞赏地适合于在西伯利亚与中国担当起黄种人的责任(Yellow Man's Burden)。这些国家的政府受到嘲笑且腐化堕落,而且不管从哪种意义上说,无论在商业上还是在政治上,都还不适合于在国际社会中成为平等的伙伴。再则,关于中国,存在一种文化上的统一,有人说是种族上的统一;日本人了解亚洲的东方人,以及对他们来说什么是好的,而没有哪个白人种族能做得到他们那样的程度——诸如此类,直到论证结束。

其中的寓意是很清楚的。广义地说世界,狭义地说美国,应当以一种宽仁的中立态度来看待日本试图在亚洲大陆上立足的努力,无论是在西伯利亚、满洲或者山东。因此,演说与文章总是以对那个令人向往的东西的祈愿作为结束,那种东西被称为对日本及其严肃问题的同情的理解,而且还有着一种确信,即演说家或作家通过与日本真正的领导人的个人接触中得知,在世界上所有的东西中,日本最想要的就是与美国友好的关系,只待美国作出进一步的表示——只是关于什么问题,他们没说。通常还有着一种含糊的威吓,即日本由于是"一个骄傲而敏感的民族",如果受到过分的压制和因为缺乏输出以及缺乏必需的经济资源而感到绝望,那么,它就会拿起武器投入与美国之间的战争。整个论证通篇上下弥漫着一种微妙的威吓,说我们可以通过允许或鼓励它把精力投到亚洲从而避免与日本有关的一切麻烦。有时还存在一个附带的暗示,即因为日本在亚洲的扩张中会需要外国资本,所以美国参与进来,并为这样一个行为要求一份物质回报,也不会引起什么麻烦。

这就是我称为收买日本的一种策略。其主要意义不是来自这一事实,即它是由美国一些有几分重要性的人提出的——有某些英国人也主张这种政策。它意义重大,是因为如此精确地反映出一种宣传,只要解读它,人们就能了解官场和商界中日本人的想法。到访者也许会认为,是他自己阐发出这种策略来的。但是,任何一个长期居住在远东地区的人几乎都能猜出我们论及的这些人的名字,而且能够往回推想这些推心置腹的告白和犹豫不决的暗示中的每一步;通过这些告白和暗示,显要而受到最佳款待的外国客人被引导去作出他关于保持日本与美国之间良好关系的方法的"发现"。

这种策略确实被采纳来在一段时间里保持日本与美国之间关系的友善。它给了日本想要的东西,相比之下,加利福尼亚问题(the Californian issue)①只不过是小事一桩。它在一段时间里缓解了美国在外交上的燃眉之急,并使人们茶余饭后的谈话继续以一种滔滔不绝的热情进行下去。但是,从远东那些严重问题的解决这一出发点来看,这是一种假象。它表达出这些问题的恶化,这种恶化一定会导致一种人们能想象到的、将使整个世界都卷进来的、最终无法解决的局面。根据诸如由于一种低水平的生活和政府的有意刺激而造成的无限制的人口增长而提出的各种要求,想要去掌握一个大陆的命运,这些事情也许可以略而不提。另一个事实,即日本进行的第一次和唯一的一次官方人口普查的结果,显示去年的人口增长是 40 万而不是总被宣传的 70 万,这也许同样可以被忽略。

我们还对这样一个事实一笔带过,即山东已经人口过剩,而且日本人把贫穷的殖民者安排到落后的乡村去定居并忍受西伯利亚甚至是满洲的种种艰辛。我们甚至可以略过如下事实,即对日本移民来说,到亚洲无人占据的那些地方去已经不存在任何障碍了,就像欧洲移民到加拿大或美国去一样——就是说,以个人的身份而不是以外来帝国的先遣队、国家侵略的间谍的身份。

但是,我们不能够无视后一个事实所附带的东西和结果。那些重复日本作为维持良好关系并促进秩序、效率与进步的一种手段而对其在亚洲大陆上的行事自由作出请求的人,忽视了这一境况中的基本事实;日本在亚洲大陆上的行事方式是如此这般,以至于日本人在其所接触的每一个民族中,都引起了深深的不信任和敌意。这个事实不能通过诉诸当地居民的落后与无能来打发。即使承认辩护者们考虑到日本人相对于中国人和西伯利亚的俄罗斯人在行政和经济方面的优越,而为日本的行为作出的最夸张的陈述,日本人在亚洲大陆上的所作所为正是在全世界范围内埋下最终战争的种子,这仍是一个事实。

美国人有时也许会以一种复杂的方式猜想远东的旅行家们所作出的各种相反报道和见解,并下结论说,后者由于各种性格上的或偶然的原因而变得亲日或反日。解释如下:那些未曾远足至日本以外的人们把日本认作一个事实;亚洲大陆仍然只不过是地图上的一个地方,是思考中的一个非个人因素。那些睁一只

---

① 19 世纪下半叶,由于主要以提供廉价劳力为生的中国劳工随着美国西部"淘金热"大量涌入美国太平洋沿岸各州,引起当地白人居民不满,以加利福尼亚为首的各州陆续通过了一些限制亚洲移民美国,并对已在美国的亚洲人施加比较苛刻的课税条件的法案。此举主要针对中国人,但法案适用范围也包括日本人,由此引起日本的不满。——译者

眼闭一只眼留在大陆上的人们,认识到了日本的方法所造成的情况。辩护者们带着对由邪恶的军国主义者们在过去所干出的错误行为的一种含糊的承认,或多或少总能成功地把一个个细节蒙混过去。但是,大量的事实仍旧存在着。一个人可以使自己达到这样的程度,他下意识的假设前提可以是中国与俄国应当考虑到日本的优越而自愿地服从日本。这已经走得很远了。即使它们应当这样做,它们却不愿意。由于它们不愿意,远东地区的和平就受到整个世界将会参与进来的一个剧变的影响。

  这一境况中的另一个主要事实是:美国没有必要收买日本。英国的政治家们对于大英帝国成为日本的一个潜在帮凶的必要,似乎与我们的感觉有所不同。他们是否猜测错误,是有争议的。但是,无论如何,美国虽然拥有菲律宾,却并不拥有印度和香港。日本蓄意挑起反对美国的战争,这是不可想象的,其不可想象的程度就像美国与哥伦比亚之间发生战争一样。这个极端的陈述是经过考虑而作出的。在日本,个人会切腹自杀(hari-kari),但这个国家不会;而且日本的每一个有识之士都清楚,对日本而言,对美国进行一场侵略战争无异于国家自取灭亡。他们在上一场战争之前不清楚这一点;但是,从那以后,证明在严格性方面甚于欧几里德式证明了。只要人们想到美国在上一场战争中承受了多少损失,尽管它有铁路、经济资源和原材料,那么,日本以它寥寥无几的窄轨铁路、稀稀拉拉的森林、屈指可数的矿藏,以及相对稀少的工厂和相对短缺的粮食供应,想要赌一把,在对任何一个一流工业强国的战争中胜出,这种念头简直就是荒唐。

  目前,由于日本已经把它在战争中的所得用于在中国的投资——尚未取得回报,以及在西伯利亚的投资——除非高尔察克(Kolchak)起死回生并且成功地恢复鄂木斯克(Omsk)政权,否则在那里的投资永远不可能收到回报——并且把已经繁重的课税增加到难以承受的程度,在经济上已是困顿不堪。如果它控制了大陆的人力与自然资源,那么情况就会不一样了。但是,如果没有那段由于鼓励日本为了自己的利益掠夺亚洲而自然人为加快了的时间,那么,日本与美国之间的任何战争都将由于放任自流而不是日本统治者们的有意选择所导致的一系列偶然事件的结果。对于每一个"永远不"都存在着至少一个例外。在目前的情况下,这个例外就是受到了国内崩溃威胁的军国主义者们兴许会孤注一掷,试图通过最后的战争来恢复他们的威望与权力。

  我们没有必要为了拯救我们自己而去收买日本,这个事实并不意味着我们应当粗暴地或惹恼人地对待它。我们采取这种策略会有某种危险,它什么锁也打不开。我的意思不是说我们应当有意采取怨声指责作为策略;但是,如果不能成功地制订出清晰的建设性的行事方案,实际上就会导向这一结果。放任自流与外交上的机会主义把每一个产生出来的问题都变成一件孤立的事情,从来不面对基本问题以便获得关于它们的一种理解,最终造成一种相互挑刺与隔离的恼人状态,这是所有状态中最危险的。这似乎就是我们目前正在发展成为的事态,使各种原则处于有意模糊的晦暗不明之中,就像现在的门户开放和《兰辛-石井协定》(Lansing-Ishii agreement)的情况那样。处理每一个引出这些原则且实际上归于这些原则的摩擦的情况,是把我们的国际关系还原为伴随着由此产生的所有积怨与误解的一种持续的缓和的决斗。

我已经把我们的真正策略称为 X。即使在以陈述的方式说出的言词中,它也不容易被发现,更不用说实际的执行了。但是,它并不在光鲜而讨人喜欢的言词中,这些言词掩盖各种现实;同样,它也不在恶意、怀疑和抱怨之中。现在是寻求和采取一种明确策略的最恰当时机。日本在实际上孤立于其他国家,它开始意识到这一点了。它正在经历一种长时间的陶醉之后清醒过来的反应。如果能摆脱目前的萧条状态,并且不陷入一种更大的灾难,那么无论根据什么理由,它都将是幸运的。也许人们比在实际现实中更多地谈论自由主义;但是,如果不说是积极的策略,至少也存在着一种有起色的情绪的开端,尤其在青年一代中间。这种谈论是对世界舆论的一种新的敏感的标志。

无论如何,日本意识到了它对美国的现实依赖,这种依赖在美国很少得到认识,因为它与我们对日本的依赖完全不成比例。这种依赖并不仅仅止于国际市场的统计结果,以及我们是维持其工业运转的消费者这一事实。日本意识到了它在中国的事业与美国的观点和政策相联系的程度。它确实需要美国在道义上的支持来"前进",在那个词的任何适当的意义上说。

让我援引一个事实作为证据,这个事实看起来也许并不重要,但是我确信它意义重大。最近,日本的自由主义者们和基督徒反复地、几乎连续不断地作出努力,试图接近美国的传教士和教育人士,以及中国当地的基督徒。他们一直坚持当前日本内阁的改良意图,并几乎一直在中国乞求这种成分来作为带头的斡旋人,求助于善良意志与基督徒之爱的每一条情感原则。现在可以保险地说,这并不完全依赖内证(internal evidence)——这种动作并不首要地指向中国,中国仍被视为虚弱和微不足道的而受到鄙视。它是指向美国的。日本人针对传教士误导中国人和朝鲜人并制造麻烦的指控,大部分是捏造的;但是,日本人对传教士和基督教青年会(Y.M.C.A.)的工作人员发往美国的关于中国、朝鲜、西伯利亚以及满洲的情况报道所引起的恐惧,却完全是真实的。他们估计到了,据他们所知已经在美国发生的对日本看法的改变,对作为军国主义和冷酷帝国主义的日本那份不断增长着的厌恶主要是由于这种影响。实际上,他们想让这群人扮演日本与美国公众舆论之间斡旋者的角色,因为他们受到后者普遍而言在世界上和特殊而言在中国不断增长的力量的严重困扰。

在对将是解开这把锁的钥匙的美国策略,即这个 X 的寻求中,有一些量是已知的。一个是基于日本正在增长的自由主义而对美国人同情的每一个恳求,我们都应该既不加以轻信又不加以挖苦,而抱以一种了解这种自由主义在做些什么,尤其是关于中国与西伯利亚在做些什么的要求。而且,我们不应满足于概况,应该坚持要求详情。这些详情中首要的,应该是涉及大的工业与金融利益集团实际上在关于本国的政策和中国的发展上做些什么的事实。大仓、三菱、三井、横滨正金银行正在做些什么呢?谈论日本军国主义的权力,以及自由派人士试图约束它的渴望,这很容易;但世界上没有一个国家的金融利益集团,如此集中、如此强大或者与政府的关联如此密切和直接。为什么利益集团不运用它们的力量去约束和引导政府的政策?是不是因为,在哀叹这一政策为外国消费的同时,它们正在努力用它在中国和西伯利亚获利呢?

再多说一点。有迹象表明,目前的中国政府已经认识到《二十一条》和从中引申出来的条约比山东决议更加重要,不是因为后者不重要,而是因为它是前者的一个结果。这个政府极有可能很快就与日本政府交涉,要求取消这些条约。日本政府与民众对这种要求的态度,将是对他们关于政策与心理的改变所作宣称的一个严峻考验。美国的公众舆论应该公开、一致和明智地表明对这种要求的支持。直到这些条约得以废除之前,远东和平的问题不可能得到解决。直到它们被清除出去之前,改良与改善关系的宣称都只会在中国引起新的怀疑,而每一个动作都将被视为不过是为取得更有利的策略性位置而耍的一个花招。打破现存僵局的第一个动作,是去除与《二十一条》相关的这些条约。日本自由主义的任何真诚的朋友都会试图对他的日本友人们说清,这是有效的日美合作的第一步,因为这是美国方面采取任何不会使我们成为日本的罪恶帮凶的行动、成为如今被视为使我们担心和厌恶的日本的一个伙伴的先决条件。与《二十一条》有关的一切东西的取消，是把日本与中国的关系放在一个友好的立足点上的唯一途径。确保这两个东方国家之间的友好关系，应当成为美国人的舆论与行为的激励目标。然后，这把锁就开始松动了。

银行团在中国[①]

如果谁想要一幅关于国家之间的一致或任何国际合作关系方面各种困难的缩略图,那么,为中国提供资金的银行团能够完全满足他的要求。没有谁在亲身经历以前会相信,对一些简单的问题能有如此多相互对立的解释或者能产生如此多的相反意见。无论从哪个角度对它进行探讨——而随着时间的推移,这看起来不是什么别的而只是角度问题——总是有相反的主张和相反的畏惧。比如,每一天,广义地说是美方团体,狭义地说是拉蒙特(Lamont)先生和斯蒂文斯(Stevens)先生,都受到在中国与他们有利益冲突的中国人和外国人的指责,说他们对它的条款维持保密状态。尽管如此,看来似乎可靠的报道宣称,以美国国务院为后台的美方团体,从协议签字之日起就把它完全公之于众了。这先后受到日本人和英国人的阻挠。最近,据称美方的要求一直是足够成功的,所有的文件都已经送达中国政府并且得到了公布。事情就是这么回事。

"正如人们也许已经料到的那样,协议的条款是如此专门化,以至于它的公布虽然堵住了敌对批评的一个源头,却并未使银行团(Consortium)的目标与方法得到突出强调。"因为这些条款构成的,当然是各个银行业集团之间的一个协议,而不是中国政府参与其中的一个协议。如果可能的话,只有在与后者签订某种实质性协议的情况下,我们才会拥有用来作出判断的充分资料。

同时提一下各种相反的意见,如果不能使人得到启发,至少也能让人娱乐一下。受人尊敬的日本政治家们,一俟协议签订,就宣称日本对满洲的各项要求得

---

① 首次发表于《新共和》,第 26 期(1921 年),第 178—180 页。

到了银行团中其他国家的承认,它在那里的利益得到了保障。日本的官方新闻通讯社——国际通讯社(Kokusai)——在日本与中国都刊发了一篇据称是日本银行重要合伙人、横滨正金银行总裁的演说,这篇演说对由日本加以确保的各项保留权利作出了一个明确和几乎是详尽的声明。数周之后,这位总裁完全驳斥了这篇所谓的演说。而国际通讯社从未刊登这篇反驳,也从未对这个不一致作出公开的解释。与此同时,美方的拉蒙特先生和英方的查尔斯·阿迪斯(Charles Addis)爵士已经明确否定了这篇赞成日本保留权利的演说,并对日本政治家们作出让步的智慧表示赞赏,但后者并不轻易接受这种赞赏。首相原敬①和外相内田②最近均反复强调,要求对于满洲的问题给予日本适当满足,虽然是以更有分寸的词句。

与此同时,银行团在日本被指责为美国的资本帝国主义设法压制日本在亚洲的正当愿望的一部分,而在中国则被指控为美国对日本的一个妥协。他们问:究竟为什么,美国要同意日本成为合伙的一分子呢?为什么不坚持主张完全排除日本呢?如果真的接纳日本,那么为什么容许日本保留其在满洲的铁路权,而同时又通过银行团的贷款,允许将日资引入它尚未深入的内地呢?——他们引以为参照的,是规划中通往四川的铁路。因此,这同一个方案既是通过铁路与银行钳制日本征服中国的一招,又是伴随另外三个签约国的共谋而扩展日本在中国影响的一个手段。中国民众的对立情绪为这样一个事实所加强,即目前日本在华利益因中国政府接受了日本单独出借的贷款而得到确保,这种贷款在银行团存在的条件下将变得不可能。权衡变通之法还尚未成为中国人的一个政治习惯。

正当美国一些自由主义人士指控银行团是金融帝国主义、美国这么干是为了参与一项对外国的金融掠夺时,银行团在中国却受到了商业利益集团的指责,其中包括一些美国人的商业集团,说它是威尔逊式理想主义的又一个部分、一个为了拯救中国使其不再成为国际特权持有者的逐鹿园的乌托邦计划。这是因为,通过使加入银行团的这些银行承诺只通过国际合作来发放贷款,实际上使美

---

① 原敬(Hara Takashi, 1856—1921),日本政治家,1918 至 1921 年间担任日本首相,是日本首位平民出身的首相,但在任内被暗杀。——译者
② 内田(Uchida Yasuya, 1865—1936),日本政治家。——译者

国政府保证只对这个团体加以道德上和政治上的支持,限制了被婉转地称为(在中国,和在其他地方一样)自由竞争和私人企业的东西。换句话说,有一些美国商业集团已经意识到中国官员愿意出让他们国家的物产来换取可以用于充实自己腰包的贷款,而相应地,他们也认为,任何将会限制其掠夺行为的计划都是理想主义和不切实际的。我们还可以公平地加上一句:他们的反对,似乎由于中国官僚方面的支持而有点像是"加速的"。

目前境况的另一个滑稽之处在于,中国官僚在反对银行团方面实际上是一个统一体时,新闻媒体报道了在美国的中国人也在进行反对银行团的集会和游行,理由是银行团将要贷款给中国政府,而这些钱会被用于政治目的。在美国的中国人的这种态度,一方面因为他们大多数是广东人和南方的同情者和支持者,另一方面反映着中国民众的态度。官员们对银行团的反对是很容易理解的。已经得到一再强调的是——并且还得到了斯蒂文斯先生、美国银行业集团在中国的代表的强调——不会有任何贷款被用于行政或政治的目的,而仅仅用于建设目的,比如修建铁路。所有这些贷款都将受到仔细的监督与核查,以保证它们确实被用于事先定好的目的,这一点也得到了澄清。中国人的反对可以用以下事实来说明,即他们对其本国政府官员的恐惧与怀疑,仅次于他们对日本的恐惧与怀疑。

顺便提一下,如果银行团取一个另外的名称,本来可以产生一种愉快的心理效应。因为"银行团"这个词在中国人头脑中是与借出了所谓"善后大借款"(Reorganization Loan)的那个银行团联系在一起的,那笔"借款"被袁世凯用来作为巩固自己权力的手段。美国政府不允许美国银行家成为那个银行团的合伙人,却带头组建一个新的银行团,这一点与那个可怕的名称——"银行团"比起来简直无足轻重。即使是比较有头脑的中国人,也更相信美国的善意而不是它的智慧与技巧;并且随意地预料,当开始具体行事时,其他国家的合伙人会凭借他们更加丰富的经验与政治手腕把美国的计划完全打乱。

当人们讨论排除中国银行家成为银行团成员这个话题时,我们可以得到关于政治-金融状况的一些启发。在与有代表性的中国人的交谈中,我像其他美国人一样,表达了对没能包括他们本国银行家的遗憾,得到的回答是极具启发性的。自由主义的中国人说,这样一种银行团最终会证实他们的担忧,因为最自然地被包括进来的银行集团会是"政治银行家"。中国官员们很久以前就学会了自我洗刷的方法。政府拨出的钱被用来建立银行,然后这些银行以过高的利率贷款给政府,如此循环往复。另外,这些银行自然而然地在支撑政府方面施加了巨大的影响。它们在强有力的金融影响和腐败的半军阀性质的官僚之间构成一个联盟,这个联盟正是祸害中国政治的原因。外国给中国政府的贷款利率经常是不公平的,明摆着的贷款8%到10%的利率加上10%到15%的贴现,这看起来似乎很难说是合理的。但是,这些利率与国内贷款的利率一比较就相形见绌了,在后者那里,20%到30%的利率不算什么稀奇事。这些中国的自由主义者们还补充说,如果那些人们不加区别地称为上海银行家或工业银行家的人能有一线希望被包括进来的话,情况就会非常不同;但在目前的事态下,看不出有任何这方面的可能。

  本文的篇幅允许对眼下的情形再作一点谈论。在银行团的反对者们把它描绘为迫不及待地想要出借贷款、几乎想把贷款强加于中国头上的同时,它的美方代表们,自从拉蒙特先生到访中国之日起,一直在否认有这样做的热望。他们一直在说,等待来自中国政府方面的具体建议;他们一直在肯定,如果中国在财政上能够自给自足,并且从未寻求银行团的资助,那么,美国银行家们将会极其满意。对于这些陈述,人们是带着怀疑的态度接受的,因为它们是对银行家们不同寻常地表现出来的博爱的一种巨大讽刺。一些被认为代表着美国在华利益的报纸,在这些讽刺性的表达方面一马当先。银行团的美方代表说美国国内对剩余的资本有巨大的需求;说在中国的投资眼下并不特别吸引人;说各个银行不拥有将永久性地投在中国的资金,而必须把它们的投资引向大众;说美国银行家们主要是受到这样一种热望的鼓舞,希望把中国变成工业上独立的一个消费国,并通过特定国家之间的让步停止对中国的瓜分。这些话不是受到公然嘲笑,就是遇到无动于衷的沉默。

  到目前为止,我一直局限于描述银行团所受到的待遇。现在,我试着来表达自己的观点。我轻信到了足以从这些陈述的表面价值来看待它们的程度。事实上,我相信它们指出了目前境况的关键所在。银行团不是由美国银行家们发起的,根据我的记忆,最初的推动是当战争还在进行时,来自兰辛先生[①]任下的国

[①] 兰辛(Robert Lansing,1864—1928),美国律师、政治家,曾任美国国务卿。——译者

务院——他当然非常熟悉海约翰①的中国政策,并对使它成为现实而不是像在很大程度上实际所是的那样成为一纸空文很感兴趣。简单地说,由于涉及了美国政府一方,这个动作与其说是金融的,毋宁说是政治的。并且,它涉及的政治不是帝国主义的,而是代表所有国家的外交官们都极其愿意说出口的这条原则:维持门户开放,并保持中国的领土完整。显然,这一政策的反对意见主要集中于为了"行政的目的"而由各个国家单独发放的贷款,以及它会导向对瓜分中国的让步。日本、大不列颠、法国与英格兰在这场战争中是盟友,德国和俄罗斯自动地在其之外,这一事实给了我们一个机会去把所宣称的政策付诸实际,而不是使其成为一种诚心诚意的词句。兰辛先生抓住了这个机会。

简而言之,银行团的政策存在于两头之间,即政治的一头和金融的一头。处于这样一种位置,它可能遭遇各种危险。这一事实为日本、法国与英国的政治金融利益集团所熟知,即使它为中国人的情绪和美国人的公众舆论所忽视。因此,美国是在被具有讽刺意味地称为银行团的机构中唱独角戏。它的政策遭到了它所意图造福的那个国家官员们虽然通常是秘密的但却是主动的反对,并在民众中间受到漠视与怀疑。无论法国还是英国,都不像能够在银行团发放的贷款中为它们的份额提供资金。它们的份额必定由美国投资者来出。这是一种从严格的经济角度出发多少有些风险的投资,而美国投资者并没有隐藏从政治上为这种不情愿的投资得到补偿的野心。银行团的条款有效期是五年,如果它的运作能拖上五年之久的话,那么,法国和英国也许会出于自己的考虑而恢复它们的生意。

同时,我们新近的"伙伴"英国最不愿意看到的,就是美国的声望与影响在远东地区增长。即便它的不悦不像日本那样如此公开地满世界宣扬,也并不意味着它的反对不那么有效。

附带说一下,有一些迹象显示:人们将会推动这个新的管理机构去修改它的条款,这个推动部分地源于号称为中国的利益说话而实际上是为中国官员的利益说话的那些集团,部分地来自银行团中的一些其他国家,以使它成为被称作太平洋地区问题"永久解决"的一个部分。英日同盟的恢复,几乎已经是一个既成

---

① 海约翰(John Hay, 1838—1905),美国作家、新闻记者、外交家、政治家,曾任林肯私人秘书,后于麦金莱和老罗斯福时期任美国国务卿。他反对列强划分势力范围,主张"门户开放"政策。——译者

事实了。如果能够有一种政治的、重建的或者行政的贷款,那么,中国人的主动反对将会消失;民众仍将反对并对美国怀恨在心,但无疑会像默许他们所憎恨的许多东西那样,默许它的存在。这样一种贷款,对美国公众来说,可以被描绘为对中国需求的一种明智而善意的让步,以及对目前银行团政策的那些生硬条款的一个改善。再顺便说一句,满洲、山东和西伯利亚的问题会被提出来讨论,并且为了和平的目的,就日本经济扩张的需要问题要求一种宽宏大量的承认。

回顾上文所述,可以总结说,银行团的前景并不光明。然而,它的明显失败,却可能标志着一种真正的成功,只要目前的政策不变。如果能在中国封锁或禁止外国的掠夺性贷款,即便在这五年的时间里,而与此同时,银行团什么也不做,那么也许就开了一个先例,使这类贷款在今后即便不是不可能,至少也变得困难了。这种效应也许会迫使中国不得不重新依赖其自身。中国能够发生的最好情形将是:在一段时间内经受饥饿疗法,并凭借自身的能力来面对自身的问题。数周之前,一个不是由政治性的银行组成的银行集团发放了一笔用于购买铁路枕木的贷款,它附带着一个严格的对支出进行监督的条件,比外国集团所能做到的更为严格。它也附带着一个公开的警告:如果贷款的资金没有老老实实地得到应用的话,就要进行对抗政府的政治活动。要说如果银行团不是眼下可以考虑的唯一选择,贷款无论如何不可能采取这种形式,这或许有些过头了。但是,银行团的存在无疑促进了一种正当的国内贷款的产生。这是银行团也许成功的一个迹象,即使它失败了——也就是说,没能发放贷款。

老中国与新中国①

在这个星球上——现实中的星球,而不是纸面文字所说的星球——存在着一个其人口几乎占全世界居民六分之一的国家,这个国家的历史绵延四千年之久。地球上找不到任何一个其他地方能表现出一种如此具有连续性和稳固性的记录。尽管如此,它的历史却并不是一个单调或停滞的故事。在它的连续性内部,至少有着与17世纪以前两千年间的欧洲历史一样的多样性与变化。一流的发明、手工艺、哲学、诗歌与绘画装点着这个国家的文明。在任何其他时代和其他地方,除了基督教会的推行和神学的支持以外,道德观念没有像这个国家那样广泛普及过。在一千多年以前,这个国家把道德习俗、文学、艺术以及文明的各种要素带给了如今位列现代国家"五巨头"(Great Five)之一的邻国。在农作领域之外,它的社会等级从来就不是非常有效的;除了极少数例外,它的统治者们腐朽而无能。但不管怎么说,它对付过来了,它持续下来了。它以如此微乎其微的统治维持着自身,无政府主义者们竟然没有把它作为在一种无政府的基础上能做些什么的典型例子,这真是令人惊奇。然而,它是在孤立隔绝的状态中维持下来的,海洋、沙漠与高山把它围了起来;它自给自足,在一种由孤立状态所孕育的优越的想象之下自满自得。但最终,工业革命使它的屏障失去了作用,蒸汽与电力消除了距离,这个国家发现自己面对各种完全无法对付的力量。数个世纪以来的虚弱不再仅仅是国内的小事了,它们是从内部毁灭的一个威胁,以及对来

---

① 首次发表于《亚洲》(Asia),第21卷(1921年),第445—450、454、456页;重刊于《人物与事件》,1929年,第1卷,第255—269页,以"少年中国与老年中国"为题。

自外部的帝国群狼的一个招引。与各种新力量的接触,使一切积聚起来的缺陷和腐败公然地展现出来,而与此同时,一种新的、组织得较好的文明带来了种种新的罪恶新奇而又难以抗拒的诱惑。

在描写这个国家——中国——如其事实上那样,面对迄今为止一切文明所遇到的情况中最困难的重建问题时,濮兰德先生选择了一小群个体作为从个人来说要对它大多数灾殃负责的人。他选择这群人来承担他称为"少年中国"(Young China)的这种责任的重担,尤其是那些经受了西方教育破坏作用的人。面对所有罪恶,濮兰德先生有一种万灵药,那就是国际范围内对政府财政(finance)的外国控制。

就任何一个对眼下的处境有些许了解并稍有社会想象力的人而言,这种生硬的论断使对濮兰德先生的任何详细答复都成为多余,虽然本文在行文过程中有必要指出某些具体的错误论断。然而,一个对中国的转变与转型问题中各要素的独立分析,就它本身来说,是非常值得做的。仅就理智上的推想,以及用于研究与推测、探究与思考的场景来说,今天的世界上没有任何地方——即使处于重建的阵痛中的欧洲也不算——能等同于中国的情况。历史没有记录下任何可以类比的东西——一个古老、巨大、独特、排外、自足的文明能够再一次诞生吗?它必须进行改制,不然就无法延续下去。尽管如此,它必须面对各种完全异于它的事实与力量来完成这一改制,这些事实与力量有物理的、政治的、产业的、思想的和精神的,这些力量全部是陌生的、未曾有过先例。其中有许多——具有进攻性敌意的——是由那些试图靠中国的衰败来养肥自己的人所引导的。它的过去,传统习俗中的许多东西,实际上都在给它试图应付新情况的努力拖后腿。它在中国每一个试图使自己振作起来去完成任务的努力方面,都设置了巨大的障碍,以至于一个又一个可嘉的努力成为徒劳。在旧的秩序中有许多好东西,就像在尝试性的新秩序中有许多好东西一样。但是,不仅存在着一种物理的神秘作用,而且存在着一种社会的神秘作用,各种本身是好的要素据此产生出爆炸性的或有毒的化合物。

人们可以反复搜寻历史来描绘一种如此吸引人的处境,它使旁观者在希望与恐惧之间不断摇摆,并对每个寻求解决之道的努力摆出一副令人费解的面孔。人们时常会回想起小时候猜的中国谜题,其相互交织的各部分的复杂性与多样性似乎在藐视每一个试图把它们构成连贯一致的整体的努力。存在着一种线索、一种解开那些谜题的方法，并且或许存在着一种有待我们去发现的导向目前这个巨大谜题的成功解开的方式。无怪乎在中国，无论一群人在哪里聚集起来，他们偏爱的室内运动都是"拯救中国"。但是随后，不管与此同时还是在不同的场合，把从乐观主义到悲观主义整个地想过一遍以后，心地诚实的人就把它作为一个远远超过他们智力范围的问题而放弃了。"如果这样"和"如果那样"是最后的词句。许多人都有他们偏爱的"如果"：如果有一个强有力的中央政府——从来就不曾有过，即使是在绝对主义的鼎盛时期；如果有正直的官员们——这要追溯到尧舜的神话时代。而现在又有了一个新的"如果"，如果可恶的归国学生停止制造麻烦，并且中国的财政管理能够由新的像罗伯特·赫德爵士[①]和理查德·丁恩爵士（Sir Richard Dane）一样的人重新组织起来，那么一切都会好的。效法盐税改革（the Salt Gabelle）的模式对中国进行改制，一切麻烦就全都消失了。

但是，重组、转型、老与新的统一的任务在复杂程度方面是如此庞杂，以至于任何对将来的整体预测和简单的补救措施都不值得在此花费笔墨。确定的东西是很少的，无论成功或者失败，都将给世界的其余部分带来剧烈的影响，以至于无人敢对此无动于衷。必须进行大量殊途同归的冒险和试验，世界上没有哪种处境更适合于确证对"万灵药"和整体方法的不信任了。所要进行的变动遍及一切方面，其中许多是外部的、技术上的，是管理上的变更，也即现代管理方法的采用。在某些令人失望的时刻，人们可以描绘从一种单纯的算术和现代会计审计体系角度出发来考虑所能获得的巨大好处。但是，除非中国被扯得四分五裂，甚至比它的邻国日本如今在精神上被扯碎的程度更甚，否则，思想、信念和对世界看法的改变必须进行，必须创造一种新的精神。而所有外部管理上的变更，无论在政府中还是在产业中，其最重要而持久的结果将会是它们对一种新精神和新道德的产生所发生的影响。

在必需的外部变更之中，有一个是在公共财政方面。正是中国政府自身的不称职，加上一些外国的贪婪和另一些外国的愚蠢，使其无可救药地依赖于外国贷款，这些贷款积累产生利息的负担，而这个负担又只有通过新的贷款来对付。在中国某些地区内不缺少财富，但国内的安全保障是如此脆弱，以至于除非处于

[①] 赫德（Robert Hart, 1835—1911），英国人，曾担任晚清海关总税务司一职长达半个世纪之久，长期居留北京，参与晚清多项政治及外交活动。——译者

外国政府的保护之下,否则,商人是不会拿他们的钱财去投资的。富有的官员们也不会去投资,因为他们是通过投资外国贷款来获得财富的——那些钱落进了他们自己的腰包。国际控制不仅仅作为一种确保中国资本用于中国的手段是必要的;其必要性还在于,它是唯一能够阻止中国因特许权体系和势力范围以及把自然资源抵押给这个国家或那个国家而发生进一步的分裂的手段。任何一个不带偏见的观察者,都不会对这些事实存有疑义。

但即使从表面来看,把这个确保国际财政控制的计划看作与中国的学生运动所表现出来的各种倾向相对立,也是没有道理的。相反,只要这个计划是依据中国发展的利益而不是外国金融寡头的利益制订出来的,那么,在向他们的国人解释这个计划方面的领导者必定来自这场运动。拉蒙特先生也许像濮兰德先生一样关心银行团的成功,他发现,根据中国的情况,为了消除误解与达成合作,值得给中国学生和他们的教师中的领导者充足的时间。公道地说,在中国,关于这个方案还存在许多疑义。但是,任何公平的人都会承认,中国与外国银行家的金融贸易先前的历史有助于促进密苏里态度(the Missouri attitude)。濮兰德先生对日本影响的完全否认和他最近的著作中表现出来的偏见,必须以其充分的意义来得到接受。但是,把中国人对银行团的反对归于学生运动,并不声不响地忽略日本人的各种机构勾结中国的腐败政客和报纸而在中国搞的非常规战斗——一场直到1920年11月还在进行的战斗——恰恰是引起人们怀疑的那种举动。拉蒙特先生关于反对银行团的宣传的本质所说的话是如此充分明晰,以至于责任应该由谁来承担这一点不可能存有疑义。

关于这一点,我们可不要存有误解。濮兰德先生对中国政客提出的腐败和搞阴谋诡计的指责,以及他关于中国国内冲突的典型派系特点,以及背后原则的缺乏和对地位与权力——实际上,是对金钱——的贪婪所作的这些论断是基本常识,是关于局面的陈词滥调。如果他在穿越一些沿海城镇的匆忙旅行中不是只待几个星期的话,他本来可以为比他如今所描绘的更加阴暗和令人沮丧得多的图景找到材料。比如,官方的圈子里关于目前严重饥荒情况的态度,其令人作呕的程度已经无法衡量。冷漠和无动于衷与压榨联合,为了地位和声望而耍的手腕与从饥民那里获利和盘剥结合在一起,黑心的官僚们从勤恳老实的农民那里霸占土地,以必须运送有比没有更糟的士兵为由,拒绝提供车辆去运载慈善人士提供的粮食——这是一些突出的事实。问题不在于这些事实,而在于它们的原因和补救的办法。

尽管濮兰德先生急于给人留下这样的印象,即这种情况在某种程度上是由于"少年中国",但即使是他,也无法避免承认所有这些都与中国官僚阶层的传统相符。无论情况是否比满人统治的那段不幸的日子更糟,或者只不过像那时一样糟,这都不可能以独断的方式来说清。许多人认为,它们变得更糟了。另一些人认为,更大罪恶的出现是由这个事实引起的,即某种程度的宣传已经入侵中国,并在这个粪坑里瞎搅和,放出更多的臭气。不过,在许多方面,现代商业环境提供了许多新的机遇,而官僚们毫不迟疑地抓住新的机会,从旧的资源中捞油水。事实是,事情的状况是如此糟糕,以致难以想象它会变得更糟。

它构成了重组的问题,即我们提到过的那个从老到新的转型问题的一个部分,一个相当可观的部分。当老中国被抛入不是由中国的任何一群人,而是由在中国毫无意识与准备的情况下控制了它的那些新的世界力量所造成的局面之中,将会发生什么,它提供了一个惊人的例子。以前,阴谋和腐败仅仅在国内范围影响中国,如今它们危及中国作为一个国家的存在——正如腐败的政治家们在两年之中向日本借款两亿美元的记录所清晰表明的那样,这笔借款没有收到任何公共收益,并且是以巨大的资源作为回报抵押为代价的。但关键的是,这桩罪恶是由老中国而非新中国引起的,老中国不知羞耻地在新机遇的食槽里打滚。

像濮兰德先生关于"少年中国"所作出的论断那样,如今控制着政府的观点气喘吁吁地说着:"军阀政府主要是由昨日的少年中国所组成的";"在1911年帝制(the Dragon Throne)倒台以后开始发展的民主政治这个新游戏中,是受过教育的阶层中的那些强人爬到了最高处……而在当今中国,真正的问题是如何来限制这些督军(Tuchuns)的权力和贪婪。"事实是如今,在中国没有一个督军对西方知识哪怕有一星半点儿的了解。他们中的大多数人,连中国的旧式教育也没受过。出任总督的一位老式学者拒绝采用"督军"这个头衔;中华民国名义上的领导者是一个旧官吏,他曾为满清政府服务。西方读者几乎难以意识到他在新制度下的执政与中国人生活的基本伦理是多么相悖,这种伦理断定,仆人在主子被推翻或夺位的情况下应该彻底归隐,如果他不把他的忠诚发挥到自杀的地步的话。另一位显赫的领导者以前是山东的一个鱼贩;一位督军以前是个旅馆招待;另一位以前是花边商;还有一位,濮兰德先生作为中国所需要的那类强人而过度吹捧的那一位,以前是个土匪。这些人中的某些甚至无法读懂中文或写一个汉字。这些督军就是濮兰德先生所谓的受过教育的强人。

说这些事情,不是用来为归国学生或"少年中国"——无论这指的会是什么——作辩护的,不是用来为中国目前状况的罪恶开脱的。它们甚至可能使情况显得比濮兰德先生描绘的更糟。这么说,是因为它们是事实,而且是指示着当今中国面临的真正问题的本质和严肃程度的一些事实,这个问题是:使老中国适应新的情势,创造出除了在最零散的意义之外尚不存在的东西——一个少年中国。而考虑到这一点之后来陈述"少年中国"一词的真正起源,应当不会出错。少年中国党(Young China Party)是有意模仿了马志尼的青年意大利党(Young Italy Party)。正如后者努力去创造一个新的意大利一样,那些围绕着"少年中国"的名义携起手来的人们所肯定的不是少年中国的存在,而是老中国重新焕发青春的必要性,除非中国本身要消失。而且,虽然迄今为止,他们的努力尚未取得成功,过去的每一天都表明他们对情况的判断是正确的。

财政管理不当,给中国造成了拖后腿的效果,关于这点所说的一切都是正确的。公共税收的流失就其本身而言,已经是个严重问题了;但是,与鼓励出售与转让中国的自然资源给对中国不仅有经济企图还有政治企图的外国人相比较,这还算是一桩较轻的罪恶。而这就是在已经去世的袁世凯——那个中国近来的政治家中"最强大、最有能力和最英明的人"——的追随者、门徒和副官们的直接庇护之下所发生的事!与拖正当的工业、商业和铁路发展的后腿比起来,这还算是比较轻的;拖后腿是由不负责任的官僚,为了获取更多的金钱而开征各种税收引起的。与从官吏阶层蔓延到商人阶层的腐败比起来,这还算是比较轻的,这些商人与政府之间有生意往来,而且受到一种相似的对金钱的贪婪和在获取上不择手段的态度的熏染,这是一种如此严重的罪恶,以至于如果它继续下去,"中国人的话像契约一样可靠"这句古老的谚语就要变得名不符实了。和毫无军纪的士兵的数量成倍增长相比,这还算是比较轻的,这些士兵扮演着搜刮钱财的帮手的角色,养成了各种恶习,诸如游手好闲,趁火打劫,掠夺北方的大部分农业劳力,在所到之处传播性病,以及仅用一纸临时公告就从士兵摇身一变而成为土匪,再以同样的途径变回来。

在中国,没有哪一位有识之士相信财政管理的改革能够从内部出发来推行。某种国际的外国财政控制不仅是财政上的必需,而且是政治的、工业的和道德的必需。没有一位美国的自由人士会反对这个方案本身,只要他是明智的。但是,如果他是明智的,那么,他会最仔细地考察那些条款并坚持真正的正义与诚实。最近,一个财政部长刚好在结算日之前借了笔钱。信用是差得一塌糊涂啦,真是天晓得!但是,这个部长和他的朋友们组建起了银行,从中以80%的利率借钱来偿还他们先前所窃取的钱财的利息。然后,为了确保利息会不断地被支付,他们把这些票据卖给了一家外国人的(不是日本人的)银行,这家银行拥有外国政府的支持。这个故事显示出财政监管的必要,也指出了外国金融家们在利润丰厚的时候也不反对参与不干不净的交易。

对细心的读者来说,濮兰德先生自己回答和反驳了他自己。因此,当他偶尔忘了对事实加以修饰时,他说:"看来似乎不可否认的是,中国目前的大多数无能为力和危险不是由它自己的错误引起的,而是由西方列强一下子制造出来的一种新局面引起的。"以类似的方式,他对"较为古老而明智的首领"、旧官吏和商人们作了充满同情的描绘,说他们确实渴望外国财政控制的加强,但受到学生群体把他们的隐秘渴望大声公之于众的威胁,这种描绘在他对旧官吏于目前情况下的壮大进行实际描绘时得到了充分顾及。在濮兰德先生为倾听中国人的深层声音而在北京度过的那三四天里,某些被称作"旧交通系"(Old Communications Clique)①的金融家们没有控制局面。他们在与外国人的交谈中,通常都对国际监管之下的中国财政与铁路系统的统一表现出巨大的热情。这是一个用来结党的方便武器。毫无疑问,濮兰德先生听过他们的谈论了。如果这些人属于学生阶层,他可能早就产生了怀疑。但既然他们属于老中国,那么,他就对他们所说的照单全收。他们中的一些人现在正掌有实权,并秘密地用一切手段,封堵他们曾经声称偏爱而如今若去实现则有可能以牺牲他们为代价的那条途径。

所有这些话都不是为了与濮兰德先生进行个人的争辩,而是因为它与特定情势的关系。对银行团方案的成功来说,没有什么比基于一种信念的行动对它而言更加致命了,这种信念就是:现存官僚体系中有影响的部分会有人真诚地支持一种剥夺它的金钱与权力的措施,而向往一个新中国的精神领袖们必然反对这个方案。

---

① 交通系是中国北洋军阀统治时期一个政治派系。其中,"旧交通系"主要是由曾负责清朝铁路、航运、邮政、通信和银行事业建设,后任袁世凯政府秘书长的梁士诒多年培植发展起来的,有别于以曹汝霖为首的"新交通系",后者是五四运动直接针对的斗争对象。——译者

濮兰德先生如此随意地拿来反对学生运动的这些指责,正是安福系(the Anfu stripe)①的官僚们用来使北京气氛紧张的这些报道,这一点是很重要的。官僚集团很清楚,这是怎么回事。它深知这场爱国运动首先是冲着它来的,它也熟谙精明的中国政客用传播这些报道来给它的腐朽统治的潜在威胁者抹黑的一切手段。濮兰德先生并不是唯一一个从这些报道的表面价值来看待它们的外国人,尽管充分了解他们的腐败和极不可靠,他仍然在这件事情上相信了他们,因为他们符合他先前就有的偏见。虽然这场新的运动是由从未走出中国的学生们发起的,但濮兰德先生对情况的了解是如此肤浅,以至于他把这场新的学生运动与他先前了解并咒骂过的归国留学生的运动等同起来。因此,他轻易地成为了他在其他场合曾慷慨激昂地加以揭露的那些阴谋诡计的牺牲品。

他对这场新的学生运动的缺乏了解可以用下面的事实来衡量,他说,少年中国的"愤慨从来未曾公开指向大城市和地方官员不断增长的贪婪"。实际情况是,目前这场学生运动正是伴随着对这些官员的抗议开始于去年五月四日,并以内阁中三个最腐败成员的解职而告终。如果北京和其他地方的军队(包括大城市的和农村的)不曾使监狱塞满学生,用武力粗暴关闭他们的机构,监视他们的每一项活动,派特务混迹于他们的每一个层面,并肆无忌惮地贿赂收买他们当中意志较弱的人,那么,这场运动本来可以走得更远。濮兰德先生津津有味地引用的那个传闻,即某一派政客给天津学生联合会(the Student Union of Tientsin)高达20万美金的钱来帮助他们在运动中对抗北京的官僚,至少证明了当濮兰德先生说学生们从未求助于他们本国的官员时,他了解得更准确。但实际上,这仅仅是当权官僚为了诋毁这场运动而散布的许多故事中的一个。相对于传闻的"书面的证据"——濮兰德先生已经看见过了——是由这群官僚作为他们游戏的一个部分而伪造出来的。这并不意味着在野党中的政客不曾试图利用这场运动,学生们不曾有过错误,或者他们完全摆脱了这些腐败的因素。但是,从整体来说,考虑到参与者们缺乏经验的程度,这场运动井然有序得令人惊奇,并且表现

---

① 安福系指的是"安福俱乐部"的成员。安福俱乐部是中华民国初年的一个政治组织,由皖系军阀段祺瑞的亲信徐树铮筹建,成立于1918年3月8日。安福是北京西城区一条胡同的名称,因皖系军阀政治俱乐场所设在该胡同,故称为"安福俱乐部"。该俱乐部实际上相当于一个政党,操纵了中华民国第二届国会议员选举,故该届国会称为安福国会。1920年7月直皖战争爆发,直系取胜之后控制了北京,段祺瑞辞职;8月,安福国会解散,安福俱乐部也随之解散。——译者

出了一种预示着良好前景的组织能力。

这些事实与实际情况相关。有了银行团的帮助,加上其他改革,学生们就会有力量来抵抗官僚集团的积极阻力和(更加危险的)消极阻力。他们的爱国热情很容易被唤起并采取一种负面的形式,尤其是看到外国势力过去在中国进行掠夺的情况下。但是,他们是中国国内对来自目前的"政府"体系的种种弊病有着充分警觉的那个有自我意识的阶层,他们是现有和潜在官僚的天然的和公开的敌人。在目前这个阶段之前,他们就已经看到中国官僚利用外国人的贪欲,利用他们的无知以及对眼前利益的渴望来危害这个国家。他们已经看到这一点,即各种纯属中性的外国行业过去曾被用来作为幌子,以掩盖对中国资源和主权的贪婪侵蚀。他们一般是通情达理的,除非哪一个新方案是由官僚来操作(对这些人的诡计,他们了解得比任何外国人更清楚),成为巩固自己权力与财产的新手段,同时又增加了中国的束缚。

然而,他们也清楚,处境是多么令人绝望;而且,他们对美国人的领导地位抱有一种对其他外国力量所不具有的信念。他们担心,就像以前的一些情况一样,当付诸行动时,美国人的精力和智慧会赶不上他们的善意。他们担心,美国人的领导权会成为名义的而不是实际的;他们担心,由于中国的腐败官僚与非中立的外国财团勾结起来形成的力量作用,美国人的想法会被某些东西"糊弄"。因此,目前情形下最实际的事就是要花些力气,不仅用来保证美国人的想法确实主宰银行团,而且要尽可能努力让公众舆论的精神领袖们明白这是事实。像濮兰德先生的言语那样过激言辞的害处,在于它们掩盖了这个事实;并且,通过依赖恰恰是不可信任的那个部分,对唯一能够用来在中国产生一种有认同感的公众舆论的那个部分进行妖魔化,它们妨碍了整个运动的成功。不断增强的公众舆论支持,对一场不仅仅止于表面和外部的改革来说,是至关重要的。

但是,虽然财政管理方面的改革不可或缺,并且只有通过为期数年的外国控制才能进行,但这只是使老中国变成一个适应现代环境的中国所需的众多因素中的一个。新中国不是一时的时髦玩意儿,也不是一些无见识的热心人士的作品。除非中国朽败下去,而且,它正在腐烂的躯体将要最终成为世界和平的一个威胁,否则这就是一个必然。认为仅仅通过引进西方经济,中国就能得到"拯救",同时保留它的旧道德、老观念、古老的儒家精神——或者说,真正的儒家精神已经僵化成为的那个东西——以及旧的家庭体系,这种观点是感伤的理想主义最具乌托邦色彩的想法。经济与财政改革,除非伴随着新的文化理念、伦理,以及家庭生活(这些构成如今所谓学生运动的这场运动的真实意义)的成长,否则就如同隔靴搔痒。它会弥补一些罪恶,又创造出另一些罪恶。从其本身来看,它是一个有价值的实际措施。但是,如果把它用作一根棍子来打击男女老少对新信念、新观点、新的思想方法、新的社会科学与自然科学——一句话,对一个新的年轻的中国的渴望,那么,这真是荒唐透顶的事情。

若干年以前,有许多中国人真心地认为,中国所经受的那些罪恶和威胁着它的那些危险是由满清王朝的统治所引起的,而且能够通过引进一种共和制的政府形式来加以补救。毫无疑问,其中一些人是从自身利益的动机来支持这个变革的。如果不存在这样的人,那么,中国人与西方人之间的差异就比我所认为的更大。但是,在为数众多的共和人士中间,它是一个真诚的信念,产生于希望和缺乏经验。这是一件应当寄予同情而不应当加以嘲笑的事情。如今,认为现存的种种罪恶是由共和引起的,并且欢迎君主统治回归的人比甚至旧时的共和人士人数更多——人数之众,正如20年前认为赶走外国人将会治愈一切罪恶,并尝试用义和团这种万灵药的人那样多。如果他们作出任何企图恢复君主统治的举动,那么,这些人会如其他尝试各种万灵药的人一样失望。但是,对于仍在寻求一种包治百病之药,并且说"引进外国的国际财政控制,然后一切都会好的"的有经验的西方人,我们说什么好呢?这样的人令人对外国教育的价值产生怀疑,这没有什么好大惊小怪的。

在中国,有一个人数相当可观的外国人阶层,尤其是在各个对外口岸和政治中心,他们与老中国有着明显的联系。其原因很复杂,一方面,他们意识到了老中国的种种美德;但另一方面,他们潜意识地凭借着它的虚弱来为自己的舒适与便利服务。这些人一般不赞成传教士和外国教育家们的各种行为,这通常不是因为他们在理论上反对基督教,而是因为各种新观念的引入会搅乱他们赞扬和借以获利的那些东西。他们也看到,各种新的罪恶正在进入中国,以及一些古老的美德正在衰败。由于缺乏足够的社会与历史把握力去追溯这些变化,直到其源头,并且了解它们在社会转型时期里是如何不可避免,他们把一切分崩离析都归结为由传教士和归国留学生带来的外国知识和观念的影响。实际上,他们想要的是:在文化与道德方面,让老中国保持原样;它有它的各种缺陷,但也有各种稳固的美德,如果杂草被连根拔起,那么,这些果实也会被毁掉。只在商业与物质方面改变中国,给它铁路、工场、电报、经过改良的币制、良好的财政管理这些好处;给它西方文明的外部技术而不触及西方文明,一切都会好的。

这种广为流行的观点既肤浅又似是而非。一个仅仅在工业方面的变革是否令人向往,这不值得争论,因为这是不可能的。即便从抽象层面上来说,它是令人向往的;在感情上,它也是乌托邦式的,尽管它自称符合严格的商业事实。是什么在真正地从根基上削弱作为老中国基础的家庭体系呢?是归国学生的教导吗?一小群人选择他们的生活伴侣,由此打破家长权威的渴望;渴望有受过教育的女性来作他们的妻子,由此通过改变妇女的传统地位来变革中国吗?不。这些事情最多只是征候,不是原因。真正的原因,恰恰是工业革命产生的现代方法。愚蠢的人们想要引进它们,却梦想着不触动旧的体制。铁路与工厂系统正在从根基上削弱家庭体系。即使每一个学生都发誓永远保持沉默,这些东西也将继续发挥作用。

浙江省有一个村庄,它是一个现实中而不是虚构的村庄。三十代人以来,同一些家族一直在那里繁衍生息。他们一直是维持农耕、手艺以及社会秩序与和平的主导精神力量。小镇曾经是古老的、受人尊敬的,是闲适的学者与文人聚集的中心。过去,那里几乎没有贫穷,非常繁荣。如今,祖先们的居所和祠堂则是一派荒凉景象。昔日的领袖们如今不在那里,而正是他们的存在确保着光明、秩序与福祉。农耕正在被荒废;即使是教育,也呈现倒退,如果不说在数量上至少在质量上;底层人民的生活比以前更加辛劳混乱,而且更加穷困。这是归国学生的影响吗?不多不少,正像新英格兰的某些地方从某种程度上来说相似的一种衰败那样。

这个城镇没有铁路或工场,但它离广州和上海的路程并不遥远。一些相对有能力、有闯劲的人,古老家族体系的牢固性的代表,都迁移到有更多活力和机遇的地方去了。这个人在北京,那个人在上海,另一个人在汉口。一些人在教书,一些人在银行工作,一些人对国际贸易感兴趣,一些人热衷于发展棉纺厂。他们正干起新行当,建立新关系,在新的地方组建新的家庭。要对下面这种观点保持耐心是件困难的事,这种观点认为,工业革命能够来到中国而不与此同时带来如同它带给欧洲那样深远的政治、道德、国内与国际的变革。欧洲有"启蒙"的18世纪,有它对旧事物的冲击,有具有颠覆性的思想与行为,而中国正在开始拥有它的变革世纪,这牵涉到对甚至是好的事物的摧毁,以及对新的好的事物的引进。对于那些面对无可避免的转型,只想到寥寥几个个人,并把所有指责都归到那几个人的个人信念与活动上的人,我们应当如何看待呢?

即使是极度的保守派,也几乎难以指望引进铁路和现代工业的机械技术,而同时防止科学观念与方法的引入。数周以前发生过一次月全食。人们用敲锣打鼓放鞭炮的通常仪式来防止天狗把月亮吞了。哪怕只学过初步地理知识的小男孩和小女孩们,对他们长辈的这些行为是什么样的态度呢?他们是很正常的年轻人,会喜欢这种热热闹闹的场面,但他们从这种仪式中几乎没学到祖先的任何智慧与信念。小男孩如果不是在学校里,就是在现代商铺里学到了一点起码的化学知识。他对鬼怪的信念,在感情和思想上与他的祖先的崇拜相联,一定会受到一些改变;而随着这种改变,他变得不那么严格地遵循传统的道德准则了。

这些事情都只是一些端倪。但是,它们不仅与所谓学生运动的整个话题相关,而且甚至与像外国财政控制这样的实际细节有关系。没有必要去试图评估正在发生的这些变化各自的好处与坏处。我们知道,伴随着这个转变、伴随着旧的规条与准则的松懈,存在着各种罪恶与危险,这就足矣。如果改革方案局限于财政与经济措施,那么可能只会增加这些罪恶与危险。财政改革只有伴随着像中国的学生运动所热切关注的那样一个思想与文化上的更新,才能补救这些罪恶和危险,并且通过在真正的进步那一边重重地加码而构成平衡。

国际控制下的财政重组会省下巨额金钱,这些资金将主要投向铁路与公路以及工场和工厂。如果有谁幻想着在毋庸置疑的益处之下,不会有各种新的罪恶的产生,不会有旧联系的进一步松懈,那么,这是一种不可思议的乐观主义。只有一出轻喜剧才适合于那样一些人的主题,他们说"恢复老中国";然后,当被问及如何去做的时候,回答说"通过建造铁路和引进工厂"。传统家族体系的衰败将会加快。随着工厂的推广,两性之间的道德观念将会继续下降,对古老的东西与习俗的尊重将会减弱,对金钱的爱好将会获得新的表达机会。人们会丢掉主要的旧道德约束,这些约束来自一辈子处于家族和宗族成员间接在场之下的生活状态。在他们面前,每一个个人行为都是公开的,而且这些人不断施加着认可与谴责的压力。就业的困难会增加,童工已经在增多,而且压力正在迫使妇女们从家中走出来工作。传统上有着紧密个人联系的劳工与雇主,将在思想与感情上分离。所有这些情况,都一定会随着有效的国际控制与财政管理的改革以及相应的资金分流到新的流通及生产部门中而到来。

当然,这些新的罪恶并不构成各种新的巨大益处的阻碍,或者为放松财政改革的努力提供任何根据。但是,它们暗示那些完全依赖财政改革措施的方案是完全不可靠的,即使以充分的智慧、中立与诚实来实施这些方案也罢——而情况肯定不会是这样。它们暗示着,中国新文化运动的领导者们,那些对社会的、国内以及思想的转变感兴趣的人,虽然身处一切迷惑、举棋不定和无法避免的错误之中,还是比那些建议他们放着老中国的道德与文化方面不管而把精力投向技术改进的外国批评家们高明。在此,我们得出了真正的学生运动——更确切地说,关于新文化运动的背景,关于它的目标与方法的几点说明,将是我下一篇文章的内容。

中国的新文化①

一位中国朋友为我总结了外国对中国影响的各个阶段,我受惠于他如此之多,以至于他完全有理由说我对他进行了思想上的偷窃。最初,人们认为,西方力量的秘密在于新式的军事装备。依据传统,以前的神祇都是从海浪中产生或骑着一匹白马到来的,一切有序的力量必定与某位神祇相关;而如今,"基督骑着一发炮弹"来到了中国。这不是一个文学的说法,而是普通人原原本本的信念。于是,一个兵工厂在上海成立了,然后制造了炮舰。这些枪都打不响,或者自己爆炸了。军舰都在中日战争②中被日本海军击沉了。

随后,中国的弱小被归结为其过时的统治形式。改革要通过政治手段来进行。在同样短的一段时间内花同样少的力气,建立了一个共和国,而不是一支海军,但这个共和国几乎同样不成功。在这一时期,有些外国人关于中国改革的观念形成了他们的看法,自此以后,他们的见解不曾改变过。他们给这场政治运动贴上"少年中国"的标签,并且一直固守着这个观念。与此同时,中国人的思想却发生了变化;这场运动的代表以及他们的后继者,现在几乎成为一个旧时代化石般的遗物了。这个时期距今还不到十年,但是撇开事物不谈,中国各种思想的变化是如此迅速,以至于人们不得不努力跟上——而不幸的是,许多外国人并没有作出努力去跟上变化的脚步。

---

① 首次发表于《亚洲》,第21卷(1921年),第581—586、642页;重刊于《人物与事件》,1929年,第1卷,第270—284页。
② 指1895年发生的中日甲午战争。——译者

第三个阶段是依赖技术改良的阶段。无论如何,西方的大炮与海军装备来自应用科学,来自工程技术,所以西方文明的显著特征,那有待于模仿的特征,被认为既不是军事的,也不是政治的,而是经济的。建筑工程师与机械工程师成了这个国家的救星;铁路和工厂,蒸汽与电力,将使这个古老的国家在与新兴国家的竞争中不相上下。但不知怎么的,这个运动遇上各种各样的障碍;进步缓慢;它带来新的危险与罪恶。

很快,一波道德改革的浪潮来临了。人们组建起成千上万的社团来医治各种各样的罪恶,这是反缠足社团、反鸦片运动、反赌博协会、重塑旧的教育体系以及诸如此类事物的时代。虽然基督教的影响是这些改革发起的一个重要原因,但它们中的绝大多数是以一种儒家复兴的形式进行的。

接着,人们产生了一种信念,认为各种深层的观念必须得到改变,民主是一件关于各种信念、关于生活观点、关于思想习惯的事情,而不仅仅是统治形式的问题。显然,民主要求普遍教育,也就是学校教育普及所有人,还要求从识字到某些与公民和社会行为有关的科目的学习都有一个改变。传统上认为书写下来的东西必须用数百年前的词汇、格式以及受人珍视的,一种与当今的口头语言几乎没有什么关联的语言表达。但是,除非书面语言得到简化,变得更加明白易懂,否则,大众就无法理解这种语言。人们用来说话的语言必须同时被用来书写,以使现代的想法得到恰当的表达。旧式学校的一位学者在杭州这个旧文化的中心之一对我强调说,因为缺少繁冗造作的书写方式的规范,过去近百年中,在中国不知有多少有价值的想法由于人们认为无法被人所知而失传了。于是,在大约两年前,兴起了所谓的文学革命(literary revolution)——这是一个努力,试图用通俗语言来写作与发表文章,同时也使中国读者熟悉现代西方文学潮流中特有的东西,从自由体诗到托马斯·哈代、萧伯纳、易卜生与梅特林克。我知道,有一个学校批评它的外籍文学教师不够入时,因为他讲授莎士比亚与狄更斯,而他们想听 H·G·威尔斯和斯特林堡!他们甚至建议他休假回国去补补课!他们说,他已经变得过于"中国化"和保守了。

内容和想法的问题很快就变得比语言和体例的问题更加重要了。各种新的观点与古老的建制针锋相对,家庭体系受到彻底的批评,而这不仅源于传统西方家庭生活的观点,而且源于《玩偶之家》,以及最强烈的西方激进思想。社会主义文学,无政府主义,马克思和克鲁泡特金(Kropotkin),像野火一样在读书人的圈子里蔓延开来。托尔斯泰也许成为人们读得最多的外国作家。由此形成一个新的公式:中国必须通过一场建立在观念变革基础上的社会变革而得到改变。政治革命是一个失败,因为它是外在的、形式上的,它触及了社会行为的机制,但并未影响到生活的构想,正是生活构想实际上控制着社会。

而现在有迹象表明,下一个阶段将会是对科学方法感兴趣的阶段。人们认识到,技术以及应用科学的其他分支依赖于一种作为思想、观察、记录、批判、实验、判断和推理方法的科学。这个观点的根据是:西方的真正优势不是建立在任何西方特有的、有待于借鉴和模仿的东西之上,而是建立在某种普遍的东西之上,这种东西是一种研究与检验知识的方法;西方偶然发现了它,并早于东方几个世纪开始使用它。

这较后的一些观点,隐含于可以在字面上从中文翻译为"新文化运动"的这场运动之中。具体从实践上来说,它与始于1919年5月4日的学生起义相联系。一些外国人认为,后者仅仅是一场新形式的政治运动,中国的政客和保守人士使他们确信这一信念;而那些人中的大多数,毫无疑问,也相信它纯粹是一场政治运动。任何具有文化和社会本质的东西,离他们自己的生活和理想过于遥远,以至于难以设想。然而,虽然它的外在表现是针对一群腐败政客的,虽然它是由中国在凡尔赛的要求的失败,以及由于那些政客为了既得利益向日本作出的承诺所激发,但在更深刻的方面,它是一场抗议,反对一切政客,反对进一步依赖任何政治来作为社会改革的直接手段。领导这场运动的教师和作家们抓住一切机会教导说:中国的新生必须通过其他手段,任何根本的政治改革目前在中国都是不可能的;而当它来临时,它会作为以社会的、非政治的方式实现的思想变革的自然结果而到来。如今,中国高等学校的学生群体中为数众多的人,实际上正发誓保证远离担任公职的生活。毫无疑问,许多人会在未来的日子中半途而废,他们将无法抵御安逸生活与权力的诱惑。但是,反政治的成见已经相当牢固地树立起来了。

虽然这个速写匆忙而浅显,它却暗示着一些评论意见。首先,这场运动虽然是由外国条约激发的,这只不过是说,归根到底,它是由与非常现代的世界之间的条约所激发的,但它已经变得越来越具有中国特点了。五四运动是由中国学生们直接发动的,不仅没有归国留学生的鼓动,而且与他们的建议是相反的。它是自发的和本土性的。语言改革的运动少了外国的影响几乎没法开始,但从本质上说,它是一场由中国人为了特定于中国的目的而进行的运动,并且在中国历史上有过先例。附带的倡导拼音书写的运动主要是受传教士的鼓励,所以人们在西方报纸上较多地看到关于它的消息。即使这场反政治运动,以及对改革要以科学与社会变革为条件的信念,在某种意义上说,是向中国思维模式的回归,是一种古老的中国观念的恢复,以及对该观念的力量并未穷尽和终结于儒家的确信。现在进行这场运动,必须适应新的情况,即使这涉及对儒家形式的信念与行为的抛弃。这场改革的另一个显著特点,是它显示出从表面到根本的持续进展。

刚才作出的评论是从最好的方面来看这场运动,从它的精神方面。从它所获得的具体结果的观点出发,这些评论无疑对它的发展作了理想化的描述。每个旧的阶段都给它留下了一层沉积;"少年中国"至多不过是个含混不清的词。它把各个描述过的阶段——军事的、政治的、经济的、技术的、文学的、社会的等等——中大量的代表都堆积在一起,形成一个单独的东西。通过从这些层次中的每一层中选取某些个体,我们可以不无道理地对"少年中国"进行任何一种指责。换言之,不同派别间自然存在着混淆、不确定、相互批评和敌意。数年前归国的留学生大多反对目前的反政治运动和文学革命,他们中的许多人仍然停留在国家主义阶段,希望在军队和政府中发生某种奇迹般的变化。更多人显然处于技术阶段,相信如果他们能够获得工程方面的工作,他们使自己接受训练为的就是这个,那么,中国就会开始改变——就像它在某种程度上确实无疑会变化那样。

还必须再作出一个区分。虽然开化了的日本人和像大隈侯爵这样的政治家们,长期以来一直宣称日本有权利、有义务领导中国,并成为把西方文明引入亚洲(包括印度,他们把那里的英国人看作是外来干涉者)的中介,但在这些方面,恰恰很少有美国人认真看待中国对日本的依赖。我见到一些论现代中国教育发展的书籍都未曾提到日本,而把中国教育体系的革新归结为美国的影响,给人造成的印象似乎它是模仿美国通行的学校体制建立起来的。事实上,它在制度上是整个儿照搬了日本的体系,而日本的体系,随着西方影响的进入,是建立在德国体系之基础上的,再加上从法国的中央集权中借来的一些要素。我到访过九个省份,并且见过高等学校集中的那些省会城市中的教育领导者。只有两个城市——北京和南京,在官办学校中,西方的直接影响开始赶上日本,无论在方法方面还是在人员方面。谈论归国留学生而没能区分那些从日本回来的人和从欧美回来的人,这会混淆讨论所涉及的所有事情。

这么说不是要批评受过日本训练的归国留学生。我相信,尽管在他们与其他在海外受教育的中国学生之间存在着极其激烈的竞争(部分是由于迫在眉睫的"饭碗"问题),大量受过日本训练的留学生正在根据他们的想法为中国尽其所能地出力。也有为数不少的例外,因为他们中间包括一些政客和军人,那些人在过去几年一直祸害着中国;也正是那些人,招致了目前大规模的对日本以及日货的普遍抵制。

关键的是:从西方本身而来的西方观念和经由日本传来的西方观念是两种如此不同的东西,以至于当两派的代表如同濮兰德先生经常做的那样,在"少年中国"的名称之下被混为一谈时只会发生混淆。俄国对日本的失败①,引发了一阵任何西方国家都无法企及的崇拜日本的风潮。那里有另一个东方民族,使用着汉字并且从中国衍生出它的文明,它征服了以强大的俄国面目出现的西方这个可怕的对手。无怪乎,成千上万的人涌向日本去求学,大多数改革家都是从日本取来他们模式的。迄今为止,建立了这个共和国的大多数革命派的领导者,都是日本人或者将日本作为避难地长期居住,并且如同从未吸收过西方文化那样吸收日本的文化。无论如何,满清王朝的命运是注定了的。在革命②前整整五十年的时候,如果外国援助没有来支持这个王朝,太平天国起义可能就把它了结了。导致它最终毁灭的直接原因,是俄国对日本的失败。历史上的相似情形是日本对德川幕府(Tokugawa shogunate)的废黜,以及明治维新(the imperial restoration)。从历史上说,通过一个偶然事件,中国发生了变化,结果产生了一个共和国。它的主要目标,除了摆脱一个外族王朝的统治之外,就是像日本所进行的现代化那样,对中国进行现代化。在这一阶段,"少年中国"意味着日本化了的中国。

新的领导者们所带来的是经过日本利用的西方观念,而实际上,这意味的不是一种新文化,而是为了旧文化的利益而对西方技术作军事、技术和管理事务上的利用。日本人显然不断真诚地教导说,西方文明在本质上是物质性的,而东方

---

① 指发生于 1904—1905 年的日俄战争的结果。——译者
② 指 1911 年推翻满清帝国、建立中华民国的革命。——译者

文化则在基础和目标方面是理想性的和精神性的。他们认为,西方仅仅是通过大炮和机械取得了暂时的优势,因此必须通过采用它本身的装备来对抗它,而古老的东方观念和理念则原封不动地保留下来。在日本求学的大多数中国人,怀着牢牢扎根在他们脑中的关于西方文明的物质性和技术性本质的观念回到了中国。它符合他们关于自己的优越性的假想,这种假想是所有先前的东西方接触中的一个令人惊奇的共同特征。中国需要从美国和欧洲那里学习的全部东西,就是技术科学及其应用。

因此,"少年中国"是一个充满歧义而意义多变的词。在那些被西方作家们通常冠以这个名称的东西中间,有着一切种类相互冲突的理想。但是,如今有两点作为目前处境的积极主导特征表现了出来:一是对文化方面的改革作为其他改革的前提的需求;二是领导权回归那些在态度方面特别倾向于中国的人的一种趋势,以此来针对那些引进与照搬外国方法的人,无论从西方还是从日本。

这两个特点看上去似乎是相互矛盾的。中国人领导权的回归如何与对中国习俗和思想习惯的攻击相一致呢?它如何与这样一种意识相符,即意识到西方优势的真正来源不在外部技术,而在思想与道德问题呢?好吧,历史从来就不是逻辑的,许多在逻辑上矛盾的运动在实践上却是有效的。但是,只要存在答案,这个答案必定是在一个我们隐约提到过的事实中被发现的,即思想与道德因素的优越性超过所有其他因素的观念,本身就是一个中国本土的观念。它与认为能够通过引进枪炮和工厂以及技术管理的改良来获得拯救的观念相比,中国味儿浓得多;这也意味着中国国民生活中的真正失败是道德和思想上的。它隐含着一个对各种新思维方式的要求。某些新的领导者也许会断言说,他们通过抨击儒家思想——就像他们经常做的那样——比那些固守儒家思想的人更忠实于儒家。因为他们会说,孔夫子那里真正的观念、有活力的观念,是对理念、知识的首要性的信念,以及对传播这些理念的教育之影响力的信念。但是,如今僵化为儒教的这些观念无法适应现代的情况。中国国民生活的失败,证明了根据孔教本身的标准,它们是无效的;而儒家教育已经成为贵族式的,是为了少数人的。因此需要一种新文化,西方思想中的精华在这种文化中应自由地得到吸纳——但是要适应中国的情况,作为手段被用来建立一种重新焕发青春的中国文化。

这个方案是一个雄心勃勃的计划,对许多人来说,它似乎比从西方那里借鉴具体装备的企图来得自命不凡与希望渺茫得多。对于在这片土地上的许多外国人而言,它看上去显然是从中国改革的正道的一个偏离,而他们认为,这条正道就是对基督教的接受。但是,它与基督教的关系证明了这里给出的说明:它的某些领导者非基督教的程度,像他们反儒教的程度一样;他们并不攻击基督教,而只是对它漠不关心。其他一些人,尤其是从事积极教育工作的人,是基督徒。但我发现,这些人普遍地不仅对基督教的派别和教义毫不关心,而且对基督教除了社会方面之外的其他事情都熟视无睹。他们甚至不愿费心去自称为宗教信仰方面的自由派人士。他们是从这样一个角度来接近基督教的,以至于他们对信仰上的保守与自由的区别漠不关心。实际上,他们声称自己有权去发展一种非常中国化的基督教。虽然建立一个独立的中国教会的运动才刚刚起步,这在未来很有可能是一个重要的特征。

如果谁要说无论受了新文化运动影响的学生和教师有多大数量,他们都充分意识到了刚刚解释过的它背后的哲学,那么,这是愚蠢的。这种意识还仅仅局限于一小群领导者之间;对大多数人来说,这场运动更多的是一种感情而不是一个理念。它还伴随着夸大与混淆、智慧与胡言乱语的不加消化的混合,这是如此雄心勃勃的运动在早期阶段一个无可避免的标志。通过对在这个名头下发表的各种著作进行一个聪明的摘抄,人们不难看出,整个儿这场运动就如同西方科学与思想中各个毫不相干的观点和杂七杂八的片断缺乏批判眼光和多少有些歇斯底里的混合那样荒唐,甚至还不到半生不熟的程度。或者也可以对这些著作进行这样一种摘抄,来表示它对社会、对世界的和平是有危害的。关注这场运动的日本作家们,通常把它看作是一种具有颠覆性的极端主义,并把它归结为布尔什维主义者的宣传。但是,在我到访过的九个省份,并没有找到俄国的直接影响的蛛丝马迹。俄国的骚动固然间接地作为一种酵素产生了巨大的影响,但远远不及世界大战的影响,甚至不及威尔逊总统的民主与自决观点的影响。这是因为,虽然新文化运动毫不关心在当今中国可以礼貌地称为共和国的东西,但它是由民主理念热情鼓动起来的,并且是以这样的前提开始的,即民主能够在政治上实现之前,必须首先在教育与工业中实现。至于专门意义上的布尔什维主义,在中国既无准备又无倾向。但是,我们可以设想,军事上的紊乱、镇压与腐败如果继续下去直至触及农民的话,那么将产生一种由反叛造成的混乱,现存秩序的拥护者肯定会给这种混乱贴上布尔什维主义的标签。

在五四运动之后,中国各地的学生联合会纷纷开始创办杂志。重要的是,在反对腐败卖国官僚并抵制日本人的这场反抗如此高涨的时刻,这些话题在学生刊物中却只占据次要的位置。这些刊物是用**白话**,也就是我们提到过的通俗语言来写作的,并且热情提倡白话的使用。它们的内容是要求教育变革、对家庭体制的抨击、对社会主义的讨论、对民主观念的讨论、对各种类型的乌托邦的讨论,比如把孩子从家长身边带走并把他们交给公共权威来教导,废除国家政府甚至地方政府,以及使中国回到一种自治公社(communes)的状态。在发酵的过程中,自然会冒出许多气泡来。由于缺乏具体的经验背景,学生们认为所有的想法和建议都是类似的,只要它们是新的而且涉及对旧习俗和传统的抛弃。

在一个著名的地方城市中,一个师范学校里的教师和十七八岁的年轻人一起,提倡把自由恋爱作为家庭体制的补救和替代;提倡对儿童进行公共指导,废除私有财产;提倡把学生推选教师作为民主的形式,把考试作为专制的一个残余而加以废除。由于这些文章是用通俗语言写的,一个警觉的地方长官受到这锅沸水发出的响声的惊吓,关闭了这所学校,并写信给北京,要求通过法律来禁止以后使用通俗语言。但是,一些官员还算有足够的常识,他们说,如果这样,那么,危险的思想会用古老的文言文来书写,于是也就必须相应地禁止文言文了。实际上,这些观点只不过是在任何国家的学生辩论俱乐部里都会提出的那些想法而已。虽然如此,它们是重要的征兆并潜在地包含一种威胁,不是对社会安宁的威胁,而是针对那些通过现存秩序中的罪恶来捞取好处的人。重要的是,在我的全部见闻中,还没有发现这些极端主义者中哪个人是在美国或英国受的教育。他们几乎毫无例外地都是在中国受的教育,只会说和写中文,他们能够轻松地从古老的中国著作和传说中为他们的极端想法引经据典。少数的例外是在法国受教育的那些学生,他们吸取了来自法国大革命的一些观念,认为这些观念符合中国人的无政府主义气质。

去年春天在南京,一些学生好心地为我开列了一份刊物清单,这些刊物大多数是在先前的一年半里创办的,用来推广新文化的要义。对这些刊物的名称和宗旨所作的匆匆一阅,确证了刚才所说的话。作为这些学生的喉舌的一份刊物,为整个使命定下了基调,它的名字叫做《青年与社会》(*Youth and Society*),其座右铭有着中国式遣词造句的平衡:"让社会焕发青春,让青年参与社会"。

《曙光》①(The Dawn)、《社会新声》(New Voice of Society)、《新我》(The New Individual)、《国民》(The Citizen)、《暖流》(The Warm Tide)、《少年中国》(Young China)、《少年世界》(The Young World)、《新群》(The New Group)、《新生命》(The New Life)、《向上》(Upward)、《建设》(Construction)、《工读》(Learning and Labor)以及《唯真》(Truth)，是这些刊物典型的名称。而在这些刊物所宣称的目标中，几乎清一色是这样的词句，像"从结构上和社会上改革国家与社会"；"研究社会"；"研究社会与经济问题，引进新观念"；"把新思想介绍给国民，在促进本国工业的同时提高国民素质"——这最后一种说法，当然是抵制运动的一个回声；"唤醒劳动者，改革社会"——这是一份名为《救国》(Save the Country)的杂志的宗旨；"推进新文化，促进思考和纯粹科学"；"给学习带来一种进步，以使研究与批评的观念应用于社会改革"；"研究社会，引进西方观念"；"用科学思想来改革社会"；"向世界介绍新思想，并以一种乐观但具有批判性的态度来对待社会的改造"。当然，尽管所有这些刊物都雄心勃勃，它们中的许多是昙花一现；但它们对这场运动的精神的展现，是任何其他东西都难以企及的。如果不提诸如《新妇女》(The New Woman)这样的刊物，这种列举就是不完整的，这份刊物的目标是"唤起妇女作为改革社会的一种手段"；还有《女界钟》(The Woman's Bell)，它的目标是"教育妇女并使她们能够参与社会进步"。事实上，把所有这些刊物作为一个整体来看，讨论得最多的三个话题是家庭体制的改革、妇女的解放以及工人问题，这些问题都与教育改革相关。三份继续发挥着重大影响并因此特别成为新文化运动喉舌的主要刊物，是《青年》(Youth)、《复兴》(The Renaissance)和《解放与改造》(Emancipation and Reconstruction)。

我们一定不能总结说整个这场运动是文字上和理论上的，因为在中国历史上，受过教育的青年第一次投身于我们在国内称为社会服务的事业中去了。

我认为大多数外国人都是怀着一种先入之见来看待中国的，认为中国在根本上是保守的，对变化是反感的。保守主义在那里毫无疑问是存在的，但同时存在的还有对变化的偏爱。而情况的变化是如此之快，以至于让人看花了眼。教

---

① 新文化运动期间，中国各地创办了大量传播新思想的报刊、读物，名称类同者颇多。杜威转译的刊物名称，究竟对应哪本中文刊物，已难考证。我们尽力译出，并附原英文名称，以待方家考源辨正。——译者

师们抱怨学生"狂傲的"不服从——这在中国不是一个新鲜的抱怨了,在这里,学生们根据他们自己的规矩,具有让从自由的美国来的访客深深不安的特权。教师们还抱怨思想的多变,使学生们满腔热情地奔向一个新事物,然而仅仅数月之后便失去兴趣,转向某种更新的事物。这种症状很能说明学校之外的境况,真是令人遗憾;但它是一种普遍的转型状态的真正证据,这种状态伴随着犹豫不决、举棋不定,以及向新奇刺激敞开怀抱之类在这个阶段必定会表现出来的现象。另一方面,存在着一种兴趣上的成熟,远远超过了同龄的美国学生所表现出来的程度。高中的男女学生们严肃而认真地倾听一些讲座,这些讲座的主题在美国学校里只会制造出由于厌倦而产生的喋喋不休之声。存在着一种对各种观念的渴求——我确信,这种渴求的程度超过世界上其他国家的青年对任何现有东西的追求。目前,对各种观念的激情超过了取得知识来支撑这些观念的坚持,但它为对知识与科学方法的不断增强的渴望提供了一种非同寻常的活力。这意味着知识不是被作为一种技术装备或文化约定俗成的标志来掌握的,而是为了在社会上加以应用。如果中国任何一所高等学校的学生被问及他们为什么要学习某一门具体课程时,大多数人会回答:"为了帮助我们的国家",或者"为了促进社会改革"。除去许多人作此回答所怀有的那种浅薄,剩下的仍有一种对未来抱有希望的牢固基础。

在中国度过几个月之后,一个访客会发誓说,如果他是个明智的人,就再也不会放任自己随便作预言了。因为预言无疑更多的是根据希望或恐惧,而不是根据恰当事实作出的。然而,肉体是软弱的,并且喜欢根据未来给当下作判断。其结果,观察者会陷入他自己所弃绝的缺陷之中——我也曾偶尔犯此错误——这导致他立刻失败。尽管如此,游移于预言的薄薄的但令人兴奋的冰层与确凿事实的安全而乏味的大地之间,人们可以断言,尽管有着各种不成熟与摇摆不定之处,新文化运动对中国未来的希望提供了最牢靠的基础之一。它无法取代更好的交通手段——铁路与公路——没有这些,这个国家无法统一起来,因而就不会强大;但是,在中国也存在对统一起来的精神的需求,而如若没有这场新的思想运动,则是不可能达到的。精神统一起来后看重过去或与世界上其他地方的现代思想产生共鸣,这会带来很大的不同。一个根据日本成功采纳过的方案统一起来的中国,其孤立程度将至少像日本所成为的那样,并且对世界的威胁更大。中国需要学校;它需要,并且是急需普遍的初等教育。但是,这些学校里教什么,以及它们的精神和目标是什么,这将会带来很大的不同——正如德国和日本的普遍教育都证明的那样。

受过教育的中国青年无法永远放弃他们对直接政治行为的兴趣,他们的注意力应当比以前更多地投向具体实际的经济问题,投向货币改革、公共财政以及税收问题,投向外国贷款和银行团。有人发现,在受过国外教育的学生执教的学校里,理论政治经济学的讲授所根据的是基于竞争、机器化生产和资本主义积累这种假设的书本,这和周围的工业情况完全不搭调——它完全是地方性的,按照习俗用手工来进行,并面向一个静态的市场——就像月球天文学一样。或者人们发现,兴趣集中在社会主义之上,即使并不面临财富分配问题(除了计算官僚的掠夺),而劳动生产率的提高问题却很突出。但是,中国毕竟处在工业革命的早期阶段,并且,如果它不想重复世界上其他地区的经历,连同劳资冲突的一切罪恶与危险、压榨人的行业、童工和女工、资方的压迫和工人的怠工;如果它想要从世界上其他地方在19世纪的经历中学到点东西的话,那么,它就必须有所准备地面对这个问题。当根据实际情况的要求用到现实中时,即使是对当前状况最夸张的推断,其作为预备性的技能也被证明是完全无用的。

中国面临着一个选择,要么在使世界和自身同时不得安宁中灭亡,要么在一个世纪左右的时间里集思想、科学、工业、政治与宗教方面的进步于一身,这在世界其他地方是花费了数个世纪的时间才完成的。它无法像美国一样,在留有许多活动余地的条件下进行改变,而必须在一种充满传统、迷信以及人口的文明中变化。少年中国,尤其是最年少之中国(Youngest China),显示出了对这个事实的领会。有那么一些时候,当我接触到这场运动中最好的部分并受到它鼓舞的时候,我愿意预言说,它将会继续进行下去,并且在带着它自己的问题继续下去的同时,给这个世界带来具有新的永久价值的事物。另一些时候,在接触到境况中较阴暗的那些方面之后,我怀疑这场运动的支持者们会不会完全失去信心而悲观地投降。这就很容易理解为什么有些人放弃努力,转而利用糟糕的处境来为自己谋利。最终,人们会回到普通人的清醒、勤奋、根本的顽强上来,这些品质已经渡过先前的许多难关。如果这些品质根据如此不可抗拒又令人不安地把自身强加于中国之上的现代世界的要求与情况而得到调整,那么,它们将帮助中国渡过这一个难关。新文化运动是一种努力的一个重要阶段,这种努力将提供中国正迫切需要的引导。

中国内地①

中国的两位总统之——没有必要具体说明是哪一位——最近声称英日同盟的恢复意味着对中国的一次瓜分。在这次分割中,日本会取得北方而英国会取得南方。也许不应该从正式的征服或侵扰的意义上来看待这一论断,而更应该从象征的意义上,把它看作同各种策略与事件的趋势相关。即便如此,这种观点对中国以外的人们来说,也会显得过于夸张或粗野,这些人要么相信门户开放政策如今已经在中国不可改变地建立起来了,要么认为日本是中国所要害怕的唯一一股外国势力。但是,最近去南方的一趟走访向我揭示出:在那个地区,尤其是在广州,英国人在很大程度上占据着像日本人在北方所占据的那样令人感到怀疑和惧怕的位置。

从否定方面来说,日本人的威胁在广州所处的广东省是可以忽略的。据说,在广州的美国人比日本人多,但美国人的殖民区分布不广。从肯定方面来说,《卡塞尔煤矿条约》(Cassel collieries contract)的故事是有启发作用的。它显示出大众对英国人的态度的来由,并且相当有说服力地解释了上面引用的论断中所包含的苦涩。无论从哪个角度来看,无论从时间,从它包含的那些条款还是从伴随着它的情况来看,这个条约都是值得注意的。

假定这个条约让一个英国公司对于省内的高产煤矿享有为期90年的垄断

---

① 首次发表于《新共和》,第27期(1921年),第162—165页;重刊于《中国、日本与美国》(*China, Japan and the U.S.A*),纽约:共和出版公司,1921年,第21—27页。关于朵拉·W·布莱克(Dora W. Black)的答复,见本卷附录5;关于杜威的再次回复,见本书第409—410页。

权,并且(当然是相当附带地)有权使用一切运输手段,即水路或铁路、现有的码头和港口,以及"在需要的时候修建、管理、监督和营运其他的公路、铁路、航道"——这读起来像是把省内一切进一步的交通便利设施都作了个垄断——首先来看条约拟定的时间。它草拟于去年4月,并在数月之后得到了确认。当然,这个条约是会同广东省的有关当局一起拟定的,并呈送到北京去加以确认。在这段时间里,广东省是由来自邻省广西的军人政客统治着的,这些人实际上是独立于与当时处于安福系的控制之下的北方政府联合的南方各省。广州和广东省的人对这种外来的控制充满敌意,仅仅是迫于军事压力才向它屈服,这是常识。为了驱逐外来者,民众已经在进行造反了,并渐渐达到了目标。几个月以后,广西军队被陈将军①的军队打败,并从这个省份被赶了出去;陈将军如今是广东的地方长官,他在进入广州时受到了热烈的夹道欢迎。这时,目前的这个地方政府建立起来了,它是一个使孙中山和他的追随者有可能从上海的流亡中返回的变化。那么,显然,这个放弃省内民众各种自然资源的煤矿条约,是由一家英国公司与一个并不代表省内民众的政府签订的,就像战争期间的德国军人政府并不代表比利时民众一样。

至于条约的各项条款,说它给予这家英国公司对这个省所有煤矿的垄断权,这种说法从字面上看是不准确的。从文字上看,列出了22个区域,这些是省内仅有的和将要修建的铁路,包括尚未完工的汉口-广州铁路沿线的一些区域。也许,这个事实能为我们解释银行团中的英国伙伴们为什么焦急地要求这条铁路的完工首先由银行团出资承担。这份文本还包含对具有如此重要的经济意义的合法文本是件新鲜事的东西,也就是按名称列出的地区之后的"等等"这个词。

为了这份特权,英国的辛迪加②(Syndicate)同意向当地政府支付100万美元(当然是用白银)。这100万美元连带着6%的利息将要付给这家公司,而且,本金和利息都将通过当地政府,从它得到的分红(如果有的话)中拿出来还给这家公司。这些"分红"的实质已经在一篇文章中作了说明,它在其他地方会作为掠夺性条约的一个可能典型而引起企业发起人的细心留意。1000万本金等分为"A"份与"B"份。"A"份毫无保留地到了这家公司的董事们手里,而"B"份中的

---

① 指陈炯明。——译者
② 即企业联合组织,财团。——译者

300万被分给这个公司的董事们供其支配;余下的200万又等分为两部分,一部分作为以刚才说过的方式付还的那笔由公司拿出来给当地政府的钱,而另外100万——本金的1/10——作为一笔信托基金,它的分红要用于"这个省份穷人的福利",以及用作这个省的教育基金。但是,在"B"份取得任何分红之前,8%的分红要支付给"A"份,并加上对所有开挖矿井征收的每吨一美元的矿区使用费。任何对煤炭业稍微有一些了解、知道通常的矿区使用费是每吨10美分的人,都可以很容易地算出"穷人"和学校的辉煌前景,那代表了一个具有未被透露的价值的特许权给这些省份的全部回报。条约也向公司确保了由当地政府协助来没收所有已经授权给了别的公司但还没有开挖的矿主的矿。这些技术上的细节读起来枯燥无味,但它们凸显了英国公司与一个被其宣称统治着的民众所抛弃了的政府进行掠夺性谈判时的那种精神。与日本在山东的相对粗暴的做法相比,它们显示出广泛的贸易经验的好处。

  关于使这个条约具有额外威胁性的环境和情况,下面的事实是很重要的。香港,一个英国直辖殖民地,处在河对岸与广州所处的位置正对着的地方,是省内巨大的产矿区域和铁路通达的进出口港口。通过对煤的垄断式控制而获得一切经济发展,这一点无须指出。条约的巩固会使英国在香港的各个利益集团控制中国几乎最繁荣的省份的整个工业发展,这一点怎么说都不会过分。在靠近广州的地方,在大陆上建一个一流的现代港口,将会是件相对来说比较容易且不那么破费的事;但是,这样一个港口有可能把香港的价值降低为拥有世界上最美丽景致的地方。已经有人在担心会建造一个新港口了。许多人认为,建造这些铁路等等的特许权,"是为了这家公司的生意和为了改善现有的设施而需要的";甚至,与对煤炭的垄断相比,它更是这个条约的目的。因为英国人已经据有了大陆上相当可观的一部分,包括连结海岸地区与广州的铁路。通过在英国所据有的区域内给这条汉口-广州铁路建一个直道,后者实际上会成为汉口-香港线,广州会变成一个小站。有了如此保证的这些好处,建一个新港口的方案可以无限期地被搁置了。

  在这个条约得到保证的这段时间里,英国的各个商会在上海召开了一个会议。由此通过的决议,赞成从此废除特别的国家特权的全部原则,赞成与中国人合作来建设中国。在会议结束时,主持人宣布:对中国来说,一个新纪元最终到来了。在中国的所有英国人的报纸都齐声赞扬商会的这一明智之举;与此同时,拉蒙特先生在北京,在陈述银行团的目标是废除进一步的特权,以及为了中国自身的经济发展,把各个银行的金融资源结合进银行团之中。令人啼笑皆非的巧合是,香港-上海银行这个条约和这家新公司背后的金融力量,正是银行团中为首的英方合作者。那么,如果那个国家的银行利益集团通过与中国的任何政府进行独立谈判而进入的话,就很难看出任何一个英国人如何指责日本人言而无信。

当活动场景转到北京为了保证中央政府对条约的确认时,安福系的统治已经不再,因此没有获得确认;广州的新政府已经拒绝承认这份条约具有任何有效性了。香港政府的一位官员告诉广州政府的一位官员说,香港政府支持这一条约的巩固,而广东省是英国的内地物资供应区。在最近几周中,香港总督和香港一个有影响力的中国银行家——他是一位英国臣民——到访北京。关于这次访问的目的,在南方到处流传着谣言:英国人的媒体报道说,一个目的是把威海卫还给中国——只要北京同意把大陆上广东的更多部分作为补偿而交给香港;南方的中国人的见解是,其主要目的之一是保证北京对《卡塞尔煤矿条约》的确认,其中将另有90万美元进账,10万美元在与当地政府签订条约的时候支付了。北京不承认目前的广州政府,而是把它看作一个非法政府。签订条约的那帮家伙仍旧控制着邻省广西,而北方要依靠他们来对这个宣布独立的省份进行军事征服。事实上,仗已经开打了,但广西军阀急需用钱;如果北京确认这个条约,那么很大一部分资金将会付给他们——所有那些没在北方军阀的半途而废中损失的钱。① 同时,各个英国通讯社一直持续刊发倾向于不承认广东政府的报道,虽然当地所有不抱偏见的观察者都把它看作是中国最有前途的一个政府。

这些思考不仅有助于使人看清在先前关于银行团运作的一篇文章中谈到过的一些困难,而且为判断英日同盟恢复的实际作用提供了一个不可或缺的背景。迫于情势压力,每一个政府,即使违背它的本意,都将不得不对对方的掠夺性策略睁一只眼闭一只眼;而眼下的趋势,将会造成为了避免更多的直接冲突而在北方与南方的势力范围之间作一个划分。主张恢复同盟的英国自由主义者的理由是:它将使英国能够对日本人的诸项政策进行管制。他们真是比相信对山东的经济控制与政治控制的分离的威尔逊先生还要天真呢!

---

① 这篇文章写成之后,报纸上宣称北京政府正式拒绝使这个条约生效。

不能过于经常地重复美国与日本之间真正的冲突焦点不在于加利福尼亚，而在于中国。英国当局不断重复：无论在任何情况下，这个同盟都不意味着大不列颠会在一场日本与美国进行的战争中支持日本。这是愚蠢的——除非这经过了算计。这个同盟恢复之日，日本的军国主义者们将会更加有力，而自由主义者们的力量——已经够虚弱的了——还会进一步削弱。结果是，美国与日本之间在中国的一切冲突之源都会加剧。我不相信有注定要发生的战争，但如果它来临的话，日本的第一个行动——在中国的每一个人都相信会如此——将是夺取中国北方的各个港口和铁路，以确保食物和原材料的供应不受干扰。这个行动将会被作为国家生存的必要而被视为正当的。与日本结盟的大不列颠，除了以最匆忙潦草的方式之外，将无法采取任何立场来抗议任何东西。这种克制的保证，对日本来说，是仅次于公开的海军和财政支持的好事。没有这种保证，他们不会敢于夺取中国的港口。在最近几年中，外交官们已经显示出他们能够达到无比愚蠢的程度；但是，英国外交部中的一些人不可能对这些基本事实毫无察觉。如果他们恢复这个同盟，那么，他们是有意地要为这些后果承担责任。

分裂的中国①

I.

大约6个月以前,北京政府发布了一个公告,宣告中国的统一。5月5日,孙中山在广州正式就任整个中国的总统。这样,中国在6个月之内二度实现了统一,一次是从北方的角度,另一次是从南方的角度。事实上,每一次"统一"的举动,都是中国分裂状况的一个象征,这是一种表达着语言、气候、历史和政策以及地理、人群和派系的差异的分裂。这种分裂状况从十年前满清王朝被推翻之日以来,就一直是中国历史显著的事实之一,并通过断断续续的内战表现出来。尽管如此,另有两种说法虽然表面上相互矛盾并与刚才说的这一点相矛盾,但具有同等程度的确实性。其中一种说法是:如果仅就中国的人而论,那么不存在真正的地理界线上的分割,而只有比比皆是的保守者和进步者之间的普遍分歧。另一种说法是:在中国不是有两个分裂的部分,而是至少有五个,南北各有两个,还有一个在长江流域的中部②;这五个中的每一个,又根据派系或省区的界线分裂为大小不等的部分。而就以后的情况来看,这最后一种说法或许是三种说法中最有实际意义的一种。这三种说法都是确实的,它正是使中国政治甚至在比较主要的特征方面也令人如此难以理解的原因。

---

① 首次发表于《新共和》,第27期(1921年),第212—215、235—237页;重刊于《中国、日本与美国》,第33—34页。

② 自这一篇和上一篇写就以来,似乎有迹象表明,吴佩孚意欲控制中部地区。

时运凑巧,当就职典礼举行的时候,我们正好在广州。广州与北京之间的隔阂不仅在于两地相距遥远,两地之间几乎没有确实的消息往来;不胫而走地传入其中一个城市并被公之于众的消息,大多是由意在诋毁另一个城市的那些谣言构成的。在广州,人们听到帝制频繁地在北京复辟;而在北京,人们则听说广州至少每隔一周被赤化一次,而在每个间隔的一周中,孙中山的拥护者和陈炯明将军——那个省的都督之间则爆发公开的战争。即使在把北京政府仅仅当作一种必要的恶而接受的那些人的圈子里,也没有什么可以不给人造成这样的印象,即孙中山的旗号所代表的,无非是一小帮无信之徒以牺牲国家统一为代价来为他们自己取得一小点权力的渴望罢了。即使在广东北面的邻省福建,除了一些旨在把南方政府的重要性削弱到最低程度的流言蜚语之外,人们听不到什么东西。在北方的外国人圈子里,像在整体而言的自由主义中国人圈子里一样,有着一种共同的感觉,即北京政府也许事实上是坏的,但它代表着国家统一的力量;而南方政府则代表着要使中国的分裂状态持久固定的一种倾向,这种分裂状况使中国虚弱,并且不断吸引着外国的阴谋和侵略。只是非常偶然地,在前几个月间某个从那边旅行回来的人才羞羞答答地提出一种看法,认为关于南方,我们"吃错药了",他们确实试图"在那儿做一些事情"。

  结果,对于5月5日这一周里发生在广州的景象,我几乎毫无心理准备。这是两年来,我在中国见到的仅有的一次像是自发民众运动的游行。纽约人习惯了拥挤的人群、游行队伍、街上的装饰和与之相伴的热情。我怀疑在纽约是否有过一场游行在规模、喧闹、色彩和自发性——还冒着热带的阵雨——方面超过广州的这次游行。乡民们以如此规模群集在一起,以至于即使是在河里的船上也找不到住宿之处的情况下,他们持续游行了一整夜。一些没能在这次正规游行中找到一块地方的行会和地方团体,在正式游行那天的前后自行组织了一些较小规模的游行。尽管可以尽可能考虑到广州人对当地忠诚的强烈程度,以及他们也许更多的是在庆祝广州人当地的一件事而不是一个原则,这幅景象还是足以使人改变那些先入之见,并促使他试图去寻找给南方的运动以生机的东西是什么。

  一场游行也可能虽然人数众多,却没什么实质意义。然而,人们发现,在当地的外国人——至少是美国人——说,自从前几个月以来在广州掌权的那些人,是中国范围之内仅有的一些确实在为民众做一些事情,而不是充实自己腰包和扩张个人权力的官员,甚至北方的报纸也并未完全忽略不提对有执照的赌博的压制。在当地,人们得知这种压制不仅是真正的和彻底的,而且意味着一个其主要困难在财政方面的政府,放弃了每年接近1000万美元的财政收入;而在这件事上——撇开个人压榨的动机不谈——本来是很容易主张为了维持收入来源,至少暂时地用目的使手段合法化的。整个中国的英文报纸都曾为香港政府把鸦片税从每年800万降到400万并计划最终取消这项税收而称赞过它;但是,香港是很繁荣的,它没有卷入内战,而它需要税收仅仅是为了一般的市政用途,不是作为在一场危机中保持自身存在的一个手段。

  在目前的情况下,南方政府的这一举动几乎很难说不是英雄式的。这一放弃是广州政府的法令中最感人的一项,但人们很快便得知,它是数量可观的许多建设性的管理措施的一个伴生物。其中最令人瞩目的,是在全省范围内改革地方长官制度的各项尝试:在广州建立市政府——在地方官员均由中央任命和掌控的中国,这是个新事物——它建立在美国委员会方案(American Commission plan)之上,并由从美国的政治科学学校毕业的人领导;在全省范围内引入地方自治政府的各项计划;为了在广州引入分三个阶段完成的普遍的初等教育而定出的一个方案。

  这些改革是地区和地方性的,它们是席卷全中国的一场普遍的反对中央集权、要求地方自主的运动的一部分。这场运动是对从北京派遣官员并从派系——以及钱包——利益出发来管理地方事务的一场抗议,那些人对地方事务的主要兴趣在于从中能榨出什么油水来。唯一可与目前中国的地方政府相类比的,是我们的内战之后那些日子里的南方投机客政府。这些能够解释为什么北京统治之下的乡村地区,包括中部和南部省份不听话;但无法解释随着孙中山当选为总统,一个新的国家政府,或者说联邦政府的建立。要理解这一事件,有必要回溯历史。

  1917年6月,北京的国会打算推行一部宪法。当时,国会受到旧的革命派领导的控制,这些人一直与袁世凯,或者宽泛地说,与行政首长不和;后者指责他们是妨碍议事者,在国家需要行动的时候把时间浪费在讨论和空想上面。这时,日本改变了针对中国参战的策略,并且借助《二十一条》确立了自己的地位。它发现了一条控制中国的军火库,并最终通过掌控中国的参战而在中国的军队中掺入自己的军队的途径;英国与法国为着同样的目的,也正在强力施压。国会行动迟缓,而唐绍仪、孙中山以及其他南方领导者则持反对的态度,因为他们认为,这场战争根本不关中国的事,而且总体来说,他们反英的程度甚于反德——这个事实能够部分说明目前各种英国报纸共有的反对广州政府的宣传。不过,最能说明问题的事实是:这部将要施行的宪法取消了各省的军事总督或者说督军,并恢复了被袁世凯摧毁了的文官权力机构(civil authority)的至上地位,此外还写入一项去中央集权化的政策。受到自称是立宪主义者,并且要去推翻即使不是控制着行政权力、至少也控制着立法权力的革命派以维护派系利益的所谓改良派成员的唆使,军事总督们要求总统中止国会,解散立法会。这一要求得到了除美国代表团这个令人自豪的例外以外,所有协约国在北京的外交官的积极支持。总统软弱地让步了,签发了一项解散国会的法令,在文件中以书面形式承认其行为的不合法性。此后在不到一个月的时间里,由于张勋所导演的帝制复辟这场闹剧,总统成了在荷兰使馆避难的一个难民;张勋如今又以张作霖——眼下的中国"强人"——的各种计划的辅助者的身份回到了北方,走上前台。后来,举行了选举,又选出了新一届国会。这个国会在北京作为中国的立法机构,选举徐世昌为总统,得到了外国列强的承认——简而言之,这从国际角度来看,是中国政府;从国内角度来看,是北京政府。

旧国会中的革命派成员从不承认对他们的驱逐,并因而拒绝承认被他们称为伪国会的那个新国会的合法地位,以及由它选出的总统的合法地位,尤其因为这个新的立法机构不是按照宪法规定的规则选举出来的。此后,在一些昔日成员的领导下,被其反对者们称为过期国会的旧国会以断断续续的方式存在。它自称是中国唯一一个真正的立宪机构,最终选出了孙博士为中国总统,并相应地准备好了我们提到过的5月5日的行动。

这就是目前的南方政府在法律意义上与形式上的背景。它对北京政府的合法性的攻击,在严格的法律意义上,毫无疑问是有正当理由的。但是,出于各种不同的原因,它本身的实质地位同样易于受到严重的质疑。如此随便地被套到对方头上的"伪"和"过期"这两个词,在一个局外人看来似乎都有正当性。而去深究使南方国会的地位因其最终行动的迟缓而显得无效的那些原因,就更没必要了。一场等待四年之久来采取实质行动维护其权利的抗议面临的,不是法律上的要点,而是既成的事实。在我看来,就合法性本身而论,南方政府在技术争论上稍微有一点优势。但是,面对一个得到外国承认并且以这种方式维持了四年的政府,合法性的荫庇就成了一种靠不住的政治偏见。把南方政府视为一个革命政府,它除了享有十年前的那场革命运动持续的声望之外,还作为对抗北京政府的军事篡夺的一种立宪主义抗议而具有一笔可观的情感资产,这样看会比较明智一些。

南方政府并未取得在广州的各种反对北方政府的力量的一致支持,这是一个公开的秘密。比如说,唐绍仪就因缺席就职典礼而引人注目,因为他认为在那个时候祭拜他祖先的坟墓比较合适。地方都督陈炯明将军倾向于主张限制地方自主的程度,并鼓励在其他省份进行相似的动作,期望最终得出一个至少由长江以南各省组成的联邦制或邦联制的政府。他的许多将领希望把行动推迟到广东省与其他西南省份的将军结成军事同盟之后,这样,如果北方进行征伐,就能够加以对抗。另有一些人认为,对新政府的技术合法性的论证做过了头,他们一方面并不反对进行一场十足的革命运动来对抗北京,另一方面认为时机尚未到来。他们在指望张作霖恢复帝制的尝试,并认为民众对这一举动的反对会为这样一个如今过早进行了的运动创造一个适当的时机。不过,尽管英国人和北京政府的报纸大肆宣扬这些公开分歧,大多数反对者还是忠诚地收起了他们的反对意见,支持孙中山的政府。折衷方案已经有了,通过这个方案,联邦政府将把注意力集中在对外事务上,而把地方事务完全留在陈将军及其拥护者手中。不过,仍有发生冲突的可能,尤其是在对税收的控制这个问题上,因为目前对一套管理体系来说都缺乏足够的资金,更不用说两套了。

II.

南方新政府的成员与人们在任何其他地方,无论在北京还是在其他省会城市,看到的类型都惊人地不同。后一些人简直就像是中世纪的,如果说他们不像是晚期罗马帝国的人的话,虽然他们中的大多数人学过一点现代的饶舌之辞用来说给外国人听。前者则是一些受过教育的人,这不仅是指上过学的意思和他们为了工作受过某些特殊训练的意思,而是指他们思考的观点和用来谈论的语言是时兴于全世界进步人群之中的。他们欢迎探求,并自由地谈论各种计划、希望和恐惧。我有机会碰到了在地方和联邦政府中都具有影响力的所有人;这些对话并未采取以供刊行的访谈形式,但我了解到,他们至少从三个角度来看待整个局面。

陈将军没有接受过外国教育而且不会说英语,他的训练和见解的中国特征特别明显。他是一个强有力的人,雷厉风行,在思考和行动上都是直来直去的,有着不容置疑的正直;并在一个官职主要是因其可能带来的奢侈而受人称羡的国家里,过着一种几乎是斯巴达式的生活。比如,就从实际的来说吧,在第一等级的中国地方官员中,他没有包养情妇。不仅如此,他还向议会建议采取一项措施,剥夺所有包养情妇之人的选举权(这项措施没能通过,因为据说它的通过会剥夺议员中大多数人的选票)。从各个方面来说,他都是我在中国碰到的所有官员中令人印象最深刻的。如果要我来选择一个有可能在未来成为国家首脑的人,那么,我会毫不犹豫地说,是陈都督。他能够忠实地给予和要求——单凭这一点,就使他显得相当特别了。

他的见解大致如下:中国最重要的问题是真正的统一的问题。工业和教育由于政府缺乏稳定性而受到阻碍,而社会中比较好的那些要素全都与一切公开的努力相隔绝。问题是这种统一如何达到。过去,一些强大的个人曾经以运用武力的方式尝试过:袁世凯尝试过但失败了,冯国璋尝试过但失败了,段祺瑞尝试过也失败了。必须放弃那种方法。中国只有通过民众本身,不是用武力而是用正常的政治改革方式才能统一起来。使民众担当此任的唯一途径,就是使政府去中央集权化;必须抛弃中央集权化的各种努力。北京和广州一样,都必须容许各省有最大限度的自主;各省会必须给予各地区尽可能大的权限;各地区对各乡镇也一样。官员必须由各地区从当地选出,而且必须尽一切努力来激发地方的原创力。陈都督的主要雄心,是把这种体制引入广东省。他相信,只要这个方法得到示范,其他省份就会纷纷效仿,而国家的统一将会是地方的砖石垒起来的一座金字塔。

伴随着行政事务上的极度自治,陈都督竭力强调一种中央集权化的经济控制政策。他说,实际上,伴随着政治上的控制,西方生出了一种经济上的无政府状态,结果导致资本家的统治和阶层间的争斗。他希望能通过让政府在一开始就控制所有基本的原材料和基本的工业,比如矿业、运输、水泥厂、钢铁厂等等,而在中国避免这一后果。用这种方式,各省当局就有望确保本省一种平衡的工业发展,同时无须恢复重税,就能实现收入增长。而由于几乎所有其他都督都在运用他们的权力,与国内外那些掠夺性的资本家相勾结,为了私人利益而垄断各省的种种自然资源,因此就毫不奇怪陈都督的这些见解被视为是对这些人的特权的一个威胁,而他则在整个中国被宣扬为一个狂热的布尔什维主义者了。他的观点对照英国对这个省份取得一种经济上的压制的意图来看,具有特定针对性——关于这些意图,我将在另一篇文章中加以讨论。

另一种类型的见解着重强调中国内部的政治状况,它的持有者们实际上说:既然事实上中国被分割了,有成打的政府,那么为什么要小题大作地在中国搞出两个政府呢?在北方,张作霖和他的对头们之间的战争肯定迟早要爆发的。每一个军事总督都担心他手下的师长;旅长密谋反对他们的师长;即使是团长们,也在不遗余力地扩张他们自己的力量。北京政府是个傀儡,听命于各省的军事总督,仅仅是由于这些将军之间的相互嫉妒,以及依靠外国的外交支持,它才得以存在下去。实际上,它已经崩溃了,而这种实际状态很快就会得到正式的确认。我们要做的就是继续向前,保持对这场革命的作用的良好信心,尽可能给予这个省份最好的地方管理;然后,在不可避免的日益趋近的大崩溃到来之时,南方政府就可以准备来发挥真正重建的核心的作用了。眼下我们希望,如果无法得到外国政府的正式承认,至少他们能采取仁慈的中立。

中国人的心中仍然保留着1911年革命的精神。就它不是反满族的而言,它在本质上是国家主义的,只是附带的有点共和主义色彩。孙博士就职典礼的次日,树立起一座纪念碑,献给这场成功的革命前大概六个月的时候发生在广州的试图摆脱满清重轭的一次不幸流产的举事中罹难的72位爱国英雄。这个纪念碑是我在革命的政治史上见到过的最富有教益的一个榜样。它是由72块花岗岩组成的,其中的每一块上都铭刻:泽西城的、墨尔本的、墨西哥的、利物浦的或新加坡等地的中国同盟会(Chinese National League)提供。中国人的国家主义是中国人向外国移民的一个产物,在国土地上的中国人的国家主义促进了革命,并在很大程度上滋养了它的领导者,它提供了组织形式。孙中山是这种国家主义的具体化身,这种国家主义关心把中国——以及亚洲——从一切外国统治下释放出来,更甚于关心各种具体的政治问题。并且,尽管从那时起各种事件风云变幻,他却始终在根本上停留于那个阶段,他在精神上与欧洲的领土收复主义类型的国家主义者而不是与当今的少年中国更为接近。虽然他是一个十足的共和主义者,但他衡量起各种人与事来,仍更多的是通过在他看来他们会做些什么来促进中国摆脱外国控制的独立,而不是通过他们所做的会对促进一个真正的民主政府起什么作用。这是对于一年前他和如今已经倒台了的安福俱乐部那些领导人们眉来眼去的糟糕行为可以给出的唯一解释。他容许自己自欺地认为,如果他能给予他们支持,他们本来会很愿意转而反对日本人的;而他的国家主义想象,则被小徐①征服蒙古的夸张计划点燃得更旺了。

比其他人更为开诚,孙博士承认和确信南方新政府代表着中国一种分裂的状况。他坚持认为,如果不是因为南方在1917年的脱离,如今日本就会在实质上控制整个中国,一个统一的中国意味着一个很容易被日本整个吞掉的中国。这个脱离使日本人的侵略区域化了,表明南方将会抗争而不是被吞灭,并给了北方的公众舆论一个喘息的机会来重整旗鼓,奋起反对《二十一条》和与日本签订的军事和约。由此,它拯救了中国的独立。但是,它虽然抑制了日本,却并没有困死它。日本仍企图借张作霖之助,把中国北方变为自己的附庸。统而言之的外国政府和具体而言的美国政府给予北京的支持,只不过被日本人玩弄于股掌之间而已。南方的独立成了仅有的一个屏障,可以暂时阻止日本把中国北方在事实上变成日本的一个省份的计划。有一种实在不怎么可信的流言说,在日本总领事与新总统会面时(没有其他外国官员曾经作过正式访问),前者提出他的政府会正式承认孙博士为全中国的总统,如果后者能把《二十一条》承认为一个既成事实的话。从日本的立场来看,这是一个很保险的提议,因为接受日本人的这些要求是新政府不可能做的一件事。但同时,这个提议自然而然地加强了孙博士这类国家主义者的信念,即南方的分离是使中国保持政治独立的关键;或者,用孙博士的话来说,一个分裂的中国在时下是通向一个最终独立的中国的唯一手段。

列出这些见解并不就是说出了全部真实情况,它们是片面的;但列出它们,是真实地摆明了南方运动的领导者们的观念,以及如果要理解中国的国内国际状况就需要加以认真对待的那些观点。据我自己的看法,而不只是表达他人的见解,我已经得出了一个与我在走访南方之前的想法相当不同的结论。虽然不可能把中国的统一作为美国外交政策的一部分而给予过多的重要性,但还是有可能把北京政府作为那种统一的一个象征而给予过多的重要性。借用南方领导者们的话来说,尽管除了承认北京政府为事实上的政府之外,几乎无法指望美国做其他事,但是没必要过分宠爱那个政府和给它面子。这种情形保持着名义上

---

① 指徐世昌。——译者

和形式上的统一,而事实上却在鼓励各种腐化的军事力量,它们使中国停留在分裂状态之中,并招引着外国侵略。

在我看来,对中国局势观察了两年得出的结论是:中国与美国的真正利益都能得到照顾,首先,如果由美国带头得到在北京的外交人员的承诺,确保他们会代为表达对北京政府的提醒,即无论如何,列强都不会认可一个帝制王朝的复辟。在美国,这听起来似乎是对一个外国的国内事务的随意干涉,但实际上,这种干涉已经是一个事实了,目前的这个政府仅仅是靠了外国列强的支持才得以维持着。这个提醒会终结一种阴谋、一种谣言和怀疑,这种东西如今正阻碍着中国的工业和教育,并使中国一直无法变得安宁和稳固。这会开创一个相对平静的时期,在这个时期里,无论什么现存的有建设性的力量都有可能浮现出来。第二项措施应该更加极端。美国的外交应带头澄清,除非关于裁军以及普遍削减经费的那些承诺得到不折不扣的立刻兑现,否则,列强将对北京政府推行强硬策略而非温和策略,坚持索要到期的利息和贷款,并坚持要该政府最严格地履行它的各项义务。这个要求生效的警告完全可以包括一个根本的威胁,即如果这个政府不认真地尝试把它作出的各种承诺付诸实行,那么就会被拒绝承认。这项措施还应该包含对任何意在对南方进行军事征伐的开支表示明确不同意。

对南方政府在外交上的承认,眼下还不是要讨论的问题。施加财政压力,以使南方政府有时间和空间来展示通过和平手段自己能做些什么,来给予一个省份或更多省份一种体面、诚实和进步的地方管理,这是可以讨论的问题。没有必要列举推行这样一种政策之路上的种种障碍,但是据我判断,这是列强可以用来避免使自己成为让中国长期处于虚弱与分裂状态的帮凶的唯一一项政策。这是对抗日本能够想得出来的无论什么侵略计划的最直截了当的方式。

再访山东①

我们在中国的最近三周,是在山东省度过的。自从我们上次走访以来,已经过去一年半的时间了。那次是在寒冬腊月,这次则是在夏日炎炎之时,社会气氛的变化与气候的变化一样巨大。在先前那段时间里,济南正处于军事管制状态,而黩武之人确实正在用武力针对处于高潮的学生运动。其时,安福系人正在国家首都和省内掌有大权。甚至教育性质的讲座也受到了影响。地方官员通电北京当局阻止我们的到访,因为这肯定会给他们带来麻烦。这个消息并未传到我们的耳朵里,我们在得知这次走访有多么危险之前就已经身在济南了。到处洋溢着的兴奋,立刻揭示出发生了某些事情;正在对抗黩武而亲日的官员们的报业人士和议员,给了我们一个非比寻常的热烈欢迎——所以,那些官员也只好跟着那么做了。每隔20英尺一个士兵,沿街一字排开;省议院大厅的院子里布满了士兵,机关枪架设在屋宇之上——所有这些,都是因为害怕当时正在罢学抗议关闭他们总部的学生们会采取武力示威。警察头子在台上占据着通常由一个教育官员所占据的位子。

这一次,在建立一个师范学院的过程中,一切都像在美国一样平静。街上只有通常数量的武装警察;省议员仍在对抗这个省的都督,但这种抗争是和平的抗争,没有一个士兵踏入议院大厅。目前的抗争,指示着中国的政治状况。这个省的财政专员是一个山东人,因此他致力于通过把各项支出限制在合法用途上来保护本省的民众。省督的职位受到追捧,归功于它是通向亿万富翁最短最便捷

---

① 首次发表于《新共和》,第28期(1921年),第123—126页。

之途,因而都督撤消了碍手碍脚的财产审计员一职,于是就与省议会之间产生了冲突。我说它对目前的状况有代表性,是因为虽然军阀黩武还很猖獗,但是中国人如今开始吸取那条古老的教训了,即政治上的控制与对国库的控制并行,以及中国的士兵既是省议会对公共资金缺乏控制的一个原因,又是其结果。吸取了这个教训,中国的政治发展就会开始朝向与西方世界争取代议制政府的抗争平行的方向。"共和主义"渐渐地从一种热望和一个幻想中的词汇变为一项实务了。

与日本人的关系以及国内形势在这一年半之间呈现出一种平静得多的面貌。直接的侵略行为实际上已经停止了,"入侵"如今采取的是一种稳步的和平经济渗透的形式。偶然的挑衅事件仍有发生,比如说,日本人的地方当局要求都督下达禁止在5月7日——纪念签订《二十一条》国耻日——举行集会和游行的命令,目的是要引发学生作出公开的反日行为。但是,这个命令从都督手中传到教育专员手里,从专员那里传到各个校长那里,从校长那里传到学生那里——在那次纪念之后的某个时间。集会举行了,每一件事都在和平的状态下进行了。在国家植树节这个春季假日那天,日本驻扎在济南的士兵又似乎碰巧在学生们选来作为植树地点的山头上进行操练。但是,学生们组织得很好;在这种情况下,公牛被训练得无视那块红布,无论它怎么耀眼,先前企望已久的挑衅行为并未发生。但是,尽管这些偶然事件仍时有发生,像先前那样任意无度的拘捕和审讯已经停止了。总体上说,它们被一种安抚政策取代了,因此可以公平地推断这样的偶发事件是由于当地狂傲的日本人不喜欢这个对中国人策略的改变。这个改变也影响到了在这个省的外国人。过去,他们或多或少对在去青岛的时候被强加的那种通行规则的粗暴无礼有些怨言;如今,一个满口当地奉承话的和蔼官员会问你是否有一张通行证,然后会告诉你,既然你是个美国人,那么即使你没有也没多大关系。这个小插曲对于旅行者如今受到接待的方式来说,是很有代表性的。这种方式与人们在日本本土所能发现的殷勤好客非常相似,而不像是那种粗暴态度,那种态度直到不久以前还提醒着到访者:对占据这块陆地的日本人来说,他是个入侵者,那里只有日本人的难看脸色。

在青岛,在与工业区分开的居住区中,给人留下印象的与其说是日本,不如说是德国。而无论一个人对德国占领的由来和目的持什么样的观点,他都不得不承认它在占领状态下做得很不错。在远东,没有哪一个城市像这个城市建设得一样规整悦目。德国人在数年之间,把它从一个满是土坯小窝棚的肮脏小渔村,变成了中国最整洁的城市和一个具有巨大商贸潜力的港口。在这里,日本人的态度改变也是显而易见的,在所有事情的外在方面都着力减少军事占领的痕迹,而强调市政管理。他们花了很大的力气把外国客人吸引到这个宜人的避暑胜地来,长期居住的外国居民则不再抱怨质询式的登门拜访和烦人的打搅,而只是抱怨要顺顺当当不吃亏地办任何正式的事情,比如签个租约或者交个税什么的,所需凭证的数量之惊人。不过,我们的布赖恩①时期的远东外交政策的色彩还很明显,原来就居住在那里的美国居民从来不曾因为日本士兵在占领时期进行的有组织的洗劫而得到任何赔偿,虽然英国公民们已经得到了赔偿。

说日本比较具有安抚性质的策略已经影响了中国人的感觉或见解,这是不确切的。原原本本地探究一下,为何恰恰对先前德国人的占领,人们感觉到的痛苦如此之少;而对如今日本人的统治,人们感觉到的痛苦则如此之多,这会具有很大的启发意义。日本人把这种反差看成是中国民众拒绝承认他们的真正朋友的特别顽劣的性情所致。对一个彻底结束了的过去的理想化,与一个鲜明的现在相对照,或许与此有关;德国人在打交道时友好而老练的品性,肯定也与此相关。下面的事实也与此有关系,即德国商人主要限于对外贸易,日本定居者则参与所有种类的零售业;而且更为严重的是,他们正在占据土地。还有一个事实也能说明问题:山东的铁路在德国人统治时是一家私人企业,这家企业自由地雇用中国人来帮忙和当守卫;而现在它是一家日本政府所有的企业,除了用来当苦力之外,不雇用中国人。但我认为,把所有这些事实放在一起都抵不上另一个事实,即德国人的占领似乎只不过是一系列必须尽可能好好对待的外国侵略中的一个偶然事件,而日本人的统治则是一个笼罩着的巨大威胁,即他们随时可能完成吞并。由此,激发了深刻而强烈的感受。

与一年半以前相比,如今直接的抱怨集中在鸦片问题,以及向匪帮提供武器和以其他方式助长他们。在青岛设立了一种政府垄断的鸦片经营,这是一个得到官方承认的事实,不是一则谣言。官方的具体细节当然不容易获知。不过,据人所知,这种生意是由一个中国人来经营的,一个名叫刘则山(音译)的人;大约

---

① 布赖恩(William Jennings Bryan, 1860—1925),美国政治家、律师,1913 至 1915 年间出任美国国务卿。——译者

每年进口250万盎司,特许经营者每盎司付2美元给日本帝国管理部门,这样单鸦片和吗啡的贸易就要付给占领者每年500万美元。到此为止,还可以说日本只是步英国和法国在中国南方的后尘而已,但是至少有着如下的不同:香港和印度支那确实在外国主权管辖之内,而中国的旗帜仍飘扬在青岛海关的上空,所有入境的货物都要付固定的关税。鸦片当然是禁运品,让它出现在进口货物之列是不行的,因此它贴着"军用储备"的标签装船载入,这样就逃过了检查。人们还普遍相信,除了把这些货品充作行李的一部分来携带的那些商人之外,军用铁路上的守卫也扮演着境内分装者的角色。

关于提供军火给匪帮的确切事实甚至更难获得,人们必须依靠在中国人和外国人中间都广为流传的那些相似的说法。客观事实是,日本人铁路上的守卫足以保护这一区域,而在德国人占领期间,即使用中国守卫,这个区域也完全太平无事。从那以后,这块地方就饱受骚扰,有时甚至到了被迫整村撤退的地步。这种事态没有日本当局的默许,当然是不可能的。混水摸鱼的策略在满洲已经有过大量好的——或坏的——先例了。小道消息说,日本士兵在晚上把自己的左轮手枪出借给匪徒,还直接出售枪支弹药——这些东西是处于日本官方的严格监管之下的。人们可以得出比较接近统计数据的事实是:仅仅一个月之中,在离青岛5英里远的区域里租给日本人的地盘上就发生了20起抢劫,而日本人从来都是毫发无伤。

日本政府已经向国际反鸦片协会(International Anti-opium Society)保证,会取消山东的鸦片垄断,而中国政府则承认已经有一些改善的迹象了。如果日本军队撤回,抢劫就会回到中国的一般平均水平上,虽然试图通过找麻烦来得到借口插手进来保护日本人利益的企图仍会保留下来。剩下的关键点是经济问题。聪明的山东人确信,日本如今很可能在最近的某个时间兑现其撤军承诺;但是,他们认为,这不会对局面造成任何实质性的不同,因为与此同时,日本已经在经济上扼制着这个省份了。即使这种扼制确保有超出一般的经济效益,中国人也几乎不会比其他人,例如加利福尼亚人更欢迎它,尤其是当这还牵扯到土地所有权。在中国,土地本身集中了所有感情;而在西方国家,这些感情是分散在宗教的和爱国的旨趣之中的。但是据称,欺骗与武力一直是日本借以使其经济地位得以稳固的手段。对德国人在青岛的财产的所谓拍卖,就其对人与价格的偏袒来说,无疑是一桩丑闻。使农民们被迫与他们的土地相分离的那种手段,我在上一篇文章中已经谈到过了。此外,还据说,当争议涉及租约或其他经济利益时,向法院上诉是没有用的,因为日本的诉讼当事人永远是对的,这是一条准则。一些中日合资公司已经办起来了,据中国人的看法,其中大部分是在胁迫下创办的,而结果则是待遇不平等。但是,关于这一点,很难找到不带偏见的证言。

尽管中国人普遍认为日本的经济控制太牢固了,以至于随便什么东西,只要缺乏国际压力或者政治上的造反,就不可能动摇它,我却并不认为日本满意于这种工业与商贸状况,尤其是根据一开始就被激发起来的那些强烈的希望来看。在写这篇文章时,我手头没有去年的数据;但是,1919年的海关统计显示出德国人占领的最后一年在贸易方面并没有很大的增长,虽然日本人建起了大量的工厂。这也许可以归因于普遍的萧条,但是从1916年到1919年,大连这个日本在中国北方的港口的进口量几乎增加了两倍,而出口量则增加了一倍多。日本人在进占时的计划包括修建数条铁路,把内地和他们在济南的铁路连接起来。他们随意预言,青岛将成为取代天津并与上海相匹敌的整个中国中部的主要港口的那一天。不过,这些预言也不完全建立在感情的基础之上,正如以下这个事实所表明的,外国在中国的商业利益与日本人的占领之间的对立,完全建立在一种威胁的基础上;这种威胁,就是他们的占领意味着对外国人公司所在的那些港口贸易的一种扼杀。但在其间的这些年中,日本把它的资金用作非生产性的政治性贷款随意发放,这引起了民众的仇恨,而且使获得铁路特许权成为不可能。而如今,规划中的铁路归银行团管辖——用来补偿它对满洲的实际忽略的一个信用条款。预期与实现之间的鸿沟是如此巨大,以致人们倾向于认为,日本愿意拿出其在山东的一些保留特权来换取中国人和国际上对它在满洲的"特殊地位"的确实承认。

这就把我们带到目前山东在外交上的地位这个问题上来了。就像日本的辩护者们强调的那样,日本已经三度敦促中国就"归还"山东问题进行公开的磋商,这种说法大致不差。这些辩护士们为了那些无视实际状况的人的利益说话或写作,说日本极其痛惜中国缺乏任何可进行充分稳定的商谈的政府,还说日本热切地盼望这样的一个政府出现。在他们比较坦率的时候,他们承认没有哪个中国政府敢于就这个问题与日本进行直接谈判,即使是处于极盛时期的安福系政府也不敢,因为他们深知,这将成为一场暴动和可能的革命的信号。这种不愿意的部分原因,在于深植于中国人心中的那种心理:"在拿不准的情况下,不要轻举妄动。"特指这件事而言,在对将要代表中国进行"磋商"的那些官员的才智、力量和品性都不确定的情况下,完全有理由采取这种"无为"的策略。但是,这种拒绝还有一个客观原因。日本最初的谈判要求是这样的:要求中国政府保证,如果它接受谈判结果,那么就承认《凡尔赛条约》以及《二十一条》签订时订立的那些条约的有效性。后来的建议重复了最初的令人反感的理由。他们提到"正式同意",这指的是"中国政府保证事先承认并同意移交"德国的权利给日本。当然,中国的整个问题在于它拒绝承认先前这些条约的有效性,拒绝的理由有三:首先,它们是在胁迫之下签订的;第二,德国的资格禁止转让给第三方;第三,当中国作为一个盟国参战时,它的地位就改变了。这最后一项理由在日本企图阻止中国参战,直到其与法国和英国签订了密约保证支持它夺取山东之后,得到了默认。那么,与大众的感觉相当不同的是:日本为中国政府参与谈判提供的仅有的基础就是使其最近的外交徒劳无效,以及放弃矫正由《二十一条》引发出来的这些状况的一切希望,而后者所包括的东西比山东问题多得多。比如,世界上的舆论似乎都还没有意识到,将旅顺港租给俄国的最初的那份租约于1924年到期,而日本对满洲的占领则依赖其中包含《二十一条》的那些条约的有效性。

  毫不奇怪,中国的各种希望与恐惧如今集中于太平洋会议,而且是明智的山东人圈子里谈论的主要话题。它的关键在于包含《二十一条》的那些条约是不是既成事实,这样说一点也不过分。如果这次会议确认了日本的地位,那么,中国命运中的一个章节也就结束了。如果它拒绝这么做,那么除非日本愿意做出比现在看来会做出的更多让步,否则,这次会议肯定会谈崩。很值得去尝试一下,但对它的结果的过度乐观是幼稚的。几乎不需要凡尔赛来提醒我们,一场和会也许会同一场战争一样危险。

中华民国成立十周年纪念①

一个通讯

对那些信任中国人且信任他们的真正民主性格的人来说,中华民国成立十周年的纪念是一个又喜又忧的场合。喜的是这个国家至少已经面向一个目标,它的强大、幸福与自由都将在这个目标中找到;遗憾的是,民国在相当大的程度上还只是一个名称,在这个名称的掩盖下,各种独裁专制力量和军国主义力量已经掌控了中国的国内事务。如果我们留意一下这个国家的政治环境,无论在整个国家的层面上,还是在大多数省份的层面上,或是在各个城市的层面上,我们都不得不承认:十年前的这场革命成功地推翻了满清王朝,但在任何积极的意义上,它都还不是一场完整的革命。作为权力和权威转到民众手中的一场变革,作为普通人从一种腐朽、暴虐、愚昧的寡头统治下的一场解放,这场革命在相当大的程度上还有待去完成。

尽管如此,在中国为期两年的逗留和对11个省份的省会城市的访问,使我确信进步的迹象是确凿无疑的。我甚至相信,许多表面上看来使人灰心的事,实际上标志着各种力量的涌动,这些力量在下一个十年中将会为中国做出丰功伟绩。详细的,我就不说了,但我在中国的逗留印象最深刻的一点是:我看到了一种开明进步的民意确实而迅速地发展。道德与理智的力量在中国是如此巨大,以至于一切热爱中国的人都能从中受到鼓舞并且拥有这样的信念,即有朝一日,

---

① 首次发表于《中国评论》(*China Review*),第1卷(1921年),第171页。

148 人们会通过他们伟大的奋斗赢得一个实实在在的而不仅仅是名义上的民国。作为热爱中国的人们中的一员和对它的命运抱有信心的人，我希望自己微不足道的声音加入在10月10日这一天欢呼中国建立为一个民国的许多声音的行列中。

联邦制在中国[①]

刚到中国的人通常在对各种事情的观察和评判上,会犯把新近发生的事看得过于重要的错误,各种如果出现在西方世界中预示着重要变化的事情经常发生——但是,没有任何重要的结果。改变经年累月养成的习惯,不是一件容易的事情;于是,到访者就推断一件令人吃惊到耸人听闻的程度的事情,必定是一系列有明确趋势的事件的一部分,其背后必有深远的计划。时间、经验和有一点理智的耐心加在一起,才能让一个人意识到即使在各个事件之间存在着一种节奏,它的步调也是如此迟缓,以至于必须等上很长的时间,才能判断实际上发生了什么事。大多数政治事件就像日常的天气变化一样,这些起伏或许严重地影响个体,但是逐个地分开来看,却不怎么能说明季节的变化。即使是由于人的意图而发生的那些事,也通常是昙花一现的和偶然随意的;而由于在其中读出了过多的谋划、过于复杂的方案、过于有远见的计划,观察者就误入了歧途。事件背后的目标,很可能仅仅是某种直接的优势、直接的权力增长;击垮一个对手,或通过一个孤立的行为来获取更大的财富,而没有任何连续性、系统性和前瞻性。

不过,在对中国近几年政治局势的判断上,不仅仅是外国人才犯错。两年前,有人听到有政治倾向的有经验的中国人说,事情不可能像当时那个样子继续下去超过三个月之久,必定会发生某种决定性的转变。但是,在表面上,局面不仅在三个月之内基本维持了原状,而且到现在已经两年了,除了一年前安福系的

---
① 首次发表于《新共和》,第 28 期(1921 年),第 176—178 页;重刊于《中国、日本与美国》,第 44—50 页。

倒台这个例外。而这件事也几乎谈不上标志着什么事件的一个明确转向,如果要说起来,它在很大程度上只不过是权力从一派督军手中转到另一派手中而已。尽管如此,我还是要冒一下成为我已经提到的这种错误的受害者的危险,赶忙下断言说,最近几个月来,确实已经显露出一个明确而持续的趋势——透过日复一日为个人权力和财富而进行的争夺,社会中的一种周期较长的政治变化正在表现出来。似乎已经显出了几条分水岭,这样,透过各种惊人的、夸张的、耸人听闻但没什么意义的事件的翻滚涌动,一种明确的模式显露出来了。

这种模式通过本文的标题得到了指示——向着一种联邦制形式的政府发展的一个动向。不过,虽然称它为向着联邦制发展的一个动向,这样说还是较多地跳跃到超出目前境况允许的遥远将来了。更确切和更中肯一些的说法是:存在着一种相当明确且看来似乎会长久保持的、向着地方自主和地方自治的趋势,它伴随着一种模糊的希望;希望在未来,在不同程度上独立的单元将会重新结合成为中华合众国或中华联邦国(the United or Federated State of China)。展望未来,人们期待着三个阶段;第一个是目前的分离主义运动的完成;第二个是北方与南方形成各自的邦联;第三个是重新统一成为一个单一的国家。

要对这种明确而持久的趋势进行一个详细的证明,预先要求读者对于中国地理的知识和最近的具体事件非常熟悉,可以说,近乎于苛求。所以,我将限于局面的相当一般的特征。第一个特征是北方与南方的长久对峙所构成的新阶段。粗略地说,建立共和国、推翻满清的这场革命,对南方来说,代表了一个胜利。但是,过去五年中,从一个名义上的共和国向一个腐败的暴吏或军事总督或封建领主的寡头制的这个转变,对北方来说,代表了一个胜利。这是一个重要的事实,至少是标志性的事实:中国如今剩下的最强有力的督军或军事总督——从某种意义上说,唯一的一个在过去数年动荡中幸存下来的强人——张作霖,是东三省的无冕之王。然而,不能把所谓北方与南方之间的这场内战,理解为南方的共和主义与北方的军阀主义之间的一个冲突。这样一种概念直接与事实相反。直到六个月或八个月之前为止的"内战"主要是军事总督之间以及派系之间的冲突,它是整个中国范围内都在进行的争夺个人权力和财富的一部分。

但是,事情最近向一个不同的方向发展了。在南方的四个省份,看起来不可一世的督军都被推翻了;而且,这些省份已经公开宣告或隐秘地实行它们的独立。既独立于北京政府又独立于先前的广州军政府——广州所处的省是那四个省中的一个。当时,也就是去年秋天,我正好在湖南。湖南是南方各省中最先取得相对独立的省份,它刚推翻借助北方军队来统治这个省的那个邪恶的暴君不久。在一周的时间里,在湖南省的省会长沙,举行了一系列会议。每个演讲的主旨都是"湖南人的湖南"。这句口号包含着两种各自都想成为主宰的力量的精神;它是政治上成熟的南方所代表的地方自主原则与北京所代表的军阀主义中央集权化原则之间的一个冲突。

  正当我写作之时,在九月上旬,因为吴佩孚与由于名义上独立而在目标和利益方面与南方相一致的湖南人之间的战事,当务之急被掩盖了。如果,而且很有可能,吴佩孚胜利了,那么他会采取两种做法之一。他可以用他得到了壮大的力量来对抗张作霖和其他北方军阀,这会让他与南方人结成实质的同盟并使他成为联邦原则的代表人物。这是早先的情况会要求他采取的做法。或者,他可以屈服于官员一般都有的对权力和金钱的贪婪而再次尝试袁世凯的军事中央集权化政策,在确定得出张作霖是他的对手之后,由他自己来当首领。这是军事首领们过去的例子所暗示的做法。但即使是吴佩孚步前人的后尘而变坏了,他也只是加速了自己的灭亡。这不是预言,而只是对一个军事首领似乎完全大权独揽时在中国无一例外发生的情况的一个叙述。换句话说,吴佩孚的胜利,根据他将采取的做法,或者会加速或者会延缓地方自主的发展。这无法永久地阻止或改变这种发展。

  使人们可以确定这种朝向地方自主的趋势是一个现实,而不仅仅是一种迷惑观察者的毫无意义的权力转手的基本因素,它与中国人的脾性、传统和氛围相一致。分封制在两千年前就成为过去了,而从那时起,中国就再也没有过有效的中央集权政府。过去两千年中起起落落的这些绝对王朝,都是靠着不干预和宗教的光环而存在的,后者永远无法加以恢复了;这个共和国在历史上发生的每一个插曲都显示出:有着广大繁杂的不同区域,3.5亿到4亿的人口,多样的语言和沟通的缺乏,由家族体系和祖先崇拜所认可的巨大的地方关系,中国不能从一个单一而遥远的中心出发来加以管理。中国依赖于一张由习俗巩固下来的自愿的地方联合的网络,这个事实给了它无可比拟的稳固性和进步的力量,即使在像过去十年中那样动荡不安的政治环境下。有时候,我觉得,美国人具有蔑视政治的传统,自发地依赖自立的地方组织,几乎是仅有的一些天生适合于理解中国状况的人。根深蒂固地依赖国家的日本人，不断地判断失误，行为失当。英国人对地方自治政府的意义比我们理解得更好；但他们被其对政治的推崇所误导，以致当政府没有采取政治形式时，他们无法一下子发现或认出它来。

说满清王朝倒台的一个重要原因在于这样一个事实，即由于国际关系的压力，他们企图把一种在民众精神看来完全陌生的中央集权强加于各省，尤其是在财政事务上，这一点并不会过分。这种做法在先前没人在乎的地方制造出了敌意。中国不可能像一个面积小得多、人口少得多的欧洲从神圣罗马帝国这个单一国家的解体中产生出来那样，从各种动乱纷争中产生出一个统一的国家。事实上，人们时常感到奇怪的，不是中国处于分裂状态，而是它竟然没有比现在的状况更加四分五裂。但有一点是肯定的，不管中国最终取得了什么样的进展，这种进展都只可能来自许多不同的地方中心，不是来自北京或广州。它将通过联合与组织而得到实现，即使他们采用的是一种从本质上来说并不首先是政治的政治形式。

对于目前的情况趋势，人们尤其是外国人，非议甚多。这些非议已经超出合理的程度。中国目前的虚弱，是因为它的分裂状况。因此，可以自然而然地论证说，目前的这种分离和普遍的分裂动向将会加重这个国家的虚弱。中国的许多麻烦都是由于缺乏任何有效的行政体制，这一点很明显；认为没有一个强大而稳固的中央政府，中国甚至无法建造铁路和推行普遍教育，这也是合情合理的。关于这些事实毋庸置疑。中国的许多友人深深痛惜目前的趋势，而其中有些人则把这视为长久以来人们一直在预言的中国解体的最终完成，这并不令人惊讶。但是，基于对历史、心理和现实状况的无视而开出的针对中国病症的药方，是如此不切实际，以至于不值得去讨论它们在理论上是否令人向往。通过一个强大的中央集权政府来解决中国各种麻烦的办法，可以和通过驱魔来治疗疾病归为一类。罪恶是实际存在的，但既然它是实在的，就不能尝试用一种假设不存在的方法来对付。如果恶魔真的在那里，它就不会被一道符咒驱除。如果麻烦是内在的，不是由一个外部的恶魔引起的，那么，这种疾病只有靠病人自身具有的抵抗力才能治好。而在中国，虽然这些复原和成长的因素众多，但它们都与地方组织和自愿联合相关而存在。日益高涨的"督军下台"的呼声，源自地方各省维护自己被一种名义上中央集权化、实际上混乱无序的局面所欺压侵犯的利益的动机。在这场否定性质的工作完成之后，中国的建构性重建只有利用地方的利益和能力才能进行。在中国,这种动向与在日本所发生的情况相反,它将从外围到中心。

对目前趋势的另一种反对意见,从外国立场来看特别有力。正如已经说过的那样,满清王朝后期加强中央权力的做法是迫于国际上的压力。外国把北京看作一个像伦敦、巴黎或者柏林那样的首都,结果为了符合外国的要求,它只好试着变成那样一个中心了。这个结果是一个灾难。但是,外国仍想有一个能够担负责任的单一的中心。如果不是有意识地,那么就是潜意识地,这种愿望要为外国对地方自主运动的反对负很大的责任。他们很清楚,实现联邦这个理想要花很长的时间,那么与此同时,为外交关系、战争赔款的增加和各种特权的保障负责的主体是什么,它又在哪里呢?

从某一个方面来看,这种分离主义趋势不仅对列强来说是不便的,而且对中国自身而言也是危险的。它很有可能激发外国插手中国内政事务的欲望和力量;将会出现许多实施阴谋诡计和从中取得特权的中心,而不是一个两个;还有一个危险兴许是一个外国同一些省份联手,另一个外国同另一些省份联手,这样国际冲突就会升级。就在眼下,一些日本消息来源,以及甚至像罗伯特·扬(Robert Young)的《日本记事报》(*Japan Chronicle*)这样独立的自由派报纸,都已经在制造或报道一个谣言,说广州的试验是借助美国资本家希望得到经济特权而提供的资助才得以进行的。这个谣言是出于一个邪恶的目的而制造出来的,并且由于妒嫉而流传开来。但是,它表明了,如果中国有数个政治中心,并且一个外国为一个中心撑腰,另一个外国为另一个中心撑腰,那将会造成怎样的一种局面。

这种危险是足够现实的。但是,不能通过采用不可能的办法来对付它——即阻碍朝向地方自主的运动,即使分裂或许暂时伴随着它。这种危险只是突出了整个中国局面的基本事实,也就是说,最关键的是时间。中国存在的这些罪恶与动乱是足够现实的,而且不能无视这个事实,即它们主要是这个国家自己造成的,由于腐败、无能和大众教育的缺乏。但是,没有哪个了解普通民众的人会怀疑,如果给他们时间,他们将取得完全的胜利。具体来说,这指的是让他们自己去做他们注定要完成的事情。在太平洋会议上,无疑会有人提议把中国置于某种国际监护之下。这篇文章和它所提及的与这一趋势相关的那些事件将会被引用来说明这种需要。其中的一些方案将出自与中国敌对的动机,另一些将好心地出于拯救中国自身以及缩短其混乱混沌时期的渴望。但是,世界和平的希望,以及中国自由的希望,在于坚持一种"放手"的策略:给中国一个机会,给它时间。危险在于匆匆忙忙,没有耐心;也可能在于美国想要显示我们在国际事务中是一股力量,以及我们也有一种积极的外交政策的欲望。然而,一种从外部支持中国而非从内部提升其志向的好心的政策,最终给它带来的伤害也许会与一种出于恶意而设想出来的政策一样多。

中国与裁军①

我诚挚地答应了《中国学生月报》(*Chinese Students' Monthly*)的编辑要我为即将召开的太平洋会议说几句的要求,这是因为,我很高兴能有一个机会来表达我对中国的关切,而不是因为除了大家已经知道并成为讨论话题之外,还要补充其他什么东西。相当明显,这次会议面临的困难将是巨大的。在美国、英国和日本,都有一些人认为限制军备是最重要的,通过引入对诸如在远东地区政策的冲突这样一个烦人问题的讨论而使困难变得更复杂,是不明智的。另外一些人(我比较赞同这些人的)认为,这些政策的调整是基本问题,即使大幅削减军备,也无法在实质上改善国际关系,虽然这样也许可以减轻税收的负担;他们认为,如果在这些政策上达成一个最终解决,军备竞赛就能在很大程度上得到消除;而一旦相互怀疑和恐惧的根源得以消除,每个国家倾向于和平的国内情绪和舆论将会促进和解。在每个国家,许多人以普林斯顿·希本(President Hibben)校长很恰当地称为"犬儒的悲观主义"的眼光来看待整个事情。其中一些人受到《凡尔赛和约》后的幻灭感的影响,相信每个国家都会通过扩张来取得自己想要的东西,而不相信代表目前政治秩序的外交官们会获得任何建设性的成就。然后,还有那些经济上的极端主义者认为,列强之间的敌对是现存资本主义体系的必然表现;只要资本主义很强势,那么,要想寻求任何实质的改善都是荒唐的。

对公众情绪的这种区分创造出了一种氛围,加大了得出一个明确结论的困难。然而,我这么写却不是助长绝望,而是暗示这次会议可能成功的一个方向。

---

① 首次发表于《中国学生月报》,第17期(1921年),第16—17页。

在我看来，这是一个对中国来说非常重要的方向。这次会议一个附带的产物，也许比获得的任何直接结果更有价值，我指的是达到一种对远东局面更好的理解和更多的了解。尽管有这样一个事实，即这个世界由于战争的过度紧张遭受着道德疲劳，但我还是相信，一种新的社会意识正在每个国家中渐渐成形。这是一种新型的自由的跨国界的思想，而这种新的意识将对每个国家在国际上的行为产生越来越多的影响。

没有必要列举觉醒了的美国公众舆论与前几年相比如何看待与中国相关的每一件事。我的爱国热情还没有高涨到去推断这种觉醒采取了对自己国家或者长远来看对中国有好处的形式。不幸的是，其中一些主要是消极的，伴随着把日本作为经济上和海军方面的潜在对手而产生的敌意与恐惧以及怀疑。但是，像大多数美国人一样，我也认为，这是对中国人的真正关心，是对他们的同情以及一种愿望的产物；这种愿望就是：希望他们能有一个机会独立于外部干涉来完成他们自己注定要做的事，而在过去，外部干涉一直是世界上的强国与中国的接触中如此令人不快的一个特征。如今，这种对中国公平的更加敏感的感觉不仅限于美国，也在英国迅速发展；而且，一旦战争热情的平息容许大不列颠复归政治自由主义，它就会变得更加明确。在日本，越来越多的人对过去的对华政策感到不快，希望加以修正。它相对于以帝国军令部（Imperial General Staff）为代表的那些势力的力量来说，是无序的和几乎完全无力的。但是，这种感觉存在着，尤其在比较年轻的这代人中正持续壮大着。

那么，会议提供的一个重要机会就是启发每个国家的情绪和舆论，并在某种程度上使之固定下来。即使在日本，与会议有关的一种令人高兴的意见也提出要把所有东西摊到桌面上来。我们可以称之为会议的教育效果的那种效果，那种使事态问题明朗化的间接效果，从长远来看，或许可以超过会议在它直接针对的目标方面所获得的实际成功。我这么说并不是要贬低这些直接目标的重要性，也不是因为我认为它在这些目标上的失败是不可避免的。其实，强调事情的这个侧面出于两个动机：其他更有能力的人会讨论直接的陆军、海军和政治问题，而这个教育方面很容易被忽略掉；而且，在我看来，事情的这个方面也是中国学生群体最为自然的关切，并且是表明他们的影响对这次会议而言最有用的地方。近来，世界上已经有了太多的宣传鼓噪，而如果我写出任何文字来助长这种糟糕得不能再糟糕了的东西，那么我将感到非常抱歉。但是，中国学生有了一个机会去帮助这个世界(至少帮助这个世界的美国部分)更好地理解中国的国内外的困难和问题,并以一种确切的方式培养一种对普遍而言的弱国以及具体而言的中国是公平的国际正义政策的同情理解。有一些人认为,我们对中国的新兴趣是因为美国想要取代其他国家在那里扮演一个更重要的角色。我希望这不是真的。我不相信这是真的。但是,如果存在任何这样的危险,那么,这次会议为中国学生提供了一个机会来表达中国各种独立发展和自我决定的权利,这些权利要求摆脱声称出于好意的干预和监护,以及公然出于敌意的干涉。

美国在岔路口[①]

I.

美国在中国以及对中国政策的实际情况,在以后会比过去任何时候受到更严格的检验。日本报纸充斥着对太平洋会议上任何质询日本意图的抗议。假如美国报纸满是这样的警告就好了:就其友好的表示背后的诚意和明智的善意来说,美国正在这次会议上受到考验。世界不会止于"太平洋会议"。无论这次会议怎么重要,都无法阻止未来的发展;而美国将继续经受考验,直到它通过其行为确立一个持久而明确的态度为止。这是因为,即使在这次会议上,列强能够达成一个一致的联合来支持中国对自由政治与经济发展的正当愿望,从而挫败悲观主义者的担忧,实际情况也无法用哪个公式或哪一套外交协定来囊括。

但是,这个会议是更为广泛的局面的一个象征;而它作没作出决议,以及作出什么样的决议,会成为后续事件的决定中一个值得考虑的因素。有时候,人们不得不再次使用一种陈旧的论调,我们确实是处在一个岔路口;即使我们想要走老路,也还是会有一个岔路口,因为比起过去指引我们行为的那些目标和知识来,除非我们受到一个明确得多的目标和对事态一种更加广泛和明智的认知的指引,否则,我们就无法一直在这条老路上走下去。

[①] 首次发表于《新共和》,第 28 期(1921 年),第 283—286、315—317 页;重刊于《中国、日本与美国》,第 51—64 页,以及《巴尔的摩太阳报》(Baltimore Sun),1921 年 11 月 4 日,以"中国与军备会议"为题。

某个英国通讯员关于美国将很快成为远东地区一个活跃的危险来源的担忧所表达出来的那些想法,并不仅限于外国人所有;在美国舆论的一些圈子里,也盛行着被希本校长称为犬儒式的悲观主义的那种态度。所有公然自称激进人士的人和许多自由派人士相信,如果以前的情况比较好,那是因为地理位置不重要这个偶然事件,以及我们还不发达的经济状况相结合的缘故。因此,他们认为,既然我们如今已经成为一个所谓的世界强国和输出资本而非输入资本的国家,那么,我们的情况很快就会变得与任何其他这样的国家一样糟。从某些方面来说,这种见解显然是凡尔赛会议带来的那种幻灭感在感情上的一个反应。从另一些方面来看,它起于对一个公式的依赖:在国际事务中没有什么东西会从资本主义中产生出来,而美国是一个十足的资本主义国家。这些感觉正确与否,没法讨论;无论是一种感情还是一个绝对的公式,都无法适用于分析。

但是,目前的状况中有某些特定的要素为我们把握未来提供了根据。对这些特定的要素可以进行测定和分析。对它们本质的充分认识,会成为防止犬儒式的理解变成现实的一个重要因素。本文试图作一个预备性质的列举,当然,这种列举就像一切预备性质的观察一样,肯定是不充分的。虽然建立在一个"资本主义国家"必定如何行事这样的宿命论公式之上的先天论证对我并没有吸引力,但那个公式还是道出了一些具体事实。我们过去在中国的情况比较好的部分原因,是因为我们并不曾像一般外国列强那样,在国务院与大银行团之间拥有持续而紧密的联合。没有哪部翔实的中国发展史可以不把俄罗斯亚洲银行(Russian Asiatic Bank)、比利时外国银行(Foreign Bank of Belgium)、法属印度支那银行(French Indo-China Bank)和工业银行(Banque Industrielle)、横滨正金银行(Yokohama Specie Bank)、香港-上海银行(Hongkong-Shanghai Bank)等等放在显著位置来撰写。这些银行不仅与本国的铁路和建筑辛迪加以及制造业中的大集团,而且与他们各自在外国的办事机构相处得极其融洽。说大使馆和银行在那些最重要的事情上就像同一个身体上的左右手一样,这几乎一点也不过分。美国商业集团过去一直抱怨,政府没有给予美国的海外贸易商以其他国家的国民得到的同等的支持。过去,这些怨言主要集中在美国在外国进行的商业活动实际遭遇到的或自认为遭遇到的不公平对待。随着目前的资本和商贸增长,同样一些怨言和要求将不再与遭受到的损失有关,而是与促进、推进和大银行集团相联系的美国商业利益有关。只有头脑发热的人,才会否认大商人对国内政治的影响。既然我们对商贸和银行企业具有越来越大的兴趣,那么有什么能保证这种联合不会转移到国际政治上去呢?

应该注意的是,即使由外国列强确认——并且经常由它们违反——的"门户开放"政策从今以后得到忠实的遵循,也无法充分确保我们远离这种危险。"门户开放"政策首先不是关于中国本身的单项政策,而是各个外国列强相互之间与中国有关的诸多政策。它要求不同的国家有均等的经济机会。如果它得到巩固,就会防止把垄断权给予任何一个国家:其中没有任何东西能使列强对中国的共同掠夺成为不可能,这指的是一种组织起来的垄断;在其中,每个国家相对于其他国家都有各自分得的份额。这样一种组织形式想必可以减少列强之间的摩擦,并因而减少未来的战争威胁——只要中国本身无力发动战争。想来,这种约定在相当长的一段时间内可能对中国本身有好处。但是显然,如果美国要成为任何一个这种约定的参与者,那么就会牵涉到对我们历史上在远东的政策的一个逆转。它在技术上或许与"门户开放"政策相一致,但它会侵犯到这种更加广泛的意义,美国民众一直以来都是在这种意义上对"门户开放"的理想进行理解和赞扬的。存在一些导致这种逆转的力量,谁看不到这一点,谁就是瞎子。而既然我们或多或少有些盲目,那么睁大眼睛正视危险,就是不让它成为现实的前提条件之一。

其中一种正在起作用的力量是通过这样一种说法而得到暗示的,即一个建立在经济和财政基础上的国际协定,或许对中国本身来说是有价值的。仅仅肯定这件事是可能的提法,受到许多人,尤其是激进人士的厌恶。看上去其中似乎有某种邪恶的东西。因此,值得解释一下它如何以及为什么可能如此。首先,它显然会终结对"租借"区域的特殊占据、各种特权,以及已经损害中国如此之甚的势力范围。眼下,这一点的关键在于它暗中指向日本,就像曾经一度适用于指俄国一样。对日本在中国各种企图的畏惧,不仅限于中国;它流布甚广。因此,可以合情合理地把一种国家间的经济安排说成是减轻日本对中国威胁的最直接便利的方法。对日本来说,如果置身事外,这会意味着自己放弃了;如果参与进来,就会使自己的各种活动经常受到检查和控制。毫无疑问,日本关于太平洋会议的担忧,部分地源于这样一个信念,即认为这样一种安排是经过深思熟虑的。在目前的情况下,这样的说法很容易吸引美国人,他们对中国是真正友好的,而且没有一丁点儿对它进行经济掠夺的兴趣。

比如说,这种安排会自动取消《兰辛-石井协定》,以及它对日本在中国的特殊利益的那种令人尴尬的模糊承认。

另一个因素是国内的。中国的混乱和内战是老生常谈了,军事总督和将军们实施的权力也是如此。一个人知道得越多,他就越能发现前一种罪恶是多么紧密地依赖后一种。中国政府的财政困境,为其带来破产威胁的接连不断的外国借款,是由于军阀的统治和用于非生产性目的的无度花销以及压榨。去掉这笔支出,中国要维持预算平衡就不会有什么大的困难。中国最大的当务之急,即普及教育推行——尤其是在初等学校——滞后是由于同一个缘故。迅速蔓延到商业及私人生活领域的官员腐败的增长,也是如此。

事实上,中国进步的每一个障碍都与军事派系的统治,以及它们相互之间为取得完全的控制权而进行的争斗联系在一起。强国之间可以制订一个国际经济协定,这个协定一定能减少那些"军国主义"最大的罪恶,或许还能消除它们。许多自由派的中国人私下里表示,他们愿意政府的财政有一个暂时的国际托管,只要能向他们确保它的性质以及确切的终止日期和条件——一个他们敏感到足以发现将会极难达到的附带条件。他们觉得,由美国领头来制定和执行任何这类方案,可以最好地确保它的性质和各项条款。在这样的情况下,以美国人对中国的传统友谊为幌子,各种可能在实际上使我们的历史政策发生逆转的提议可以合乎情理地出现。

国内外都有一些激进人士认为,我们加入一个银行团的本身就已经证明走了回头路;而且,他们自然而然地把太平洋会议看成是逻辑上的下一个步骤。我先前已经说明了我本人的信念,即我们的国务院提议设立一个银行团,首先是出于政治目的,把它作为一个手段来牵制日本所奉行的政策。日本发放非生产性的贷款给中国,作为回报,它正在对中国的各种自然资源进行直接掌握,并准备在结算和取消抵押品赎取权的那一天最终到来时,进行直接的行政和财政控制。我也说过,银行团是处在两头的中间,一头是金融的,一头是政治的;而且直到目前为止,其主要价值一直是否定性的和预防性的,而日本和英国对银行团方面的任何建设性政策的猜疑或缺乏兴趣很有可能继续下去。迄今为止,我还没有看到有什么理由可以让我在这一点上改变想法,在与进一步的信念有关的事情上也是如此。我相信,中国的各种利益也许最终会通过这种防止功能的延续而得到最好的照顾。但是,问题必定要产生:如果银行团没有做任何事情,为何要让它继续存在呢？对掠夺中国感兴趣的列强的压力和急躁的美国经济财团的压力合在一起，可以使银行团目前这种相当不必要的存在告终。令美国政府过去采取的行动在其间摇摆不定，从而使银行团左右摇晃的这两头，可以结合成为一个单一的牢固的东西。

冒着被指责为轻信、容易上当或者某种更糟的东西的危险，我还要补充说，直到目前为止，银行团的美国方面始终未曾显示出那种迹象，即要使银行团成为一个由美国人掌控中国经济完整性和独立性的俱乐部。我相信美方代表反复强调的那些话，即他本人和他所代表的利益方乐意看到中国能证明其有能力不借助外国贷款来经营自己的公用事业。这种信念由于新任的美国中国事务部长的第一次公开讲话而得到了确认，他在提到银行团时强调了它的防止功能，以及它给予中国银行家经营公用事业的刺激。而说美方代表斯蒂文斯（Stevens）先生代表的是保守的投资银行家，而不是"振兴"的那类，并且迄今为止，他最关注的一直是保护买家拥有像银行给予最终投资者利益那样的保障问题——以致激起了急于想有快速行动的美国商业财团的批评，这样对他是不公平的。但是，银行团存在着一个更为重要的方面，对这个方面，我认为可以给予一种合乎情理的理解。

假如说（只不过是作个假设），美国政府真的对中国感兴趣，并且有意使"门户开放"政策以及中国在领土和行政上的完整成为一个现实而不仅仅是一个名称；再假设它有意从美国的自身利益出发来做这件事，这种自身利益聪明到足以发现美国的政治与经济发展，通过一种与中国自由独立地发展自身的能力一致的政策，能得到最好的促进；那么，美国的明智举动应该会是什么样的呢？简而言之，这将意味着把我们现有的在欧洲的各种利益与问题（由战争引起的）和我们在远东的利益与问题看成是同一个问题的不同部分。假如我们确实受到被假设性地归于我们政府的那种动机的驱使但是没能实现它，那么，其主要原因就在于我们把欧洲问题和亚洲问题看成了两个不同的问题，或者因为我们从错误的那一端将它们等同起来。

我们目前在欧洲的金融利益是巨大的，它不仅包括外国政府贷款，而且包括大量的私人借贷和赞助。这些复杂的金融关系不仅影响着我们的工业和商贸，而且影响着我们的政治。它们涉及比我们在亚洲的关系直接得多的切身利益，涉及金额数以亿计，而后者涉及的金额则数以百万计。在这种情况下，我们的亚洲利益为了欧洲利益而被牺牲的危险就不难想象了。

为了让这个抽象的论断变得具体,我以摩根公司(J. P. Morgan & Co.)这个银行集团为例,它是卷入欧洲对美国负债的程度最深的公司,也是在为中国而成立的银行团中领头的公司。与欧洲问题相比,亚洲问题看起来像是微不足道的小东西,这几乎是必然的;尤其我们自己的经济复苏如此紧密地与欧洲关系联系在一起,而远东简直就是一个可以忽略的东西。在我看来,真正的危险不在于我们的大财团决定对中国进行自私的掠夺:明智的自利,以及我们在中国的主要优势是没有掠夺行径的传统这个事实,都要求与中国进行合作。危险在于,中国将由于欧洲的高额借款和政治事务而被从属化和牺牲掉,将在洗牌的过程中被丢弃。

问题的欧洲方面,可以通过特别提及英国来加以具体化。英国遭受着与日本结盟的窘境。它已经明确地表示,希望把美国拉入这个同盟,使它三元化,因为那是既与日本又与美国保持良好关系的最方便的途径。这样的步骤完全不可能完成。但是,英国人的外交是老练狡猾的,并且迫于情势,我们的高额借款已经与英国建立起某种经济上的同盟关系。我不想声称美国有不同寻常的美德,或者诉诸强烈的反英情绪,但是,英国外交部独立于主要驱动着其国内政治的自由主义传统而存在和运作着。它显然站在大英帝国的*帝国*一边,无论国内事务由哪个党派执掌。在太平洋会议上,一切手段都会被使出来,用来寻求解决,即使它包含英国方面某种程度的妥协,也使美国的亚洲政策屈就于英国在远东的传统,而不是使英国与美国联合起来实现两国在名义上都声称致力于推动中国的完整。说这次会议的直接议题依赖我们在欧洲的金融借款被处理的方式,或者使其成为我们向欧洲政策作出让步的原因,或者从另一方面让它作为确保欧洲各国支持美国传统政策的一个手段,这看起来并不像一个极端的断言。

有一名在中国的时事评论员,他来自英国并且是中国真正的朋友。他在私下谈话中说,如果美国无法通过说服来确保英国对其亚洲政策的支持(他对与日本的结盟深感痛心),那么可以通过收买来做到这一点——通过取消它欠我们的国际债务。没有必要依靠这么糟糕的方法。但是,这种说法至少暗示我们:在欧洲,尤其是在英国,财政与政治中的复杂关联可以通过两种方式之一来处理,得到两种结果之一。

在这篇文章中,我已经尽可能保守地提出了一些看来似乎可以合理地理解我们在这次会议上和以后情况的原因。在下一篇文章中，我将提出希望我们的道路不要偏离这个方向的一些理由，以及在我看来关系到我们审慎地采取一种较好行为的那个主要因素。

II.

普遍说来，中国人对美国的感觉不像对其他强国那样反感，这在我看来是一个毋庸置疑的事实。这种感觉曾经因为太平洋沿岸的中国人遭受的待遇——排华法令，因为我们把在北京-广州（或汉口）铁路筑造中的股份转让给一个欧洲集团，因为《兰辛-石井协定》，最后还因为威尔逊总统在凡尔赛有关山东的决议中所扮演的角色而数度受到困扰。不过，那些困扰主要是使我们的技巧、精力和智慧而不是我们的善意变得成问题。美国人，无论个别地看，还是群体地看，比起中国人来——至少我的印象如此——是一群相当单纯的人，取"单纯"这个词带有批评意味的较好意义来看。观察中国人对即将召开的太平洋会议的反应，我们可以看到一个有趣的现象：一种几乎是无限的希望与一种信心的缺乏结合在一起，既希望美国带头保护他们免于进一步的侵略并纠正各种现有的罪恶，又担心美国会被欺骗。

当然，这种友好的感觉主要建立在一个否定性的事实之上，这个事实即美国不曾"租借"领土，建立势力范围和设立国外邮政部（extra-national postoffices）。在积极方面，有美国人在教育上，尤其在医学教育和女子教育方面作出的贡献，以及为慈善救济作出的贡献。在政治上，有蒲安臣（Burlingame）[①]早先的作用，海约翰的"门户开放"政策（虽然在字面上对它签字保证的同时，在事实上没能维持它，这与中国人认为我们没有全身心投入有很大关系），以及美国在缓和义和团运动的解决条款方面扮演的角色，还有其他不少较小的帮助行为。中国也记得我们是唯一一个对包含《二十一条》的那些条约提出异议的国家。尽管我们的异议主要是基于这些条款或许会损害自己的利益而提出的，但是存在着一种情绪，认为这个抗议是在提出整个问题时机适当之时帮助中国的一个保证。而且毫无疑问，我们的国务院在1915年5月16日作出的声明在即将召开的会议上是

[①] 蒲安臣（Anson Burlingame, 1820—1870），美国著名的律师、政治家和外交家，美国对华合作政策的代表人物。历史上唯一一位既担任过美国驻华公使又担任过中国使节的美国人。——译者

一张过硬的牌,如果国务院想要打这张牌的话。

从美国的立场来看,"门户开放"原则代表着美国外交确立起来的仅有的两条原则之一,另一条当然是门罗主义(Monroe Doctrine)。联系围聚在其周围的情绪方面或观念方面的关联来看,它以某种含混不清的方式在中国和美国的公众舆论中把我们都塑造成了一种卫士的形象,或者至少是中国相关于外国列强的利益的代言人。虽然,正如前一篇文章中指出的那样,与"门户开放"政策直接有关更多的是其他国家的对华关系方面而不是中国本身,但是其他强国对这一政策的违反是如此频繁和如此不利于中国,以至于这一政策的巩固如今牵涉到美国人的兴趣、声望和道德情感,这种巩固会把中国的利益归还给中国。

其他国家的公民常常因为对这样一种中美关系的暗示而感到恼怒。它本身显得像是对一种不同寻常的国家美德的宣称,在其掩盖之下,美国的目的是以牺牲其他国家为代价,在中国确立起它的影响。这种恼怒又因为一个事实而加强了,这个事实是:目前的情况本身无疑是美国在中国的一份经济的和政治的资产。我们可以毫无争议地承认:任何认为目前情况不是由于不同寻常的美德、而更多的是由于历史与地理方面的诸多偶然的观点——在这个方面,它并非不像许多用美德来解释的有关个体的情况。这种主张之所以能毫无争议地被人接受,是因为它并未切中要害。问题与其说在于目前的情况是如何得来的,还不如说在于目前的情况是怎样的、如何对待它,以及从中产生什么样的结果。直到目前为止,美国精打细算的自身利益一直与一个稳固、独立而进步的中国的利益相一致,这是事实。美国的传统和情绪已经围绕着这一考量聚集起来,以至于在美国人中间存在着一种普遍的确信,认为有道德义务去帮助和友好地保护中国,这也是事实。眼下,少了公平和善意的面目,就没有哪一项政策能够实施。至少我们拥有如此多的保护措施来防止上一篇文章中提到的那些危险。

身在中国的美国人中间有一种强烈的感觉,觉得我们将来应该采取比过去一贯所持更为强硬和积极的政策,想必在美国国内的美国人也这么觉得。这种感觉在我看来充满了危险,除非我们心中能够十分明确在哪些方面应该继续下去,并以一种更加积极的方式来改进我们的传统政策。从某种程度上说,我们过去的政策是一种摇摆不定的政策。这个方面的彻底变化在改变我们政策的其他基本方面,也许不仅止于表面上看起来的那样。被指责为摇摆不定的这个特点,实际上在很大程度上正是被称赞为不干预的那同一个东西。一种在细节上明确的政策,无论显得多么有"建构性",也很难帮助我们涉足中国的国内政治——派系之争,中国人比任何外国人更了解和玩得更出色的一个游戏。这样的涉足会立刻减少目前中国的一大优点,即对国内的阴谋和争端漠不关心。

在中国的中国人——主要是广东人——对银行团的具体抗议,在我看来,主要是基于误解。尽管如此,他们的普遍反对态度仍然传达着一个重要的教训。这种态度是基于这样一个信念,认为银行团的作用将会在撼动中国的国内冲突中,给予北京政府一个事实上的有利地位,以便无论从哪方面来看,它都将标志着站在我们这一边所采取的一个立场。人们清楚地记得先前银行团的"善后"贷款——美国不是其中的一份子——是为了给袁世凯资助,使他以及他背后的军阀派系稳坐政府交椅。用比广州对北京更广泛的一种眼光来看,我听到的中国人针对银行团最根本的反对实际上如下所述:中国的共和革命仍有待完成;十年前的开端已经受到了抑制,现在要做的是努力去实现它。增加外国在中国的财政与经济利益的必然结果,即使承认它在实业方面的效果对中国是有利的,也将意味着创造一种在政治上巩固中国的效果;这实际上会意味着承认现状,阻止一场革命的发展;然而,没有令人不快地影响到外国投资的内乱,这场革命就无法完成。我不是为了突出银行团而提到这些看法的,它们是被用来表明:过于积极和建构性地发挥我们对中国的善意传统,可能会使我们卷入对中国的福利有害的国内事务的干预,对我们声言致力的自由独立发展这些利益的干预。

但是,人们或许会问:如果不实行积极和详细得多的政策,我们如何来保护中国免于外国的掠夺,尤其是日本的掠夺?我们如何来把我们名义上的善意变成现实呢?如果目前存在一种有别于政府外交的民众外交这样的东西,那么,这个问题就会意味着一种与它如今的所指相当不同的东西。就目前情况来看,民众好像相当不信任政治家们对中国的爱。在很多情况下,它是对日本的畏惧和刚开始出现的憎恨的另外一面,也许还染上一些反英的情绪。

不应当对目前的情况有所隐瞒。其他国家在中国的侵略行为,目前集中于日本但并不止于此的那些侵略行为,不仅是中国的烦恼之源,而且是我们自己的国际关系中潜在的麻烦之根由。我们遵循传统,并依据目前状况的现实来尝试相对于中国的国际地位来说某种对中国积极的东西。坚持我们的责任,是一件最困难和微妙的事。一方面,我们必须避免卷入欧洲在中国的准帝国主义政策,无论是在利他主义的幌子之下,还是让我们处于一个使我们可以对他们的行为实行一种更加有效的监控的地位,或者是通过经济扩张。另一方面,我们必须避免滑入那种或明或暗的与欧洲和日本的帝国主义对抗的境地,这只会增加摩擦,助长特别是英国和日本——或者法国和日本——针对我们的一个联合,并使战争明显迫近。

我们应当记住:中国不会从其本身之外获得拯救。即使通过一场成功的战争,我们能使中国免于日本的侵占,免于一切侵占,中国也未见得一定会更加接近它的合理目标,即一种有序而繁荣的内部发展。除了现在战争能在多大程度上解决任何根本问题而不使其他问题变得危险这个疑问之外,还有一个事实,即在所有国家里,中国是通过武力,尤其是通过外部的武力解决问题的方式最不适宜和最有可能不起作用的地方。中国习惯于从容不迫地对待它的问题:它既不理解也无法从西方世界急不可耐的方法中获取任何好处,这种方法对它的智慧而言是非常陌生的。此外,这个文明有一块大陆这么大的规模,它是如此古老,以至于相比之下,我们其他文明都像是暴发户;这个文明是如此浑厚密实,它的匆忙发展是无法不伴随灾难的。来自内部的转变是唯一的可行之途,而通过确保它拥有为了实现这个转变所需的时间,我们能最好地帮助中国,无论我们是否喜欢它在任何特定时间里采用的特定形式。

一场为了中国的利益而进行的成功战争将不会触及它的教育、派系和地方势力,以及目前组织上的无能所显示出的政治上不成熟这些问题。这无疑会影响中国的工业发展,但所有可能性中最糟的一个,就是增加它开始一种工业化的可能;这种工业化会重复西方工业历程中最坏的那些罪恶,而缺乏西方已经探索出来的各种免疫、抵抗和补救措施。在中国从自身产生出应付西方工业体系将会释放的各种力量的手段之前就把它安到中国头上,无法想象比这更坏的一桩罪行了。这个危险本身就已经够大的了。西方列强为了中国的利益而进行的战争和西方的方法,会让这个危险变得实际上无法抵抗。除此之外,我们会在中国获得一种持久的利益,这很可能成为对我们来说是最危险的一点。如果人们没有因此而把我们看成未来的帝国主义,对我们来说就算是万幸了。这是针对一种拒绝(即使是暗地里)承认可能发生一场对日战争的心理而说的,但是似乎有必要说这些话。

这些论断对我们以后的行动是否定性的和模糊的,它们暗示着我承认缺乏能让自己提出积极明确建议的那种智慧。但是至少我有信心,只要美国和其他民族的人被动员起来,他们就有智慧和善意来处理这个问题。而让智慧和善意产生实际作用的第一个条件,就是认识问题的严重程度,以及彻底避免试图通过急躁而草率的方法来强迫它得到解决。亲日的辩护之词是危险的,它掩盖了目前境况的种种现实。仅仅通过攻击日本来催促中国问题的解决,这样一种激进的反日态度,对发现和应用一种适当的方法来说,同样是致命的。

更具体也更宽泛地说,适当的宣传是非常必要的。如果就像国务卿休斯①先生暗示的那样,把太平洋问题的解决作为达成与削减和限制军备有关的协议的一项条件,那么还不如不召开这次会议呢。由于希望做些能达到一个最终解决的事情,中国的——以及西伯利亚的——利益将会在某个不公平的妥协中被牺牲掉,或者,愤怒和冲突将会增加——最终军备也会如此。从任何浅显的意义上来说,假设太平洋问题能在数周或者数月——或者数年的时间里得到解决,那是荒唐的。尽管如此,如果对这些问题的讨论独立于军备问题而进行,却可能有很大的帮助。因为它会增加公众知晓程度,这是任何真正的解决措施的一个先决条件。这涉及公开外交(public diplomacy),但也涉及一种更加广泛的宣传、一种能使这个世界了解亚洲的国内国际实际状况的宣传。

目前存在着的对外交部的怀疑是正当的,但是,对公众舆论——如果它能被唤醒和得到引导——重塑外交部政策能力的怀疑,意味着对世界的未来感到绝望。让人们尽可能做些事来裁减军备吧,哪怕是在三个海军强国方面确保一个海军假期也好,哪怕是为了减少赋税也好。让关于各种问题的会议致力于讨论并尽可能广泛地使这些问题的要素和视角为人所知吧,那时犬儒主义者的担心——或者人们应当称它们为希望?——就会受挫。在美国人认为是闲扯的问题(the Yap Question)上是否最终一劳永逸地达成一个决议,并不那么重要;因为是中国以及广泛而言的东方,对更加自由与充分地与世界上其他部分的沟通的需求得到显明——诸如此类,被提上和拉下议事日程。商业上的门户开放是有必要的,但这道门向文明、知识和理解敞开的需要更大。如果这些力量不会创造出适时确保其他问题一个持久和正当的解决的公众舆论,那么除了对文明的

---

① 休斯(Charles Evans Hughes, 1862—1948),美国政治家,曾任纽约州州长,美国国务卿和美国首席大法官。——译者

失望之外,就没有什么好说的了。自由主义者们除了预言会议的失败并指责各种动机之外,可以做些更好的事情。他们可以为公开外交,为持续而明智的探询,为独立于宣传的讨论这道已经打开的大门而努力。用经济帝国主义和有组织的贪婪肯定会使会议以失败告终这个自称的理由来逃避这份责任,是懒惰和势利的。这或许算作可能会导致美国在岔路口走错路的因素之一。

华盛顿的各项议题①

I. 国际冲突的起因

想必每一个有着公正判断力的人都会同意布雷斯福德(Brailsford)先生在《巴尔的摩太阳报》上的四篇文章的主要前提。除了同意之外,我们还要对他表达这些前提的方式给予不加限制的赞赏。如果其他讨论这个主题的作者能找到他们对问题的坦率、良好的感觉以及通达的理解,那他们就会很幸运了。不过,人们可以同意布雷斯福德先生的主要前提,但对于接受他的主要结论,换言之,即英国与美国方面对各项金融活动的垄断,则采取小心翼翼的态度。相应地,我将首先从美国的角度出发,重述一下与国际分歧的各种根由有关的这些前提,然后讲述一些怀疑他的解决方案的理由。

有许多人反对在华盛顿引入对各项政策的讨论。他们认为,如果将争论限制于军备问题,将会更好地达成重要的结果。但是,军备问题首先是一个症状、一个后果,虽然这又转而成为各国之间进一步纠纷的一个起因。如果我们放着导致各国武装起来并参与一场军备竞赛的那些力量和政策不管,那么避免战争的努力就是徒劳的。目前需要加以关注的这些起因是什么呢?

首先,美国一直提议继续海军方面的扩张;作为上一场战争中的一个事件,它参与了这种扩张。这项提议,即美国应当建造一支与其他任何一个国家相比

---

① 最初以四篇文章的形式分别发表于《巴尔的摩太阳报》,1921 年 11 月 14 日;1921 年 11 月 15 日;1921 年 11 月 16 日;1921 年 11 月 17 日。

如果不是更庞大，至少也应当相等规模的海军，已经正式被提了出来。这对英国的骄傲和其传统与安全感来说是一个震撼，因为它如此依赖远洋交通，相反，美国则处在一个相对比较自足的地位。它对日本来说，也是一个挑衅。

其次，每一个国家对于自己的军备都有防卫性的理由。但在现实中，每一个防卫性的举动都是侵犯性的。每一个国家把自己武装起来，都是因为某个别的国家为了保护自身受到威胁而武装起来，这种金字塔式的堆积如此以往没完没了地继续着。每一个国家在对邻国举动的判断上都是正确的，而在对自己的判断上都错了。当一种怀疑、恐惧和厌恶的心理状态符合剧烈的经济竞争和已成传统而不受人质疑的国家政策间冲突的时候，反对战争的道德界限就像布雷斯福德先生指出的那样，很容易会被推到一边去。沾亲带故的感觉，海内皆兄弟的情感，共同语言和习俗的传承，都变得无用了。对日本的情况来说，不存在像我们与大不列颠的关系中那样的共同祖先与文化的保障。双方都存在一种种族偏见。

第三，作为大战的一个结果，这三个抛弃了道德上甚至法理上界限的强国的力量都有所增强。从心理上来说，我们春风得意，我们已经成了一个强国，成了一股令人尊敬和畏惧的力量。从经济上来说，我们已经从债务国变成了债权国，我们拥有可以输出的资本，我们处于经济扩张的过程之中，我们已经开始更新我们的商船了。我们需要商贸和银行业方面的输出，然而由于欧洲国家与日本在东方采取的政策，我们发现自己在那里处于瘫痪状态。因此，开放的门户，我们的国际传统的一部分，却当着我们的面砰然关上。

这三个强国带来一种危险的状况，并由于我们过于相信自己和平而正当的意图而变得更加危险。同时，如果我们需要新的输出，那么外贸对于因战争破坏而衰弱下去的其他国家恢复元气来说，似乎是必要的。在旧有的环境下仅仅是恼人的那种竞争，如今在外国看来似乎是一种有意的粗暴对待，像是一个通过战争而富起来了的国家，以那些遭受痛苦的国家为代价来凑起更多的美金的一种渴望。

第四，在区分日本那些正当需要——或必需——与其在亚洲掠夺性的、侵略性的策略这一点上存在着困难，需要找到一种方法去满足前者而又不助长后者。我相信，布雷斯福德先生并不像讨论这一主题的许多作者那样，而是一语中的。他说，日本的真正需要并不是取得领土从而把过剩的人口输送到那里，而是要求有保障的粮食、钢铁、煤炭以及(我应该加上)原油来使自身保持为一个强国,并缓解其人口增长的压力。不管怎么样,问题都不简单。它由于日本没有耐性和超过合理限度的发展以及用来推动其过快发展的那些手段而变得困难得多。如今,日本有了关于自身和它在世界上的恰当地位的一幅心理图景,这幅图景对它本身或其他国家来说,都不是容易够得上的。撇开经济上的起因不谈,这是助长冲突以及可能的战争的一个心理条件。日本一开始就对其他国家的公众舆论高度敏感,并且发自内心地渴望得到它们的认可。

这个情况无疑是严重的,就像布雷斯福德先生描绘的那样严重。然而,他提议的补救办法,在我看来却是有问题的。它是英国和美国为了以某种方式对中国各种资源进行联合掠夺而采取的金融与商贸方面的辛迪加行为,这种方式会使日本对原材料和市场的需求得到承认;我认为,这是前者为了与后者相竞争而依靠的一种配给,在这场竞争中,日本占有近水楼台的优势。

对这项举措的反对,可以从两方面来说。首先,它忽略了中国与俄国。我的意思不是说,它对中国提得很少,而对俄国则根本没有提及;而是说它把中国过多地当成了一个承受者,过少地看作一个主动的有活力的力量。这一点将在下一篇文章中予以展开。俄国的情况看来是很明确的,它仍是亚洲大陆上的一个强国。在过去的一些时日中,它一直在中国的国际关系中发挥举足轻重的力量,不仅影响着中国,而且影响着英国与日本的各项政策。

有人认为俄国会是一个可以长久忽略的因素吗?如果不是这样,那么,代表着英国和美国的共同利益,在其中把它视为可以忽略的,这样一个解决方案将会如何呢?

仅仅确保门户会保持开放,这样当俄国的局势稳定下来并且它的力量得到恢复之时就可以加入这个辛迪加,这是不够的。谁知道它是否会在乎这个?俄国的发展可能会径直远离共产主义,尽管如此,俄国还是有可能成为对加入金融和经济上的国际辛迪加深恶痛绝的一个国家。它倒是很可能有兴趣来搅局,这样就可以在中国确立它自己的影响了——没错,而且还有在亚洲的其他地方。

另一个方面的反对与我们自己有关。布雷斯福德先生认为,如今有可能进行一个国际联合,这个联合如果不是出于仁慈,至少是出于公正而行事;从其自身利益来说,它会是很精明的。我在实际情况中没看到什么可以支持这个假定,虽然我很愿意相信它。任何一个有可行性的联合,在眼下都很可能是这样一种联合,即它会使我们陷入欧洲政治与金融在中国的坏传统,这会激发和巩固如今意欲在我们中间建立起经济帝国主义的一切力量。布雷斯福德先生如果不是对我们的意图,至少也是对我们的智慧和能力,有过分乐观的想法。引导我们远离诱惑并且拯救我们脱离罪恶,对国家来说和对个人一样,都是一句很好的祈祷词。布雷斯福德先生的补救办法暗示的不是以毒攻毒的方法,而是让人吞下大量毒药的方法。让各种竞争性的关切合作成为一种单纯的信任,或许能减少参与其中的一些企业互相之间的敌意。但是,它无法保证公平地对待第三方,并且可能降低参与合作的利益方中的一个或者多个标准。

我不愿通过无缘无故揭英国人之短来使一种已经很危险的反英情绪增加哪怕是一小点点,但任何现实的讨论都促使我们注意到,长期以来,英国在远东已经有了一项政策、一项既涉及英国的大银行也与外交部有关的政策。传统没办法一下子丢掉,人事和以往确立的习惯没办法断然变更。一个自由派的英国人,可以比一个美国人更好地说明,把外国事务留给外交部处理是否甚至对正宗的自由主义者来说也是根深蒂固的习惯,以及在对待经济欠发达的弱国方面,英国金融和商贸以现有方式卷入,是否鼓励人们相信可能会发生一个突然的变化。美国的激进人士已经认为,这次会议的结果将是美国的巨额融资(high finance)与英国的巨额融资的一个联合,如果不说这是它的目标的话。这种观点是极端的,但是事实摆在那里,布雷斯福德先生提议的补救办法,尽管他为其施加了保障,还是会让这种危险越来越接近。布雷斯福德先生认为,美国"不信任金融活动中集体的、合作的行为",把它视为是华盛顿的正确解决方案的一个障碍。对美国的自由派人士来说,它显得像是一个保障,像是阻止我们驶上经济帝国主义的高速公路的一个保护。在国内事务中,金融没有表现出这种不信任。我们对政府与政治道德产生的作用过于警惕,以致不愿看到金融活动中集体的、合作的行为付诸国际政治。

II. 英日同盟与美国

就在我撰写这些文章的时候,出版社出版了对正在香港的诺斯克利夫(Northcliffe)爵士的一篇专访,他是在访问日本与中国归来后接受采访的。在这篇专访中,他明确反对在他自己的国家与日本之间恢复同盟关系。他说,这已经成了他的祖国与美国之间良好关系的一个致命威胁;它对于华盛顿方面关于远东政策的实施以及裁减军备的推行,强加了一个不公平的障碍;它受到了在东方的英国人舆论的普遍反对。诺斯克利夫的这种态度具有相当重要的意义,因为《伦敦泰晤士报》(London Times)在过去一直是这个同盟的坚定支持者,理由是它保护英国的利益,并有助于保持远东和平、门户开放以及中国的领土完整。无论人们对诺斯克利夫的影响力持何种看法,都没有人会否认他那狡黠的机会主义和他对当前舆论的敏锐感觉。

归于伦敦记者名下的这些论断,对远东的人关于同盟的舆论状态作了过于轻描淡写的描述。身在太平洋彼岸的所有中国人和绝大多数美国人都坚信,这个同盟首先是针对中国其次是针对美国的。中国人的圈子认为,同盟的后果是把英国包括进目前针对日本而存在的这种苦涩情绪的对象之列,它被视为征服一个弱国这桩罪行中的一个从犯。在大英帝国议会(Imperial Conference)召开期间,每个在中国的机构都向伦敦送去消息,描述中国人认为同盟将是一个针对中国的敌对行为这种一致的感觉;许多人威胁说,如果这个同盟被恢复了,那么就要发起一场抵制英国货物与船运的运动。说这个同盟意在保持中国的领土完整的这些声言(比如像开头提到的那些),被视为任性荒唐的伪善而遭人鄙弃。

在东方的美国人目前的感觉是一种迷茫的恼怒和激愤。日本愿意有这个同盟这一事实被视为理所当然的,而且除了作为日本更大侵略行为的一个部分之外,也没有受到什么憎恨。但是,人们经常问道,为什么英国愿意去加强日本的力量呢?既然德国已被排除在海军方面和具有侵略性的强国之外,俄国也不再是一个威胁了,那么,它的动机是什么呢?无法找到任何可以理解的动机,在此定居的英国人和美国人中间普遍存在着一种感觉,觉得这个同盟损害英国的商业利益,这种感觉导向一个结论。在英国眼中,美国已经坐上了先前由俄国占据着的那个位置、英国的对手的位置。因此,正如老的同盟是针对俄国与德国一样,这次恢复在同等程度上是针对美国的一个进攻和防御的结合。

接下来,还存在着这样的普遍信念,认为这个同盟是一个愚蠢的政策。它是对美国的一个直接挑战,而它加给日本的力量很可能到时候会转而被用于针对英国。假使日本从根本上控制住了中国的自然资源,并且有无限的人力为了战争工业和作为士兵而进行训练,那么英国在远东、尤其在印度拥有的东西的前景将会怎样呢?泛亚细亚主义在日本是一种大众说教;而如果日本不曾完全疏远中国舆论的话,它或许已经在中国盛行了。而泛亚细亚主义对英国于亚洲的任何一个部分的控制来说,都是致命的一种说教。

即使是现在,在中国的、日本人所有的那些报纸还进行着一种经常性反对他们盟友的宣传,仅次于为反对美国而进行的宣传。有谣言说,印度的国家主义者与革命派人士在日本有一个安全的避难所和一个供应基地。在日本的扩张主义者中间,再没有比描绘英国在中国的势力范围以及英国在西藏的侵略性政策的那些作品更加风行的著作了。尽管如此,在同盟的外表之下,日本还是在不断地侵占着过去一直被称为英国主要势力范围的地方——长江流域。我以前还从来没听说过日本对于长江流域的煤炭和钢铁的控制份额,估计在资源总量的60%以下。

当一个人从中国来到西方的时候,评判的眼界就改变了。在日本,对美国人友好的英国人指出,这个同盟减轻了英国在远东地区维持庞大的海军与陆军编制的必要性,眼下这个规模对它来说已经难以为继;它使英国得以把注意力更加专心不二地投到国内与欧洲面临的那些严重问题上,并且在印度给了英国一种保护,防止日本军令部与印度的革命派结成同盟。当一个人到了美国,他会发现对这个事实的更多强调,即这个同盟使英国能够对日本的侵略倾向施加限制;废除这个同盟,会给日本、一个"骄傲而敏感的民族"如此的冒犯,以至于增强那里的军国主义派别的力量和影响力,并因而使一场全面战争之火更加逼近。总之,在维持一个同盟只不过比在合作者不再有直接用处时把它一脚踢开好一些的情况下,人们觉得继续维持它不像是一件正大光明的事情。

我毫不怀疑这些事情在其中有关系,在中国,人们普遍地认为,这个同盟直接针对的是美国海军实力、政治威望和金融影响的增长预期;而我认为,这种观点是片面的。但是,这后一种感觉存在着,而且正在美国蔓延。布雷斯福德先生指出了这种危险,即它会不断地增长,直到英国与美国的关系变得类似德国与英国在大战爆发时的关系那样为止。

出于坦诚,我们不得不说,尽管在远东的美国人与英国人之间有着个人的友好关系,但是国家层面的感觉已经变得紧张了。没有必要试图去加以责备。英国人对在远东的声望、领导地位的感觉,由于美国声望的迅速上升而受到了伤害。存在着这样一种与日俱增的感觉,觉得美国有朝一日会成为英国的严重威胁。

人们从英国人的评论中,有时会得出这样的印象,觉得似乎是我们从凡尔赛体系中掳走了物质与领土的好处。假如,比方说,美国的肥皂和盥洗用品在东方市场上挤掉了英国货,那么,这种印象看来就不像是个严重问题。但是,外贸的不足对国内工业生产所产生的反作用现在是如此迫近,以至于一个富有同情的想象力的美国人能够体会英国人的感觉,觉得贸易的扩张对美国而言是件难以奢求的事情;而对英国来说,它的缩减则可以被严重地视为对其而言的一场生死攸关的斗争。目前的处境充满了诱发恶感的各种偶然机缘。随着远东贸易中美国工业与金融利益的增长,这些诱因会越来越广泛地从远东传播到他们本国。

这些增强了布雷斯福德先生的确信,认为如果要以一种同时既满足日本对原材料的正当要求,又减少英国与美国之间在远东地区的激烈商业竞争所带来的冲突的方式恢复这个同盟,那么,太平洋会议的结果应当会使它的恢复在实际上成为不可能。

但是,除了被提出来作为解决方法的英国与美国对铁路与矿业经营的辛迪加之外,还有其他选择。对商船自由航海权(freedom of the seas)的提及,自从威尔逊总统如此彻底地将它遗忘之后,几乎成了一个禁忌。但是,英国舆论似乎并不把即使在对协约国持友好态度的人中间也存在的巨大愤怒放在眼里,这种愤怒是由于意识到我们在战争的头几年受制于英国的海上霸权而产生的。我们的船队甚至无法与南美洲的那些中立国家进行贸易,除非它们已经取得实际上是英国当局的授权,这是随着英国的海外租借地以及其对贸易线路和供煤站的掌握规模而得到巩固的一个必然结果,这不仅仅是一个不方便的问题。这个问题及其他类似的事情比起对海上实力本身的渴望来,与支持拥有一支庞大海军的情绪关系更加密切。

布雷斯福德先生本人已经说明,美国在战争情况下对日本的封锁会很容易使英国倒向日本一边。我们可以补充说,实际上,对日本的成功封锁最终会包括对上海及其与英国有关的商贸的封锁。类似地,在相当不同于实际状况的情况下,英国对公海和中立国之间交通的掌握或许已经使我们在上一场战争中加入了反对英国的一方。撇开对辛迪加作为一个补救措施的那些具体反对不谈,可以肯定的是它并未命中布雷斯福德先生指出的那些困难的根源。

它过于肤浅了。战时以及和平时期的贸易自由这个问题早晚都得面对。太平洋会议召开的正是时候。它涉及对贸易线路和供煤站专门控制的整个问题。不幸的是,这个问题由于英国外交的立场一直与美国相反而变得复杂了;而现在我们进入了这样一个境地,在其中,我们发现,放弃自己原来的观点并采取英国原来的立场比较好。任何一个想要诚实而彻底地对待导致战争的军备竞赛背后的那些政策的人,都必须处理这个问题。

III. 中国的利益

中国与这次会议以及战争的可能性之间的关系,是一种独特的关系。无论哪一方都承认,它是风暴的中心。然而,它的参与是被动的,不是主动的。它是由于激起了其他国家的贪欲,而不是由于自身的所作所为而造成麻烦的。尽管如此,无论它是什么以及更重要的它不是什么,内部的混乱与无能都仍必须算作使它成为其他国家诱饵的一个因素。

这么说吧,存在着三个中国。有在其他国家之间引发冲突与对抗的中国,即就国际关系而言的中国。有就国内事务而言的中国,在管理上混乱、分散,帮派林立,政府腐败严重。还有中国人的中国,人口众多,坚忍、勤劳,用非政治的方法治理着自身,牢固,超过西方人想象力限度的持久和稳定,是过去的和中国转变时可能的未来真正的中国。

就反对把铁路与矿产的国际合作经营作为眼前困难的一个解决方法,因为它把中国视为承受者而不是主动的有活力的力量而言,我想到的是第二和第三个中国。布雷斯福德先生指的,显然是第一个中国。他规定在制定出的协定中,它"一定要是一个主动而自愿的参与者";中国银行家们必须在这个辛迪加中算上一份子;它必须保留在政治上对其铁路的控制;要为最终的经济所有权与控制权的归还作准备;必须设立一个仲裁法庭,以使中国借以对抗联合了的国际金融的"强力"。布雷斯福德先生对于中国在其国际关系的确立中应该享有的部分,丝毫没有忽略。

那么,为什么要反对他的方案呢?这是因为,程式化地简要来说,中国最糟糕的东西,它的政治与行政状况,使中国不可能成为一个主动而自愿的参与者;而中国的好东西,它向它可能并应当成为的样子的转变,让人——首先,从它自身来说,然后从这个世界来说——不想使它成为一个被动和被迫的参与者。中国的利益在于让它有一个机会去发展,并以它自己的方式去发展。据我判断,这也是世界和平的利益所在,因为任何由其他手段确保的和平都是一个暂时的休止,它只能延后一个最终的爆发。

182

中国目前的国内局势使它作为一个主动而自愿的参与者加入一个国际协定的表述，成为一种没有意义的东西。它与事实相去的距离，和过去关于其领土与行政上完整的那些套话一样遥远。就像那些套话一样，当实际地面对现实状况的时候，它就成了一种文字形式。存在着这样一种危险，就像那些套话一样，它会成为外交机构用来安慰自己的良心并欺骗他们的百姓的一个手段；而与此同时，有损于中国并且最终会在各个国家之间制造出新的冲突根源的各种掠夺行径还在继续着。

在中国不存在一个能够代表国家说话的"政府"，没有能够具有管辖权的"政府"，也没有能够有能力执行提出来的协定中的各项条件的"政府"。这些只有通过外国对中国国内事务的不断干预，才能得到实行。中国人，尤其是那些参与政治生活、与外国人打交道的人，愿意呈现出目前状况中可能最好的那些事实，这是很自然的。但是，忽略这样一个事实对中国来说并不好，这就是目前得到外国列强承认的这个政府只不过是个空壳，它的管辖权几乎延伸不到北京城墙外面。它缺乏受过教育的阶层以及商人阶层的信任和支持，缺乏除了那些政治银行家之外的一切银行家的信任和支持，而那些政治银行家一直在从它的腐败与无能的状态中捞取好处。它主要由一些自立山头的地方军事首领和将军们统治着。

这并不是说外国列强应当承认另一个"政府"，比如广州政府之类的，并与之打交道。眼下，后者比较像样和进步一些。但是，它的主动管辖权几乎难以延伸到两个省份之外。由距离和无知而产生的虚构，让许多美国人认为中国的动荡局面仅仅是由北方和南方之间的冲突引起的。这种冲突对中国的重要性被无限夸大了。事实是：在整个中国范围内存在着一种双重的冲突，它独立于北方和南方之间的冲突，其一是许多地方军事首领为了增加力量与收入而进行的派系斗争。这导致为了兵员而花费的巨额非生产性开支、行政管理的低效、对教育的忽视，以及对正常商业发展的不断干预。因为，如今正当的工业企业只不过是政府贪污与掠夺的一个诱惑罢了。

另一个近在眼前的冲突，是受过启蒙的阶层——教师、学生、比较有远见的商人、银行家、铁杆共和派人士——针对现政府的冲突，既是国家层面的，又是地方层面的。这个动向如今在对地方自治与地方自主的渴望中找到了表达方式。这是一场建立在对一个事实的承认之上的运动，这个事实是：1911年的革命流产了，当时建立起来的那个共和国如今变成了一个虚名，就政治管理而论——虽然不是就社会事务与思想状态而论——这个国家如今比处于满清统治之下时更糟。它的目标是把这场名义上的革命变成一个事实。在1911年,人们抱有的那些希望的破灭使这一点更加明确了,即这场转变将无法在一天之内或数年之内完成。

这种状况使中国不可能作为一个主动的参与者,加入任何为了对它进行经济掠夺而提出来的国际协定。中国在名义上给予认可的任何协定,都会牵涉到对中国国内政治的经常干涉。这种协定会要求对它的各种事务进行不断加强的掌控,在一个危机出现时,没有外国士兵到场,这个掌控就无法发挥作用。而算起来,日本是唯一一个邻近到能在短时间内派出大量士兵的国家,而且是其国民对武装干涉中国的反对声最小的国家。此外,在这种情形下,日本还会如同获得加入涉及对中国的经济利益进行国际管理的协定的那些列强授权的一个代理人那样行事。

如果补充说,这样一种安排会从内部阻碍中国正常的政治发展,在除了理想主义者之外的任何人看来,这也许是一个离题过远的看法。但是,它也涉及美国的自身利益。如果在中国目前的状况下,美国加入任何一个对中国进行国际掠夺的安排,那么,后果将会毁掉美国在中国的最大资产——中国人的善意。未来无法预测。但是在特定情况下,这个做法也许最终会把中国推入一种日本人的泛亚细亚主义的怀抱,尤其是如果日本比过去表现得更加善解人意的话。在其他情况下,它也许会创造出实质上是与复兴了的俄国,或者与俄国和德国形成一个攻守同盟的东西。

说这种安排会阻碍与扭曲中国正常的经济发展,同样是一种不着边际的看法。至今为止,中国一直在拒斥西方工业体系的迅速引入。对大多数人来说,这像是愚蠢保守的惰性的一个表现。对一些人来说,这像是反对把人们还没有学会加以控制并且已经引起人对人的压榨、带来各阶层间尖锐冲突的各种力量引入的一种明确直觉的表达。受过教育的中国人,对工业主义的危险具有一种一致而鲜活的感觉。从一种模糊的伦理意义上来说,他们几乎要成为社会主义者了。如果允许中国人去完成他们自己的经济目标,那么可以想象,他们会设计出一种比如今困扰着西方国家的那个方案更好的方案。中国的煤炭和钢铁自然资源被严重地夸大了,它众多而勤劳的劳动人口的能力以及对低生活水准的适应被低估了。谁敢冒促使中国工业化脚步加快的风险,谁就是一个鲁莽得无可救药的人。

对提出来的这个方案有一种实际而具体的反对意见。有人提议,不同的国家按比例提供这个辛迪加的资金。目前,哪些国家有条件这样做呢?现有的银行团被作为正确方向上的一个开始。到目前为止,银行团一直给中国带来好处,而不是坏处,除了对日本在满洲的特权默许保留之外。但是,迄今为止,它的作用一直是否定性和防止性的。它阻止了国家垄断贷款。它没能以一种比较积极的方式发挥作用的原因之一,是英国与欧洲国家无法拿出资金,这种无能为力是战争的后果。它们不想看到美国和日本成为向中国提供资金的主动方。根据同一个普遍性质作一个引申,实际上会得出这样的看法:美国与日本将成为分摊给其他国家资金的主要提供者。因此,这个方案结果会使这两个国家成为中国经济的主导。这样一种安排,不像是能减少国际冲突的样子。

IV. 建议措施

前面几篇文章仅止于说明在远东制造的国际冲突的一些情况。到目前为止,得出的结论主要是否定性的。一方面,是发展缓慢、刚刚开始社会与政治转型的中国。另一方面,在日本与美国之间有着尖锐而紧迫的利益冲突,而在英国与美国之间则存在着一些比较长远的困难。有没有可能找到一些措施,既能保障中国缓慢但正常的独立发展,又能消除其他国家之间分歧的根由呢?在我看来,这明确了华盛顿的基本问题所在。解决办法是不容易得到的。它几乎让人想起了,当一股不可抗拒的力量遇到一个无法逾越的障碍时,将会发生什么这个老问题。

目前,本文作者并没有现成的解决办法可以提供。但是,看起来确实有可能为理顺问题指出有助益的路向。关于远东的这些问题,其他国家会合作采取行动,这是一个必然。但是,在针对中国的外国列强合作与相互之间针对对方的列强合作之间,有着很大的不同。应该寻找这样一个解决办法,它对中国的国际监管与控制保持在最低限度,而对各个国家单独针对中国的行为则实行最大限度上可行的国际监管与控制。让我们在试着对中国进行一种国际调整之前,先互相对对方进行这样一个调整吧。

在我看来,这是着手处理把对中国——以及西伯利亚——的公平与其他国家之间冲突的减少结合起来的第一个方案。这个总方案以这样一种方式具体转换如下:这次会议应当为远东事务设立一个常设的国际委员会。为了确保对外国在中国活动的适当监管而又不过分介入中国本身,会议应当确立一个规章来主导委员会的行动。这个规章应该包括下面这些要点:

1. 所有的垄断与垄断合同都应当被绝对禁止。要说清过去一直在其他国家之间引发冲突并限制中国行动自由的那些垄断合同的历史,需要的篇幅会超过这些文章的长度。各国应当同意,在公用事业与公共财产方面,与中国有关的每一份合同都应提交给这个委员会,这不是为了确认而是为了驳回,如果它隐含着任何垄断特征的话。

2. 所有赞成设立这个委员会的国家都应当同意,把一切现有的、涉及中国政府的政府行为的合同,不管是国家层面上的,还是地方层面上的,都提交给这个委员会。如果不是立即废除,他们至少应当同意逐步废除这些合同中规定的一切垄断,虽说当然并不一定要抛弃已经在着手进行的一些具体事项。

3. 给中国政府的一切贷款,只要有可能使中国的资金偏离到那些非生产性的目的上,那么不管是国家层面的还是地方层面的都应予以禁止,包括那些所谓的行政贷款。在建造港口、建设铁路、开掘矿藏之类的工作在实际进行的情况下,加入这个协定的任何一个国家发放的贷款都应当设立一个可供支取的贷方。

为什么中国在过去给予了如此多的特许权,并且拿如此多的资源作交易呢?不完全是因为外国的压力,内部的腐败无能也起了一定的作用。通常的程序是这样的:某一群中国官员需要钱,部分是为了政府结算,部分是为了中饱私囊。某个有银行关系的外国方面提出给予数百万元的贷款,只要他们能得到一个垄断特许权,或者只要中国会购买一些材料、无线电设备、飞机,或者这个外国方面想要处理掉的无论什么东西。然而,这笔贷款并不是为了特定的交易而以一个信贷形式发放的。它经常是用来偿付眼前的债务,而且被乱用在"行政"上,大多数情况下是短缺的。当到期时,它就相应地成为要重复相同的过程来面对的另一笔债务。如果这次会议能采取步骤来杜绝今后此类操作的发生,那么,它将造福于中国,而且会消除出借国之间冲突的根源。

4. 这个委员会应当作出一种诚恳的努力来列出中国的所有义务,包括各项赔款,它们是明确的、附有相关条目的充足信息。随后,应当来看看在合伙经营与退还的方向上可以做些什么。在眼下,北京方面自身实际上完全不可能弄清中国的负债与收入是什么,尤其是那些国内项目。中国避免破产以及履行它的国际义务的能力是如此巨大,以至于持有中国保证的那些外国应当得到授权确保一个明确的审计和公告体系,作为用于任何目的的任何更多外国贷款的一个先决条件。

这牵涉到对中国行政方面的财政的某种监管,正如我们的第三条措施要求从技术上通过审计,对贷方的支出设立一个监管。但是,它是一个对与政治干预无涉的一些特定目的的监管,并且符合对中国的公共资金进行比较诚实而精明的管理这个意图。这样,摆脱了伴随着目前方法的所有那些干预,它会受到明智的中国人的欢迎。

5. 应当为无论国家还是地方上要着手进行的公共事宜的公布以及公开投标留出空间。近来,中国需要一些蒸汽机以供唯一一条完全在中国人的指导下并且完全由中国人管理建造的铁路之用。需求被公布了出来,并举行了自由的国际投标。结果,一个比利时企业取得了大部分蒸汽机的合同,而一个美国企业取得了剩下的部分。如果这次实践能得到推广,并对一切供货交易都成为强制性的——与各种垄断以及"优先权"的废除相联系——那么,它会自动取消如今造成国际冲突并使中国的腐败加剧的那些金融活动中的许多。

6. 已经存在着的这个银行团应成为委员会在资金方面的一个核心。但是,它应该摆脱各种垄断特征,摆脱局限于四个强国以及从这四个国家的银行集团中进行选择的局限。它还应当公开地与相关国家政府的权威代表们联系。

如今,在银行团的银行家们和他们各自的政府之间,存在着一种潜伏的、经过伪装的同盟关系。它应当被公开化,以使银行家们的活动具有政治上的责任和公开性。直到目前为止,银行团一直没有被中国政府承认,主要是因为这个政府想要得到银行团不会发放的那种非生产性的行政贷款。但是,它的存在一直是阻止仅仅意在把中国的各种资源进一步挖过来的那些贷款的主要因素。

然而,中国为了防止它自己官员的无能——以及贪婪——而维持一个银行团的开支,几乎很难无限地跟上。各国政府应当确定他们承担的开支份额。这样,银行团或许就能在一个小的方面像一个国际辛迪加那样运作,至少直到经过检验之前,一直把其本身局限于诸如铁路支线以及那些没有战略上或政治上的重要性的小项目上面。

7. 这次会议应当采取一些将会以让中国恢复对其外国关税的控制为结果的步骤。外国对中国海关的控制之所以被确立起来,是因为外债和赔款。这看起来是唯一的一种方式——也许它过去确实是唯一的方式,外国借此可以得到偿还贷款和偿付赔款的保证。但是,作为由一系列条约加强了的一个结果,中国如今无法调整它在出口方面的关税。不仅如此,而且其他国家对任何一个变更都要求全体无异议。任何一个单独的国家如今都可以阻止关税提高,它过去曾被武断地固定在5%,现在没有超过7.5%。中国无法通过海关收入来增加它的国家收入,这是它不断求助于外国贷款的原因之一。这次会议应当通过一致行动以及通过对拒不服从的国家施加道德或经济压力来纠正这种严重的弊病。

这个方案会遇到两种相反的反对意见。它会被视为过于温和,无法发挥建设性的清理作用。它也会被视为走得过远,没有实际可行性,包含对外国,尤其是对日本既得利益的过多放弃。因为这个方案隐含着对它在中国的各种"特殊"利益要求的一个放弃。

由于篇幅限制,这里无法论证整个问题。但是可以指出,根据这些或类似的其他具体建议采取的行动,是检验极力宣称他们对和平的至高希望的那些国家的诚意的一个办法。日本的经济利益,无论与其政治利益的关系如何,都在于与中国民众建立起良好的关系。

目前,日本的实业家们声称,因为地方官吏的腐败,他们不得不采取一些他们觉得最好不要用的行为,比如控制原材料等等。把整个贸易状况摆到桌面上来看,就可以知道它有近水楼台的优势;并且,没有必要采取占有原材料的方式,因为那将会以激怒和疏远中国人并使日本成为世界上其余国家的一个怀疑对象为代价。

美国也应当在确保日本获得为了工业目的之用的直接原油供应这件事上助一臂之力,即使那意味着牵涉到墨西哥。需要牢记的一点是:不同于特许权持有者和银行家的小团体的利润,商人和实业家的普遍利益完全依赖于中国人购买力的增长。就目前的状况而言,中国不是一个良好的市场;不值得为了它大费周章。给它一个机会,让它去发展自身,那么,它就会变成一个正常的、和平贸易的巨大市场,日本在其中具有许多天然的优势。

中国问题的根本在于时间,再怎么频繁地强调这一点也不会过分。西方与日本过于匆匆忙忙了。战争使不耐烦的情绪一直加剧,直到让整个世界几乎因远东而处于一种歇斯底里的状态为止。像我提出的这样的措施,即使它们主要是否定性的,也能确保一个缓冲余地。在这段时间内,这个世界可以从对它的神经的刺激中恢复过来并重新获得清醒。会有更多的机会使进一步的必要措施浮现出来，而且是以一种正常的方式。停止对中国的瓜分和从外部对它的各种资源的挖取；停止战舰的建造，这样，远东的各种问题将会逐渐地在一个适当的视域内呈现出来。那么，这个世界能够回头笑看它在1921年对太平洋地区的各种问题的警觉状态的时日就不会远了。如果无法做到这些事，那么微小的冲突原因将会继续积累，人们目前害怕的各种事情将会成为现实。在这场大灾难之后，人们会认识到：相对于犯下的罪恶来说，有关的利益实际上是多么微乎其微，以及适量的预见和善意本来可以在多大程度上防止这场灾难。

中国的诉求中表现出了精明的策略①

中国的各项提议既精明又聪明。由中国代表们来说明他们自己的情况,而不是让美国或日本首先来说明他们的情况,由此免去了两个东方国家之间的猜疑,这是个好策略。

它的精明之处,在于想出了十点概括的基本条目。没有哪个国家能反对,比如说,第一点和第二点,是关于中国的领土完整和政治独立以及门户开放的。所有国家都反复地以书面形式加以同意。但是,当此秘密碰头会议之时,所有国家都正式重申把中国置于一个有利地位,以引起对一些被先前的协定违反了的特定条目的注意。

它的精明之处在于不是通过直接地提出要求,并且容许在执行的时间上作出让步,就像,比如说第五点,解除加诸中国目前的行动自由之上的种种限制。对于中国自身来说,立刻废除治外法权或者把海关的管理交到它手中,这些都不会有好处。不过,它有权了解做这些事情的环境条件,这样就能获得一个保证:只要它采取某些特定的步骤,在将来的某一确定时间内,这些事情将会付诸实际。

第三点是对待英日同盟和《兰辛-石井协定》的一个精明方法,两者都与中国有关,但是都没有找中国商量过。说它应当对影响到它的一切活动予以注意,并且应该被给予一个机会去参与的这个提议是如此合理,以致如果哪个国家拒绝同意这一点,那么立刻就会被置于怀疑的眼光之下。

---

① 首次发表于《巴尔的摩太阳报》,1921年11月18日。

与好的策略相区别的智慧,在我看来集中体现在第四点(第六点和第七点是其附则),以及第十点(第九点是其附则)。因为"为各种国际争端的最终和平解决所作的准备"只不过是一种匹克威克式的用词,并没有为以后的会议作准备。少了某个即使名称上不那样称呼实际上是常设的咨询与仲裁委员会的东西,在其中,中国是作为一个参与者而不是受害者,就没有哪个准备能够变成现实。

第四点包含文件能够被有效执行的手段。要求一切委托、特权、特殊待遇等等全部公之于众,否则视为无效;而且,这些和那些已经公布出来的都要根据它们相互之间的有效性和协调性来检验,并要严格倾向于授予方来拟定这些东西,这是大胆而合理的一步。

这些条款触到了问题的根本。它们将使中国特定而言对日本,普遍而言对其他国家的失望表露无遗。它们使公开外交成为了现实。它们驱除了长久以来一直是中国在国内和国外的最大敌人的那种秘密与阴谋的气氛。它是大胆的一步,因为如果这一点得到接受,那么随之而来的公开会在暴露出其他国家的贪婪和各种诡计的同时,也暴露出中国本身的虚弱和官吏的腐败。它是中国内部得到更好治理的一个保证,也是对抗其他国家的一个保障。它无疑比表面上看起来的样子走得远得多。

《二十一条》未被提及。但是,基于这些要求而签订的条约中的一些条款,不可能与中国已经向其他国家作出的其他承诺相协调。它们的有效性问题显示出了这些条约签订时的强迫状态——战争的致命威胁的一个最后通牒。

山东未被提及。但是就中国的同意来说,对山东的占领是基于《二十一条》之上的,而它也是与中国同德国签订的条约中的条款相冲突的,这些条款规定德国人的租借地和特殊待遇不得转让给任何一个第三国。任何公然反对第四、第六和第七点的国家,都立刻招人怀疑是不是抱有什么不好的意图。给予赞同,意味着对中国遭受的一些最坏的错误对待进行改正。一个人根据过去的事情对这些条款琢磨得越多,这些条款看上去就越显得有远见。危险在于它们"在原则上"得到接受,但在实际上受到削弱。

关于比较次要的那些条目,美联社报道说,第八点是最令日本人的圈子困惑的一点。考虑到中国作为一个中立国的权利在今后一切战争中都应受到充分的尊重,而日本与俄国以及德国进行的战争都侵犯了中国的中立,这个困惑不容易理解。根据相关的建议来看,它成了一个小小的不祥预兆,有可能意味着列强确保中国的中立,把它降到比利时那样的地位;而这一点连同其他各点的加强,又回到了中国的国内秩序和政府的统一这个问题上来了。

现在作出预言还为时过早,但是看起来,似乎日本的策略会对中国的各个目标表达一种一般的同情,但同时强调其内部缺乏统一,处于所谓的混乱状态,并且主张为了确保各项目标和愿望的最终实现,中国必须在一段时间之内被置于某种国际监管之下。在后一种情况下,日本会由于邻近而成为代表着列强的实际上的保护者和受托者。那时,日本就既能把其关于中国想要的东西捞到手,又能得到各个强国的祝福了。

对中国的四条原则[1]

如果华盛顿会议采纳的这四条与中国有关的原则终结了讨论而不是开启了它，那么，它们就会是再令人失望不过的了。它们表示旧的外交策略是战无不胜的，而像加藤海军上将[2]据说已经作出的几种不同解释那样变化无常的那些一般表述，就会像过去那样被拿给中国。

没有必要说中国需要的是像关于限制军备的建议这样具体的明确行动，而不是好言暖语。但是，由于这出现在开始而非结束之时，所以只能公平地推想这些原则代表着一个图表的框架，它在接下来的决议中会演变成一个详细的行动方案。

如果把这看成一个基本的概要，那么，这里浮现出两个问题。这些原则排除了所有不是直接涉及的问题吗？还是说它们可以有补充和解释？除非是后一种情况，不然它们就无法直接影响过去的行为。根本问题在于它们是否只与将来要实施的条约有关，还是也适用于对过去订下的条约的改正。

如果是前一种情况，那么，日本那边就大大赚了一笔。一些对它来说十分重要的事情，将被视为不可更改的既成事实。中国可以获得对将来不会再有类似条令的某些保障，这确实算得上是个收获。但既成事实是牢固的东西，而且它们会有办法继续去影响以后的事，相比之下，一般的保证就是相当无力的了。

但是，很难把这种解释与第一和第三条原则的总括性条款调和。尊重中国

---

[1] 首次发表于《巴尔的摩太阳报》，1921年11月23日。
[2] 加藤友三郎（Kato Tomosaburo, 1861—1923），日本海军元帅，曾于1922至1923年间任日本首相。——译者

的行政完整并施展影响力来真正确立和维持所有国家的均等机会,如果这些词句有什么意思的话,那么,它们意味着一个检查违反这些原则的各种现有承诺和特权的机会。在这种情况下,中国要求对所有种类的现有承诺作检查就获得了一个实质的承认。中国人的建议就要开始露出锋芒了。

与加强门户开放有关的第三点,和保证所有国家都不得利用中国的糟糕处境来谋取特殊的特权和权利的第四点,如果得到兑现,至少以后能防止各种工业和商贸垄断。它们也能防止对设立财政和军事特别顾问的要求,对特警以及对贷款给铁路项目和港口项目的要求,诸如过去使中国陷入极大混乱的那些项目。但是,在这些原则上打擦边球而又不公然违背它们的方法是如此之多,以至于它们很有可能会变成一些毫无意义的文字,除非预先作了一个防备,就像中国的第十点要求中提议的那样,有一个常设的委员会或者定期召开的会议和常设的正式公报。

这四条原则显然是被炮制出来搪塞或拖延一个重要问题的。从地理上说,究竟中国是什么?它与满洲、蒙古和西藏的关系是怎样的?而日本人对其在蒙古的特权的宣称又因这样一个事实而变得复杂了,即眼下既不是中国人,也不是日本人,而是俄国人,在实际控制着那里。

中国长城以南,听上去像是一个完整的存在物。但是,一个人只要看一看地图就能断定,在面对一个要求北方领土以及海洋的强国的情况下,它保有其在政治上和行政上完整性的可能是多么微乎其微。在中国接触的,只不过是蛮族游牧部落;而在铁路和蒸汽船都不存在的时代,长城本身就证明了很难做到这一点。

现在庆祝已经实现了的东西还为时过早。有了一个有希望的开端,但这个开端仅仅指示着必须密切关注其未来发展的一些线索。当要明确界定中国领土的时候;当要表明这四条原则是否仅限于以后的行为、排除既成事实的时候,还有当我们要弄清楚是否为设立一个常设的商议、仲裁和发布机构作准备时,就会有一番龙虎斗了。

在知晓这三件事之前,我们将一直无法知道中国这些要求是事实上得到了满足,还是仅仅得到了为避开真正的问题而使用的礼貌措辞。这三点的未来动向将确定是否已经作出真正的努力来帮助中国,或者是否外交家们在引我们入那个古老的圈套,即用文字来处理一些急迫的问题,只不过是为了在事实上通过运用含糊不清的表述来避开和拖延这些问题。让我们静观其变。

地洞①

自从会议召开以来,我一直相信,无论如何,公开性会比具体达成的决议更为重要。我们处于这样一个关键点上,在此,世界和平与安全的主要保障在于各国对其他国家的诚意与善意的相互信任。公开是发展互信的方式。让他们的态度为世人所知,不曾心怀鬼胎的那些国家从这件事上得到的只有好处;有着掠夺性策略的那些国家,因为知道它们的举动受制于公开和普遍讨论而最好地得到了限制。当然,在公开外交方面,公之于众(publicity)意味着最大限度的可能。但是,它也意味着对公众的一种教育。这样,它就不容易受不诚实的宣传影响,并对发生的事情作出判断方面具有合理的精明。

带着这种先入之见来到华盛顿数日之后,我关心的第一件事自然就是试着对当地的氛围有所了解。我想知道有多少公开讨论和传播,无论事情是沉闷而秘密的,还是公开而轻松的。感恩节是个关键的时机。

在会议开始时,美国雄鹰在众人面前漂亮地露了一把脸。没有人会料到,竟有如此程度的坦诚;对此有了良好印象之后,我们全都希望在有关远东各项议题的讨论中也能如此开诚布公。

但是,这并没有出现。美国雄鹰似乎随意地栖落到一棵树上打起了盹儿,而与此同时,田鼠和土拨鼠们却在挖地洞,兔子们急急忙忙地寻找着藏身之处。这次会议上的两个欧洲国家指责法国言不由衷,而且一心想扩大自己的优势,即使因此而毁掉这次会议也不罢休。据传,中国人如此憎恶英国代表们对路特原则

---

① 首次发表于《巴尔的摩太阳报》,1921年11月29日。

(the Root principles)①提出的解释,以至于他们可能拒绝;贝尔福(Balfour)②甚至对保存会议记录这种公开措施也表示了反对;中国代表团在逐渐失去中国非官方代表的支持,因为他们在就山东问题与日本人进行私下交涉;英国人不置一词,不露声色;日本人起先说,50%的海军对防御目的来说已经足够,之后又要求70%;路特原则仅仅是为了在将来起作用,而出于对日本人和英国人的敏感性的尊重,现状会得到巩固——诸如此类。

简而言之,存在着一种明白无误的紧张氛围,存在着一种不信任的气氛。这种紧张和不信任,与停止公开有关海军方面的各种提议有关。在这一周的后几天里,对上面提到的谣言中的一些有了正式否认。接着,前几天那种紧张气氛明确无误地缓和了下来。但是,有一些说法并没有被否认;它们得到了确认。由于否认与确认的结合在我头脑中形成了一幅有关目前状况的图景,我把它说出来,因为我认为它可能有些价值。

与前些日子相比,缺少对重要议题的揭示。公众对不同国家在远东问题上的立场,不像对它们在海军缩编问题上那样,具有清晰有据的观念。不过,与其说这是因为重要事件在幕后进行却不让公众知道,还不如说主要是由于那些领头的国家对于提出任何如此重要以至于对它进行讨论将会影响这个国家并使它放弃其立场的议题犹豫不决。

如果不存在如此程度的公众方面的公开性,那么也会有可以说是更加私人的、外交方面的公开性。因此,各国似乎都觉得它们正在接近一块雷区。没人想首先踏足其上,因为害怕这引起的爆炸。每个代表团都宁愿等待着,希望某个别的代表团迈出会影响到它自身利益的错误的一步。

这实际上意味着有一系列的委员会会议,部分是为了把已经达成的决议简化为固定的形式,部分是为了讨论相对而言比较次要的问题。治外法权、邮局和海关对中国来说完全不是次要的问题,尤其是海关。但是,它们远不像《二十一条》和满洲或者山东那样危险。因为中国人如果愿意和其他国家一起承认日本在满洲和蒙古的各种特权和优先权的话,那么,他们看来很有可能在后面这些问

---

① 路特(Elihu Root, 1845—1937),美国律师、政治家,1905至1909年间出任美国国务卿。——译者
② 贝尔福(Arthur James Balfour, 1848—1930),英国保守党政治家,曾出任英国首相和外长。——译者

题上获得巨大的让步。目前的倾向似乎是帮助中国在次要问题上获得它能够得到的东西,否则,提出更大的问题到头来会谈崩,而中国会一无所获地离开。

这个外交阶段也许是不可避免的。它指示着某个转折点和某种用来试探其他国家的手段,以及万一关于远东没有做出什么有意义的事情的话,找到一种每个国家事后可以用来为自己辩护的策略。这次会议有喘息的机会,尤其是在其间例行公事都办完了的情况下。但是,它们没办法无限制地延续下去。各种危险的问题存在着,并且它们必须得到面对。

这次会议所有议题中最重要的那一个仍然被搁置着。当《二十一条》、满洲、山东以及英日同盟的问题得到处理时,这是否会根据日本、英国和美国关于各自立场的公开声明来进行呢?或者这些主要议题会迷失在由一些无关的问题,伪善地泛泛而言,逃避,讨价还价,私人的了解构成的一团迷雾之中?看来,美国出于一种高度的威望采取了前一种选择。对所有国家的公众来说,除了得到结果之外所能做的第二好的事情,就是确切地了解为什么没有得到这些结果以及谁挡了道和为什么挡道。说美国各项政策的成败如今取决于它们是否有一个针对所有国家对公开性的适当要求作为靠山,这一点也不过分。地洞也得公开地挖。

与此同时,在我看来,英国是猜不透的斯芬克斯。我不曾发现哪个人声称他确切地知道它在任何具体问题上站在哪个立场。单单就我自己来说,我会通过注意观察在接下来的一两周内,它是否会打破那斯芬克斯般的沉默来判断这次会议的可能结果。我们大概地知道美国和中国想要什么。我们知道日本想要什么,虽然不清楚它会愿意接受什么。看来似乎轮到英国来表明它想要什么了。机会主义在某一些情况下是可以容忍的。但是,英国方面过度的机会主义将会毁掉这次会议。

山东问题的各个角度①

数学家们有时把圆看成是无数直线的集合。随着角度的增多,你就能得到一个圆形的效果。当角度无限多时,你就得到了整个圆。对一个球体来说也是一样,你从一个有着许多投射角的立体开始,最终会得到一个可以滚动的球体。这是看待山东问题的一条途径。存在着许多角度,你能把它们变得柔和直到你得到一个光滑的表面吗?如果可以,那么,这个球会滚向何方,是朝着中国还是朝着日本呢?

投射角的数量使这个问题变得难以处理。它们也使对正在进行的这些讨论的意义和结果的判断变得困难。它们使人难以知晓在中国与日本之间进行对话的有关问题中,目标是什么,谁将因而获利。只有参与其中的人知道,但他们是否十分明确,这一点大可怀疑,虽然他们有自己的希望。不过,还是值得指出其中的一些角度。

假设参议院已经表决通过了《凡尔赛条约》,那么在这次会议上,我们的国务院就处于几乎不可能要求在山东问题上站在中国一边的境地之中。英国和法国表决通过了,而且在通过之前,与日本秘密地签订了与中国的要求相反的条约。它们必定都急于想让其参与制造的日本与中国之间的这个麻烦有个了断。它们不愿意承认自己错了,但是面对着中国和美国的态度,又不得不为过去的行为作公然的辩护而感到窘迫。

此外,英国还与日本有一种同盟关系。它几乎不可能参与一个普遍的商议

---

① 首次发表于《巴尔的摩太阳报》,1921年12月5日。

并且给中国当靠山来反对自己的同盟。但是,另一方面,英国希望使美国确信它是站在美国一边的,这个同盟从来不曾也永远不会被用来反对美国的政策。

明显的氛围是要把这个问题放到一边去。让中国人和日本人自己去解决他们小家庭中的口角之争吧。法国在质疑《凡尔赛条约》中的山东条款这个问题上,甚至处于一种更加微妙的境地,对这个条款的质疑会引发对其他条款的质疑。任何一个从法国消息来源中读到过一点东西的人,都清楚地知道,法国人是多么不可能为质疑《凡尔赛条约》开一个先例而做任何事情。

人们会猜测美国的角度是什么。国务院很了解法国和英国的立场。它可以用其对中国的友好机构来暗示,在目前的情况下,中国应慎重考虑:通过与日本直接谈判,它是否不太可能比通过把这个问题带到很可能遇到额外反对的地方来谈得到更多。美国政府也希望这次会议取得成功。山东问题可能会毁了这次会议。它也许会在重要性方面取代海军问题。于是,又是同样的劝诫。试着让贝尔福作为日本友人的官方代表,让休斯作为中国友人的非官方代表,在中国与日本之间进行一点直接的对话吧。

中国的角度在哪里呢?中国急于收复山东。日本反复强调其对归还山东以完全的政治主权的渴望,"仅仅保留授予德国的那些经济特权"。日本已经数次主动提出要与中国进行直接商谈,据它所称,为的是能落实它的各项承诺。但是,中国固执地拒绝了。这是所有表现中一个值得关注的现象!当它的邻邦自我牺牲般地把它最想要的东西献给它时,它却拒绝接受。

这是如此不同寻常,以至于在表面之下肯定另有某个原因。中国人坚持认为没有什么好谈的,能谈的事情一点也不比当德国人被赶走时,英国和法国同比利时谈把比利时还给比利时的多。

他们指出,与德国签订的最初的条约就明确否认了德国有任何政治权利,并且禁止把它的特权转移给任何其他国家。那么,日本说要归还其原本就不拥有的政治权利,"仅仅"保留其已经得到的每一样东西,这是什么意思呢?再说,过去的经历已经教会了中国人,在中国,当经济权利包括矿山、铁路和一个港口时,实际上,它们就变成看上去和实行起来惊人地像政治掌控的一个东西了。而且他们清楚,在战争期间和战后,日本已经把这种转变做到远远超过德国敢于想象的地步了。

中国还有另一个角度。中国人是精明的外交家和世界上最善于讨价还价的人。但是在大问题上,他们更加信赖道德力量的作用,而不是建立在一个讨价还价基础上的、具有法律效力的正式协定。开化了的中国自由派人士对这次会议的期待,主要在于把它看作使中国的国民情绪、愿望和不公正对待为世界所知的一个机会。这个目标只有通过把山东问题提交给有着最大公开度的外交的整个会议才能实现。

他们的愿望被达成的协定震惊了。这种震惊说明在华盛顿和其他地方的非官方的中国人对中国与日本之间直接对话的竭力反对。他们感到自己被他们真正地欺骗了。如果他们的立场能为整个世界所知的话,也许他们更愿意让山东问题在一段时间内保持现状,而不是得到他们想要的东西中的四分之三,让日本去控制另外一角,尤其是问题的关键就在于这一角的情况下。

同时,也存在着无法磨光这些棱角的可能。最好仔细地考察和回忆一下官方使用的准确语句。没有商谈,有的是"对话"。中国人至少是相当健谈的一个民族。没有一个字提到解决,而只是说"寻求一个解决"。寻求一下,是没有什么害处的。

也许中国人以后会有一个公开表达的机会,而其他人也会有一个一观其究竟的机会。

会议和一个快乐的结局①

如果要让美国民众对这次会议形成一个清醒的公众舆论,那么,我们需要更多写伤感文章的姐妹们而不是写轻松文章的兄弟们来报道这次会议。有意维持远东现状的各个国家及其外交官们,通过对会议上的作为散布一种过分乐观的气氛,可以只占便宜不吃亏。别国外交官们对美国人的国民心理了如指掌。他们了解我们乐观主义的情绪倾向,以及渴望感觉到我们在促进理想的世界福利中扮演着一个重要角色的这种心情。他们清楚,当所有事情都说过、做过之后,让美国民众相信在远东问题上美国的各项政策已经胜出了,这对华盛顿政府而言,将是非常重要的;而且对政府来说,确保与海军有关的这些结果,也是非常关键的。这些是别国外交官手中持有的最好的牌。美国公众对这次会议上做出的每件事情都从最好的方面来看的这种倾向,是帮助一些最糟的事情发生或者至少让某些可能的好事没办法做成的最可靠途径之一。

在写下这些话的时候,事情已经发展到了这样一个地步,即现在重要得多的是指出什么东西没有被说到和做到,而不是已经说了什么,因为前者决定着后者的意义。这个显著的例外是军备裁减的情况,其中有一些具体的统计学上的情况可加以追踪,不是像关于远东问题塞给公众的泛泛之谈那样的东西。我提出三点,一点是对美国的,一点是对英国的,而另一点是对日本的,这些都值得加以关注。根据它们所得出的东西会成为《每日新闻》读者的一个公平的检验标准,来看待华盛顿发表的那些公开声明,并给他一个可以用来确定事情实际上在向

---

① 首次发表于《新共和》,第 29 期(1921 年),第 37—39 页。

哪个方向发展的手段。

迄今为止发生的每件事情,都带有日本代表们依之行事的一般性指示的原始信息。这个信息是:日本会真心诚意地赞成军备的裁减,只要裁减仅限于海军,并且以一个公平的比例在三个强国之间分配;但是,也要尽可能阻止对远东的各项政策的讨论,而且如果某个行动威胁到这一点,那么就一定要拖延它。人们还认为,它会强调中国的混乱状态——好像它当然在某种程度上有权管一管似的——并且坚持主张,如果中国要做任何事情的话,需要列强之间在政治上的协调来对中国进行一个监管性质的控制,以确保事情的实施。

后一项策略的意图很明显。如果它被接受了,那么,日本由于地理上的实际情况,必然会成为受列强委托管理中国的一方。如果它失败了,那么,日本可以把过错推给其他国家,尤其是推给美国。实际上,它会说,在一如往常关于美国对中国的关心谈论了很多之后,美国在碰到要做些事情的情况时,又像往常一样没能点到要害。不需要多聪明,就可以看出它的策略会把事情变得只有两种选择;一种,什么事也不做,保留现状,把所有相应的好处留给日本;另一种,逼出一个美国会加以拒绝的联合行动计划来。当然,这种策略并不排除中日关系无论如何要求的一些偶然的让步,快乐而充满希望的美国公众则会把它们看成是美国政策的胜利。

加藤上将用他对休斯的各项提议的强力赞同,帮着造出了稀里糊涂的乐观情绪之潮。对美国民众而言,这被传达为向美国的一个友好让步,并且由此得到了那些长期以来被教导说日本总是一个军国主义国家的人的接受,他们不知道它由于海军开支的负担承受着怎样的压力,也不知道在休斯提出的美国对削减的优厚条件下,多么小的一支海军就足以满足日本的防卫性用途或者甚至是进攻性的用途了。也许,日本比它先前所希望的得到了更多。在这个事实中,没有什么好加以反对的。采纳这个方案,既符合世界的利益,也符合日本的利益。有意思的是,公众开始传言日本要求8或至少7的比例来与10∶10相配,而不是3∶5∶5的比例。

认为这是遮掩某种真实意图的一张面具,而日本没有谈到的东西比它大声宣称的东西更重要,这种假设并不是不值一提的怀疑。对日本来说,美国的公众舆论在军备问题上比在远东问题上更加积极和消息灵通,这并不是秘密。对它来说,会议的军备裁减这方面的成功与美国政府在政治上有一种巨大的利害关系,这也不是秘密。虽然美国对中国有善意的倾向,但是对于发生的事情并无特别相关的利益和严格的判断,这也不是秘密。日本在适当的时间里,有可能会不情愿地对实质上要求于它的海军军备问题作出让步,出于对它的好朋友美国的考虑,以及它对世界和平的考虑——适当的时间由关于中国的谈判的状况来决定。或者,它也许会变得强硬起来,危害军备限制的成功,除非与中国有关的事情顺着它的意思走。

关于白里安(Briand)①以及法国对陆军军备的需求的滔滔不绝的谈论,一定让日本感到非常高兴了,它实际上排除了军队裁员和废除征兵制的问题能够得到考虑的任何机会。那些凡尔赛和会期间在日本的人,了解那件给公众留下了深刻印象的事情。曾经一度有错误报道说征兵制的废除已经被决定了,在这个错误得到纠正之前,过去了几天,在这短暂的一段时间里,官方的惊愕程度和民众的满意程度简直无法想象。日本人是一个非常爱国的民族,如果有人相信他们喜欢强制兵役制,那么对这个错误报道的无数叹息,就是他一生都忘不了的教训。如果在法国人与日本人之间存在一种明确的理解,那么,法国的立场就正好是日本要求法国采取的那个立场,如此一来,日本就可以卸下维护其征兵制体系和庞大军队的重担了。假如人们意识到这一点,那么,配得上白里安的雄辩程度的那种美国式的乐观主义情绪本来可能会减弱。

新闻业界的乐观主义者们还报道说,英国在为美国关于中国的政策撑腰。同时,据报道说,它坚持保留英日同盟。有一份报纸的通栏标题说,"英国为中国和美国撑腰,但是坚持与日本的约定"。这像极了说英国想要白的而坚持黑的。"约定"意味着这个同盟,虽然可能的话,可以加以扩大,把美国包括进来;然而,只要关系到远东的事情,这个同盟就正是位于英国作为一方而中国和美国作为另一方的两方之间的那个东西。但是从所有的消息来源,即使是从遥远的新西兰,在这个当口上传来的都是关于继续这个同盟必要性的报道,如果可能的话就拉上美国,如果必要也可以不算上我们。

询问那个隐藏的目标是什么,什么是英国真正在追求的,这并不算对英国表示过度的怀疑。它足够清楚地了解美国不会加入一个三方协定,即使外交家们同意了,参议院也不会对它加以批准——他们清楚,参议院和美国舆论一定会这

---

① 白里安(Aristide Briand,1862—1932),法国政治家,曾多次出任法国总理。——译者

么做的。无论如何,一旦这个同盟重新恢复,加拿大会站出来反对这个双方协定,英国舆论也会迅速地反对它,以至于外交部重新恢复它的力量变得不确定。对于这些,他们都不陌生。如果心意如此坚决,那么,英国为什么不在万事俱备之时,在国内的反对意见比现在少得多的时候重新恢复它呢?这显然是在谈一笔交易,或者意在某个尚未得到公开的目标。它是不是要在一个关键时刻为日本的政策撑腰,因为美国拒绝参与那个唯一可行的安排呢?很可能不是,那么是什么呢?存在着一种创造出某种境况的渴望,这种境况会在某个方向上给美国带来压力。

至于美国为人所知的政策,关键问题是路特先生的四点是否意在承认中国的现状。如果事态的继续发展显示这就是它们的主要意图,那么,我们可以肯定:政府为了在政治上、在美国民众面前自保,愿意以中国为代价来同日本和英国进行讨价还价。这里存在着一个隐秘的暗示,即通过这些路特原则对中国主权的承认,等于是加强了不利于它所有已经签订了的条约和承诺——因为否则,中国在它订立条约的力量方面就不会是自主的!这个天才的发明值得那类具有法律头脑的美国人去思考,他们已经发现,它是对美国劳动阶层为了让自己处于一个安全的自由地位可以做任何事情的那种自由的干涉。但是,用这种态度来解决远东问题,这几乎是难以想象的——很不幸,不是很有可能。

当然,为了将来而改善中国的条件,这算得上是一件事情。但是,由于过去已经做了的那些事情而正在运作的这些力量,不会因为列强在华盛顿召开的一次会议决定这样那样的事情要在以后做而停止运作。规划将来的唯一一种成功的方式,就是通过处理如今存在着的这些情况。外交官们在白费心思画方的圆和完成其他不可能的事。承认中国的现状,并接着下决心说以后的事情应当以不同的方式来做,这是又一个这类外交奇迹。

美国新闻界是不是打算满足那部分要求每一部小说和戏剧都有一个快乐结局的美国公众呢?还是它准备以停止把每一个举动都宣称为一个巨大的进步,把一个别国外交官的每条评论都宣称为对美国的成功的称赞,以及使美国人的骄傲膨胀起来的一个理由,从而冒着触犯美国人的情绪与骄傲的风险呢?危险的东西是比较大的东西,因为我们的虚荣心在凡尔赛遭到了如此严重的打击——一个与我们缩进自己的壳里有密切关系的伤口。如今,我们又一次把头伸了出来,寻求安慰和补偿。有一些别国外交官擅长减轻我们的伤痛,而同时又在事实上达到他们自己的目的。如果不过分倾向于把精力花在开心的喝采上,我们才更有可能在华盛顿戏剧中获得我们的心理习惯,以及受了伤的骄傲如此需要的那个"快乐的结局"。

中国人的辞职①

与华盛顿会议的中国代表团有关的那些有影响力的人物的纷纷辞职，引起了对这种举动的原因的疑问。我想，普通美国人会认为，这既不明智又不合时宜。这一举动会显得有些不太光明磊落，就像你因为担心自己被打败而在实际上被打败之前就退出了。中国人在这些事情上的习惯是不同的。一个与上司有分歧的官员辞职的平常举动，与其说是一个最终的行为，不如说更多的是作为一个抗议，或者作为引起公众对他不赞同某个行为的注意的一个手段。辞职作为公之于众的一个手段，在中国占据着类似于暗杀曾经一度在俄国占据的地位。

如果中国代表们认为，美国公众没有意识到事情向不利于中国的方向发展；如果他们认为，通过一个夸张的表示，可以让美国的公众舆论被激发起来而变得更加活跃，那么，辞职对他们来说，是相当习以为常的事情。也有一些其他可能的动机。至少有一个通过辞职来抗议的顾问属于中国政治中这样的一个派系，许多个月以来，这个派系一直在积极争取让它的成员进入内阁。没有什么比让中国民众相信内阁没有在适当地保护中国的利益，尤其是在山东的利益更有可能推翻目前的内阁了。

一个美国人几乎难以想象这次会议上的各种考虑受到中国受过教育的阶层注视的关注程度。对我们来说是一个有趣的游戏，或者顶多是一个重要事件的东西，对他们来说，几乎是一件生死攸关的事情。在这样的情况下，情绪很容易被带动起来，而且人们可以猜测，公众的感觉已经开始集中起来针对它认为是内

---

① 首次发表于《巴尔的摩太阳报》，1921年12月9日。

阁方面苟安行径的事情了。无论在华盛顿遇到的困难是什么样的,现任政府几乎不得不承担失败的过失,而对许多人来说,就会有趁还有时间及早暗地里抽身的诱惑。

有一种看法或许可以作为缺乏根据而略过。一直有一种广泛的传言,说北京政府处于张作霖——满洲的军事总督的控制下,而他是受到日本人操纵的。那些接受这种传言的人相信,这些辞职或许是针对主导这个代表团的政府中的亲日成分的。

但是,只要考虑到国际关系,亲日政策在华盛顿就是个不可思议的东西。首先,外国外交官们从来不曾如此程度地处于北京的掌控之下;其次,没有哪个中国政治家敢于在对外政治方面亲日,即使他想要这么做也不行。这即使不是肉体上的自杀,也会是社会和政治上的自杀。

在召开凡尔赛会议的时候,一个亲日的内阁正在北京掌权。当时关于日本方面意图在中国首席代表过境东京的时候对他施加影响一事,有许多可靠的报道。但是,代表们一致拒绝签订那个条约,而且中国与德国签订了一项单独的和平协议。那时候做不成的事,现在也不可能做成。在巴黎,和谈代表们内部存在着各种分歧,这些分歧如今在华盛顿也可能存在。但是,如果是这样,那更多的是出于个人或者派系的原因,而不是由于对日本有什么不一样的对待。

这些辞职,不管起因是什么,都引发了中国如何在华盛顿行事以及哪些是其合理期望的问题。粗略地说,撇开把这次会议用于国内政治目的的任何企图不谈,我认为在中国人的情绪中存在着四派。有一派人把希望如此多地寄托在美国身上,以至于它的期望是无限的。实际上,它说,威尔逊在凡尔赛把山东从中国手中拿走了,而哈定(Harding)①要在华盛顿把它拿回来。

另一派当然想要好的结果,但是却对什么都不抱希望。中国知识分子最杰出的领导者之一给我来了一封信,说他刚刚发表了一个公众演说,在其中,他警告他的听众们:中国必定要经历一个巨大的震惊、一个巨大的失望。这个群体脱离于政治之外,并且反对所有现存的政治派别。他们坚持主张内部改革的必要,并且坚定地确信,当这些改革完成时,日本就没法继续反对中国了,而其他国家将会被迫放弃他们的不当占领和行为。

---

① 哈定(Warren G. Harding, 1865—1923),1921 至 1923 年间任美国总统。——译者

第三派人，主要是在国外受的教育，其中许多人学的是政治科学。他们是热情的国家主义者。他们已经学会谈论主权了，对像治外法权以及外国在中国的自治特权之类的话题非常感兴趣。使中国从外国的法律干涉下解脱出来，是他们的主要目标。

第四个且最大的一个派别，在我看来，是由那些根据与《二十一条》和山东有关的事情来衡量这次会议成败的人构成的。他们并不那么在乎邮局、海关、领事法庭等等。在他们看来，与主要问题相比，这些是小问题。

我刚刚看过中国的联合商会与教育联合会致美国公众的一份电报的副本，这些机构代表着中国最开化的非政治舆论。电报以感谢美国民众过去给予的帮助开头，以要求美国公众舆论在中国的两个基本要求——收回山东和废除《二十一条》——上，使劲地为它撑腰而结尾。毫无疑问，国务院与中国代表团在华盛顿处于一个困难而微妙的地位。但是，在这些点上无论获得或者没有获得什么样的结果，中国代表们受到中国民众检验的程度都自然而然地会比美国代表们受到我们国民检验的程度更加严厉。到目前为止，中国人一直以令人惊讶的程度避开在美国作直接宣传。辞职或许是一种积极宣传的一个前兆，这种宣传主要是反日的。

条约的三个结果①

洛奇(Lodge)参议员的演讲是这次会议雄辩水平的最高点。然而,在它的措辞之下,人们很容易读到对这个协定的热情与喜悦,并在其中发现比它实际包含的东西更多的东西。太平洋中的危险点,当然不是那些岛屿,而是亚洲。

尽管如此,《四国条约》还是达成了三个结果。它开了强国之间相互商议的先例,这比两国之间的仲裁协定走得更远。它终结了英日同盟,这是美英之间达到一个比较良好关系的巨大收获。它间接地使战争不那么容易在日本与美国之间发生,间接地给予中国承诺。中国也许会在其他方面感到失望,但它已经从这次会议中获得了一个重大的结果。

目前,这个公约的起草者头脑中的主要目标,或许是用一种令人愉快的手段来终结这个同盟。再者,它应当使美国停止谈论在关岛建设海军基地一事。我认为,菲律宾根本不会成为日本与美国之间麻烦的来源,但是,一个设防的海军基地对日本是一个挑衅。我们美国人也许并不愿意事情变成这样,但是,如果站在日本人的位置上考虑一下,我们就会有同他们一样的感觉。

既然菲律宾如今通过这个条约受到了保护,那么,人们就可以指望关岛方案被放弃。如果放弃了这个方案,那么,日本对5∶5∶3的海军比例的首肯或许很快就会随后而至。至少从消极方面来说,这个条约的各项条款是值得庆贺的。我们的国务院也许是迫于压力才同意订立这样一个协定,其中把中国

---

① 首次发表于《巴尔的摩太阳报》,1921年12月11日。

也作为一个缔约国包括进来。这些岛屿对于保持现状的外交努力而言，是一个安全的地点。参与确保它留在中国将是一个致命的错误，我们避免了这一失误。

关于《四国条约》的几点事后思考①

事后的思考往往会改变最初的印象。在先前写给《巴尔的摩太阳报》的一封信中,我表达了一个信念,即认为《四国条约》的关键在于让英国与日本体面地解散它们的同盟。稍微作了一番仔细回想之后,我确信,即使如此,第四个条款,在《四国条约》被批准生效时使这个同盟终止的条款,也不应该被引入。

我们国家的策略是要向英国人和日本人指出,这个同盟对我们与他们的友好关系所施加的恶劣影响,同时强调它的废除是他们自己的事,要由他们视我们的良好关系的重要程度来决定。这样就既不会有讨价还价,也不会看上去像讨价还价的样子,因而也不会给参议院对它的批准带来压力。

把这一条款包括进来,暗示着我们的代表团像威尔逊总统在凡尔赛会议上那样,有某种东西要出售,而为了把它推销出去,愿意给予优惠条件。要出售的这个东西,具体而言,是5∶5∶3的比例;而普遍来说,是海军的缩编。后者对本届政府来说,接近于一个政治上的必要;前者对我们代表们的声望来说很重要,看上去似乎是一个外交上的胜利。但是,一定要讨价还价吗?

冰冷的现实情况是:如果日本继续推行它的海军计划,那么,它就很可能崩溃。如果我们的代表团大胆而非谨小慎微,如果宣布无论如何美国都会进行削减,那么,商界和公众的压力本来会迫使日本作出一个类似的削减。而且,美国与英国的金融关系看来似乎足以确保英国方面有一个类似的政策,只要英国能够获得我们将会裁减海军军备的保证。

---

① 首次发表于《巴尔的摩太阳报》,1921年12月17日。

此外，无论如何，英日同盟极有可能不得不解散，或者经历大幅的调整。说我们为了确保得到某个本来可以不通过讨价还价得到的东西而去进行讨价还价，这种暗示由一个通过非常可靠的消息途径而来的传闻得到了确认。加藤上将起初愿意接受5∶5∶3的比例，但是海军专家们反对。后来，他们被英国专家告知：如果他们坚执不让，那么，美国会向他们让出一个更大的份额。据可靠消息，日本海军专家们告诉其他人，其提议得到了英国专家的肯定，并用这个事实来为他们的主张寻找正当的依据。

与此同时，媒体在日本国内宣传造势。这样，如果代表们同意休斯的最初提议，那么就要担心他们在国内如何被接受了。加藤变得举棋不定。这种事态毁掉了整个限制这件事。英国人就这样间接地创造出一种境况，它给美国带来压力，要求它把加入《四国条约》作为确保5∶5∶3比例的一个条件。同时，日本国内的宣传变得相当难以对付，尤其是因为有许多报道说我们在强迫日本接受我们的提议，从而一种敌对的感觉由此产生，这种感觉直达海军缩编的道德效果这个根源。

另一点事后思考，是由条约公布的第二天，一位律师向我询问的一句话引发的。他问，条约是否不仅仅特定地适用于日本。他提醒注意纳入条约范围内的"由任何太平洋问题而引发的争端"这种用词。这番询问，关于这件事，给了我一个新的视野。撇开中国不谈，日本如果不是与整个俄国，至少与远东共和国之间迟早要出麻烦的。

在日本派代表出席而俄国被排除在外的情况下，我们是不是要在一次会议中推动对这个问题的讨论和调整呢？如果是这样，那么在我看来，这个事实本身就足以使参议院有正当理由拒绝这个条约，或者坚持对它设立一项保留：如果争端涉及一个非缔约国的国家，那么，为了对其他国家公平起见，那个国家应当有权出席会议。

如果争端涉及中国，这么做，同样会保护它，以及我们自身与它的良好关系。没有哪个国家可以拒绝这一点而不暴露它本身的意图。我仍然觉得，这个条约就展示美国对日本和菲律宾的怀疑、澳大利亚对日本的畏惧，以及日本在关岛问题上对我们的畏惧来说，是有好处的。到目前为止，它有利于真正的和平。但是，搞一个名义上适用于岛屿所有权，实际上也特定地适用于日本的条约，并把日本可能与之发生严重冲突的两个国家，即俄国和中国排除在外，这不是要取消英日同盟。它是要使我们成为它的一份子,当然,是在放弃为武装援助作任何公开准备的条件下。

今天早晨,不止一份报纸正面肯定了这个条约把日本包括在内;过去,与国务院关系密切的一份报纸否认这种说法。这个问题太根本了,以至于不能留有任何外交所喜欢的那种模糊不清。如果留下任何含混之处,那么很有可能会产生一种紧急状况,美国将不会愿意参与进来调整事态,去反对中国以及俄国。随后我们就会遭人指责,说我们言而无信。最终,比现在暂时平息下去了的痛苦更多的痛苦将会被搅动起来。

值得注意的是,哈定总统并没有立刻把这份条约送交参议院。这个忽略可能与一个事实有关,即正在谈判的,与中国有关的《九国公约》还没有敲定。

这意味着不能脱离一方来理解另一方。这也暗示着我们的代表们犯了一个错误,在一件事情尚不确定的情况下就在另一件事情上作出了承诺。因此,关于《四国条约》的最终判断必须被保留。如果说加以毫无保留的谴责还为时过早的话,那么加以赞同也为时过早。这两个条约必须放在一起来评判。如果这个补充协定没有消除目前这个条约中的那些不确定之处,并且如果它在其本身的解释上又增添了额外的含混之处,那么美国人应当作好准备来表达一种公众意见,来影响我们的参议院,也影响其他国家的代表们。

已经作出的这个说路特的四个模糊的原则将成为进一步的条约之核心的通告是令人沮丧的。中国无法得到它应该享有或者它希望拥有的全部东西。但是美国不应成为把它牺牲掉的一方,即使只是在同意模糊的泛泛之言的程度上。这样的泛泛之言,虽然它们消除了外交官之间的直接冲突,但是归根到底,对世界和平永远是一个威胁。每个国家都以自己的方式来解释它们,并且指责其他国家言而无信。

人们也可以希望:新的条约不是在某个争端实际发生之后才来召开一个会议,而是代之以一系列的一年一次或两年一次的会议。还应该为民众或国会出席这些会议作好准备。这个世界一定欢迎向公开外交如此程度的让步。

为一系列定期会议所作的准备会给予中国某种未来的保障,以补偿它没能获得现在要求的东西这种失败。它将使各国在休会期间行为良好。它将避免不得不试着摆平或多或少已经是既成事实了的那些问题这种必然性,这种必然性对只有在冲突变得尖锐之后才召开的外交会议来说是致命的。它会消除博拉参

(Senator Borah)参议员如此强烈提出的对《四国条约》的反对,这种反对意见认为,在目前的情况下,支持调整的一个正常承诺,实际上意味着以武力使其付诸实施的一个保证。它有利于避免以后的麻烦,而不是进行讨价还价和在早就发生了的种种麻烦之上作出让步。它代表了一条明智之道:既与其他国家合作,又不加入难缠的同盟。

像中国人那样思考①

切斯特顿(Chesterton)②有一句常被人引用的名言：一个人的哲学是与这个人有关的最重要的东西。为了说明这一点，他举例说，对一个女房东而言，了解一个自称要当房客的人的生活哲学比了解他的经济状况更加重要，后者也许决定了他的支付能力，但前者决定了他愿意说真话还是说谎，以及他是否愿意按契约办事。最近故去的摩根(Morgan)先生③曾在华盛顿说，他在经营银行业时，把更多的重要性放在申请人的为人信用而不是他们提供的物质保证上，他的话引起了很大的关注。切斯特顿和摩根的话证明，我们在战时开始习惯于称为不可称量之物——刚毅、持久、忠诚、信义——相对于如此实实在在以至于可以被计数和称量的那些东西的重要性。

在这一方面，适用于个人的道理同样适用于民族。各国带到正在进行的华盛顿谈判中来的精神，它们会继续执行会议的各项决议的那种精神，比决议的条文更加重要。那些不认真看待这次会议的人之所以如此，是因为他们不相信有关各个政府背后的良好信念。他们以为，谈判只不过是一系列为着特殊利益而进行的讨价还价和策略手腕的一个虚伪的掩盖；而本着和平、公正与人道而作出的声明，只不过是为了得到更多的好处而进行秘密欺诈的传统道具的一部分。简言之，他们不信任现有各国政府背后的哲学。

---

① 首次发表于《亚洲》，第22卷(1922年)，第7—10、78—79页；重刊于《人物与事件》，1929年，第1卷，第199—210页，以"中国人的生活哲学"(The Chinese Philosophy of Life)为标题。
② 切斯特顿(Gilbert Keith Chesterton, 1874—1936)，英国作家、文学评论家及神学家。——译者
③ 摩根(J. P. Morgan, 1837—1913)，美国著名银行家、金融巨头。——译者

如果再深入一些,我们就会意识到许多冲突与摩擦的来源都植根于一个事实,这个事实就是不同民族有着深深渗透于他们各种习惯之中的不同哲学。他们无法理解对方,他们相互误解。假定国家之间所有困难的原因都是经济性的,这种做法如今很时髦;把注意力放到这些经济原因上并且看看能做些什么来调整它,这是很有用的。但是,如果没有合适的氛围条件,由经济竞争和冲突所引起的摩擦是不会碰撞出战争的火苗来的。使国际争端火药味十足的那种氛围,是一些根深蒂固的误解的产物,这些误解的源头在不同的生活哲学之中。

如果我们想要采取措施来抑制这种氛围,来赋予它防止国际关系过于紧张的一些要素,那么,我们必须从努力真诚地了解对方的生活哲学开始。在东方民族和西方民族之间,存在的困难最大。欧洲各民族和美洲各民族之间在精神气质上存在着巨大的差异;即使英国人和美国人之间的生活哲学不相像的程度,也比人们通常所认为的大得多。但是,所有这些差异跟西方文明和亚洲文明之间的差异,即这些文明孕育出的哲学的差异一比较,就显得无足轻重了。确保相互理解与尊重有多难,相应地,对双方来说,制造怀疑与恐惧就有多容易。当时机成熟时,这些东西就会滑向仇恨。

目前人们共有的信念——太平洋将会变成世界下一个巨大灾难的舞台,白种人与黄种人之间的冲突是注定的这种宿命论般的信念,是使相互理解变得不可能的那条深深的、潜藏着的裂缝的一个真实表现。但我们不是试图通过相互理解,努力去缩小这条裂缝,却反而谈论着超出人力控制范围的各种力量之间的一种无法抑制的冲突,要不就是谈论为了控制中国的和热带地区的自然资源而进行的竞争。我不会看轻这场竞争的危险,但认为它如此巨大以至于使太平洋地区成为一场无法避免的战争的舞台,这是可笑的。如果我们成功地真正理解了对方,那么,为着共同目标的某种方式的合作就能建立起来。如果我们忽视那些根本的误解在创造一种充满火药味的氛围中所扮演的角色,那么,任何旨在减轻经济上摩擦的措施和结果,都可能被证明为如此肤浅,以致早晚要失败。

误解如此危险的原因之一,即像个人一样,各个民族也都倾向于从自己思考和感觉的习惯出发来评判对方。威尔斯先生最近举了一个具体的例子。他说,日本人出于驯服和顺从,倾向于高估英国政府控制英国民众的情绪和行为的能力;而英国人,出于相反的习惯,倾向于夸大日本民众的情绪对日本统治阶层所具有的支配力。他作出的实际应用是关于英日同盟一事的。这个同盟可能会迫于公众情绪的压力而瓦解,日本人趋向于忽视这一事实,这种情绪会在日本人与美国人有抵触的情况下,令政府无法将它付诸实施。另一方面,英国人则容易忽视这个同盟的危险,因为他们想象在危机的情况下,日本的统治阶层会听从一种警觉而明智的公众舆论。

由于把我们如果做了对方民族已经做出的行为而可能具有的动机和目标强加到对方民族头上,并因而产生误解,这种例子比比皆是。比如说,日本人的外交是以东京为中心的,几乎是受东京支配着的。我们的外交相对来说,比较松散。相应地,如果在这个东方国家的一个美国领事做出任何行为,哪怕只是或多或少根据他本人的心意发表一次演说,日本人就会自然而然地推想,他是在隐晦地根据来自华盛顿的实行某项国家政策的命令而行事。另一方面,美国人则容易忽视日本外交的紧密和连续。或者,当意识到外交中的某些令人不快的结果时,他们把它看作是一个突然的背叛性的袭击,而不是一系列步骤的顶峰;从日本人的观点来看,这些步骤已经得到了接受和认可,哪怕只是潜在地。然后又轮到日本人丈二和尚摸不着头脑了。

这样的小事和其他可以提一下的小事,如果逐个来看的话,似乎是微不足道的。但它们的总体效应,无论如何不是微不足道的细节。最终的结果是相互不信任,猜疑,畏惧。这样一类插曲表明了,每个国家更好地理解其他国家的心理非常重要。国家之间通过贸易、信件、电报的物质交流手段,一直比心理和道德交流的机构超前得多。在长达数千年的孤立之后,东方和西方被抛入了紧密的政治和商业接触之中。在处于分离状态的那段时间里,地球的每一边都衍生出它自己独特的思想方式和感觉方式。无怪乎在这种情况下,东方和西方的接触主要是物质方面的、经济上的。它是一种偶然,是由蒸汽和电力机械的发明所带来的一个副产品;并且,像任何偶然那样,它最终可能变成一场灾难。

有许多实际的问题,除非把更大的背景纳入考虑范围,否则就无法得到理解或适当的对待。为什么中国人面临在外国人看来似乎有亡国之危的处境,却如此从容淡定?当他们的国家在内部四分五裂、在外部受到威胁时,他们怎么能保持如此的平静?他们的态度是一种麻木的无动于衷,还是一种愚蠢的熟视无睹呢?或者,它是对西方人急于得到结果时忽略了的那些深层现实的信念的一种标志?这只要与外交谈判,包括华盛顿会议上进行的那些谈判有关,中国的谨慎观望策略——从一种西方观点来看,他们的观望已经超过了警觉所需的程度——是否暗示着对他们命运的无动于衷,或者是使他们无力应对它的那种虚弱?或者,这是他们正在指望各种缓慢变化的力量的作用最终使事情如他们所愿的证据?这类问题的正确答案肯定,至少与会议的具体决议一样重要;从长远来看,它更加重要,因为它将支配这些决议执行的方式。

这里又碰到了中国对各种现代工业方法、机械、铁路和大规模生产的持久而顽强的抵抗,以及除非迫于某个外国势力的压力,否则就不愿开放它的国家的倾向这个问题。这种拒绝,和一些外国人对利用中国的自然资源和在它数以百万计庞大的人口中找到市场的渴望联系起来看,是中国许多最棘手的困难的来源。一个问题自然而然地产生了:为什么中国不曾带头开发自己的资源呢?为什么它不曾像美国那样抢先借用外国资本,而把政治控制权和大部分经济控制权保留在自己手中呢?它的情况是不是愚蠢的惰性,对旧事物一种乏味而顽固的持守,仅仅因为那是旧有的呢?或者,这是否显示出某种更加深刻的东西,一种明智的、即使在很大程度上无意识的反感,反对承认那些对中国文明的整个精神有敌意的力量呢?

对这些问题的正确回答,会在许多具体的实际问题的处理上造成很大的不同。如果事实是中国盲目而迟钝,那么,一个由许多国家组成的某种经济-政治性质的银行团就大有可为,它将把现代工业体系强加于中国,为了中国本身的利益克服它的顽固,不允许感伤的考虑过多地挡道。但是,如果在中国文明中有某种非常有价值的东西,并且如果工业主义像在西方那样,是对中国文明中最深刻和最好的东西的一个威胁,那么,实际答案就相当不一样了。也许有那么一天,历史学家会说,中国的情况为一种深刻的本能给出了证据。也许他们会说,中国拒绝西方的机器生产工业制度的引入,直到这个世界和其自身都能控制它的运作为止,这对世界和中国来说都是比较好的。如果是这样,那么中国目前暂时搅在其中的这一团乱麻,对最终结果的获得来说,将不会是一个太大的代价。只有那些完全满意于目前的资本体系运作的人,才能独断地否认这种可能性。

提出这些问题比回答它们容易得多。但是,对中国文明和其中表达的生活哲学的了解,起码可以使这些问题更加实际和恰当。在中国人对政治和社会问题的态度中,有两种主要的生活哲学紧密相联——老子的和孔子的,也许还应当加上第三种——佛陀的。但后者不是土生土长的,而前两者是。虽然没人可以否认,佛教从印度的传入给中国的艺术和思想带来了巨大的促进,但最终它的影响似乎已经被道家学说和儒家学说加以重塑了。

老子的训导并未以儒家学堂的方式成为经典的和官方的。尽管如此,人们还是得到了一个强烈的印象,即从根本上来说,它对这个**民族**的影响超过了儒家学说的影响,因为人们接受儒家学说的方式带有它的意味。这里不是对老子的训导作系统阐述的地方,而且这对我们的目标来说也不重要。重要的是自然相对于人的优先地位的学说,以及从中得出的结论,即无为的学说。因为积极的作为和努力奋斗很可能仅仅是对自然的一种干扰。无为的观念几乎无法加以阐明和解释;它只能被人感觉到。它不完全是没有行动;它是道德行为的一种规则,是关于积极的耐心、忍耐、坚持,让自然有时间去做它自己的事情的一种学说。通过退让来征服是它的座右铭。自然的作用会适时地使人为的忙乱和人类的经营归于虚无。让骄傲和雄心勃勃的人去忙吧,他们最终一定会被自己制造出来的人为的一团乱麻给绊住。

在这个观点中,没有什么东西是中国独有的。但是,没有其他任何一个民族如此浸透着它的各种结果。它存在于他们的放任自流、满足、宽容、和平、幽默和乐天的生活态度的根源处;也存在于他们的宿命论的根源处。老子的训导一直很有影响力,因为它们表达了与中国人的脾性和生活习惯相一致的某种东西。中国是农耕的、农业的;每个人都知道这个事实。但是,虽然我们知道这一点,却忘了他们的农业有多么长久和多么稳定。当我们思考这一点时,一个美国农学家写的一本书——《四十个世纪的农民》(*Farmers of Forty Centuries*),显得非常有意义。其他民族也曾经一度是农民,但他们用自己的方法使地力枯竭并走向衰落,或者他们转而从事其他行当,这些行当在重要性方面代替了农作。但是,中国人一直继续耕地、耕地、耕地,即便是像在中国北方那样,要克服巨大的困难;而他们的土地仍旧是多产的,也许就像它一直以来那样多产。

这是一个无与伦比的人类成就。它有助于解释中国人的保守,他们对自然放任无为的尊重和对人类挖空心思制造出来的那些匆忙的人工制品的蔑视。他们的头脑充满着与自然过程的联系,其程度就像他们的身体适于农作的程度一样深。他们是保守的,因为几千年以来,他们一直在保存着自然的各种资源,耐心而顽强地呵护着、维持着。在西方人动手开发且最后荒废了土地的同时,他们一直在保存着它。这些结果在中国人和西方人的心理上都刻下了印迹。中国人已经学会了等待缓慢自然的过程得来的结果。他们无法使劲硬干,因为在他们的生活方式中,自然不能加以强迫。在匆忙仅仅意味着对你自己的烦扰,并且到头来要么从自然中一无所获,要么干扰了它的过程并因此阻碍了自然的收获的情形下,为什么要急急忙忙呢?

这并不是说,在这种态度中除了好东西别无其他。优点与缺陷,长处与弱点,是互相伴随的。西方人的宿命论采取的形式是相信,既然将要发生的事一定会发生,那么我们现在最好走我们自己的路。它好像是战壕里的士兵的宿命论。东方人的宿命论更多地指向现在而不是未来。为什么要做任何事,为什么要尝试,为什么要花费精力去改变状况呢?无为很容易变成消极的顺从,保守很容易变成对如此一成不变以至于成为"自然的"那些定规的顽固依赖,变成对变化的畏惧和厌恶。

但是,这意味着中国人的生活哲学包含着对人类文化一个非常有价值的贡献,而且是匆匆忙忙的、急不可耐的、过于忙碌和焦虑的西方非常需要的一种贡献。这也意味着——而这会显得是更加"实际"的一点——这种生活哲学在中国人头脑中是如此根深蒂固,以至于除非我们把它纳入考虑范围,否则就无法理解他们处理政治与社会问题的方式。而如果我们不理解这个,就将既无法在政治中也无法在商业中,明智而成功地处理这些问题。为了取得成功,为了在我们与中国人的关系中获得任何有价值的东西,我们必须充分考虑他们的观点来认识时间的重要。我们必须给他们时间,然后给他们更多的时间;在给他们时间的同时,我们自己也必须利用好时间。

老子的训导是从中国人生活的深处生发出来的,而反过来又影响着那种生活。实际效果中的很大一部分,当被个体的农民领会时,与普遍理论是没有关联的。对于一种处于抽象状态的哲学,农民是不会认识或懂得的。它是通过许多迷信活动和泥土占卜实践与他联系在一起的。尽管如此,甚至迷信活动也与对自然的一种普遍态度联系在一起。最广泛最有影响力的习俗是所谓的风水,可以从字面上翻译成"wind-water"。对风水的相信,是对与土地有关的某些神秘影响的一种信念。死者,祖宗的精神,以及活着的家族的兴旺,都依靠这些力量的有利运作。这些力量很容易受到搅扰,这样,它们的平衡和顺利运行就受到了干扰。早些时候,这种信念是引入铁路的障碍;而如今,它仍旧是开新矿方面和一般而言引入新的工业力量的强大障碍。

把这整个信念作为一种粗糙的迷信,这种迷信既在思想上低级,又对进步不利,这样来把它打发掉是很容易的。但是,使这种学说显得合理也是很容易的。这样,人们就能在其中看到一种信念,相信土地和它的力量属于整个世代相传的人类,过去的世代和将来的世代。目前的一代是这个家族和种族、祖宗和后代的承托者。因此,对土地的开发必须为了整个世代相传的利益而受到规约。这种合理化在这个方向上彻底的程度,与在另一个方向上把中国人的泥土占卜体系看成是低级迷信的这种观点旗鼓相当。但是,风水学说至少是那种对自然的虔诚的一个引人注目的展示,而且既是保守的力量又是保存的力量。

儒家学说的总体观点与道家学说正好相反。它强调艺术、文化、人性、学习和道德努力的重要。因此,自然地,这种学说影响着学者和上层阶层,就像道家学说在老百姓中传播的程度那样。尽管如此,在许多方面,儒家学说的实际效果和道家学说是相似的。通过反复劝导,把先人的经典文学作为智慧的源泉来尊重,为保守主义提供了思想上的理由。通过把道德的和思想的力量看作优先于生理的力量而加以颂扬,它教人耐心地漠视最后一定会被理性挫败的军事与政治力量的展示。

它创造出了对孔夫子(the teacher)的特别尊重,相信他对生活的持久影响力就像学生学到的东西一样。这是中国人生活的一个显著特点,也有助于说明中国人更倾向于依靠和平的理性而不是喧嚷的武力来平息事端。有哪一个别的民族如此持久地相信,孔夫子的影响最终是一切社会力量中最有力的吗?有哪些其他国家的英雄们是道德教师,而不是超自然事物的揭示者、僧侣、将军、政治家?

虽然儒家学说在上等人和官吏阶层中特别有作用,但是其最终效果已经与老子的影响融合在一起,创造出了一种对政治明确的蔑视和对西方意义上所理解的统治的反感。对道家学说的信奉者来说,统治是非自然的,是人对自然的常规运作的干扰。皇帝们,即使是鞑靼人和满人这些异族,都不得不屈服于这种确信。他们通过接受民众的信念,通过给予皇帝一种神秘的意义来说服民众。皇帝是老百姓尊崇的天的一个代理人。

皇帝并不统治。他通过不统治,通过不干扰真正的统治体系——民众的习俗来治理;这些习俗如此久远,在农业中与自然的运作结合得如此紧密,以至于其本身也好像自然的运作一样。进献给皇帝的贡品与其说是一种政治意义上的征税,不如说是对他所具有的自然和道德力量的忠诚的表达。如果自然运行不灵了,如果饥荒和洪水一再发生,如果他的要求成了横征暴敛,官吏们不再像民众的父母一样,那么,这些就是他不再代表天的标志。而民众在公正与仁慈的秩序恢复之前的一段时间里,就成了天的代表。据孟子(他强调儒家学说比较具有民主色彩的一面)说,在这种情况下,民众不但有权利而且有义务去推翻统治者。

对于大多用西方术语写下的关于中国人的哲学的这些特点,人们会痛苦地意识到它们的不准确。但即便如此,它们还是说明了为什么中国人在这些事件的结果面前保持着如此自信,尽管有那么多的结果是令人沮丧的。中国经历了许多这样的时期而幸存下来。只要经过一小段时间,国民的力量,就是说,道德的和思想的力量,就会重新确立起来,民众稳固的勤奋就会再一次成为主导。即使现在处在一种会把任何西方国家抛入混乱的处境中,人口的数量还是在稳步地增长。

在对外关系方面,中国无疑面临着一种新的境况。我们不能有把握地认为,因为它以前总是能征服它的征服者们,所以这一次它一定也能这样。从前的征服者们是除了在军力和战术方面,在其他所有方面都劣于它的一些人。如今与之打交道的,是在自然科学及其在工业和商业应用方面优于它的一些民族。通过经济渗透来征服中国,这是与直接的军事征服非常不同的一回事,这会把它的国民降格成为有着优越的军事资源撑腰的外国资本家们工作的无产者。尽管如此,中国古老的自信的理由还没有被完全动摇。

人们常说,中国是以使野蛮人相互嘲弄来把他们玩得团团转这条古老的准则来处理其国际关系的。这个事实有时激发一种狂热的愿望,使所有国家想联手把自己共同的意志强加于中国。为某一个外国服务的宣传家们经常提醒美国人,要注意中国对美国的态度的表达。他们说,这些只不过是基于那条古老准则的策略的又一个例子;并且,如果它成功了,那么,中国会带着一个平静超脱的微笑再次回到它的常态中去,并且忘掉它对美国的好感。这种观点,从最坏的角度来看,暗示着列强之间想要基于物质利益形成一个稳固的联合体的方式存在的困难。它意味着列强之间关于中国所结成的唯一一种长久的联合,只能基于道德基础。为反对中国而形成的一个凶恶的联合,不久就会带来结盟国家之间互相针对对方的凶恶政策。如果这种政策被推行,而且,作为国家之间争夺的一个结果,中国自己恢复过来了,那么,它将有权为道德力量对物质力量的优势再一次得到了证明而露出微笑。

最后，对于中国人的生活哲学的理解，不仅对明智地处理与中国有关的问题来说是至关重要的，而且对其他国家来说也有巨大的价值。并不仅仅是中国，而是整个世界都处在变换与动荡之中。心理学家们谈到"投射"，自己被激怒的人总是去惹别人。这条原则可以应用于社会心理。各个国家如今正在把他们自己的种种麻烦和不安"投射"到中国身上，结果很容易导致鲁莽和有欠考虑的行为。采纳中国人的平静与耐心，愿意仅仅采取像裁军和废除特权这样非常有必要的措施，然后静待时间来调整目前令人头疼的局面，这会产生一种神奇的疗效。因为说中国的那些困难突然变成了世界和平与繁荣的威胁，这并不是事实。说西方国家处于把自己的麻烦聚集起来向中国倾泻的危险之中，这才是事实。东方的哲学从来不曾像在目前的危机中那样，为西方所急需。

美国与中国人的教育①

如今身在我们国家、曾经是1918年北京学生抗议的积极领导者之一的一位中国学生最近提醒我说,中国官方代表团在华盛顿的言行促使他反思中国的高等教育。或者不如说,他认为他们的行为是中国教育某些侧面的一个反映。他认为,这个代表团在完成它的使命方面完全失败。他认识到中国的种种条件以及美国政治的危局——或者说,美国代表们所认为的危局——与中国在达成目标上的失败有很大的关系。但是,他说,中国代表团还应该为另一种失败负责:在华盛顿,没有人对中国人目前的国民情绪作出有代表性的陈述。人们可以同意一些实际的失败是无法避免的;但是,对于没能成功地表达中国人当前的积极态度只能有一种解释,这种解释就在代表们并不胜任代表工作的那些特点中。

到这里为止,他关于时局的见解都是对中国人来说才具有重要而实际的利害关系的。对美国人而言,它只引起那些对中国抱有同情并渴望看到其正当愿望得到恰当表达的人们的关注。但是,他关于中国人的高等教育所援引的这个事实——如果它真的是一个事实——却与我们密切相关。代表团的三名成员接受的都是美国人的教育;其中两人在赴美深造之前,是在美国人为中国所办的教会学校中学习的,而这两个人——代表团中的外交官们——的行事风格最得不到中国国内和在我们国家的中国人的满意评价。第三名成员,在预备教育阶段未曾在教会主办的学校里就读的那一位,被看作是最接近代表当今中国的那一

---

① 首次发表于《新共和》,第30期(1922年),第15—17页;重刊于《人物与事件》,1929年,第1卷,第303—309页,以"美国与中国"(America and China)为标题。

位。那么,这名学生领袖所作出的教育方面的结论就是:美国人的教会教育即使在它最优秀的毕业生身上,也没能培养出独立而充满活力的思想与性格。毋宁说,它造就了一类驯顺的知识分子,他把这种类型称为奴隶式的。

没有必要对他的前提及其结论在文字上的正确性不容置疑地加以确认。人们可以很容易地否定他的前提,或者认为它们分量过轻而不足以支撑结论。非中国人中对目前处境了解到足以下判断的程度的人并不多,而我也不把自己算在能够下判断的这些少数人之列。但是,有一件事情可以得到正面的确认。目前所讨论的这种见解,表达了在中国人们广泛地持有并且为越来越多的人所接受的一种信念。它包含了一些非常重要的成分。它暗示着今日"青年中国"(Young China)的态度,①这种态度不同于诸如[J. O. P.]濮兰德先生等人著作中所描绘的少年中国的态度。如果说就其本人而言,濮兰德先生不算重要;那么,至少就其作为一个明确的在中国的外国人阶层的代言人而言,他是重要的,而这些人在提供关于中国的信息以及形成外国人的意见方面是最有影响力的人。

濮兰德学派所谈论的少年中国由一群在外国受教育的人组成,华盛顿会议官方代表团的两名外交官就是他们的典型代表。从这个角度来看的少年中国,指的是怀着西方的、通常是美国的先入之见投身内政或外交政治,并且试图把西方的、通常是美国的政治观念与方法强加于中国的人。他们失败了,悲剧性地失败了。据说,这是因为,他们的观念与方法同中国人年久难考的传统与习俗以及根深蒂固的种族特性内在地不适应——"年久难考"、"过时已久"以及"种族的"是这一派外国评论家关于中国的文字口号。这种失败可以上溯到传教士们善意的努力,由于把异族的思想方式与政治行为方式偷偷塞进中国的无知企图,他们把事情搞得一塌糊涂。连同这种对少年中国及其外国赞助者的谴责一起到来的,还有对一切想要把中国的政体变成共和制并改变其文化的企图的谴责。

我并不清楚在何种程度上,这幅描绘真实地呈现出一个少年中国的形象。但是,中国的各种事情变化迅速,所以今日的青年中国肯定已经与这幅描绘毫无共同之处了。目前的青年中国决意要给中国文化带来一个真正的转变——有时

---

① 本句中的"青年中国"与濮兰德等人所说的"少年中国",原文都是 Young China;但杜威想要通过这个词表达的,是一种不同于濮兰德等人关于中国和中国人的见解。因此,译者将其译成"青年中国"以示区别,下文不再一一标明原文,读者可根据上下文自行判断。——译者

是与过去的革命性的断裂,但无论如何是一个转变。它是民主的,但它的民主是社会的与工业的;对政治行为少有信任,对政体的改变缺乏兴趣,除了这些改变或许能够自然而然地反映思考习惯的改变之外。它对传教的努力少有同情,不是因为这些努力代表着西方,而是因为人们相信它们并不代表中国需要从西方接受的东西,即科学方法与扩张性的自由,以及研究、批评与行动的独立。因此就有了先前所引用的评论,关于中国的外交在华盛顿失败的原因及其根源,即美国人在中国所进行的教育中存在的弱点。

虽然试图给国家带来一个转变,但青年中国派的人从来就不曾想要一个西方化了的中国、一个重复和模仿欧洲或美国的中国。他们想要的是西方的知识和西方的方法,这些知识和方法本身能够得到独立的运用,用来发展和维持一个是其本身而不是其他什么东西的复制品的中国。他们真诚地感激任何一个外国人,只要这个人提供了他们认为能在这个过程中助一臂之力的东西。他们深切地痛恨任何以屈尊的态度坚持西方制度、将其作为应该谦卑地接受和顺从地复制的模式的努力,无论是政治的、宗教的还是教育的。他们敏锐地意识到,以思想的创新与独立为代价的模仿精神一直是中国倒退的主要原因,而他们并不设法去改换模式,他们意在转变精神。

人们从当今青年中国的代表们嘴里听到的,没有什么比"教育是使中国复兴的唯一手段"这个观点更加频繁的了,没有哪个别的话题如此频繁地得到他们的讨论。他们对改变传统家庭体系、抛弃黩武精神、推广地方自治有着极大的兴趣,但讨论总是回到教育,回到教师们和学生们,这是推进其他改革的中枢。这个事实使美国对中国教育的性质与影响这个问题超出了学术兴趣的范围。在对中国教育进行实际的拓展和革新方面所遇到的各种困难,是完全无法克服的。讨论常常以进入一个死胡同告终:没有教育,中国就不可能有政治改革;但是,只要军人和腐败的官员们出于自身利益的动机而挪用资金和反对学校,学校就不可能有任何发展。这里有着一部头等悲剧的一切素材。离开了教育问题,在华盛顿所做的和没有做的事是不那么重要的。它使美国的影响这个问题活了起来。在美国,存在着一种巨大而不断增长的对中国的博爱关注。它表现为支持各种教育方案以及慷慨的资金援助;它在任何主要方面都不是由经济上的盘算、对商业利润的期待,也不是由政治上的权宜之计推动的;它主要是由宗教上的考虑推动的;它是好意的,但这些意图并不总是能在观念或实行中得到显明。有人告诉我，在中国的美国教会学校，很大程度上简单地移用了美国学校的课程大纲和美国人的"科目"设置，但这个人既不是一个心怀不满的外国人，也不是一个嫉妒的仇外的中国人；而且这些学校产生的，不是能够在不依赖他人的中国的基础上发展本国各个行业方面成为领导者的毕业生，而是产生这样的人，当他们进入产业界后，就在由外国人掌管的各种行业中占据一个从属的职位，这尤其是因为他们在英语方面的训练。这样一来，在这种陈述和本文开头所引述的关于养成依赖性的、奴隶式的精神与性格的陈述之间就不存在区别了。而积极参与教育工作的传教士，是其始作俑者。美国在中国人的教育方面的影响，除了训练商业、政治和宗教方面的买办之外，应当有更好的事情可做。

我们可以做一些事情，比如，鼓励那些由美国人管理的、正在试图办得更好的学校，让使他们的教学大纲和方法适应中国环境的人摆脱如今从保守派那里遇到的琐碎抗议和嫌言怨语。在中国存在着这样一些学校，在那里，中国教员的工资水平、社会地位以及人事方面的重要性与外国人处在同一水平上。让那些不仅仅把博爱作为爱管闲事或自私自利的幌子的心怀博爱者选择这样的学校来施加帮助吧。如今，一个特别基金项目名下的数百万美元正被花在中国，用于改变灵魂；它们仅仅到了那些具有最独断和保守的神学见解的人手里，并且这些资金被用来压制开明思想的生存空间，以及使自由派的学校在经济拮据的同时名声败坏，知道这些的人并不多。无论从哪种观点来看，这都是一桩可耻的交易，应该用一种慷慨而明智的生意来取代它。中国不需要美国学校的复制品，但它确实需要拥有外国资助并且有部分人员是训练有素的外国人这样的学校；这些外国人有能力理解中国人的需要，在努力满足这些需要时机警、灵活，富有同情心。

不过，主要的事情当然必须在专门属于中国人的学校里进行。这些学校的人员构成主要是中国人，并完全由中国人来管理。我们不是要对传教士们吹毛求疵，而是应该记住，他们过去一直是仅有的一些有着足够强大的动力在中国的教育上投入积极兴趣的人。如今似乎应该是时候了，应该有某些有财力的人，他们独立于宗教考虑的社会与人性关怀能够在建立本地学校中表现出来。撇开别的不说，这些学校需要现代的实验室和图书馆，以及一流的训练有素的老师，他们能够训练中国人迅速地学会应用社会技艺与自然科学及数学科学中最好的那些方法。这样的人不仅能够训练学生，而且能够训练尚未完全胜任且苦于缺乏思想接触的较年轻的教师。怀着这种精神去中国,并且除了他们的知识、方法和技能以外,不想"兜售"什么东西的一流人士将会获得好评。在美国的某些地方,一定存在着能够出钱的有财力的人,以及能够怀着这种精神出力的有知识的人。他们的工作不会为了美国的威望或贸易而做,但却会为了这个烦恼的世界而做,中国和美国都是这个世界不可或缺的组成部分。建立一个由养成了独立思想与性格的男男女女所组成的中国,就不会有像如今烦扰着我们的那种远东"问题"了;也就没有必要举行会议讨论——和掩饰——"太平洋问题"了。到那时,美国在中国教育方面的影响就会完全是一件真正的好事,而不是一件模糊可疑的幸事(blessing)了。

西伯利亚共和国[1]

233　　北京的居民偶尔会见到一辆摩托车驶过街头，车上一面陌生的旗帜迎风招展。这是一面红旗，上面有一个不是红色而是带着一个星和 F. E. R. 字样的方块，这些字母代表远东共和国（Far Eastern Republic）。它和这辆摩托车属于一个代表团，这个代表团试图在两个共和国——"所谓的共和国"，有些人会补充说——中国和东西伯利亚共和国之间，建立起贸易关系和其他附带的关系。在它抵达后不久，中国政府就停止承认任何俄国公使团和俄国领事，并采取接管俄国人在他们所在商港的各种特权的形式。许多外国人立刻警觉起来了。他们看到了一个联盟的开端，或至少是中国和俄国通过西伯利亚而结成的友好关系的开端，后来他们宣称它只是一个布尔什维主义国家暂时的冒名顶替者。关于布尔什维主义和布尔什维主义者在中国的宣传，以及万一中国被赤化对世界的危害的谣言与日俱增。因此，有关西伯利亚局势的事实对中国的未来而言，就非常重要。

　　它们本身作为国家发展的一个插曲，也是非常重要的。它们对日本方面是有直接意义的，因为俄国这个帝国原封不动地据有西伯利亚的沿海各省，包括所有商港，更不用说渔场和有价值的贸易租借地了。这使日本要求所有从太平洋通向西伯利亚与俄国的门户，因为它已经拥有发达的满洲各港了。因此，远东共和国的命运对美国生产商和贸易商而言，就几乎不可能是一件微不足道的小事。

---

[1] 首次发表于《新共和》，第 25 期（1921 年），第 220—223 页；重刊于《人物与事件》，1929 年，第 1 卷，第 185—192 页。

日本对贸易中的门户开放的观念,已经通过满洲的经验为人熟知了。此外,像俄国这样一个国家,不太可能永远如此虚弱和分裂,以至于它会对外国占有太平洋沿岸的那些海港漠然视之。它正是为了这些海港修筑了西伯利亚铁路,而外国人对那里的控制会是对国家的一个永久威胁。所以,西伯利亚的处境关系到所有关心世界今后和平之人的利益。

尽管如此,对发生在西伯利亚各种事件的通常态度,是一种深深的漠不关心。只要这种漠不关心是由忽视引起的,它就很容易得到解释。事情的局面令人迷惑,很难得出确切的看法。一切东方式的政治对一个外国人来说,都费解得超出了他的能力,而西伯利亚相当偏向于东方式的。我们很快就对自己无法把握或理出头绪来的东西失去了兴趣,即使外国新闻记者也不在西伯利亚久留。而如果他们留在那里,听到的也大多是一大堆谣言;一经编造出来就矛盾百出,并且一大堆其他谣言随之而来。于是,西伯利亚成了宣传家们逐鹿的乐园,他们可以随意制造或消灭"新闻"。因此,指出有关西伯利亚局势的主要原始事实的这种努力,也许会起到一些作用。因为即使在西伯利亚,也存在着一些事实,能够给我们一把去理解事态发展的钥匙。

一年前,独裁者高尔察克(Kolchak)受到了致命打击,首先是在鄂木斯克,接着,一个月后,在更加东面的新尼古拉耶夫斯克(Novo-Nikolaievsk)。这个独裁者,这个据旧制度和新财政的宣传家们所说应当是俄国的解救者,成了一个落难逃亡者。他的军队投靠了红军或者被打败了——除了卡佩尔(Kappel)和谢苗诺夫(Semionoff)手下的军队,他们有日本人的支持,零零散散地留在远东地区,那里远离主要战区,并且在那里打劫的所得比较丰厚。这些最后的"抵御红潮的文明防线"(见当时美国的任何适度保守的报纸),不幸给西伯利亚的农民和城里人留下了十足的强盗、压迫者和野兽的印象。人们喜欢拿来举例的,是对某个村庄的一次讨伐。固然,名义上的理由是,这个村庄是布尔什维主义的。实际原因是这个村庄拒绝送征兵定额要求的年轻人去参加白军,又碰巧有财富和女人。随后是程度据称与红军在红色恐怖时期所做的最坏的那些事相当的奸淫掳掠的场面。每个死掉的俄国人都是一个布尔什维克,这是个苦涩的笑话。

自然而然的结果发生了。温和派的人起而反对哥萨克和其他白军将领的残暴与不知满足的贪欲,他们被抛到了同情革命者的立场上。成千上万受到压迫的农民被迫从保守者那里逃跑,他们组成小股的士兵,所谓的游击队的最小单位。许多人以前拿过枪打过仗,许多逃兵带着武器加入他们。到高尔察克垮台的时候,鄂木斯克以南的整个地区——阿尔泰地区,西伯利亚最富饶的农耕区——都在各个游击队手里了。这些游击队打败了几个哥萨克头领,把他们的军队驱赶得跨过边境进入蒙古,这些军队现在还留在蒙古,伙同心怀不满的蒙古人和中国匪帮给中国人制造麻烦。这些游击队也活跃于俄罗斯的整个东部地区。一旦高尔察克的失败能确保他们回到保守者一边,并回归白色恐怖,他们立刻就攫取了地方权力。

与此同时,红军本身在伊尔库茨克停止了推进。布尔什维克们决定只在贝加尔湖以西实行统治。推翻了高尔察克的那些军队,俄国军队的第三军和第五军在别的地方更有用处。但是,在他们的移动过程中,与之相伴的有一个市政管理局(civil administration bureau),这个局在建立和设立苏维埃机构的方法方面指导被占领的城镇。同时,独立地,但在某种程度上受到这些模式的影响,各个革命委员会在非苏维埃的反保守主义者的影响下,在整个东西伯利亚范围内纷纷成立。这些"革委会"(Revocoms)(拿人们通常的叫法来说)构成了这种组织形式的内政部分,而游击军队则是它的作战臂膀。革委会和士兵们选出在当年3月和4月碰头开会的代表们,并正式建立了以位于东西伯利亚西部的上乌金斯克(Verhne-Udinsk)[①]为都城的远东共和国。或者,也许应该更确切地说,他们组建了数个远东共和国,他们全都宣称代表整个东西伯利亚,有着几个都城,其中上乌金斯克是最激进、最接近布尔什维克统治的,而符拉迪沃斯托克[②]则有最多的商人,受日本人的影响最大、最保守。

所有这些参加会议的代表分成两派。极端派倾向于一个直接与俄国政府联合的苏维埃共和国。温和派主张西伯利亚的迫切需要是和平与安宁,以使工业得到恢复;并且指出,一个苏维埃共和国只会使西伯利亚进一步卷入内战和对外战争,而通过刺激对抗俄国本身的进一步侵略,会给苏维埃俄国带来真正的伤害,而不是好处。温和的革命者们有他们自己处理事情的办法。在最初的选民中,有80%到90%的人是农民;而与会的400名代表中,大约超过300名是农

---

① 1934年改名为乌兰乌德,今为俄罗斯联邦布里亚特共和国首府,是东西伯利亚第三大城市,靠近西伯利亚铁路与通往蒙古乌兰巴托以及中国北京铁路的交界处。——译者
② 即海参崴。——译者

民。这个事实,这个由西伯利亚在工业上的落后所引起的事实,无疑是反对彻头彻尾的布尔什维克这个决定的主要原因。农民们拥有土地,他们希望能有和平、工作和经济繁荣来喘口气。在休会之前,代表们筹备了一个制宪会议,这个会议将准备好一份成文的民主宪法,并选举长期任职的官员。如今,人们提议在1921年初召开这次会议。

  此外,会议还给予如此创建的远东共和国的临时官员们一些明确的指令。其中主要是:清算谢苗诺夫和卡佩尔手下的反动白军残部,确保一切残留的外国军队撤出西伯利亚,把东西伯利亚不同的政府统一在一起,并在新共和国全境范围内设立地方自治政府。直到这条指令下达的这个月之前,白军都没有受到最终的触动。这种长期耽搁的原因,既不是他们本身的力量,也不是民众对哥萨克领导的军队的支持。布尔什维克与正在撤离的捷克人签订了一个协议,把他们的军队保持在100俄里远的地方,以防止当地骚乱。随着捷克人进一步东移,游击队也签订了相同的协议。结果,赤塔(Chita)①就留在了谢苗诺夫手中,他把捷克人作为一道防护屏障来使用,而日本人则拖延了后者的撤离。然后,日本兵进入赤塔并为谢苗诺夫撑腰。但即使有这种帮助,后者还是无法将市政管理权保持在他自己手中,大众的抗议迫使他让出这份权力。然而,左翼团体以谢苗诺夫和日本人不会允许一个真正代议制的政府建立起来为由而放弃选举。使这个政府成为一个新的缓冲国(在高尔察克崩溃之后,日本人假惺惺地表示愿意接受的这样一个概念)的中心,是不是保守派的意图,这不清楚。事情变化得太快了。在本月中,日本军队完成了他们从赤塔和阿穆尔地区②的撤兵。人们——除了反动宣传家们——期待的事发生了,谢苗诺夫的军队在数月之内走上了高尔察克的老路,谢苗诺夫和卡佩尔现在都成了逃亡者。革命派政府从上乌金斯克移到了赤塔,并且真心实意地着手进行实际存在着的不同政府之间的联合,以及准备制宪会议的选举。只要一个由保守者和外国人控制着的赤塔像楔子一样插在东西伯利亚的东部和西部之间,这些事情就没有一件会成为可能。

  给临时政府下达的指令中,有一条是与外国政府先建立经济关系然后建立

---

① 位于赤塔河、音果达河与西伯利亚铁路交界处,今为俄罗斯联邦外贝加尔边疆区首府。——译者
② 即黑龙江流域,此处特指黑龙江以北,该流域属于俄国境内的一边。阿穆尔河是俄语中对黑龙江的称呼。——译者

政治关系。中国是西伯利亚的邻邦,于是开端放在了中国。于是,就有了本文开头提到的那次出使。谁也搞不明白这次出使进展如何。毫无疑问,中国会喜欢比较自由和更有保障的贸易。它无疑不会反对与一个氛围甚至比它本国更主动反日的国家建立友好关系。但是,别国外交官们在北京仍有一定力量。他们惧怕布尔什维主义的宣传和影响。至少有一个国家反对任何会减少它已经到手的外贸经济垄断的事情。完全可靠的权威断言,就在主张对俄国与西伯利亚进行一个彻底封锁的吵嚷声最喧闹的同时,各种货物贴着军用储备的标签自由地从日本被运到西伯利亚。贸易商和银行家们是日本占领军的一个常规的有组织的部分。除了政治原因之外,日本自然反对放弃一种有利可图的贸易垄断。这个事实也许能用来解释关于中国会被布尔什维主义化之类的绘声绘色的外国宣传,除非日本被允许在南西伯利亚和东西伯利亚以及整个满洲范围内实行一种严格的军事警戒。它也许能说明这个事实,即正是日本公使本人,在英国公开表达了他对中国也许会向布尔什维主义的威胁投降的可能性的担忧——这种危险没有任何一个居住在中国的人能看出哪怕一丁点儿迹象。

以上给出的说明,仅仅局限于勾勒可知事实的一些大致轮廓。主要的争议之点在于远东共和国是作为一个有着社会主义背景的真正民主国家而建立起来的,或者只不过是布尔什维主义俄国的一张面具而已。也许最保守的观点,同时也是最准确的观点。这个国家是作为一种妥协建立起来的,而极端派一方明确希望民主制最终会成为布尔什维主义的一张面具,在外国军队全部撤离之后就可以将它撕去。但是,尽管可以说可能有最坏的情况,比事实糟糕得多的情况,外交方面的良好政策这个显而易见的方面却应该被视为有着良好意愿并鼓励它成为一个真正的民主共和国的尝试,它不是受到俄国的影响,而是兴许能反过来作为一个动力刺激俄国本身的恢复。但不幸的是,像一出希腊戏剧的进展一样,某种命运似乎伴随着与俄国局势有关的一切外交活动。

远东共和国的代表们表达了他们对外国资本援助的渴望。他们说,西伯利亚有大量的自然资源,欢迎与政治企图无关的外国资本。健全的理智要求人们把他们的话当真。民众,由于战争和接踵而至的毫无人性的屠杀而变得虚弱的这些人,就像俄国民众在大战结束时那样渴望和平。一旦外国干涉完全停止,他们就会转而对付内部扰乱和平的因素。民众是一些农民,希望拥有土地和个人财产权,而不是共产主义。使布尔什维克军队止步于贝加尔湖的这同一个出于谨慎的命令,将会使苏维埃俄国试图通过武力征服东西伯利亚的过程显得缓慢,尤其是在他们只与同胞作战的情况下。只有控制着外国对待俄国局势的那种不可救药的愚蠢,才导致人们认为日本人的继续占领只会是混乱的源头和对民众的招引,如果这持续的时间够长的话,会使布尔什维主义者希望借俄国的帮助来赶走不受欢迎的入侵者。阻止布尔什维主义向东推进的真正防线,只能是在东西伯利亚的一个稳固的民主国家。它的背景无疑会是社会主义的,但不是共产主义的。

外国对远东共和国直接承认的时候还没有到来,就连承认一个实际存在的政府的程度也还够不上。但是,如果一个制宪会议被选举出来并且一部宪法得到实行,而且不同的政府像它们现在看来很有可能的那样完全融为一体(也许日本占领的符拉迪沃斯托克的政府除外),那么承认的时刻将会近在眼前。但是,除非人们对西伯利亚局势给予一定关注,并且除非人们能获得对它真实状况的一些同情的了解,这种了解不同于官方授意的宣传所制造的虚构,否则旧有的这种可悲的愚蠢就很难有改变的可能。列强正在开始声称,无论表面上看起来结果是什么,它实质上都是布尔什维克的一个胜利和对世界日益增长的一个威胁。公开的态度将会是:日本人对沿海省份的占领要继续下去,就必须至少得到其他强国在道德上的肯定,如果不是积极的支持的话。

最适合于这种状况和最能确保明确了解的措施,应当是不仅欢迎一个贸易代表团从远东共和国来到美国,而且同时派遣一个由官员组成的调查团去西伯利亚。如果这个使团能跳出由谣言和小道消息所构成的氛围,这种氛围在某些外交官的圈子里确实代替了对事实的责任,那么,它就能为一种明确的政策打下基础。这样一种政策,会促进美国各种正当的贸易活动。但重要的是:它也许不仅能帮助中国挡开一个新的威胁,而且通过阻止一个或早或晚导致血流成河的局面的出现,而为世界和平作出贡献。

远东共和国:西伯利亚与日本[1]

我没到过西伯利亚,也不应当冒险对西伯利亚问题作直接的评论。但是,在远东共和国正在建立,阿塔曼·谢缅诺夫(Ataman Semenov)、卡穆科夫(Kalmykov)、卡佩尔以及俄罗斯白军的其他雇佣军被推翻的那段时间里,我在北京逗留了一些时日,并有机会见到许多来往于北京和西伯利亚之间的人;而且既然摩尔[2]先生也提醒我们注意一个事实,即这个问题与中国的联系相当紧密,那么,我想来谈论一下有关这个问题那个方面的几点。

摩尔先生提醒我们注意一个事实,即存在着布尔什维克的威胁,因为库伦(Urga)[3]的蒙古政府处在苏维埃政权的保护之下。确实如此,但事情怎么会变成这样的呢?因为在卡佩尔和卡穆科夫战败之后,被打败的俄罗斯白军的人越过边境进入了蒙古,根据来自先前已经被用钱收买了的地方的报道,他们把军队集结起来,对蒙古发动了一次攻击,占领了库伦,实施了他们对赤色分子、许多中国人和所有犹太人进行屠杀的一贯政策,随后在那里站稳了脚跟。

蒙古在名义上是中国的一个保护国。但是,虽然远东共和国以及莫斯科数次促请采取行动,中国却什么都没有做。最后,莫斯科通知中国说,如果他们不做任何事,那么来自莫斯科的俄国人将会派一支军队到那里去,因为那些人(这个说法是对的)是对远东共和国的一个恒常的威胁。那些人已经把这块地方作

---

[1] 最初作为第4个讨论发表于《远东共和国:西伯利亚与日本》(*The Far Eastern Republic:Siberia and Japan*),纽约:外国政策协会,1922年,第13页。
[2] 摩尔(Frederick F. Moore, 1877—1951),美国人,曾任驻华记者。——译者
[3] 今称乌兰巴托(Ulan Bator),蒙古人民共和国首都。——译者

为维持他们劫掠的一个军事基地,并且正如我们已了解的那样,远东共和国的军队是分散的。所以最终,在这些情况下,俄国红军去那里,占领了库伦,并最终把蒙古政府置于他们的保护之下。

现在这个事实,是日本先前的各种活动的一个直接产物,被用来作为借口,为日本人继续占据西伯利亚提供的一个正当依据。在我看来,这属于那种被重复了一遍又一遍的事实。

第一位演讲者告诉我们,从经验出发来说,他从未在远东共和国所控制的地区发现有任何混乱的迹象。他让我们不由地推想在哪里才能找到混乱。而我也不想作出比他所作的更确定的推论,除了提醒大家注意一个事实,即正是这种混乱现在转而被拿来作为日本人继续占领的正当依据。

再说一点。经常有关于远东共和国全境和西伯利亚范围之内的混乱的各种报道(新闻报道)。那些报道大多来自哈尔滨。这同一个人正是在哈尔滨的路透社和日本国际通讯社——在那里有代表意义的仅有的一些通讯社——的通讯员。自然地,两个新闻社都发出相似的报道,而且相当自然地,这两个中的每一个在关于远东共和国目前的混乱状况这个问题上,可以说都是在与对方合作报道。这名通讯员是从哪里得到他的那些事实的呢?这是有据可查的事实,不是我的个人意见:他是从日本占领军的情报处得到它们的。

种族偏见与冲突[1]

我们过于经常地试图在以科学的方式来对待种族偏见之前,就从道德上来对它评头论足。就是说,我们在理解它和对它进行分析,一直追溯到它的起因之前,就肯定或谴责它。人类曾经一度也是以同样的方式来对待疾病的。他们试图通过祈禳和祛魔,而不是通过发现产生它的条件而消除疾病。这种办法并未获得巨大的成功。有时候,他们利用的手段产生了一种有利于疾病痊愈的心理状态,就像我们在一些信念疗法的例子中所看到的那样。但是,在这样的例子中,效果是间接的。只要考虑到上面的手段,它就是偶然的。只有当人们开始把疾病看作一种完全自然发生的现象,在某些情况下是不可避免的,就像健康在另一些状况下是必然的那样,人们才获得了预防和治疗疾病的能力。科学始于当时的人把疾病令人厌恶的特性从他们的头脑中驱逐出去,并把它看成是有待研究的一个对象之时。就种族偏见的情况来说,我们在很大程度上仍处于道德迷信的影响之下。我们幻想着能通过严厉谴责和向人们宣扬它们是多么罪恶来摆脱各种道德罪恶。当然,有时候,这种方法就像精神疗法那样会取得成功,但只是在一些特殊的情况下,而且是在条件已经有利的情况下。即使能治愈几例也是好的,但是这种疗法推广不了。人们需要的,是那个事物本身的消灭。直到我们能够去除产生它的那些原因为止,这都是不可能发生的。就像生理疾病的情况那样,直到我们不带道德情感地对这个事物进行过一番研究之前,我们一直无

---

[1] 宣读于中国社会与政治科学学会的文章。首次发表于《中国社会与政治科学评论》(Chinese Social and Political Science Review),第 6 期(1922 年),第 1—17 页。

法处理这些原因。我们需要改变人们的想法,但改变人的想法的最好办法是改变形成这些想法的环境,而不是通过直接的呼求和祈禳来对付它。

种族偏见是一种根深蒂固、流布甚广的社会疾病,揭示它的原因不是件容易的事。我当然不会自诩有能力去做这件事,但仍然必须起个头。我们必须在能够作出细致而精确的分析之前,先尝试着作一个大致的、粗略的分析。因此,在这篇文章中,我将试着尽可能客观地研究种族偏见这个现象,并举出其中几个主要的因素。首先,种族偏见只是普遍得多的偏见这个事实的一种情况。那么,除非我们留意偏见的普遍事实,否则就无法指望能够理解种族偏见。偏见(prejudice)这个词暗示着与判断(judgment)的联系。理智主义心理学把偏见解释为好像是一种判断,一种有缺陷的、匆忙的判断,未经对情况的各种事实的考虑而作出的一种判断。然而,偏见根本就不是判断。存在两种非理性:有时非理性在于理性的不完全运用,比如当我们跳跃到一个结论时;但有时它在于跟随本能和习惯,比如当我们根本不进行思考时的情况。本能的这种作用是非理性的基本类别,因为它为我们有缺陷的推理提供了起因。某种力量打断了我们的思考,并使我们跳到一个结论。换句话说,偏见是某种在判断之前就已经到来,并且阻止或打断判断的东西;它是一种使我们从某个特定角度去看待事物,并使我们所有的信念都带上某种色彩的欲望或情感。这些偏见最初发源于深植在我们天性中的那些本能和习惯。它们在我们未曾察觉的情况下,影响着我们全部的后续推理。说我们在自己憎恶的那些事物中看不到好处,而恐惧和迷信总是能找到许多机会去散布害怕和不信任,这已经是老生常谈了。我将毫无疑义地采纳现代心理学的观点,根据这种观点,偏见不是一种有失偏颇的或有缺陷的判断,它毋宁说是一种影响和扭曲着后续判断的自发的反感。简单地说,我们将追随本能心理学而不是理智主义的心理学。

当这种观点被应用于种族偏见时,我们就碰上了人类对新的和不同寻常的东西,并因而动摇我们通常习惯的无论什么东西的这种本能似的反感。说习惯是第二天性,这是陈词滥调了。它是如此老套的一个说法,以至于我们忘了去注意它所包含的浅显真理。对未经开化的头脑来说,在不同于旧有习惯的无论什么东西之中,都存在着某种非自然或超自然的东西。像陌生人、外国人、异类、外乡人这样的词,与其说是地理学词汇,不如说是心理学词汇。习惯塑造了观察和信念的标准,并极其有效地支撑着这些标准,因为没有意识到这些标准是来自自己的习俗,结果我们就认为它们是各种事物本性中固有的。正是对我们自己的思考、感受、言谈、观察和期待方式来说,新来者才是外国人、异类,而不仅仅是由于地理区域的关系。

在人类学教给我们的东西中,没有哪个比它对一种普遍反感的证实更令人吃惊的了,这种反感是由一个部落或社会群体在他们过去的习惯中不适应的任何东西引起的。去过非洲的那位旅行家利文斯通(Livingstone)①写道,当在非洲度过许多年之后回到欧洲时,他对白人的样子感到排斥。虽然他本人就是一个白人,但白人的脸还是让他感到厌恶。而这种厌恶感不仅仅作为一个生理方面的东西,而且作为一种引起恶心和讨厌的不自然的病态而冲击着他。他的观察、判断和喜好的标准,已经由在只看见黑人的环境中度过的这些年头而造就了。也许这件小事看起来是微不足道的,但我提到这件事是因为:它似乎为无意识习惯甚至在与像看人的肤色这样一件表面的事情相关的情况下的效果,给出了一个很好的例证。我敢说,利文斯通在自己身上发现这种反应时,其吃惊程度不亚于任何其他人;这种反应无疑完全没有被他料到,因为它比他有意识的愿望和想法深得多。如果我们把习惯的影响从平常的、看得见的感知,延伸到与一个民族生活的方式有关的那些更深层的习惯上去,那么,我们的想象就会开始意识到,对一个共同体来说,与外国人的接触是怎样的震撼,这个人的言语、服装以及每一个行为都是对既有标准的冒犯。随后,我们就不会惊讶于得知外国人、陌生人、异类最初是敌人的同义词;而即使经过缓和之后,它们仍然表示古怪而不可思议、不合常理的意思。甚至就连原始部落中如此常见的对陌生人表示好客的仪式,也更多的是源于惧怕而非尊重。非自然的东西和超自然的东西紧紧地联系在一起,那么最好极其小心地对待一种未知的力量;如果受到冒犯,这种力量会为了各种恶意的目的而施加奇特的力量。由于未知者具有神秘特性,应该去讨好它。各种仪式有一种限制超常力量,把它圈定在不可能产生什么危害的范围内的倾向。

我们提到原始社会生活,仅仅是因为它以一种简单的形式揭示出人类的天性。这些事实表明,对陌生事物的反感(可能源于动物生命的自我保护倾向),是

---

① 利文斯通(David Livingstone, 1813—1873),英国旅行家和探险家,曾多次前往非洲探险,并长期居住在非洲,以对非洲中部和南部的考察而闻名。——译者

如今以种族偏见的形式出现的这种东西的原始基础。这个现象可以在不同时代席卷全中国的排外浪潮中看到,也可以在较早来到美国的移民对待后来者的态度中同样程度地看到。爱尔兰人是最早感受到这种效应的人群之一;然后,随着他们立稳脚跟,更早的居民习惯了他们并且不再把他们看成闯入者,那份敌视就转移到了南欧人,尤其是意大利人身上;后来,从东欧和东南欧来的移民成了受到怀疑和为人所惧怕的一群人。而足以使人惊奇的,正是先前作为敌视感的对象的那个群体在排除新来者的事上最起劲,即使不实际地侮辱他们,也要给他们起一些侮辱性的绰号。比如说,请注意这个事实,在很大程度上,正是爱尔兰人在对太平洋沿岸的中国人的迫害中充当着最具攻击性的一部分。

潜在的排外感通常由于某个危机而变得尖锐。尽管有足够的逻辑教导我们,"在此之后,所以因此之故"这条原则仍是普遍的思考方式。如果在一个国家里一切正常,那么,一些外国人的出现,通常会在一段较短的时间内得到平静的接受。他们从惧怕的对象变为蔑视和怜悯的对象。但是,只要一件不幸的事情发生了,比如饥馑、瘟疫、战斗中的失败、某个著名首领的去世,怪罪就几乎肯定会落到新来者的头上。这件事情过去并没有发生,直到这些人来了,因此他们的出现一定在某种程度上是其原因。的确,中国各种麻烦的累积,是引起义和团造反的一个主要原因;而与此同时,许多观察家们报道了中国的排外感有明显的重新抬头。刚刚过去的这场战争的压力,在美国引起了针对外来移民的明显敌意。先前相对来说处于休眠状态的妒嫉与怀疑被唤醒了,而尽管这个国家从未受到实际威胁这个事实摆在那里,还是发生了这种现象。这一现象是和我们稍后要提及的一个政治因素混合在一起的;但是,毫无疑问,在政治问题之外,单是各种事件中危机的事实本身,就在美国创造出一种明确的排外的敌意。

由于着重谈论在语言、服饰、举止和习惯方面对陌生者的偏见,也许看上去我好像在回避种族偏见这个主要话题。但是,虽然这一特点被许多其他因素掩盖着,我相信它是这些其他因素赖以发挥作用的基础。种族是一个抽象的观念;根据科学观点来看,它在很大程度上是一个神话般的观念,因为世界上所有强大的民族都是高度混合的。但是,人类需要某种具体的摸得着、看得到、听得见的东西来对抗。通常用法中的种族只不过是给予众多现象的一个名称,这些现象因其不同而引起注意。因此,我们必须考虑使排异感变得复杂的其他因素。大致来说,这种感觉就其本身而言,很容易在正常状况下消失。人们习惯了曾经陌生的东西,那么它就不再是陌生的了。

我首先提一下不会改变的固定生理差异,这些差异突出了作为陌生者、闯入者和一个潜在的侵入者这个事实。相貌方面的事实,像犹太人独具的特征,以及肤色方面的事实,像非洲人的黑色、亚洲人的棕色和黄色,充当着一个内核,许多其他东西包裹着这个内核。它们为不然的话就会逐渐消失的一些感觉提供了一个生理方面的基础来供其依靠,直到它们与生理特征永久地结合在一起。在美国,黑人花费巨额开销,购置去除他们头发的小圈圈的设备,这个事实是对与看上去无关紧要的生理特征联系在一起的重要性的一个显著例证。一种生理特征起作用的方式看起来大致如下。许多差异都纯粹是个体性的,它们因人而异。我们通常都能学会把心理的或道德的特征与一个个体的人相关联。如果与某人有了一次不愉快的经历,我们不会把它普遍化或推而广之;我们从个人的角度,把它和这个人相联系。但是,如果一个人与比如说一个犹太人有了一次不愉快的经历,他就不那么确定会把它个体化了。存在着一种无意识的倾向,要去把这次经历与这个人特有的一个特点相关联。这个特点是那个类别共有的,于是令人不快的心理或道德特征就被强加于那个类别之上了。一种偏见形成起来针对所有的犹太人,例外则被忽视了。

也许这个说明看来似乎把太多的重要性与一个微不足道的东西相关联,但我们必须记住:人天生地或首先是一种非理性的造物,而普遍化则首先是一件无意识和非理性的事。像肤色或鼻子的差异这些事确实发生着巨大的影响,这是个显而易见的事实。这个事实是如此与理性无关(unrational),以至于我们必须为它找一种看上去是非理性(irrational)的解释。

现在,我们碰到了即使以非理性的方式起作用时,也在其中包含着可理解成份,因而通常被认为(但据我判断,是被错误地认为)应该特别地为种族偏见负责的这些因素。当宗教信念与尤其是像各种仪式和祭典这样外在的看得见的差异,以及标志性的生理差异相符时,最初对陌生的和不同的事物的偏见就得到了加强和固定。我只需提及犹太人的例子。同样地,如果是一些普通的美国白人转信佛教并建立一座住有僧侣的寺庙,普通百姓也许会尽情嘲笑他们,但这件事多半几乎不会引起注意。美国人把它归为信仰奇怪的宗教一类。但是,当中国人带来他们的寺庙,日本人带来他们的狐狸庙(fox temples)时,人们就感觉不安了。他们觉得自己的习俗和制度正在以一种模糊而难以觉察的方式受到威胁。

同一个现象在义和团造反时,对传教士和中国本土的基督徒的强烈排斥感中也能看到。

当然,我们并不总是能把宗教上的差异与政治上的差异相区分,因此后者就是我们接下来要讨论的因素。通常被称为关于种族的东西,在很大程度上是关于国家的,而国家主义在最近100年来已经成为一个极其具有政治意味的事实。有个中国人告诉我一个观点,让我大吃一惊;这种观点认为,如果不是因为美国的黑奴制和英国人在印度的统治,基于肤色差异的偏见如今就不会是一种十分有影响力的力量。我肯定,这种观点中具有丰富的真知灼见。它强调了一直以来与经济因素混合在一起的政治因素的力量。政治因素在两个方面起作用。首先,政治统治造成了划分优越和次等的信念。它把种族偏见变成了种族歧视。随后,这种境况造成了确认各自的优越和次等的信念为正当的条件。因为当然,任何处于臣属地位并在经济和政治上处于巨大劣势的民族都注定要表现出这些后果。它受到了阻碍,而其他民族则继续发展。然后,处于统治地位的群体就找出大量事实,用来支持他们对自己优越性的信念。在最近那场战争给美国应征入伍的新兵所作的心理测试中,黑人作为一个群体来看,得分偏低。这个事实也许会被那些主张黑人天生次等的人抓来证明他们的观点。但是,对这种论点不利的是:北方各州的黑人群体虽然没有得到完全平等的对待,但得到了较好的对待,他们在智商测验中的得分令人瞩目地高出南方,由此证明了环境机遇的作用。

另一个后果与处于优势地位的政治群体身上表现出来的统治的心理学效应有关。傲慢与轻蔑被养成了。此外,我们还憎恨那些被我们施加了错误对待的人。存在着这种感觉,比如说,觉得黑人必定从本性上来说是一个奴性的民族,因为他们容忍自己停留在受奴役的状态之中。这种论证通常会推论说,如果他们与盎格鲁-萨克逊人是平等的,他们应该起而反抗,直到灭绝的程度,而不是忍受奴隶的地位。我从来没有到过印度,但是我不太相信,印度人在多大程度上拒绝服从他们的主人,他们就会在多大程度上得到主人们的尊敬。种族偏见的许多现象,都可以与对女性作为一个类别的偏见相比。我可以肯定,在美国(在其他国家大概也一样),许多男人尽管在有意识的层面上对妇女公平尊重,但在潜意识层面上还是相信她们比较次等,因为女性作为一个类别处于一种较低的政治地位。再说,主子们对下人的瞧不起和轻蔑,通常总是因为一种潜意识的感觉所带来的不安而变得复杂;这种感觉就是,也许处于臣属地位的民族并不真的像其政治地位所表现的那样次等。那么,对优越性的表达就根据"女士抗议得太过了"(Lady protests too much)①那条心理学原理而采取了一种大张旗鼓和咄咄逼人的形式。一种有确信的优越会自得而心平气和得多。在我看来,尤其是在目前,种族摩擦被这种潜在的惧怕大大加重了。比如,对白人种族的内在优越性抱有确信的一个人,会以这样一种口气滔滔不绝地谈论黄祸(the Yellow Peril),以至于使人认为他相信白人种族内在的次等,即使他通常试图通过把畏惧归于人数上的优势来为自己开脱。

无论如何,我认为,我们都可以有把握地断言,政治因素是要为使对外国人的反感转变为明确的种族摩擦负主要责任的那个因素。问题由于一个事实而变得复杂了,这个事实是:国家主义传播至今,对抗已经成了相互的。就是说,那些在政治上比较落后的国家,那些先前具有政治自我意识程度最低的国家,如今成为具有国家意识的,并把其国家意识大致上等同于一种种族意识的东西。于是,他们就采纳和应用了与自己先前所遭受的那些同样的厌恶和仇恨的手段。就日本的情况而言,相对来说,比较容易把封建式的忠诚这种旧习转变成国家主义精神。在高度国家主义的统治制度之下,带着对国家的忠诚到其他国家去的移民,经常被有意利用来在新的国家里促进他们所来自的那个国家的政治利益。正如提到过的那样,战争的压力使对外国人的恐惧与怀疑在美国重新抬头。这种感觉由于一个信念而变得特别鲜明,即相信德国一直试图有意利用其在美国的国民来达到自己的各种政治目的。在我看来,由此产生的感情是造成西部各州目前的反日情绪的一个明显因素。人们都知道,日本的成年男子是后备役军人;人们相信,日本当局以官方手段来鼓励高出生率,而且众所周知,日本领事和其他半官方团体对其国民保持着一种准政治性的控制。毫无疑问,日本人一方给出的领事监管的解释是相当清白的。但是,在目前加剧了的国家主义的状况下,日本人大量出现,会极大地引起人们怀疑他们有政治的或半军事的目的,这是不足为奇的。无论如何,这种境况都说明政治因素如何影响种族情感,并把它变成一个新的冲突之源。亚洲大陆上,在种族和肤色的名义下进行的这种反对西方人

---

① 语出莎士比亚的《哈姆雷特》,后用来形容一个人对某件事或某个观点非常强烈地表达否定,以至于人们认为这个人心里的想法实际上与其表达相反。——译者

的泛亚细亚主义的宣传,为政治上的国家主义改变种族情感而得到的结果给出了另一个例证。可以设想,如果日本在中国的所作所为完全不同于它一直以来的样子,这种宣传也许早就结出硕果了。

现在我们来讨论种族敌意的加强中最理性的因素,即经济因素。我称它为理性的,并不是说它总是以一种合情合理的方式起作用,而是说与本能的因素比起来,它具有的思考和算计成分最多。现代的移民多数是出于经济原因,这当然是指移民们相信迁移到另一个国家可以改善他们的生活境况。这个事实又相应地意味着,通常他们新定居下来的这个国家的生活的经济水准比较高。因此,移民们带着在他们原来国家中形成的较低的生活水准来了。他们的标准只是慢慢地才提升。工厂雇员、小店主之间的产业竞争,以及土地所有者之间在农产品方面的竞争,很容易引起先前就居住在这片土地上且艰辛劳作以维持生计的那些人的敌意。当竞争来自那些长久地保持着较低生活水准的人,那些攒钱而不是花钱的人,那些愿意工作更长时间的人时,对外来移民的这种反感就大大加强了。因此,目前在美国有一个强烈的限制一切外来移民的运动。虽然正如已经说明的那样,政治因素加入其中,但这个运动的动力是经济性质的;被组织起来的工人是渴望这种限制的最活跃力量。当肤色、宗教、习俗举止和政治主张方面的差异加在这种敌意的经济原因之上时,种族冲突就变得尖锐了,就像日本人在美国最西部的各州的情况那样。对于威胁到共同体努力达到的生活水准的无论什么东西的反抗,以及对于威胁到土地和贸易方面的经济机遇的无论什么东西的反抗,变成了反种族情绪。一个多少比较理性的因素和许多感情的或本能的偏见混合在一起,直到对实际应用的目的来说,它们已经无法相互区分。还有一个有越来越多的人相信的信念,认为如此引发的冲突是为政治目的所利用的。外侨所在的那个国家认为,当地的政客们在为某个问题和为获得选票而挑动不和。而在其祖籍国,比如在美国,则认为一个外国政府维持着种族歧视的问题,为的是给军事准备获取资本,并且是为了维持一种可以利用来作外交上交易的绝望,这些交易为的是确保在某些地方的特权,比如在中国或西伯利亚。当然,每一方都是从自己一边的角度来看待情况的。

我们的结论可以总结如下。种族偏见的基础是对陌生事物本能的厌恶和惧怕。这种偏见由于附带的生理特征、语言和宗教上的文化差异,以及尤其是在目前,各种政治与经济力量的相互交融,变成了歧视与冲突,结果就是目前的种族概念和固定下来的种族差异以及种族摩擦。从科学角度来看,种族的概念在很大程度上是一个虚构,但作为一大堆实际现象的整个意指,它是一个实践角度的实在。

这个止于这些事实的分析,看起来也许包含着对主要问题或多或少有些胆怯的回避;就是说,对此应该做些什么,尤其是那些声称具有种族特权并挑起和利用种族偏见来维持其优势地位的人,对此应该做些什么。对这一点作出任何并非仅仅是虚伪的陈词滥调的言辞,其困难程度已经由各种事实的错综复杂而得到了暗示,即使是像前面进行的那个不充分的分析所揭示的那样。显然,有一件能够适应情况需要的事可以做。文化上的渐进,对外国文化的更好理解,肯定会起一些作用。随着接触和交流的继续,许多制造出我们如今意味深长地称为疏远感的差异都会得到缓和,双方都会发生同化。但是,没有政治和经济上的变化,这些因素在问题的解决方面走不了多远。在无论国门内外的外国人不再被人们感到是一个潜在的政治威胁之前,尖锐的国家主义一定要为某种程度的政治国际主义让路。偏见如今针对着的那些国家的生活水准,必须要提升。随着生活水准的提高,出生率将会降低,那么数量的威胁也就不会像人们如今感受到的那样了。那么,一部分多余的人口就不会像现在一样,被用来为扩张提供正当性的理由和依据了,这种扩张随之带来对生活水准以及通过各个先进工业国家的巨大努力而达到政治上的一致的一个威胁。这些一般的考虑并不能为忍受着不公正的种族偏见的个人带来什么安慰,但是,没有这些一般的情况变化,我就看不到缓解的巨大希望。

在目前,这个世界尚未文明到足以让各个有着非常不同的文化的民族密切接触而不带来悲惨的结果,这是一目了然的事实。文明的缺陷远不止是个人间的问题;它在许多个人的情形下都可以克服,而且很容易得到克服。这一缺陷延伸到社会组织的基本问题,即政治的和经济的。使比如说中国政府有必要限制在中国的外国人的特权的同样一些理由,在目前的情况下,也使一些西方国家渴望为自由移民设立障碍。完全不加限制的移民和接触,在目前只会增加冲突的理由。这个观点不是要为使事态成为目前样子的这些原因作辩护,它们是应该加以谴责和改变的。但是,如果忽视更深层的原因而只着眼于结果,那么什么也得不到,反而会失去很多。这后一种方法,只是增加了冲突而已。

各种物质手段的发展,已经大大超出了对应的心理和道德方面的调整和适应在目前的发展。这个抽象的观点具体说来,就是指蒸汽机和蒸汽船以及工厂已经带来了各个文明间的物质接触和交流,它与对这些外部变化的任何思想上和道德上的吸收完全不成比例,更不用说政治上的吸收了。各种文化和文明在物质上、在商业方面和在战争中,毫无适当准备地被扔到了一起。要确保使这种新的接触状态成为一份资源,其好处能够超过它的各种坏处,这种心理准备需要花时间。我们正在把各种旧的政治习惯和心理习惯带入一个它们并不能适应的境况,结果就产生了各种冲突。一种跨国家和跨种族的精神只能慢慢地培养起来。各个地方的个人,相对而言比较容易达到摆脱偏见并理性地控制本能的偏见的状态。但是,大众始终无法达到这种状态,直到不仅在教育以及在宣传手段中,而且也在政治和工业组织方面有一种改变为止。

种族偏见是件坏事,但不分青红皂白地针对它作出的反应也会是件坏事。这是因为,正如我一直试图说明的那样,这个问题首先根本就不是一个关于种族的问题,而是不同类型的文明之间相互调整适应的问题。这些文化上的差异,不仅包括言谈、举止、宗教、道德准则方面的差异,其中每一种都包含着误解与冲突的起因,而且包括政治组织与政治习惯方面的差异,以及国家之间的敌对。它们还包括经济和工业方面的差异,其中有就大众而言的日常生活水平或水准的差异。所以,被称为种族偏见的东西不是冲突的原因。毋宁说,它是由这些其他的深层原因所引发的冲突的产物和标志。就像其他的社会效应一样,它接着成为各种进一步结果的一个原因;特别是它加剧了冲突的其他来源。但是,如果哪个文明人认为,只要其他人都能各自达到开化和摆脱偏见的状态,人们称为种族冲突的东西就会消失,那么是他对整个情况的判断失误。这样一种精神状态是有重要意义的,因为它有利于带来政治和经济关系方面更加根本的变化。但除非在修正社会组织这件事情上奏效,否则就一直会被证明为在任何危机中都无力防止种族冲突。

我重复一遍,这种冲突首先并不是关于种族的。种族是一个标志、一种象征,它与导致冲突的各种现实力量之间的关系,正像一面国旗与它所象征的、在其中浓缩为看得见摸得着的形式的各种情感和行为的关系一样。还是拿政治因素来说。前总统威尔逊说过,打这场战争的目的是要使世界对民主来说变得安全。从结果来看,人们很容易不拿他宣称的这个理想当回事。尽管如此,它还是表达了一个重要的真理。事实上,目前在世界上确实存在着相对来说比较民主和相对来说比较专制的各种政府和社会组织类型。它们产生出来的习惯和目标不仅仅是不同的,甚至是相互冲突的。在一种真正的意义上,每一种对另一种而言都是竞争者和潜在的敌手。林肯关于美国的情况曾经说过,它无法忍受一半人自由、一半人受奴役的状态。世界的不同部分如今如此密切地相互联系着,以至于这个世界非常难以维持在一种持久的均衡状态下,只要世上还存在着各种敌对的政治文化以及各种发挥作用的目标。在缓解种族偏见这件事上,普遍裁军会是比任何求助于文明人的启蒙更有力的一种力量。然而,国家间的经济竞争,对原材料和市场的争夺,仍然将会存在。随着适应长工时、低生活水准和节约支出的劳工阶层的自由移入,冲突的经济原因会继续存在。无论一个人是否接受社会主义的信条,也无论社会主义者们是否遵循他们的信条,自从1848年的宣言出炉以来,社会主义在理论上一直是国际化的,这是一个最重要的事实。在我看来,说不同国家的产业工人有着共同的利益,这些利益比任何其他纽带更紧密地把他们联系在一起来反对他们的雇主,这种说法离事实甚远。但是不管怎么说,对这种学说的宣传,仍然是经济因素在目前国家间的相互嫉妒和竞争中具有重要性的一个显著表露。这是一种因其间接而更加意义重大的认识,即只有通过经济方面深刻的重新调整,人们才能摆脱种族冲突。

各自有着深植于过去之中的根源的不同文化之间相互调整以适应对方,这无论如何都不算是个容易的问题。它既不是以一种随随便便的态度,也不是以一种指责抱怨的态度所能完成的工作。在目前的情况下,它不是处于最佳状态;让我们希望,它实际上不是处于最差条件下吧。因为这场战争已经搅动了人类的各种激情,并把它们全都翻到表面上来了。正如已经数次提到的,国家感和种族感如今正处于最严重的状态。做这件事需要时间,在普遍重建过程中需要耐心。而直到这件工作达到某一确定程度之前,我认为,考虑到所有相关人士的利益,通过移民和类似行为来进行的、不加限制的接触都不应发生。这个世界需要休息和恢复元气。如果西方人能出口一些多余的活力来交换中国人的一些耐心、容忍和等待的力量,那么,这宗商品交易会使双方都受益。

日本的公众舆论①

在东京时,我听到了一位日本教育家与一位到访的中国教育家之间一场有趣的谈话。前者是一位真正的自由主义者,不是伪自由主义者。他到过中国,并一直注意观察。自从去过中国之后,他就成了日本在中国的所作所为的批评者;他自愿地承认自己国家的错误政策,以及进行一些改变的必要。关于这些改变,他说,原敬首相已经开始进行了,而且会在不受到军国主义者们阻碍与指责的限度内加以推广。但他坚持认为,中国与日本相互之间的距离是如此之近,并且联系如此之紧密,以至于日本必定与中国有一种关系,这种关系不同于任何其他国家与中国之间的关系。因为,他坚称,在中国发生的每一件事都直接影响到日本的昌盛,而即使是那里发生的不同寻常的事件在其他国家引起的反响也无法与在日本的程度相比。

那位中国教育家的回答是:日本关于中国和中国发生的事过于操心了,它的焦虑几乎是病态的。日本人对中国所能做的最好的事就是少关心一些中国大陆上发生的事,并允许中国人在他们自己的事情上做得更多。而当我的日本朋友反复说明这两个国家的紧密联系使这种无动于衷不可能成为事实时,我的中国朋友反驳说,如果日本人把更多的注意力放在自己的一些问题上,并更多地操心自己的一些麻烦,他们将会做得更好;日本的种种问题和罪恶几乎与中国的一样严重,唯一的区别是前者被掩盖着,而后者则暴露于全世界的面前。

---

① 首次发表于《新共和》,第28期(1921年),第15—18页;重刊于《人物与事件》,1929年,第1卷,第177—184页,以"再访日本:两年之后"(Japan Revisited: Two Years Later)为标题。

我不能确定,这个带着回击的力量使这位日本自由人士哑口无言的反驳是否夸张了。但是,值得把它引用来作为日本和中国的公众舆论之间巨大差异的一个指示。从思想方面来看,中国有一个优势,就是它的政府虚弱而腐朽。关于这个国家的各种国内国际罪恶的报道层出不穷。受过教育的阶层对其政府与社会事务一致持批评态度。也许目前关于中国文化的一个最重要的事实是:不仅反动阶层没有思想上的代言人,就连保守阶层也没有。每一个思考的人,每一个写作的人,每一种明确的有意识的影响,都是自由的。这个事实最令人吃惊,因为反动的军阀派系正控制着除外交部之外的每个政府部门。我不清楚关于实际掌权的政治力量与思想和道德上的软弱、无用、无存这样一种结合,在这个世界上是否还能找出其他类似的来。即便是中国传统的儒家思想,在目前也不占据首席。儒家思想固然仍很强大,但它的强大更多的是由于习俗,而不是由于思想或思想上的影响力。我在先前的文章中提到过"文学革命",用白话语言和文风代替文言文的运动。这场运动的领头人告诉过我,他们已经作好了在至少十年之内不得不努力挣扎和推广不开的准备。但令他们吃惊的是,这场运动像野火一样蔓延开来;所有比较年轻的受过教育的阶层,都立刻奔向他们的标准。这个运动在去年前后慢下来了;但它放慢脚步是由于顽固习俗的未被意识到的惰性,而不是因为明确的思想上的反对或批评。这个情况在我看来,是很有代表性的。在世界上似乎没有任何一个国家像中国一样,学生们如此一致而急切地对思想中现代的新东西感兴趣,尤其是对有关社会与经济问题的思想感兴趣,而且支持现存秩序与现有状况的观点如此无足轻重——实际上,是如此乏人提及。

相反,种种情况暗示着,在日本,开明的自由公众舆论的发展必须与之斗争的那些障碍。日本的政府是强有力的,管理是中央集权的和组织化的,而见解是受到约束和规范的。其结果,批判思想羞羞答答地处于守势,而自然路线就是捍卫现存情况和国家政策。不仅爱国主义是一种宗教,而且宗教直接就是爱国主义和民族主义的。爱国主义与体制性的宗教两者都是如此臭名昭著地敌视批判思想与自由言论,以至于当两者相互结合时,人们几乎不可能为自己描绘出它们的压抑和噤声效果的景象来。在日本,成为对自己国家的政治和社会状况的一个公开的批评者,成为一名异议人士,需要比在世界上任何一个其他国家中更多的努力、更多道德上的勇气。

那么,所有更多的荣耀归于日本的自由主义者们,他们的洞识与勇气正在缓慢地推动一种变化。在回美国的途中,我们在日本停留的时间并不长,而我也不准备以任何权威的口气来谈论,但自从我们两年以前到访这个国家以来,气氛的变化是毋庸置疑的。那时看起来已成定局的涵盖一切的沉寂,如今被一些大声说出的话刺穿了,其中一些还是大声喊出的话。自由主义批评人士的人数或者具体影响力是否有所增长,我不得而知。但是,围绕着关于日本的外交政策和基本国内状况的明确讨论的那种禁忌,显然正在被打破。我指的不是那些官方的辩护士和半官方的宣传家,这些人不仅仅是在迎合你,他们坦率地断言说日本是人道的,它在中国、朝鲜和西伯利亚犯了错误——用他们喜欢的词来说是"出漏子",而且直到战事结束,军部一直掌有过多的权力,但现在日本正在对这些错误尽快加以弥补。联系这样的言谈来看,某种程度的犬儒主义就有了合理的解释。它来自被《日本记事报》称为驯化了的自由主义者的那些人,关于这些人,它实际上是说,别看他们对军国主义党派作学院式的批评,一旦到对军国主义者们为日本在中国和西伯利亚取得的任何优势作出让步而成为一个问题时,他们立刻会起来捍卫它。我指的毋宁说是对沉默阴谋的逐渐打破,使对某些问题的影射成为一件不光彩的事情的那种张力的缓和,以及迫使一个想显得彬彬有礼的人把他关于日本的谈论限定在使人能够放心地加以赞赏的那些事情之上。

给一个具体的描述。两个相互之间没有联系的日本自由主义者表达了关于太平洋会议实质上相同的担忧。总之,他们说,他们担心哈定总统会没有勇气把关于各项原则和政策的讨论进行得够深入;他也许会满足于为他的党派赢得一个廉价的胜利,而用一个对军备温和限制的条约来搪塞裁军的意见,同时避免引起公众对中国和西伯利亚的整个问题的注意。他们害怕这个结果。因为,他们说,日本军阀能够放松对这个国家的控制的希望,在于这样一种关于日本的开明的外国公众舆论的增长,它会引起国内公众舆论的反应。

在辩护的语言中,日本是一个"敏感的国家",而且虽然有着侵略主义者的怪相,但在国际舆论的法庭上是极易陷于孤立的危险的。现在我认为,如果在日本的公众意识方面未曾发生显著的变化,表达这样一种批判性的自由观点的能力的增长,对于像上面一些人那样的温和而真正爱国的日本人来说,是不可能的。

由于缺乏适当的研究机会,对态度改变的原因只能作粗略的描述。总的来说,最大的力量无疑是战争引起的反响。可以想象,在东方,人们所感受到的关于战争的思想和道德教训与对战争的实际参与是成反比的。我要说,对中国来说确实如此;而且我猜想,在某种程度上,对日本来说也是确实的。具体地说,整个这场西伯利亚远征从一开始就不得人心。随着支出的增长,它越来越不得人心——我听说,最低的估计是5亿美金——而且看不到任何有利的结果,因为对萨哈林岛①与符拉迪沃斯托克的占领,除了创造出一种也许有一天会被人找上门来算账的不安感觉之外,并未影响公众的想象。而且,来自中国不断增长的抗议数量也产生了一些效果,还有这场抵制②,即使它结果实际上基本是失败的,仍然给了日本人一个机会去紧张地思考他们与中国的关系。在中国,自由主义思想的自由成长已经产生了一些作用。伯特兰·罗素(Bertrand Russell)在那里被视为一个受欢迎的、尊贵而有影响力的人物,而他到达日本时,则带着安全部长为准许他入境而写的一份道歉书才得以入境,这个反差在日本知识人的头脑中产生了鲜明强烈的印象。再则,科学精神在受过高等教育的人士中不可避免地增长,也是一个因素。自由主义运动的老家在各所大学里,师范学校和低级学校尚未受到很大影响;而且据说,帝国大学政治科学系的大部分人,如今都是积极的自由主义者。一个更为显而易见的因素,是劳资纠纷的持续和船坞与工厂工人的阶级意识的增长。此外,主要由海军军费预算的扩大引起的税额持续增长也不能说毫无影响。

  一个西方人也许会哀叹自己国家公众舆论的不成熟和扭曲了的特点。但是,无论如何,他是如此习惯于常规的言论渠道,以至于几乎不可能意识到东方国家公众舆论的反复无常、幼稚而混乱的特性。因此,在判断事情时,他就无法作出恰当的判断,而经常在只存在着无知的地方发现阴谋诡计。在日本,国家或者说天皇,几乎是公众舆论所具有的唯一一个持久而有序的中心。这个事实很自然地加强了帝国主义的优势;人们能够以一种恒常而统一的方式来感受与思考的其他东西是如此稀少。再说,军事官僚党派又是具有明确而持久的政策的唯一一个有组织的集团。目前的首相原敬先生是担任这个职位的第一位平民,这个事实被作为政府中真正民主的开端而大肆宣扬。但是,观察家们普遍同意的一点是:原敬除了一种非常直接的机会主义之外没有任何策略,无论在外交事务方面还是在尖锐的国内工人与工业问题上。

---

① 即库页岛。——译者
② 指1920年前后在中国爆发的抵制日货的运动。——译者

而如果一个人停下来思考,那么他会发现:在日本目前的情况下,即使在想象中,也很难为这个国家一个真正的自由主义政党构想出一种连贯而坚定的有效策略。公然的自由主义路线几乎肯定会引起普遍的公众反感,因为无论这群数量巨大的日本民众如何爱好和平,——而且我相信,从性情上来说,他们是爱好和平的——无可否认的事实是:日本作为一个政治统一体的提升与巩固,每一步都是战争的结果。对中国的战争以治外法权的废除为结果;对俄国的战争,给了它在朝鲜、满洲的据点和列强中的一席之地;最近的一场战争——一些日本宣传机构统一地称为日德战争——使它成为五强之一,此外还给了它对山东、相当数量的太平洋岛屿的支配,以及财富与贸易的巨大增长。另外,民众本身从未经历过现代战争的恐怖。在这些积极的事实之上再加一个突出的事实,那就是:即使是一个日本自由主义者也完全有理由相信,在现代帝国主义欧洲的掠夺性扩张中,日本正是仅仅依靠了陆军与海军,才使自己免于成为另一个印度或中国,而人们也开始体会到何以在任何危机的情况下,公众舆论都会转向军国主义党派那一边。对军阀政党任意作严厉的普遍批评的各种报纸,在所发生的一切具体问题上一次又一次地站在军国主义者那一边——西伯利亚的情况是我想得起来的唯一例外。

在普遍原则的层面上,人们也许认为,日本的经济发展——它的工业化——能够创造出一股确定的舆论潮流,形成一个情绪和思想的正面核心与喉舌;它在某些方面,应当至少与帝国主义的核心和喉舌一样连贯一致,即使不是与其直接对立。但是,在日本,私人经济活动与政府经济活动之间不存在明确的界线。日本在把政府资助与所有资本主义企业相混合这方面,超过了德国。各个大公司参与了开矿、造船和金融活动的集团,连带着制造与大陆上的特许权,而政府或者在政府中有影响力的一些家族,明确地与各个大公司联手。因此,直到目前为止,日本的工业化还没有创造出任何确定的舆论潮流,不存在商业意识或金融意识这样的东西。如果事情照目前的样子发展下去,在不远的将来,劳动者阶层将会凝聚成为一个新的舆论核心,但目前它才刚刚开始。

我不清楚从这番考察中是否能得出任何清晰的寓意来。如果有的话,那么,它就在先前关于开明的外国民意和舆论反过来在日本产生的影响所作的评论中。日本需要的是同情,不是谴责;但这是一种不友好的同情,它起着为现存秩序提供正当理由的作用,而且总而言之,维持着使各种罪恶掩盖起来的秘而不宣的政策。真正的同情应该遵循相反的路径,揭示军事官僚对日本人的国内国际生活的掌控。不过,这条路径对影响日本公众舆论的形成来说相对无效,除非它与对抗每一种种族歧视的坚定立场结合起来。发自内心地敌视现存军阀的一些日本年轻人,坦率地说,当遇到仅仅因为他们属于黄种人而被歧视的情况时,他们会反抗到底,即使这意味着与一个自己厌恶的军国主义党派联手。

凡尔赛会议没能在向每个国家保证它们有权自己决定对移民的接受的同时,相应地找到一个种族平等的表述,这真是一个悲剧。如果美国在太平洋会议中真的想要削弱军国主义者对日本公众舆论的控制,那么就不应等待日本来为种族权利的平等提出一个表述,更不应该在它被提出来之后予以否决。只要一丁点儿的机智结合着同情就足以找到一个表述,它的意思是:正是由于种族平等,而不是不管种族平等不平等,每一个国家才都有权决定自己的移民政策。人们可以在限制东方移民的问题上,赞同太平洋沿岸各州的态度;而同时仍然相信,太平洋沿岸的一个州所采取的对已经定居的移民进行不平等对待的每一步措施,都包含在太平洋地区最终引发战争的危险。不是说日本会因为加利福尼亚问题而发动战争,而是说每一个与种族歧视有关的动作,都会加强作为日本军事集团最后靠山的公众舆论。对不正义的愤怒被利用来确保对一支庞大的陆军和海军的支持,间接后果是延续对中国与西伯利亚的掠夺政策,而正是这后一项政策携带着未来战争的威胁。坦率地面对种族平等问题,是一条高明的外交手法;无缘无故地使一个潜在的对手感到不满,是一种最糟糕的策略。但是,这个问题比外交手法乃至策略的问题更加深广。直到普遍来说全世界、具体来说美国公平地对待种族歧视问题之前,军国主义者们都将一直是塑造日本公众舆论的力量。自由主义的观点与和平主义的观点将无能为力。

国家之间相互理解中的一些因素[①]

人们都知道旅行有一种开阔眼界的功效,至少在旅行者愿意让他的心态保持开放的情况下是这样。从旅行中获得启发的数量,通常取决于旅行者启程之地的文明与他到达的这个国家的文明之间所存在差异的大小。两者越不相像,学习的机会就越多。但是,与此同时,这种不相似性也给学习造成了困难。因为对无论何种新的经验,我们都只能通过先前的经验去理解。如果旧的经验与新的之间差别太大,那么,新的经验就会成为空白,或者它会排斥我们。结果,许多旅行者都对他们的所见感到恼怒,因为所见不同于他们在家乡所知道的。他们把已经熟悉了的东西作为最终的标准或判断,并且指责偏离这个标准的无论什么东西。不过,幸运的是,许多人都对变化与新奇事物存有一种天然的喜好,因此很容易受到不同于他们习以为常的那些事物的吸引,即使他们并不理解这些事物。所以,如果外部自然景色引人入胜,各种习俗别有风致,城市不因脏乱颓败而使人生厌,那么,大多数旅行者都会把他们的所见作为享受,即使他们并未从中获得深刻的新理解。

随后,旅行者们通常会分成两类。对新印象不敏感的人和缺乏审美趣味的人开始批评他们的所见,因为这与他们所熟悉与喜爱的东西不相像。我们知道,甚至有人因某个外国的当地人不会说或听不懂旅行者本国的语言而指责他。这样的人在国外时总是感到不满,而当回国时,他们就感觉自己回到了——用他们的话说——上帝自己的国家。但是,另一类人从他们的所见中感到持久的快

[①] 首次发表于《改造》(*Kaizo*),第 3 期(1921 年),第 17—28 页。

乐,并且感到旅行是一种持续的欢乐。但不幸的是,这种欢乐多少有点像剧场里看戏的观众所得到的乐趣。毋宁说,这是一种浅薄的情感。旅行者把这个国家看作好像是给他来观看的一场表演一样,而他也不想努力去穿透这层表面。有时候,一个国家的本国人憎恨游客的这种态度的程度,甚至比他们憎恨爱发牢骚和挑刺的人的程度还要厉害。他们感到,他们没被当作现实来对待,而是被当成某种供人观看和享受的东西。

第一类旅行者没给国家间的理解提供任何有用的东西。他回国时比他离开时更加确信自己的国家相对于其他国家的优越。他也许带着对其他民族一种直接的蔑视归来,而他所有的本国偏见都得到了加强。第二类旅行者在某种程度上有所助益。他带回了一种善良意愿和友好感觉的氛围。他带着对他曾经到过的那个国家的积极兴趣归来,这是一种感觉,觉得那个国家的人也是人类,并且他们有许多独具魅力的风俗和独特的行事方式。从情感方面来说,他的眼界得到了拓展。这种有好感的倾向,在它所能及的程度上,是对国家间好感的一个贡献,并且促进和平。但是,由于这主要关乎情感而非理解,就无法走得很深。当他的国家与另外一个国家之间有一段时间出现了紧张的关系,这种倾向就极容易让位于另一种情感:恐惧与厌恶。

简单地说,我们仍然必须面对的一个问题是:与另一个国家的接触如何才能成为教育的真正手段,成为洞见与理解的手段。旅行者的情况只是拿来作为每一种接触的例子或象征。那些没旅行过的人,那些身处家乡的人,通常也与其他民族有某种间接的接触并因此在想象中旅行。他们读书看报,并与那些阅历丰富的人交谈。他们甚至没有意识到自己很容易形成一种喜爱或厌恶的态度。他们受到吸引或排斥。他们好奇,感兴趣,有同情心,否则的话,就已经被说服了,相信没有什么可以从进一步的交往中学到或获得,也许商品除外。对这样的人而言,同样存在着如何拓展洞见和理解的问题。而这个问题对世界的和平与进步来说,是一个重要的问题。因为,虽然理解无法保证相互喜爱甚至尊重,无法绝对阻止紧张关系的加剧,但它会倾向于创造一种对一切争端和麻烦的友好解决之可能性的信念,并会防止一个民族被危险的仇恨之浪、怀疑之潮、恐惧的痛苦过分地带动。因为这些只是由于无知和偏见,才会蔓延滋长。

这些概括的评论是为对一个特殊观点的思考作准备的,这个观点与东方和西方的普遍关系有关;并且较好地理解这一观点,至少对较好的关系有一点帮助。从西方到远东去的一位旅行者被他在日本与中国发现的一种相当流行的关于东方与西洋的观点震惊了。他发现，他们普遍认为，东方文明是精神性的，而西方文明是物质性的。这样一种观点的存在，对他来说是一个惊奇，甚至是一个震撼，其程度比许多东方人所认为的要剧烈得多；这些人似乎认为这个观点是一条公理，并且就像为他们自己所接受的那样为西方人所接受。惊奇的程度可以这样来表示：许多来自西洋的人，会把这个观点完全颠倒过来。他们会说，他们本土文明的基础是精神性的，而他们在旅行中所见的文明的基础是物质性的。而且，他们会援引许多事实，或至少看起来像是事实的东西来支持他们的见解。不过，我的目标不是要就此情况展开争论，或者在这场争论中站在任何一方。我首先把这种情况当作国际理解方面的种种困难的一个表现，其次看作是为了一个目标服务的，这个目标试图表明，在乍一看来似乎是西方生活的物质性方面的东西中，存在着某些理想的或精神的要素、经常受到忽视的一些要素。这篇文章将要讨论这两点中的第一点。

  在考虑这个观点，即东方文明与西方文明各自的特性表现出相互理解方面的各种困难时，我想提出两点。首先，在东方与西方，关于精神的和理想的东西的真正意义用的是不同的标准或尺度。我并不打算为那些代表东方意义的人代言，并且如果有一位来自东方的能人把事情说得一清二楚，那么，我会非常高兴。但我听到一个观点经常被引用，我也会提到它。西方的人看起来似乎是忙碌的、主动的，并且把活动看得比任何其他事情更重要。他们看来似乎不赞赏闲适，以及沉思的修养、思辨、对自然之美安宁而平静的鉴赏、文学与艺术。当然，这种观点并不能否认，他们创造出了精美的艺术与卓越的文学，但这些东西在西方似乎是文明的附带产物，而不是最重要的东西，并且没有进入生活的主流。对大众来说，当获得空闲的时候，这种空闲似乎表现为提供给另一种活动的一个机会。它是一种应当以主动的，也许是吵嚷和喧闹的方式来加以享受的东西。它不是通过沉思与冥想来宁静地修养心灵的一个机会。而且对大多数人而言，它只是被看作一种消遣，而不是一件严肃的事。它处在生活主流的边缘，而生活的主流是做某件事，保持忙碌。在西方，保持忙碌显然首先意味着被称为商业的事情，买进卖出，制作用以售卖的东西，追逐金钱。对我来说，这些陈述至少部分暗示着把西方文明称为物质性的意思。它们也至少部分暗示着精神性的或理想性的意义的观念，这个观念被用来作为区分两个文明的一个尺度。高雅的修养与闲适的享受,减少直接的活动——商业的、政治的、竞技的社交集会,是重要的,或至少对我来说,显得是重要的。最宽泛意义上的审美要素,包括一种对普遍之物的形而上的冥想与沉思,这是首要的。

这样看来,毫无疑问,西方人关于理想的与精神的东西的尺度是不同的,并不完全排除上面提到的因素,但在大众看来,这种因素是相当次要的。他们认为,伦理因素比审美因素更加重要。服务于他人,对社会进步、人类福利的热情,甚至连那些在自己的人生中未曾以此为业的人都把这看作是理想的。为了服务于他人的福利而牺牲个人的享受,甚至是闲适的高雅享受,被视为精神的东西中重要的成分。或多或少有意识地把这些尺度铭记在心,使许多西方人,就像我说过的那样,会颠倒流行的东方观点,并且认为他们自己的文明更具精神性。因为他们没有找到像他们在家乡找到的那样多的公益精神和投入。

那么,我们在此所具有的就是使相互理解变得困难的、从某种程度上说标准的直接矛盾。服务的理想是活动的理想,是保持忙碌的理想。从闲适及其修养的观点来看,它会相应地显得像是沾染了物质主义,虽然是一种高品质的物质主义。另一方面,从服务的伦理理想观点来看,审美鉴赏与沉思显得像是沾染了物质主义,虽然是一种高级得不同寻常的物质主义,因为它们看上去似乎带上了自私的色彩。现在,应该如何在这两种理想之间作出选择呢?不存在共通的尺度:不存在两边都能诉诸的更高的共同标准。就像已经说过的那样,似乎存在着直截了当的对立,两边在这种对立中都确信对方的次等。结果,各种争论就不去触及对方。最合理的结论应该是:一个真正的理想会把来自两边的因素都包括在内;到目前为止,每一种观点都是片面的,并且有些东西能从对方那里学到,但与此同时,标准的不相像使相互理解变得困难。

另一点在哲学上不那么根本,但在心理学和实践中却非常重要。代表着不同文化的人倾向于通过外部而不是内部的事实来评判对方,而在思考自己时则自然而然地把内在侧面也包括进来。这种下判断的方法是自然的,而且从某种程度上来说,也是无法避免的。我们不得不通过能够被看到、听到和触摸到的东西去评判一个人和一个民族的特性。必须从外部开始,然后逐渐深入。那么,吸引注意力的第一件事就是外在的差异、对比。熟悉的事物被看作理所当然而逃过了注意力,但是自然景色、建筑、服装、室内装饰品、用具、工具、器械方面的差异,颜色、外部特征、语言的差异,马上就引起我们的注意。很容易从这些外在的事物,也就是说,文明的衣装,来评判整个文明。与一个民族生命的精魂相比而言,不过分侧重这些东西几乎是不可能的。所以,浅薄而相当愚蠢的人几乎无法想象一个生活习惯、服装、建筑等等如此不同于他们所熟悉的文明的民族会是文明的。而即使对于有修养的人来说,也需要很长一段时间和真正的同情心,去发现了解这种精神的途径,这些事物是精神的身体。它要求广泛的个人交往,对艺术与文学的知识,对历史、民族英雄和节庆、民族愿望、大众信念以及评判方式、习俗礼节的标准,以及对许多其他类似事实的熟悉。

一个本国人降生到了标志着一种文明的精神的那些事物中间,自嗷嗷待哺之日起,他就把它们作为天经地义的东西来体验。他的情感和观念自然都是围绕着这些东西积累起来的,他意识到它们的程度,甚至比他意识到那些吸引游客注意力的外在事物的程度更高。由于在其中长大并主要受教于这些东西,它们塑造了他对自己国家和民族的观念。除非一个人很小的时候就参与到一个民族的生活之中,既包括它的崇拜和工作,也包括游戏,否则,那个民族的精神对他而言,就不可能具有像对自出生起就不断地分享从而拥有它的那些人这样的意味。即使一个外国人热情地赞赏一个民族并对他们抱有非常的热情,他也几乎不可能像他们自己对自己的评价那样来欣赏他们。

不幸的是,本来也许能在为使一个人了解一种异国文明而提供背景知识方面助一臂之力,目前却帮不上什么大忙。在某些方面,它还起着阻碍作用。普通人的历史知识是从学校的学习中得来的。在那段时间里,他学习了许多关于自己国家历史的知识,但并没有学习许多关于其他民族历史的知识。所学的外国历史,很可能更多的是关于过去的古老民族而不是当代国家的历史。至少在美国,相比花在同样的当代欧洲国家历史上面的注意力而言,我们花了更多的注意力在希腊和罗马的历史上。一个人自己国家的历史通常总是被理想化和受到过分渲染,如果不是被实际扭曲的话。它被用来作为培养民族主义爱国情绪的一个工具。但是,除了给国家间的理解制造障碍这个事实之外,历史仍然更多地提供关于一个民族的外在事实而不是内在精神和真实生活。因此,即使它们给出了正确的信息,也没有提供同情和理解。

大多数历史仅仅涉及或主要论述一个民族的政治生活。这在许多方面有着首要的外在重要性,但是从其本身来看,它关于民众的生活所说甚少。它的注意力集中于政府和统治者们,而忽略了构成大众的普通人的生活。只是到了最近,甚至关于本国的历史,历史学家们才开始写作有别于政治国家历史的关于人民的历史。政治史还忽略了科学、艺术、宗教的发展,以及其他更加强调国家的精神,而不是堆砌政治伟人、重大战役、重要王朝等等的名称的东西。将军们和统治者们占据了大部分篇幅,而关于发明家们,甚至是那些使工业发生了革命的工业家们却少有所闻,关于艺术与文学的创始人鲜有论述,而关于发现了自然奥秘的科学家们谈得就更少了。正是出于这些原因,我才说,从整体上看,如今讲授的历史更多的是一个阻碍,而不是一种帮助。历史应该提供关于现存外在事实的背景,以帮助我们透过它们,深入到一个国家的种种愿望、信念、标准与力量的源头中去。但是,在大多数情况下,它只是帮助添加了需要去理解的外部事实的数量。

  这番讨论看起来离开西方文明的物质或精神特性这个话题已经很远了。但是,稍微作一点思考,便足以把它再次带回来。对一个游客或外国人来说,最显而易见的,正是一个文明的物质方面,因为这是强烈地冲击着感官的那个外在方面。另一方面,从小就被作为文明的一部分而受到教育的人则思考那些理想化了的要素,而且很像看待自然的作品那样来看待外在的方面。它们是附带的东西,在装饰实际生活手段方面是重要的,但不是实际生活本身。这对西方文明来说尤其确切,它的外在物质方面是如此广泛而突出,以至于给一个观察者造成强烈的印象。比如说,到美国访问的人,无不被它的火车站、铁路、火车、汽车的数量之巨,蒸汽机的尺寸,城市中的摩天楼,冒着烟的巨大烟囱,电话的普及应用,用机械来做以前由手工完成的事情的不断加强的趋势,以及许多类似的现象所震惊。还需要什么别的东西来证明我们在此是与一个物质性的、机械化的文明打交道呢?到访者,除非他是一个职业的教育家,否则就极有可能被带去参观牲畜分类转运场而不是大学,参观证券交易所、银行、工厂而不是学校。如果他确实去参观学校了,那么是校舍及其设施,而不是教师与学生的精神,才是他最打算看的。本国人下意识地意识到在一段短暂的时间内,他只能使参观者对外部事物留下印象,所以他带参观者去看的那些东西自然而然地会给参观者造成的印象加以夸大。他感到去一次康科德(Concord)①参观爱默生或者梭罗的家,或

---

① 位于加利福尼亚州中部,康特拉科斯塔(Contra Costa)郡境内。——译者

者去剑桥(Cambridge)①看朗费罗(Longfellow)与詹姆斯的家不会有什么意义。在商业和工业活动之外,参观者最多只可能去看一两个景点,比如弗农山(Mount Vernon)②、华盛顿或纽约或波士顿的图书馆。而他们除了争相夸耀某些火车站和宾馆之外,也不做什么别的事。对留在国内的人而言,情况并无太大的区别。从西方尤其是从美国去东方的旅行者一再地被一个事实所震惊,即他自己的国家给那些他所接触到的人留下深刻印象的两样东西是战舰,连同高级炸药和应用于战争的整套器械的象征,以及作为制造与分配物质商品的工具的机械。他自己国家的活动的技术方面,除了传教与教育活动之外,单独给东方的居民留下了深刻印象。对他们来说,它是西方文明的真正表现。拿中国的情况来说,人们会发现,直到相对而言很短的一段时间之前,到国外求学的大量学生都是来寻求技术的学习;他们觉得,东方要从西方获得的全部东西就是对生产与分配技术的掌握——工程学、农学、金融学、工业与商业经济学,加上法律、政治学与外交学的技术方面。

如果他是个有见识的人,就会为这个事实所揭示的这种对西方优越本质的评价更多地感到失望而不是骄傲。不过反思会向他表明那是自然的。除了基督教的传教事业之外(许多当地人也把它们看得不像其实际所是那样无趣,而是看作外贸与外交的延伸),贸易与战争装备是外国文明中引起观察与想象的注意并留下深刻印象的方面。艺术与科学,文学与音乐,它们既不具进攻性,也不具固有的扩张性。它们并不旅行和寻找外国市场。或者,如果它们这样做了,那么很可能存在着商业上的联系。外交甚至在和平的情况下,也更多地关注贸易和商业,关注经济问题,而不是关注文化和文学。当一个人考虑到这些事情时,就不会那么容易对目前把西方文明评价为根本上是物质性的这个评判感到惊讶了;也不会为这种评判与一种对本土文明的精神性特性的意识相对立而感到奇怪了。

当然,我的意思不是说,这个评判没有一点确实之处。相对而言,机械发明、自然科学及其在工业和贸易中的应用,迄今为止,甚至将来也将继续,在西方人

---

① 位于马萨诸塞州米德尔塞克斯(Middlesex)郡境内,是哈佛大学以及麻省理工学院等多所美国著名高等学府所在地。——译者
② 华盛顿故居所在地,位于弗吉尼亚州费尔法克斯(Fairfax)郡境内。——译者

的生活中比在东方人的生活中扮演着更重要的角色,这一点是相当清楚的。并且连同这个事实一起,当然也带有对商业生活,对所谓实践活动的某种先入之见,给目前西方的观念涂上了一种现实的色彩。对美国来说,尤其确实的是,到目前为止,它在音乐、绘画、文学与科学(除了应用科学)方面的贡献无法与欧洲的国家相提并论;而它在应用科学,在工业和运输方面的发明贡献,则超过其他西方国家。只有在投身慈善方面的公众福利和公众教育,包括为各个大学、博物馆、图书馆捐款时,美国才确定做出了优越的表现。这个国家是新兴的,而它的原始文化相应地比较单薄,即使它借助于各种传播手段及其经常运用而传播得相对较广。所以,我的意思不是否认物质性主导文明这个指责的正当性。但即使在这个物质方面的内部,也存在着通常受到忽视、而西方的各种文化成就却与之紧密相联的理想的或精神的一面。我指的是自然科学的精神与方法,区别于各种技术应用的科学精神,以及工业与商业的**社会方面**,它在培养公益精神和产生真正的社会服务方面的运用。关于这两点,作为把各种理想的因素包含在看似物质性的、机械化的西方文明内部的两点,我将在下一篇文章中加以讨论。对我来说,它们似乎表达着东方最需要从西方学习的东西,标志着一些贡献。相比之下,借鉴科学与工业的专门技术应用,尤其如果后者与科学精神和社会服务相分离的话,甚至可能是有害的,而在西方家园中,它们确确实实是联系在一起的。

通过亨利·亚当斯受到教育①

某一天,华盛顿会议进行了一次短暂的休会。这样的休会也许会不时地发生。一个渴望在英国与美国之间求得良好的理解——一种真正的理解,而不仅仅是外交上理解的人,希望在这样一个间歇期内,暂时拥有权力去支配我们的英国朋友们、代表们、新闻记者们和宣传员们的时间。他会让他们回到独处的状态,并给他们人手一本《亨利·亚当斯的教育》(The Education of Henry Adams)。他会建议至少浏览一下有关亚当斯在美国内战期间在伦敦供职的那些章节。那样,他们便能就关于美国人对英国外交政策的当前态度找到一些指点。古代史?是的。那些处理国际关系事务的人应当知道,国际关系中的全部重要历史就是古代史。不然,就不会有国际问题了。

然而,严肃而虔诚的研究将始于后面的章节。第24章中的某些段落,关于西班牙战争在英国引起后果的那些段落,应当划出来作为重点来记忆。"在1898年的伦敦,那幅景象对1861年使团中的最后一位尚存人间者来说十分有趣。他记得这里的每一个景象,自《印花税法》(the Stamp Act)②以来的一个半世纪中的情形,他全都清清楚楚地记在脑子里……以把英国带入一个美国体系为目标的每一个步骤。"然后,他强调英国的政治家们和伦敦

---

① 首次发表于《新共和》,第29期(1921年),第102—103页。
② 1765年,为了获得资金以缓解当时处于困难境地的国内财政,英国在北美的殖民地当局通过《印花税法》,要求殖民地的所有印刷品,包括法律文件、许可证、商业契约、报纸、小册子、纸牌等等都要缴纳一分至五十元不等的印花税。此举引起北美殖民地民众的强烈抗议,迫使英国国会不得不于当年10月撤消该法案。——译者

的舆论唯一关心的,只是对菲律宾的吞并在远东力量的平衡方面所产生的效应。

这段几乎四分之一个世纪以前的历史,如果得到适当的研究,可以用来确定华盛顿眼下的情况。英国将会被带入一个美国体系吗?或者美国是否打算干涉列强政治势力的平衡?英国朋友们正礼貌地暗示我们孤立政策的自私。他们友好地向我们指出"加入"他们的行列来服务于全世界的机会。这是一种出于心不在焉的接纳,还是一种幽默感的缺乏,或者是一种牢牢抓住大英帝国已经得到一切的决心——这在它那里当然不能算是自私——它因为缺乏其他选择却反而突出了其他选择?因为这个其他选择就是:英国应当"加入"我们,加入"美国的体系",如同亚当斯所指出的,我们在迄今为止已有一个半世纪的时间里一直在努力使之注意到它。

如此谄媚地告诉我们大不列颠所向往的只是美国所向往的东西,它在华盛顿会议上的唯一政策就是促进这两个自由大国之间的良好理解,等等,等等;这种理解对世界和平是必要的,等等,等等,然后强调说我们的友人对于确保想法上一致的那些东西比较健忘,这是难以令人心安的。健忘而不是不情愿,看来是正确的用词。没有谁比贝尔福更加赞赏友善和协调了。但是,放弃九龙半岛?为什么?九龙半岛在亚洲,除它之外,香港也需要保卫;要保卫九龙半岛,也许还需要更多的领地;而且,保留九龙半岛,增加了广州发展成为一个港口的难度。目前,正如贝尔福天真地提醒与会人士的那样,香港承担着中国南部的大部分贸易往来。看到那么多精力浪费在使两个说英语的民族——我们已经走过了"盎格鲁-撒克逊"时代——相互一致的工作上,用的是注定要失败的手段,这真是令人感叹。达到它的途径是简单的,但既不在于通过宣传,也不在于通过讨价还价。

亨利·亚当斯再一次为我们指明了道路。他讨论了义和团造反时期海约翰的政策。"当海约翰突然无视欧洲人的领导权,自己当上头目,解救了公使团并拯救了中国时,亚当斯在冷眼旁观,就像欧洲人那样充满怀疑,只是不像他们那么愚蠢……事实上,有那么一会儿,这个世界由于看到海约翰把欧洲晾在一边,并且如此悄无声息地把华盛顿政府置于文明之首,以至于文明服从了……顷刻之间,19世纪的外交权谋,连同它的一切痛苦挣扎和奋斗,都被抛到了脑后。美国人开始羞于听到自己过去的屈服。**历史分裂成了两半。**"

这段特殊的历史并不比易破的蛋形矮胖人①更能够放进旧的历史整体。我们外交政策的中国方面,也几乎不比我们对门罗主义的固守少几分顽固,少几分情绪化,少几分变动。它们之中没有一个是杰出美德的产物,而全部都是历史的偶然与自身利益的产物。但是,它们已经存在了。而外国朋友们对我们作出的关于自私孤立的忠告、指点和善意的警告,会比目前的状况更快地被遗忘,如果人们意识到美国民众不打算支持任何即使是间接地侵害到海约翰政策的东西。几个星期以前,这一点也许会是个有争议的问题。我不认为,任何自会议开幕以来追踪着气氛变化并记下会议促成的和没促成的事情的人,还能够对此有任何疑义。

亨利·亚当斯还教了我们另外一课,这一课无论对外国人还是美国人来说,也许都不需要更多的解释——不需要,因为威尔逊总统在凡尔赛没能注意到它。但是,它使这份教材变得完整,所以我们要引用它。这一次不是关于海约翰做了什么,而是关于他所说的某些东西。"任何一项和平条约在正常情况下,都应该在24小时之内得到全体一致的批准……如今,我们有五六个有待确定的问题。我能出色地把它们全部确定下来,并使它们对我们自己一方有利……我本来能够使每一个条款都在参议院获得多数的,但一个心怀不满的第三者总会把所有事情弄糟。"

这番描述可不是在赞扬我们的统治机构,也不是在赞扬我们诚实的智慧。但是,如同亨利·亚当斯指出的那样,为一个像我们这样效率低下的政府辩护的唯一说法是:既然它把每件事都做得很糟糕,就倾向于不做任何事情。目前政府正在组建,这是一件事情。而当它遇到无论用什么好听名字来称呼、需要合作来拯救世界的问题时,只要这种合作认可目前的状况,并在亚洲延续过去的国际关系体系,拒绝行动就不仅仅是某一件事了,而是一切。大众对"加入"一个欧洲体系的拒绝,不会从理解或美德中产生。但是,尽管我们对善意讨好的言辞作出了轻快而富于感情的回答,仍然具有足够的英国特征来拥有某种顽固的惯性。"把英国带入一个美国体系";关于中国,美国在外交上"历史分裂成了两半";参议院中"心怀不满的第三者";这些词句,难道不是在会议休会的那段时间里应该加以仔细考虑的吗?

---

① 蛋形矮胖人(Humpty-Dumpty)是英国小说家刘易斯·卡罗尔(Louis Carroll)的作品《爱丽丝漫游奇境记》中的人物。——译者

事件与意义[①]

组成标题的这两个词,令人想起专业哲学讨论的那些年代。在这一讨论的历史中埋头过深的人,不可能完全把这个问题与围绕它发展起来的一整套专门术语区分开来。但是,这个问题在哲学家们把它据为己有之前,对于人类而言就是特别重要的;并且,当所有职业哲学家都消失之后,它仍会具有特别的重要性。各种事情每时每刻都在我们身边以及在我们身上发生着,我们把意义归于其中某些事情。无论不同的人归结的意义是相同的还是不同的,我们都无法避免归结的行为(the imputing)。我们生来就是要与同类交谈的。我们如果不是为相互依赖和帮助的必要性所迫而去说话,就是被一股内在的推力驱动着那么做的:我们必须在与他人的交流中沟通与分享。单独监禁是人类监狱中的终极招数,而与伙伴说话则是摆脱必然性牢笼、走向解放的开端。

虽然言谈本身就是一个事件,但我们无法言谈事件。我们只能言谈意义。我们生活在一个决定着人类命运的各种事件的世界之中,所以大胆地把言谈的意义指派给事件。确实,有些哲学家对我们在运用人类脆弱的言语禀赋去把意义归于事件时的大胆如此警觉,以至于他们企图排除所有的事件,而只承认意义的意义(the meanings of meanings)。但这样封闭的企图是独白,而不是对话。只要有言语的地方,就有两方。每一方在某种程度上对另一方而言,都仍是一个基本的原始事件(a bare brute event),意义可以归结到他的行为和言语上,但其

[①] 首次发表于《新共和》,第32期(1922年),第9—10页;重刊于《人物与事件》,1929年,第1卷,第125—129页。

本身并不是一种透明的意义。而如果我们没能成功地把对方还原为如此清晰透彻的意谓（significance），那么在对待我们称为世界的时空中无数哑默的事件（happenings）时，我们的失败又将比这大多少呢？

但是，根据我们所处交谈的必然性来看，事件本身是否具有意义，这并没有什么区别；如果事件本身有意义，那就是说，这意义与我们是无关的。只要我们是人，我们就会继续给予事件各种意义。"其余的是沉默"——那不是生命，而是死亡。人们可能会认为，所有的言语，所有意义的归属，都是跟随事件而来的，因此，它对任何尚未到来的事件的影响，一点也不比对已经进入死气沉沉的、无法通达的过去之幽深的事件所起的作用大。也许我们的言语在最具青春活力之时，已经开始衰老了；在谈论一个事件时，我们已经被某个新的事件征服了。但是，即使持一种最极端的看法，认为各种被归结的意义在把各种事物相互区分方面完全无能，对我们来说，这些意义仍然确实在世界中作出了各种区分。因为正是这种把意义归属于事件的能力——也就是说，谈论它们的能力——才使我们免于只是存在更多事件，被卷入事件之流，追逐着它们，被它们绊住，并在它们压力的冲击下粉身碎骨。

我们的清教传统的内省倾向极为寻常，但代表当今状况的一代人在理智上甚至更加内省。然而，它的内省是群体性质的：我们想要了解对我们，而不只是对我来说，发生了什么事；对美国，而不是对个人来说，发生了什么事。也许我们的根本烦恼就在于缺乏交谈，我们做得那么多而说得那么少。或者我们的言谈本身只是更多一些的做事，而不是一场交谈。也许我们还需要一个基金会或改革社团——用来鼓励人们坐下来谈论各种事情，并阻止其他机构再做任何只会增加已经压迫着我们的无穷无尽的事物的事。首先，像孩子们一样，我们聚在一起并组建一个社团，规定它的章程和附则；然后，发现没有什么其他可说的了，我们就对其放任自流，或诉诸"做某事"。直到回到事件之流以前，我们始终不会满意的。或者，我们用内省代替交谈——结果是有自我意识的知识人的那些自我中心式的独白，而不是交流。

每个试图告诉我们对我们来说发生了什么事的人，都说我们只是忙来忙去，做这做那；只要变动在加速，我们就跟着它变动，而不关心将去向何方。我们把这个结果叫做"商业"（business），是因为眼下商业是忙活各种事情最突出的形式。由此，造成了艺术的缺乏、文学的缺乏、精神果实的缺乏。我们的幽默是由笑话构成的;我们的严肃表现在"扶轮国际"①的广告标语中,它说使自己幸福是我们的庄严义务。

所有的批评家都说这种行为的过剩是我们的麻烦所在,而这是非常明显的事实。但哪个是结果和症候,哪个是原因呢?我们是否因为忙于忙碌,而在思想这种预备性的交谈和艺术这种公开的交谈中失败呢?还是说,我们不停地忙忙碌碌来使自己沉浸于事件之流中,是因为我们害怕交谈,害怕应当说些什么的思想和艺术呢?我猜,是由于后者。但是,为什么会有这种惧怕?我推想,部分是因为对我们来说,事件已经太过了;它们的数量太多,规模太大。我们无法找到任何东西来对它们说些什么——除了叫喊。因此,我们只是一头扎进它们之中,并增加它们压倒性的数量。或者因为感到在述说它们方面无能为力,我们就怀旧地对以往说过的事情喋喋不休,复兴"经典"。我们变成极端的现代主义者,并把词句搅作一团,觉得只要能从词句中得到像从事物中得到的一样多的惊诧,并把词句的序列弄得如同事件的序列那般跳跃和盲目,就证明了我们与最新的事件保持一致的能力。

不过,我们之所以在更多地做、更多的事件与遁入或是狂乱的词句或是死了的语言之间没有选择的余地,还有另外一个原因。那些掌有权力的人,归根结底还是惧怕想法,惧怕交谈。他们担心交谈比其已如此成功地驾驭了的事件的力量更强大。他们派出各种工作来使其余的人忙个不停,并且提供各种被称为运动和娱乐的令人着迷的东西。而我们则担心,如果闲着参与交谈,就会丢掉工作或者错过最新的表演。尽管如此,那些偏爱说死了的语言的人还是有的,他们告诉我们:麻烦的根源在于清教主义!

作为一个过于软弱而不敢自由地叙说的人,我将在对领导者的恳求中寻求庇护。无论如何,对正在做着和发生着的事的意义指派,并不像你们所惧怕的那样强大和危险。确实,最终你们可能会——不,是肯定会——从权位上被赶下来,你们的统治权会落到别人手中,但这并不会因为允许更多的言谈而发生。事件之神本人就是一位忙碌而好嫉妒的神。他喜爱事件,而事件是变动不居的。他不会容忍一成不变;当你们在咕哝着我们祖先永恒不变的那些真理的时候,事

---

① 扶轮国际(Rotary International),1905年成立于美国,是一种由从事工商和自由职业的人员组成的群众性服务社团。——译者

件之流已经在挖你们的墙脚了。事件之神毫无退让之意,尤其不会为了你们这些事件的受造物而退让。那些有你参与的一个过去事件的事件集已经开始了,它们的效力几乎全然不会因为一点关于正在发生什么的诚实论述而大大增强。

同时,试想一下,即使对你们自己来说,只要复杂精妙的意义被指派给我们生活于其中的各种事件,生活的世界将会增色多少!如果你们首先允许,然后参与一场观点的交流,参与到一场给无论愿意与否都涉及我们的那些事件指派意义的谈话当中,那么,那种倦怠,那种对未来的惧怕,那种如今驱使你进一步逃进忙碌之中的东西将会减少。对事件进行思考,并用音调和色彩及形式把它们表达出来,也许会比成为一个事件更重要。为了叙说事件而从事件的过程中暂时抽身出来,这甚至有可能缓和事件的猛烈,并通过调和的力量,使它变得更加稳固。然后,当事件中的巨大变化确实到来的时候,你和你的孩子们的准备就能比现在无数倍的充分。因为你已经造好了一个思考框架,这个框架给予发生的事以意义;而且去发现一种意义,去与他人一道寻求理解,这始终是一种满足、一种享受。不具有归属意义(attributed meanings)的事件是意外;如果它们够大的话,那么是灾难。通过充分的预备性的交谈,你能避免一场灾难。因为没有任何属于一个编织好了的意义故事的东西是一个灾难。

而且,总是存在着一种可能性,即一种明智的意义归结不仅仅是一种个人爱好和修养,它也可以成为有力地影响其他事件的一个事件。而如果真能这样的话,即使不爱所有的人类之子至少还爱自己孩子的你,通过鼓励交谈,鼓励不仅仅作为一门专长的思想和一种装饰的艺术,将会使你的孩子们能够参与事件的某些未来进程,而不是被它们压倒。当事件如此诱人地召唤我们去讲述关于它们的、被聪明人称为真理和艺术的故事时,为什么要像一头无言的野兽那样毁灭呢?而尤其是,让我们中的任何人都不要认为在称为自由思考和自由言语的东西中,首要的是自由。"自由的"这个词不是必要的,而是多余的。正是思考本身,意义的生活才是重要的。离开了交谈,离开了话语和交流,就不存在思想,也不存在意义,而只是哑默的、荒谬的、毁灭性的事件。

280

工业与动机[①]

281　　要讨论将会提高服务的重要性而降低利润的重要性这样一个工业上的变化，在我看来，需要在作为动机和结果的服务与利润之间作清楚的区分。我对"服务"所扮演的作为一种规范工业组织及其产品流通方面的动力的角色，缺乏信任。这种不信任不是出于对人类本性的悲观态度，而是出于如下信念，即任何类别的动机都是偶然的而不是根本的，它们主要反映而非产生社会状况。我们可以找出一大堆理由来同意亚当·斯密(Adam Smith)及其追随者们的说法，说我们餐桌上目前的供应，比假设生产者与分配者们在仁爱之心的驱使下对待同胞所产生的结果要好。难以理解在后一种情形下，生产与交换机制如何建立和保持运作。

　　但是在我看来，亚当·斯密及其追随者们犯了一个类似的错误，即假定目前的局面如其所表现出来的那样，完全或主要是自爱或对利润的欲求的产物。从总体上看，它似乎更像是人们不断忙碌，去做一些事情，去满足许多种类的需求这种需要，再加上由环境在固定人类行为方式方面所施加的压力。否认现存制度是对金钱利润欲求的产物，这似乎是荒谬的。但是，否认目前的体系有某种程度的对人类各种需求的服务作为它的结果，尽管不是作为它的目标，这也是荒谬的。公平的指责应该是说，服务的运作受到金钱利润因素的阻碍和干预，已经到了严重且越来越令人类的调节能力难以容忍的程度。如果我们试着不加夸大地

---

① 首次发表于《明日世界》(World Tomorrow)，第 5 卷(1922 年)，第 357—358 页；重刊于《人物与事件》，1929 年，第 2 卷，第 739—744 页。

把这些事实放在一起,在我看来,我们就得到了如下结论:对利润的欲求从来没有造成现有的状况。但是,现有的状况是:它把利用具体的商业环境从中获利、获得金钱利益的欲望放在首位,这些具体商业环境表现为诸如雇佣劳力、生产与销售商品、发放或拒绝贷款之类的事。其结果,就是上面提到的服务运作的停止和变质。

这个论断相当抽象;因此,有人可能会反驳说,对一切实际的目标来说,采纳这个特定的解释还是采纳人们熟悉的那个,即把获利的欲望作为保持工业与商业运转的动力,这没有什么区别。如果在诊断罪恶的起因与寻求补救的方法上果真没有区别的话,我会第一个承认,这是一种不值得注意的理智的巧计。但是,我认为其中确实有着一种根本的区别。

首先,习惯和处境的机遇与压力即使现在,也是使芸芸众生奔忙的动力。想想你认识的男男女女——农民、工人、小店主,包括教师、女管家在内的普通职员——再问问自己,这是否属实。此外,你还将发现,相对来说,数量较小的一群人,他们比普通人具有更大的道德活力;在他们之中,一种服务于人的有意识的欲望是显而易见的;还有另外一小群比普通人具有更大经济活力的人,他们致力于获取金钱利润。在许多方面都是这后一种人作主,并确定普通大众的生活与工作环境。大众参与的是环境允许和要求他们做的事,但并不认为获取利润的游戏是有价值的;实际上,他们认为不是这样,但自己并未意识到这一点。他们希望日子过得去,希望享受生活,养活家人,享受他人的陪伴,希望从他人那里得到一种合理程度的赞赏。他们把这些看得比赚钱更加重要。如果对利润的渴求比如今传播得更广,那么,参与操纵获利事务的这相对而言的一小群人就不会像现在那么清闲了:它就不会是那样一种垄断了。那么,是情境中的而不是人类动机中的某种东西在目前使一些人如此看重获取——无论金钱的获取还是以金钱为其象征和工具的权力的获取,这不是有可能的吗?

其次,环境之所以如此刺激获利活动,主要是由机械发明——蒸汽与电力的各种应用——造成的。这些机械发明是科学的结果,而带来工业革命的各项科学发现,在任何主要方面来说,都既不是服务愿望的产物,也不是获取愿望的产物。它们主要是由于这样一个事实而产生的,即有一定数量的人在观察、实验与数学计算中找到了释放他们的精力与兴趣的出口。而且在早先时候,至少那些主要的发明都不是出自对赚钱的爱好,而是出自类似于以一种合适的方式释放精力的内在驱动。毫无疑问，近来发明已经变得比较商业化了，它更多的是一个被吸收进总体商业框架的商业问题了。

第三，即使在所谓民主国家里，政治状况与法律关系中也仍旧包含着许多封建制度的遗留物。现代工业主义是在封建制度确立的环境中发展起来的，并且仍在这样的环境中运作；我们归于现代工业主义的许多罪恶，都在资本主义发展之前确立的环境中有其真正的来源。拿单一税制运动所强调的一个情境来举例——土地价值的私人所有制。谁要否认获利的事业是阻碍变更将土地价值社会化的税制法律与方法的一个强有力的因素，这将会是荒谬的；但是，土地价值私人占有的起源，要回溯到先于现代商业之前很久的法律协定。考虑到单一税制改革家们所提出的证据，即土地所有制与税制方面的变更将会促进商业发展，并更广泛地分配收益，看起来很有可能的是：惯性、懒惰、无知和轻率在保存旧的法律情形方面所起的作用，与通过限制人数的手段来增加利润所起的作用几乎一样大。还可以找到许多其他的例子。

这三点思考的关键，在于它们在能够释放服务的运作并使它更加公平的各种方法上的应用。首先，其中暗示着教育的重要性。在穷人中间发行最广的报纸，是那些把最大的注意力集中在大富翁们的活动与享受上面的。如果不是因为大众对财富以及它所赋予的权力的赞赏，财富在社会生活中所获得的地盘就会大大减退。这是一个广义的教育问题。当大众对艺术享受以及人的满足的其他模式的欣赏传播开来时，人们就会用某种怜悯或鄙视的态度来看待那些像现在的社会"领军人物"那样突出地献身商业的人们。但是，目前的教育是如此鼠目寸光（只要想想大部分人停止上学的年龄就行了，且不说他们在离开学校以前都学到了点什么），以至于大量的人除了接受他们所发现和适应的工业状况外，别无选择。他们在艺术、智力活动，以及在有价值的层面上的社会交往方面的兴趣尚未被唤醒；即使它已经被唤醒，他们也不具备足够的手段去满足它。

其次，科学的发展还是片面的和不完全的。对各种自然力及其控制方法的知识，远远超出了对人类的精力及其运用方法的知识。看来似乎依靠后一个方向上的科学发展在社会处境方面引起重大的改变，比在缺乏科学进步的情况下在动机方面造成一种改变更加保险。然而，自然科学仍然是有限制的。正如现有的经济状况在如此大的程度上归功于因数学、物理和化学而成为可能的种种发明，有可能下一个不可避免的工业革命会具有相同的起因。假设化学家们真的发现了一种使金或银变得像锡或铝一样便宜的方法,那么将会对现有的经济制度发生什么影响呢?假设化学家们成功地发现了释放原子能的办法,以至于任何一群人都能轻松而便宜地获得控制生产的能源与设备,有谁能估计出这对目前基于机械控制之上的资本主义所造成的社会后果吗?假如我是一个资本家,我将会更多地由于对这类变化的期待,而不是由于布尔什维主义或社会主义而彻夜难眠。

第三,存在着有限的但是真正的法律变更的领域,这些变更将会改变工业、金融和商业运作的环境。我不认为,那些期待着每一个令人向往的变化都在这个方面发生的人是明智的。但是确实,主要受税制模式与投资模式变更影响的财产占有与利用方面环境的变化,将深刻地改变商业的运作环境,以释放和确保一种公平的服务运作。

这三个方面的变化归总起来,会创造一种工业秩序;在其中,目前对利润与获取的强调将被大大降低。我们将拥有其结果是服务的商业。但是,这个动机不会比既定的、习惯的过一种更加自由、充实、富足的生活的机会更是一种服务了。仅仅作为商业本身的商业,还没有达到销售公众信息以及环境、机遇与结果的知识的程度。目前的混淆、拥塞与权力的片面控制,主要是有特权的一小群人对事实的私下了解,以及对他们的活动及其结果保密的共同产物。如果在教育、科学与法律方面能够有所改变,就能产生关于环境与机遇的知识的一种更加平等的了解。对工业和金融巨头的活动以及他们活动结果所作的公布,将势不可挡地带来对与其所作所为相关的公众情绪的检验。他们会花费更大的精力,去做那些经得住考察的事情。这还远不是将产生的变化的全部,但是这样一种变化,单单其本身就将给目前的制度带来无异于一场革命的东西,以使服务成为规则而不是功能。对商业行为中更加人道的合理动机的呼吁有其一席之地,但是对我而言,这块地盘是更加广泛的教育过程的一部分,这个过程将把注意力引向社会情境中的各种机遇。

作为一种福音的古典意义[①]

"知道什么是可能的,这是幸福的开端。"细细琢磨起来,这句话在不同人的头脑中会引发导致相反结论的不同思路,即它们在幸福的概念和知识的概念上是相互对立的。

对一些人来说,这句格言表达的意思是:"如其所是"的事物是有着可能性的事物;这个世界当下的状态不是一个封闭的世界,而是一个具有各种尚未得到揭示的可能性的世界;被赞颂为"世界秩序"的东西,尚在形成过程之中。以这个推测为根据,肯定可以进行一个思想上的跳跃,认为幸福——我们的幸福,在于生活在这些可能性的王国之中,在于努力去发现它们,并运用事物当下状态中那些确凿可靠的要素作为手段来实现这些可能性。在某种意义上,无论含糊的还是清楚的,会有一个等同:把幸福等同于愿望,等同于努力,等同于为使这些可能性在现实中具体化并由此改变现实而花费的力量。这种态度把知识的位置固定在善之中。对现实及其可能性的洞见是为幸福服务的,因为它是转变过程中一个不可或缺的部分,这个部分是如此不可或缺的一个手段,而不仅仅是一个手段。

另一些人会把这句话的意思更多地与我们的可能性而非事物的可能性联系在一起。于是,这句话的教导就是关于限制,关于检查愿望和欲望的。不幸的来源是浪漫主义式的愿望,想要逾越由事物之所是设定的界限;幸福的开端是承认必然的事物,使我们的思想和选择与宇宙的固定秩序相同一。放弃意志和幻想中的虚夸之物,把事物的秩序接受为生活的秩序,这是一种理性的、成熟的、清醒的

[①] 首次发表于《哲学杂志》,第18卷(1921年),第664—666页。

幸福的关键所在。这种观点中,关于职责以及知识的位置也有所暗示。要超越现实的界限是不可能的;企图这么做,是幼稚的急躁和未经调教的愚蠢。通过放弃这种不可能的善,我们获得了洞见的善。如事物之所是那样理解事物,回报是带给我们由对人的内部力量的唯一掌控而来的喜悦;我们通过平息对不真实和不可能之物令人烦恼的愿望而获得安宁,并成为对永恒的不受侵扰的真理的洞察所具有的愉悦的分享者。求知是人类最高的善。用思想史上的话来说,随着斯宾诺莎式的使欲望和意志遵从永恒秩序而来的,是亚里士多德式的理论生活的神圣极乐。

对一个其本能与习惯自发地引向根据事物的可能性来构想可能性的人来说,这后一种阐释似乎植根于主观,或者,坦率地说,是以自我为中心的。它暗示着一种下意识的关注自身的决定。它是一种颠倒了的浪漫主义。浪漫主义明显地说,发端于用感情与欲望的生活来反对世界的结构和体系。它用幻想和欲望的材料筑成了另一个世界,断言那个世界才是真正真实的世界,因为那是一个理想的世界。一个意识到这种态度傲慢无礼的自我主义和肆无忌惮的不成熟,并仔细思考由忽视生活与行为的境况所造成的大混乱的人,会自然而然地转向对世界秩序的沉思。这个秩序确定了合理想象和意志的限度;对它的深思熟虑,能确保获得对一种确定而崇高的幸福的洞见。

简单地说,这样一个人会成为古典主义者。尺度、秩序、比例、限度是世界的本质,而理性则是自愿领会并明智采纳尺度作为生活的规则。本能、幻想、热切的欲望,是重要的敌人。但无意识的颇具古风的古典主义是对那样一个时代的生活境况的自发回应,那时的事物看起来除了像在没有人类选择和努力所参与的自然循环中实现的样子之外,别无可能。它植根于一种关于世界有限的、完成了的可能性的观点。它不是发源于对我们的可能性的任何考虑,与关于自身的、无论受限的还是不受限的主张的思想无关。要从欲望与选择的可能性的思想出发,从经过伪装的、关于自我的思想出发来恢复这样的古典主义,是不可能的。这种企图违反了考虑境况、考虑结构的原则,而这条原则正是古典主义的根本。因为它忽视了当时的种种境况,在这些境况下,古典精神是对自然本身的自发回应。出于这个理由,我把现代的有等级意识的古典主义称为颠倒了的浪漫主义。它是福音式的,不是自发的,因为它一心致力于拯救。它对拯救的构想是合理的,而浪漫主义的构想则是异想天开的,这一事实并未改变整个论断。它只不过把古代艺术的精神变成了一种与世隔绝的知识的唯美主义。

平庸与个体性[①]

个体主义大概是人们日常使用的所有标签中最模糊的一个词了。它可以指从自我中心的行为到独特性与独一无二之间的任何东西。我们可以说过度的个体主义是对美国文明的一项突出指责,也可以说个体主义的缺乏是我们的一个突出缺陷。在作前一种评论时,人们想到的是经济和法律方面的情况;在作后一种评论时,人们关注的是精神生活(intellectual life)。个体性是一个相对确定的词;它具有性质上的独一无二,或至少是独特性这种涵义。它暗示着一种内在的和建构性的,而非法律的、可比的和外在的自由。我们的先人们,批准了各项法律与经济制度发展的先人们,至少都设想他们所偏爱的这些制度会促进个人的和道德的个体性,无论这种设想的误解成分有多少。留给我们这个时代的事,是在个体主义的名义下,把对工业成就方面的利己能力的褒扬与精神方面对共同一致的坚持结合起来。

既然现在我们碰到了这个话题来向平庸、向埋没在大众理想与信念中的个体性表达尊崇,那么,在对我们没有等级之分夸耀了很长一段时间以后,现在我们夸耀自己发现了一种科学的方法来把民众划分为确定的类别,这就没有什么值得惊奇的了。正像亚里士多德通过说明那些本性上优秀的人物是多么自然地成为仅仅是手段的那些其他人的目的使奴隶制合理化一样,我们也许在惊叹这位古希腊哲人无情的同时,也通过诉诸民众之间天生的和无法改变的心理学上

[①] 首次发表于《新共和》,第33期(1922年),第35—37页;重刊于《人物与事件》,1929年,第2卷,第479—485页;另见《今日教育》(*Education Today*),1940年,第164—170页。

的等级,使社会秩序的不平等合理化。乔治·B·卡滕(George B. Cutten)先生最近在就任科尔盖特大学(Colgate University)校长的演说中告诉我们说,如今人们"发现""只有15%的人具有足够完成大学学业的智力"。从这一"发现"中,他得出结论:既然我们从来就不曾拥有过真正的民主,那么,"民众智力水平的低下,就将不会容许我们有一种真正的民主"。他不仅作出不容否认的论断,说我们在工业、商业、各种行业和政府中受着贵族阶层的统治,而且把这种贵族式的统治称为*智力上的*(intellectual)贵族统治!这个形容词似乎令人难以置信。但卡滕校长认为,说目前状况下的显著成功是天生的智力上的优越性的一个标志,这个假定和说所有人口中有25%低于正常水平,以及只有15%的人有能力接受高等教育有着相同的科学保证。

卡滕先生以一种令人震惊的社会等级划分的观点开始了他的校长生涯,这种观点是基于通过心理测试进行的智力分类之上的教育学分类的最终产物。我们就要有一种像印度的种姓制那样的制度了,"但是,是建立在一个公正而合理的基础上的"。因为"当为就业指导而进行的测试充分完善之后,学校里的每一个男孩和女孩都会被分配到他/她最合适干的职业"。填充非熟练工和技术操作员这个档次将不会存在困难,因为卡滕先生似乎暗地里相信一种奇谈怪论,即军方测试表明民众的"平均心智"(average mentality)略微超过13岁年龄的水平。只要想想一个普通的13岁少年的精力和未曾遭到破坏的好奇心,拿它同一般成年人那变得迟钝的观察力和失去锋芒的生命力来作个比较,人们兴许就会希望这个论断是正确的。它会是极其振奋人心的。但是,指出下面这一点更有意义:正如李普曼(Lippmann)先生如此清楚地在文章中说明的那样,卡滕先生这个论断的意思就好像是说有65%的人处于最低的50%的水平之下;这只是一个比较性的论断,因而完全没有意义。使这种表示不仅仅是一个个人失误的地方在于,它为无视具体个体性的习惯、为依据固定不变的智力与社会等级来思考的习惯提供了令人吃惊的证据。

没有必要对李普曼先生如此令人赞赏地进行了概括的那个理由再来详细考察一遍。但是,为什么我们有修养的领导者如此普遍地认为一个纯粹是分类性的公式为具体个体的智力提供了信息呢?说生于1913年的约翰尼·琼斯(Johnnie Jones)在1922年有8岁或10岁的心理年龄,这只不过意味着:根据他完成某些练习的情况,他属于至少为数一百万之多的一些人中的一员,他们分别生于1912或1914年。那么,为什么人们如此经常地假定约翰尼·琼斯的个体心智已经得到了明确的确定呢?说一个人属于一个为数一百万上下的人的类别,据此与另一个一百万人的类别相比较,这个人提前或滞后了一年,无论如何,并不能为弄清一个特定个体的各种内在能力提供多少启发。

这个假定似乎暗示着一点。我们无可挽回地习惯于以标准化了的平均值来思考。经济与政治的情势,导致我们根据其中的类别、总数和团体成员身份来思考。尽管说了那么多关于个体性与个体主义的话,我们并没有根据独特的性质来思考的习惯,更不用说根据独一无二地个体化了的性质了。从大众对心理测试的接受中推出的结论,与其说和老百姓的固有智力特性相关,不如说和那些智力代言人所习得的习惯相关。这个事实对于民主的前景的确是非常重要的,但对民主不利的理由却完全不同于人们常说的。因为它反映的不是大众天生的心智,而是身居高位的那些人所习得的巧智(intelligence)。它表明了由环境和学校所给予的教育,怎样在其头脑中牢牢安置了通过分类而不是辨别来下判断的倾向,而且是通过代表着普通大众平均水平、通过他们的平庸而不是个体性的分类来下判断。

也许有人会认为,我们忽略了许多测试者对具有出众能力的学童所表现出来的兴趣。因为一些测试者告诉我们说,测试的一个主要的良好结果是:它使我们能够众里挑一地找出那个出众者,使保留出来的这一小部分人能够免于像现在一样被淹没在普通人之中。但是,这种表面的例外证明了规则。分类的观念依旧为人所遵循,并占据着主导。"出众"仍是一个分类性的词。这一类别的规模缩小了,比如说从一百万减小到十万。但是,何种优越性标示出一个特别的个体,对我们来说仍是个未解之谜。

测试者们所提议的测试结果在教育方面的实际应用,加强了这样一种见解:即使有修养的头脑也受到量化分类观念的主宰——根据个体性的特性从他们身上消失的程度来说。因为他们中的许多人现在告诉我们说,测试结果的运用主要是确保对学童更加精确地分档或分层。我们不是把许多有着不同能力的学童混在一起,而是把他们分成优秀的部分、一般的部分和较次的部分,由此每个人都可以用自己的步子前进,而不至于受到他人的阻碍或者过度的驱使。个体不是被设想为一个有其独特的复杂特点、方法和性子快慢的个体。用分类把个体淹没在平均总体中的做法被长久固定下来了:它被标准化,并且变得更加有效率。它的直接结果也许会推迟教育改革之日的到来，这种改革会使我们摆脱较次的、中等的和优秀的平庸，以使我们面对个体化了的头脑和特性。这个变更与另一些变更是同步的，那些变更是：在保留既有的强调容易听话的头脑而不是探求的开拓的目标的教育观念的同时，使指导变得更加有效。

这些话无论如何都完全不是针对心理测试的科学程序而作的怀有敌意的批评，它们是试图暗示它的适当目标，并指出如今朝那个目标的运动所达到的阶段的努力。这个目标是一种辨别的方法，对人进行分析诊断的方法，它是内在而绝对的，不是可比的和共通的。在能够达到这个目标之前，必须规定某些一般的统计规范。但它们的功能是科学上的，不是实际应用的，无论是用于学校教学还是用于实行民主。它们在制定一个最终将被用于对个体进行分析的测试系统方面有价值。比如，你无法确定你是否对某一个特定的人的技术才能进行了好的测试，直到你见过大量的人对不同的练习如何作出反应为止。可惜的是，一个用来测定最终将用于诊断个体性的那些测试的设计，被当成好像它已经为测试个体提供了手段。

比如说，不经过广泛的统计学调查建立起量化的一般规范，人寿保险就是不可能的。根据建立在这些规范之上的可被保险的风险程度，个体被分成各个等级。但是，没人会假定这个结果确定了任何特定个人的命运。如果被承认为一个好的被保险人是长寿的保证，那么显然没有人在被承认之后会去投保。类似地，对一个通情达理的人来说，被拒绝投保并不是确实无疑的死亡的致命信号。这是一个警告，警告这个人去进行一次彻底的个人体检，并依据这种个体诊断去采取个体化的治疗措施。目前，确定的智商测验至多只不过是某些风险和概率的一个指示。其实际价值，在于它对各种个体化了的能力与无能进行更加仔细深入的探究所给出的刺激。

事实上，卡滕校长的教育观在具体方面所表现出来的，比他对军方测试的轻率运用所表现出来的要明智和人道得多。他通过舍弃逻辑性救了自己。他说，与神学和哲学相比较，教育是保守的；他宣称，如果我们在教授错误的科目，那么教得越好，结果就越糟；他确信，我们在很大程度上正在教授错误的科目，这一点也许是从他说我们的教学大纲在过去一千年中并没有多大的变化这个论断中引出的。他指出整个体制在接受方面很强，而在创新方面很弱；结果就是我们之中有创造力的艺术家和思想家相对缺乏。那些在大学里善于冲击陈规而只是勉强毕业的学生,后来成为了生活中的领导者和决策者。

　　承认这些事实但不同时承认作为一种实际的措施,我们应当致力于在我们控制范围之内的教育变革,而不是担心不在控制范围之内的天生差异,这可能吗?如果从小学开始,卡滕校长如此渴望在大学中拥有的探索和创新教育就得到普及,那么,也许民主就不会处于如此危险的一个境地,尽管存在着一些天然的不平等和缺陷。直到我们尝试了教育实验为止,我们都完全不知道也不会知道个体的能力和局限的真正所在。因为这并不只是被普遍承认为有失误的教育在数量方面的事;它是同它的质量,以及它的精神、方法与目标相关的。

　　从接受性的教育到创新教育,到卡滕校长很好地描述为会以"应对一个独特情境的能力"为结果的这种教育的转变,显然意味着根据个体的独特性和独一无二来研究和对待个体。这包括摆脱那种类别化的平均化教育,目前对心理测试结果的解释正越来越严格地导致我们走向那种教育。看到卡滕校长的话题从一门他在其中某种程度上是轻率的非专业人士的学科,转到他在其中是一个高明专家的教育领域,人们会非常高兴。从一种针对个人的观点来看,他在这两个领域中态度的差异暗示着我们称为智力的东西在多大程度上是一种习得的东西,是由机遇与经验造成的。无论天生的特性会在多大程度上造成局限,它们都不是积极的力量。经验,也就是说教育,依然是智慧之母。并且,直到大幅度修改获得和传授经验的方案,即教育的方案之前,我们始终无法在哪些是天生特性给智力造成的局限这一点上获得任何洞见。除了完全低能的情况,我们可以有把握地说:民众中最缺乏创见的成员也具有各种潜能,这些潜能现在并没有表现出来,而且将来也不会表现出来,除非我们把通过平庸并且为了平庸而进行的教育转变成通过个体性并且为了个体性而进行的教育。

个体性、平等与优越[1]

一篇题为"平庸与个体性"(Mediocrity and Individuality)的文章指出,当前对心理测试结果的接受,表明我们不是把个体作为个体,而是把其作为一个类别的造物来加以评判和对待的程度,这个类别是一种掩盖了真正个体化特点的量化类别。机械的、工业化的文明关心的,是平均值,是百分比。反映出这种社会背景的心理习惯,使教育和社会管理服从以平均化的次等者与优越者总量之分为基础的等级划分。我们接受这样一些评判个体的标准,它们是基于在现有社会状况下获得显著成功的心灵与性格特点之上的。"次等"者是被认为在像如今这样一个社会里没法"混得好"的人,"平等者"是属于由在现今社会获得承认、地位和财富的机会差不多而形成的一个类别的人。

从思想上接受这样一种每个正直的人都会承认其有失公允和杂乱无章的、一个社会评判个体的标准,给了我们一个机会来对优越与平等的基本观念重新作一番考察。这些词指的是什么意思呢?教授们关于优秀的能力有一个衡量标准;工业巨头们有另一个标准。此一类人褒扬善于学习学术科目的能力,彼一类人赞赏执行的力度。假设研究者们和艺术家们在社会上举足轻重,以至于他们能有效地联合起来,那么,我们难道就不应当再另外采用一个衡量标准吗?目前优越的种族是根据自己的杰出成就来被看作是优越的。次等的种族之所以次等,是因为他们的成功在其他方面,虽然他们的成就也许比我们的更加精巧和

---

[1] 首次发表于《新共和》,第33期(1922年),第61—63页;重刊于《人物与事件》,1929年,第2卷,第486—492页;另见《今日教育》,第171—177页。

文明。

优越与次等就其本身来看,是两个没有意义的词语。它们与某个具体结果相关。任何人都不应该使用这些词,直到他自问并且准备告诉他人:在什么上面优越和次等?说一个学生次等,这是对于背诵课文,对于适应一种学校的管理,对于影响同伴,对于"学生活动"或者什么来说的吗?说一个成年人优越,指的是在挣钱、玩音乐、耍手腕方面,在做一个明智的家长或好邻居,在做一个家庭主妇、司机或者图书管理员,在做一个令人愉快的伙伴、一个自信的人、一个高等数学研究者、一个专业会计、一个易于指导的工人或一个革命家方面,还是在写作受人欢迎的电影剧本或在实验室里做研究方面?

有多少种结果可以获得,有多少件事情可以完成,就有多少种优越与次等。而直到社会变为静态之前,新的活动种类一直会不断发展,每一种都容许有并且产生着它自己特殊的次等者和优越者。无疑,在不止一个方向上促进优越的各种特点之间,存在着某种程度的相互关联。但是,抽象的、普遍的优越和次等的概念是一个荒唐的东西。目前对这些概念的宽泛使用,意味着在那些假设自己属于优越类别的人方面有一个过度补偿。它看起来像是一种试图摆脱我们全都至少下意识地知道自己具有的那些局限和无能的努力。

在分类严格的情况下,优越的量化方面或多或少总是不可避免地变得突出。种姓是优越的档次或程度;在每个种姓内部,高低的等级秩序得到了重复。试图发现适合抽象意义上的"领导"的抽象心理优越等级,表明我们与封建制度实行的那套东西仍有关系。在工业生活中,从大金融家到工业巨头一路下来到非熟练工档次的新封建主义,恢复和加强了封建制度的这一倾向,即忽视在自由的或个体化的追求中所表现出来的个体能力的倾向。有时候,在理论中,我们把各种形式的有用的活动设想为彼此处在同一个层面上,只要它能真实地表示所需服务的完成情况。在这些时候,我们至少在观念中意识到了存在着无数有意义的活动形式。但是,这些想法通常仅限于在带有宗教意味的那些时刻发生作用。当碰到"实际"问题的时候,那同一个在宗教情绪中肯定个体性和服务的机会之独一无二的人,就落回到了数量极其有限的一些约定俗成地得到描述和评价的位置上来,并满足于在量化的比较框架之内对人进行划分。

人们曾经假定,至少是有些人曾经假定,教育的目标除了使学生具备一些不可或缺的方法之外,就是去发现和释放个体化了的能力。这样,他们就能在自己的人生中,无论遇到什么样的社会变动,都能有自己的应对办法。但是,如今我们欢迎的是这样一套程序,它在科学的名义下把个体淹没在一个用数值表示的类别之中;参照他对数量十分有限的一些根据目前的行业标准所划分的职业的适应能力来评断他,把他嵌到预先决定了的一个坑中,并且随后尽教育之所能来使目前的等级永久化。与最原本的个体区别有关的座右铭,是坦克部队的座右铭。"让他们吃点苦头"(Treat' em rough)——除非他们在这个或那个已经设立了的社会分类中表现出成功的迹象。不然的话,这个人也许成长为一个拒服兵役者(conscientious objector),或者社会改革家,或者倾向于为了自由的科学探索,或者是艺术以及其他某些奢侈的和装饰性的行当的活动而要求社会的承认。

这种情况中具有讽刺意义之处在于:这一举动通常是以贵族统治之名,甚至是以思想上的贵族统治之名而采取的,并且是作为对民主的各种忽视个体性的倾向所进行的攻击的一部分。也许"民主"这个词已经和一种特殊的政治秩序——普选和由选举产生官员的制度如此紧密地联系在了一起,而这种制度的运作并不十分令人满意,以至于不可能恢复其基本的道德和理想意义了。但是,无论给它什么名称,意义总是保持不变的。它指的是对个体性、对每个正常人身上独一无二的独特特性的信念;对相应的创造新目的的各种独一无二的活动模式的信念,以及对由各种个体化了的能力的释放所引发的对现存社会秩序的修正乐意接受。

在这个意义上,人们可以说,民主指的是被推向极致的贵族统治。它是一种主张,认为每个人作为一个个体都能最适合于某个特定的目标,并因此在那个特定方面最适合于去统治、去领导。固定的、数量有限的划分等级的习惯,对真正的贵族统治和真正的民主来说都是敌人。正是因为我们那些自诩为贵族统治者的人如此乐意向量化的或比较性的分类习惯投降,人们才能在他们所宣称的渴望一种独特制度的表白背后,探测到或多或少经过矫饰的势利。因为只有个体,才是终极的独特的东西;其余的,只是一种在程度上有别的共性。与当今民主的批评者身上显而易见的对属于某些阶层的特性的那种圆滑的集体崇拜相比,即使是在最粗糙的民主雏形中,也存在着某种更加独特、更加高贵的东西。

平等的早期提倡者们,即便是最热情的人,也从未愚蠢到宣称所有人在特性方面都相似的地步。卢梭是最早坚持心理和生理方面有自然差异的人之一。正是对这些差异在强度和范围方面的深刻确信,才使他如此坚决地主张在政治、法律和某种限度之内的经济上的平等。否则,某种天生的优越能力将会导致对大众的奴役,在他们天然的缺陷之上再添加人工造成的脆弱;同时,通过给予那些有着出众能力的人一种人为的统治他人的权力和对他人福利粗暴而轻蔑的无视,来败坏这些有出众能力的人。

在我们本国早先的历史中,约翰·亚当斯①大概是因天生禀赋不平等而承认政治中的贵族统治原则具有无可避免的必然性的主要拥护者了。但亚当斯是一个现实主义者,他并未假定天赋的优越意味着智力上的优越,或者现实中的贵族统治意味着在心理或道德上优越的人的统治。他明白,无论什么样的政治制度,与其结合在一起来寻找用武之地,并且使各种制度为其目的服务的天生的优越者的种类无限之多——权力,命令与影响他人行为的权力,成为他们唯一的公约数。用他本人那现实主义的话来讲:"一个贵族统治者是任何能够控制两派投票者的人,其中一派站在他自己那一边。"他指出,这种优越的影响力可以来自美德、天赋、阴谋或放荡,来自滔滔不绝或沉默寡言,来自率直或矜持,来自亲善或欺诈、暴力和背叛,来自自然神论或无神论。强者就像强者那样行事。亚当斯从来不曾陷入当今贵族统治的拥护者们那种油嘴滑舌的感伤论调,这些人假定天生的优越者完全在天赋与美德一方,而次等者则全在相反的一方。

托马斯·杰斐逊(Thoms Jefferson)是亲近民主派的,但他写信给约翰·亚当斯说:"我同意你的这个看法,即在人们中间存在着一种天然的贵族统治……美德与天赋的天然贵族统治是自然最珍贵的赐予……能够保证最有效地选出这些天然的贵族统治者担任政府官员的政府,是最好的政府。"他进而指出亚当斯和他本人关于哪些手段最能确保这种结果这一点上的差异。亚当斯认为,某种直截了当的建制是必要的;杰斐逊认为,这种公开的承认会助长"华而不实的"(tinsel)贵族统治的财富,而且是以天然的贵族统治为代价而产生的;因为无论如何,富人都会想方设法保护他们自己,并且不需要任何人为的防护来面对穷人的脆弱。他们两人都同意平等是道德信念,是关于在社会上得到确保的正义的问题,而不是生理或心理禀赋的问题。

没有哪个聪明的民主平等的捍卫者相信什么别的东西。如今他已经不像一

---

① 约翰·亚当斯(John Adams,1751—1826),美国第一任副总统(1789—1797),其后接替华盛顿成为美国的第二任总统(1797—1801)。——译者

个世纪以前的人们那样,确信有哪种法律和政治制度本身能够防止天生力量差异的不适当作用了。他十分清楚地看到,像目前这样一种经济无政府主义的统治,过分激发了优越的天生力量的许多最令人不快的形式,而结果逾越了道德平等的法律和政治界限。于是,他明白了,道德平等不能根据法律、政治和经济制度来设想。因为所有这些都注定是分类性质的;与同质和统计学上的平均值有关的。道德上的平等意味着不可通约性,即无法适用共同的量化标准。它意味着要求独一无二的机会和各不相同的表现的内在特性;意味着在找到一件具体的事去做那方面的优越,而非在达到一类竞争者共有的目的的力量方面的优越,后者必然导致把对他人的统治放在首位。这类活动最佳的、几乎是仅有的那些模式,在艺术与科学之中。确实存在着二流的诗人、画家和音乐家,但艺术的真正标准不是比较性的,而是特性上的。艺术不是伟大的或渺小的,它是好的或糟的、真诚的或虚假的。许多脑力工作者并非都要成为亚里士多德或牛顿或巴斯德(Pasteurs)或爱因斯坦,但是每一个真实的研究结果都是独特的、个体化了的;它具有自身不可通约的特性,并发挥着自己独一无二的作用。

然而,通过思考,我们可以得出:如果把道德上平等的形式局限于艺术和思想探究,这显然有点儿太学究气了。直接的人际关系,对人际交往的好感和服务,是它最广泛和最实用的表现方式。那些自称为贵族统治论者的势利者的自以为是,没有在哪个地方表现得比无视大地上卑微的人们在这些方面的出众才能和成就这一点更明显的了。人与人之间的这种接触,是不可替代的;据此看来,所有的人都是平等的,因为所有的人都是不可通约的、无定限的。只要教育不把它的主要注意力集中在释放艺术、思想和交往中的各种独特倾向上,民主就不会成为民主。目前在这方面的主要思想障碍,是分类和量化比较的习惯。那些夸耀抽象一致的优越与次等的伪贵族统治者们是当下一种阶层观念的主要捍卫者,这种观念指的只不过是把大众划分为一些较小的部分。心怀道德平等信念的民主主义者,是普遍化了的贵族统治论的代表;他们所说的平等,则是被普遍化了的独特性的平等。

美国思想边界①

威廉·詹宁斯·布赖恩（William Jennings Bryan）反对科学、推崇蒙昧主义与不宽容的这场抗争，值得加以严肃研究。它所要求的，不只是由其直接引起的相互掺杂的惊奇与愤怒；它的成功（它正在走向成功）提出了关于民主性质的一些基本问题。它帮助我们理解美国思想上极端主义的缺席，以及目前社会与政治自由主义的黯淡。它帮助、鼓动、安慰着对任何一种民主的全盘批判。它指出了我们的门肯②们的核心论断，即民主从本质上来说，助长着平庸这种人类本性中最不需要从外部加以助长的东西。

布赖恩先生是一个典型的民主派人物，这一点不容置疑。他在经济和政治上代表着大众，站在大众一边，不是极端地而是"渐进地"这样做的。对他的最普通的公正评判要求承认他在反对特权方面的作用，以及他在晚近的进步运动——从"晚近的"这个词的每一种意义上说，包括"已死的"这个意义——中扮演的领导者角色。因此，他在对抗自由科学研究及其成果的大众普及方面的领导作用，不能被当作一种个人特质而一笑了之。在他的行动的政治和学说方面与其引起的大众反应之间，存在着一种真实而有效的关联。

我们所说的中等阶层，大部分是经常上教堂、受到福音基督教影响的那些

---

① 首次发表于《新共和》，第 30 期（1922 年），第 303—305 页；重刊于《人物与事件》，1929 年，第 2 卷，第 447—452 页。
② 门肯（Henry Louis Mencken，1880—1956），美国记者、专栏作家、杂志编辑、英语研究者，他以其极具争议性地批评美国人的生活与文明而著称，被认为是 20 世纪上半叶美国最有影响力的作家之一。——译者

人,他们构成社会慈善兴趣、通过政治行为来进行的社会改革、和平主义和大众教育的支柱。这些人怀抱着并表达出对经济上处于劣势的阶层以及其他民族的友好善意精神,尤其是当后者表现出任何一点向着共和制政府形式的倾向时。"中西部",草原乡野,长期以来一直是积极的社会慈善事业与政治改良主义的中心,因为它是这群人的主要家乡。相对富裕,因此具有至少足以觉察到铁路和金融公司强加给它的各种限制的雄心壮志和敏感,相信教育和为自己的后代创造更好的机会,温和地对"文化"抱有兴趣。这个群体已经在我们分散的国民生活和异质的人口构成中间,形成了一个牢固的组成部分。它一直是响应公平贸易和所有人机会更加均等的诉求的一个部分,因为它把平等理解为机会平等。它拥护林肯对奴隶制的废除,也赞成罗斯福对"坏"公司与财团的控告。它还追随着罗斯福,或引导他在"一方面与另一方面"之间作出区分。它在"中部"这个词的每一种意义上和每一场运动中都一直是中心。正如在每一种意义上所说的,它把各种事物聚拢到一起,并给予运动以统一性和牢固性。

它从来就对作为观念的观念不感兴趣,也对作为可以在解放与提升人类精神方面做些什么的科学与艺术不感兴趣。科学与艺术,只要润色和装饰生活,承载"文化",标识一条上升的社会道路中的各个阶段,并具有直接有用的社会功用,则可以;但是作为解放,作为生活的彻底指导,则不行。对这种精神状态在人性中的起因作一番有争议的评价,不会有什么费解或神秘或邪恶或有利的东西。思想史家们指出了18世纪科学与哲学方面各种新观念这笔财富在英国与法国的不同。在英国,它们经过调整,部分地被吸收了;它们渗透到了足以失去自身固有性质的程度。各种体制或多或少自由化了,但那些观念则在这一过程中丢失了。在法国,对立由强有力而僵化的体制得到了加深。这些观念得到了澄清与简化,以达到可以用来抗争的程度。它们必须抗争以求生存,于是就变成了武器。在英国发生的情况,在美国只不过是以一种更大的规模和强度发生了。直接结果就是社会与政治自由主义与思想上的非自由互相结合。布赖恩先生就是这种结果的一个突出代表。

我们的国父们属于思想上的贵族统治派;他们分享了18世纪思想启蒙运动的成果。富兰克林、杰斐逊、约翰·亚当斯,他们在信念和观点方面是属于世界的,尤其是属于当时的法兰西世界的。他们的自由思想观点并未阻碍其成为领导者。仅仅一代人之后,他们中的任何一位是否能被选为小镇的市政委员就很值得怀疑了,而他们成为有份量的政治人物的可能就更加小得多了。当塔夫脱先生①还是一位总统候选人时,一所南部大学中,有一名现代语言学教授被解职,因为他在与一位朋友的私人谈话中提到,他认为塔夫脱先生是一个唯一神派教徒这个事实,并不必然导致他当总统不称职。这件偶然小事典型地表现出一个世纪之内发生的这种变化,然而,这却是一种在本世纪早期就起作用的变化。美国的历史几乎被从所有观点出发来撰写过了;但是,19世纪早期开始的大众福音运动(popular evangelical movement)的社会与政治结果却似乎没有得到应有的注意。在清教主义这个名称之下受到攻击的很大一部分,与历史上的清教主义几乎毫无关系,却与始于上个世纪头十年的南部与西部边疆各州的第二次"大觉醒"运动②有很大关系。

安德鲁·杰克逊(Andrew Jackson),第一位"常去教堂"的总统,民主的边界在政治上的第一位代表,也是标志着从早期贵族式政体的共和国向民主的共和国转变的那个人,这一点并非无关紧要。对特权的厌恶延伸成为对受过高等教育的人及专家的惧怕。僧侣的高等教育传统向各种大众的教派投降了。宗教得到了普及,而思想尤其是冲击着大众道德观念的自由思想却变得不得人心了,它太不受欢迎以至于无法与政治上的成功并存。甚至林肯能当选总统几乎也是一个意外。至少必须向大众的信念交纳名义上的贡品。当公众教育得到延伸,各种学院和"大学"散布到边疆地区时,只有教派机构有充足的社会热情去参与。各个州立大学建立起来时,遭遇了怀疑,被指为不信神;它们一般是通过在某种程度上符合由大众的思想偏见所强加的各种期望来保护自身。它们可以比各种教派的学院走得更远,但无法走到培养自由精神那么远的地步。存在着各种保留、沉默与迎合。

各个教会在边疆扩张方面,起着一种不可估量的社会功效。在一群粗野而暴烈的人中间,它们不仅是声望的争夺焦点,是正派与秩序的争夺焦点,而且是社会性的邻人之爱与社区的各种较为高尚的兴趣的代表。在有了较好的学校、

---

① 塔夫脱(William Howard Taft,1857—1930),1909至1913年间出任美国总统。——译者
② 第二次"大觉醒"运动是19世纪早期发生在美国的基督教(主要是新教)复兴运动,它强调每个人都能通过内心的复兴体验以及相应的行动得到拯救。伴随着当时美国边疆向西部和南部的推进,它通过搭帐篷集会讲道的形式吸引了众多的信徒,催生了许多新的教派;在社会层面上,它对当时的许多社会弊病进行批评并积极寻求补救的方法,提倡服务于他人,促进社会公益。——译者

图书馆、俱乐部、音乐组织与其他"文化"机构之后,这种传统保留了下来。在这个国家有成千上万的社区,在那里,教堂建筑是除了"表演"之外的每一种聚会的自然会场。福音生活的紧张得到了缓和,教义信条的严苛变得柔和了。但是,教会与社区的道德的和更高尚的社会兴趣之间的联系保留下来了。教会对思想与表达的间接控制力,随着其直接力量的衰退而增长。不再去教堂的人愈多,维持教会所代表的标准就变得愈重要。随着边疆不再是对有序生活的威胁,它作为一种界限而保留了下来,思想穿越这条界限是危险的和不受尊重的。

边疆在西部扩张中的角色,在南方由奴隶制来扮演。在南方僧侣经历了一段真正的自由主义时期之后,教会在很大程度上成为了支撑这个怪异体制的一个堡垒,尤其是因为战斗以一种地区性的形式进行。士绅阶层至少在教权主义(clericalism)与对奴隶制的支持相关的程度上,与教会有着名义上的关联。教会是贫穷白人一个自然的出路和安慰,从总体上说,它是他们的地域内最为民主的机构。臭名昭著的是,各种最为落后倒退的神学倾向的老家在南方,那里的教会可以感谢上帝,他们至少没有向现代思想作危险的让步而让其神学受到腐蚀。在南方,反对公众集资兴办容许教授进化论的公众教育机构的运动获得了巨大的成功。

布赖恩先生最多只能在阻止生物学研究与教学努力方面取得一种暂时的成功、一种礼貌性的称赞。他的重要性不是在这个特定的领域中,但他的主张和努力是一些力量的象征,这些力量在降低美国人生活的思想水平方面是强有力的。他并不代表杰克逊时代的民主边界,但代表着缓和与开化了的边疆,就像在一些相当繁荣的村庄和小镇里所存在的情况那样;这些村庄与小镇的人继承了对任何威胁到一种不可靠得来的文明安全与秩序的恐惧,除此之外,还有推动邻人和睦与正派的冲动。与思想及信念的牢固性和同质性的联系,在现实的异质、冲击、不安之中看来似乎是必要的。从思想遗产上来说,我们不是清教徒,而是福音派,这是由于我们对自身及潜在边界的无序状态的恐惧。对自由生活的探究与批评的消极作用更大,这是由于边界恐惧的稳固这个因素以及与其信条纠结在一起的善良意志和社会愿望的冲动。目前这场征伐所包含的各种力量,如果不是与必要的和好的东西结合得如此紧密的话,本来是不会如此危险的。我们被教导这样去尊重邻人的信念,即如果一个邻人的信念离开了与对一种正派的和睦生活的愿望相联系的一些形式,就很少会有人去尊重它们。这是深深植根于我们的自由主义中的非自由主义。没有任何一种对这场政治进步运动的理想主义的没落,或者从对战争的热情中引发出一种明智而长久的理想主义的失败的解释会是恰当的,除非它把思想这个固定的界限考虑在内。当积极的自由主义复苏时,没有任何一场未来的自由主义运动会长久,除非它深入到足以影响它的程度。否则,我们在未来有的就是类似过去已有的,诸如布赖恩、罗斯福、威尔逊这样的复兴运动者,以及一些包含着道德情感而不是智慧的洞见与策略的运动。

实用主义的美国①

在最近的一期《自由人》(*Freeman*)杂志上,伯特兰·罗素写道:"我认为最重要的两种品质就是对真理的爱和对邻人的爱。我发现,在美国,对真理的爱受到了商业主义(commercialism)的阻碍,实用主义是商业主义在哲学上的表达;而对邻人的爱则受到了清教道德的束缚。"这个论断对我们来说,有着双重的重要性。因为它显然是由于罗素先生本人对真理的爱和对作为他的邻人的我们的爱而作出的。警察局的记录和报纸的专栏内容似乎暗示着无论清教主义如何限制我们对邻人的爱,却并没有束缚我们对邻人妻子的爱。如果实用主义是商业主义在思想上的反映,那么,实用主义者们似乎就可以确信,他们的哲学会在英国与欧洲大陆获得迅速的成功;因为有显然确实可信的传言说,商业主义盛行于世界上这些边远的地区。不过,这些事情可以存而不论,尤其是因为罗素先生告诉我们说,他意识到在我们中间发现的这些罪恶,世界上其他地方的人们也不感到陌生;而且,他极力强调这些罪恶在我们中间的威力,因为我们比旧世界的人们更加骄傲自大,更喜爱吹嘘我们的"理想主义",拥有具有批判眼光的少数派的人数更少。

在把对真理的爱和对邻人的爱看作人类最杰出的两个优点方面,罗素先生在世界上也许并不是完全孤立的。在美国,也有人同意这个观点,至少有人自称如此。这一信念在他说出以前就在一定范围内流传着,这个事实使我们更有必

---

① 首次发表于《新共和》,第 30 期(1922 年),第 185—187 页;重刊于《人物与事件》,1929 年,第 2 卷,第 542—547 页。

要去思考这些美德的情况,以及它们的敌手在我们中间的力量。另外一种吸引人的讨论,对我们封闭了。我们无法援引证据来说我们与其他人在对真理的爱的方面相比,可以得到令人满意的结果;而在对邻人的爱的方面,可能还不只是令人满意的问题。因为这样一种方法是不利于我们的。它只是证明我们顽固的自大,以及我们将真理的批判性感知与之相混淆的那种合理的理想化的又一个例子。

不过,没有必要把实用主义是商业主义的思想等价物这个提法看得太认真。它属于这样一类解释,这种解释会说,英国的新实在论是英国人贵族式势利的一个反映;法国思想的二元论倾向是除了一个妻子外还有一个情人的所谓高卢气质的表达;而德国的观念论则是把啤酒与腊肠同贝多芬与瓦格纳的精神价值提升为一个更高的综合能力的表现。威廉·詹姆斯(Willian James)的形象也无法与对商业主义的发扬光大准确地对上号。他写下了这样的话:"对抽象正义的无知无觉是美国文明的这种邪恶特征",这种无知无觉是"对金钱上成功的特别崇拜所产生的那种道德上无力的症状",而这种崇拜"连同卑劣地用现金来解释成功一词,一起是我们的民族毛病"。这样一个人无论有意无意,都不会加入到对他所厌恶的这种精神的理智阐述中来。查尔斯·皮尔士(Charles Peirce)同样并不特别符合商业主义的标准。在我们的人性中,感情的激动与对真理的爱是最高的善这个想法共存,它有能力使那种爱偶尔变得盲目。

尽管如此,下述事实对于我们的精神状况还是有一定教益的,即实用主义是在美洲的土壤上生长起来的,而且实用主义作为对理性生活的一个检验和一种责任,表现着它的种种结果。从历史方面来说,这一事实是"盎格鲁-撒克逊"亲缘关系的证明,是培根(Bacon)的精神亲缘关系的证明。培根写道,"真理与有用完全是同一回事,而各种工作本身作为真理的保证比它们贡献于生活的舒适具有更大的价值";他教导说,科学与哲学的目的及检验是它们在缓解与改善人类状况方面的成果;但与此同时,他也主张,把科学与哲学变为直接的名利上的果实是对它们的诅咒。美国实用主义证明,由霍布斯、洛克与休谟以不同方式加以发挥的培根传统在这里生根了。

不过,这个传统在美国是通过皮尔士与詹姆斯首先得到复兴的,然后成为主流,这一事实具有一种特别的重要意义。任何一个想要对我们的精神状况(连同包含在清查中的检查制度)进行一番清查的人,都会发现实用主义精神的重要。

然而，强壮与虚弱、优点与缺陷一起出现，这是很正常的，因为它们是同一个事物的两个方面。所以，如果对真理的爱想要以一种特别的方式表达自身，它就必须愿意与我们的这种感觉相关联，即结果是智力活动中责任的检验与标志，直到它的重要性凸显出来。这首先不是一个关于这种感觉的真理的问题。如果你愿意，你可以说这种性情对终极哲学真理来说是令人讨厌的，因为它排斥某些性情。但首先，我们必须弄明白它是什么意思，它对善与恶来说意味着什么。对真理的爱更多地体现在对理解的渴求，而不是急于褒贬。

确信人类福利方面的结果是各种信念与思想的价值的检验，这种观念有一些明显的好处。它使两种最重要的品质——对真理的爱和对邻人的爱，相互融合。它抑制独断及其产儿——偏狭。它唤醒与激励一种实验精神，这种精神想要在决定完全信奉之前先了解各种体系与理论是如何运作的。它与那些过于笼统简单的普遍推论（generalizations）相冲突，甚至与那些会被拿来指控一个国家的普遍推论相冲突。通过促使人们注意细节，注意特殊的事物，它确保不会使人淹没在普遍之中；正如威廉·詹姆斯一直说的那样，人们不得不从高贵的无动于衷下降到具体事物的泥浆水里。它培养对交流所知事物的价值的一种感觉。这不仅在教育中生效，而且应验于一种信念，即直到一件事物被传递、分享、成为公共财产之前，我们都无法完全了解它的意义。我清楚地记得一位未曾受过学校教育的美国先驱者的话，他针对某件事情说：有一天，人们将不仅发现它，而且了解它。他读书甚少，但道出了这样一种深刻的哲学，即没有什么东西是真正得到了解的，直到它在公共生活中起作用。

显然，任何这样的态度都是一种信念，不是一个证明。它同样也只能在它的工作、它的成果中得到证明。因此，这不是一件容易的事情。它交给了我们一项极其困难的任务，也许这项任务对人类本性来说是过于艰难了。这种信念也许会由失败来证明它的谬误。我们也许会滞留在商业"成功"的层面上，也许会转而去寻找比较容易求得的结果，并且也许会吵吵闹闹地把肤浅甚至有害的"作品"与成果当作真正成功的证据来庆贺，而不是当作失败的证明。我们不仅也许会这样做，而且实际上正在这样做。如果历史的进程走到头了，如果我们目前的状况是最终的，那么没有一个诚实的人可以宣称成功超过了失败。也许情况将永远如此。人类并没有在任何地方由于把生活经营得成功而显得杰出。但是，一个诚实的人依然会承认失败不是由这个信念中固有的缺陷引起的，而是由于这样一个事实,即它的要求对人类的能力而言过高;人类还没能出色地达到这个信念的种种要求,或至少居住在美国的这部分普通人还没有达到要求,而实验必须在其他地方和时间继续进行下去。

不过,这个最晦暗的观点仍然提醒了我们实用主义信念的另一个方面。无疑,在表达对一个还开放着的、在形成过程中的世界的感受时,威廉·詹姆斯也许带着对他的本地习语所具有的浪漫色彩某些不必要的夸张,描绘了美国式景象的一个显著特征。让各种罪恶像它们可能的那样出现吧,实验还没做完呢。美利坚合众国尚未完成;它们不是一个有待于用范畴去评估的既成事实。詹姆斯先生关于世界尚在形成中的这个断言,并不包含一种轻松的信念。他清楚地知道,这个世界也有它的既成性(madeness);而已经做出与做完了的事情使在将来把人类如同我们所希望的那样变得更好的任务,令人畏惧地复杂起来。

因此,一个敏锐的、以美国意志为对象的精神普查,将要探问我们继承下来的那些融合了我们的创造性的东西去阻止、偏离与颠倒它们的既成事物。无论如何,我们是从一个与我们的情形相比而言既成的欧洲那里有所继承的。我们的各个城市每天都在滔滔不绝地为一个封建欧洲过去的成果雄辩。它的力量远远超过了我的力量,我所能做的仅仅是告诉人们目前的弊病在多大程度上是由于我们所造出的商业主义,在多大程度上是由于一种古老的封建制度的遗存。商业本身,让我们斗胆地说,是一件高尚的事情。它是对不然将处于隔离与私有状态的事物的交流、交换、沟通、分配、分享。商业主义像一切主义一样,是一种罪恶。我们还尚未把商业从私人利益的束缚中释放出来,这就是欧洲遗产的牢固与顽强的证据。知识方面的交流,智慧方面的交流,仍然是一个次要问题,它不确定、不连贯、不可靠。实用主义信念是带着枷锁行走的,而不是昂首阔步的。

我们从既成事物那里继承的遗产有一项应当列入,既在社会实践也在理论阐述中列入。这些联合的州(these United States),是在英国传统的实用主义信念与实验的信念缺乏时诞生的。培根并未夸大从对自然的研究而获得的对于自然的控制。但是,他过分低估了各种社会力量的惯性,这种惯性会阻止对有助于缓解和改善人类状况的新力量的自由应用,导致对知识的新力量的成果的私人垄断。那些曾被称为自由主义者的人们,对实验方法失去了信心,被引诱去向往一种像他们的对手所使用的信条那样绝对、终极、永恒的信条。个体的自然权利这个教条就是其产物。正被开拓着的、从事农业的美洲地区是这个新教条适宜的家园。我们使自己束缚于一种与天性和追求完全相反的政治和法律实践。条文主义(legalism)与封建化了的商业主义共同形成的现代商业主义,是妨碍与败坏我们的实用主义构成(makings)的反实用主义的"既成"。它在宪法与法庭中具体地体现出来。由此导致的情境,不是一个可以令人自大的情形。但是,改善的开端在于使责任归其所属之地。

我们过分渲染的令人作呕的"理想主义"是某些情感的表达,那些情感会掩盖并掩饰一种混合的情境。对关于未来、关于由智慧引导的实践、关于知识的交流,以及关于普通人共享精神果实的权利的信念,有一种真正的理想主义。当这种精神起作用时,它不需要言语。但是,它在这里变得无能为力,在那里受到了阻碍,并且在所有地方或多或少受到封建化的商业主义和条文主义的污染。我们用雄辩的话语把它们掩盖起来,因为我们不愿诚实地面对它们。区分是对真理的爱和对邻人的爱结出的第一个果实。我们将摇摆于大众情感的急剧突变与懒散的理想主义之间,直到作出区分。

社会绝对主义[1]

作者的疏忽在于他不熟悉拉策尔(Ratzel)[2]的著作。他的好奇心，说实话，还有他的怒气，都是由他最近读到的一句引自拉策尔的话激发起来的。这句话说的是一种"当得起人类哲学之名的哲学必须被赋予这样一种确信，即一切存在是一(one)——一个从头到尾由同一条规律支撑的单一概念"。这听起来颇有形而上学的味道，而且像是一种不怎么受人赞同的条顿人[3](Teutonic)的形而上学。但是，它必定有某种直接的所指。因为（我遗憾地说）这句话是登载在杂志上的一篇文章中的，而这篇文章是为威尔斯(Wells)新撰写的世界历史作广告而写的。在写作这篇文章时，我手头并没有威尔斯的书，于是这篇文章也就不可能告诉人们这本书与拉策尔的名言在想法上相符到什么程度。但是，也很难说威尔斯完全无辜，因为下面的话是引自他的著作："历史在各门学科中不是个例外；随着缝隙的填充，轮廓就简化了；随着眼界的拓宽，细节的多样性就消融在一般规律之中了。"

现在我斗胆冒昧地说，这不是科学。这是对科学的维多利亚式的观点，等于说它是半文学的、半感伤的、半道德的对科学的大众观点；这种观点，在人们发现

---

[1] 首次发表于《新共和》，第25期(1921年)，第315—318页；重刊于《人物与事件》，1929年，第2卷，第721—727页。"绝对主义"一词亦可译为"专制主义"，指政府中的统治者或政府本身具有不受限制的权力。——译者
[2] 拉策尔(1844—1904)，德国地理学家和人种史学者，他首次提出"生存空间"概念，认为人种与其生存的空间环境有关。此学说后来被纳粹德国政权滥用。——译者
[3] 条顿人系古代日耳曼人的一支，公元前4世纪居住在易北河口北海沿岸，后来逐步和日耳曼其他部落融合。后世常以条顿人泛指日耳曼人及其后裔，或是直接以此称呼德国人。——译者

有必要诉诸科学来修补科学对大众信念造成的破坏的那些时日里相当流行。从历史上来看,它源于伊萨克·牛顿爵士将自然神论的外衣从物理世界剥去之时。它要求斯宾塞竭尽全力用他的进化概念来驯化英国人的头脑。或者,更确切地,我们可以说,它让这个丁尼生①式的头脑把进化从其坏名声中拯救出来,俘获这个学说并使它代表大众轻信的乐观主义来起作用。这就毫不奇怪,在引自拉策尔的这段话省略了的那些词句中,说的是人类的哲学"必须始于天而降于地"。也许,他想到的是天文学意义上的天。但是,实际上,这个学说即使在比较温和的威尔斯的形式中,也是始于神学意义上的天,然后下降至尘世间的各种事务。

然而,我们甚至也不能依赖于反神学的厌恶(odium anti-theologicum)。当应用于自然和历史之上时,除了它的起源,人们完全可以推想这种学说是正确的。但是,哦,说我们了解越多的事实,轮廓就越简化,这种学说是多么不着边际;说随着科学了解到越来越多的事实,各种细节的多样性将会消融在一般规律之中,这种主张是多么含糊不清!根据每一门现存学科的状况来看,这种情况恰恰没有发生。随着已知事实的增加,我们发现了用来系统表述它们的规律,并且发现了把这些规律联系到一起的规律。对每一个已被发现的或可以发现的细节而言,某种一致性都是可以设想的。到这种程度,就可以了。但是,当人们把这样一种论断理解为它指的是事实消融在一般规律之中时,它就彻底遭到了败坏。我们也许同样可以说,当我们在大片大片的房屋之间找到用来行走的街道时,这些房屋消融进了街道之中;而正是因为各种事实以如此不规则的密林的状态存在,我们才必须运用每一个可能的线索去引入某种系统阐释,也就是说,某种一致性。如果谁想要一个大致的标准来区分旧的大众科学观点与科学的实际状况,他可以在这里找到它。解释是否按着这样一个假设进行,即具体事实消融在各条规律之中,而这些规律随后又消融在更一般的规律之中?那么,我们就面对着这样一个时代,在这个时代里,思想是受到外来的"始于天"的前科学观念统治的。或者,我们是否发现规律被看作事实的一种描述性的表达,从而根据用来描述一个事实的各种观点,有许多规律指向这同一个事实呢?那么,科学就是用自己的声音在说话。

---

① 丁尼生(Alfred Tennyson Baron, 1809—1892),英国诗人,代表作是悼念友人的哀歌《悼念》(*In Memoriam*)。——译者

表达这个论断的方式是独断的,而且倘若没有一个远远超出篇幅限制的冗长的专门论证,这个论断几乎无法得到证明。但是,只要能够引发哪怕一位读者去质疑那个假设,从而使他得以比较容易地在接触人类历史之时设想出一种统一的和绝对主义的观点,以这样独断的方式表达就是值得的。平心而论,有些不幸的是,像威尔斯的说法那样的观点与爱因斯坦的相对论是同时代的,后者用一个充满着褶皱与扭曲的世界代替了牛顿整齐、平滑、井井有条的世界。力学长期以来一直是事实消融进规律这种观点的大本营,而如今看来,可能力学在我们获取与衡量事实的方式方面比在自然方面有着更多的关联。

不过,我们感兴趣的是它对人类历史与社会关联方面的见解。在这一方面,这种学说看起来似乎仅仅是社会一元论的一个"合理化"(rationalization),就是说,是企图把一种单一的运动强加于历史之上,把一种单一的规律与规则强加于人之上。人们也许会对这样一种渴望怀有热情,渴望某个国家能把国家间的无政府状态还原为有序,并以和谐的相互交往代替战争。但即使在这里,这个超级国家是各个国家会"消融"在里面的某个东西,还是一个各种情况的描述性构想;在这些情况下,地方各州、省、镇、村,以及其他人的群体能更有保障地追寻他们自己的事业,并自愿参加相互之间不受干扰和富有成果的对话,这也还是有巨大差异的。因为参与者"消融"在其中的唯一一种对话,是某个暴君垄断话语,而各种声音逐渐融为一种声音的对话。

威尔斯先生很久以前曾经指责美国人没有国家观念,那时候,他是正确的。我们(或者说在战争侵袭我们,因而制定出一个相当类似于英国的领土防御法的法令之前曾经是)离心怀国家观念如此之远,以至于甚至无法确切地明白威尔斯先生的意思。老天用战争和建立一个国际联盟的《凡尔赛和约》来教训我们;不然,我们会异口同声地回答说,这个指责不是一种责备而是一个赞扬。这不是说,这个国家从整体上看不是建立在一种值得尊敬和必要的体制之上;而是说成为具有国家观念而非社会观念的人意味着成为一名狂热分子或偏执狂,于是失去关于国家是什么的一切概念。因为应当为人的各种能力提供活动空间的国家是这样一个国家,各种群体与团体在其中并不消融。人们在各种各样的群体中相互关联,并通过主动参与而成为具有社会观念的人。要安排好这样一些群体之间相互作用的各项要素,是一件需要技巧的事;而且到目前为止,一直做得笨手笨脚。

毫无疑问，政治是一种比普通美国人对其作出的评价更值得尊敬的职业，因为熟练的技巧在每一种职业中都是需要的。我们从那些不熟练政治技巧却长于个人升迁的人那里受到了太多的刺激。但是，我们对政治的贬低评价比起对具体个人消融于其中的社会统一和规律这种状态的赞颂来，要更接近真理。这样的说法仍旧是强烈的独断，但它们倾向于使问题突出，使另外的选择变得清晰起来。因为另外的选择要么是多样性与实验，要么是从头到尾由同一条规律支撑着的生活的单一概念。那些喜欢后一种选择的人，将会继续喜欢它。但是，普通人有权去对他所喜欢的东西了解得更清楚，并在面临选择时保持清醒。普通的美国人在过去实际上所喜欢的东西是足够清楚的，尽管我们没能在思想上清楚地表达出来。我们一直相信自己活，也让别人活；相信给每件事物一个表现的机会，相信一种轻松的宽容，相信一种至少是消极的善意；相信这些并认为只要有充分的空间给每个人一个机会，我们就不会辜负它们，这并不难。如今我们被一个发现所惊醒，发现我们内部人口拥挤，外部人潮涌入。我们发现，如果不想变得虚伪，就必须以智慧和技巧来捍卫过去出于自然和幸运而被给予我们的那些东西。我们必须对自己过去一直无意识地赖以行动的那条原则抱有意识。关于民主，我们一直说得很多，而如今，我们第一次不得不努力地去发现它是什么。如果你愿意，我们必须去发现一种社会哲学来说清各种社会活动。

我们可以选择一种统一存在的哲学，它阐明了一个建立在一条规律上的单一概念。我们可以在历史中，为这一个概念与规律搜寻证据。但在这种情况下，我们应当明白自己在做什么。我们在背弃过去一直激励着自己的所有的那些动力。我们正在转向某种形式的社会绝对主义。社会绝对主义的多样性并不穷尽于君权神授，也不穷尽于普鲁士主义（Prussianism）；我们告诉自己，我们是为了摧毁它而战。这种观念能够有千变万化的形式。目前，这种主张在历史中只有一种运动，在社会中只有一种规律的哲学，以一种军事上主动的形式盘踞在俄罗斯。外国舆论被那些大部分是谎言的、无关紧要的事件和报道吸引而分散了注意力，以至于它无法简单地把握时局。历史的唯一目的，是通过一种共产主义体制的独裁来消灭阶级，这不是无产阶级的独裁，而是代表着无产阶级的那些知识分子的独裁。历史的唯一规律，是斗争，是内部冲突，是各阶级之间的内战。这已经完全不再是马克思在各种宣言和著作中所阐发的那种理论了。它是行动中的一个信条、一个出于强烈的宗教式狂热而被坚持着的信条。对黑格尔学说中的一元论、绝对主义及其对所有运动都来自内部斗争这一点的确信的马克思主义解读，都在今日布尔什维克的俄国具体化了。人们并不一定要见列宁；只需要会一会有着布尔什维主义信念的俄国知识分子，就能了解这种信念有多么极端和强烈。因为，当布尔什维主义者们保留他们对民主的最深刻憎恨时，他们清楚自己的意思是什么，即使比起美国人来，他们对民主的真正含义，民主的基本的多元论、实验主义以及相应的宽容了解得更少。

在一场号称为民主而进行的战争有了结果之后，一个人要宣称对民主的依赖，或者需要虚伪和一种被虚伪愚弄的无辜，或者需要一种与布尔什维主义者们的信念相对等的信念，并得到这种相反的哲学的支撑。在目前的情况下，民主的这些对手，不管是资本主义的、还是布尔什维主义的、还是帝国主义的，占据着最有利的局面。尽管如此，对民主的理念来说，所能发生的最好的事情也许就是被置于防守地位了。因为这样，它就不会再仅仅停留为一种模糊的乐观主义和虚弱的美好愿望，而完全受有利环境的支配了。它会成为一种有驱迫力的、进取而现实的、引导环境的智慧。这样的一种观念会意识到，它唯一的大敌是人们对统一存在、目标与规律的企求，不管这种企求以什么样的形式出现；它会意识到人类本性的无穷多样性，以及人们为之相互联系在一起的目标的无穷多元性；它会意识到进步从来就不是单线的，而是在许多事物共同发生变化时才会到来。它会立足于这样一种确信，即这种运动是由多方面的相互作用所带来的，其中每一种力量与原则都被给予一定余地去进行实验性的发挥。它会不信任每一种自上而下的大众解放，无论它来自仁慈的资本主义还是无产阶级的独裁。

这些都是概述。可以给出一个具体的例子。如果一个人采纳社会事务中目标与规律的统一，但是反对布尔什维克-马克思主义者的宣教，那么，克列孟梭①、米勒兰②和威尔逊对俄国的政策就是正确的。这种哲学使那些信奉它的人在每个国家里挑动革命与内战，这是个简单的事实。俄国的独裁者们既非缺乏真诚，也非头脑不清，他们了解并精通他们所相信的东西。因此，敌对的社会绝对主义者会对俄国宣战；或者，办不到的话，就彻底断绝联系并进行封锁。他会

---

① 克列孟梭（Georges Clemenceau，1841—1929），法国政治家、新闻记者，1917 至 1920 年间任法兰西第三共和国总理。他在第一次世界大战中的稳健表现为他赢得"胜利之父"的封号。——译者
② 米勒兰（Alexandre Millerand，1859—1943），法国政治家，1920 至 1924 年间任法兰西第三共和国总统，后迫于左翼联盟的压力而辞职。——译者

要求在本国内进行镇压、审查和监视；或者，办不到的话，就要求制造诽谤和情绪方面的恐怖。在这么做的时候，他当然正在玩布尔什维主义者的游戏，并展示这种隐藏在布尔什维主义哲学背后的绝对主义。在美国的布尔什维主义观念的同情者，痛惜对它的封锁与国内的反对共产主义观念之战，那些反对者不是头脑中缺乏对真正的布尔什维主义者的清晰概念，就是在背地里进行嘲笑。否则，他们会欢迎这些对布尔什维主义哲学作出的确认的。

  换句话说，虽然在美国不存在转变成布尔什维主义的迹象，但是存在着民主的衰落和对某种形式的社会绝对主义无意识采纳的迹象。这是因为，如果相信民主，我们就应该相信那作为俄国人而为我们所知的一大群人有自己进行实验、并以自己的方式吸取教训的权利。我们应当对他们在国内和国际上的最终失败有信心，就如同我们对民主的观念与方法所具有的明智要求一样；但是，我们也应该相信，没有哪个人类群体会完全走错路，并且随着马克思主义的绝对主义的最终破产，关于一种更好的生活安排的各种问题将会产生出许多有积极价值的贡献，而我们应该急切地盼望学习与吸取这些社会教训。任何别的政策都意味着我们正在助长一种资本主义的社会绝对主义，与无产阶级的绝对主义相对立。

作为一种宗教的教育①

有一位朋友多年来一直惯于强调,对于教育的真正促进而言,只存在一种确定无疑的方法。他说,检验标准就是可以依据法律进行起诉,以迫使教育者们为他们对被教育者们的施教不当所带来的损失支付赔偿。由于目前不存在这样的可能性,那么现在也就不存在教育科学或教育行业。然而,我们已经接近有可能把某些特定的生理损害,像脊柱弯曲、近视眼之类的,追溯到特定的学校教育规程(procedure)的时候了,这样,不久以后就可以对由施教者不够格所带来的生理伤害采取行动了。在为不科学地对待身体所负的责任在社会上得到承认和强调之后,由糟糕的指导所带来的心智方面的损害会变得可以对之采取措施。一个人长大之后,发现自己不知不觉地染上了思想开小差的习惯,或者失去了对科学的好奇心或准确观察的能力,他可以对通过各种教育机构带来这些伤害的那个共同体提出控告。然而,发展到最终的顶峰阶段时,针对使公民们在缺乏成为好公民的能力和愿望的状态下走上谋生之途的学校和教师,社会本身将有法律上的补救措施。

这些观点看来似乎以一种可能有些异想天开但却有效的方式表达如下事实,即在目前,我们的教育规程仍是偶然的,而我们在教育方面的所有主张,除非能对家庭培养和学校培养的产物进行分析,以便确实有把握地把责任分派给产生了构成人类产物的各个要素的不同条件和力量,否则都不过仅仅是主张而已。我们的落后之处,见于我们提出的各种原因的概括性质。它们是如此含糊,以至

---

① 首次发表于《新共和》,第32期(1922年),第63—65页;重刊于《今日教育》,第144—149页。

于没有意义;我们用这些词来掩饰自己的缺乏洞见。因此,当试图对某个结果说明时,我们以一种夸张的方式谈论遗传和环境。当碰到比较具体的情况,比如写作传记时,我们几乎很难指出比某种偶然的接触、由遇到某个人所引发的某种愿望或由某个事件所施与的感召力的效果更多的东西了。要不然,我们就转而求助天生的杰出或天生的堕落、内在的"聪慧"和愚钝,以及上帝和魔鬼等其他的同义词——各种控制着我们且无法改变的好和坏的力量。

现在看起来,情况可能总是保持在这种状态,指望有任何不同也许是不现实的。但是,我们至少可以坦率地承认这一情况和它的涵义,可以理清思路,而目前它们看上去是一团糟。我们经常试图把两个相互矛盾的信念结合在一起。我们从教育中造出了一种宗教,对它的各种可能寄予无限信念,并骄傲地指出它的进步,把指导称为一门艺术,把学校管理称为一个行业。对教育的信念,指的无非是对人的性情和智力的形成加以审慎引导的可能性的信念:指的是相信人们有可能确切地了解,是哪些特定的条件和力量起着作用,产生了如此这般性格、心智态度和能力方面的特定结果。但另一方面,我们在实践中又假定,当坏的结果表现出来时,没有谁要专门为此负责。我们事实上假定,教育作为塑造性格和智力的事情,是而且必须一直是偶然的东西。这样,我们就发现自己处于一个不诚实的立场上。我们假定存在着一个行业,它具有基于科学知识之上的一门艺术。但是,当出现我们所不希望看到的结果时,我们又加以推脱,把责任推到某些内在的缺陷,或某些无法解释地参与进来并使我们的正确规程偏向一个坏的结果的外在偶然事件。这种情况就好比一个内科医生承认他的病人死了,但是坚持病人是在科学意义上认为治愈了的情况下死去的。

要衡量这些相互矛盾的观念在大众的头脑中相互混合到什么程度,这看来是不可能的。对教育的各种可能性的信念不计其数。但是,另一种观念同样普遍,即认为我们无法真正引导在现实生活中人的身上产生好的或坏的结果的那些过程。流行的"自由意志"概念是一个相关的例子。如果它不是阻碍和误导我们在教育引导方面的努力的各种力量的总称,还能是什么呢?它是对我们在人类发展方面的无能为力的一种合理化;是一个推脱,把责任推给其力量比我们的力量更大的某种未知神秘力量。当事情变得糟糕时,把过错推给他人和环境的倾向之普遍是另一个例证,证明我们实际上承认没有以之为基础来建立控制的知识。咒骂机器的,正是由于无知而无法胜任的操作员;高明的技师确定问题之源,并对症下药,加以解决。诚实面对情况的二重性,至少能使我们对教育的匹克威克①式的理想不再与在具体中对教育的可能性的实际否定混合在一起。

关于真正教育的实现,人们既可以持悲观态度,也可以持乐观态度。一个人可以认为,引导人类的各种渴望和信念的形成与发展的这门艺术是不可能的。过去的情况为如下观点提供了某种根据,这种观点认为,这样受规约的指导,其可行的程度相当于它的产物令人不快的程度;就是说,对人类发展的审慎引导,结果总是固化了人的天性,并使它的范围变得狭隘。认为人类的复杂和多样使任何根本意义上的教育变得不可能的人,与认为人的天性是如此微妙精细、富于变化,以至于使教育的企图变得危险的人,并不一定相互对立。但是,人们也可以怀着希望看待将来,而不使自己受制于意在得出结论的相互争论。一个人可以指出,科学的发展刚刚达到我们开始具有材料和方法来创造一门引导智力和情感之形成的精湛技艺的程度。他可以争论说,我们过去的失败是缺乏那种现在已开始掌握的知识的必然结果。只有未来,才能决定是不抱希望的那派还是抱有希望的那派正确。但至少我们仍有权去希望。如果对什么东西有理由可以抱以宗教的态度,我们就可以用宗教的态度来看待教育。

对于那些选择将这种希望付诸实践,同时想坦诚地面对被称为教育的这件事情的偶然状态的人来说,第一步是要认识把我们关于教育的所说所写与具体的实践分开的那条鸿沟。在前者那里,教育永远是一件泛泛而言的事情。它有一个一般的目标,这个目标由于尊严而得到强调。实际上,这个目标在不同的思想流派中有不同的名称,在一些人那里,它被称为性格;在另一些人那里,被称为文化;在还有一些人那里,被称为受过调教的头脑;另有一些人,称它为好公民的品德;或从事社会公共服务的能力。这些流派的代表人物们,这些理念的提倡者们,相互争论不休。关于教育的"讨论"中的很大一部分,是这些争论的一个记录。不同学说的追随者们争论起来,就好像真有什么重要的东西,像他们所用的这些词那样广泛和深刻似的。他们欺骗他们自己以及无辜的旁观者——公众——去假定,根据是这一方还是那一方在这场语词之争中胜出。相应地,对文

---

① 匹克威克(Samuel Pickwick)是英国小说家狄更斯的代表作之一《匹克威克外传》中的主人公,其性格天真善良,不谙世事。由于小说的巨大成功,后人常用"匹克威克式的理想"来指善良但不切实际的愿望或理想。——译者

化或好公民品德的呼声的热情和意义就会在教育实践中带来某种不同。

"欺骗"是一个强烈的措辞。但是,在教育实践中针对的目的不是泛指的和就人类而言的;它们是直接的和技术性的,或专门化的,即是获得某种形式的技巧和知识项目。居于控制地位的目的是要达到对数学上的分数或拉丁语中的一个变格的掌握,或确定田纳西州的位置的能力,或对《大宪章》给出一个可以为人接受的解释,或者掌握工具以便镶榫接头。当然,其中的假定就是:通过追求这些不同的特定目标,文化、教养、好公民品德或无论什么东西的一般目标会得到促进。而这里就是欺骗的成分渗入的地方。直到我们对以人类性情或特质为名的这些结果是如何达到这一点有了一种确定的知识,直到我们能够把人类性情的形式分析为与明确前提相联系的各种明确要素为止,我们对这门和那门学科、这种和那种方法,以及我们所向往的目的之间起着作用的联系,将始终至多只是一种虔诚的愿望。结果,谈论文化的教育者事实上通常指的只是拉丁语或希腊语应该在学校教授的科目中占据一个更重要的地位;详细讲述精神力量和调教的吸引力的人,事实上通常指的是他强烈倚重语言和数学以及注重形式的科目;而好公民品德或社会公益的提倡者让我们注意的,则是他偏向于引入最近才形成体系的那些学科,也许像公民学或图书管理或手工训练之类的。

我找不到理由来批评那些以宗教的态度来看待教育的人。世界上有许多比人类本性发展的理想可能性更糟糕的信仰和希望对象,也有许多比建构一个学校体系更有害的仪式和崇拜。只有在一切超出可见范围的信仰都是令人厌恶的情况下,教育作为宗教信仰的一个对象才能被人轻视。这种特别的信仰形式,证明了关于人类本性一种宽仁的观念,证明了尽管存在着所有这些过去的失败和错误,还是对人类成就的各种可能性抱有的一种深刻信念。也许所有这样的信念都包含着轻信。但是,这种特别的轻信并非毫无崇高之处。只有当热望和信任转变为独断的断言时;只有当对象的重要性被作为依据来断定我们手头已经有了适当的手段来达到它们、由此达到拯救时,一种信念才变成了虚伪和轻信。把教育作为实现人性的各种尚未达到的可能性的一个象征来崇拜是一回事;把它作为我们对各种现存的形式——现有的学校及其科目、指导方法和管理方法,或提出来的特定改善方案——的固执坚持,好像它们使崇拜的对象具体化了似的,这是相当不同的另一回事。

对教育的一种真正信仰所要求的第一个行为,是对我们如今称为教育方面的各种机构和方法认罪和赎罪的行为。这个行为必须不只是针对一时一地,而且是针对贯穿着它的那个观念。不是哪一群特定的教育者要来赎罪,因为对实现我们公开宣称的目的的手段缺乏洞察的情况在每个地方都存在着,结果是,那些目标停留在名义上和感情上。无论其他宗教与科学相冲突的程度是大是小,在这里,我们所具有的都是一种只有通过科学才能实现自身的宗教:就是说,只有通过理解具体现实状况中的人性,并发现其不同要素如何通过与它们在其中起作用的各种条件的相互作用而得到改变的方法。缺少了科学,这种宗教注定要流于形式,成为虚伪的,并且最终成为被称为教学法的一大堆教条和被称为学校管理的一大堆仪式化的练习。教育可以是一种宗教而不是一种迷信,但如果它甚至不是一种宗教而不过是自称讲求实际的顽固之人的一个行当,那么,它也可以说是一种迷信。

作为工程技术的教育①

玛丽·奥斯丁夫人②在她一篇富有启发性的文章《对一种新的社会观念的需求》中,对我们现今在物理工程技术方面投入的力量与对人的基本关切方面所花的精力之间的对比,给出了一个恰当的表述。像她指出的那样,我们可以很容易地建起一座新型的大桥,但却无法创造一种新型的教育。如果学校都遭到了毁坏,那么从空白的社会意识中把它们恢复起来,是一件相对而言比较容易的事;在类似的情况下,要恢复造一座现代桥梁的那种能力会非常困难。"原因是:在教育方面,长久以来,我们一直想要在头脑中形成一套模式;而关于钢结构桥梁的建造中所涉及的那些众多的步骤,我们有此想法的时间却不够长。"

这句话的意思很清楚,而且对这些词句作条分缕析的批评,也得不出什么。但是,对于学校体系的彻底更新来说,似乎需要对用词作一个修改,甚至是把话倒过来说。相对于说我们对教育思考了很长时间——如果思考指的是理智方面的什么东西的话——我们才刚刚开始对它进行思考,这种说法更加贴近实际情况。学校体系表现出来的不是思考,而是由久远习俗形成的惰性对思想的主宰。另一方面,现代桥梁的建造,如果不运用那些由完全的理智方法所确定的材料,是无法设想的。钢吊索桥代表的恰恰是习俗如果没有受到思想的影响而改变就永远不可能达到的那种东西,无论习俗走得有多远。因为桥梁建造是依赖于思考的,所以思考要去改变它的样式就很容易;因为教育依赖于科学方法产生之前

---

① 首次发表于《新共和》,第32期(1922年),第89—91页;重刊于《今日教育》,第150—156页。
② 奥斯丁(Mary Austin, 1868—1934),美国小说家。——译者

就有了的那些习惯,所以思考即使要取得一小点进展都困难重重。

324 　　因此,如果学校体系遭到了毁坏,我们并不一定要通过恢复"头脑"——我们的思想装备——来恢复学校。我们只要保留我们的习惯就足够了。要恢复现代桥梁,只要我们保留着思考技艺,即使没有既成的习惯也行。在谈论学校教育方面的"心理模式"时,存在着一种模糊不清。如果我们指的是通过头脑思考形成的一种模式,那么,这种模式就不是心理的。毫无疑问,我们的头脑之中存在着一种模式,但这指的不过是对一种适意的行动方案的感觉,该感觉由日常习惯所支配。这种模式是如此根深蒂固和轮廓鲜明,以至于对它毫不费劲的辨认引起了一种欺骗性的感觉,仿佛在模式本身之中就有某种智慧的东西似的。工程学说这种模式是心理的,指的是一种非常不同的意思。它概括的是一种独具思想特征的行为类型。

　　要对如何把教育规程变为一种建构性的工程技术形式这个问题进行充分思考,这样一种反差感似乎是很有必要的。威廉·詹姆斯说过,任何人领会一种概括的意义的程度,都仅仅和他熟悉这个概括所涵盖的那些细节的程度相当。而细节意味着各种具体存在的事物。我们只熟悉具体进入我们生活的以及经常碰到并与之打交道的那些事物。一切概念、理论、普遍观念,只要它们不是对已经在经验中具体化了、触及到了的各种行为和事件经过沉思的表达,便都是单薄的、贫乏而无效的。教育方面的各种新观念本身并不能在改良学校方面带我们走多远,因为直到学校得到改良之前,这些新观念本身将始终是苍白、遥远、模糊而流于形式的。只有在人们不是不可缺少地需要它们的地方,它们才变得有分量、有实际价值。因为只有当各种新的意义和价值已经在具体的生活经验中具体化,并因而得到生活经验的支撑时,它们才能提供明确恰当的思想方式。在那个时代到来之前,新观念的意义主要是否定的和批评性的。它们使我们得以批评各种现存的实践方式;也向我们指出,正确类型的具体事实并不存在这一事实。它们的积极功用与其说是给出如何来进行实验性活动的信息,不如说是鼓励实验性的活动。

325 　　我认为,以前不存在明确的现代桥梁制造技艺或科学,直到新型的桥梁被造出来为止。这种新技艺要想先于那份新成就是不可能的。建造的图式,特定步骤的规则,各种问题和解决方案的特定分类,必须等到有了适当的具体材料,也就是说,有了成功的试验之后才能进行。尽管如此,先行者们还是有一些超前的事情可做,即使没有专门的桥梁制造技艺可以凭借。他们具有一定数量的数学和物理方面的必备知识,困难的是:在他们之前,没有人曾经把这种知识应用于建造新的社会条件所需的这种桥梁。当他们试着去设想一种新的类型时,只有几乎很少一部分人的思想确实不受已经熟悉成为习惯的东西的困扰。

因此,这种基本需要就更是人性的,而非科学的。必须要有某个人,他有足够的想象力来摆脱现有的、极易得到公认的"思想"模式。这需要胆量,需要超越陈规和习俗去思考的勇气;需要以一种新的方式,为了新的结果而运用现有科学材料的创造力。这需要思想的原动力,来引导实验对抗几乎是普遍的冷漠和排斥;需要思想的诚实,来从实验的失败和成功中同样有所得。这个先行者成功地造起了他的桥——并最终创造出一种新的技艺或科学技术——因为他有一个创造性的头脑所具备的勇气。想想一切重要发明或发现的历史,你会发现存在着这样一个时期,那时有足够的知识来使一种新的行为或观察方式成为可能;但是关于如何使它成为现实,却没有确定的信息或引导。每次都是一个大胆的想象,一种个人的、人性的、道德的而非科学的或技艺的品质造就了这座桥——在桥梁这个词的充分意义上。

目前不存在教育工程技术这门技艺。在创造家庭教育和学校教育的各种新方式上取得可观进展之前,将一直不会有任何这样的技艺;但是,在生物学、心理学和诸如此类的科学方面,确实已经存在着为数可观的观察结果。它们对我们现有的实践诟病良多,并向未被畏惧压垮的头脑暗示着新的导向和出路的可能。有了想象力、勇气以及想去实验并从实验结果中学习的渴望,就有了创造性工作的动力和契机。如果在诚实的状态下经过明辨的反思,它的各种具体结果就将为一种技艺的系统阐述,为在以后明智地驾驭一门教育艺术所需的大量相当确定的建议和指导提供材料。但是,这门技艺在很大程度上将是事后的。搁置这种努力直到我们有了这门技艺,与试图在实际拥有生物学、心理学和社会学方面的科学知识之前得到这门技艺,是同样致命的。如果以前的数学家和物理学家们企图通过从其科学中演绎出造桥这门新技艺的各种规则来期待桥梁制造方面的创造性实验,那么,他们肯定只会得到建造旧有的熟悉的那种类型的桥的改良规则,新的类型诞生的时日会被延迟;他们会对不可或缺的人类要素——从陈规和胆怯中的解放——视而不见。对新型学校的创设和教育技艺的潜在发展来说,情况是一样的。

毫无疑问,想要在教育领域中充当先行者的人,需要一份广泛而严谨的思想装备。实验不是盲目地碰运气,或者怀着也许会产生出某样好东西的希望瞎胡闹。想要发展出一种新的教育类型的教师们,比循规蹈矩的教师们在科学、哲学与历史方面需要更加严格和全面的训练。但是眼下,他们并不需要把这份知识转变为一门教育技艺。他们不需要,是因为办不到;而且假装支持,它只会使情况变糟而不是变好。比如说,如果心理学仅仅被应用于为了各种先在的目的而改进算术或拼写的现有教学方法,或者用于衡量这类教学方法的技术结果,那么让我们承认它得出的那个事实吧。让我们不要假设仅仅因为在操作一种教育方案的工具方面有了一个技术上的改进,而这种教育方案又是以先于科学的兴起而形成著称的,就以为在教育科学中真的有了什么进步。这样的"科学",只不过是在改进旧有的、习惯的教育的那些细枝末节的同时,把这种教育合理化了。有了必需的思想装备,下一步的直接要求是人的诚实、勇气和创造力这些品质,它们将使人不再依赖习俗或掩盖在科学术语之下的习俗那似是而非的伪装而前行。

327 目前,我们在很大程度上仍处于"合理化"阶段。结果,正如前一篇文章《作为一种宗教的教育》中指出的那样,在名称上诸如文化、调教、社会服务能力那样五花八门的各种教育观念在实际中所起的作用,仅仅意味着稍微多学一点这门或那门学科。我们进行合理化的范围可见如下事实,即教师培训学校中所教授的教育理论在上一代人的时间里,主要在一个十年间,经过了变革。但是,实践中的任何相应变化的证据在哪儿呢?最乐观的人,如果是坦诚的,那么,他会承认我们基本上做着原来的那些事情,不过换了新名称而已。这个变化几乎没有带来什么区别——除了出于宣传推销的目的。以前,为了促进年轻人的心智,我们开设由权威预先安排好的课程。如今,我们正式接纳这些东西进入他们的文化继承。以前,我们以某种特定的方式讲授那些主要内容,理由是年轻人粗粝而不守规矩的头脑需要通过凌驾于他们之上的一些东西的调教来得到磨炼。如今,我们诉诸"内在动力"。但是,我们教授几乎一样的话题,只不过以一种比较温和而不那么令人反感的方式。然而,奇怪的是,外在调教和内在目标这两种截然相反的需要居然在同样一些学科和科目中如此相近地凑在一起!

我并不是在暗示这种事态有着人为的不真诚。部分原因是我们一直在教育中强调驯服这个事实,再加上一个事实,即大体来说,年轻人中最驯顺的那部分人,当他们长大成人之后,就当了教师。结果他们仍旧驯服地听从权威的话。从更根本上说，这个结果是由于这样一个事实，即我们有一种企图想安排好一个规程，确定适当的科目和方法，以使教师们有所依凭；这个规程在名义上，出自我们在生物学、心理学等方面的新知识。但是，正如我们已经看到的那样，这是办不到的；直到教育实践中的变革顺利上路之前，不可能得到任何确定的结果。当人们想要提前这样做来回答将会在应用这种新知识的过程中产生的那些问题，并提前提供具体明确的建议给常规课程，那么不可避免的是："权威"和想要从事教师职业的那些学生的头脑，都会转而依靠他们在名义上努力摆脱的那些旧有的实践。因为只有在这里，才有足够具体的材料，使明确的问题、回答和要采取的步骤的形成变得可能。

简而言之，目前，学生和教师都过于关心从新科学整体中演化出一套明确有用的教育指导这一尝试。该企图再自然不过了；然而，它是病态的。在实验及其失败与成功之前先发制人的努力，事先告诉人们如何成功地做一件新的事情的企图，至多只能以表明旧有的方法和结果的合理而告终，还要加上十分自得的确信，认为现代科学的那些最佳方法得到了应用，并肯定其所做的。这种在科学上赶时髦的感觉为害无穷。它拖延着新的教育类型的诞生，因为它阻碍着一个非常必需的东西：新的个人态度，有了这种态度，一名教师会成为一个有创造力的先行者，利用已知的东西，并且在形成并解决一些问题的经验过程中学习；那些问题是一门早熟的教育"科学"而如今正试图先于经验而加以表达和解决的。

我并不低估个体在将来的某个时候会从先前的集体经验的结果中得到指导的价值。我只是说，直到足够数量的个体在没有其助益的条件下进行了实验，以便为它提供材料为止，这样一种技艺的好处是无法实现的。而他们需要的，首先是有创造力且勇敢的性情。畏惧、守旧、怠惰，把成功等同于轻松，以及附和他人，这些都是如今挡在教育进步之路上的敌人。太多被称为教育科学与艺术的东西，已经通过假装事先给予科学指导和保证这种手段，把习惯的统治固定下来了。有一种知识为进入未经测绘的海域的航行者提供了罗盘，但只有愚蠢的欺骗才会声称罗盘是航海图。这是为有创新冒险精神的头脑提个醒。对教育的宗教信念通过这种个人的勇气而起作用，再加上非教育科学的帮助，最终会使教育成功地成为一门科学和一门艺术。但是，通常我们总是把信仰混同于崇拜，而把科学与对习惯的认可相混淆。

作为政治的教育①

马修·阿诺德②曾十分赞赏地引用过一位法国作家的一句话,这句话说,教育的主要好处是确保人不受别人的愚弄。比较正面的说法是,教育给人以分辨、透过表面去作区分的能力。一个人可能无法把握浮面之下的实在事物,但一个受过教育的人至少不会把浮面认作实在事物;他知道在声音与意义之间,在浮夸的东西和独特的东西之间,在显眼的东西和重要的东西之间,存在着差异。

以这个标准来衡量,教育不仅落后了,而且正在倒退。如今是空话和噱头的时代——其数量之多,传播之迅速且无止境,人们如饥似渴不加区分地接受它的程度,比以前任何时候更甚。当然,眼下空话在人的事务中占据统治地位的原因是外在的,而非理智和品性的什么内在堕落。直到差不多上一代人而止,大众主要关心的一直是当地的事情,是周围的那些人和事。他们的确信和思考,主要是关于他们对之有直接体验的那些事情。他们的眼界或许有限,但是在眼界范围之内,他们有着狡诈的精明而且会使用判断。在稍远一些的事情上,毫无疑问,他们和今天的人一样容易上当。但是,这些离他们较远的事情并不进入他们行动的范围。他们对这些事情抱着什么样的观点,几乎是无所谓的;它们差不多只是一些奇谈故事的材料。

铁路、电报、电话和廉价的印刷机改变了一切。快速的运输和通讯,使人不

---

① 首次发表于《新共和》,第32期(1922年),第139—141页;重刊于《人物与事件》,1929年,第2卷,第776—781页,以及《今日教育》,第157—163页。
② 阿诺德(Matthew Arnold, 1822—1888),英国诗人,文学评论家及社会批评家。——译者

得不作为一个广泛且大部分不可见的社会中的成员而生存。自我中心的方位辨识受到了侵犯,并在很大程度上被摧毁了。人们不得不考虑根据远处的经济和政治情况来行动,而且关于后者,他们必须有某种观点来使自己的行为有所依托。由于他们的观点影响行动,各种信念如今就不再仅仅是幻想和娱乐了,它们的正确性是一件要紧的事。与此同时,对某些人来说,它已经成了用来影响大众所具有的信念的一个东西;控制已经越来越不是一件关乎既成习惯的事情,而越来越成为一件关乎各种见解的事情。一旦控制了舆论,至少在目前的情况下,你就控制了社会行动的方向。廉价的印刷和分发,提供了把对舆论的控制付诸实践的机会。只要一方面存在着知晓远方事情的新的好奇心和需求,另一方面存在着控制其实施的兴趣,空话、有组织地受愚弄、不加区分的情绪和信念的时代就到来了。

卡莱尔①不是民主的爱好者。但是,他曾在一个明确的场合宣称,当人们发明印刷机之后,民主就是不可避免的了。廉价的印刷使公众参与政府管理事务成为必然;它拓展了一个特定的政治社会所包括的人数和地理区域;它把通过被统治者的一致同意而建立政府这种理论,变成了现实。但是,这种转变并不能为人们一致同意的那类事情提供保证;它并不能确保——正如沃尔特·李普曼已经如此适当地指出的——人们一致同意的那些政策,事实上就像它们在形式上的那个样子或者符合各种实际情况。

工业革命使倾听"民众的声音"这种形式成为必然。但是,印刷与流通也使引诱民众大肆谈论不实的事情,以及通过大量流言来掩盖事实和转移注意力变得更加容易。因此,泛泛而言地攻击民主和赞颂民主一样,都是不着边际的。作为当今的一种政体形式,它并不是从个人欲望或舆论中蹦出来的,而是通过改变了人与人之间接触和交流环境的那些外在力量形成的。需要加以仔细考察和评论的,是民众政体(popular government)的性质,而不是它的存在这一事实。它的性质不可分离地与得到传播并且为各种信念所依赖的那些观念和消息的性质联系在一起。

毋庸置疑,由这场战争②所带来的宣传的统治地位,与迫使我们承认通过印

---

① 卡莱尔(Thomas Carlyle,1795—1881),英国散文家、历史学家。——译者
② 指第一次世界大战。——译者

刷而进入流通的材料，在社会控制中的主导作用有很大关系。宣传的庞大规模与精心策划是两个显著事实的明证：政体获得民众兴趣和情绪支持的新的必然性；通过带有先入之见而选择性地提供的"新闻"来激发和引导那种兴趣的可能性。但是，宣传的风气更重要的在于引起对基本事实的注意，而不是建构那个事实。如果说在传播中有一个东西代表着有意创造出来的或者有意识地经过渲染的事实，那么就有整整一打东西代表着由糟糕的教育引起的懒惰、习惯的惰性和先前的心理习惯带来的偏见与无知。

人的心理倾向于把忽然引起我们注意的绝大部分坏的结果，归结为有意的谋划和既定的目标。这就是改革者们为何如此频繁地失败的主要原因之一。他们与之斗争的那些罪恶的真正原因，通常比他们把自己的努力对准的那些个体有意识的意图和自愿的计划埋藏得深得多。结果，他们针对的就是各种表征而不是力量。李普曼先生如此恰当地称为陈规旧习（stereotypes）的东西，要比经过有意识的创造和扭曲的新闻更应该为公众头脑中的混淆与错误负责。那些参与到发起社会运动或者传播蛊惑和误导公众的材料的人，自己多半也相信他们发出的论调；他们分享着自己所宣传的那种理智上的混淆与无知。基于目的为手段提供正当依据这种信念来行动，就容易加上强调、夸张、暗示等向大众传达那些人自己以为真是正确的东西。

由印刷与新闻提供的教育的背后，简而言之，是一种更早更深的教育，它同等程度地影响着那些发布新闻和订阅发布出来的东西的人。我们又回到了本文开头的论断之上。如果我们用"教育"一词指一种经过训练的明辨的探究和明辨的信念的习惯，和一种透过浮面去探测确定表面轮廓的各种条件，以及使它产生波澜的各种力量的能力，那么，我们的学校教育并没有进行教育。我们自欺欺人，因为我们没有内在的保护力去抵抗各种情绪、兴奋、轻信与出自陈规旧习的意见，这种保护力只有在受过训练的头脑中才能找到。

这个事实决定了根本的批评要在针对目前学校教育的层面上进行，这一层面以前一直被视为一种教育体系而为人所忽略。对于使明辨的智慧成为对抗空话入侵，尤其是以其最危险的形式——社会的和政治的空话——的一种防范，它做了许多事情来促进公众以欢迎的态度接受这些空话。这种不称职似乎有两个主要原因。其一是在讲授的东西范围内，坚持使用与目前情况无关的各种传统材料——教学内容，虽然它们在过去某个时期很有价值，但是远离当今生活各种复杂的情况和问题,以至于对它的掌握即使足够充分,也无法为明辨的洞察力提供资源;面对今日各种棘手的问题,无法为免于受到愚弄提供保护力。从这一教育标准的角度出发,目前的教学材料中有很大一部分完全不着边际。任何一个传统领域内的专家,就像没有受过学校教育的人一样容易上社会空话的当,即使这些空话是以经济宣传和国家主义宣传这样的极端形式出现;事实上,他的轻信更加危险,因为他在对它的宣示上大声得多,在对它的肯定上独断得多。我们的学校输送出用古老的锁子甲(chain-armor)武装起来的人来面对当今生活各种严峻的问题,并把他们在行动中的不便看作是根深叶茂、久经考验的坚定信念的证据而引以为豪。

学校教育培养一种不加区分地狼吞虎咽、不明是非的心理习惯的另一种方式是主动的,在于处理历史、政治与经济时对批评精神几乎是蓄意地回避。有这样一种潜在的信念,认为这种回避是培养好公民的唯一途径。一个人自己国家的历史和制度越是被不加区分地理想化,这种可能性就越大,因此,人们便推想,学校的产物会是忠诚的爱国者和高素质的好公民。如果普通的男孩、女孩除了学校里学到的东西以外,与其他一切关于社会事务的观念和信息相隔绝,那么就会带着对任何社会问题、政治罪恶和工业缺陷的完全无知而投身社会。他们会怀着一种盲目的自信前行,认为道路向一切人敞开,生意场上、家庭生活或公民事务中失败的唯一原因不过是某种个人的性格缺陷。学校甚至比牧师们更加顽固地远离对各种社会弊病的坦率承认——牧师们对此还说得很多呢。而且像牧师们一样,它用一种对个人缺点的热情探究来补偿对各种社会难题讨论的回避。

由此产生的效果,是把学生们在一种习得的、人为的幼稚状态下打发到现实生活之中。对于社会中的各种斗争和问题的现实状况,他们也许会有所察知,但这样的察知是偶然得出的;而且,顺便补充一句,缺乏对事实的明智熟悉和公正讨论的防护。这就毫不奇怪他们很容易受骗上当,或者具有这样一种态度,它仅仅使现有的混淆、无知、偏见和轻信变得固定持久。他们对各种制度所具有的那种天真得不可思议的理想化的反应,产生无动于衷和犬儒态度。自称是公众舆论的保守改良者的那些人,对目前大众中间普遍存在的这种犬儒态度那么不加注意,这真是令人吃惊。他们甚至比其从表面上看起来正在愚弄的那些人更加轻信。这种冷漠和拒斥的态度现在是被动的,未经加工的。但是,它是作为幻灭的一个直接结果而存在的,这种幻灭是由他们实际上所发现的和学校里教给他们的东西之间的反差所引起的。有一天,某件多多少少带有偶然性质的事件会使这种散乱状态的冷漠与不满固化成一种主动的形式,而人们小心翼翼地构筑起来的一切社会反应的防线都将被冲垮。然而,不幸的是,针对这种反应的反应几乎不可能比事情先前的状态更加清楚。它同样会是盲目的、轻率的、听天由命的、混乱不清的。

  看上去似乎没法指望为补救措施给出一个名称,因为它仅仅是对智慧、对科学方法一种更大的自信;但是,这个"仅仅"标示出某种实现起来无比困难的东西。如果教师们变得有足够的勇气和自主性,坚持教育意味着创造一种明辨的头脑、一种倾向于不自我愚弄或成为他人愚弄对象的头脑,那么情况将会如何呢?显然,他们将不得不培养悬置判断、进行怀疑、渴求证据、诉诸观察而非情绪、诉诸讨论而非偏见、诉诸探求而非惯常的理想化的习惯。如果发生了这些事情,那么学校将变成一种人性文明的警示前哨。不过,这些地方也会开始成为特别有趣的地方,人们接着将会发现,教育和政治结果是同一回事,因为事实上,政治必须是它现在假装所是的东西,即对社会事务的明智管理。

书 评

评《公众舆论》①

沃尔特·李普曼(Walter Lippmann):《公众舆论》(Public Opinion)
纽约:哈考特·布雷斯出版公司,1922年

李普曼先生写了一本书,它如此吸引着读者,以至于对它作出批评的判断是一件难事。风格与主题浑然一体,我不知道还有哪本现代的政治学书籍能将两者融合得如此之好。结果,它的文采不那么引人注意了,倒是它处理的题材通篇闪耀着光芒。阅读这本书就是一份受启迪的体验;没有任何一个画家,能更好地掌握明暗或更灵巧地运用色彩去构筑牢固的形式了。场景中的人物是如此沉着而鲜明,呈现的方式是如此客观而突出,以至于人们几乎还没有意识到它也许是对最近被设想勾勒出的那种民主的一个最有效的控告,就已经读完了这本书。

这本书如此完整,以至于它就是其本身的总结。评论者发现,自己处于一个两难境地。他必须另外作出一个总结,但这个总结可能会是干巴巴和生硬的,而李普曼先生的总结是多么生动,或者他必须假设读者已经熟悉了这本书,并使自己仅限于说出他得到的印象。前一种办法似乎对李普曼先生比较公平,至少在读者以对这本书的个人体会来填补概述中的空白的条件下。我的概述以提出李普曼先生仅在名为《民主的形象》第六部分才涉及的一个观点作为开始。先前的分析家们都满足于把"一种叫作公众舆论的力量"的存在,看成是天经地义的;他们关心的,主要是弄明白它如何转换为政治行动的。"依据他们的传统,他们一直希望,要么驯服舆论,要么遵从它"——使政府作出回应,或者防止它破坏政府的各项目的。李普曼先生提出了先前的问题:舆论的实际本质是什么,它是如何形成的,它反映的是何种力量?而通过现实分析所获得的结果,是非常令人不快的。

---

① 首次发表于《新共和》,第30期(1922年),第286—288页。

它暗示着公众舆论是随意的,是与环境有限接触的产物,这个环境是由各种事实和力量构成的;而舆论在其中用行为来展现自身,并且舆论的形成主要是通过传统,通过已成陈规的图像,通过各种情绪,通过各种设计得并不高明的个人利益。

设计出民主摇篮的18世纪的思想家们,曾经对抗着时代的偏见,肯定人类本性的尊严。为了使这个学说具有政治效力,他们不得不发明一种教条,说自由人天生就是一个立法者与管理者。那么,公众舆论就必须是某种自发地涌现出来的东西。所有人都具有政治本能。他们假定,人们领会这些必要的事实就像吸入空气一样。奠基者们忽视了这样一个事实,即"注意力的范围"是政治科学的主要前提。结果他们是在沙上筑塔,因为那自我中心的个体必须通过他头脑中的一些图像来看整个世界,而行为在其中发生的这个世界却丰富与复杂得多。我们的民主教条的奠基者们,比如托马斯·杰斐逊(Thomas Jefferson),把自我中心的人放在一个自足的小共同体之中,把依照小镇的规模发展起来的民众自治学说,延伸出去来涵盖整个国家的状态。"因此,民主的理念总是试图看到这样一个世界,在其中,人们特别关心那些原因和结果统统都在他们居住的区域之内发生作用的事情。民主理论从来就没能在一个广阔而无法预测的环境的背景下来思考自身。"因此,民主厌恶与外国打交道,甚至厌恶与外国进行贸易。也因此,它对条文主义,对静态的政治理论有着单纯的信任。每一种本能都告诉民主倡导者,安全要求一个简单划定的区域。"无所不能的个体"的教条要求有这样一种环境来使自己起作用。但是,民主倡导者头脑中的这幅基本图像,如今甚至比他头脑中的其他图像更不符合种种生活现实。于是,那种由自发的公众舆论形成一个政府的理论崩溃了;因此,如果民主政府要起作用的话,就需要在组织起来的专家智慧中为公众舆论找一个替代品。问题在于从对人类本性尊严的信念中解脱出来,在于每个人的才干都需要得到充分发展,在于远离这个信条,即认为个体靠自身就能获得使一个民主政府有效而称职所要求的那些知识。

上面对李普曼先生的结论的这种陈述,忽略了他获得该结论所凭借的对公众舆论的分析。篇幅长度所限,只允许对本书中最突出和最成功部分的标题作个列举:"外面的世界"以及"我们头脑中的图像"——比职业认识论哲学家们所能给出的说法更有意义的一个对真正"知识问题"的陈述;"通向外面世界的途径"——对由为了让与众不同的想法保持私人状态而进行经常性审查所产生的舆论局限性,以及对接触机会的限制和对用极短的时间阅读国际消息而言,是一个极具摧毁力的解释;"陈规旧习"——对人们头脑中的传统与习惯的一个说明,这些传统与习惯构成起支撑作用的各种"范畴",人们通过这些"范畴"接受各种事实,构成与辩护、声望、道德有关的那些幻象;在认识延伸的空间与持续的时间跨度方面的不足,导致"实在的空间、实在的时间、实在的数字、实在的联系、实在的重量丢失了;预期与背景以及行为的方方面面固定僵化为陈规旧习"。

接下来的一个部分,讨论兴趣与注意力范围的关系。一幅图像对我们来说是没有意义的,直到它在我们自己的个性中留下一些痕迹,直到我们使自己与它同一。在这方面,李普曼先生对于当下政治家们确保这种必要的戏剧性的同一化方式——只不过是增进思想的清晰与公平的各种方法——描绘了一幅美丽的图画。他对兴趣的经济决定学说的批评,是我所读到过的最佳批评之一。从现代心理学关于性格的复杂性的观点,以及目前的教育在完成使个体对遇到与认识各种类型的性格,包括自身性格有所准备这个任务上的失败出发,他进而讨论对自身兴趣学说的错误简化。如果后者施加了它应当根据理论来施加的影响,那么,公众舆论的问题就会比现在的状况简单得多。经济地位会把人分为若干明确的阶层,而每个阶层都会有各自适当而一致的规则。但实际上,在人那里,没有什么东西比他们的兴趣更加混淆不清了。

第五部分讨论一种共同意愿(common will)的形成,以一种毫不客气的方式指出陈规旧习是如何起作用的,以及通过运用魅力与符号获得的各种感情如何不是构成舆论(如果舆论与思想有任何关系的话),而是代表观念与理解的缺乏之间的一种休战状态。"那个把握了当下的公众感情被包含其中的符号的人,就借此在很大程度上控制了公共政策的手段。"他随后指出,大众并不真正地思考问题,而是在幼年时习惯了权威之后,只是对一些人对问题作出的表述说是或否——构成这架机器。后者是一种必然,而不仅仅是一种反常,因为通过"大众行为,无法构筑、设计、处置、管理任何事情"。这架机器形成与利用着"既是团结的机制又是剥削的机制"的符号。"全部关键就在于,一个方案应当在言语与感情上一开始就和大众之中喧嚷着的东西联系起来。"背后的问题可能始终隐藏着,而大众则将被牵着鼻子走,只要找对起点——正如战争问题充分证实了的那样。我们已经涉及第六部分,它还包含一个说明力量、保护人身份以及特权在创造公众舆论与共同意愿的类似方面的作用的章节。这些章节对政治学的技艺来说,是一种无法估量的贡献。

正如已经提示过的那样，李普曼先生对我们头脑中关于环境图像的各种局限所作的毫不留情而现实的分析，以及他对有特权的少数人借以提供补充与替代的一些方法所作的说明，这些人把这些方法运用得如此娴熟，以至于大众仍旧认为它的舆论是有效的和自发的。毫无疑问，这些是本书的精彩部分。他的分析像一个临床医生的诊断那样不动感情，以一种不引人注目的方式应用了现代心理学的一切资源。它打碎了我们的大多数幻象，而且对任何一个以开放的心态阅读过这些章节的人来说，这个易损的东西是再也无法凑到一起了。这本书的后面部分讨论可能的补救办法，而这个建构性的部分使人犹豫是否应该同意。

它包含两节，其中之一否认报纸能够完成启发与引导公众舆论的职责，另一部分勾勒出一种可能的专家智慧的组织，这种组织应能为实际掌权的少数人提供制定政策的必要资料。这两个部分是同一个论点的两个方面。在大众的眼里，新闻机构被视为直接民主的喉舌。它是公众舆论的法庭，日夜开放着，一直准备着为每件事制定法则。这样一种观点，李普曼先生认为不仅是无用的，而且是毫无头脑的。报纸至多只不过是不停地移动着的探照灯，时而此处时而彼处地照亮一些片断。但是，社会不能通过"片断、意外与突发事件"来治理。报纸必须争取到广告客户，因为读者不会为新闻付钱；为了争取到广告客户，它必须争取到读者。为了争取到读者，它必须在设定标准时遵从读者自身的经验与偏见；必须使自己适应他们的陈规旧习。

新闻机构在作为形成和报道公众舆论的喉舌方面的无能，还有更深层的原因，即它处理的是新闻，而不是真相。"新闻的功能是突出一个事件；真相的功能是突出隐藏着的事实以使它们相互联系起来，并形成一幅关于人们在其上活动着的现实的图像。只有在各种社会条件成为可辨认与可度量的那些方面，真相与事实才相符合。"出版机构存在于一个统治力量被记录得并不完全的社会中，它无法记录这些力量，而只能记录各种机构的运作已经为它记录下来的东西。直到各种机构得到改善，直到在各种事件中引入更多的客观记录与衡量为止，新闻机构将始终继续报道各种自己强行插进来的、隐藏着的条件和力量的某个方面，并将使自身局限于展示迎合读者的兴趣与便利的各种轻松与惊人的事实。"麻烦所在比新闻机构的层次更深，补救办法也是。它在于一种分析与记录系统之上的社会组织，在于对无所不能的公民理论的抛弃，在于分散决策的权力，在于根据可比较的记录与分析对决策进行的调整（coördination）。"少了这个背景，

"偏见,冷漠,对八卦琐事的偏爱,对花边新闻的渴望",就会在出版物中继续扮演它们的角色。

这把我们引到了积极的补救办法。由于环境压力和自然选择,工业的管理者与领导者已经使自己为统计学家、会计员、审计员、科学管理者、研究员等一班人马所围绕。事实上,除了社会科学家之外的所有人都被叫来了。当社会科学家设想出一种方法,而社会领导者们能用这种方法从他那里获得分析的工具,从而使"一种不可见而极其困难的环境变得可以理解"时,他就获得了尊严与信心。切入点存在着,它必须得到领会。

第一个步骤是组织起政治与工业方面的专家们,这些专家会收集、分析并调整材料。这个功能应该完全独立于决策而实施,实际上,应该有意不去关心根据他们的资料所获得的结论的本质。军队的参谋部的概念应当被普遍化。美国政府内阁十个部门中的每一个都应当有它自己的智囊团,为它们之间的合作与竞争作好一切准备。这个方法也适用于州政府、城市和乡村地区。结论将会是一份能有效克服主观倾向并在各种偏见之间保持中立的关于未受注意的(unseen)环境的报告。而且,正是偏见、无知和主观倾向在公平对待一种未受注意的环境的道路上设置的这些障碍,构成了自治最主要的困难。对智囊的组织,将会带来任何一种选举方法的改革、任何从地区代表到职业代表的根据的转换、任何所有权体制的变更都无法产生的成就。基于传统与兴趣局限的人类经验的主观倾向是真正的敌人,直到它被战胜之前,"改革"都不过是把过于沉重的负担从一个地方转嫁到另一个地方。

主要为造福管理者与执行者而起作用的专家组织,与公众及其舆论的关系是什么呢?用李普曼先生的话来说,它是"用来把公众事务处理得更好的一个工具,而不是用来更清楚地了解公众事务处理得多么糟糕的一个工具"。但是,这个方法会间接地使政府与工业的程序变为一个记录的问题,这份记录显然是容易获得的,因此能让公众对商业行为与公共事务作出更为明智的判断。公众的真正利益在于:坚持各种问题在经过明确的分析与记录程序之前,不应当被提出来。现在的情况是:每个问题都毫无希望地与各种情绪、陈规旧习以及不相关的记忆和联想搅作一团。当问题以一种经过批判的客观形式呈现出来时,它才摆脱了这种主观混淆的情境的纠缠。"无数审查、僵化、作假的手段都将得到清算。"此外,逐渐地,像科学观念这样的一套观念会被建立起来,并能够为教育目的所用。于是,未来的公民们,在求学期间就能被教授一种有效的政治心理学与政治科学。前者能保护他们对抗日常意见中的谬误之源;后者能向他们提供征服头脑中的迷信的热情,并能给予理性以激情的力量。

正如合上这本书的时候一样,我在结束这篇评论的时候有一个感觉,就是尽管有教导性的、敏锐而全面的分析,它的批评部分还是比建构部分更为成功。这是一种感觉,并且是油然而生的。也许这仅仅是我自己关于民主的主观态度的一个残余,即使李普曼先生的方剂也没能涤除这份残余。但是,我想试着作出两点提示。一是组织起来的智囊想要有成效,就必须比适应管理更基本地来适应新闻。李普曼先生似乎过于轻易地向新闻机构投降了——过于轻易地推测新闻机构将继续如其所是。确实,新闻必须与事件而不是各种条件与力量打交道;确实,后者从其本身来看,谈论起来过于遥远和抽象。对它们的记录对大众读者来说,会显得过于乏味与缺乏感情。但是,仍旧存在着根据对潜藏条件的持续研究和记录来处理新闻事件的可能性。将社会科学、事实获知以及文学表达的艺术结合起来,不是一件容易达到的事。但是对我而言,它的达到似乎是用理智引导社会生活这个问题唯一真正的解决方法。如果"感性的"这个词可以用作一种好的意义的话,就可以说,对时事新闻一种适当的处理方法,一种基于继续研究和组织的方法,会比目前所用的方法更加感性。见到往来贯穿于看似随意而不相联的事件中的潜藏力量,会给人一种任何局限于肤浅而零碎的偶然事件的报道都无法给予的刺激。如果有机会,那么就会有人受到吸引去完成这样一项使命,即为全民提供一种客观的新闻记录、一种心灵的秩序,以及永远不会被与管理者们打交道的专家们那相对封闭的工作所吸引的艺术能力。对我来说,对公众舆论的启蒙仍然比对官员与领导者们的启蒙具有优先性。

当然,李普曼先生所召唤的专家组织本来就是令人向往的,这个事实毋庸置疑。但是在我看来,他的论证夸大了政治学与政治行为的重要性,而且回避了除非有一个相伴随的大众舆论的直接启蒙以及事后的间接指导,政治行为如何才能得到组织起来的智囊的有效引导这个问题。当李普曼先生说出伴随着一个专业的、技术的和封闭的组织的那种腐化的危险,即"各种官样文章,堆积如山的文件,令人厌恶的调查表,每份文件的 7 个复本,背书(endorsement),延迟,丢失的文件,用 136 格式而不是 29b 格式"诸如此类的现象时,他比批评家更加先发制人。但是,用来对付这种危险的一个确实保证是连续不断地报道事实真相的新闻,这当然是一些明显的确定事件,但它们是隐藏着的事实的标志,是相互关联起来的事实的标志,是人们可以以此为依据明智地行事的一幅处境的图像的标志。李普曼先生比任何其他作家更加突出民主的基本困难,但是在我看来,这个困难是如此基本,以至于只能通过一种比他敢于给出的办法更加基本的解决方案来面对它。当必要性推动的时候,发明和成就会令人惊异地作出回应。民主要求一种比对官员们、管理者们与工业的领导者们的教育更为彻底的教育。由于这种基本的普遍教育既如此必需又如此难以达到,民主的事业才如此具有挑战性。使它转向启蒙管理者和执行者这个任务的岔路上来,在其范围和挑战方面丢掉了某些东西。

评《首相们与总统们》及
《东方人增长着的怒气》[1]

查尔斯·希区柯克·谢里尔(Charles Hitchcock Sherrill):《首相们和总统们》(Prime Ministers and Presidents),纽约:乔治·H·多兰出版公司,1922年

弗雷泽·亨特(Frazier Hunt):《东方人增长着的怒气》(The Rising Temper of the East),印第安纳波利斯:鲍勃斯-梅里尔出版公司,1922年

在谢里尔先生的书中,"读者会遇见欧洲的15位首相和4位总统、4位英联邦自治领的首相,以及日本11位杰出的政治家和外交官,还将进入许多国家的大法院和外交部"——所有这些都像其威严所要求的那样,适当地用大写字母标注。尽管如此,读者没有必要在遇见这些与谢里尔先生有联系的先生们时感到过分敬畏。"我与之交谈的所有这些绅士们,都清楚我不带有任何官方立场。我并不官方地或非官方地代表任何人。他们完全把我视为一个平凡的、普通的美国人。他们信任美国和普通的美国人,并且把我作为这样一个人而自由地与我交谈。"于是,通过谢里尔先生的中介,我们就能"确定无疑地与大西洋另一边的最新政治思想保持直接的沟通"。它确实使一个"平凡的、普通的美国人"相信首相们与外交部代表着欧洲的最新政治思想,而这种信念强调了一个由平凡的、普通的公民组成的美国密切参与外国政治的适当性。

这本书的卷首插图是劳合·乔治(Lloyd George)的一幅半身像的复制品,而第一章完全交给了这同一位首相。"幸运的是劳合·乔治非常喜欢聊天,而菲力浦·克尔(Philip Kerr)——洛西恩勋爵(Lord Lothian)那聪明机灵的外甥,最近又成了首相的政务秘书,他谈到,我的方式兴许已经引起了这个威尔士人的好

---

[1] 首次发表于《新共和》,第31期(1922年),第285—286页。

奇。在接待我的时候，劳合·乔治假装没有看见那些时不时出现在窗外的首相们，就好像他的时间毫无保留地全是我的一样。"请试着找出一个能和首相们竞争的普通美国公民来。

统计学研究表明，在献给这场访谈的 8 页中，13 行就涵盖了所说的首相聊天的全部内容，而其中有 9 行是关于乔治先生针对某些事务提出问题来询问这个普通美国公民的意见的。劳合·乔治本人的话，只不过是"焦利蒂（Giolitti）是我们所有人中间最好的"。而关于法国，我们得到的是对白里安（Briand）简略生动的描绘，也偶尔与当代法国政治思想的最新特点沾上一点边。"许多巴黎人通过战争合同发了财，而他们之中不少人第一次开始参与政治……这股新的力量有望给法国的公众生活注入活力，而卢舍尔（Loucheur）使它充分发挥出来。"这里，我们得到了一个关于当前法国外交政策之活力的洞见，比许多相对而言遮遮掩掩的著作给出的更深刻。由于篇幅所限，我们无法对欧洲外交的风云人物作进一步的介绍。说一下把我们带到亚洲、带到日本的最后一章就足够了。"我决不可能忘记上一次对外务省（Gaimusho）的访问，那是在 1919 年 12 月 27 日，内田子爵（Viscount Uchida），当时的且现在仍在位的外交部首长，邀请我妻子和我本人进晚餐的那一次。"人们放下书本时，确信谢里尔先生也许已经走得更远；他永远不会忘记任何用美味的晚餐和友好的聊天来招待他的总统、首相，以及不那么重要的一些名人。

亨特先生像谢里尔先生收集名人那样收集普通人。他的自我意识与我们前外交官的截然不同。"我试图讲述普通人和平常的愿望，而不是重大的国际运动和世界政治……讲述关于生活着、奋斗着、梦想着更美好事物的各个民族的普通人的事。"于是，在印度，我们了解到甘地以及他对普通大众意味着什么；在中国，不是关于总统们和首相们，而是关于努力着的苦力们和学生们；在日本，我们遇见的不是内田而是贺川丰彦（Kagawa），一个有学问的人，一个学者、作家以及教师，他把自己献给了神户的贫民们，"在流浪汉、杀人犯和底层困苦不堪的民众中间行走，传播着一种有生机、有活力的基督教"。书中有着在朝鲜、西伯利亚、白澳大利亚（White Australia）、菲律宾群岛，被意味深长地称为我们自己的小印度（Our Own Little India）——海地，以及墨西哥的个人接触的章节，所有这些都鲜活生动，并且都是关于普通人对一种更为自由的生活的渴望与努力。他对海地的描述不会给任何美国读者带来骄傲的喜悦。小帝国主义，即使是起源于本土的，也不比起源于英国和日本的大帝国主义更使亨特先生感兴趣。最后一章的标题点出了全书的关键：世界上居于下风的人(The World's Under Dogs)。

亨特先生的书是一本新闻记者的书。如果我肯定亨特先生的同情和想象力，及其深入表面之下直达普通人的平常愿望之实质的能力是典型的，那么，我敢说，这是一个典型的新闻记者。美国是一个民主国家；所以，我们没有阶层之分。为了代替阶层划分，我们可以说，谢里尔先生和他的读者们是一起的，而亨特先生和他的听众们在一起。我愿意珍视这种愿望或者说幻觉，弗雷泽·亨特和他所面向的那些人才是真正平凡的、普通的美国公民。"我们美国人关于英国人在埃及和印度以及爱尔兰的作为、法国人在印度支那和马达加斯加的作为，还有日本人在朝鲜和中国以及西伯利亚的作为已经说了许多。这些被告中的任何人都可以正当地说，'让那无罪的人砸下第一块石头'——并建议我们去研究一下我们自己在海地与圣多明各的小征服和对墨西哥及南部的小共和国的干预。"让我们以亨特先生的话作为结束吧。

课程大纲:哲学思想的各种类型

导论

1. "经验"(experience)一词在这里并不是在专门意义上说的,与它最相近的同义词是"生活"、"历史"、(人类学运用上的)"文化"这些词。它指的不是独立于被经验和经历的**东西**之外的经验过程与模式。这个词的哲学价值在于提供一种方式去指涉经验到的东西和它被经验的方式之间的统一或总体,这个总体是四分五裂的,而且只有在现有的区分中或通过一边是"世界"、"事物"、"对象"这样一些词,而另一边是"心灵"、"主体"、"人格"、"意识"之类的词才得到指涉。类似地,"历史"指的既是事件,也是我们对它们的记录或阐释;而"事件"不仅包括人类的行为和经受的苦难,而且包括宇宙的和制度的条件,以及那些以无论什么方式进入和影响人类的力量——一句话,包括体现在人类的事业和命运中的广阔宇宙。

参考书目

Murray's *Dictionary on Historical Principles*, on Experience; Monroe's *Cyclopedia of Education*, on Experience; *Democracy and Education*, p. 2; *Influence of Darwin*, pp. 198 – 204. For technical meanings, themselves the product of philosophical reflection, see Baldwin's *Dictionary of Philosophy*. For the value of the term in philosophy, see Bush, *Jn. Phil.* 6:175 – 182; *Jn. Phil.* 10:533 – 541; Dewey, *Jn. Phil.* 3:253 – 257, and *Essays in Experimental Logic*, Introduction, (especially pp. 1 – 10).

2. 因此,就哲学目的而言,这个词暗指一种回到传统的、新近的哲学区分与表述,以把握其起源、所在与功能的方法。相应地,像古希腊人、培根、洛克、斯宾塞、内省主义或心灵主义心理学、当代绝对观念论者,诸如此类,所阐发的"经验"的特定意义,仅仅是为进一步的研究提供了问题:它们是如何从"经验"之更广泛而有生命力的意义中产生出来的?

参考书目

In addition to those given above, see: *Influence of Darwin*, pp. 226 – 241, and *Creative Intelligence*, pp. 10 – 17.

3. 也许有人会反对说,这样一来,经验的意义就如此宽泛,以至于可以用来指任何东西或每个东西,并且因此对哲学目的来说就是无用的。按照这种意见,即使是超验之物或存在于经验背后之物的观念,在起源和出处上也会和一根木棍或一块石头的观念同样是经验的了;谬误与真理处于同一个经验层面上,等等。只有当经验等同于某个特定的主题(subject-matter),比如存留[Retention(古希腊人)],或观察(洛克),或直接意识(内省主义者们)的主题,经验才确定和明白到足以有什么用处。

这种反对意见针对任何试图从经验的概念中得出哲学结论,或者把经验视为一种普遍同质的材料的哲学,都是有说服力的。但是,它忽略了这些事实:(a)每一种类型的哲学本身都是一个特殊的历史发生(historical occurrence),是一件添加到经验之中并因此可以加以研究的事物;(b)日常经验展现出事物进入生活、想象、观察、努力、享受等等之中的各种各样的模式,并且人们能够发现并根据它们不同的被经验的处境来表示事物特征的那些奇特的特点;(c)日常经验展现出不同的、井井有条的各个方面(phases),比如生产的(无论是在美术或工业和技艺上)、规范的(政治-道德的)、宗教的、科学的,等等。这些构造(organizations)中的每一个都具有它区别性的特点,包括对象性的主题(objective subject-matter)。

这门课程的假设是:不同类型的哲学必定从各自独特的经验模式和编排好了的主题那里获得线索与暗示;它最多对要素作一些选择、强调和安排。那么,经验,作为哲学方法论上的一个词,指的就不是任何毫无差别的同质的东西,而是指对经验的特定模式和对经验到的事物的特定构造的一种研究,为的是发现它们相关于不同类型哲学的创生(generating)和确证力量。这些哲学类型本身就是进一步的、性质上特殊的经验。

参考书目

有关哲学与经验,除了前面的参考书目外,见布朗(Brown),《哲学杂志》,第 17 卷,第 281 页;杜威,《哲学的改造》(*Reconstruction in Philosophy*),第一章;《实验逻辑论文集》,第 94 至 102 页;《民主与教育》,第 11 与 20 章;《哲学杂志》,第 7 卷,第 169—174 页。

4. 所以,每一种类型的哲学,作为对被经验的世界中某些特征的强调,都具有一种积极价值。各种哲学间的差异和冲突是由于:(a)对那些挑选出来的事物特征如此强调,以至于把它们孤立起来了,并因此忽视和否认刻画出经验的其他方面特征的那些特点的实在性,以及(b)把某个特定方面或模式独有的特点转移到其他方面和模式中,而这些特点是不属于那些方面和模式的。参见《实验逻辑论文集》,第95页。

因此,已被指出的经验的方法论运用使一种真正的批判哲学成为可能,这指的是各种根据其在历史-经验之内的特殊起源和语境来加以阐释的哲学类型。哲学被视为一种历史哲学,这不是在解释为什么历史是或必定是它现在的样子这个意义上说的,而是在各种哲学是从人类历史的典型状况和危机中发源并包含这些状况和危机的意义上说的。各种哲学类似于宗教的、艺术的或经济的构成(institutions)与问题,简单地说,类似于文化的其他形式,而且类似于作为文化的一种历史模式的科学,而不是类似于抽象的、非历史意义上的科学。

由此产生的哲学可以概括为批判的彻底的经验主义:彻底的,是在如下意义上,即它认可经验的所有性质上的模式与构造的要求和特点,而不是建立起一个终极的和"实在"的形式;批判的,是在如下意义上,即每一种哲学不是根据真理和价值(一种必定成问题的方法)的抽象标准,而是根据具体的历史起源、语境和操作(operation)来加以阐释的。

以批判为目的的经验分成各种主题:

i) 社会-制度的经验,哲学在其中得以形成的社会之独特状况、问题和议题,特定社会和时期的通用资产与负债(assets and liabilities)。

ii) 特定时期的科学;就是说,作为权威性真理而通行的东西,人们所相信的东西和达到它的方法。

iii) 对经验的各个有序的方面所作的理论分析,这些方面有艺术、工业、宗教、科学、政治、道德。

iv) 对经验的模式与过程进行的分析;当前的科学,尤其是生物学和心理学,使这种分析成为可能。

v) 影响着各个特殊哲学家的经验的传记的和性情的力量。

这其中暗示的是:意义的问题比真理的问题更加原始和重要;也就是说,在对待不同类型的哲学时,更重要的是要了解它们代表何种动力,以及它们为生活和历史贡献了何种价值,而不是去传达它们的客观真理。不过,批判澄清了那些以有效的力量参与到进一步哲学探究和建构并由此延伸到真理领域的想法。

注:我们将对这里所设想的批判哲学与康德所构想的批判主义之间的差异进行一个讨论。关于后者,可参考凯尔德(Caird):《康德的哲学》(*Philosophy of Kant*),第一章。

对于我们所寻求的方法,还有一个比较明确的,虽然是比较专门的反对意见。这种意见认为,哲学具有而且必须有知识的形式,至少要有反思的形式,而因此,对它来说,知识这种类型的经验的准则和程序必定是至高无上的。所以,由于其他非认知性的经验模式只有在被还原为知识的形式时,才能在哲学中表现出来,它们与构造是无关的。哲学是"理论",而"理论内部的理论标准必须确实无疑的是绝对的"[布拉德雷:《现象与实在》(*Appearance and Reality*),第153页;还可比照第485至486页]。

这个反对意见涉及一个具体问题,这个问题对整个讨论而言是最重要的,因此不能提前单独地来处理它。但是,我们可以提醒说:(a)它在这一点上是相当成问题的,即把理论经验假定为是与其他类型严格而完全地区分开来的;没有该假定的话,这个反对意见就没有立足点了。理论标准在理论内部是至高无上的,尽管如此,为了理解和确认它,理论标准本身就可能把我们带向其他的、非理论的形式。去询问经验的知识模式被认为是什么,也许需要我们去找出知识处于何种非认知的经验语境之中——就是说,它被非认知性地经验为什么东西。(b)当我们指出某些类比时,这个纯粹逻辑上的观点便获得了存在上的力量。一切交流都是通过语词进行的,并要求有某种语言标准的特权;但语词和语言的标准的意义只有通过求助于先在的和后续的(正好是非语言的)处境,才能得到恰当的理解与检验。你可以把我引至某个地点,并用语言告诉我将会在那里发现什么;但我的去和我的发现虽然如此依赖于语言,以至没有语言,它根本就不会发生,但它是有别于语言的某种东西,并且对于确定和检验所用的语言的意义而言是必要的。知识在这方面可以与语言相比较,至少就实验知识的情况而言,这是显而易见的;实验知识需要一种就其起源而言非知识的经验模式的作用,来把推理、计算等等转变成知识(见《民主与教育》,第17至18页)。所以,事实也许是:只有当关于知识的一切理论通过被带入反思的或理论的模式之外的其他经验模式或经验的有序方面,并由此得到确认时,这些理论本身才变为知识。

参考书目

Klyce: *Universe*; F. J. E. Woodbridge: "Of What Sort Is Cognitive Experience?" *Jn. Phil.* 2:573 – 576; Dewey, *Jn. Phil.* 2:652 and 707; Bode, *Jn. Phil.* 2:658 – 663.

如同最近的讨论(布拉德雷、罗伊斯,等等)中表现出来的那样,绝对经验的概念可以说是一种结合的尝试,试图将一种诉诸经验的真正方法与对经验的暂时局部特征的实在性的否定相结合。这样一来,经验作为哲学方法的一个标准,就不得不变成对经验的所有特点(在布拉德雷那里,是理论之物、实践之物、审美之物;在罗伊斯那里,是理智、情感和意志)的通观,由此就确立了根本没有经验上的对应物(empirical counterpart)的一种经验。

参考书目

Bradley: *Appearance and Reality*, pp. 455 – 468; Royce: *Religious Aspect of Philosophy*, and *Spirit of Modern Philosophy*, pt. 2, ch. 12 (The World of description and appreciation) and *World and the Individual*, Vol. 1, lect. 8. Also Ackerman: *Jn. Phil.* 15:337 – 356.

第一部分:非批判的常识经验

I. 一般特点

1. 共同特点

"动物的心智与人的心智之间的区别有两个外部特点,表达出来就是在人当中存在着有条理有关联的语言,以及对不同用途的各种器具的运用。"[博厄斯,《原始人的思维》(*Mind of Primitive man*),第98页]。"在所有的思想活动中,我们都是依据自己的社会环境来思考的。"[《原始人的思维》,第99页;又见第101页所引魏茨(Waitz)的话,以及106—123页,关于较高级与较低级文化中的行为共同体类型;第202—243页,关于因为处理的材料不同而具有的特征性差异的陈述,这种差异在于传统主题的性质(受到方法的影响)以及社会环境;第238页,"从原始文化到文明的变化,似乎由可称为社会联合体(social associations)的东西的逐渐相互淘汰构成……智性联合体(intellectual association)逐步取代了它们。"]

从这些观念出发,我们必须在语言与工具(在最宽泛的意义上)中寻求人类经验的基本特征,而非批判经验独有的特征则要从语言(包括语言之下的主题——就是说,传递的质料——及形式)的限度,以及用于运输和生产的各种工具、器具、机械的限度,用于科学目的及工业目的的器械的限度中去寻求(驯化的动物与栽培的植物归入同一个一般标题之下——所有有意地修改自然力量和形式的手段)。

2. 原始经验的限度

我们从早期经验的那些区别性限度开始。

(1)淘汰复杂工具(机械以及它们的操作工序)和控制自然是不确定的;财富依赖于拥有适宜的自然条件。因此就有依赖感、无能、风险、机遇、幸运、作为安全手段的利益、权力[参见萨姆纳(Sumner),"偶然因素",载于《民俗》(Folkways)一书的索引]。另外也缺乏预见性,对眼前的和对我们来说微不足道之物的孩子气的警觉,结合了对常规的固守与对未知事物的恐惧,担心违反习俗。这些特点是重要的,不仅是对一种心智类型的描述,而且代表着为人所相信的这种世界——原始的形而上学(参见博厄斯,第230页)——因为它们客观地体现在社会集团与秩序之中。

(2)关于世界的信念依赖于所使用的资料(data)。

(i)即使我们把自己局限于我们认为是正当的资料,即对自然事件的观察结论之上,对于什么是明显的、惊人的、粗略的、不连贯的、范围上有限的,仍存在各种限度,因为感觉器官的运用并未通过人工手段获得延伸与补充。现代批判的科学信念以透镜、计量仪器、间接测量的工具这些人为技巧的存在为前提。

(ii)此外,观察的结果受性情、态度、习惯的影响与受"事实"的影响一样深。除了前文所引的博厄斯的《原始人的思维》,另见戈登威泽(Goldenweiser),《早期文明》(*Early Civilization*),第15章及第411页——一般而言,"触类旁通的"(apperceptive)理论(直接回应)与联想的或理性主义理论截然不同[关于后者,参见弗雷泽(Frazer):《金枝》(*Golden Bough*),第1卷,第70页]。

(3)环境是区域性的,这是由于缺乏交通和运输手段。因此,总体而言的世界是根据区域的语词来设想的。这个事实:

(i)保护与巩固传统,增强对遥远和未知事物的恐惧,并且鼓励对自然作社会的-拟人化的阐释——根据社会群体的价值所作的阐释。

(ii)强调了空间范畴的重要性。见康福德(Cornford),《从宗教到哲学》

(*From Religion to Philosophy*),第15—17页,第43—55页,第73—77页;涂尔干(Durkheim),《宗教生活的种种形式》(*Forms of Religious Life*),第11页。

(4) 由于工具的相对缺乏,与环境的接触相对来说,是即时的、直接的。因此,

(i) 我们看作是情感性和个人的那些特点被当作事物与处境的性质。参见桑塔亚那(Santayana),《常识中的理性》(*Reason in Common Sense*),第6章;关于"首要与次要"的类似区分,参见詹姆斯,《心理学》(*Psychology*),第2卷,第665至666页。对我们而言是感官性和意愿性的那些特点被当作独立的事物——疾病,道德上的罪恶——参见博厄斯,第200页;韦斯特马克(Westermarck),《道德理念》(*Moral Ideas*),第1卷,第52—57页,第61—65页;第2卷,第415—420页,也可参见索引中"污染"(pollution),"净化"(purification);弗雷泽,《金枝》,可参见索引,"不洁净"(uncleanness)。

(ii) 我们归于社会控制的那些特点(惩罚的威胁,等等),被视为对象的直接特点——比如禁忌之物的情况。可以把这些称为四元的(quaternary)。

(iii) 我们认为,区分明显的那些经验模式与阶段其实是混合在一起的。于是,道德被等同于宗教、法律与政治,也被等同于时尚与礼仪;社会集团被等同于宗教,像在图腾崇拜中的情况一样;审美的特点与象征的特点纠缠不清地混合在一起。

3. 从我们的立足点出发,区分出一些主导观念或"范畴",分类为:

(1) 主动的与被动的——男性与女性,光明与黑暗,奇与偶,天与地。

(2) 幸运的与不幸的——时间,地点,空间方位,人,诸如此类。

(3) 不可思议的、可畏的、隐蔽的、神秘的、秘密的、危险的东西和平常的、熟悉的、公开的、安全的东西——见马雷特(Marett),《门槛》(*Threshold*),以及一般而言的关于"神圣的"和"超自然的"人类学文献。

(4) 常规的、通常的、指定的东西,以及批判的(危机)、例外的、躲躲闪闪的、难以捉摸的东西——对规范性的违反。事实上,倾向于与第3点一致。

(5) 集体的与个人的——洛伊(Lowie),《原始社会》(*Primitive Society*),第14章;戈登威泽,《早期文明》,第407—410页。

4. 从文化-经验的变化与发展的观点出发,在对陌生或外来文化体系中某些要素的有准备的、接受、开放、同化的态度与冷漠、无动于衷、无力去吸纳某些其

他要素的态度之间,存在一个重要区分。比较人类学家所作的关于传播、散布等的讨论,参见博厄斯,第 166—173 页;洛伊,第 15 章,尤其是第 434—441 页;戈登威泽,第 321—324 页,以及《哲学杂志》第 15 卷,第 604—607 页;梯加特(Teggart),《历史的进程》(*Processes of History*);艾尔斯(Ayres),《哲学杂志》,第 18 卷,第 600 页,强调了文化体系间相互的不宽容。

5. 为哲学所作的阐释

(1)这些思考对哲学的重要性,不仅仅局限于作为哲学反思从其中生长出来的背景。它也作为当前经验的界限而存在,只要后者不像在公众道德、政治与宗教中那样受制于科学和技术工业的影响。参见范布伦(Veblen)的著作,《科学在文明中的地位》(*Place of Science in Civilisation*);鲁滨逊(Robinson),《形成中的心灵》(*Mind in the Making*);杜威,《哲学的改造》,第 1 章。

(2) 对经验哲学(experiential philosophy)来说,也有一些积极的结论。

(i) 经验客观的、包罗万象的特征,既包含宇宙的因素,也包含社会的(传统的-制度的)因素——它的整个性质。见戈登威泽,《哲学杂志》,第 12 卷,第 633 页。它说明白了这一点,即现代对心理的与生理的、社会的与宇宙的诸如此类的东西的严格区分,是从经验的过程内部产生的,因此表现的是一个问题而不是一份资料。

(ii) 他们强调一个事实,即经验从来不曾缺乏自己的构造,这种构造规定着接受与拒斥、宽容与不宽容进行的方式。对比桑塔亚那,《常识中的理性》,第 1 及第 5 章。相关于第 1 点和第 2 点,比较统一的"进化"理论与多元的"接触"观点——个体心理的观点和文化的观点——之间的整场争论。除了前面博厄斯与戈登威泽的参考书之外,还可参见洛伊,《原始社会》,导论。注意结合心理学(生物学)方面与文化方面的倾向。

(iii) 有一些得到**暗示**的假设值得记下。

(a) 成功与失败、安全与危险的首要性。参见桑塔亚那,《常识中的理性》,第 46 页;杜威,《创新智慧》,第 8—14 页。(由此有哲学与科学的区分;哲学同宗教与文学的亲密关系)比较确定性概念在各种关于知识,概括地说关于永恒与必然之物的理论中的角色。

(b) 经验固有的**戏剧**性质,以及冲突、决断、危机与高潮、顶点。

(c) 劳作与休憩的重要性暗示着相互对照的阐释类型,尤其是与上等的(统治的)阶层和臣属的(被统治的)阶层有关的区分相关联。比较杜威,《民主与教育》,第19至21章——或者,概括地说,职业(*occupations*)在确定比较根本的分类与阐释中的重要性。

6. 常识经验的专门特点

现在我们来对比较简单形式的经验作一个理论的分析,既涉及一种建构哲学,也涉及决定了希腊文化中反思哲学之开端的那些主要观点。

(1) 经验是一个做事-经受(doing-undergoing)的问题。

(i) 作为做事,它对环境造成了一种改变。

(a) 离开工具,它是相对次要并且主要是暂时的。它的主要效果要在有机体内部寻找。环境被视为直接感官结果的材料、食物、保护,等等。于是,一种"自我中心的"经验,使意识(awareness)在实践上成为不可能,即使是对内部过程与行为的意识也不可能。

(b) 工具对环境造成永久的改变。对一切随后的做事而言,它成为越来越重要的一个因素。一切随后的做事都必须考虑已经逐步形成的环境:文明作为行动状况、普通工具,以及将要面对的更加复杂的状况的一种不断累积的建构。在后一个方面,需要对进一步做事产生的结果有所预见。行为变得以对象为中心。事物是**对象**,即充满了与以后的客观结果有关的意义。由于注意力被引向手段-结果,即使是内心的直接感官满足,也由于对象性行为与行为者的参与而发生了变化。手段-结果由此为意识提供了条件,或对象——有意义的事物——并因而是基本的智性(intellectual)"范畴"。一个**对象**是由一个普通名词来表示的,或者包含一个共相。

(ii) 经受涵盖了行事者(the doer)行为的种种结果,是经验被动的、接受性的方面(关于作为做事-经受的经验,见《民主与教育》,第163—164页,《创造性智慧》,第11—16页)。部分直接后果在无意识的改变——习惯、保留、"感官记忆"、"印迹"(engrams)之中。有的部分是可以意识到的——情感上的、享受与受苦的品性,在发展中受到阻碍,被克服。相关于作为筹划的做事,这里存在一种期望的立即升高,展望未来——谨慎——感到事物充满期待的意味、潜力。它们立刻呈现出预兆的性质,无论在不祥的还是在吉利的意义上(参见詹姆斯关于"意识流"的描述,《心理学》,第1卷,第229—283页)。

(2) 这个情形之内隐含着一种直接的鉴赏的、吸收的态度与一种间接的、规范的态度之间的区分,两者中的每一方都相互依赖对方。纯粹被当作工具来使用的事物是惯常的、无意识的,就好像是顺利地自动完成的行动。在与手段以及完成的进一步后果无关涉的情况下,吸收与完成(consummation)也是无意识的。但是,尽管每一份经验作为有意识的都涉及工具性的对象与(作为)完成的对象之间的相互关联,强调的重点却既可能会落在这一边,也可能会落在那一边。对象只要作为手段,就属于经验的规范方面,这个方面的功能是控制。那么,经验就像在工业中那样,是技术性的,是有用的技能;或者是道德-政治的,是对一个群体成员的控制;或者是智性的——对象,作为其他对象或事件的指示;预见、预测以及相应的准备或预先调整。

只要完成性的对象得到强调,我们就有了情感关系、鉴赏、美艺(fine art)等等。鉴赏对象在经验中的自然主导,是在对原始经验进行考察中得出的惊人事实之一。演出,戏剧,讲故事,这些比工作更重要;象征(symbols)比符号(signs)更重要,"美好的"比有用的艺术更重要[关于这种理论,参见桑塔亚那,《艺术中的理性》(Reason in Art),第1、3、4、6、7章。关于事实,参见戈登威泽,第15及第9章;概论象征体系与仪式体系的重要性;关于有用的控制,见索引中的"工业"与"发明"]。虽然有用性或控制可以主宰某种特定的实际知识,但审美的和艺术的思考则掌握着普遍化的信念,以及广泛而基本的理论。只要不对工作有实际的危害,后者就会挤进前者之中(《哲学的改造》,第1章)。关于控制的或工具性的与鉴赏的或完成的东西之间的对比,见伊斯门(Eastman),《诗的愉悦》(Enjoyment of Poetry)。

(3) 所以,仔细想来,这个阶段的经验本身就表现为惯常(customary)艺术,即有用的和审美-艺术的。

(i) 作为有用的艺术,它包括与事物的反复接触,结果形成了习惯。那些习惯是相对确定和普遍的,并以成功地工作为规则;还形成了技巧或各种技能,形成了常规技艺,或者把适当的材料与工具作为取得结果的手段而加以有规则的选取和运用的能力,并形成经验性的总结概括,以及对事物的某些平常普通的本质与属性的知识。火吞噬一些东西,软化另一些东西,需要看管,等等。使这些陈述充分具体,然后你就有了关于火的艺术或科学,即它的"技艺"(techne)。

明显的限度:局限于平常的、"整体"正确但受制于例外的那些事物,而非对为何之故或"真正的原由"的洞见。还局限于**事物**,物理的。此外,它的结果必定与和身体相关联的喜好及欲望相关;局限于感官。最后,作为艺术的经验,必定与发生和毁灭,与变化、变易,而不是与固有的存在或本质相关。所有这些关于经验的结论,在柏拉图思考经验时已经由他明确地作出了(并被亚里士多德所接受)。由此,"经验"是从属的、工具性的,而且要求有某种非经验性的东西作为基础和补充。

(ii) 艺术-审美的经验是终极的、完成性的,而不是工具性的。仔细想来,它显示出自身拥有"目的",即理想的善,并描绘出一种值得向往的生活。但仔细想来,它也显示出自身缺乏宏观的理智上的支撑,所以含有一种神话式的宇宙生成论,并随着社会传统的差异而以一些相互矛盾的方式变化。它虽然不是在内容上,但是在形式上提供了一个模型。除了对一种超越于"经验"而存在的实在观念理性地加以重新阐释的情况外,当这种实在观念根据通过与事物实践地打交道而获得的技巧和信念,以及根据传统关于诸神、世界与灵魂的看法来定义时,就是如此。

(iii) 有用的艺术引入了对主题的客观区分、划分和分类。

(a) 它们把信念从直接的喜爱与占有那难以抗拒的影响之下解放出来,并根据特征性的技术用途,把相似的对象归入普遍化的种类、类别。那就是说,个体事物在从直接性质的母体中脱胎出来后,被看作达到进一步结果的手段,失去了它们的第三性质(tertiary qualities),而使其为结果服务和指示结果的这些性质得到了强调。于是,一个特殊的事物就被看作只是可以用来获得想要的结果的这类事物中的一个例子,是金属、铁,等等,而不仅仅是一个独特的东西。这样的分类当然自人类艺术之始就能发现,但它们随着各种艺术的增长而变得越来越多,区分得越来越仔细。

(b) 它们使目标的观念变得明确,目的规定着所使用对象的世界。

(c) 在与对象世界的联系中,它们使规则、统一、复现(recurrence)、重复的观念变得明确。

(iiii) 在心理学用语中,有用的艺术是在手段-目的的基础上发生的分离与再联结之能动作用(agencies)。参见詹姆斯,《心理学》,第 13 章,尤其是第 487—489 页,以及第 515—522 页关于规定区分的一种"实践兴趣"的重要性。这些事实指向根据一个经验性的手段-结果的行为进行的一种客观解释,而不是根据归于"意识"的那些特点进行的一种主观解释。关于詹姆斯对"兴趣"以及选取与拒斥的注意力的处理,亦同理,第 1 卷,第 284—至 289 页,以及第 425—447 页,第 482 页;第 2 卷,第 329—345 页关于观念(conception)与共相推论(universals inference)。詹姆斯仔细研究的实践目标或"做事",必定涉及客观的手段。既然各种艺术是社会的,那么直到我们获得有创造力的、创新的、实验性质的经验之前,谈论一种"私人的"目标都是误导人的。"目的论"是基本的,但它是行为主义的而非由"意识"归于自身的一种属性。关于智慧的或有目标的做事的心智,见《民主与教育》,索引,"心智"条目下。

II. 希腊生活中的经验与理论

把经验思考为有用之艺术与鉴赏之艺术的做事-经受(doing-suffering),是希腊文化的产物。希腊人还添加了一个新的形式,用意义(meanings)作为手段去确保其他的意义,以及**理性话语**(rational discourse)的重要性。在古典哲学中,理性话语对象的特点成了最高的实在,经验对象的批判标准以及完成性的终极对象的专门内容。

1. 希腊经验足够丰富、多样,与此同时,自由地鼓励对世界作一般的思考。各种有用的、政治的与美学的艺术发展到了这样一个程度,世界在此将自身呈现为一个宇宙或一种单一的秩序,关于这种秩序相应地可以给出一个单一的说明。但是,虽然社会生活在内容上是丰富的,它在基础上却是不牢固的。虽然人们开始时认为社会秩序是一切秩序的类型,而外部的自然是荒蛮而无规则的,但是结果,他们转变了态度,并在自然中寻求其在分裂而易变的政治生活中未曾找到的一种秩序[布许(Bush),哥伦比亚《研究》(Columbia *Studies*)]。因此,希腊科学与哲学开始时,是作为对与习俗和传统的可疑而相互冲突的特征相对立的一种自然秩序的寻求。对客观规范的需求,产生了自然的概念。注意爱利亚学派的赫拉克利特、巴门尼德、恩培多克勒、原子论者们共有的对大众信念的蔑视态度,他们认为大众信念与基于对自然的洞见的智慧、理解相对立;柏拉图,公众是大智者(great sophist)、腐化者[当生活有一种导致传统衰落的扩展时,自然总是得到强调。历史上的四个例子:希腊,罗马(法律与政治学、法理学),近代早期,以及 18 世纪。指定给自然的内容大相径庭;不变的要素是由习俗的失败所凸现的对一种客观的规范性标准的感知]。

2. 因此,对大自然的寻求是对原初而持久不变的规范性原则或力量的一个寻求；这种东西能够产生出特殊的事物与事件，并且是其所具有的无论何种规律性的来源，因此是理解它们的钥匙。关于物理学在希腊思想中的意义众说纷纭，一个学派认为，它是一种世界材质（world-stuff），是一切变化背后不变的实质；另一个学派认为，它是一种诞生、变化、生长的原则。参见鲍德温的《辞典》，"自然"词条；文德尔班（Windelband），《哲学史》；伍德布里奇，《哲学评论》（*Phil. Rev.*），1901年；洛夫乔伊，《哲学评论》，1909年；海德尔（Heidel），《艺术与科学院》（*Academy of Arts and Sciences*），第45卷；维齐（Veazie），哥伦比亚《观念史研究》（*Studies in the History of Ideas*）；伯内特（Burnet），《希腊哲学》（*Greek Philosophy*）。这两种解释都暗含着一种与变化相关的、原初的和规范性的原则，某种产生、贯穿与主宰着变化的东西。动力的意义更加原始，但本然的、天生的自然也暗示着隐藏于变化之下的一个静态结构，也可以说是一种固定的内在构造。起初，这两个方面不像是截然分开的。自然是源头、血统、生长或生成的过程，也是结果——完成了的形式。

3. 关于自然的本性的线索——它的特点与构成要素，是在有序的经验或各种艺术中找到的。总的来说，它要么是从与生物的生长有关的农艺中得来，要么是从与制作有关的手艺中得来。这样，我们就有了早期反思思维中的一个区分，起初是含糊的，但随后变得越来越明确，它是在一种有机的、活力论的自然概念与一种机械的自然概念之间的区分。

（1）活力的观点把自然吸收进植物与动物的生长之中，由此显示出如下特点：

（i）具有自我行动和自我运动力量的多产（productive）的种子、根、胚胎。变化是它们逐渐的显现。

（ii）在性质上对立的东西的结合；在性行为中，主动与被动的结合；在生死中，诞生与消逝的结合。

（iii）在相似形式的复制中被发现的共同或类属特征——每一种生命模式在整体上正确地繁衍或复制那一类型。

（iv）阶层、家族的区分，各自都有自己分配好的住所与地区。对它们的逾越是不自然的，并且导致不和与混淆。出于显而易见的理由，活力论学派的政治派别属于贵族派。

（2）机械的观点把自然吸收进制作、建造等操作活动之中，依照的是与产业工人们的类比。

（i）原材料是**要素**（elements），先是性质上相互有别的一些类型；然后是仅仅在量上与外部、空间上有别——德谟克利特。

（ii）变化的过程是要素间相互混合、分离与组合的过程。没有真正的起源或构造。

（iii）知识就是获得混合的配方或公式。

（iv）不是目的而是原初要素的特点规定着过程。它们构成天意、命运或终极的掌控，而不是根据等级进行生存地区的指定。他们的政治派别支持平民；社会是为了服务于各要素，包括各个单位活动的一种安排。

4. 哲学接下来的、伟大且恒常改变着的一步，在于发现对自然的每一种述说或说明都是一种述说或说明，因而受制于使它成为一种说明的那些条件。对（某事——译者）给出说明同时也是为了（某事——译者）进行说明。因此，对说明的本性、条件与结果的探询就很重要。这意味着理性话语，或者说逻辑的发现，以及对其可能性和本性的探询。对求知主体的探询在晚期希腊哲学及其延续（中世纪思想）中，与规定已知和可知对象的可能性及本性在现代思想中所扮演的角色相同。它的结果是一种宇宙论的观念论，就像近代思想的结果是一种认识论的观念论一样。对自然的述说是一个陈述；是对各种事物的一个陈述，但关于它们的陈述并不是这些事物本身。因此，人越是以实在论的方式看待说明或记录的事实，就越自信于它给出了自然之本性的关键。自然本身仅仅是被讲述和说明的那种东西。逻各斯（Logos）或理性话语不仅是关于自然的某种外在的东西，还指示了本质存在。物理的（或自然的）东西内在的是逻辑的或辩证的。语言是思想的镜子，而思想是存在的镜子。亚里士多德就是这么认为的。苏格拉底所发现的辩证话语或理性话语，就是一场思想革命的标志。它使哲学区别于科学，科学如今表现为对自然的一个说明，而不考虑说明或陈述的意蕴是什么；早先的哲学家们看起来只是自然学家（physiologers）。在苏格拉底本人身上，与为了人的理性话语的社会和道德意蕴相比较而言，显然存在着对作为一种知识对象的自然的蔑视。但是，柏拉图与亚里士多德试图进行综合。自然本身就是与逻辑说明有关的一件事［关于辩证法，见桑塔亚那，《科学中的理性》(Reason in Science)，第 6 章及第 7 章］。

（1）苏格拉底发现了包含在话语中的普遍或共同的因素。他发现了一种分离它(归纳)与固定它(定义)的方法。个体与社会行为中的冲突和分裂,其根源在于一种误解,这种误解产生于对共同的意图和意义——当异议存在时,所有党派都参照的普遍对象——的无知。因为缺少了一个共同的对象,就不可能存在异议或不一致,引出在思想与行为中提供和谐、统一的普遍对象[见《实验逻辑论文集》,第194至206页;在现代思想中作比较,鲍桑奎,《逻辑学》(*Logic*),第1卷,第4至16页,第40至42页]。

(2) 柏拉图拓展了苏格拉底的逻辑分析,并且实行了其结论与宇宙论以及先前的思辨之间的统一。在保留苏格拉底式的、在政治与道德艺术——关于正义、规则与善的艺术——方面兴趣的同时,他明白人类和社会的艺术需要通过参照自然而得到具体证实(substantiate)。于是,一种伦理逻辑就变成了一种宇宙论的和形而上学的辩证法[尤其参见《法律篇》第10卷,以及本恩(Benn),《哲学史档案》(*Archiv für Geschichte der Philosophie*),第9卷,《柏拉图的自然观念》(The Idea of Nature in Plato);参见《斐多篇》,第96—100页,关于辩证法与自然知识之间联系的提示]。普遍对象必须*存在*,从宇宙论与形而上学来说;而伦理的普遍之物或善必须是所有普遍之物中最包罗万象的,一切其他的普遍对象都指向它。

(i) 普遍对象是永恒的和原型的。它*存在*;变化表示存在的缺陷(非存在)以及朝向存在的一种走向、一种去存在(coming-to-be)。度量、比例、各种数学关系,是各种艺术与变化中永久而现实的要素,它们构成后者现实的可知性。各种艺术与经验科学(经验本身)把变化着的事物作为它们的主题,因此达不到存在(Being),而只能达到印象、复本、存在的部分分有(partial participations)。一种真正的政治与道德科学要求超经验的知识,因为它依靠的是永久的目的与标准。见《申辩篇》,第21—22页,关于三种类型的艺术之比较。

(ii) 柏拉图把直接直观的审美动机,以及对终极原型实在的享受(比如在《会饮篇》、《斐德罗篇》中),与控制的观念相结合。普遍目标对政治艺术而言,起着基础与模型的作用——国家的组织。《理想国》:一种新的但稳固的社会秩序的创造;哲学家为王;教育、管理、立法的艺术作为社会控制的方法,建立在对终极目标的鉴赏性把握的基础之上。哲学有时被定义为政治科学,辩证法是其不可或缺的一部分,而有时又被看作是传播困惑与争论的诡辩。

（3）在亚里士多德那里，自然是根据艺术的模型——四"因"——得到解读的，随后艺术又从属于自然和限于一个狭窄领域内的控制。在他对各种艺术的见解中，"要素"被还原为单纯的材料、有待于运用的质料，模式、设计与形式被作为艺术的重要特征而得到强调。由此获得了一种目的论的形而上学，它把艺术与自然这两条脉络结合在一起。变化和运动是始于实现了的形式并以之为终点的潜能的内在实现。因此有：

(i) 目的(telos)、实现、现实的概念。

(ii) 种(species)，实在的整体的概念——特殊事物中的永恒形式把它们结合在一起，成为一个单一的、持久而可知的种。

(iii) 目的是逻各斯，是发生(generation)及其方向产生与变化的原因。它提供了洞察与理解的原则；说明，给出一个说明。作为形式与本质，它规定着证明科学(demonstrative science)的本性与特点；定义、分类和三段论。

(iv) 作为三段论的奴斯(nous)，作为在属于一个种的特殊事物中展示出来的普遍之物，是神和自然中的神圣要素；它把人定义为目的或实现。结果有了实在论的知识概念；可感知的知识作为可感知的潜能的现实化；理性知识作为理性潜能的现实化；想象作为联系纽带；与经验的联系。于是，我们就获得了理性话语的发现之涵义的完整表述。物理自然从属于逻辑要求，而逻辑要求是根据作为意义的一种构造的语言来设想的。可与培根对亚里士多德物理学的抨击相比较。

5. 批评。意义的发现，以及意义及其构造的一致应用的涵义构成经验理论中一个基础而持久的长处。批评不是针对这一点，而是针对一个失误；由于这个失误，各种意义被从经验中孤立出来，被设想为形成一个最高的先验的王国。经验依据这个王国，固定而永久地与一个不完善且不完整存在的次级王国打交道。

意义这个概念的完整意谓淹没在对具体特殊意义的一种过于隐晦的接受之中。这些意义表达在希腊文化与哲学之中，并因此能够通过辩证法引出或推断出来。希腊式的"归纳"，实际上是推断或显明已经包含在他们的经验中的各种意义的一个过程。他们不是应用它们对现有经验进行批判或修正，把它们作为确定进一步研究立足点的方法论工具，而是使它们脱离对经验的参照——除非当经验是获得这些意义的跳板之时——并把它们单独地置于一个超经验的王国

(superempirical realm)之中。于是,它们就只能得到凝思与享受①。希腊的知识论把科学知识同化于对终极或完成性对象的凝思把握。只有手工艺的较低等的知识才与控制有关,因为控制仅仅应用于产生、毁灭,生产和变易。

因为逻辑不是通过实验与分析进行观察(在技艺的现有状态中,它是不可能的)所得到发现的一种,它是一种安排与定义,是一种通过归类被给予之物。它是对现成的特殊事物与普遍事物的证明。它遗漏的最重要的一点,是对同一种类的更多特殊事物的发现。特殊事物是对象,而不像在现代科学中那样,是用来构筑知识对象的材料。

极端的困难并不在于对最高价值或完成性对象的评价,也不在于相关于控制的鉴赏。它在于目的或实现的对象范围的固定限度。目的、应用与享受,不是个体化了并因而无限多样与广泛,而是限定在数量相对较小的一些类别上。这种限制与固定本身就是由各种现有艺术产生的有限控制程度的一个反映。人们在希腊生活中发现的各种目的的范围,被看作是因自然而可能的目的、应用与享受的范围的全部。而希腊人的社会天赋则是他们对理性话语与意义的发现的源泉,他们把现存社会成就作为终极的和固定的而对其过于隐晦的依赖,这种依赖阻碍了科学的进步,限定了可能目的的王国,并由此造成一个可以应用控制的、变化的经验世界与一个终极的、只能得到凝思和拥有的超验世界之间固化了的分离。

这里的讨论与批评仅限于希腊理念论(Greek idealism)的形式方面,也就是说,意义和语言及艺术的关联。这一对理念论(theory of the ideal)的概括讨论与批评,在后面关于经验的理论分析中将得到继续论述。眼下我们只提醒说,对理念的最高地位的强调,是对经验的缺陷及某种更好的东西的向往进行反思的结果:自然是一种规范(norm),它能满足对永久的、完全的善的向往。这种善是与实际经验中的失败与挫折相反的。参见《哲学的改造》,第5章。

6. 教父哲学理论与中世纪理论

希腊哲学的某些方面表现出对一种泛灵论的自然理论的复兴和确证;关于

---

① 亚里士多德的观点,即形式与本质总是在特殊事物的属中被发现的,也并不真是一个例外。知识是真知(true knowledge),在于它把握无质料的形式的程度,而最高的形式或现实奴斯,是分离与超验的。

原始泛灵论,参见泰勒(Tylor),第 11 至 17 章,以及弗雷泽关于灵魂与各种灵魂,在其著作的总索引中。至于柏拉图,尤其参见《蒂迈欧篇》与《法律篇》第 10 卷。后来,随着希腊文化的分裂,有奥尔弗斯教派(Orphic cults)的复兴,以及各种东方信仰的流入,以及独立的政治生活,还有对罪恶与拯救的兴趣的发展。希腊理念论的形而上学变成了一种泛灵论的形而上学。参见 G·穆瑞(G. Muray),《希腊宗教的四个阶段》(Four Stages of Greek Religion),关于"胆魄的失落"(The Faliure of Nerve)的论文;C·摩尔(C. Moore),《希腊宗教思想》(Greek Religious Thought),后面几章以及参考文献;比格(Bigg),《亚历山大城的基督教柏拉图主义者们》(Christian Platonists in Alexandria)。桑塔亚那,《宗教中的理性》(Reason in Religion),第 6、8、9 章。

主要特点:确实而终极的意义王国对于人类经验而言,是陌生的;它是精神的,而精神本身就是终极原因[参见《天主教百科全书》(Catholic Encyclopedia),第 9 卷,第 53 页,第 76 页];各种精神性的力量、倾向与自然法则;堕落或下降;宇宙的(新柏拉图主义的、意愿选择的、圣奥古斯丁的);赎罪的过程;对传统与权威的依赖——就是说,依赖一种非固有的和非自然的因素;然而,它在教父思想中却是历史的。

随后阶段的主要问题是个体与普遍、人与上帝、上帝与世界、个体与教会之间的关系问题。个体作为堕落、赎罪与至福的主体;上帝作为普遍者、创造者、救世主,以及最高目的和对象。泛灵论与个体主义之间的张力。参见 H·亚当斯(H. Adams),《圣米歇尔山与夏特尔大教堂》(Mont-Saint-Michel and Chartres),尤其是第 356 页以后。尽管依赖于亚里士多德,经院哲学思想还是引入了与古代形而上学无法调和的一个要素——居于中心地位的个体意志与意识。解决方法的失败,被实在程度等级观念掩盖了。与现代思想的直接联系,是通过唯名论者、司各脱主义者(Scotist)以及两重真理学说。

第二部分:近代反思经验

引言——

近代哲学具有三个主要的特点:

首先,科学与"动力的"因果关系、法则、变化的具体现象之间相互关联。这与"目的的"因果关系、形式以及属和种的关系形成对照。主题的改变涉及方法的改变,证明的逻辑经由这个改变从属于探询与发现的逻辑。有效的辩证法变成了数学的而非"概念的"。实体从属于因果关系,也就是说,从属于关系,因而观察(对形式的感知)从属于反思或推论:直接对象是材料;知识对象是最终的或结论性的。参见米德的论文,收录于《创新智慧》。

其次,经验被主观化、心理化或个体化了。人们倾向于把它还原为作为机能、过程或状态的**经验活动**(experiencing)。因此,形而上学就是通过知识论间接达到的。实在论与观念论首先被看作是认识论问题。

再次,意识在意义问题中被赋予首要地位。意义采取观念(conceptions)的形式,而观念代替了形式和本质。

在与具体问题相关时,这三个倾向当然是共同起作用的。比如,任何**目的**都(1)是一种**效果**或结果,(2)是一种**心理**谋划,这种谋划(3)是一种**有意识的意图**。又比如,**状态**,不是自然潜能的实现,而是(1)各种特殊力量交汇的产物,这些力量是(2)个人的和(3)有意识的欲望与满足。再比如关于**心灵和身体**,心灵不是机体的完全实现(the entelechy),而是(1)与另一类原因即身体相关的一类原因——(交互作用论、偶因论、平行论)——或者是一种效果[自动论(automatism)]——或者是唯一的原因——[泛心论(panpsychism)];并且(2)心灵是具有自身或自我的一种东西,自身或自我(3)是一种**有意识的**机能、力量或状态。或者,以**知识与意义**为例,它们(1)要么是一种**因果性**力量的表达,这种力量是关于(2和3)与对象(无论建构的还是选取的)打交道的意识的;要么是外部对象的**效果**——通过感觉与印象——作为意识中的效果。存在(特殊)与本质(普遍)之间的关系问题,趋向于与感知(感觉)和观念之间的关系问题——或者说,在科学中表现出来的感知经验的秩序与概念的秩序之间的关系问题相等同。

依据非哲学经验来说明这三个倾向,是我们的主要课题。我们的假设是它们都反映出控制被经验对象的力量的增长;实用技艺的解放及其方法向以下三者延伸或普遍化:向科学,向作为控制对象的核心作用的个体,向意识——部分地作为被从科学所定义的物理自然对象中赶走的那些性质与特点的寄存场所,部分地作为通过自身或个体进行的控制的关键中枢。

我们认为,各个学派之间的争论及其未得到解决的复杂症结,或者说不明白的状况,是由于:首先,控制的发展的不完全性——它在对"外部世界"控制的这一点上相对停滞;**其次**,古代思想在一个与它们不相容的新语境中未经批判的遗存。这些遗存有:(1)保留了知识是直接的拥有、把握或掌握这个观点;(2)原因在存在的等级上优于结果;(3)时间在存在和重要性方面是次要的和派生的。贯穿所有这些并主导着它们的观点是:知识在存在(existential)或本质上,是一种通达存在的优先模式,或者说经验首先固有的是求知,其次才是鉴赏、做事等等。相关于(1),我们可以评论说,它遗存在直观、"直接领会"的观念中,在非反思或非推论的亲知-知识(Acquaintance-knowledge)的观念中,在各种"旁观的"或"复制的"知识理论的观念中;在这样一种观念中,即认为感觉性质(无论被设想为心理的还是生理的)是知识的对象,诸如此类;并且从总体上说,在主题(我们借以有所认知)与知识对象的混淆中,无论那个主题是材料还是意义(经验主义与理性主义)。

374　　更专门地说,当我们要利用近代思想的材料去建构一种实证的经验理论时,主要的问题是要把一种因果的或存在上的事件理论与一种意义理论结合起来。作为一个自然事件,求知怎样才能像任何自然事件那样在方法的原则上得到描述与解释,而它的对象与目标仍是意义?这是一种在经验理论中得到假想的形式,通过传统的心与身、物质与精神、意识与意义的问题,也通过机械论与目的论的问题。简单地说,它是存在(existence)与意义的问题。预料中的答案是,各种意义的经验首先是自然的存在及事件的一个自然结果,然后是控制加以追求而得到培养和实施的那个结果。

　　从经验一边而不是从哲学表述一边来探讨问题,我们可以说生活各种不同的问题围绕着这样一个事实,即当自然**存在**者们诞生并支撑意义时,它们也毁坏和阻碍意义。虽然这个表述具有反思意味,但是显然,人们的事业、运气与命运都是围绕着这种双重的关系聚集起来的。如果根本不存在意义,那么,我们就会是纯粹物理的存在者;如果意义总是丰富而确实的,那么,我们就会像诸神一样了。文明、文化的发展指示着越来越多的物理事件,以及我们自己的生理过程与意义交织在一起;即使像吃喝这样的过程也很早就获得了不仅是维持生命,而且是社会节庆,甚至是仪式或祭祀的意义[参见雅内(Janet),《精神病学的里程碑》(*Psychiatric Milestone*),第 132—133 页]。获取食物与衣物之类,具有广泛而复杂的意义体系,这个体系构成了所有分支的工业、商业等等。道德与政治关系,科学、艺术以及宗教中意义的基本特征,明显到了不需要再提的程度。但是,文明的进步也增加了受挫的情况。

在眼下的讨论中,我们已经看到,意义的重要性逐渐得到了认识,表现在下述几个方面:

首先,人类对环境的改变——各种工具、用具以及陈设。人类的行为与过程已经作为产生这些对自然持续改变的手段而获得了一种意义,而自然事物则获得了被改造或如此这般的样子,并且作为人类生活的各种手段与目的而起作用的意义。

第二,人类的欢乐与痛苦,人生的命运,每一种成功与失败,都依赖与环境的关系的种种偶然之事。维持生存、繁殖、防卫与保护这些生物学上的行为——如同在动物群落、性别、族群中那样——与它们受周围环境影响的所有死亡、疾病、失败、成功与繁荣这些事件共存,由此就变得富有意义,而不仅仅是事件。

第三,以一种有秩序的方式运用意义去获得其他意义:语言或理性话语的运用。我们已经看到了古典哲学如何产生于这种意义的运用,并围绕着它成长起来。

我们称为近代的这个时期中的人类经验,自然而然地继承了所有这些类型的意义,还加上了传统解释围绕它们所发展起来的无论什么东西。但是,它增添了一种新类型的意义:用其他事物去变更一个事物这种意义。这个类型的意义直到其他意义发挥出来以后才能存在;人类通过控制与偶然事件而与自然形成的关联方面的意义,以及人与人之间通过交流形成的关系方面的意义,这些都必须先确立起来,然后与人无涉的事物相互之间关系方面的意义才能得到发挥。但是,当这种类型的意义发挥出来以后,它就来反思其他意义;它看起来似乎如此基本,以至于以人为中心(或至少作为必要的一个部分)的这些意义必须被重新陈述为无论如何是单纯的事物之间关系的例子,这些事物在很大程度上是与人相分离的。这是近代经验中真正的"哥白尼革命";康德所谓的"哥白尼革命",实际上是对旧的或托勒密式中心的一个明确陈述。用哲学的术语来说;人类或观念独有的意义如何能在面临这一事实的情况下得到保持,即科学意义把人当作纯粹是自然中的一个事件?

也就是说,我们的假设暗示着控制力量的普遍化,暗示着答案。在经验中实际上发生的,并不是把作为意义构成因素的人排除掉,而是其**中介**(mediation)。就是说,必定与人的生活相关的意义,只有通过必定与自然事件的相互关系相关的意义才能得到丰富和确保。科学中对人类境遇的指涉,保留在科学之中;但它是隐含的。人类独有的价值被认为不是依赖于作为一个整体的自然,也不是依赖于它那个别的或众多的特殊事物,而是依赖于各个部分相互之间的**关系**。换句话说,表述为法则的这些特定关系在人类与观念(ideal)的意义的成长和确保方面是一种中介手段;它们是特别的**工具**。

直到人们意识到这个事实为止,对意义的反思性表述(哲学)都必定是混乱而矛盾的。因为直到这个事实得到把握为止,科学意义一直表现为相对而言更早一些的宗教与哲学传统所承认的那些意义的对手。那么,就要求有一种特殊的技艺来表明这一种或那一种实际上是最高的(一元论的机械论或观念论),或者去使它们相互调适或调和——精神和物质、心灵与身体、主体和对象、个人与社会,以及其他在近代思想中用"和"来表达的问题。用某种形式来说,我们的假设是:调整这种近代的或第四种类型的意义去适应其他三种类型的意义的努力,在每一种近代哲学中都占据着中心地位;并且,这种观念,即各种科学意义(一个事物与其他事物之间的关系),是人类意义发展中的**中介**,提供了解决它们的问题的钥匙。

难以否认,近代思想的显著差别(命题上的)在于根据事件之间的恒常关联,或根据作为可变的存在者(existence)来定义意义。但是,由于这样的意义无法通过直接指出、观察或考察来发现,因此必定出现:(i)对由以达到它们的经验过程与条件的兴趣:对作为个体求知者的心灵的兴趣。(ii)各种意义,比如各种性质、形式、目的与完善,先前曾被归于自然,(现在——译者)不在这些客观意义中出现,因此被重新分类并被归于精神。但是,既然必须给它们某种具体的存在上的地位,那么,精神的东西就成了心理的存在者,等同于意识,无论是作为感觉、印象、感情、理性概念、天赋观念、直观、意愿上的企求,还是随便其他什么东西。(iii)于是就有外在及内在存在者的王国与它们各自类型的意义之间的一条鸿沟,同时又是一条纽带。每一方都延伸出去,要把另一方吸收进来;否则,就必须找到划出一条固定分界线的原则与调整模式。

但是,假如只要有一种存在者,一方面具有更加直接的人类意义(由前面的三种形式确定的),另一方面又具有规定前者实现条件的事物间关系的那些意义,那么情况就非常不同了,而这些问题也就有了一种非常不同的形式了。然而,这句话不应当被认为是说科学意义(或对象)乃达到前一种类型的**纯粹**手段:没有这样的东西。它们也是批评、区分与修改的手段。尤其是受科学意义的发现所影响的理性话语的观念意义。**有效的**、**完满的意义**,只不过是与实现的条件相一致的那种意义——也就是说,与科学意义相一致。古典思想不经过这样的批评或检验就把这些意义投射进自然,而中世纪思想则借助这些意义定义了一个超自然的领域。

经验的分析

我们不去追溯近代思想的历史发展,而是将首先(A)陈述基于目前的科学资源对经验进行分析得出的结果;然后(B)继续论述包含着对这些事实的片面认识的那些历史上的学说,随后(C)回到对经验及其哲学意蕴的一个更加充分的分析上来。

I. 生物学意义上的经验

1. 为了尽可能从外部探讨问题,我们可以把经验等同于一种生存的机能(function)。任何操作性的机能,都能使我们超越有机体与环境的通常区分。它向我们呈现出其未分化的统一,而不是统合。它是原初的;区分是其次和派生的。一个动物要去奋力求生,首先必须是活着的。把一个有机体确定为自然中的一个对象的这些机能——在整个环境之中,而不是由环境衬托出来的——**通过自然并出于自然而生存**,例如,呼吸、消化、运动、言语(任何起作用的习惯都是一种机能。参见《人性与行为》,第14至16页)。

2. 一种机能是一种整合作用的动态平衡。它是许多不同的要素或能量模式之间(不是有机体与环境之间)的一种综合的相互作用。例如,最简单的抓握动作,在作出这样一个最简单的动作时涉及:空间的与系列的伸展;循环的和神经的机制之对抗性肌肉运动——伸缩的平衡、压力、阻力,等等。如果我们在最宽泛的意义上使用"环境"这个词,那么,它是不确定的许多环境能量的一个整合[参见霍尔特(Holt),《弗洛伊德式的愿望》(*Freudian Wish*),第54至80页]。

这些构成要素能够相互独立地变化,而任何一个因素的改变都在机能中引起一个改变,就是说,在单一的、简单的活动中。

但每一种机能都倾向于保存自身:这是关于生命的最明显事实。因此,一个要素的变化在其他要素中引起**这样的**变化,这些变化会恢复、复原整体地起着作用的统一或平衡。我们可以称这个事实为**适应**。只要记住它不是有机体或环境的适应,而是机能中的**许多要素相互之间**的一种适应。这是对动态的平衡模式的称呼。呼吸涉及以这样一种方式吸入空气,被吸入的含有化学上有害的各种

378

能量,威胁到机能保持的能量。但是,呼吸作为一种机能,在给血液输送氧气的同时也呼出了有毒的空气。机能中包含的空气能量性质的变化在其他构成能量中引起变化,这样机能就得以维持。这种节律是生命的典型特征:首先(i)是一个倾向于摧毁平衡或整合的变化;然后(ii)这个变化刺激了其他变化,而这些变化(iii)恢复了平衡。有机体的平衡,总是涉及再组织——适应的结果。

3. 作为一种动态平衡,一种机能是系列的或时间性的。时间性的方面引出了区分有机体与环境的根据;也就是代表机能的保持的那些要素系列(有机体)与那些以首先扰乱平衡尔后恢复平衡的方式介入的要素系列(环境)之间的区分。

在任何非时间性的横截面中,都找不到区分有机体与环境的根据。比如说,有机体害着病或饿着肚子。这一事实是整个环境的作用;它只不过是一些特定原因造成的一个事实。但是,把健康状况看作随着时间的推移发生改善或者恶化,或把挨饿看作一个过程——朝着某个方向的一个趋势。那么,我们就必定会区分出那些不经中介直接相关的要素,以及那些经过中介间接相关的要素。前者定义我们所说的有机体;后者定义我们所说的环境。也就是说,那些直接而最初地倾向于保持健康或疾病,或取得食物来防止挨饿,或阻止取得食物的能量,被归类为有机体;而在这些能量起作用之时或之后,起着阻碍或促进它们的作用的能量,被归类为环境。简单地说,有机体指的是与一种机能进一步的意义相关的行为的目前阶段;环境指的是受到最初阶段影响并影响着最终阶段的中间阶段。

因此,第一,经验本身既不是主观的,又不是客观的;但是,作为时间性过程的一种机能,它包括所有被区分出来的和被称为主观与客观的东西。

第二,经验是一个动态的过程,在其中,我们涉及一种做事与变更的节律,或由做事引起的内部的扰乱:由于做事而行动与经受;伴随着适应或利用经受——或"受苦"——去恢复机能上的统一的需求;继续、尝试、实验;经受、接受、受苦、"承受"结果。经验的特点或性质,依赖于这种任何情况下都会在做事、经受、继续做事之间建立起来的联系。

第三,主体与对象的区分不是同时的,而是相关于一个系列中的方面或阶段来说的。自身、主体、个体像有机体一样,指的仅仅是处于一个动态的和再组织机能中的那些要素,它们在过程中的任一点上,都不经中介而直接规定着过程的继续。对象、世界、其他的或外部事物，指的是受这些直接要素影响而倾向于阻止它们的继续运动，并且必须被转换成其继续进行的意义的要素——一种不再是直接的继续进行，而是一个结果（这些话的意思并不是说，自身或主体在内容或主题方面与纯然生物学意义上的有机体是同一的；而是说，它们形式上的定义是相同的，主题则是它经验上所是的无论什么东西）。参见《民主与教育》，第163至169页；《创新智慧》，第6至20页，尤其是第8至14页。

第四，机能的整合是最初的阶段，也是*最终的*阶段。最终的阶段构筑了完满的东西，"*物*"(res)。它把一种经验确定为鉴赏、吸收，无论与事物有关——同化、合作、享受，还是与其他人相关——好感、赞赏，诸如此类。相关于这一点来说，主体与对象及其各自主题的区分是工具性的。但是，手段与结果（目的）之间不存在分离。完成是介入过程*的*完成；而手段是目的*的*手段。动态机能在再组织中的连续性是原初事实；手段与结果的区分包含在这一事实的范围之内。

第五，就达到结果的*条件*而言，我们可以把先前的阶段称为*控制*。就为完成的机能活动提供意义而言，我们可以谈论它们的相关性(Reference)。第一是存在的、物理的；第二是理智的、认知的、逻辑的。

那就是说，从存在和动力上来说，被区分为主体与对象的这些要素使结果、结论、完成和无论什么东西都得以存在。但它们也具有指向它、需要它去使它们本身的意义变得完整的意义。缺少了结果的达到，它们的意义就是假设的、尝试性的、部分的，无论从范畴和物理方面来说是怎样的存在。这就是相关性所指的意思。这样的意义是指示性的、指谓性的、指涉性的，而不是自足的。另一方面，完成的机能的意义是自足的、*固有的*、结论性的，不是指涉性的；它本身不是理智的或逻辑的。

这种固有的意义，也许可以适当谨慎地称之为价值。这份谨慎在于指出"价值"这个词并不暗含任何新的或独特的概念。它只不过是有别于指涉性意义的一种固有意义的名称。它在存在和理智上都是有条件的（例如，呼吸作用由于既包括血液的充氧，也包括有毒气体的排出，因此可以称为一种价值；它使导向它的这些过程的意义变得完整，如果对这些过程加以考察，就会发现它们要求、指示或指向它来作为它们本身实现了的意义，但也是作为一种并非突然而外来加入的价值。它是条件规定与指示过程的完成）。

应当注意的是：每一个最终的机能，也是另一个循环节律的初始阶段。还必须指出的是：每一个准备性的或工具性的阶段对它们前面的阶段而言，都具有终极的或固有的意义。也就是说，每一种具体的意义都既是指涉的，又是固有的。这种区分就好比方面与重点、散文与诗歌的区分，而在散文中则好比诸如数学符号与化学符号的区分。

第六，一个有机体可以仅仅作为与对其周围环境的研究相分离的有机体（生理学、解剖学）来研究。但是，在每一点上与环境的联系——或机能的一种先在的统一都被假定与隐含着。对肺与呼吸的研究，把空气及其化学成分视为理所当然的；在对有机体的一部分进行研究而不明显参照其他部分的情况下，不存在理智上的差异。也就是说，不存在就其本身而言的有机体现象；虽然在为特定目标而进行的研究中，存在区分和分类。即使一个有机体的"个体性"，也不是一个分离而独立的概念；毋宁说，它的意义必须根据研究的结果来确定[参见例如，赫胥黎，《动物王国中的个体》(The Individual in the Animal Kingdom)]。所以，"主体"现实而具体的意义是有待于发现的某种东西，而不是已经被给予的某种东西。

对心理学来说，情况也完全是一样的。我们单独地探询与主体有关的各种状态和过程，这并不意味着它们相互分离地*存在*。一棵树可以作为法律研究的主题，作为财产；作为经济科学的主题，作为能生产可销售商品的东西；作为园艺学的主题；作为物理学与化学的主题；作为地理学的主题；作为三角学的主题；甚至作为地质学的主题。所以，它也能作为心理学的主题来研究，作为被感知的、被记忆的、被想象的、被设想的、被渴望的、被享受的等等。我们可以把树替换成 m，并研究感知、回忆、思考、欲求、意愿、享受等等的过程与状态。但包含树或 m 的机能被看作是理所当然的，并且隐含在每一点之中。只有相关于心理学来说，我们才忽视这样一个事实，即这种区分仅仅是在话语或研究的领域中的，却把这一区分当作一个单独的主题。心理学是不对被经验到的东西加以明确考虑的对经验活动的研究；自然科学是与经验活动没有明显关联的对被经验之物的研究。两种研究都是工具性的，就是说，它们的主题是用来获得各种结果的独特的和合作的手段。

II. 社会意义上的经验

我们所给出的生物学上的分析是纯粹形式的，把某些概念等同起来；经验作为机能的统一，区分为有机体与环境，并为主体与对象的区分提供基础。但主题涉及内容、机能的性质,以及生命的种类。而且,在人类独有的经验中,生命属于社会性的。忽视这个生物学方面并运用它去规定主题,这和比较狭义形式的行为主义所做的一样错误。"社会性的"一词,是指诸如交流、参与、分享、共享之类的事。

1. 生存的相互依赖性更多的是生物学意义上的,而不是社会意义上的。有三种模式:幼年-成年;性;不同群体或种群之间的合作与竞争。与相互依赖状态有关的、在结构上得到规定的这些活动,我们通过称其为本能来加以标识。与其他机能、呼吸等等的差异,不是在原则上,而是在质料上。参见柏格森,《创造进化论》(*Creative Evolution*),第135页,第165至176页(不过,在指出这一事实的同时,他给了它一个怪异的解释)。

2. 当工具与语言加入进来之后,相互依赖的状态就发生了变化。它们获得了一种意义。它们变成了经济的和法律的;产生职业划分——与共同分享的结果相关的劳动分工;建立保护、防卫与进攻的组织,有自己的行动规则。

3. 除这些变化之外,共同体生活引入了一些新的功能:美艺与反思行为——思考、推论。

（1）动物活动的有节奏模式转变为令人享受的分享活动,舞蹈、哑剧,诸如此类[格鲁斯(Groos),《动物的游戏,人的游戏》(*Play of Animals, Play of man*);赫恩(Hirn),《艺术的起源》(*Origins of Art*);尤其是桑塔亚那,《艺术中的理性》,第1章与第2章]。

（2）个人装饰与装潢方面的改变[参见格罗斯(Grosse),《艺术的开端》(*Beginings of Art*)]。当我们把目光从人转向有用的艺术的工具与产品时,这些社会化了的功能是最重要的。参见桑塔亚那,《艺术中的理性》,第2、3及第8章。关于希腊的实用技艺中的泛灵论动机,见卡朋特(Carpenter),《希腊艺术的美学基础》(*Esthetic Basis of Greek Art*),最前面的一些段落。注意:(a)艺术的多个起源——演出(play)与社会休闲;(b)起源的性理论;(c)相似或幻觉理论;(d)同感或移情理论。

（3）自由语言;故事讲述、传奇、神话;诗歌。科学的开端。

4. 语言与符号。

（1）动物的相互依赖是以"标记性的"(signaling)动作为特征的。见梅耶尔(Meyer),《另一方的心理学》(*Psychology of the Other-One*),第195—200页;叫

喊、手势、姿势,等等。这些动作最初是丰富的副产品。在某些情况下,它们结束于一种相互得到享受的完成的行为——分享食物、两性之间的拥抱,等等。称这些动作为"表达的",是要使一个观察者的立足点隐含在内。参见冯特,《民俗心理学原理》(Elements of Folk Psychology),第1部分,第5章。

(2) 在人类这里,额外的或多余的动作成了对共同分享的完满的**预期**。于是,标记性的动作就是**符号**;存在语言。做这些动作是为了从另一方那里引起回应,对双方而言,另一方都是完成的先决条件。A行动是为了让B以一种使A和B都参与到一个共同的或分享的行为中去的方式来行动。由此,语言就引发了**理解**。参见米德,《哲学杂志》,第19卷,第157页;杜威,《哲学杂志》,第19卷,第561页。

更详细地说,在A做出标记性动作的同时,已经介入了一些先已发生的初期行为,这些行为是为B的回应作准备的;B在进行明确回应时,也介入了一些独立的准备性的初期行为,这些行为是为了A的进一步回应作准备的。

因此,A的明确行为具有意义。它是一个符号,而不仅仅是一个刺激;它建立并传递着A的其他行为的**意图**或意义,尽管这些行为只有在随后才能成为明确的和完成的行为。它完成了这个过程,因为除了B的直接回应之外,它还引发了一些准备性的行为,这些行为也指涉后面的一个完满状态,这个完满状态给予它们意义。直到一个标志性动作以及其他动作——预示着另一方的行为并最终预示着一种共同的或合并的完成状态——相对而言,相互独立出来以便具有某种独立性为止,语言都是没有可能的。

384 关于语言起源的各种传统理论并不名副其实,它们仅仅是关于被作为名称来运用的这类材料的起源的理论。

(3) 一个人很早就学会了自言自语和跟自己说话;无声的言语,理性话语,思考。他把这些因素转换与融合进一个社会情境之中(两个分别系列的准备性动作期待在他自身之内融合为一种共同的交流)。

(a) 替代性的或代理性的功能。数不清的准备性动作轻松容易地就做出来了——没有把人毫无希望地包含在客观的、无法挽回的结果之中。华生,《心理学》(Psychology),第9章,以及《英国心理学杂志》(Brit. Jn. psych.),第11卷,第55—104页,批评与反驳;奥蒂斯(Otis),《心理学评论》(Psych. Rev.),第27卷,第399页;梅尔罗斯(Melrose),《心理学评论》,第29卷,第113页;坎特

(Kantor),《心理学评论》,第29卷,第267页,安全范围的扩展与回应的有效性。

(b) 但是,除了对准备性调适不断加强的控制之外,还有一种符号与意义的解放与增多——运用意义去获得、润色、组织意义(语言的社会功能在古希腊转变为一种逻辑功能)。

(c) 预期性的动作获得意义,成为有意识的期待——意识、谨慎、领会[詹姆斯,《心理学》,第1卷,关于边缘(fringe);斯托特(Stout),《分析心理学》(*Analytic Psychology*),第1卷,第4章,关于潜在的领会;博德,《创新智慧》,第240—251页]。感知与针对不确定的未来结果的有余地或不确定的调适有关。柏格森,《材料与记忆》(*Matter and Memory*),以及杜威,《哲学杂志》,第9卷,第545页。应用于亲知(acquaintance),参见詹姆斯,《心理学》,第1卷,第220页;罗素,《一元论者》(*Monist*),第24卷。

通过更加成熟和巧妙地与他人进行交流,对他们的经验来说,是过去的;但对个体来说,是未来的意义变得可利用了。

5. 有含义的事物或作为对象的事物;客观的意义。任何能作为获得共有结果的手段,或者在交流中涉及并被给予一个名称——或能够被命名——的事物都获得了一种意义。它们成为"自然的符号",起初运用于各种艺术中,然后就以一种自由的方式使用了。自然是事物借以相互揭示、相互暗示、相互显明的一种讯息或语言。撇开贝克莱特别的形而上学不说,对这一事实的认识是他的历史意义所在。关于依据这种功能对意识所下的定义,参见伍德布里奇,《德国纪念专集》(*German Memorial Volume*),第137—166页;《哲学杂志》,第2卷,第119页(事物与作为有意义或有含义事物的对象的区分;有机体行为在作为对象间关系的意义方面是一种中介;知识、事物与对象)。

6. 意义与存在。首要的区分不是在意义与存在之间,而是在无意义与有意义的**事物**之间;按自然法则影响我们的事物,作为刺激,以及作为在语言的功能与共同体关系之内或之外共享的手段-结果。观念论者们如此强调的自我——或心灵——的境遇(predicament),是语言的境遇。但是,在讨论——以及由此指派意义给——已经或可能独立于语言功能而存在于经验之中的那些事物时,不存在悖论。换句话说,没有必要像某些实在论者那样断言,作为事物本身的事物是存在于**经验**之外的。参见《实验逻辑论文集》,第246—280页。

在每一种经验中,都存在着某种难以名状或未曾言明的东西。一切陈述都是关于手段的;我们无法表述完成状态,而只能表述达到它们的手段或条件。但是,完成的对象通过让条件被表述出来而获得一种固有的意义(置于事物之上的意义是对对象的反思性重构的功能——见下面第8点)。

7. 求知中的间接与直接。我们拥有和使用事物与对象,但并不了解它们。这样一种把握、使用与享受,以直接的方式参与每一个求知的情形(knowing-situation)。但理智知识(intellectual knowledge)是经过中介的。与习惯相反,在了解获得了的真理——固有意义的同时,知其所以然[参见巴特勒(Butler),《生活与习惯》(*Life and Habit*),第2章,关于作为完善求知(perfect knowing)的无意识求知]。作为真理,它是由证据、推论来中介的,但它也是完成的,并且因此是直接被占有与享受的。杜威,《达尔文的影响》,"知识的实验理论"(Experimental Theory of Knowledge);《哲学杂志》,第2卷,第710页;第6卷,第13页;第19卷,第309与351页,尤其是第354页;《实验逻辑论文集》,第390—393页。

关于直接的知识——除了关于亲知所给出的参考书目之外——参见洛克的《论文》①,第2卷及第4卷。密尔,《逻辑学》,导言,第4节;第1部分,第1章,第3节与第4节;第4部分,第2节。霍布豪斯(Hobhouse),《知识论》(*Theory of Knowledge*),第1章。G·E·摩尔,《哲学研究》(*Philosophical Studies*),第24—26页,第172—180页。罗素,《科学方法》(*Scientific Method*),第144—145页,第1—56页及第65—70页。

8. 推理是逻辑上而不仅仅是心理学上一个时间性的过程——主题、意义、经验的一个再组织的过程,要求对作为对象的事物进行改变来检验有效性,因为意义涉及手段-结果。有以下三个阶段:

(1)印象、感情,模糊的一切;一个作为未经分析的整体之成问题的处境。这个处境**存在着**:这里的感情不是对一种精神状态的命名,而是一种对事物存在方式的命名。它具有一个不明朗的背景,以及一个冲击的焦点——虽然不是感官的(sensory),却是"感觉的"(sensational)东西。

(2)厘清(clearing-up)的过程:一个区分与整理的过程,(分析-综合)应用到此两者:(a)材料——感觉性质,以及(b)概念、假设、学说、理论,诸如此类。

---

① 指《人类理解论》(*An Essay Concerning Human Underdtanding*)。——译者

从存在的角度说，两者都是事实性的；但从功能的角度说，两者都是假设与尝试性的。存在本身还不是材料，因为后者涉及被选取的观察主题的**相关性**问题。另一方面，意义**存在**；它们在"那里"。但它们的所指，它们的合适性与应用，是成问题的。材料（"事实"）与概念（"意义"）在解释上是有区分的。作为推论性研究方法，逻辑学发展出了一套提示与选取的技艺——检验、材料的相关性、探究的相关性、扩展和整理假设的意义。参见杜威，《我们如何思维》；《哲学杂志》，第 19 卷，第 29 页；《实验逻辑论文集》，第 121—134 页，第 419—435 页。相反的观点，参见罗素，《科学方法》，第 2 章。

（3）操作的每一步都涉及有机体的调适。其中一些也许被视为逻辑上不相关的；还有一些被视为偶然的实践的必需。但其中也有一些具有一种无可争议的逻辑地位。它们构成实验，实验分成两类：为了获知必需的材料与意义而进行的分析的分离，以及检验，材料与概念的假设特征的逻辑完成。对应（correspondence）、联项（copula）永远是暗含在恰当反思中的一个**动作**。《民主与教育》，第 317—322 页。

除非我们记住时间性的过程，否则，重要的区分将会被混淆：比如知识的刺激因素，它的材料、主题以及对象，心理学的，或者更确切地说，历史的谬误；把对**象**当作刺激，有关条件或存在问题的理智参照（intellectual reference）的一个混淆。永久的主题与作为示例的科学对象之间的对立问题，就是一个例子。各种实在论的认识论把主题的**运用**与对于或关于对象的知识相混淆。各种观念论的认识论把知识的对象与条件或主题相混淆；建构性的思想。逻辑主体或求知者与经验个体的混淆；把指涉的（referential）与存在的（exsistential）相混淆。参见《实验逻辑论文集》，第 95—97 页，关于由忽视时间性的位置，以及把属于一种情形的区分换用到另一种情形上而产生的各种错误的分类。

9. 在各种不同的经验中，推论或思考过程的发展与介入程度的差异是巨大的。它经常限制在最小程度，并从属于迅速行动和直接完成的迫切需要。这给了我们可以称为**再认知的**（recognitive）或包容性的经验类型。另一种局限，可以称为**投射的**（projective）和创造的（inventive）。后者在有关自然的问题中已经变得很普遍了，但在有关社会与道德的问题中还很少见。再认知的东西在狭义上是实用主义的：在大多数思维活动中，对这个因素的认识不应当与对它的推荐（recommendation）相混淆。问题在于对结果的观察，以及相应的手段的解放范围与自由度。通常的反对意见指的只不过是人们把某些结果看得如此确实与神圣,以至于完全否认它是一个结果、一种防卫反应。参见《实验逻辑论文集》,第330—334页。在再认知的经验中,思考从属于信念或成就的明确目的;在投射的经验中,思考得到了解放,或能够"创造"信念与成就。普遍之物,作为固定结构(复合体)的特征,以及功能关系的特征。

10. 希腊-中世纪的逻辑与形而上学从根本上说,是各种再认知的或包含性意义的一个图式。意义被视为本身是存在的,然后彼此互相关联地得到定义与排列(《实验逻辑论文集》,第369—370页)。归纳与三段论,证明的与概然的。如何才有可能逃离这个程序呢?只有通过逃离它的源头:完成性的对象——目的之固定与局限。作为手段,事物从一切给定的目的——实际的或设想的——当中解放出来,这是必然的。换句话说,不是从"目的"——结果——着手,然后把事物作为达到它们的手段,作为趋势和潜能来进行安排;而是排除目的,直到我们彼此参照地对事物进行研究为止,然后才构筑结果——先是在观念中,然后在实施中——依据对事物之间这种关系的自由探询。这样,我们就得到了第四种类型的意义(同上,第375—376页)。摆脱既定意义与再认知经验的唯一途径,是从求知中排除任何对人类结果与完成状态的参照。于是,新的结果与方法就有可能在作为手段的事物的知识之基础上得到自由的设想。

(1) 因此就有一种"机械的",即工具性的主题("工具主义"是关于科学主题的一种理论,不是关于个人态度或"动机"的主题的理论)。

(2) 作为"法则"、形式以及各种变化相互关联的系统表述的观念。与希腊思想的不同(柏格森,《创造进化论》,第330—336页)。一个"实证的"或"现象的"主题;抛弃作为力量的原因、形式,以及作为强力的本质。洛克、休谟、孔德(Comte),"现象"的逻辑意义和物自体。

(3) 对主体、求知者、寻求者和享受者的驱逐;把它分开放置在对象世界的边上。笛卡尔式的二元论及其派生学说。

III. 意义。由于这个问题的重要性,相关材料将得到总结与扩展。

1. 指涉性的(Referential)与固有的(immanent)意义。前者在意识中呈现出作为手段的事物的意义;后者呈现出完成状态的意义。由手段-结果的相互性而来的交互关系。

2. 指涉性的意义是指示的与暗含的,根据其意义是在一个自然事件或人工符号——专名或通名的内容——中发现的。刺激,符号,暗示(幻想,推测,假定),假设,概念。符号被还原为刺激:斯托特,《分析心理学》,第 2 卷,第 193—194 页;《心理学手册》(*Manual of Psychology*),第 4 卷,第 5 章。鲍德温的《辞典》,制造符号的功能。

3. 符号是外延的,是指谓-内涵的(signifying-connotative)。(1)指向,指示,这是含糊的,指的可能是一个直接的**动作**或证明的功能。外延,是在先的、非逻辑的。相关于内涵,指出意味着选取事物,这些事物规定了意义-内容、"内涵"(intension),以及意义应用于其上的事物——"外延"(extension)。参见密尔,《逻辑学》,第 1 卷,第 2 章,尤其是第 5 节。(2)外延,作为探询、实验、寻求的引导,是经验方法的本质。在并未觉察到现存事物之间联系的情况下就寻求止步了,那是传统经验论。继续寻求直至找到联系,才是科学的、实验的经验主义。

习惯和对习惯的感知。彼此参照地探究所暗示的意义,以作为对具体事物进一步寻求的准备——方法——是数学的、数理逻辑的,它处理相互蕴涵[求知中的"普遍",参见密尔,《逻辑学》,第 2 卷,第 3 章,从特殊到特殊的推理;第 3 卷,第 2—5 章,关于**证明**(*proof*)中对普遍的需求。布拉德雷,《逻辑学》,第 1 卷,第 1 章及第 2 卷,第 2 部分,第 1 章,关于"观念的联结"中的普遍]。普遍并不最先是逻辑的,而是事实的、习惯的。对求知的控制,要求我们注意到这一点在逻辑上起作用。(3)意义的固定性与灵活性。其固定性表现为一些事物,这些事物被定义为确定着指示的(indicative)与暗含的(implicatory)意义。后者不是从"内部",而是随着包含在指示活动(denoting)中的、寻求行动的一步步推进而成长或发展起来的。我们一定不能不加提醒地跳过外延(或译指称,denotation——译者)。只要暗含的意义被当作一个事物来使用,它们的情况就是一样的;被指派的意义的定义,一定不能不加注意地略过。外延的固定性与暗含意义在**功能**上的固定性的混淆,导致严格的、永恒的普遍的观念。不确定的意义的重要性。混淆始于亚里士多德把逻辑上的同一性与矛盾等同于形而上学的原则。参见詹姆斯,《心理学》,第 1 卷,第 464—468 页;《哲学的诸问题》(*Problems of Philosophy*),第 4—6 章。桑塔亚那,《常识中的理性》,第 7 章;《科学中的理性》,第 28—38 页,以及第 6、7、11 章。

4. 内部的与外部的意义。参见罗伊斯,《世界与个体》,第 22—36 页及第 7 章。(a)首先,完成的或固有的意义被混同于反思的或认知的意义。(b)然后,作为规定着意义而被选取的材料——对象——被混同于思考情形之外的各种存在者。我们需要一个观念方案（idea-plan）、假设、理论——来引导作为材料的质料的选取；但目标不是使我们提出的这个概念变得完整，而是去发现与发挥某种能由这个情况的事实来支持的意义。意图的"意志主义"与逻辑上有效的意义的混淆；观念论的兴趣中包含一个向终极的包容性意义的回归。参见杜威，《哲学评论》，第25卷，第245—254页。因此，有罗伊斯对实用主义的绝对主义阐释。

5. 意义的社会起源与意义的意义。个体主义的（心理学的）与抽象数理逻辑的意义理论都源自对一个事实的忽视，即在人类关系中，相互作用变成了以分享的完成对象为最终目标的交流。

(1) 三种相互作用的模式；作用-反作用；刺激-回应；参与，分享；由结果的特点来定义；首先，对先决条件无动于衷；第二，维持机能；第三，理解；意义的交换与共同丰富：了解相同的对象；对象-本质是同一（identity）的，这种相同性（sameness）——由共同指称来规定。各种**表达**理论与**解释**理论。参见霍恩雷（Hoernlé），《亚里士多德学会会刊》（*Arist. Society Proc.*），第2期；皮尔士，鲍德温的《辞典》。符号，参见罗伊斯，《基督教问题》（*Problem of Christianity*），第2卷，第114、115—163页，以及第14讲；三元关系；符号-所指-解释者。表达或揭示的概念，只有从解释者的角度出发，才具有意义。虽然"正在表达的"这个人可以来共享这个解释，但只有在这个解释的场合中，表达行为才是符号。心理学的表达理论混淆了一种最终的功能和一种原因或起源。表达在艺术中的应用。

(2) 意义的非心理的或实质的本性；本质。意义对个体的心理运作而言，就如同事物那样客观。制度、机制、法则也是如此。社会生活或实践产生与维持后者。为什么不是前者？个体必须"察知"言语、名称、句法等等之间的关系。即使他发明了一种新的语言，也受到质料的限制；制度、法律、经济、政治的变更也一样。无论多么具有原创性和革命性，他都必须参照与运用既有的意义。

虽然三段论逻辑是表达意义之间暗含关系的一种方式，但它过于受有待于在种类与实质上加以完善的形而上学的束缚了。近代数理逻辑（modern logistic）代表着一种摆脱了蕴涵的逻辑。但就其本身而言，它假定或假设了意义，并因此无法被用来构筑关于意义的客观性本质的任何特殊理论。它成功地驳斥了对意义的心理解释,但是关于与它有关的"实在论"的本质,在逻辑上留下了空白。通过普遍、本质在法律程序中的存在与运作,说明我们关于它们的假说。

感谢莫蒂默·阿德勒(Mortimer Adler)先生提供的参考文献,现添加如下参考书目:

Bradley, *Principles of Logic*, see Index on Idea and Meaning; Bosanquet, *Logic*, Vol.1, pp.4-6,13-18,41-54,73-83. See also essays by Thompson and Gore in *Studies in Logical Theory*. A. W. Moore, Univ. of Chicago, Dec. Pub. on "Existence, Meaning, and Reality in Locke's Essay." Peirce, *Pop. Sci. Monthly*, 1878. For universals and essences more especially, Parkhurst, *Recent Logical Realism*; Holt, *Concept of Consciousness*; Pitkin in *New Realism*, (on Woodbridge's theory); *Critical Realism*, essay by Strong; Joad, *Essays in Common-Sense Philosophy* on universals; *Phil. Rev.* 25, articles by Spaulding and Cohen; Spaulding, *New Rationalism*; in German, Husserl and Meinong; Laird, *Study in Realism*, ch.2.

On Meanings, Russell, "Propositions," *Arist. Soc. Proc.*, Supp., Vol.2; "On Denoting," *Mind*, 1905; "The Meaning of 'Meaning,'" *Mind*, 1920; *Mysticism and Logic*, pp.224 ff.; *Analysis of Mind*, chs.10 and 11; Schiller, *Formal Logic*, Index, and *Mind*, 1915, "Indetermination of Meanings"; *Mind*, 1920, "Meaning of 'Meaning'"; Joachim, *Mind*, 1920; Sidgwick, *Mind*, 1916; *Mind*, 1921; Hoernlé, *Mind*, 1907; (*Mind* from 1920-1922 has made a specialty of articles on Meaning). See also Mill, *Logic*, bk.4, ch.2; Baldwin, *Thought and Things*, ch.7 and ff.; Whitehead, chs.1 and 7, esp. pp.93-98; Woodbridge, "Field of Logic," *Science*, 1904.

Upon psychological aspects, theoretical and experimental, Kuelpe and the Marburg school; Titchener, *Experimental Psychology of Thought Processes*; *Am. Jn. Psych.*, 1912; Pillsbury, *Psych. Rev.*, 1908; *Psychology of Reasoning*; Thorndike, *Psychology of Arithmetic*, pp.2, ff.; *Psych. Rev.*, 1917; *Jn. Edn. Psych.*, 1917; Washburn, *Am. Jn. Psych.*, 1912; *Movement and Mental Imagery*; Woodworth, *Jn. Phil.*, 1906 and 1907; *Psych. Rev.*, 1915; James Mem. Vol.; McGilvary, *Phil. Rev.*, 1911; Bolton, *Psych. Rev.*, 1908; Gordon, *Psychology of Meaning*; Kantor, *Am. Jn. Psych.*, 1921; T. V. Moore, *Psych. Rev.*, 1915; *Psych. Rev.*, 1917; *Psych. Monographs*, 1919; Ogden, *Psych. Bull.*, 1911; see Titchener Mem. Volume for Articles by Ogden; Creighton Mem. Volume, Pillsbury, Baird; McDonough, *Psych. Monographs*, 1919. (The psychological aspects are discussed in connection with next topic.)

Ⅳ. 经验活动——心理学的

1. 虽然经验活动不同于经验(它与被经验到的**东西**有关),但是思考使我们得以区分"什么"(the what)与"如何"(the how)。一种关于"如何"的知识、经验的各种方法或模式,使我们得以规定"什么",即被经验到的主题。在两个方面:否定地说,去掉一些影响结论的个体因素;积极地说,(1)在于离开习俗的信念,怀疑、探询的初始动机;对发现的行为和结果负责——这对社会与政治的个体性来说,是至关重要的;(2)一种观察-反思的实证技艺。

2. 不存在关于"心理"状态与过程的直接或不经中介的知识,这甚至比关于"外部"对象的知识更间接。参见杜威,《哲学杂志》,第 15 卷,第 29 页。内省是一个发现和把适当意义给予有机体的某些态度、动作、调适的过程。它与对自然事件的观察具有相同的逻辑本质。行为主义的说法,即只要涉及**方法**,"意识"与物理学的关系就和与心理学的关系一样,是正确的。但只要涉及**主题**,心理学就在区分有意识的态度与其他态度——墨守成规、异想天开等等,以及对它们进行解释与分类方面,碰到了问题(忽略社会条件对态度与回应所产生的影响)。

3. 例示并检验空间感知(space-perception)的假设。参见贝恩(Bain),《感觉与理智》(*Senses and Intellect*)。经验的空间(不同于"几何学的"空间)与所谓的"心理学的"空间的混淆;不存在后者这样的东西;只存在我们借以熟悉经验空间中种种区分的态度与行为。关于时间也是如此,关于强度也是如此。

4. 认知的与非认知的经验活动;感情、企求(conation)等等。从感知中举例。两个相互区别的问题;感知的**主题**这个问题,无论真实还是虚幻,是物理的问题——因果条件问题。感知领域本身的典型特征,与实践的适应和再调适、习惯、需求,以及完成状态、享受与使用、社会的与美学的"第三"性质这些问题有关。认知的要素是从属的;它的作用。感知、再认知与观察的区分及混淆。因此,感知领域无论如何不是概念知识的敌手。后者是感知物的逻辑建构、补充与控制。感知领域是原初的、终极的和恒常的,即使在概念思维中也是如此。抽象与抽象主义。

5. 意义的心理学。以前的感觉与形象理论;比较、抽象与概括的理论——概念论;唯名论的真理与谬误。手段是特殊的,但它们的意义永远是普遍的——皮尔士。较新的理论——意愿的-努力的-动力(volitional-conative-motor)。手段-结果的一个特殊情况,而非其来源。对意志主义的批判。由于近来的逻辑抽象与意义有关,理论就保存了下来。

6. 心-身问题,相关于经验活动。心既指意义体系,又指具体的各种存在者,意义通过它们而得到发挥、保持、实现与发展。从存在上说,"心"意味着处于具体行为与态度之中的心理-生理有机体,只要这些功能在使用、领会与构筑意义。

总结:(1)假定个体是控制中的要素,尤其是相关于意义,那么依据它们各自的结果来区分各个个体的态度与行为就变得很重要了。(2)当我们着重于对这些行为与态度进行研究时,这种研究目前是抽离于它们的客观条件与结果的,因此,经验活动就被看作是分离和自足的主题;"心理学的"成了一个主题的名称,而不是一种方法论区分的名称(在科学中,方法规定主题)。(3)然后,随着我们的注意力从在其中已作出了各种区分与解释的整个主题上引开,就产生了心理学的对象与意义,对象以及心与身的关系的各种"问题"。事实上,心理-生理的有机体,其行为与态度总是处在共同世界之内的;大脑与神经系统永远是一种相互作用过程内部的一个部分,一种劳动分工,经过这一过程,存在者被改造了。心理-生理的有机体与环境的分离,神经系统与身体其余部分的分离,是灵魂与自然以及身体的早期分离的一个遗留物。因此,有平行论、偶因论、副现象论等等的问题,以及把常识的相互作用论强行转变成一种站不住脚的立场。

7. 经验的具体"范畴"。

(1) 欢迎,拒斥,接受,允许,纳入,把握,确认,承认,拒绝,否认,犹豫,踌躇。

(2) 开始,追随,激奋,唤起,寻求,寻找,搜寻,伸手,要求,询问,建议(pro-posing),假定(sup-posing),前进,继续,达到,处理(dis-posing)——较先与较后的阶段。这些行为本身体现于:

(a) 攻击,面对,解脱,放松,解开,厘清与逃离。

(b) 收集,安排,测量,填充,完成,计算,整合,放在一起。

(3) 占有,拥有。体现于:

(a) 使用,支配,操作,管理,玩弄——或者为了炫耀,或者为了利用,修改,使其变得合适。

(b) 抚育,培养,发展,营养。

(c) 耗尽,消费,玩味,享受。所谓"鉴赏的"行为,可以是其中的任何一种。从最好的意义上说,着重点在(b);是拥有同时也是消费与生产的增进-统一

(enhancing-union);目的(final)的-工具的。(a)也许过分强调了工具的方面;(c)也许过分强调了目的的方面。

从逻辑上说,在(1)类下指明的行为是直接的、不经中介的、前反思的;(2)类下的那些是正在进行中介的(作为行为,它们是直接的);也就是说,它们是准备性的,是由(1)的实行中的需求与缺乏所引起的,并且具有一种超越其自身之外的功能。(3)类下的这些行为是后逻辑的(post-logical);它们是一种经过中介的直接(a mediated immediate);是真正完成性的。(1)脱离了(2)与(3)所处理的事物就是没有意义的,而它们本身也不具有意义。

投给《教育百科辞典》的稿件[①]

[①] 首次发表于《教育百科辞典》(*Encyclopaedia and Dictionary of Education*),福斯特·沃森(Foster Watson)编辑,伦敦:艾萨克·皮特曼出版公司,1921年,第1卷,第32-34页;重刊于约翰·杜威等,《教育中的理念、目标与方法》(*Ideals, Aims and Methods in Education*),"新教育者文库"(The New Educator's Library),伦敦:艾萨克·皮特曼出版公司,1922年,第1—9页。

教育的目标与理念——有关这一主题的讨论

涉及三个问题

I. 第一个问题与一般而言的目标及理念的本质有关。相关于实际的情况、实证的事实、习俗的经验来看,什么是它们的本质呢?显而易见,一个目标,更进一步说,一个理念,涉及对现有境况的不满以及摆脱这些境况的一种努力。但是,目标与理念应当建立在什么样的材料之上呢?应当从什么地方获得这些材料呢?用什么来保证这些理念不是幻想的产物呢?简单地说,当一个目标与现存事态相对立的时候,它必须与现存事态具有充分的联系,以使它在实践上可行,能够被应用来对现有情况进行重新导向(re-direction)。一个理念,除非它的价值纯粹在情感与灵感方面,否则,它与一个目标的区别就仅仅在于包含更大的普遍性、更广大的视野与深度。

在对教育目标的讨论上,这个问题具有明确的意义。一般而言,这些目标分成两类:一类单纯在无知、不成熟、缺乏技巧以及对年轻人的控制中发现不满的根据;另一类从对现有社会情形的不满中得出其理念的材料。第一类目标的任务比较简单,它从现有成年人生活的最高成就中得出自己的目标。它的根本目标是在年轻人身上复制这些标准;是使年轻人达到人们所受教育属于的传统和习俗所认为的最好标准。教育被设想为本质上是一个传递与灌输的过程。

另一类从对现存社会种种弊端的思考中,得出它的目标与理念。它的主导理念是社会改革,甚至更大范围的重组。它不是把不成熟阶段视为一个将要在达到成年人水平的过程中经过的阶段,而是把它看作在创造一个新的、更好的社会过程中应加以利用的发展机遇。柏拉图的教育方案是这种教育哲学的典型例子。教育的特殊目标与社会重构的理想相联系。离开了那更大的社会改进计划,这些目标是没有意义或无效的。另一方面,亚里士多德的教育学著作却把教育的目标设想为对某个现存城邦的一般维持,或者具体地说,是造成一种性格,这种性格包含开化了的雅典公民那些最优秀的特点。在近代,像英国的葛德文①与法国的爱尔维修(Helvétius)这样激进的社会思想家们,把教育设想为创

---

① 葛德文(William Godwin, 1756—1836),英国记者、哲学家、小说家,功利主义最早的解释者之一和无政府主义的提出者之一。——译者

造一种新的社会秩序的潜在手段。尤其是爱尔维修,他夸大了洛克的心灵最初是空白的观点,并把人与人之间的差异看作实践和环境影响的产物,因此主张教育无所不能。如果加以恰当的引导,教育能够创造一种新的性格,这种性格将在一种新的社会与道德制度(régime)中展现自身。有趣的是,卢梭从教育必须尊重内在性质与自然的内在发展这个相反前提出发,得出了相同的实践结论。现存社会,连同它所有的罪恶与压抑,是阻碍自然力量、扭曲发展的内在过程所导致的结果。因此,与自然相一致的教育就是以一种最可靠的途径来避免现有文明的污染与奴役,以及创造一种新的更加纯洁的社会类型。

这使传递与复制的理念和一个经过重构的社会理念之间的区别显得突出。前者在逻辑上依赖于对经过组织的主题的运用,用马修·阿诺德对文明的定义来说,代表着"已经被思想过和说过的东西中最好的东西"。它在根本上把教育视为一个指导的过程,通过这个过程,心灵被塑造成与在学习科目中所表现出的模式相一致的样子。另一方面,柏拉图坚持主张创造新的学习科目的必要,比如数学和辩证法;他还坚持主张对现有材料进行仔细清理与严格审查的必要性。卢梭及其近代追随者使所有主题的反复教导从属于天生力量的自然展开。教育的理念不是从一无所有中塑造成形,而是从内部而来的一种发展。

教育理念之间的另一个尖锐冲突与正在讨论的这个区别具体相关。一些理论强调教育的社会目标,另一些则强调个体性。然而,这个对立从特征上说并不是终极的。通过考察,我们会发现,"个人的所有力量——精神的、心理的以及生理的——的全面而协调的发展"这个理念(个体主义的目标所偏爱的公式)暗示着一个新的更好的社会作为它的对应物。一个直接的社会目标没有得到思考,这是因为,这一派的教育家们——比如裴斯泰洛齐①和福禄培尔②——十分敏锐地意识到了现存社会的种种罪恶。在他们看来,接受训练去成为这样社会中的成员,意味着对个体的扭曲与污染,以及对现存弊端和错误的一种保存。这种动机在康德的教育学著作中生动地体现出来,康德设定了一个遥远的社会理想,一种理想的人性的演变,但他反对公众教育(public education)——为了成为公民的教育,因为那意味着教育将由统治阶层来实施,不是为了促进人性,而是为了

---

① 裴斯泰洛齐(Johann Heinrich Pestalozzi, 1746—1827),瑞士教育家。——译者
② 福禄培尔(Friedrich Froebel, 1782—1852),德意志学前教育家,幼儿园的创始人。——译者

制造扭曲的品格来给统治者目标的实施充当工具。同样的理念也在18世纪末，通过洪堡(Humboldt)在《论国家行为的限度》(*Limits of State Action*)一书中得到清晰的表达，它对斯图亚特·密尔(Stuart Mill)产生了这样一种影响："个体所有的力量不受阻碍的发展，是通向一种得到补救的社会秩序的最可靠途径。"

如果教育家们被限定在社会传承的理念一方与完全的社会变革的另一方之间作一个生硬的选择，那么，他们就处于一种糟糕的境地之中，而不得不任意作出选择——不是根据教育上的理由，而是根据一般的社会与政治偏好。但是，如同那些极端的思想家们所呈现出来的那样，这种对立的价值在于，把形成所有教育目标与理念时必须加以考虑的那些因素放到了我们面前。使较为传统和保守的理念得到施行的那些力量是强大的。它们几乎不用依靠任何来自哲学原理的帮助去增强自身的力量。即使是最激烈的教育改革家，只要试图进行具体的指导与训导的特定工作，他都会发现自己被抛回到了现存的材料与习惯之上。不可能逃避这些东西。他必须把传承下来的材料作为教育的**手段**，但那并不意味着**理念**应当被建筑在这些手段之上。困难在于运用现有的知识、习惯、制度作为造就一种性格的手段，这种性格对于把握现存文明中最好的东西十分敏感；与此同时，应当对文明中的弊端具有批判的眼光，并为它的改善创造条件。与现有情况相对比来建立自身理念的激进或改革派，也作出了有价值的贡献，每一种合理的教育哲学都必须把这份贡献包括进来。童年期与青年期并不仅仅是不成熟的阶段，它们主要不是消极的。特别需要教育的阶段并不是一个缺乏成年人的成就与标准的缺陷或空缺；可塑性并不意味着一种要从一无所有中成形的纯粹消极被动性。童年期与青年期表现出某种积极和主动的东西、某种**成长**的力量。因此，它们表现出用最小的浪费与阻力来进行社会改革的最大可能性。与成年人相关的社会改革是在一种不利的情况下进行的，成年人的习惯和思想以及感情或多或少已经固定下来了，而他们所处的环境多少是有些严酷的。

II. **目标与理念同现存事实之间的关系**——在这里，我们找到了目标与理念同现存事实之间关系问题的解决之道。成长本身就是教育要与之打交道的原初**事实**。保护、保持与引导成长，是教育的主要**理念**。现在要做的，是通过把这个一般的观点应用于对教育学的讨论所围绕的一些主要目标的思考来使它更加明确。目的是要表明：成长作为一个目标，包含了上面这些目标中所有有价值的东西。所以，我们的第二个主要问题就同那些已经获得了某个流行名称的目标和理念有关，这些名称包括为生活作准备、规训、自然的发展、文化、社会效用等等。它们如何与促进作为一个目标的成长相关联呢？

当准备的理念不是从属于维持发展的过程时，它就变得自相矛盾了。无论我们把说了一半的"准备"一词看作为提升（promotion）作准备，为通过考试作准备，为进入较高等的学校作准备，还是斯宾塞的一般概念所认为的教育是为生活所作的适当准备，情况都是如此。如果目的被设想为仅仅是某种被延迟和搁置了的东西、某种单单影响未来某个时期的东西，那么，它就与学生现在的活动没有内在的关联。它无法提供适当的动力。一个与现在没有关联的、模糊不清的未来，几乎没有什么推动力。它是如此飘忽不定，以至于我们必须借助外来的刺激，比如，立刻惩罚的威胁和立刻奖赏的许诺。一个单纯遥远的目的也在鼓励拖延。现在提供了许多有吸引力的东西，这些东西倾向于把一个只有在某个不确定的未来才能得到实现的目标排挤出去。换言之，把作准备作为主要目的无法成功确保好的准备。另一方面，不断的成长却产生各种力量的不断重组。虽然它在现在有一种应用（因为学童要从此时此地的状况开始成长），但它也连续不断地导向新的领域。实现现在的各种可能性的过程，意味着一种经常的提高。它的结果是准备，虽然准备并非努力的主要动机。

人们说的个体主义目标、自我实现，或者说各种力量的充分发展，只有翻译为"成长"的术语时，才能变得明确和有效。正如人们常说的那样，充分发展的理念仅仅是准备的理念的一种。发展被设想为一个产物——不是设想为一个过程。人们更多的是从情感而非理智出发来思考它。它代表某种高尚而崇高的东西，但这种东西被抛入了未知的迷雾之中。另一方面，发展作为一个主动的过程，指的是正在发展——如果说它发生的话，那么，它是某种目前正在发生的东西。因此，它能够得到观察和记录；它能够得到确定。一个学生目前是否正在成长以及在哪个方向上成长，这些是事实的问题而不是对某种遥不可及的东西盲目向往的问题。此外，关于所有力量一个纯粹的未来和遥远的发展，恰恰是在其作为主要主张的那一点上失败了。它并不真正是个体性的，而是一个一般的公式；这个公式在个体学童身上的确切应用，仍是不确定的。既然没有两个学生是一模一样的复制品，那么，对一个人而言的完全发展，对另一个人不可能意味着同样的东西。另一方面，成长的性质是一件个体化了的事。问题是，这个特定的人是否能按自身的各种可能性行事。他是根据自身的力量和环境来得到评判的。需要检验,他是否充分利用了它们。完全的发展指的并不是某种抽象和绝对的东西,而是某种同个体的能力和机遇相关的东西。

如果这个原则是清楚的,那么就没有必要具体展示它在文化构成、机能训练或规训(discipline)等方面的应用。文化指的必定是对成长过程一个当下的改善、扩展与促进,如果它要成为能够提供指引的一个目标,而不是只有通过任意转换为个人趣味与偏好才能变得明确的一个模糊愿望的话。在具体任务上对各种机能进行反复练习这样的规训理念,是建立在被目前的心理学看作神话的一种对能力的构想之上的。它被用来维护所有使学习变得如此困难以至于令人生厌的举措,而所有过时的传统主题通过宣称自己是规训性质的来保护自己免受检查。只有在我们不是把注意力固定在含糊不清的所谓能力上,而是集中在实际的本能、冲动、习惯、欲望上,并询问如何运用这些来导向目前**力量**——做事的力量,实现的力量——的增强时,规训才能被实质化为一个目标。只有引入成长的观念,才能使规训的观念变得积极而合理。

III. 成长作为一个目标和一个理念——那么,成长的观念是否隐含某种终极和遥远的东西,而成长就朝向这种东西呢?我们难道不能把成长设想为向着一个遥远目标的趋近吗?如果是这样,那么成长除非在一种次要的意义上,否则就不能成为一个目标和理念。这个问题引出了哲学中某些最深刻的主题。宇宙是静态的还是动态的?作为一种真正实在的标志,静止优于运动吗?变化是否只是相对于某种固定不变的东西而言的远离和接近呢?进化是一件积极的事情,是一种力量的反映,还是消极的、由缺陷以及超越缺陷的努力所引起的呢?对这类问题的充分探讨,将会远远超出这篇文章的范围。除了强调教育哲学——处处皆然——最终导向一般哲学,我们必须满足于两个要点。

首先,把成长构想为仅仅是达到某种优于并超越成长的东西的手段,这是把宇宙看作根本上是静态的各种宇宙理论的一个残余。这些理论已经由于科学的进展而从我们对自然的观念中被排除出去了。运动、变化、过程是基本的。在过去半个世纪中,这些观念已经被成功地应用于生物,即动物和植物的生命与结构之上。教育所属的道德科学已经成为在其他地方失去了理智名声的那些概念的最后避难所。科学的预设正在所有地方反对着它们。

其次,即使我们最终的哲学接受一个成长与之相关的、静态的实在观念,如果一个教育家的目标既要明确又要能够得到确定下来的事实的支持,他们必须从成长的过程出发。他必须从成长的过程中获得最终目的的本质的线索和暗示,而不是根据对一个终极目的的观念去试图决定什么是成长和什么不是成长。关于后者的观点,众说纷纭。从那个目的出发,就是把教育带入除了诉诸个人趣味或对外在权威的接受就无法决定的争端之中。然而,一个孩子在生理上的成长可以通过应用于目前状况——可观察与记录的身高、体重和其他现象的变化——的测试来确定。是这些东西,而不是一种终极的生理完美的理念,指引着明智的医生与家长来评估一个孩子是在成长、停顿,还是倒退。类似地,一个教育家的问题是去设计出学习的手段和去发现学生的心理及道德素质方面实际上发生着的变化,并建立起标准来确定相关于成长来说这些变化意味着什么。只有当教育哲学认识到,对于它的目的来说,在所有方面,成长都是首要的目标与理念时,哲学才能被明智地应用于教育的特定事实,而不是停留在一套遥远而无法应用的——即使是崇高的——构想的状态。

杂　录

回复《美国的中国政策》①

布莱克(Black)小姐来信的主要话题和她对美国人的提醒,无疑是及时而必要的。我几乎未曾见过任何能否认美国的做法相比欧洲列强的做法来说,是一个改善的、对列强与中国的国际关系之过往事实的公平陈述。但是,过去无法保证将来;一份良好的记录甚至可能成为将来的错误举动的幌子。她的来信所暗示的主题,将在另一个专栏内讨论。

布莱克小姐赖以展示其观点的这些具体事例,看上去似乎不那么令人感觉愉快。她的来信中省略了个人部分;无论如何,对于一个人在中国的活动和这个人关于中国所写的东西,是受到对中国的真正友谊的鼓舞,还是出于一种自私的民族主义兴趣,中国人是最有力的评判者。关于美国无线通讯合同的事实十分容易求证;更重要的是,布莱克小姐应当说说她做了什么,因为合同的条款是她在中国期间公布的。这是一份针对一项特定工作的合同,这项工作是建起一些特定的无线电站,它们能促进中国与世界其他地方之间急需的、更自由畅通的联系,其中没有任何垄断的特征。英国政府立即向北京政府施压,要求取消美国的合同;这不是因为英国对承担这项急需工作有任何具体建议,而是由于这份合同侵犯了先前已经订立的一个垄断协定,其中涉及英国的利益(日本政府后来以日本的垄断为由提出了一个抗议)。据我在北京的中国通讯员所说,确实有着某种"威逼恐吓",但这是由相当不同于布莱克小姐所提及的机构来实施的。美国的

---

① 首次发表于《新共和》,第28期(1921年),第297页。关于本文回复朵拉·W·布莱克的信,见本卷附录5;关于杜威最初的文章,见本卷第121—126页。

抗议是向英国外交部,而不是向中国人发出的。对布莱克小姐举出的事实作稍微奥妙一些的探究,就会发现:在英国的垄断合同签订前的一些时候,一家美国公司与中国政府签订了一个类似的垄断合同——这表明大宗交易到处都是一样的。但是,美国国务院既告知了中国政府,也告知了这家美国公司,说这个合同与美国的政策是相违背的,将得不到美国政府的承认。人们不需要一个格外地免于民族主义偏见的头脑,就能看出在这件事情上英国的态度和美国的态度的差异;我担心布莱克小姐被那些不像她那样具有国际头脑的人欺骗了。

在英国关于广东省的《卡塞尔煤矿条约》和美国所谓的《尚克条约》(Shank Contract)之间,存在着同样的差异。香港政府的利益让位于前者的利益,而它的礼让已经通过一位副国务卿由英国议会正式得到了确认。美国政府立即在广州发布公告,说它不会支持或促进尚克公司[顺便说一句,这是塞勒斯上校类型(the Colonel Sellars type)的一个美国小公司,没有任何重要的财政关联],并给予美国国内的潜在投资者相似的忠告。我要附带地说,"对中国人的敬意与好感",可以通过希望广东能有一个中国人自己的港口来表达。值得争论的是,为了中国的利益而不是美国的利益,南中国不应该为了贸易上的便利而依赖一个外国势力。我希望我没有作这样荒唐的论断,像什么一个中国的港口会因为《卡塞尔条约》而变得无用,因为关键在于这个条约不会让它有建造起来的可能。但是,无论如何,布莱克小姐所引证的这两个事例表明,直到目前为止,美国的政策是与唐宁街的政策相反而不是相似的。我要赶紧补充说,这并不改变布莱克小姐一般提醒的价值。

《战争的非法性》前言①

　　至少有那么一些在停战前后那段时间里提倡建立一个国际联盟的人后来改变了主意。作为这些人中的一员，我想为这种改变提出两个理由，不是为了争论的目的，或者为了造成列文森(Levinson)先生本人很明智地避免了的反差，而是为了表明为什么那些提倡这个联盟的人应当与那些如今反对这个联盟的人携起手来，共同提倡一个世界法庭的方案，这个世界法庭建立在以战争的非法性为其主要依据而订立的国际法法律汇编的基础之上。世界上各个民族的人们在国际事务方面都还尚未成熟到能够保证一个政治联盟的成功运作，即使我们假设这个联盟的理念一向是人们所希望的也罢。而所有目前的方案，都注定要在很大程度上允许对不顺从的国家使用武力。以那种方式，它继续着战争之合法性(lawfulness)的古老传统。这个世界现在需要的是启蒙，以及对道德力量的关注。列文森所提议的方案简明易懂。像所有真正简明易懂的提议一样，这个提议深入情境的根基。尤其是在启蒙各个民族的人们来面对国家间的争端，以及集中世界上所有的道德力量来对抗现代战争这个最令人憎恶的东西方面，它比迄今为止人们提出的任何其他方案更加注重提供自然的与规则的作用。如果我们不能信任世界上各个民族的人们通过法律所表达的共同目标与判断中所包含的善良意志和善良的信念，而法律是迄今为止这个世界面对所有其他争端所发现的唯一的表达手段，那么就没有任何政治机制能够运作，而这个世界便注定要走向战争并通过战争走向毁灭。

---

① 首次发表于萨蒙·O·列文森(Salmon O. Levinson)，《战争的非法性》(Outlawry of War)，芝加哥：美国战争非法化委员会，1921年，第7页；重刊于《战争的非法性》，华盛顿：国家印刷厂，1922年，第4页。

《宇宙》的第一导言①

412　　克莱斯先生请我为他的书写一些前言性质的话。尽管我在自然科学方面并不在行,也意识到这个不利条件,但还是欣然答应了。因为书中的论证作为一个整体,虽然最终必定与我由于知识的缺乏而不可能作出真正判断的那些论题的处理联系在一起,但本书的真诚和力量及其统合概念的极度简洁,使它完全有资格为人所知。而且,从本人有可能理解的部分来判断,我有一个强烈的预感,即其他部分不会在实质上相差太远——克莱斯先生为特定观点上的旁逸斜出留出了很大的余地。

　　实际上,克莱斯先生在书中的某个地方说过,本书的每个读者最终都必须为自己重写这本书。除了重写提出这本书的基本逻辑——或者说方法——的第一部分之外,我的介绍性评论不可能采取任何其他形式。

　　他说,这本书"统合或在性质上说明科学、哲学以及宗教"。许多有教养的读者很可能会在此处停步。当他们容忍或者称赞古典哲学家试图进行这样的统一时,他们是在用十分出色的理由,把在当代宣称这么做与狂妄自大的无知联系在一起。这样一种宣言,是哲学与科学上不够格的门外汉的通常标志。我首先要重写的,是关于这个短语的。

　　克莱斯先生强调*性质*上的统一。他简洁有力地指出,科学和实际生活的问题只有在明智的对待中才得到了解决。关于*性质*上的这个词,我们可以写作形

---

① 首次发表于斯卡德·克莱斯(Scudder Klyce)撰写的《宇宙》(*Universe*),温彻斯特,马萨诸塞州1921年,第iii—v页。

式上的,并把它与材料上的统一相对。然后我们注意到,这类企图之所以处于不值得羡慕的境地,是由于宣称材料上的统一具有令人不快的傲慢。每一个哲学家都要与形式上的统一这个问题打交道,不是正面的就是否定的。

所以,这本书中重要的不是对统一的要求,而是实现这种要求的**方法**。每个读者都知道,把意思相反的词、分别看来相互对立的词组合在一起的短语有多么普遍。这样的例子有:静止与运动,空间与时间,物质与能量,潜在与现实,分析与综合,一与多,个体与社会,通名与专名,原因与结果,自由与权威,数量与性质,散文与诗歌,部分与整体,心灵与身体,肉体与灵魂,上帝与自然,目的与机制,静态与动态;或者在稍微专门一点的层面上说,间断与连续,实体与属性,要素与关系,存在与本质。现在,自然的头脑或者说常识的头脑,在这个含糊的词组的最佳用法上,并未受到那些对立项的组合的困扰。它们看起来很自然,相互补充;但缺少了两者,表达就是不完整的。

哲学反思始于标示出这类对子的词项间对立的一种表达。它着手调和它们,以获得一种性质或形式上的统一。或者,它否定任何统一的可能性,并且主张一切知识既然是用像运动与静止、空间与时间这样的词来表达的,因而都是"关系项"。或者,求知的全部手段处在我们与所要了解的事物之间。或者,它把这种配对概括为一种分离的独立的力、实体及原理的严格二元论。或者,像黑格尔的做法那样,它挺身而出地面对困难,宣称全部"实在"、全部"真理"就是各种矛盾的统一体。

现在有一个可以设想的假设,就是对这些矛盾来说常识是无辜的,因为它总是相关于一个语境来使用这些词,来表示或指出在某一个情境下的特征;而且除了引起对它们的注意之外,没有别的意图,无论这种注意是作为自己的备忘还是作为他人的指南。这个假定还未能解释这些词的对立特征,或者它们为何成对出现,但它引出了另一个令人感兴趣的假设。如果另一个正在思考指出和表示作用的人忘掉它们的指向性运用,而用它们来**传达**不同于指示者对观察结果的关系的某种东西,那将会如何呢? 这不是有可能解释为何这些词在日常习惯用法中是有效的,而对哲学家来说却是绊脚石吗?

上面这一段是重写他的导言中另一句话的一种方式,那句话会使某些读者不快——作者完全的、形式上的处理方法必定会涉及一种"纯粹的文字游戏"。不幸的是,并非所有读者,或者所有著者,都像克莱斯先生这样认真地看待语词。

他本人指出,一个纯粹的语词只不过是一个转瞬即逝的声音或者一小团墨迹。他所做的,像他在第二节中明确指出的那样,是要探究一个事实,即知识是一种陈述或表达,并且是用到那时为止,限定在研究陈述出来或表达出来的事物的那同一种实验方法来探究这一事实。那么,语言作为表达或陈述的工具,相当不同于纯粹的文字游戏;而在第155节,克莱斯先生生动地描述了使他时不时地求助于这类贬值的短语的心理。读者必须用"科学、哲学以及宗教的绝对统一"这句话来平衡它,既然他习惯于平衡静止与运动、整体与部分这样的词。

让我们回到这个假设上来。该假设说,在实际运用中,名称引起对某个情境的特征的注意;就是说,它们是引导感知或实验观察的工具。要提醒的第一点是:"情境"(situation)仅仅是以(字面上)**最一般的**方式被提到的,是作为包含事物的一个限域,在它的内部某些特定的事物被指出来。一个手势使人们注意一场扭打。它并不促使人们注意这个小镇、这个世界或太阳及其光芒,或者各种动物先前的历史,或者观察者的立场和期望。而如果这场扭打里面的某个特殊特征随后被指出来,比如一条折断的腿,那么扭打本身就不再是特定的了。它自己顾自己。它如今是"情境",正如先前整个可见的景象是扭打在里面被指出来的情境。简单地说,**情境本身被看作是天经地义的。它不是被陈述或表达出来的**。它是隐含的,不是明显的。尽管如此,它为所有被陈述的、被指出的、被命名的东西提供意义。它的存在,使清醒不同于疯癫。如果我们愿意,我们可以说,它是被忽略了的。然而,这种忽略不是对否定的无知。忽略意味着"理解了的",被认为是作为背景或前景而理所当然的东西,它给予明显的东西、明确地指出了的东西以可理解性和陈述能力。那么,隐含的情境不能(除非是专断地,就是说,通过符合一个目的)缺少一切(everything)而停留着。背景,隐含的情境,从明显处开始模糊地变化。因此,"一切"是被理解了的、暗含了的,作为我们明显地说出或陈述的东西的背景,或者说给出意义的力量(meaning-giving force)。

现在回到实际的命名或指出。它区分了某个东西;使它成为明显的,陈述或表达它。被指向的东西给出语词或指向性手势的意义。但是被指向的那个独个的东西没有意义。我们总是**将一个东西与某物区分开来**。因此,一切明显的名称都指出了至少两个东西之间的一种比较-对比。一个"这"(This)本身,如同克莱斯先生所指出的,没有意义。它不是一个表达或陈述,而纯粹是另外一种东西、一种噪声或形象。"这"显然暗含着"那";"这里"显然暗含着"那里";"此时"

显然暗含着"彼时"。简而言之,可能可以理解的最简单的陈述明显地暗含着一些联系在一起的事物,而它隐含地暗含着一个总体,或者说一个"一切";由于这个"一切",相互关联的事物的多数性是连续的。这是语言的一个"把戏",就像一块表可以叫做钢铁的一个把戏一样。它是做成事情的唯一的途径,在这个例子中要做的事情是表示时间,在那个例子中是就存在的观察给予指引。两个例子的大小和复杂程度也许相差甚远;而关于钢铁可以给出代用品,在语言之中可以给出不同的符号。但方式和原则还是相同的,这就是性质上的或形式上的统一。

这是可以用来重写克莱斯先生的一个基本命题的一种方式。这种书写方式,也许特别符合那些习惯于哲学书写方式的人的口味。因为它暗示着陈述的问题,或者说语言的问题,等同于哲学书写中所说的认识论问题,即关于知识的问题。科学是对用事物做实验的**表达**。它不是对事物的重复,也不仅仅是实验。它是两者之间的交流,其结论表现为一致的形式。因此,以实验的方式检验知识的最简单和客观的方式,就是以实验的方式检验一致的表达或陈述——来看看我们做出或制造它时会发生什么。克莱斯先生运用的方法,摆脱了数量巨大的麻烦和大部分无用的心理学说。它去除了大量阻挡着以传统方式探讨这个主题的人的道路上的历史遗物。对于哲学读者(对使用那种特定表述的人),我将指出克莱斯先生探讨关于知识的本性这个老问题的方法的新颖和直接。

关于他的方法的评论,与他运用这个方法获得的结论无关。现在让我们回到对这些结论的考察上来。在任何一个可理解的陈述中,从一个手势到科学的完整论述,都有**两种蕴涵**,一种是隐含的,一种是明显的。明显的蕴涵是关于各个要素间关系的;也就是说,是关于各个区别开来的部分之间的。隐含的蕴涵,被理解为或看作天经地义的东西,最终正如我们所看到的,就是宇宙或"一切"。

(1)这种隐含的蕴涵是非常难以表达的,它无法被陈述出来。因为必须由它来为任何陈述给出意义。尽管如此,为了方便起见,要有一个词来称呼它;而且对复杂问题的一致表达来说,这也是必要的。需要有一个词来提醒我们,无论我们明显地陈述了一些什么,都存在着隐含的、无法陈述的、难以表达的蕴涵。因此,克莱斯先生用"一"(One)来称呼这些词,像全、无、仅有、存在、每一个、无限、宇宙、整体、从不、总是。这些词没有(明确的)意义。在哲学语汇中,它们是先验的、本体的、先天的。它们是有关宗教的词,像上帝、永恒、完满的静止或和平、完全的拯救。只有在情感上才有以实验的方式对其意义的实现,而这种情感可以是诗化的、美学的，或在某些情况下可以是神秘的。用哲学术语来说，我们在此揭示了整个一类绝对主义的、先验的哲学家们的真理和谬误。他们对"全"(All)有着一种真正的体验，对任何连贯一致的陈述的意义来说，这是需要的。但是，他们断言，这些"一"的词本身就具有意义；它们是陈述的词项。或者说，如果他们是职业的神秘主义者，认识到难以表达的特征，但这种体验被看成是一种特殊的、独立的——虽说不上是独特的——经验，而不是以某种强度在每个体验中隐含着的东西。

(2) 陈述的另一面是关系中的区分(distinctions-in-relations)、多(Many)的词和关系的词(Relationship words)。在这里，由于没能发现当我们陈述、表达或"知"时在做什么而走上歧途的方式就多得多了。最普遍和基本的一种，是对一切或宇宙(用克莱斯先生喜爱的词来说，虽然有些人认为它暗示灿烂星空的意味太浓)的忽略；这种忽略等同于对它的隐含断定，变成对它的明显否定。这是所有现象主义、相对主义、不可知主义的根源。因为它归结起来是断言，正是使人得知(表达)的行为伤害了实在，在我们与实在之间放上了一层面纱或幕布，把物自体对我们隐藏起来，在掌握它的同时使它发生扭曲。这是一切不可知主义与主观主义——求知的过程在我们与所要了解的事物之间进行干涉的观念——的根源。而且，克莱斯先生对陈述的考察表明，这个观念起于没能把握我们在进行陈述时已做的全部；就是说，把整体(whole)理解为一个背景，明确陈述出来的东西在建构其意义时进入其中。

每个在含义或逻辑形式上完全实现的陈述(或知识)都使我们与整体相联系，而不是把我们从整体中分割出去。而且，当陈述实质上是错误的时候，这也是事实——每个陈述在明确性方面、在某种程度上都注定如此。因为它与整体的某些隐含的联系，可以由进一步的陈述来使其变得可以察觉。如果诚实地看待陈述，它们不仅可能是而且一定是如此。换句话说，每个可理解的陈述都在自身中包含着对它本身的修正的条件，只要我们去进行它所暗示的实验。我认为，赞赏这些评论的力量和发现它们在自己的经验中得到证实的那些人将会同意，克莱斯先生是缩小了而不是夸大了情感上的信念和也许随之而来的扩展。

由于没有充分觉察到当我们陈述或使人(我们自己或其他人)知道某事时发生了什么而引起的另一些谬误，是物质主义和机械主义——就是说，类似于一种整全主义(wholesale'ism)。这是由于发现了部分是相互区分的却没有发现它们同时也是相互关联的而产生的。关系与要素的问题,在哲学著作中是一个为大家所熟悉的问题。或许在这里,只需促使人们注意克莱斯先生的处理方式与布拉德雷先生的处理方式之间的相似和相异之处就可以了。布拉德雷也指出了每个陈述既分析又综合,既选择或分出部分也进行统一,但他使那些机能相互对立起来。选择毁坏了实在那活生生的完整性,统一又像在伤口上撒盐那般加入进来;它否证,因为选出来的部分本身不具有统一的能力。它们只是在整体中才联成一体。从陈述(用布拉德雷先生的话来说,是判断)的这种属性出发,他推断说,我们判断的每件事物都不得不以表象的形式来呈现,因为它包含自相矛盾,而在实在中,这是找不到的。

这一切都令人联想到克莱斯先生坚持以同一性或"循环知觉"(circular perception)来作为陈述的检验,以及他对每个陈述中"多"与"一"之间的矛盾的指明。他指出,这个矛盾本身就通过对隐含的一切所作出的断定(暗示)而变成了矛盾。被选出的要素在每个可理解的陈述中,是为了构成整体而如此关联的;或者,情境是如此互相区别,以至于它有无数的要素。而无限又是整体的一个指称,这是最简单形式的"文字游戏"。布拉德雷先生在判断中指出的关系与要素的无穷倒退,对他而言,是我们的知识超越不了表象的另一个标志。克莱斯先生指出,这种无穷倒退是每个陈述暗示或指涉整体的方法。它通过提醒人们注意一个事实而否定这种看上去是任意的对各个部分的选择,这个事实是整体具有无数的其他部分;也就是说,是一个整体。①

另一个谬误产生于把关系词混同于多或一的词。在这种情形下,我们得到了伪观念论(pseudo-idealism)、伪理智主义(pseudo-intellectualism),被詹姆斯先生形象地谴责了的那种意义上的抽象主义(abstractionism)。克莱斯先生引用一个事实为例,许多著者使"真理"这个关系词全副武装,并用它来引发情感。一切具有自我意识的、专业类型的观念论都具有这种本质;一切观念论,也就是说,把观念之物与现实之物对立起来,并对现实和具体之物加以蔑视;它把观念的东西树立为某种对日常经验中的普通人来说高高在上和过于美好的东西。它是典型

---

① 在从传统的知识论问题的角度出发重述克莱斯先生著作的一个部分时,我对他有失公正。不仅从与专业哲学无关的更广泛的民众角度,而且从职业哲学家的角度来看,都是这样。对空间、时间、能量、科学各个部门的意蕴的积极引申,以及它们之间关系(克莱斯先生在其中使形式上的统一丰富起来)的系统表述,这些都被省略了。

的贵族式的缺陷。观念之物是作为**每个**可理解的经验的意义而隐含着(虽然不是在蕴涵通常的逻辑意义上暗含在内)的整体。黑格尔无疑在某种意义上看到了这一点,但他犯了典型的观念论者的错误,把哲学的使命假定为推论出在种类上超越于常识和科学陈述的那些陈述模式,隐含着的整体在这些模式中应该理性地得到阐释。事实上,哲学家所拥有的是比较卑微的使命,即去指出每个自洽的陈述已经指涉了一个难以表达的整体这一事实。另一方面,实在论,尤其是现代分析的实在论,完全忽略了隐含着的东西,并且只坚持逻辑蕴涵;就是说,能够得到显明的关系。结果,它的关系变成了另一种奇怪的东西或部分。严格说来,一种原子论的结论禁止任何无论什么样的陈述——正如持类似观点的希腊批评家们早就指出过的。

关于克莱斯先生消除主观主义麻烦的努力,还可以说两句。克莱斯先生通过把表达或陈述作为本身就是一个能够像任何其他事件那样被观察到的客观事实这一点出发而摆脱了它。我们可以说他的方法假设或暗示着表达就像热一样,是事物的一种"机能"(function)。但这种假定,像克莱斯先生所指出的那样,在这两种情况下都纯粹是形式上的。说热或一个陈述存在于那里(在发生)的"假定"意义,不是在关于热或表达的陈述里面找到的,而是在对发生之事本身的观察中发现的。公路上的一块指路牌,并不在物质上对于它所指向的那个城镇呈现任何东西。它现实地或在物质上所做的仅仅是指示。唯一的"假定"是:如果你走这条路,你将会发现——你将会发现的东西;你发现的东西本身就是指示牌的真正意义。标志也许是骗人的;克莱斯先生也许会弄错。但是,要发现任何东西的唯一方式,就是顺着指出来的这条路走。对于这本书的情况来说,这意味着在作者的指引下,去发现称为表达的东西或事件。要顺着这条路走,需要不少技巧和宽广的眼界以及良好的意愿,但这就是一切。

我希望上面说的这些话能为哲学家们指示克莱斯先生的作品的非凡价值,并且,关于他把概括出来的形式上的统一应用于数学科学、自然科学和社会科学的方式,我所说的也是为了所有有意于减少理智上的迷糊和困惑的人。许多思想家都有这个值得称赞的雄心,去展示科学和哲学与常识的联系。但是,他们通常把常识看成是健全感觉的作用、一套沿袭下来的根深蒂固的传统与世故的一个混合体。克莱斯先生从最彻底和简单的形式方面来看待常识、陈述或使任何东西为人所知这种形式。他本人就说明了为何他的思想并不总是那么容易理解。世界上最难以了解和明白的东西,就是明显的、熟悉的、被普遍认为是天经地义的东西。把它看作关于发现知识的意义的某种方式的一个速写(既在一般意义上,也在其典型的代表性分支中),克莱斯先生的书是值得注意的、有价值的。如果不同方面的专家们发现,他的特定结论就像他对知识的一般对待,以及专门哲学对我一样如此丰富而具有启发性,那么,他就会发现,刚才作出的评论过于节制了。在期待结论时,我关于这本书的价值所作的任何评论都会显得过度夸张。幸好,在得到结论以后,它会变得相当多余。

答复《自由主义与非理性主义》①

先生:无论是詹姆斯·哈维·鲁滨逊②先生,还是他的书——《形成中的心灵》(The Mind in the Making),都不需要我做任何辩护。但是,考虑到《自由主义与非理性主义》(Liberalism and Irrationalism)这篇文章刊载在《新共和》5月17日那一期上,在我看来,如果不作出一个答复,《新共和》的自由态度就得不到维护。认为其主题是"观念的方法"(method of ideas)——这个短语是这本书本身的说法——在社会事务中的重要性的一本书,而且运用历史方法来表明那种方法如何克服大量自然的和社会的零散事件,成功地在自然科学的问题方面走出一条路来,这样一本书会被看成是自由主义与非理性主义联合的一个样本,我曾经认为,这是不可能的。然而,这篇短评成功实现了这种不可能。但它是通过一种几乎既不是理性的又不是自由主义的解释方法来达到这个结果的。

由于天生的性情和所受的教育,鲁滨逊先生在当今所有历史学家中最接近18世纪法国启蒙运动的那些人。人们可能会料想,他会像那些人一样,被指责为对理性方法持有一种过于隐蔽的信念。但是,正在讨论的这篇文章把他表现为"现在流行的观念恐惧症或对理性的不信任"的主要人证(Exhibit A)。他所提出的根据,显示出一种在心理-分析的术语风行的年代里不可能有的思想不成熟程度。鲁滨逊先生参与了一场正在进行的、反对在心理-分析的意义上"合理

---

① 首次发表于《新共和》,第31期(1922年),第48页。关于本文答复的短评,见本卷附录6。
② 鲁滨逊(James Harvey Robinson, 1863—1936),美国历史学家、"新史学"的奠基人之一。——译者

性化"的争论。这场争论被引用为他"对理性不信任"的证据。这是令人难以置信的,但是事实。一个抨击货币伪造者的人,显然是一个反对凭正当手段赚来的钱(honest money)流通的人。

这篇文章还采用了评论者们经常使用的一种方法,即就书中明确反对的观点来批评这本书,同时忽略它实际上所着眼的地方。鲁滨逊先生对创新思维的尊奉受到了贬低,因为他关于它的"方法与内容"在社会事务中的应用,没有给出任何"实证性的和实质性的"东西。这本书明确宣称不做这类工作,而且其放弃的理由也已经给出了。任何社会规划的必要前提,是使数量如此巨大的人相信智力的作用和力量——"一种心灵的改变和一种经过磨炼的心境,这能够让越来越多的人以事物的本来面目看待事物"。

这篇文章还因为这本书没能对自然科学的方法给出说明而批评它。这个批评是建立在如下论断的基础上的,即认为鲁滨逊先生希望把自然科学的方法应用于社会问题。鲁滨逊先生所说的是某种相当不同的东西,那就是自然科学的"基调和标准"应当盛行于社会问题中。同样,现代科学的创始人们回归前苏格拉底和柏拉图的想法这个事实,也一点儿都不与鲁滨逊先生对其起源所作解释的历史精确性相冲突。那些人确实要求一个新的开端;他们确实彻头彻尾地攻击流行的传统,亚里士多德主义的传统。而且,鲁滨逊先生本人也指出,希腊精神是自由而具有批判性的,再加上这样一个历史事实,即现代世界不是直接继承希腊文化,而是通过中世纪时期对它的一些利用而继承的,这些利用使一个新的开端成为必需。这篇文章的作者也许不相信,"社会科学"如今正处在自然科学在17世纪早期所处的地位上;但相信这种情况并不能成为被指责为非理性主义或者缺乏自然科学史知识的根据。

约翰·杜威

杜威访谈报道

杜威访谈报道①

查尔斯·W·伍德(Charles W. Wood)

"人类进步的最大敌人是恐惧。人们一般会说实话,除非他们害怕——害怕惩罚,害怕某人的意见,或者担心某个对手会取得优势。人类的不幸中很大一部分是由贪婪引起的,但是在贪婪的背后存在着不安全感,以及与之相伴的恐惧。恐惧是孕育战争的土壤。恐惧产生仇恨。无论就个人还是社会来说,只要人类生活与人际关系变得非人化,我们就能十分肯定地发现它们已经受到恐惧的毒害。公共事务中的怯懦,商业交易中的怯懦,国际关系中的怯懦——我们全都或多或少熟悉这些东西所造成的破坏;但是就我所知,现代社会中最有害的毒药是在那些担负着教育年轻人的责任的人身上所具有的怯懦。"

在我告诉大家是谁说了这段话之前,我希望大家把这段话再读一遍,试着从中找出一个缺点来,如果您能办得到的话。除了因为害怕,您的孩子曾经向您撒过谎吗?在绝对确信您可以说出事实的情况下,您自己说过谎吗?您的妻子或丈夫曾经向您撒谎吗?如果有过,那么,他或者她不是害怕您将会做的或者说的或者想的吗?至于在学校里向孩子们讲授我们所理解的全部事实情况——是啊,我们为什么不这样做呢?这不是因为我们担心对某些科目过于精确和完整的认识会对他们有害吗?

这段话出自约翰·杜威这样一个不折不扣的哲学家之口,在因中国之行而缺席若干时日以后,如今他回到了哥伦比亚大学的讲坛。从回国以来,杜威博士

---

① 首次发表于《纽约世界报》(New York World),1922年8月27日,以"约翰·杜威教授/谈谈让教育停滞不前的那种歇斯底里"为题。

并未把时间花在作关于中国的演讲上。他一直在谈论纽约。他一直在思考关于纽约的事情。他一直在与他在这里发现的人们的各种想法打交道,而不是为他或许希望发现的那类想法绘制蓝图。这是因为,他是个百分之百的教师。他不是一个宣传家。他似乎不怎么在意他的学生是激进还是保守,是正教徒还是异端,是基督徒、犹太教徒、儒家信徒还是不信教者;他所关心的是:是否任何特定的学生的头脑都保持活力,并且情况良好。它是不是在进步?它是不是在取得成果?它正在探索的事实是不是能满足它?或者,有没有什么障碍、偏见,或者更重要的,有没有什么令人害怕的东西阻碍它发展成为一个有用的头脑?

"而我们纽约的学校里的孩子们,"杜威教授告诉我说,"甚至连一半这样的机会都没有。他们是我们教育体系之中如果不说一种主动的威吓,至少也是一种固有的胆怯的受害者。除非无所畏惧,否则就不可能有真正的教育,但纽约的教师们无法自由地授课。在我看来,这方面的情况比从前的任何时候都糟糕;因为在历史上一贯约束教师们的那些通常限制之外,这个体系现在又遭到一系列愚蠢的法令的诅咒,这些法令是在恐惧中被设想出来的,是诞生于大战过程中和战争刚刚结束时掌控了这个国家的那种政治上的歇斯底里之中的。那种歇斯底里已经部分地平息了,但《拉斯克法令》①(The Lusk Laws)留下来了。那些法令的目的是禁止思考和代之以强迫每个人跳跃到特定的结论。现在,公众愿意回复到清醒状态;但除非人们拿得出针对这些毒害人的法令的解药,否则,我们的孩子们的头脑普遍地说必定会遭到难以估量的损失。"

"那么,您建议怎么做呢?"我问杜威教授,"您会发起一场立即废止这些法令的运动吗?"

"我们需要的是比这具体得多的东西,"他说,"法令可以在州议会的年度会议上制定或者废止,但教育是一个持之以恒的过程。所以,我们无法用法令的通过或废止来纠正教育体系中的错误。我们必须作一种持久的努力来影响局面。

---

① 1919年3月,在第一次世界大战结束之后不久,由于担心以共产主义和社会主义为代表的"激进主义"的传播,纽约州议会组建了一个以参议员拉斯克(Clayton R. Lusk)为首的调查委员会,以调查"激进主义"嫌疑为名搜查了许多机构和学校,并于次年4月出台一份报告,在长达4千多页的篇幅中历数其发现的所谓"激进主义"迹象。以此报告为背景,纽约州议会在1921年通过了一系列限制自由出版、私人办学等方面的法令,总称为《拉斯克法令》。后来,经过当时的纽约州长阿尔·史密斯(Al Smith)等人的努力,这些法令于1923年被废除。——译者

正是鉴于学校当局机构的本性,我们不能把这个使命交给他们去完成。最起码地说,他们是胆怯的。循规蹈矩是他们的本性。他们害怕创新。他们当然害怕与公众的愿望相冲突,然而,目前尚没有使公众在教育方面的愿望能够借以表达的现存媒介。纽约应该有一个由家长们以及所有其他对孩子们的福利有理智兴趣的公民所组成的主动机构,以保证把这种萦绕不去的恐惧从我们的学校生活中清除出去。眼下在这个具体方面异常活跃的一个机构,是学校教师联合会(the School Teachers' Union)。但是,那个联合会需要支持。它不能独自投身这场可怕的战役。它正勇敢地为教师的授课自由挺身而出;但另一方的影响是那么强烈和广泛,以至于实际上成百上千的教师们害怕加入学校教师联合会。

"这个事实本身就应当唤醒每个对孩子们的精神成长有着最细微兴趣的纽约人。如果我们的专科学校和大学不自由,那还不是那么重要。当一个孩子年龄大到足以进入专科学校的时候,他的性格已经在很大程度上定型了;但是,这个孩子在小学和初级中学里受到何种对待则至关重要。他的教师是否属于一个特定的机构,这不是特别重要;但是,一个孩子完全不能由这样一个教师来教育,这个教师本人的头脑受恐惧的毒害如此之深,以至于因为担心自己变得不受欢迎而不敢加入任何他真心实意地相信的机构。

"当然,学校当局不是真的禁止这样的行为。这个教师联合会并不是秘密的。它的会员和工作人员都是公开的,目前他们仍在工作。事实上,他们中的许多人是如此受教育家和公众的尊重,以至于在一切相关话题上,他们都能够也确实完全直言不讳。但是,教育体系的倾向是试图去阻止这样的坦率。有关当局是否在有意地试图阻止这种坦率,这不是我们要考虑的最重要的问题。我所谈论的是这样一个事实,即我们的学校体系的氛围是一种胆怯的氛围;而教育在这样一种氛围中,是无法进行下去的。

"对于与一个教师应当讲授什么有关的每个方面,都有许多杂七杂八的说法。这个讨论中的大部分,无论是就所谓保守人士方面还是所谓进步人士方面而言,都完全没有切中要害。这个讨论从这样一种假设出发,即你能通过告诉一个孩子某些东西来教育他。碰巧的是,确实有必要向一个成长中的头脑展现一些事实,但是事实的展现和对事实的接受都不是教育。这个孩子用这些展现给他的事实去做什么——这才是教育的过程。为了使孩子的头脑能有任何收获、任何渐进的变化、任何发展,头脑必须有自由去逐步整理它所接触到的这些材料。如果一个人以任何方式干预这个过程,如果他试图用他自己的或者学校当局的那些结论来代替这个孩子可能会得出的结论,那么,他就不能自诩为一个教师。"

"但是,你能相信一个孩子会得出可靠的结论吗?"我问道,"难道没有必要告诉他不能玩火,不能吃这个东西,因为你知道这个东西会伤害他,而不管那是否与他自己的结论相符吗?"

"毫无疑问,"杜威教授回答说,"这里不存在不一致的问题。我所反对的只是把这种监护称为教育。这种监护在教育过程中也许是必要的;因为如果这个孩子失去了他的生命,他就不具有头脑去接受教育了。但是,一个得到最完善的行为训练的孩子,在每个方面都像人们告诉他去做的那样去做,甚至持有人们告诉他去持有的观点,这样的一个人,极有可能根本无法接受教育。他也许能成为一个好士兵,也许能成为一个'好公民',在他也许认为不应该去谋杀或偷窃,不应该去酗酒、咒骂人、赌博,或者过于频繁地结婚的意义上;但这样一个人只能接受训练,而根本就不可能接受教育。他很可能根本不会思考。

"这种训练与教育之间的混淆,要为我们教育体系中许多令人难以忍受的错误负责。孩子们的举止可以被训练,但是动物也可以。毫无疑问,有必要给予他们某种这样的训练,但这种训练的基础恰恰是害怕如果没有这样的训练,他们会干出些什么事来。当我们试图开发人类智力的时候,必须不存在这样的恐惧。关于孩子应当思考什么,我们一定不能有疑虑。只要我们规定一个孩子应当思考什么,就使他根本无法进行思考了。像只不过是对待动物训练那样对待人类智力的做法,构成像《拉斯克法令》这样措施的真正危害所在。然而,这种法令也许会受到从公众安抚的立场出发的人的维护,他们不允许我们教育我们的孩子。他们的倾向是使孩子们成为一大群受到良好训练的猿猴。"

"但是学校教师联合会,"我问道,"不是简单地试图用一套标准去取代另一套标准吗?"

"不,"他说,"那正是我对它感兴趣的理由。人们自然会有这种企图,但是显然,一些真正有头脑的人正在制订他们的方案。我已经研究过他们的方案了。在某些细节上,我会表示反对。但它特别突出的地方是一个**教育方案**,而不是经济要求的单纯表达。它强调教师方面的自由、思想自由,以及从事实中得出结论的自由的必要性。这个方案不是号召人们去传播任何特定的结论,而是要去反对任何这样的宣传。如果这个方案在我们的学校里得到遵循,它并不必然意味着更加厉害的激进主义或者保守主义。它只会意味着孩子们的思考力量的释放——释放力量来处理他们将不得不面对的问题,而这些孩子们很快就要来建设纽约城了。"

"但是,教师联合会也提出通常由工会提出的要求,不是吗?"

"我相信如此,"他说,"它主张更高的工资,这是人们迫切需要的;它主张对工时的更好规定,以及学校物质条件的改善。在这方面,学校与条件较好的工厂不平等。不是从教师们在经济上的优势的立场出发,而是从孩子们的需要的立场出发,整个纽约应该携起手来促进这一点。我们不能让社群中头脑最好的人去从事其他工作,而让那些无法以其他职业为生的人来教授我们的年轻人。而且,我们当然不能用孩子们的健康和安全去冒险。"

"但是,把学校的教师们与工人运动绑在一起,"我问道,"这不是天然地与我们的目的格格不入的吗?一般而言,各个工会的各种策略如今正受到质疑。您不准备完全维护这些策略,不是吗?"

"对,"杜威教授说,"虽然我并不充分接近工人运动以使自己能够作出任何总体的表态,我仍倾向于对它的某些策略表示反对。劳动应当被组织起来,这一点是基本的。劳动就是生活,而关于生活应当被组织起来还是不被组织起来这一点,不可能有两种意见。但是,如果组织起来的劳动的政策和目标中有任何不对劲的地方,就像我们现在看到的情况,那么,我们所有的人都应该欢迎教师联合会在这个领域中出现。概括地说,我们所关心的是劳动应该有尽可能最干净利落的方案和可能的最高的目标。在工人运动中积极地发挥着作用的学校教师联合会,应该朝着这个十分令人渴望的目标做出许多成就来。它正是在自由是最基本的地方,主张人类的自由。它主张无所畏惧地与教条相对立,主张教育与宣传相对立,并且主张依赖人类智力的巨大力量来解决生活问题,而不是依赖显然已经失败了的传统与迷信。"

"在化学、物理学、生理学以及其他学科中,我们已经取得了巨大的进步,因为在这些学科中,思考的力量已经得到很大程度的释放。如今已经没有人害怕在这些领域中,我们可能得出的结论了;并且人们相当普遍地同意讲授的适当方法是展现事实,并让这些事实根据整理它们的头脑的能力逐渐地得到整理。但是,在政治学、伦理学和所谓的社会科学中,我们尚未学到这一课。我们仍用禁令与警告把这些学科包围起来,而且仍在学校教师中间寻找异端——恰恰在其思想自由在所有人群中是最有必要的那群人中间。只要所有意识到这一点的纽约人能够携起手来,他们就能在一个很短的时间里改变整个事态。恐惧的人们,迷信的人们,那些在生活中没有信念的人们,毫无疑问,会聚集到一起形成另一方;但现在,所有敢于思考的纽约人都应当把自己组织成为教师联合会的一股辅助力量。这完全是我们在生活中拥有信念还是惧怕信念的问题。"

附 录

1. 《改造》文章摘要[1]

《自然科学中的理想主义》

在前一篇文章中,我提出即使在显然是物质主义的西方文明内部,也存在着一些理想主义的(idealistic)因素。本篇文章的目标是要更详细地考察这个观点。据此,应该对两个与自然科学所扮演的角色相关的因素加以考虑:其一,对自然科学的实验而言不可或缺的思想与道德精神;其二,科学的社会应用,换言之,运用科学来减轻人类的不幸与痛苦和促进人类的幸福。

为了解释这第一个因素,必须指明自然科学处理的主题与激励科学家去参与实验并生发出各种科学的动机之间的不同,前者是物理的或物质性的。从现代科学的观点来看,自然是由物质和能量构成的,表现着各种机械法则。自然不是由各种观念构成的,也不是由各个精神目标来掌控的。然而,无可争议的是,科学是由自然科学的主题创造和发挥出来的。科学指的是完全不同的两回事。一方面,它指的是已经被发现和经过分类的各种事实和法则的整体。从这一点来看,科学是物质性的。不过,科学也指人的心理态度和方法。科学既无法创造自身,也无法揭示自身。它是人的渴望与努力的一个产物。科学不仅是已经发现的物质与能量的各种运动法则,也是诸如思考、观察、实验、推理和探究这样一些活动的各种规则。虽然从一个方面来看,科学与已被发现和分类的各种事实有关;但与此同时,从另一个方面来看,它与人

---

[1] 首次发表于《杜威时事通讯》(Dewey Newsletter),1969年4月,第6—8、8—10页;1969年7月,第13—18页。

通过思想过程而达到的确信的积累有关。可以把科学的第二个方面称为理想的或以精神性为特征的。而且,这是建立在一个以道德为特征的基础上的。无论是谁,只要他不是受了对真理的热爱,受了勇气、真诚,受了对真理的普遍或公共本质的一种坚定信念的推动,就不可能把科学引导到它目前的状况上来。居于西方人内心的这种理想的要素,与这些有关。

科学对生活的那些外在方面的影响很容易看出来。这些外部效应主要见于机械发明的进展和商业与工业的繁荣。但是,科学也把它的影响延伸到了人的精神方面。然而,它的这方面影响却不是那么容易察觉。这种精神上的影响,并不完全是思想上的;它也是道德上的。

科学因素作为一种思想因素,有三个构成要素。第一个是公正的判断。人天生是有偏见的。怀有偏见这种倾向并不一定是坏的。事实上,它是人最高尚的行为的来源。然而,这种倾向无助于缓和一种公正的思想探究和批评。正是科学精神在减轻从人的偏见中生出的各种后果,科学意味着最大化的可能的公正。更确切地说,它偏爱某一种立场,但这种立场是呼唤人们按照事实的本来面目发现事实的立场。是这种科学精神本身给我们提供了用以深入事物的内在方面,并把握真相的手段。

思想上的个体主义是科学方法的第二个重要贡献。从思想方面来看,人并不真正天生就是个体主义的。引发思想上的个体主义的主要力量是科学精神,因为它容许一个人在思想上采取不同于大众的态度,无视他人的冷眼,沉着而勇敢地坚持不懈。

不过,思想上的个体主义具有社会性的方面。科学精神的第三个道德要素是对公布研究的要求;也就是说,要求把自己的发现告知他人,并把它交给他人去观察、实验和探究。

挑选西方文明的这三个理想主义的倾向,是为了说清西方精神中最好的这些重要因素,它们即使对东方文明而言,也有着最大的价值。这是因为,这些因素既不是东方的,也不是西方的;而不如说是跨民族的,是人类所共有的。

科学的应用并不局限于技术和工业方面,也延伸到人文和社会方面。就是说,存在这样一个方面,在其中,科学帮着改善人类的命运和解决各种社会问题。这是西方精神的第二个理想主义的方面。科学的社会应用在工业方面已经为人类的利益而控制了自然力,但与此同时,它也引起了当今的各种社会问题。

《科学与当今工业体系》

在长达数个世纪之久的时间里,为了生存,科学不得不持续着与迷信和传说的抗争。在这方面需要指出的一个事实是:科学精神并非完全凭一己之力与这些强大的敌手对抗。它从确实能够从旧的政治经济状况的改变中获利的人那里得到了巨大的帮助,这不是因为他们尊重科学价值,而是因为他们看到了因科学的应用所带来的新的力量分配而产生的实际利益对他们是有好处的。

如果回顾历史,我们就会意识到,自然科学的社会效应从一开始就是混合的。科学的其中一个效应是提供给人们一种有效的手段去拯救人类免于痛苦和苦难,去防止严重匮乏(dire want)并确保所有人的经济保障,一种公平的积财和致富的手段。但是,另一方面,科学的社会效应被某个经济阶层垄断了;这些人是资本家、银行家和资本主义雇主。在此种情况下,该效应是一小群人把科学转变成了获取政治仕途、社会名声,以及通过利用大众的劳动来达到实际控制的一个手段。科学的效应是在密切的关系中把人集中在一起的,并且,与此同时,为胁迫与恫吓以及思想上的怂恿与欺骗提供一种工具。从古到今的世界状况在一个宏观的程度上,展示出科学进展的这种两面效应。

从这一角度来看,问题就不再局限于对西方的这种新兴精神,尤其是对其物质上的和观念上的影响的分别理解,而是变成了与理解自然科学施加于整个接受了自然科学效应的现代社会之上的影响有关的问题。与这个问题相关,对西方文明的认识是最重要的。这种认识之所以重要,其原因不是别的,而在于科学最初发端于西方,科学的社会效应的两个方面可以最清楚最广泛地见到。而且,关于这个如今到处存在的问题,有可能(从它那里)吸取一些教训和忠告。

科学这种两面的社会效应的一个例子,是一连串经济矛盾的制造。一方面,通过把工作中繁重的部分留给机器去完成,建立一种人们摆脱极端繁重持久的劳动的制约的文明,有史以来头一回有了可能。然而,另一方面,我们有了一种新形式的附庸关系——就是说,受制于机器本身和通过拥有生产与分配手段而控制着工人们能借以找到谋生之道的那些条件的人。

虽然没有可能预言科学的社会效应在未来会是什么样子,但是上面的讨论中隐含着几个要点。第一,各种不同的社会改革或社会革命计划的成败有赖于它们与科学进展所具有的关系。没有科学的支持,这些计划无法避免失败。第二,科学事业迄今为止仅仅触及对自然界的洞察。与人类或社会有关的科学尚处在最初阶段。第三,既然人类与社会科学的发展及应用将会威胁到那些在工业和国家中掌权的人的控制,那么科学就将面临巨大的阻力,但是有理由相信,它会战胜这种阻力获得成功。

《种族偏见的一个哲学解释》

种族偏见通常是从道德角度来探讨的。就是说,目标在于确定种族歧视是好的还是坏的。不过,这个问题应当首先从科学上加以讨论。在从道德上处理这个问题之前,我们应当对它进行分析并发现它的起因。

人类的偏见是一种流行极广、根源极深的病症,因此不容易把起因说清楚。比如,拿宗教迫害来说,先前由于受到迫害而感到愤慨的信徒,一旦得到机会,就转而迫害其他宗教派别,这样的情况并不少见。同样的现象,也可以在种族歧视的问题中发现。日本人抱怨受到西方人的歧视排斥,但他们自己又对朝鲜人和中国人表现出歧视。由此可见,种族敌对的现象是极其复杂和普遍的,并且得出一个科学的结论是比较困难的。

如此普遍的一个事实,必定在根源上有一个简单的基础。我们必须首先考察偏见在总体上的心理学特征。关于偏见,在心理学上有提出两种不同解释类型的两个不同的学派。理智学派(the intellectual school)相信,偏见是一种判断;就是说,它无非是一种未对事实进行彻底考察而匆忙作出的有缺陷和不完善的判断。"偏见"(prejudice)一词在词形上与"判断"(judgment)一词相关。但是,这个词也暗示着偏见是某种先于判断而起作用的东西,而非一种有缺陷的判断。于是,另一个学派认为,把偏见说成是对本能和情感的一种表达,要比把它说成是理智的更好。据此,偏见就是一种出现在思考之前的天然的厌恶,它把随后产生的想法导向与偏见相同的那个方向。

当我们寻找能够解释人类偏见是普遍的这一事实的普遍本能时,对任何新的、稀有的、不同寻常的东西的一种普遍敌视进入我们的视野。任何非习俗的东西,或者完全不同于我们习以为常的那些事物的东西,都会引起恐惧和憎恨以及强烈的自然反应。对一个未经开化的头脑来说,那些无视习俗,或者设立不同于通常流行的标准或规则的人,被视为不自然的,甚至是超自然的。结果,像不熟悉的人、陌生人、外乡人这些词,与其说是地理学词汇,倒不如说是心理学词汇。因此,一个访客,或者一个外国人,不仅在地理影响上有差异,而且在生活方式、思想方式和感情方式上也完全不同。

种族偏见,如同一切偏见那样,先于理智而存在;而且,在人类本能方面,未开化的民族和已开化的民族之间不存在巨大的差异。在对与语言、服饰、举止、宗教、道德以及思想有关的习俗方面的差异的那种天然敌视中,人们可以找到当今种族偏见的原始和根本的基础。

种族是一个抽象观念。既然当今世界上最重要的一些种族的起源是混合的,那么,如果依据科学,总的来说,种族的观念就是一个神话般的观念。与这种概念相反,人们要寻找的是某种具体的、摸得着、看得见的东西。因此,种族从其不同于科学涵义的通常意义上来说,是对因其不同于我们的习俗而引起人们注意的那些事实的集合的指称。需要考虑的那个重要问题是:对异物的这种原始敌视,如何压倒其他因素而造成当今的种族冲突现象。

第一个因素是无法改变的生理差异,这对大部分人来说,是种族的可靠标志。肤色的不同,比如非洲人的黑皮肤、欧洲人的白皮肤、亚洲人的棕色和黄色皮肤,以及脸部特征的不同,比如犹太人特有的相貌,都是恒常的。这些生理上的差异成了表达巨大的文化差异的显著标志,并作为歧视感的一个明确提醒物而起作用。

接下来的一个因素是包含着理智成分的那种力量;即,那些成了敌视的来由的文化差异。这些差异中的一个是宗教,尤其是在除了教理方面的差异还加上一些外部的、可见的差异,比如崇拜、仪式、庙宇、服装和符号的情况。

第二个因素是政治方面的。现在,国家主义事实上是一个政治事实。政治角色在统治阶层内部一方创造出一种优越感,在另一方中创造出一种低人一等之感。如果统治者与被统治者属于不同的种族,那么,一般的偏见就转变成了种族歧视。

与种族偏见有关的第三个因素是经济因素。从某种观点来看,这是种族偏见中最理性的因素。不过,这么说的意思并不是说这个因素总是以一种理性的方式起作用,倒不如说,它不单单是一个本能性质的要素,而是包含着较多有意识的思想和目标的成分。例如,近代的移民涌入,总的来说是以经济原因为基础的。在美国,有一个强度很高的限制所有外国移民的运动。这个运动具有政治因素,但其主要力量是经济因素。而各种工会正在竭尽全力限制新来劳工的进入。当肤色、语言、宗教、习俗和生活方式的差异加到可恶的经济原因之上时,种族矛盾很容易变得非常紧张。

基本结论是:种族偏见的基础是对陌生事物的本能性厌恶与惧怕。这种敌意通过文化差异,比如语言、习俗和宗教;通过偶然的生理差异,比如肤色;通过伴随着的政治与经济竞争而变成持久的偏见。结果就是我们今天的那种对种族和固定的种族差异的观念,大众模糊地、没有任何科学依据地持有这种观念。而它的最终结果,则是今天存在的种族矛盾。

重要的是如何解决这个问题。没有一种单一的方法能解决这个复杂的问题。推进启蒙或提供更多人文教育的方法,毫无疑问会通过使不同文明间更好地增进理解成为可能而收到一些效果。随着社会交流的增进,我们特别称之为异化(alienation)的那种差异将会减轻。如果不同的文明之间建立起亲近的关系,它们也许就能相互从对方身上吸取一些东西。但是,缺少了根本的经济与政治变化,这些因素无法产生完全根除种族冲突的效果。如果狭隘的国家主义让位于某种形式的国际主义,那么一个国家内外的外国人就能头一次不被用怀疑和憎厌的眼光来看待。也许还有必要提高人们用较大程度的偏见加以看待的那些国家的生活水平。

种族偏见是件坏事。然而,盲目而草率地对抗它的反应也是糟糕的,因为这是一个复杂的问题。就是说,它根本不是种族的问题,而是不同文明之间相互协调的问题。在这些文化差异之中,包含语言、传统、思想观念、理念、宗教以及日常生活习俗的差异。不过,如果这就是这些差异的全部,那么,它只会引起人与人之间的误解和一个个体与另一个个体之间的冲突。因此,要点在于,由于作为当今世界的国家主义组织、经济竞争以及工业布局结果的政治势力的存在,这些差异结成一体而成为共同的差异,以及一群人和另一群人之间的冲突。种族偏见是来自从政治和工业势力中产生的嫉妒与敌意的一个表征,而不是当今冲突的起因。

这个讨论的目的不在于试图为种族偏见与冲突的问题提出一种解决办法,而是在于指出问题之所在和指明寻找解决方法的那个方向。

《太平洋会议》

与太平洋会议有关的问题是非常复杂的,而且包含着紧张的国家主义利益问题。另外,很难得到明智判断所必需的那些报道,而这与此同时又表明它们是引向更大困难的导线这个事实。尽管存在这些困难,我还是要表达我的个人观点,因为我最近对中国知识分子关于太平洋会议的观点有所耳闻,而我完全同意他们的观点。这种见解是:未来的世界和平只有通过把人对人的外交替换为政府对政府的外交,才能得到保证。

在太平洋问题中有四个主要角色,它们是中国人、日本人、美国人和俄国人(或者说西伯利亚人)。在这四者中,我将只讨论中国人的地位。最近,一个日本思想家在反驳我关于中国问题的观点时,提出我错误的原因在于没能认识一个事实,即"东方的和平只有通过中国与日本间的合作才能得到确保,这种合作不容美国干涉"。当然,我完全相信太平洋地区未来的和平与繁荣的关键在于中日合作。但是,那种合作必须是一个诚实而真挚的合作;就是说,真正合作性的步骤必须为了造福于两个国家双方而实行。中国人目前的观点,可以通过列举在他们眼中中日合作的一些障碍来加以说明。

首先,人们普遍相信,日本人一直在怂恿并帮助中国的一些盗匪,尤其是在满洲和山东地区。其次,据中国人所称,日本在系统地向中国输入吗啡和其他有害药品并帮助它们流通。第三,直到最近,日本当局都一直在积极煽动中国的内斗;并且,时而帮助像孙中山那样的激进革命派,时而又在其他地区帮助那些渴望恢复帝制的人。第四,人们普遍相信,日本为了通过获得经济上的据点而在经济上征服中国,正在使用威逼和利诱结合的手段。最后,在中国,人们普遍认为日本的目标是既要在政治上又要在军事上征服中国。

无论上面提到的这些看法正确与否,都无关紧要。重要的是它们准确地反映出当今中国人所持的普遍态度,即对日本的恐惧。这种恐惧非常强烈和深刻,使他们的所有见解、信念和假设都带上了它的色彩。恐惧是产生怀疑和严重夸张的原因。

有一个事实值得一提,那就是有一种方法能解决这个问题。在日本,人们往往认为,中国人一方目前的态度在某种程度上是外国的影响,尤其是美国的影响的结果。试图让外国影响来为中国的反日思想和运动负责,暗示着一种对中国人心理的严重误解。更好地理解这种心理,是中国和日本之间取得良好关系的先决条件,以及确保东方未来和平的方法。

人们也许会提出一个问题,即以上的讨论如何应用于太平洋会议。完全裁军与和平的关键,在于在日本和中国两个国家之间建立起一种真正友好合作的关系。这种关系只有通过日本的力量才能建立起来。日本真的有准备、有决心去采取必要的步骤吗?太平洋会议的实际效果完全依赖于这个问题的答案。

2.
实用主义对实用主义者[①]

阿瑟·O·洛夫乔伊(Arthur O. Lovejoy)

443　　在本文中，我将探究这种以实用主义之名著称的学说与本卷文集中探讨的主要哲学问题之间的关系。实用主义是隐含着实在论的真理还是观念论的真理，或者两者都不是？如果它在任何意义上是实在论的，那么，它是在一元论的意义上还是在二元论的意义上，或者在某个第三种意义上呢？它是否明显地或隐含地肯定或承认，或否认"意识"、"心灵状态"(mental states)或"心理实体"(psychical entities)的存在呢？这些是必须为之寻求答案的问题。

　　实用主义不是一种我们可以放心地从自己内心的意识中得出其定义的学说。它首先是某些近代或当代的作者曾经或正持有的许多观点，以及那些作者用以支持其观点的论证的一个历史性集合。它不是一个单一的逻辑动机或创生性洞见(generating insight)的产物——虽然这是一个有待证明的命题，因为许多实用主义者或许会否认这一点。因此，我们至少必须从细心考察实用主义者们自己对实用主义理论在这些问题上的意见，并从他们说过的东西入手来进行探究。而既然实用主义作者们人数众多且各不相同，那么，我们最好把注意力集中在这个学派的一位代表人物的理论上。因此，在本文中，我将主要涉及杜威教授的著作，虽然不是仅仅涉及他一个人的著作。杜威先生不仅是实用主义学说在当代的代言人中最杰出和最有影响力的一位，而且他比任何其他作者更加直接和多样地探讨了我们在此关心的这些特定的问题；并且，他个人对这一学说的不同解说也包含着某些要素，或至少是某些强调之处，它们对目前这个讨论来说具有特别重要的意义。

[①] 首次发表于杜兰特·德雷克(Durant Drake)等编，《批判实在论论文集》(*Essays in Critical Realism*)，伦敦：麦克米兰出版公司，1920年，第35—81页。关于杜威的答复，见本卷第40—60页。

以上不仅仅是对我将涉猎的主题一个纯粹说明性的步骤。我们至少可以把这样一个假定作为一个有待检验的假设而提出,这些实用主义作者们的观点中的一些比其他观点更紧密地与它们的核心观念相联系,更加真正"具有实用主义性质";由此,我们可以在分析的过程中得出一种经过提纯的实用主义,它至少会具有内在的简洁、一致性的旨趣和价值。我们无需把我们的尝试,无论是批评性的,还是重构性的,限制在对内部不一致和多余成分的发现与消除之上。在很大程度上,实用主义者们提供了应有的东西,不是从一个事先确定了的规条中得出的简单推论,而是独立的"考量"。它们可以依据自身而得到评判,并且与本书中的问题有着直接的关联。因此,对那些考量的力度和适当性的批评的评价就是必要的,它是作为对这样的问题在当代哲学视域内的任何一个全面探讨都不可或缺的一部分。

事先提醒读者注意:将要进行的这番探究在过程中,既不会简单,又不会直截了当,这是完全有理由的。他或许会发现,它迂回曲折、犹豫不决到了令人恼怒的程度,充满着错误的起点,充满着对先前已经获得的结论的修改和推翻。我只能请他相信,或者请他记住,这些特异之处不是任意的、可以归于分析的状态之上的,而是从提出的问题的本质中必然产生的,并且与可以用来解答它们的材料的性质有所关联。导游并不对他带领旅行者们穿越的那片土地的特点负责。

I. 实用主义、实在论与观念论

虽然一个避免公式化定义的哲学家总是冒着混淆和误解的危险,但是在此似乎仍然毫无必要从对一般的实用主义的定义入手,而对在此要加以考量的各个特定方面不加区分。那些通常的公式一定已为任何有可能阅读这本书的人所知,要去分析它们的意义,并且使它们摆脱充斥其中的含混不清之处,这本身就是一项庞大的任务。① 实用主义发端于这样一种理论,该理论涉及的内容包括:各种概念和命题可以被说成包含着意义所需的条件,以及所有意义必定都包含的那个东西的本质。由此衍生出了一种知识论、一种关于真理的意义的理论、一种关于真理的准则的理论、一种关于合理的哲学讨论的范围的理论,以及一种形而上学理论的一个初步基础。所有这些都以不同的且并不总是明显同义的术语得到了表达;而如果要去仔细考察并试图把所有这些术语统一起来,在此几乎无法办到,它超出了导言部分的篇幅。那

---

① 至于有多庞大,笔者在先前关于这个主题的一篇文章中已经作了一点展示,《十三种实用主义》(The Thirteen Pragmatisms),《哲学杂志》,1908年。

么,我们立即来对要加以考量的问题中的第一个,以确定实用主义与实在论和观念论处于何种关系的眼光,对杜威教授的著作提出问题——正如本书中其他地方所确定的那样。①

(1) 让我们首先引用我们选来作为实用主义代表的、倾向于彻底的实在论的人物的一些看来是明确的论述。②

  经验关于它本身所暗示着的是一个真正的客观世界,这个世界参与人们的各种行为和遭遇,并通过他们的回应而受到修改。(C. I. 第7页)

  据实用主义来看,观念(ideas)(为了方便起见,把判断和推理也包含在这个术语之中)是针对外在于观念、外在于心灵的(extra-mental)事物的回应态度。(D. P. 第155页)

  反思必须揭示;它必须找到结果;它必须如盘点存货一般去弄清存在着什么。所有这一切都是必须的,否则,它就永远无法得知是怎么一回事;人就没法发现"什么击中了他",也就将对到哪儿去寻求补救一无所知。(E. L. 第23页)

  总是有一些"事实被任何把世界的存在看作是成问题的观点所误解"。(E. L. 第297页)

  正统经验主义的一个奇特之处在于:它的突出问题是一个"外在世界"的存在。因为根据经验是作为一份独占的财产而与一个私人的主体相联系的观点,我们看似生活在其中的世界必定是"外在于"经验的,而不是它的内容。无知是不可避免的;失望;依据自然情况来对各种手段和目的加以调整的必要,会显得像是充分描绘了各种经验处境特征,以至于使一个外在世界的存在显得不容置

---

① 蒙塔古(W. P. Montague)教授在《哲学杂志》的一系列文章[《一个实在论者可以是一个实用主义者吗?》(May a Realist be a Pragmatist?)1909年]中富有启发性地讨论了一个类似的问题。随着蒙塔古先生对解说的展开,尽管它与此处提出的不是同一个问题,而且不是以同一种方法来处理的,因此对实用主义主题的一个宽泛评论并不构成蒙塔古先生的说明计划的一个部分。但是,由于涉及相同的论据,从而本文得出的结论实质上与蒙塔古先生所表述的那些是相同的——虽然得出结论的理由大部分是不同的。
② 这里提到的杜威教授的著作,将以如下缩写形式而得到引用:D. P. = *The Influence of Darwin upon Philosophy and Other Essays in Contemporary Thought*(《达尔文对哲学的影响以及其他关于当代思想的论文》),1910年;E. L. = *Essays in Experimental Logic*(《实验逻辑论文集》),1916年;C. I. = *Creative Intelligence: Essays in Pragmatic Attitude*(《创造性智慧:实用主义态度论文集》),1917年。在上面最后这本书中,只有开篇文章"哲学复兴的需要"(The Need for a Recovery of Philosophy)是杜威教授所作。

疑的一些事实。(C. I. 第25页)

仅就我本人的看法来说,实用主义的各个前提和倾向显然是实在论的;在观念论联系着知识论或通过知识论而得到联系的意义上,它无论如何不是观念论的……实用主义认为,在作为一个事实、一个已经完成了的东西的知识中,事物"彼此代表着对方"。在认知性的意义上,观念、感觉、心灵状态是如此相互调节事物,以使它们成为彼此的代表的媒介。当这个过程完成之后,它们就退出了;而事物则以最素朴实在的方式呈现在行为者面前……实用主义必定给予一切认知性的手段——感觉、观念、概念等等一个彻头彻尾的重新解释;这个解释必然导向以一种比目前的方式更加直白和真正实在论的方式来看待各种事物。(《哲学杂志》,第2卷,第324—326页)

这些完全不是缺乏论证支持的随意论断。相反,杜威教授几乎用了整篇文章来对一种甚至是有疑问的观念论的自相矛盾的特征,作一个似乎是辩证性的证明。确实,在一开始,他就好像这是对完全不同的另外一种结论的一个证明来描述他的论证。他称它为这样一个证明:外在世界的存在问题是不能从逻辑上加以提问的——它"根本就不是一个问题"①。而人们可以很自然地把这看作这样一种主张,即要像反对主观论者那样,反对实在论者。它暗示着,既然这个问题是没有意义的,那么对它的任何回答肯定也是没有意义的。在另一篇文章中,同样的主张似乎正是得出了这个结论。"关于知识-关系无所不在的假设,"文中说道,"实在论和观念论彼此否定对方;如果(像实用主义认为的那样)这种关系的无所不在是一个神话,那么两者都是非实在的,因为不存在它们为之提供解答的那个问题"②。从这句话中,人们推测一切形式的实在论和观念论都同等程度地受到指责,而实用主义者已经发现了完全不同于其中任何一方的第三条思路。

但是,当我们探究为何(在特别探讨这个问题的文章中)杜威先生认为"世界的存在问题"是一个"没有意义"的问题时,我们发现,他说的,只不过是这个问题如果不隐含一个肯定的回答就不能清晰明了地得到表述。杜威先生的讨论正是以伯特兰·罗素先生提出这个问题的陈述作为出发点的。而罗素先生的问题非常明确,就是自然

---

① 《作为一个逻辑问题的世界的存在》(The Existence of the World as a Logical Problem), E. L. 第283页。
② E. L.,第266页。

实在论(physical realism)的问题。"当我们不在感知感觉对象时……我们能否知道它们存在?""我们本身的硬予料(hard data)之外的任何事物的存在,能够从那些予料中推论出来吗?"杜威先生设法指出的是:罗素先生对这个探究的每一个表达方式都包含着那样一些东西,它们"包含对一个外在世界的明显肯定"①。在指出包含在——而且必然包含在对这个问题的陈述之中的一系列假定的同时,杜威先生说道:"这与常识的外在世界有什么不同,我完全看不出来。"他总结说:"在任何实际的探究过程中,我们的确既没有办法让世界的存在陷入可怀疑的状态,也没有办法这么做而避免自相矛盾。我们怀疑关于那个世界中的某个具体事物所接受到的某个'知识'的片断,然后着手尽力对它加以确证。"②没有哪个实在论者能要求比他做得更好的了。他发现,他的表面上的批评者所极力反对的一切,只不过是他对这个问题的回答是不容置疑的。③ 这个问题是在其解答乃确定而容易的意义上——一种相当奇特的意义上——而被称为"没有意义的"。

(2)尽管如此,看上去同样直白的观念论的表述——对一种"多人格的"(multipersonal)和时间性的(temporalistic)观念论的表述——也同样能在杜威先生关于实用主义逻辑与这个古老的争论话题的关系的文章中找到。任何一个人,只要他留意实用主义的历史源流(根据威廉·詹姆斯的追溯),④并且记得像节俭原则(principle of parsimony)这样一个逻辑动机在其中——尤其是在詹姆斯对它的早期表述中——扮演的角色,以及从一般的方式方法上来说,在詹姆斯给予其"彻底的经验主义"之名的这种哲学——就是说,哲学"必须在它的构成中既不容许任何并非被直接经验到的要素加入,也不把任何直接经验到的要素从其中排除出去"⑤这条原则——之中扮演的角色,他就完全不会对此感到吃惊。詹姆斯反复重申,实用主义无法承认任何"完全超越于经验的"(trans-experiential)对象或关系。⑥ 他不时强调,实用主义者并不独断地否定物自体的抽象可能性,或者断定"超越于经验的对象的内在荒谬性"。⑦ 但是,无论如何,他不承认知晓它们的存在的可能性,或者哪怕为了逻辑

---

① E. L.,第291页。
② E. L.,第302页。
③ 我并不认为,在此处有必要为了它那成问题的实在论结论而仔细考察《作为一个逻辑问题的世界的存在》一文中的论证。
④ 《彻底经验主义论文集》(*Essays in Radical Empiricism*),第41—45页。
⑤ 同上书,第42页。
⑥ 《真理的意义》(*The Meaning of Truth*),第 xvii 页。
⑦ 《彻底经验主义论文集》,第239页。

上的或说明性的目的而对它们加以任何利用的可能性；这样，从任何实际的意义上来看，他完全从他的世界中把它们整个儿的排除了。对于经验内部的跨时间的(inter-temporal)"诸点"(pointings)的实在性，以及因其"对象"或目标而成为一种观念的"超越"(transcendence)的实在性，他不仅承认而且坚持着。"在每一时刻，我们都能继续相信一个超越的存在(an existing beyond)"，但是"当然，这个超越在我们的哲学中必定总是本身就具有一个经验性的本质"。詹姆斯还补充说，如果实用主义者要把任何感知外的实在(extra-perceptual reality)指派给物理世界——如果这个"超越"是任何不仅仅作为"我们自身一个未来的经验或者我们邻居的一个目前的经验"的东西的话——它必须被设想为"对它本身的一个经验，我们把它与其他事物的各种关系转换为分子运动、以太波，或者无论什么可能的物理标志"。简而言之，詹姆斯强调的是，如果实用主义者不是一个纯粹的贝克莱式的观念论者，那么，他至少也必定是一个泛心论者。①

这种实用主义外表下的观念论特点，就像我说过的那样，在杜威先生的推理中特别明显：

就像知识一样，真理是事物之间一种被经验到的关系，而且离开了这样的关系，它并没有意义。(D. P. 第 95 页)

"感觉论的经验主义"以及"先验论"在错误之处彼此相似，因为"这些体系都落回到了由非直接经验到的东西规定的某个东西之上，为的是为直接经验到的东西提供正当依据。(D. P. 第 227 页)

表现的实在论(错误地)用物理的和形而上的孤立与基本性，替代了逻辑功能(用于指称)的不可还原性和模棱两可性。(E. L. 第 45 页)

[实用主义的]经验论者没有任何非经验的实在，比如"物自体"、"原子"、"感

---

① 《彻底经验主义论文集》，第 88 页。不过，在詹姆斯那里，有着像我们在杜威那里发现的同样的实在论说法与观念论说法的奇特连接。关于詹姆斯的实在论一面，比如说，参看下文："实际上我们的心灵是在一个由他们共享的各种对象的世界中相遇的，即使这些心灵中的一个或几个[打个问号：'或者全部？']被摧毁了，它仍旧会存在于那里"(《彻底经验主义论文集》，第 79 页)。"在一个时间和一个空间的发现之后，常识的最伟大的成就或许是永久存在的事物的观念。无论贝克莱、密尔或柯内留斯(Cornelius)会如何批评它，它都运作着；而且在实际生活中我们从来就不会想要去回到它之前，或者以任何其他方式来解读我们接受到的经验"(《真理的意义》，第 63 页)。"比起与贝克莱或密尔的观点来，彻底的经验主义与自然实在论有更多的亲缘性。"(《彻底经验主义论文集》，第 76 页)

觉"、"先验统一"等等。(D. P. 第 230 页)

对知识对象的**形而上的**超越的信念，看来似乎在一种非常具体而不可描述的经验的先验性中有其根源。给予意义的事物是一个事物；被意指的事物是另一个事物，而且是一个呈现为不以给予意义的事物同样的方式被给出的事物。它是一个**有待于**如此被给出的事物[就是说，**有待于**随后将顺序地被直接经验到]……谬误和真理都是认知的一个必然功能。但是，对这种先验的（或超越的）关系的非经验解释把**全部**谬误都放在一边（我们的知识），而把**全部**真理放在另一边（绝对意识或者一个物自体）。"(D. P. 第 103 页)

于是，在这里，我们就得到了典型的实用主义的主观论——承认在感知或反思性思维中存在着一种跨时间的关联，但是否认其中存在着跨主体的(trans-subjective)关联。这些简短的段落中隐含着的这种解释，可以通过对一篇文章中的论证的仔细考察而得到确认。在这篇文章中，我们的实用主义者详细说明了他的"直接的经验主义"(immediate empiricism)的意思。作为实用主义的一个基本部分，这个说法"假设**事物就是它们被经验到的那个样子。因此，如果有人想要真实地描述任何事物，他的任务就是去说清它被经验到是什么样的**"①。这样一种经验主义承认，"不是存在于一个实在(Reality)和这个实在的不同近似物或现象的呈现之间的反差，而是存在于经验的不同实际情况(reals)之间的一个反差"。杜威先生说，拿"一个彻头彻尾的幻觉"这样一个经验的例子来看，"根据措尔纳(Zöllner)的线来说，这些是渐近的经验；它们'真实地'是平行的。如果事物就是它们被经验到的那样，那么，在幻觉与实际状态的情况之间如何能够作出区分呢？"直接的经验主义者回答说，这个区分无论如何都不是在一个实在和一个非实在之间作出的，甚至也不是在实在的不同程度之间作出的。关于这些线是发散的经验，必定是以一种最不通融的方式被称为"实际的"(real)；前一个经验演变成的后一个经验，是以一种特殊的被经验到的方式与第一个经验相关联的另一个实际情况。

真理的问题并非关于是存在还是非存在，是实在还是仅仅表象被经验到了，而是关于被具体经验到的一个特定事物的**所值**(worth)。这是因为，随后被认定为虚假的这个事物是一个具体的**彼物**，它演变成了一个经过纠正的经验（就是

---

① D. P.，第 227 页，《直接经验的假设》(The Postulate of Immediate Empiricism)。

说,对一个经过了纠正的事物的经验——我们就像改变自己或者改变一个坏小孩那样改变事物),它的全部内容一点儿也不切合实际,但却是真实的,或者更加真实的。①

相似的段落可以从这个学派的其他成员那里引得。因此,我们能在摩尔(A. W. Moore)为《创造性智慧》而写的文稿中,找到只能被描述为对"客观性"本身的一种主观论定义的说法。他说,对实用主义者而言,"关于假说的客观性没有理由去担心",因为一个假说"只要完成了它被召唤去完成的那件事——消除冲突、模棱两可,以及对行为和情感的抑制,它就是客观的"②。可以推出,这些冲突、抑制等等,以及对它们的消除,是个体心灵经验的各个阶段,或者,如果实用主义者不喜欢那个词,那么可以说,是个体有机体经验的各阶段;所以,在实用主义的知识论中,"客观性"所隐含的每一个东西都能在个体经验的限度之内找到。

(3) 当一个人在一个哲学家的各种说法中发现,存在着像上文从杜威教授那里引用的两个系列的表述之间的矛盾那样明显的矛盾时,他就必定要更加仔细地考察这个哲学家的文本,以便弄清他是否在某个地方暗藏着消除或缓和这个矛盾的手段——比如说,这种外表是不是由于他用词中的某种奇特性。事实上,当我们如此审视杜威先生的著作时,确实发现了某些关于调和他那两种看似相互对立的立场的手段的说明。例如,我们注意到——与已经引用过的这个陈述有关,观念必须"与外在于心灵的"事物打交道——杜威先生在他自己的意义上定义"心灵的"一词:

> 如果愿意,我们可以说,一朵玫瑰花的香气,当它包含着有意识的意义或意图时,是心灵的;但"心灵的"这个词并不意指某种独立的存在类型——作为一种意识状态的存在。它意指的仅仅是这样一个事实,即这香气,一个实际而非心理的事实,如今发挥着一种理智上的功用……记在心头意味着处于这样一个境况之中,在其中意向(intending)的功用是直接相关的。(D. P. 第 104 页)

当火警暗示着逃生的适当性时,我们可以;在某种意义上,我们必须,把这种暗示称为"心灵的",但注意这个词的意思是很重要的。火、逃跑,以及被烧着,不

---

① D. P. ,第 235 页。我承认,我无法让这段话与下面这段话相协调:"希腊人觉得好与坏的问题,只要它们处于人的掌控之中,就必定与对真正的东西和似真的东西,以及对'是'与仅仅装得像是的东西加以区分有关,就此而言,他们完全是正确的。"(C. I. ,第 56—57 页)。
② C. I. ,第 97 页。

是心灵的,而是物理的。但是就它们被暗示的状况来说,当我们意识到这个特别状况时,它们可以被称为心灵的。(E. L.第50页)

这样,最初看来,我们似乎在此得到了某种帮助。当杜威先生断定存在着"外在于心灵的事物",并且我们的观念与它们相互交通时,根据上面引用的定义,我们必定可以理解为他的意思指的只不过是存在着那样一些被经验到的事物,它们(在一个特定的时刻)并不具有无论"暗示"其他事物还是被其他事物暗示着的"特别状况"。

但是,这使得这个论断的主要意思变得具有实在论性质,还是观念论性质呢？答案必定是:它允许我们在一种观念论的意义上来看待杜威先生这一看似具有实在论性质的说法。因为"外在于心灵的事物",或者说眼下并不在发挥"理智上的功用"的事物,显然仍可能是经验内的(intra-experiential)事物。这是杜威先生喜好的主张之一:"经验"中的很大一部分,事实上是非认知性的;"对感官刺激中大得多的一部分,我们是以一种完全非认知性的方式加以回应"①。而把"外在于心灵的"看成是"经验的非认知性部分",这是符合他对"心灵的"定义的。我已经说了,这种定义允许我们对他的意思作如是观;也许,它并不严格要求我们这样。但是,如果我们不这样来看,就无法把杜威先生所说的实用主义相信"外在于观念、外在于心灵的事物"的说法,与我们从他那里引用过的观念论性质的表述调和起来。所以,要么其中一个段落与其他段落相互矛盾,要么有待于通过杜威先生对"心灵的"定义而把具有实在论外表的这个段落设想为具有观念论含义而达到一种和谐。同时,《论世界的存在》(The Existence of the World)这篇文章的结论和论证,还是未受这种调和方法的影响;它们仍旧无可挽回地显得与杜威先生的"直接的经验主义"有差异。

不过,为了减轻这个看上去的矛盾,还有另一个建议。它在前面已经引用过的一个段落中的一个词那里得到了暗示,但在其他地方展开得更充分——也许在下面这个段落中得到的表述最佳:

说实用主义者(由于他对先验的否定)身陷纯粹的主观论或把每个存在还原为纯然心灵的东西的说法,只有在经验仅仅意指心灵状态的情况下才有道理。批

---

① C. I.,第49页。但是,关于试图给实用主义的学说建立起一种和谐的努力所要面对的那些困难的进一步描述,参见下文(后面有机会,我还会再次加以引用):"经验充满着推论。显然不存在无推论的有意识经验;反思是天生的和惯常的。"

评者似乎坚持休谟的学说,认为经验是由心灵的状态、感觉和观念的状态构成的。于是就要由它根据它的情况来决定,它如何逃离主观的观念论或"心灵主义"。实用主义者从一种平常得多的经验概念出发,这是从来不曾想过经验一个事物是首先去摧毁它然后以一种心灵状态来替代它的概念。更具体地说,实用主义者一直坚持认为,经验是一件关于各种功能和习惯、关于主动的调适和再调适、关于协调与活动的事,而不是关于意识状态的事。用实用主义者恰恰否定和排除的经验概念来解读它,进而进行批评……很难说是"理智的"。(D. P. 第157页)

这里得到了一个似乎把我们对实用主义者立场的说明完全转向实在论一边的解释——而且,事实上,是转向了新实在论一边。在这个段落中,他显得像是被称为(用一个令人不快的生造之词)"泛客观论"(pan-objectivism)的观点的支持者——一个完全否认意识状态存在的人。一份经验——这似乎是他眼下的主题——不是由一种特殊的、"经验的"材料构成的;而只不过是被视为如其所是、没有副本的各种"事物"的世界中一个选取出来的片断。"先验的"或"跨主体的"实在的问题在这样一种哲学里并不产生,因为这样一个简单的原因,即对它来说,不存在事物要去"超越"的那个主观的实在的领域。

我们已经碰到杜威先生哲学中如此重要的一个特征,尤其是关于本文集的目的而言,以至于就其本身来说,要求更深入的考察。本文的下面一部分将致力于这样一个考察;如果缺少它,就无法对这个主题与目前在实在论者与观念论者争论的问题上,实用主义者究竟站在哪一边得出一个结论。同时,虽然如此,有一点肯定与刚才引用过的这个段落有关。说经验仅仅是由不具有特别的心理特征的事物构成,这并不意味着实在论——无论一元论还是其他类别——除非它暗示,存在着这样一些事物,它们在任何特定时刻均不参与构成"经验"的选择性分类;并且任何某一特定时刻在此情境下被称为"我的经验"的事物,也可以在其他时刻缺少那个或任何类似的情境而存在。但是,这最后一点将意味,明确肯定杜威先生称为"超经验之物"(transempricals)的东西。那么,如果他想要上面引用的最后一个段落在其可以服务于那明显意欲着的目的(即作为对"主观论"的一个反驳)这唯一一种意义上得到理解,为什么在其他地方嘲笑"超经验之物"的假设呢?根据这个段落想要表达的意思来看待它,我们没有找到任何办法来调和杜威先生关于实在论性质与观念论性质的说法;只是发现了他的观念论性质说法的又一个矛盾之处。

II. 实用主义与心灵实体的存在

既为了它本身也为了它与已经讨论过的这个问题的关系,我转而思考实用主义者对最近哲学争论得非常激烈的这个问题的看法,这个问题就是"心理的"存在、"意识"、"心灵状态"的实在性,以及被看作在数量上和存在方式上有别于外在对象的感知和观念的实在性,这些感知和观念被假定为提供着关于外在对象的知识。任何一种哲学对这个问题给出的回答,显然都首先依赖它对知识存在于其中的这种境况的观念。关于这个问题的两种相互对立的看法,可以称为"直接论"(immediatism)和"中介论"(mediatism)。根据前者,无论知识的对象是哪种实体,那个对象必须被现实地给予,必须本身就是被直接经验到的材料。根据后一种看法,认知性过程的本质就在于它是中介的,对象从来无法直接地和——这么说吧——原原本本地被达到,而总是要通过虽然以一种特殊的方式与之相关联,却不同于它的某种本质或实体。由此,观念论者和一元论的实在论者都是"直接论者";对他们二者来说——而这是使直接论观点成为哲学思想的一个自然方面的有说服力的想法——如果据推测应当为人所知的对象本身从来不曾"够得着",而总是处于一个复杂的因果行为和"替代"或表象过程的遥远的另一端,那么,任何享有知识之名的东西如何竟得以可能,这看来是不可理解的。

我们已经看到了一个段落,在其中,杜威先生似乎偏向于直接论,而且看来具体地说是偏向于一种一元论的实在论,因为"经验"并不是由复制"事物"的"心灵状态"构成,而仅仅是由"事物"构成。这个段落在许多其他人那里也是有代表性的。知识的"表现理论"(presentative theory),连同它把实体划分为"心理的"和"物理的"两种,在实用主义者那里激起的甚至不止是一般的厌恶。杜威先生"把经验当作直接且首要是'内在的'和心理的这种观点",作为对各种事实的一个"根本误解"而加以驳斥。①

> 有许多人认为,错觉、梦和错误根本无法加以解释,除非根据这样一种理论,即一个自我(或"意识")对"实际对象"施加一种修正性的影响。它在逻辑上的假定是,意识是在实际对象之外的,是某种在类别上不同的东西,并且因此具有把实在改变为表象,在事物之中引入"关系",好像在其自身之中就存在关系一样的

---

① C. I. ,第 18 页。

能力——简而言之,用主观性去感染实际事物。这样,一些作者似乎没有意识到一个事实,即这个假定在字面意义上使意识变得超自然了;而且,退一步说,这种观念能被这样的人接受,他只有在已经穷尽了其他看待这些事实的方式之后才接受这种生物学上的连续性观点。①

对实用主义者来说,知晓或者理解,或者无论它被称为什么,是一个"自然事件";它"丝毫不把一个实在变成一个非实在,把一个对象变成某个主观之物;它完全不是秘密的、私底下的或认识论的转变"。其实,杜威先生对他称为"认识论"的东西所表现出的如此明显的厌恶,实际上似乎只是针对二元论观点的;因为他把这算作对认识论特点的部分描述,说它假定"知识的官能或工具不是一个自然对象,而是某种现成的心灵状态或意识状态,某种纯然'主体性的'东西、一种特殊的存在,它在一个不同于有待知晓的各种事物的领域里生存着、运动着"②。"只有认识论困境,才导致事物的各种'表现'被视为对先前并未呈现出来的事物的各种认知。"③

与知识的二元论观念相反,实用主义者主张(像观念论者和一元论的实在论者一样),那非但不是一种使知识变得可以理解的观念,而且是使下面这一点变得不可想象的一种观念:"心灵"封闭在它本身的种种观念构成的圈子中,如何竟能够达到对一个"外在"世界的熟悉。杜威先生问道:"有没有这样一个人,他相信认知(knowing)的经验从起源上来说是一个严格的'心灵的'事物,并能说明它如何在事实上达到了一种具体的外在于心灵的关联,这种关联可以受到检验、确认或否定?"④事实是,"被看作认识论的那些观点都假定知识不是一个自然的功能或事件,而是一个谜";并且,"这个谜由于以下事实而加剧了,即知识背后的种种条件被确定为与知识不相容"⑤。

在这里,终于——读者也许会说——我们获得了一个足够清楚地得到定义并且明确地得到断言的立场;而由此出发,我们可以继续进行对实用主义者的学说中其他更加模糊的部分的阐释了。不管他对其他事情的看法如何,对于认识论的二元论,他是鲜明地反对的。对他来说,知识完全不是"再现"的问题,而"真实"从来就不意味着"一个观念与一个外在于它的存在的对应"。而且,他希望他的基本直接论在一种实

---

① C. I.,第35页。
② D. P.,第98页。
③ C. I.,第51页。
④ D. P.,第104页。
⑤ D. P.,第97页。

在论而非观念论的意义上被看待。对于传统二元论的两个部分,他不是像贝克莱主教及其追随者一样,从他的世界中排除"没有心灵的对象",毋宁说,他排除的是被假定为面对着各种对象的心灵。

尽管如此,从杜威先生的文本中,还是很容易构筑出一种与全部这些都正好相反的看法;很容易发现,他实际上主张,(不仅像我们已经看到的那样)彻头彻尾的物理实在论是无法得到认可的,而且**一元论**的实在论也是非常靠不住的;如果一个人要做一个实在论者(从这个词通常的意义上来理解),他必定有必要接受一种"表现的"和二元论的知识论。我将首先通过对杜威先生关于这个问题的两段最详细缜密的论证文字的考察来表明这一点。

1. 对**至少有一种类型的知识**——就是说,**预期的知识**(anticipatory knowledge)——具有明显表现性的特点这一点,几乎没有什么人比杜威先生更加坚持的了。当我们"有一个同时意识到意指某个超越它本身的东西的经验时,'我们有了一个进行**认知的**(cognitional)经验'。意义和被意指的东西都是同一个情境中的要素。两者都呈现着,但两者并不以同一种方式呈现。事实上,一个呈现为不与另一个呈现的方式相同的方式呈现(not-present-in-the-same-way-in-which-the-other-is)……我们一定不能受一个纯然文字上的困难的阻碍。说一个事物呈现为不在场(present-as-absent),这隐含着一个用词上的不一致。但是,一切观念性的内容,一切目标(就是说,被指向的事物),都恰恰是以这种方式呈现的。事物可以被表现为不在场的,正如它们可以被表现为硬的或者软的、黑的或者白的"。"在实验的意义上,任何特定意义的对象都是且总是超越或外在于意指它的那个进行认知的事物。"①

迄今为止,所有这些都是对二元论的认识论的一个令人赞赏的解说。这里,我们得到了在认知性经验发生之时材料被表现的**两种方式**,而其中一种方式是"呈现为不在场"。但是,这正好是"认识论"一直以"再现"来意指的东西。而如果二元论者在哪种意义上确实曾把知识描述为一个"谜",或者不同于"自然事件"的某个其他东西,这

---

① D. P.,第 88、103 页。虽然上文引用过的一些词语显然隐含着充分的表象观念,即在观念中对被表象对象的唤起,但是杜威先生倾向于用纯粹通过联结的暗示来代替它,就比如"烟"暗示着"火",而这又促成了打电话给消防局的动作。就"意义"来说,实际上存在着三个要素:最初的感觉材料(sense-datum),或"暗示"(cue),它引发了这个过程(就是说,嗅到了烟味);由此产生了图象的描绘(imagery),没有呈现出来的感受性质(qualia)通过它虽然或多或少不完全地但现实地"被呈现",而且是被呈现为不在场(presented-as-absent);以及它们表象着的外在的(就是说,将来的)事物。在我看来,这其中的前两个,在实用主义者对知识-经验的分析中经常彼此混为一谈。确实,图象(images)与观念的存在是实用主义心理学很容易忘记的一个事实。

仅仅是因为他发现一个事物的呈现为不在场——甚至对未来的物理经验的表现,在它本身不是物理经验的时刻——是一个独特而极其特殊的事件,自然中的其他东西看上去没有提供适合于它的类比。

但是,杜威先生对表现的知识之实在性的承认,在我们考察的这篇重要文章中,①是受制于两个限制条件的,这两个条件没有通过他的论证得到合理解释。

(a) 他显然把这算作每一种预期的或前瞻的"意义"的一个部分,即它应当包含为了它本身的实现而建立起来的一个"操作"(operation)的关联。这意味着断言:如果我们自己不提出与被预期之物有关的某种行动计划,我们就从来都不能进行预期——这个断言在我看来,是一个虚假的心理学上的普遍化。詹姆斯最初的实用主义公式承认,"一个对象可能包含的"、"被动的"和"主动的"未来经验都与实用主义的意义理论相符;而在这一点上,比起杜威先生来,他对待我认为每个人都可以自己来确证的那些事实不那么粗暴。梦想一笔飞来横财的降临,我们没法做任何事——因此,也倾向于不做任何事——来帮助它的实现,这毫无疑问是一个非常普遍的人类经验。甚至我们对将来的思考(forward-looking thoughts),有时也可能纯粹是思辨性的。

(b) 一个更加重要的并且我认为有可能作出说明的与真正的工具主义逻辑不符的错误是:杜威先生把"知识-经验"完全限制在对将来的思考之上。虽然在这篇文章中,他确实把一切知识都描述为表象的,或者替代的(substitutional),但他这么做只是因为把一切知识都等同于预期。一个有待通过操作来得到实现的意图,正是他对知识的部分定义。②

毫无疑问,必须给予一个哲学家如他所愿地定义词语的权力。但是,杜威先生提出的这个表述,不是作为一个任意的名词定义,而是作为描述心理学(descriptive psychology)的一部分。而作为这样一个东西,它至多只说出了一半事实,却忽视了这

---

① 关于《实验的知识论》(The Experimental Theory of Knowledge)那篇文章,见 D. P.,第 77—111 页。
② "一个经验是知识,如果在它的感觉性质(quale)中,存在着以下这个种类的两个要素之间的一种被经验到的差别与联系:一个要素以它自身已经呈现出来的同一种方式意指或暗示着另一个要素的呈现,而另一个要素是这样的存在,当它不以同一种方式呈现时,如果它的伴随者或配套者的意义或意图要通过它建立起来的那个操作来实现,那么,它就必定会变得如此呈现"(D. P.,第 90 页)。
要记住——而且在上面的讨论中,我们一直记着——杜威先生在这里并不是在"褒扬的"意义上——就是说,在有效判断的意义上——来定义知识的。他谈论的是,作为可以观察到的事实,任何经验的一般性标志"对它本身而言与它的发生同时的,是一种认知,不是某种从其他方面和外表来看的所谓的知识……我们要得到的,只是某种自认为是知识的东西,不管是正确的还是错误的"(同上书,第 77 页)。

样一个明显的经验事实,即我们的"意义"中有许多是回溯性的——而这样一些意义对于行为的计划来说是不可或缺的,这是一个尤其"实用主义的"事实。一朵看不见的玫瑰花的香气,或许会在我心中唤起对找到和看到这朵玫瑰的经验的预期;但是同样,相当自然地,它也可能在我心中唤起对儿时的一个经验的回忆,这同样的香气是与这个经验联结着的。在前一种情况下,与后一种情况下一样,嗅觉本身并不"表象"任何东西;它仅仅是作为唤起对某个其他东西的表象的暗示而起着作用。在两种情况下,类似地,这某个其他东西是呈现为不在场的;但是,在后一种情况下,这个被意指的事物本身要以与经验的其他要素(无论是唤起记忆的香气还是记忆-图象)如今被呈现出来的方式相同的方式"变得呈现",这根本就不是经验的意义的一部分。没有这种对过去的再呈现(re-presentation),就不可能存在像真正"工具性的"、实际地发挥作用的认知那样的东西。这一点我将在本文的其他地方适当展开;眼下仅止于引用杜威先生表达相同意思的话(在他文章中的其他地方)。他在《创造性智慧》中写道:"对以往的想象性的恢复,是成功地走进未来必不可少的条件。"①

由此,我们看到,跨时间的认知,一个时刻的经验与另一个时刻的经验的关联——这是实用主义者特别关注的认知模式——从根本上说,是中介的和表象的;而实用主义者本人,当他致力于对知识-情境,尤其是对它的实际运作方面作一个简单的描述性分析时,也不得不承认它具有这个特点。无论实用主义者与新实在论者共有的针对一般而言的"呈现理论"的偏见会是什么样的,他至少都无法否认"前呈现的"(pre-presentative)(现在且不谈"再呈现的")认知。无论他对认识论的二元论抱着怎样的反感,都无法逃离预期(以及回忆)的二元论。

2. 在《实验逻辑论文集》的一篇文章中,杜威先生直接讨论"朴素的"实在论和"表现的"实在论在逻辑上相对而言的优点这个问题。② 在这里,像在许多其他情形下一样,对表现的知识和心灵实体的信徒而言,他扮演着先知巴兰(Balaam)的友善角色。他起先怀着警觉的心理来诅咒二元论者的阵营,但最后留下来祝福它了。他从对某些被认为是用来证明可感材料(perceptual data)的心理特征的论证进行明显驳斥入手。杜威先生说,许多"观念论者"——这个词在此显然等同于"相信主观的或心理的实体作为经验中的要素而存在的人"——一直"为了观念论的缘故而援引某些有着明显的物理性质和解释的事实"。比如说,铁轨看上去的交汇,被引用来证明所见

---

① C. I.,第 14 页。
② E. L.,第 250—263 页。

之物是一个"心灵内容"(mental content)。自然幻觉的整个系列也是如此,还有对可见对象的形状和颜色的观察具有相对性这个一般事实,诸如此类。所有这些都被视为"证明一个人看到的是一个心理的、私人的、孤立的某物"。实际上,一个特定对象的所有这些多样的表象,都只不过是由它与处于空间中不同的点的其他物理事物的相互作用而造成的多样的物理效果罢了。铁轨的图象在视网膜上,就像在照相底片上那样,是交汇的;圆形的桌子在放置于不同位置的一系列镜子中,就像处于不同位置的感觉者的"感觉"中,同样真实地具有许多不同的椭圆形状。那么,我们是否应当把照相机和镜子算作"心灵的"呢?"拿一团蜡并用放置在不同位置的同一个热源来加热它;此一时它是固态的,彼一时是液态的——它甚至可能成为气态的。这些现象多么具有'心理的'意味呀!""拿同一个对象,这张桌子来说,对不同的现实的有机体呈现着它的不同表面和光的反射,观念论者为了主张有许多完全孤立的心理上的桌子而排除处于不同关系中的一张桌子。这种逻辑令我们想起这样一个乡下人,在看过长颈鹿之后,他说:'不存在这样的动物!'"用事物在物理关系和结果方面的多样性来证明它们的"心理本质无异于证明火箭操纵杆(rocket stick)留下的轨迹是心理的,或者以一个连续的过程从一颗种子成长而来的这朵花是心灵的"。

到目前为止,杜威先生看来似乎像是在愉快地同二元论者玩着游戏,其目的是取得新实在论者惊奇的赞赏。但是,这个玩笑的真正关键之处却与它表面看来的相当不同。首先,根据我的记忆,由幻觉、观察的相对性以及诸如此类的东西,来论证从来不曾被那些相信"心灵的存在"的人用于支持被杜威先生说成是他们想要以之来证明的那个结论。他们把这些事实用于一个相当不同的目的——而且是用在它们相当出色地发挥了作用的一个目的之上。那个目的就是对一元论的实在论的否证——就是否证这样一种观点,该观点认为,现实地被给予的感知对象在性质和数量上,等同于那个是它的原因、并且人们认为要通过它(或者不如说在它之中)加以认知的特定对象。因为,一元论的实在论者并没有说"在感知中直接被给予的实际对象"是,比如说,视网膜上的图象;他说的是,它是遥远而"公共的"对象,我的整个视觉系统以其独有且不可否认的物理性的方式在对它作出反应。由此,他就陷入了坚持如下这样一种观点的荒唐境地,即认为虽然在我的经验中呈现的是一个椭圆,而在我的邻人的经验中呈现的是一个圆;但是,恰恰正是这同一个实体,没有经过复制或分割,是我的邻人和我的感知对象。没有必要在此处详细讨论一元论的实在论的这个困难,既然它在本书的其他地方已经得到充分论述。关键在于,杜威先生所嘲讽的对象是对这些事实完全假想的运用,因而,对帮助一元论的实在论摆脱二元论者的实际论证的力量,他什么也没能做。

不仅如此,杜威先生本人也采用了这种完全相同的论证,熟练地用它来针对新实在论立场。因为他继续坚持认为,只要感知被看作具有一种认知的价值、一个"知识的地位",那么感知对象与在感知中所知的那个事物就永远不能被视为等同的;如此一来,对知识的"观念论的(就是说,二元论的)解释"就得到了确证。一元论的实在论"被感知到的对象是真正的对象"这个观点,与此境况下的各个事实相冲突,而且也与它本身的假定相冲突。

> 它认为存在着**这个**实际的对象……(但是)既然很容易证明在天文学上的星体和它的可见光效果之间存在着一个数量上的二元关系,那么当前者被叫作"**这个**"实际对象时,后者就显然处于与它的实在性相反的令人轻视的对立面上。如果这是关于知识的一个情况,那么,知识与星体相关;但是尽管如此,并不是这个星体,而是某个或多或少非实际的东西(就是说,如果这个星体是"这个"实际对象的话)被知晓了……此外,根据这个假设,通过感知被知晓的那个事物是与求知者有关的,而物理原因却不是。对感知知识的物理原因和后者呈现出来的东西之间的差异的最有说服力的解释,不正是这个差异——即向一个求知者的呈现吗?……因此,假如实在论者把感知的发生设想为对心灵或求知者而言,知识所固有的一种情形的话,那么,他是让观念论骆驼的鼻子探进了他的帐篷。因而当这头骆驼走过来并把帐篷里的东西吃得精光时,他也就没有什么特别的理由好感到惊奇的了。①

而且,尤其是关于他早先对幻觉等等在物理学上具有可解释性的看法,杜威先生如今补充说:"这种(物理的)解释,虽然只要我们把感知本身看作一个单纯的自然事件,它就是完全适当的;但是,如果我们把它看作一个想要得知其原因的企图,则它就根本不能成立。"

那么,无论实用主义者是什么其他人,他都不是一个一元论的实在论者,因为这样一个实在论者无论如何,总是从认识论上来看问题;他认为,感知使我们熟悉一个在我们的皮肤之外的——也就是说,超越于我们的感觉神经末梢之外的——实际世界。而根据杜威先生的论证,无论谁相信这一点,他都必须承认感觉材料以及它们被

---

① E. L.,第 254—255 页。

认为把我们引向的那些对象从数目上来说的二元性。

不过,需要指出,实用主义者本人声称要驳斥那种信念。通过拒斥两种实在论者共有的那个前提,他逃离了二元论——前面的论证看起来这样暗示着——在那个前提得到接受的情况下,就给了二元论者在这场家庭口角中最好的说辞。我们似乎又一次——实用主义者经常给我们带来这类惊奇的时刻——处于在实用主义中寻找一个中间物之时,这是一个会让我们得以避开传统两难困境的新视角。只要明白感知不是"关于知识的事实"(cases of knowledge),而是单纯的"自然事件"(natural events),——不多不少——你在思想中的担忧就终结了。你又重新把握到了"平凡人"那愉快的无知、"真正的朴素"。"平凡人不会把听到的声音、看到的光亮等等,当成心灵的存在;但是,他也不会把它们当成已知的事物。它们只是一些事物,对他来说就足够了。我说这个的意思不仅是,认识论的各种表述对他而言是陌生的;而且是,他对这些作为事物的事物的态度,意味着它们不是与作为一个有智之人(amind)或求知者(knower)的他相关。在对它们的态度方面,他处于喜欢或讨厌,以及参与或欣赏的矛盾中。"对除此之外毫无希望能从二元论逻辑中摆脱出来、苦恼不堪的新实在论者来说,这条逃离的途径被强烈地推荐。"一旦离开完全的朴素,并代之以认为感知是因果对象对心灵的认知性呈现这种心理学理论,通向观念论体系之路上的第一步就已经迈出了。"①

如今,满怀希望的读者也许会鼓起勇气欢呼:"最终,这里就是实用主义者之谜的核心!他既不是一元论的,又不是二元论的实在论者;事实上,他既非实在论者,也非观念论者,从这些词的通常意义上来说。通过把感知视为非认知性的这个简单的办法,他超越了这些古老的正题反题,并且达到一种更高的观点;从那个观点来看,旧有的争论显得无关紧要了。形而上学世界的卢梭,把哲学从它的各种烦恼中拯救出来,并通过一种向(理智上的)简单生活的回归而结束了它的纷争。"

不幸的是,读者将会发现,这种思辨的拯救希望很快就被杜威先生本人打碎了。一个人只要读一读《朴素实在论与表现的实在论》(Naïve and Presentative Realism)这篇文章的结尾处,就会发现,作者通过表明"感知不是关于知识的事实"这个论点在哲学上的无关,取消了他先前做的一切。因为在这篇文章的最后几页中,看起来"通过'第二意图'(second intention),感知取得了一个知识的地位。举例说,"可见光是我们据以推出天文学上的星体的**存在**、位置以及结构的证据的一个必要部分"。因

---

① E. L.,第258页。

此，既然构成自然科学的各个命题的整体依赖于感知,"为了科学的目的,它们作为证据、作为标志的性质就完全掩盖了它们的自然状态,即仅仅作为一些自然事件……为了实践的目的,许多感知事件是关于知识的事实;就是说,它们被如此频繁地这样应用,以至于应用它们的习惯被建立起来,或者成为自动的了"①。简言之,一个人,一旦他"开始探究",就"采取了求知者的态度";而且对我们所有人来说,看起来几乎一旦我们离开了天生状态,就离开了"完全的朴素"。事实上,杜威先生对他关于(人类)感知的非认知性特点的断言所作的论证,在某些情况下,实际上变成了对它的一个否定。在其他地方引用过的一个段落中,他写道:"经验,脱离开旧有的观念强加于它的那些限制来看,是充满推论的。显然不存在没有推论的有意识经验;反思是自然而恒常的。"在另一篇文章中,他这样写道:"在任何一个'经验'这个词适用的境况中,都可以要求某种反思的要素,在这个词的任何意义上,只要不同于,比如说,一个牡蛎或者一条正在生长的豆类藤蔓的经验。人们经验疾病;……使疾病成为一个有意识的经验的,很有可能正是参与其中的理智要素——把某些事物看作另一些事物的表象的一种特定看法。"②确实,杜威先生随即补充道:"即使在这样的情况下,理智要素也是处于一个非认知性的情境之中的。"但是,紧接在前面这些话之后,这个意思几乎只不过是说人类认知的原材料由粗糙的感觉材料构成,这些材料就其本身而言,完全可能类似于"牡蛎或者一条正在生长的豆类藤蔓的经验"。作为有意识的和作为属于人的经验,毫无疑问地——如果不是完全由其构成——至少是自然而恒常地充满了反思;是无可救药地沉迷于把呈现的材料看作对不同于它们本身的一些事物的存在和本质的揭示这样一种习惯。

由此看来,我们在数页之前看到的、作为逃离二元论的唯一途径而推荐给新实在论者的"完全的朴素",要求那位哲学家有一手绝活来处理其理智部分的一个具体困难。即使其理智变得和儿童的差不多,也无法使他得到帮助;没有什么比牡蛎的或豆藤的朴素更完全的东西,可以真正帮到他。同时,还必须把在我们的探究这个部分中进行的分析所揭示出来的这两种实用主义观点放到一起,来确定实用主义者本人站在何处,如果他坚守自己的那些观点的话。只要我们的感知经验被视为认知性的(我们已经看到杜威先生坚持认为这样),它就必须二元论地加以解释;因为,如果感知是求知的一个事实,"被感知对象是实际对象这种说法"就不能成立。但是(就像杜威先

---

① E.L.,第260—261页。
② E.L.,第3—4页。

生同样坚持认为的那样),为了反思的目的,我们的感知经验必须被视为认知性的。感知成为知识的实例;而人类独有的一切经验都是反思性的,把感觉材料作为处于直接材料背后的那些存在的标志和证据而应用着它们。因此,这个论证的要点,整体上是对我称为中介论的普遍的认识论观点的一个辩护。

但是(人们仍然可以问),即使假定——如果杜威先生是一个有代表性的实用主义者的话——实用主义关于知识-关系的理论是二元论的(虽然很明显,不是以阻止实用主义者不时地肯定相反观点这样一种方式),那么,为什么这种二元论应当被认为是在确证对"心灵的"或"心理的"实体的存在的信念呢?这个问题可以以一种针对个人的方式,通过再次引用杜威先生关于让"观念论骆驼"的鼻子探进帐篷的说法来回答。但是,可以通过思考实用主义者最为确定的那种认知类型的涵义——就是说,跨时间的认知——在一个时刻对另一个时刻的经验的表象来更好地回答。在这样的认知中,正如我们所看到的,求知的这一点经验,从存在上来说(因为从时间上来说)有别于将来或过去的那一小份经验,后者是知识的对象。存在着一个再现和一个以某种方式得到再现之物,并且没有可能把它们还原为等同的东西。① 这两者之中,起码进行再现的那一个必须在一种完全确定的意义上,而且为了简单的理由,被描述为一种"心理的"或"心灵的"存在。在它不是物理的——也就是说无法在由科学构想出来的自然的物理秩序中为其找到一个位置这个意义上,它正是这样的存在。正如错觉的对象无法在"现实空间"中,被指派到对错觉的受害者而言它们看起来所在的地方,将来或过去的经验或被经验到的对象也是如此;当眼下在想象中得到再现时,它们本身无法被指派到目前空间的任何位置上。我在这里运用"心灵的"和"心理的"这两个形容词的时候,关于它们的意义并不存在神秘之处;它们指的只不过是任何明确地成其为一小份经验的东西,但是,它要么无法用物理的术语来描述,要么无法定位于单一的、客观的,或者"公共的"空间性体系中而不产生自相矛盾的属性,物理科学处理的对象是属于这个体系的。因此,任何一个"呈现为不在场"的事物(当"不在场"一词在一种时间性的意义上被运用时),都明显地是心理的;因为物理事物、物理科学的实体,从来不以那种方式呈现。像科学所设想的那样,物理世界一个时间上的截面只会揭示出一个当下。这个当下,虽然被我们理解为昨天的结果和明天的准备,但不会向我们表明昨天或明天的现实内容,也不会表明我们的错误记忆或注定要以失望

---

① 当然,这两者有一种共有的特征或本质,因此"从本质上来说",是一个东西。这无损于它们在存在上的二元性。

告终的希望的内容。而且,最明确的一点是:它不会向我们展示过去(pastness)或将来(futurity),作为它包含的事物中任何一个现实属性"一切观念性的内容,一切目标(就是说,被指向的事物)",正如杜威先生指出的那样,正是以此种方式呈现的——换言之,它们有着呈现为不在场的悖论性状态,这种状态对物理描述的各种范畴来说是未知的。实用主义者或工具论者在上面暗示的那个意义上,完全不否认"心理的"实体的存在,因为他坚持主张"目标"和"观念性的内容"真正外在于其各种目的和实现的真实特征的实在性。他能够避免承认两种类别的存在物,即心灵的和物理的存在物的唯一途径,在于肯定现实存在的那一类是"心灵的"。他无法(在承认跨时间的认知的同时)建立起一个实际的物理世界,然后在其中为各种毫无疑问地属于这类认知的观念性内容找到位置;但是,他可以整个儿地拒斥一个独立的物理世界的假设,这种情况下,在他的世界中除了心灵的——就是说,以感觉的方式被经验到的实体之外,什么也没剩下。那么,那就是他所局限于其上的其他选择——要么是观念论,要么是二元论,后一个词既是在心理物理学意义上,也是在认识论意义上说的。一种应当同时既是实在论的又是一元论的知识观念,对他来说是无法得到的。这些至少看上去,是我们可以认为明确地确定下来了的结论。我的意思不是说,这是一个实用主义者能够借以容许,或者无论如何,避免偶尔相互矛盾的结论;而是说,这是一个可以被认为隐含在最必不可少的前提中的一个结果,这个前提就是,我们对将来进行思考——只要人们也承认(正如杜威先生理由充足地坚持认为的那样)这些思考包含呈现为不在场的内容,并且这些内容(如同他似乎并未说明的那样)必定是非物理性的。

然而,在这最后一个结论中,我们已经超越了实用主义者的文本,并且从他的前提中得出了他本人忽视或拒绝得出的推论。在这篇文章整个余下的部分中,我们将致力于对实用主义的知识学说进行纠正和重构,并说明这样一种经过纠正的实用主义与本文开头提到的那些问题的关系是怎样的。这并不意味着我们将从自己的基础上创造一种新的学说,并把它命名为实用主义。我们在每一个例子中,都将从这个学派的作者们实际主张并坚持的那些原则出发来进行推理。但是,我们将会发现,这些原则与其他一些原则不符,或者至少与同一些作者提出的某些论证方式和具体结论不符。我们将在各个实用主义者的"实用主义"中发现一个深层的内在冲突,即其背后的逻辑动机的对立,我们从他们的说法中发现的各种含混与矛盾之处就是从其中自然而然地产生的。我们将会看到,这种冲突是无法协调的;对立原则中的一者或另一者,必须全然被抛弃。我们也将找到理由来主张这些原则中的一个不仅事实上站得住脚,而且在一种相当明确的意义上,更加深刻而独特地是"实用主义的"。

III. 实用主义与过去的知识

正如我们先前在本文中看到的那样,实用主义者表现出一种令人好奇的反感,不愿承认我们具有关于过去的知识,而且是"真正的"知识。我从杜威先生那里引用过一个正式的对"知识"的定义,该定义将预期判断之外的所有东西从这个词的内涵中排除了。这种奇怪的不愿肯定回溯反省(retrospection)在我们的实践知识藉以建立起来的那些过程中所固有的重要性,以及不愿承认诚实的回溯反省的可能性理由是什么呢?看起来可以区分出三个理由,其中第三个是对我们眼下的目标来说有着主要意义的一个。

1. 第一个理由在如下段落中得到了暗示:

> 已经完成结束了的事情的意义在于它影响着将来,不是由于它本身;简言之,因为它还没有完全结束。因此,预期比回忆更首要;筹划比回想过去更首要;前瞻比回溯更首要。有了一个像我们生活于其中的世界那样的世界,……经验就必然主要是前瞻性的。成功与失败是生活的首要范畴。(C. I. 第13页)

> 把过去孤立起来,为了它本身而研究它,并给它以知识这个好听的名称,这是在用过去时代的回忆来取代有效的智慧。(C. I. 第14页)

这里看来存在着意义(import)与重要性(importance)、含义(signification)与意味(significance)之间的一个混淆。毫无疑问,使过去对我们而言具有重要性,主要是因为它可以作为我们为将来打算的努力的一个指南作用;但是,这一点儿也不意味着,正是为了那种作用,我们需要知道的就不是一个现实的过去。我们可以而且事实上确实有必要预先"把过去**孤立**起来",不是为了它本身,而是因为只有如此,我们才能从其中获得推论的各个步骤的材料;当这个推论完成时,能让我们得以构筑预期中的未来。这些过程的结果,通常是关于自然的各种习惯或统一序列的一个概括。这些概括或法则,当它们得到如此表述时,毫无疑问包含着与将来的一个隐含的关联,但是也包含着与过去的一个隐含的关联;而为了发现它们,我们必须首先直面过去,以弄明白它**曾经**是什么,而不是首先认定我们的回溯性探究也许最终会确证的那个概括(以及由此而来的与将来的关联)。正如杜威先生在同一篇文章中所说的:"对过去的超然而公正的研究,是确保成功地达到激情的唯一一种行得通的选择。"那么,为什么要在容许预期享有"知识这个好听的名称"的同时,否认这样的研究能享有此名呢?

为什么否认这样的研究的结果,在最好的情况下,可以具有真理之名呢?对迄今为止引用过的这些话中得到强调的问题的唯一解答,是一个完全无疑的答案,即回溯不是不可能的或者无效的;而在某些情境下,是无用的和令人厌恶的。简言之,我们在这里看到的是一种装扮成了逻辑分析的道德评价。

2. 为什么回溯是实用主义知识论中灰姑娘的第二个理由,显然要到实用主义者的这样一种愿望中去寻找,即"把知识的目标和内容"不是看作"一个固定的、现成的东西",而是看作一个"与知晓它的意图的起源、目的与成长有着有机联系的一个东西"。① 他发现,要弄清在一个推论中起作用的各种材料如何才能不受这个推论的意图,以及探究和推论的需要从其中发源的那个具体境况的特点的影响,即"逻辑分析的内容"如何才能作为"独立的被给予的终极物""在其中先于分析",是很困难的。② 但是,众所周知,过去未能展示实用主义者在知识对象中如此渴望看到的那些特征。它只是平白地**在那里**,无法改变,无可挽回地外在于"目前的具体境况",对无论当下的还是前在的行为来说都是不可达到的。它专门由"独立的被给予的终极物"构成。因此,在一个哲学家眼中,它是一个很自然地、与决定要把他的世界中所有的内容都看作以某种方式同其目标"有机地"联系着,并且作为他施加主动力量的材料的世界不一致的存在领域。但是尽管如此,从这种不一致性而来的合理推论,似乎不像是"过去不是知识的一个对象",或者"关于它的真实判断是不可能的",而比较可能的是"这个世界压根儿就不是这个哲学家假设的那个样子"。

3. 不过,实用主义者不愿把回溯算作真实知识的主要理由,只要到他关于我们已经看到的一些例子的想法的主观性特点中去寻找就行了。从一个当下的判断或与它有关的探究的角度来看,我的过去经验的地位正相当于一个同时的但超主体的(extra-subjective)实在的地位。此或彼都不可能在现在或随后被经验到;对于这两者来说,实在都无法通向确证。那么,如果真理是一种**被经验到的**关系,关于过去的真实判断就像关于诸如"自在之物、原子"之类的"超经验的"对象的真实判断那样不可能;因为这种关系过去的内容,作为过去的,也是一种"超经验之物"。正如罗伊斯和其他观念论者以很强的辩证力度论证了的那样,如果我的判断的对象对我的目标和意义而言是完全异在和独立的,那么就不能断定我的判断如何才能被知道的意思指的是**那个特定对象**了,杜威先生关于过去如此作论证:

---

① D. P. ,第 98 页。
② E. L. ,第 38—39 页。

既然事实上判断后继于事件,那么,它的真理怎么可能存在于理智主义者主张的那种空白的、整个的关系之中呢?当下的信念如何能跃出它的当下界限,深入过去,并且正好落在根据规定构成它的真实性的那一个事件(因为过去永远消逝了)之上呢?我毫不奇怪,当理智主义者开始与关于过去的判断的真实性打交道时,他关于"超越"有那么多可说的;但是,他为什么不告诉我们,如何才能设法知道这一个想法正好落在某件过去了的事情的正确一端,而另一个想法落到过去的错误的一个东西之上了呢?"(D. P. 第160页)

它与传统的"对实在论的反驳"完全相似。过去无法为人所知,因为既然根据假设,它如今无法为我们所及,那么,我们就永远无法将它与我们对它的观念相比较,也无法确定我们对它的观念中哪些是真实的、哪些是虚假的。

杜威先生并非没有意识到对这一点的明显反对:我刚才引用的哲学问答手册中的"学生",把那种反对意见表达得够直白了。"当我说昨天确实下雨了的时候,我的判断对象肯定是某个过去的东西,而实用主义把所有的判断对象都变成了将来的。"①实用主义"教师"用一个区分来回答:他说,一个判断的"内容",一定不能与"对那个内容的指涉"混淆。"关于昨天这场雨的任何观念的内容当然与过去的时间有关,但是,判断独有的或特征性的目标仍然给予这个内容一种将来的关联和功能。"这个区分的虚幻与不着边际都逃过了这个"学生"的视线,但是无法逃过挑剔的读者的眼光。即使从描述心理学来说,确实是(但是实际上并非如此)每个关于过去的判断都包含着,或者伴随着,对将来的一个指涉,②这个判断仍然首先是关于过去的。更具体地说,在我"关于昨天这场雨的观念"中,"呈现为不在场"的内容是呈现为过去(present-as-past)。不仅它是过去的内容,而且这个判断"指向"的那个方向也是向后的。我"意指"的是昨天,不是明天,而且没有哪种逻辑上的欺骗手法能把"昨天"这个意义化为"明天"这个意义。没有哪个将来的经验对象能够实现那种特定意义;它确确实实是一种内在地、无法得到直接被经验到的(directly-experienced)实现的意义。尽管如此,这仍是这样一种意义,没有了它,我们的思维就无法运作;而缺少了它,一个"行动计划"的理智构成就将完全不可能。虽然未曾现实地经验这些意义的实现,我们还是具有一种无法抗拒的倾向,去相信其中的一些是实际上有效的意义;它们

---

① D. P.,第161页。
② 即使杜威先生也同意存在着诸如"过去时代的回忆"这样一种纯粹的回顾。

"指向"某个确实曾经存在的事物,而且属于当它呈现为过去时的特定内容的那些性质,也属于它本身呈现为其代表的实际的过去内容。我们甚至发展出了一种技艺,我们相信自己用这种技艺能够对过去的再现作出区分,把其中的某一些认作虚假的,把另一些认作真实的。

但是,实用主义者当然在这样的信念所无法确证的这个事实中,发现了一个困难。他问道,我们有什么权利去肯定一个回溯性的信念的"真实",在某种目前的材料与过去的材料在目前的对应的意义上,而同时又承认这种所谓的对应是无法确证的;既然在同一个经验中(就是说,在经验的同一个时刻中),为什么这两个东西从来都不能被放到一起来作现实的比较呢?"如果,"杜威先生说,"关于一个过去事件的观念,由于它所具有的与那个过去事件的某种神秘的固定对应而已经是真实的了,那么,它的真实性如何能通过这个观念的*将来结果*而得到*证明*呢?"①换言之,只有基于这样一个假定,即这个观念首先曾经意指将来,并且它那假定的"真实"曾经意指一个特定种类的将来经验,一个特定种类的将来经验的发生或许才能够作为那种意义的实现,作为这个观念的真实性的标志而起作用。尽管如此,即使对"理智主义者"来说(这个词在这里显然指的是一个相信这样的回溯判断可能的真实性的人),这样判断的所有确证都是现在的或将来的——无论如何,是后继于这个判断的过去内容。对实用主义者来说,假设我们能够通过在某个将来时间肯定当时呈现的是什么,而现实地"知晓"作为过去的过去曾经是什么,这与假设我们能够通过表明草是绿色的并且可以被转变成奶酪来证明月亮的另一面是由绿奶酪构成的非常相像。

毫无疑问,这是实用主义者针对严格的回溯性"知识"的可能性而进行的辩证推理中最为有效和最有说服力的部分。虽然对这样的知识的否定,从其本身来看,必定显得像是一个夸张的悖论;但是,现在已经清楚了,这个悖论是为了逃避相反观点中一个真正的困难,或者至少为了逃避其中明白地看起来像是一个困难的东西而被牵涉进来的。尽管如此,在此不存在可以逃避的办法,如果我们记得关于一个确证的最基本的东西,毕竟不是它什么情况下发生,而是*得到确证的*是什么,那么这一点就将变得很明显。现在,有待确证的那个东西是由与确证相关的那个特定的先前判断的实际"意义"决定的。一个判断在决定它意指的是什么这个方面可以自己作主,虽然不是在决定关于它的意义的实现方面;而因此,一个确证过程必须确证原来的判断*知道它本身意指着的东西*,否则,它与那个判断就是驴唇不对马嘴的。无论一个关于过

---

① D. P.,第 162 页(斜体字为英文原版书所有,中文版中用楷体表示。——译者)。

去的判断应当在将来找到其确证的**所在**(locus)这个事实显得多么单一，这个事实的单一性并未让我们有资格向后作论证，并宣称这个判断意指的不可能是它显然表现为意指着的东西——以及**这个确证实际上表现为在证明着的东西**。当我把今天早晨的小水坑作为昨晚下过雨的证明时，这些水坑是证明的手段，但不是被证明的东西。为了确证的目标，它们唯一吸引我的地方并不在于它们本身，而在于它们能够使我对昨晚的天气作出推论。如果有人指出它们是由洒水车造成的，那么就与我探究的主题无关了——尽管关于将来的相同命题，"街上将会有水坑"，仍然通过它们而得到了实现。反复强调如此明显的看法，是令人乏味的；但是有必要重提的一些看法，为的是表明实用主义者试图用来说服我们相信他关于回溯性知识的悖论的正确性的那种逻辑，是多么正反颠倒。

　　导致他陷入这个悖论的——并且，只要他与他的彻底经验主义相一致，也导致他陷入与同一个原则有关的其他悖论的——是他不愿承认一个信念可以间接地得到充分确认，也就是说，不需要在现实经验中实现这个信念的意义，不需要呈现作为与它有关的那些东西的直接材料。但是，尽管拒斥这样的间接确证，他仍试图超越人类思维最普遍而无法逃避的局限之一。而这么做，仅仅因为他还不是一个十足的实用主义者。对杜威先生至少在他最具代表性的那些段落里，看上去用"实用主义逻辑"所指的意思作一个与之相符的应用，这要求他坚决地把自己放到实际反思时刻的观点之上——就是说，处于经验的这样一个阶段，在这个阶段中，有智慧的行为者正在寻求各种手段来解决已经产生出来的实际问题。一种真正的"实用主义逻辑"，应当首先对那个情境中被给予的和被涉及的东西一个忠实分析；而这样一个分析应当包括对非直接给予的事物的一个列举，这些事物**是做出效果的行动者在那时有必要相信或假定的**——事实上，是他在习惯上确实假定了的事物——如果这反思过程对他构造一个有效的行动计划有什么帮助的话。在这一深思熟虑的时刻的范围之内，行为者站在那里向外看，就像通过一个窗户去观看处于界限范围之外的全部事物；除非他从直觉上或者作为一个有意识的假定，接受那样一些不同的信念，在那个时刻之内，这些信念的"意义"没有或许也无法得到实现，它们的真实性没有也不可能经验地得到确证，否则，他就永远不会有所行动。如果要谋划一个将来的行动过程，他必须在某种程度上知晓各种事物在过去的顺序和并存物是什么。但是，在他实际需要这份知识的那一刻，他无法"够得着"那个过去；他必须要么信赖他个人的记忆，要么信赖经验科学记录下来的各种结果。他也必须假定关于过去的那份知识有限地等同于关于将来的预测；但是，正如休谟曾经正确地指出的那样，这是一个其本身不容易获得任何经验上的确证的信念。此外,制定行动计划的人,还必须假定将有一个他在其中可以施展行动的将来;而且,他必须相信,他目前的信念会得到确证的那个将来时刻事实上会到来。而需要指出的是,这个信念,从实际反思时刻的观点来看,就像一个关于过去的信念,或者关于自然过程在过去与现在是一致的信念那样,缺乏严格的"确证"。实践判断指向两个方向,向前与向后;而且,只要它是实践的,在它指向前的情况下,必须与在指向后的情况下一样多地同并非直接得到确证的东西打交道。因为关于一个发生的事件的特定信念应当已经得到确证的那个将来时刻,将不会是与那个发生的事件有关的实际考虑的时刻。一旦有关这个发生事件的判断"经验地"得到确证了,这个事件就已经是一个过去的东西了。除了作为向前考虑一个新的,将来的推论可以从中产生的回溯性判断的材料之外,它就没什么实用的重要性了。

因此,全部严格"实用主义的"确证只是间接的确证,要么基于直觉性的假定,要么基于来自明显假设的推论;因为只有这样的确证,才是在实际反思时刻的界限范围内能够达到的,在这样的时刻,有智慧的行为者瞻前顾后,试着确定什么样的行为方案才能给他带来想要的那份将来经验。在这个世界上,实用主义者或工具主义逻辑学家可能最不愿意怀疑直接经验的一个特定时刻能够包含认知并作出关于外在于那个直接经验的各种事物的"真实"判断;因为唯一一些"工具性的"判断是那些与并非被经验到的东西相关的判断,而只有当知识是预想的和超越于被给定之物的时候,它才是"实践的"。

现在,让我以某些重复为代价来说明所有这些与我们的主题的关系,以有点儿形式化的方式来总结这个部分的论证的一些结果。从认识论上来说,关于过去的知识,如果它是现实的,那么就类似于一种关于各个超经验的实体的知识;因为它必须且必然在于观念或表象与被该表象"指向"的对象之间的事实上的当前对应,然而那个对象却从来不是也无法被直接地经验到,并因此从来无法直接地与对它的那个观念作比较。实用主义者观察到了这种类似,在他思想中的"彻底的经验主义"特点的影响下,把关于过去的判断从他对"知识"的定义中排除出去了——甚至当"知识"一词不是在一种"好听的"意义上被运用时,也是如此——而且还坚持认为,没有哪个这样的判断可以被恰当地称为"真实的"。在这一点上,他与彻底经验主义的原则完全相符;无论结论多么具有悖论性质,它都原原本本地来自那个前提。但是,我们却已经看到,实用主义者试图用来证明或缓和这个悖论的各种论证和区分,它们是不成功的,而且与杜威先生本人对实用主义逻辑说明中的某些特点尤为不符。因此,实用主义者必须承认会有关于过去存在物的认知,以及关于它们的真实判断;在回溯的情况下,像在预期的情况下一样,我们不仅能够经验那些呈现为不在场的事物,而且相信,它们作为呈现着的东西所带有的一些特征与它们作为不在场的东西所带有的一些特征是同一的。从回溯性知识这个结论中可以得出:实用主义者没有理由在原则上否认一种关于"超经验之物"知识的可能性。实用主义的作者们从观念论者那里,继承了过去用以表明知识不可能在于一个再现性质的材料和一个并非呈现的实体之间一种"固定的"对应,这整套论证从根本上说是异质于实用主义方法的。如果关于现在无法为直接经验所及的、过去(或将来的)事件,我们能够具有有意义而合理的信念,那么,关于无法为直接经验所及的、同时期的存在物,我们也能够具有有意义而合理的信念。对于后一种信念,我们是否具有同样充分的理由,或者具有同样不可抗拒的倾向,这是另一个问题。在下一个部分中,我们将得到这个问题的部分答案,我们将会在其中发现,实用主义者至少在对一个种类的、无法为信念拥有者的直接经验所及的同时期的存在物的信念上,与大部分人是一样的。

IV. 实用主义与关于其他自我的知识

我们已经看到,杜威先生在他那些看上去是观念论性质的段落中,尤其在他对"直接的经验主义"的表述中,在运用"超经验的"或"非经验的"对象(实用主义在这些段落中据称要驳斥的东西)和"被直接经验到的东西"之间的一个区分。但是,直到我们询问涉及是谁的经验为止,这个区分将一直是含糊不清的。实用主义者理所当然地会同意这个观点,即知识是一个获得的东西,并且首先属于个体的人或有机体。从心理学上来考虑,知识-经验是一种私人的经验,无论它处理的对象多么具有公共性质;而非认知性的经验,看来似乎是更加多样和分散的。那么,当实用主义者驳斥"超经验之物"时,他指的是超越我的直接经验(过去的、目前的和将来的)的那些实体,还是每个人的直接经验的那些实体呢?

显然,他实际所指的是后者。实用主义者们总是令人赞赏地留意到人是一种社会性动物这一事实,并把其看作哲学不能视为与它的各种问题,甚至是它的所谓理论性问题无关的一个事实。一直以来,杜威先生的哲学不仅以一种关于行为和"操作"的逻辑为目标,而且以一种关于相互作用与合作的逻辑为目标。那么,实用主义者就不会否认——事实上,还会确认——在我自己的一份知识-经验中可能存在着"呈现为不在场"——就是说,被表象出来——的其他人的知识-经验或非认知性的经验。

然而,承认一种从未被求知的有机体直接经验到的经验知识的实在性,这是与

"直接的经验主义"的逻辑不符的。基于实用主义者的经验论原则,对所有"超经验之物"的拒斥所指的应当是对知晓超越于求知者经验的各种存在物的可能性的一个否定。这还是因为,实用主义者的直接经验主义意图成为对认知性情境中涉及的东西的一个解释。尽管实用主义者讨厌"认识论"这个词,但它从根本上说来是一种认识论观点。确实,实用主义者可以自由地为这种观点加上一种形而上学的唯灵论,如果他想这样做的话;他可以,比如说,像詹姆斯提出的那样,成为一个泛心论者(panpsychist)。但是,他将被引向一个形而上学的概括,即一切存在物都有一种心理的本质,这并不是通过来自他的彻底经验主义一个直接或合理的推论而发生的。相反,这样一个概括隐含着对彻底经验主义宣称为不可能的一种知识的要求;它暗示着,A 的经验可以"意指"他无论现在还是其他任何时候都无法直接经验到的各种实在,而且,他能够作出他永远无法直接确证的真实判断。如果彼得可以知道保罗,虽然保罗从来不仅仅是彼得的一个经验,那么,只要顺着求知的本质来说,就没有理由认为彼得无法知晓"原子"或其他在存在上异于他的,或者保罗的,或者任何人的经验的任何实体。

如果杜威先生把他的直接经验主义逻辑如同应用于关于过去的知识这个问题那样,一贯地应用于关于其他人的心灵和他们的经验的知识这个问题,我们就会发现,他在此处与彼处产生了同样一些困难。他会问道:"既然彼得关于保罗的判断实际上是外在于保罗的存在的,那么,它的真实性如何能存在于理智主义者主张的整个的平白关系之中呢?彼得的信念如何才能跃出他的界限——生理的或心理的——并且正好落在根据定义构成它的真实性的那个其他自我之上呢?"对一种一以贯之的实用主义类型的"直接经验主义"来说,这一点会显得清楚明了,即彼得能够"意指"的唯一一个保罗是完全存在于彼得的经验范围之内的一个保罗,并且完全作为彼得的行动计划在将来得到实现的一个手段或障碍而存在。真正"彻底的"经验论者会声称,一个"自动小娃娃"(automatic sweetheart)对他而言就够了;或者他会追随新实在论者,试图努力表明,当彼得想到保罗的时候,彼得与保罗在某种程度上变得等同了。但实际上,杜威先生具有一种如此深切的对社会性经验的真正本质的感觉,以至于他无法一贯地运用"直接的经验主义"。他清楚地知道,这样一些经验预设了社会成员在存在上的一种真正的他异性(otherness),而且只有当我不是把我的邻人仅仅看作对我的各种目的而言的一个手段或障碍,而是看作就他自身而言的一个目的时,真正的社会性行为才开始。

因此,在这里,我们又一次发现,从认识论原则上来说,实用主义者站在既是实在论又是二元论的一种立场。

V. 小结：一种连贯一致的实用主义的认识论

如果篇幅允许,现在应该到了进而对与一种特别具有物理性质的实在论相关的、经过纠正的、连贯一致的实用主义含义进行详细探究的时候了。然而,这是一个不可能在留给我的剩余篇幅之内得到充分探讨的问题。那么,在目前的情况下,我必须满足于文章开头提出的那些问题迄今为止获得的结论。而那些结论中最重要的东西,如今可以在一句话中得到概括。一种连贯一致的实用主义必须认识到：

（a）一切"工具性的"知识都是,或至少包含和要求"呈现的"知识,通过呈现的材料对非呈现的存在物的一个表象；

（b）因此,从实用角度考虑,知识必然恒常地与在存在上"超越于"求知经验的那些实体(entities)紧密关联,并经常与超越求知者全部经验的那些实体紧密关联；

（c）如果具有自然科学描述那些特点的一个实在的物理世界得到假定,那么经验的某些内容,具体地说,关于预期和回顾的内容,就无法被指派给那个世界,因此必须被称为"心理的"（换言之,被经验到的但并非物理的)实体；

（d）知识通过这样的心理的存在得到中介；而且,如果缺少了它们,知识将会变得不可能。

VI. 真实的实用主义和虚假的实用主义

指望这篇文章能使一些实用主义者倾向于实用主义,并因而接受刚才给出的四个命题,也许是过于乐观了。历史只提供了极少的成熟的哲学家被其他哲学家的推论所改变的例子。尽管如此,如果在结束本文之前,我在一个更加普遍的层面上,以一种更为联系紧密的方式来解说我提出的"真实的"实用主义与它的各种偏差之间的区分的意义和根据,尤其在关于实用主义者对回顾性判断的处理的讨论上,那么,这样一种期望或许会有一个稍微大一些的实现机会。因此,我将首先说明我所认为的实用主义最基础而根本的洞见,至少是主要得自杜威教授的那种形式；然后,我将说明通过什么过程,它被扭曲成为了它本身的一个潜在否定。

实用主义试图成为在一个物理的和社会性的环境中作为行为者的人,并且是作为反思的行为者的人的哲学。事实上,那个人是这样一个行为者,具体而言,就他的认知性能力而言是这样的,它被看作是人类经验特有的预设；而在这个预设中,它找到了一个固定的位置,哲学探究可以由此出发,以及一个标准,其他哲学假说的可靠性可以据此得到判断。在实用主义者看来,否认这个假定,坚持认为意识即使在采取我们称为谋划的形式时,也仅仅是"一个无人理睬的声音",这是与在人的每一个反思活动中都潜在地被当作理所当然的东西相矛盾的;这是在否认每一个农夫、医生、工程师、政治家和社会改革者所必然假定的东西。求知是"功能性的",它"作出一个区别",并根据它作为求知而独有的那些特征来这样做;①而且,另一方面,如果不对它的功能性意义进行思考,它的特征和方法就没有办法被人理解;这些在我看来,是杜威先生和其他一些实用主义者的哲学的最根本前提。

以这种方式表述了哲学的起点和指导性原则(我不说**这条**指导性原则),是为哲学思想作了一份值得一提的贡献。因为这实际上是探讨许多旧有的问题,尤其是探讨知识问题的一条从根本上说崭新的途径;而且,在我看来,限于某些方面来说,这是一条正大光明而成果丰硕的途径。只是,我情不自禁地认为,实用主义者们自己像有一条规律一样,在推理的早期阶段就偏离了那条途径,走上了许多各不相同的、然而不那么可靠的道路。

479   这些偏差中最早②和最严重者之一,是实用主义原则——在它与知识问题的关系上——与"彻底经验主义原则"的等同。要说明这个等同藉以发生的那些自然的观念混淆,这会是件很容易的事;但这对我们眼下的目标来说,并没有必要。这两条原则非但不是相互等同或可以互相推出的,而且从根本上来说是互相反对的,并导致在进一步的问题上的矛盾结论,这已经在前面通过几个具体例子得到清楚说明了。应用于知识问题上的一种真正的实用主义方法会去探究:当思维或知识被视为在一个物理的和社会性的环境上起着作用并与之相互影响的时候,它如何得到设想;而这个过程中的第一步应当去弄清、去确认与这个探究有关的时间区分(time-distinctions)。因为实用主义方法必然是我在其他地方称为"时间性的方法"(temporalistic method)的一种特殊形式;而且关于实用主义的这个方面,杜威先生偶尔也给出了明确的表

---

① 举例说,正是基于已经指出的这条原则,杜威先生驳斥绝对观念论和关于思维的本质与功能的每一种"永恒论的"(eternalistic)观点。"一个从其内在结构来说已经为思维所主导的世界,是这样一个世界,除了通过前提的矛盾,思维在其中没有任何事情可做……一种在名义上颂扬思维,却在事实上忽视它的效用(就是说,它在改善生活方面的运用)的学说,是一种无法不冒严重的危险而被采纳或思考的学说"(C. I. ,第 27—28 页)。
② 这不是唯一的一个偏差,或许根本不是最早的一个。从杜威先生一人的推理中,就至少可以分出四个其他的不同于真正的实用主义原则的或隐或显的逻辑动机。它们很容易使它偏离和产生矛盾——而在其他实用主义者的著作中,可以找到更多。但是,对这些偏差的完整列举,在这里并不是必要的。

述。"对在很大程度上勾勒着各个逻辑理论框架的诸种区分与关系的一个哲学上的讨论,依赖于把它们恰当地放置在它们的时间情境中;而缺少了这种放置,我们很容易把一个方面的主要特点归到另一个方面上,得出一个混淆不清的结论。"① 这是一条金玉良言;并且,正如我已经说过的那样,它是原初的实用主义洞见的一个恰当结论。根据反思的行为者或自认为的行为者(would-be agent)发现自己所处的那个情境中的各种要素来定义知识,就是让逻辑学家把注意力集中在这样一种情境之上;在其中,时间关系和时间区分是根本的东西。

但是,"彻底的经验主义",当它一以贯之的时候,却是一种以忽视时间和时间区分为特征的关于知识的学说。它是关于瞬间之物的哲学。它的辩证法的源泉是这样一种感觉,觉得知识意味着直接性,觉得一个存在物,只有当它在一个明确的具体经验的片刻中被给予、被呈现、现实地被拥有时,它才严格地"被知晓"了。如果我们把对时间性的精确性要求应用于这个假定之上,就不得不把它设想为意味着只有当一个事物既是存在物又*在那一时刻的时间界限之内*被直接经验到了,它才在一个特定的认知时刻被知晓了。但是,在这个意义上要求哲学应当"只容许被直接经验到的东西进入它的构成",这是在禁止哲学向知识-情境的"构成"中引入恰恰显然对那个情境来说最具特征性和最不可或缺的那些东西,作为功能性的——也作为社会性的。因为实际的深思熟虑的时刻,主要与外在于那一时刻的直接经验的各种事物相关。那些事物具体是什么,我们已经部分地看到了;它们由必须"呈现为不在场"的各种不同的内容构成——比如关于将来,关于一个确实*曾经*存在的过去,关于并非被直接地经验到的各种经验(换言之,其他人的经验)的表象;进一步说,它们由与这些类型的内容相关的各种判断构成,这些判断必须得到假定,并且永远无法在它们被运用的那个时刻直接地得到确证(在"确证"一词的彻底经验主义的意义上)。

那么,降临到实用主义头上的就是:在"彻底的经验主义"的影响下,实用主义哲学家们混淆了他们的时间范畴。知识-情境"在它的时间情境中"(而且,我还可以补充说,在它的社会情境中)的一个"恰当位置",正是他们所忽视了的。他们"把经验的一个方面的特点归到了另一个方面头上"。正如我已经指出的那样,他们首要关心的,应该是:在那特定时刻,反思的行为者在其中事实上正在*反思*,就是说,正在试图通过知识处理一个实际的棘手问题,寻找能够赖以求得想要的将来结果的那种行为

---

① E. L.,第1页。参看杜威关于威廉·詹姆斯"在提醒人们注意关于时间的思考对生活和心灵各种问题的根本意义上"所作的重大贡献的评论。

方式。但是，实用主义者们没能为了他们的分析目标而清楚地区分出实际探究与预测的这个时刻或方面。他们有时倾向于用回答或实现的时刻的那些特点来解读它；有时则奇怪地把它的特点与根据定义属于一个非反思的和前认知的经验阶段的那些特点相混淆。更加明显的是，对于判断的回顾性关联和前瞻性关联之间的反差，他们一直模糊不清，坚持认为由于关于过去的判断只能间接地在将来得到确证，所以它就仅仅"指涉"将来。所有这些混淆中最大的一个也许是，他们一直宣称真理必须是"**一种被经验到的关系**"，而不去询问根本的问题：**什么时候和被谁经验到**？因为如果明确地提出这些问题，他们就会认识到，对真实的解释只有在被看作指的是如下意思时，才获得了表面上的可信性，即"两者在同一时间、在同一种意义上、在同一个经验者的经验中被给予的一种关系"。但是，真的符合这样一种定义的"真实"，很快就会被发现是所有可能的含义中最少"工具性质的"和最少"实用主义性质的"。对于这些时间区分和观点的原始混淆而言，其结果是我们先前已经注意到了的存在于实用主义者推论中的大多数逻辑目标上的矛盾和弱点。

因此，通常被冠以"实用主义"之名的那种学说，可以说是一个狸猫换太子的结果，几乎还在襁褓中就被人换走了。在此，我有了这样的机会来呼唤合法的继承人并指出身份的标志。我邀请所有忠实地留在原处的人回到他们真正追随的观点上来。如果他们这样做，那么，我认为，他们将会发现，没必要存在——而且，关于已经得到探讨的那些问题也不可能存在——他们的阵营和批判的实在论阵营之间的争吵。

3. 杜威教授对思维的分析①

劳伦斯·布尔梅耶（Laurence Buermeyer）

目前对实用主义最严重的指责是说它产生不出结果，无法为哲学学科的系统性重建提供基础。霍恩雷教授（Professor Hoernlé）说，实用主义者们对任何一个得到承认的哲学分支作出的贡献少于任何其他学派的成员。既然实用主义的那些基本观点是从逻辑中、从一个关于经验中思维的地位与功能的陈述中得出的，那么，实用主义逻辑在目前的缺乏，以及缺少比如以像鲍桑奎设想出观念论方法那样的方式做出的系统性的实用主义方法架构，就被视为对这个思潮来说相当不利的一个事实。以不同于各个论点，或者关于普遍原则的陈述的方式对逻辑的各个部分进行一种融贯的处理的最简便方法，可以在杜威教授的《我们如何思维》一书中找到。本文的目标是要对包含在这本书中的某些观点进行批评，如果有可能的话，还想指明一些有缺陷的分析，以及对各种区分的误用，这种误用使得对从工具性角度出发的传统逻辑的各种材料的再组织毫无必要地变得困难。我已尽量不去忽视这样一个事实，即这本书即使在一个小范围内，也更多的是对使思维变得更有效、不那么容易犯错的手段的一个实际研究，而不那么像是一篇系统的论文。尽管如此，书中还是有一个与逻辑特别有关的部分，而它出现了一些谬误，结果是把不融贯性、一种没有必要的片断性特点引入这种处理方法，并使它在一两个方面明确地误导人。

在这部著作的第二部分，题为"逻辑的考虑"的那部分中，有一个对呈现在每个完整的思维行为中的诸阶段或诸要素的分析。它们是(1)一个困难的产生，(2)它的具体确定，(3)一个解决办法的提出，(4)对这个建议的扩展，以及最后(5)实验性的检

---

① 首次发表于《哲学、心理学与科学方法杂志》，第17卷（1920年），第673—681页。关于杜威对这篇文章的回复，见本卷第61—71页。

验。这第三个步骤,是从已知到未知,等同于传统上人们熟悉的归纳操作。类似地,第四个步骤,扩展一个建议的蕴涵,等同于传统上人们所知的演绎。我将试着指明这些等同只有以给予归纳和演绎一个扭曲其真实特点的解释为代价才能作出,或者,更确切地说,这个解释丢掉的并不是其中包含的意义中无足轻重的部分,这些意义至少被逻辑的历史发展中人们给出的关于它们的种种说法所掩盖了。

这个分析中有可能找出错误的第一点是,把归纳等同于建议或一个假设的产生。它假设我们从孤立的细节开始,达到它们藉以统一起来的一个普遍法则或联系;在其间,归纳关系存在的各项被视为在时间上在先的与继后的。这样一种看法,虽然与密尔给予归纳的意义相符,但是似乎与杜威在其他一般立场上的陈述有出入,而且与其他一些令人不快的特点也有不同。在杜威的其他著作中,思维被说成是对经验的一个恒常的再组织,不是从孤立的材料到融贯的观念的转换,而是从相对来说不那么连贯和精确的材料的统一,向在其中两者的特点都能得到相互修正的再规定的转换。因此,相对于共相,即使把一个短暂的时间上的先在性归于特殊事物,似乎也是有矛盾的。此外,近来对于归纳的讨论已经充分清晰地表明,没有任何这样的时间序列必然地包含在其中;密尔的准则中或多或少精确地规定了其规范的那些关系可以被视为不是各个事件之间的关系,而是任何抽象地表述的法则或联系与足以建立起这个法则或联系的那些特殊事实之间的关系。这样来看,这种关系可以简要地表述如下:提出的任何法则或抽象联系,它可以用 S-P 来表示,如果(1)它的各项之间的关联是实证地包含在事实之中的,就是说,如果具体的 S-P 能够被发现,并且(2)P 的所有其他可供选择的原因都由于它们无法在 P 出现的情况下发生,或者由于它们在缺少 P 的场合下出现而被排除了,那么它就为真。

把归纳视为一个排除相互竞争的假说的事情的好处,如果在此充分说明,就会显得过于冗长;但是,我们至少可以对这样一种对归纳的解释,用统一处理的方式加以注意。法则建立在事实之上,这被普遍认为相应的更加有效,就像求异法代替求同法那样,就是说,对要加以实验的情况进行列举。但是,作为实验的结果而得到确保的各种事实只是在假说形成之后才出现,因为只有根据一个已经提出的解释,实验的各种条件才能得到确定的安排。因此,普遍观念正是至少对材料的一个部分且在逻辑上比较重要的那个部分加以统一,并且一起形成了归纳关系的一个项。它们是后继于那个观念的,不能是它的起因或在发生上先行的东西。实验及其逻辑功能的重要意义,当然不仅在《我们如何思维》中得到了承认,而且得到了强调;看来受到忽视的,似乎是它们相关于归纳的分类的意义。如果"科学归纳"被定义为"所有这样的过程,对材料的发现和收集由此受到一种观点的规约来促进各种解释性的概念和理论的形成",那么对"促进形成"这些词似乎就要求有精确性,它替代了"规定对……的接受"这个表达。

反对将假设等同于归纳的另一个理由是,前者似乎就特征来看至少同等程度地是演绎的。关于演绎的定义众多,但它们总是与已经掌握了的知识、观念的应用相关。把一个特殊情况吸收进一个众所周知的规则之下,这是三段论的第一个格(figure)的典型例证。显然,任何一个完全缺乏这种吸收性特征、这个归并方面的假设都只能是一个猜测,从建议(suggestion)这个词最贬义的用法上来说,只是一个无法据以提供任何相关性或适当性的预设的建议。只有在我们对一个有争议的情境有一些了解、一些类似情境的经验的情况下,才能形成一个不完全是任意的推测。演绎方面完全被从中排除的一个假设会相应于一个绝对陌生的情境,而这正如杜威教授一再强调的,是那种特定情况,在其中思维不再可能。所以,很明显,归纳的本质和建议的本质使两者的简单等同变得不可能。

当然,这么说并不是要否认在一个探究的一开始被给予的那些事实在某种程度上,与它们作为归纳的前提而向归纳的结论暗示的东西有关。然而,这么说却否认了事实的提议性作用是给予它们归纳性特征的东西,而这个否认的意思也许可以用这样一个陈述来进行最好的表达,就是说,归纳关系在假设与它的最终确证之间,在假设与用实验的方式发现的那些确定它应被接受或是拒斥的事实之间,要明显得多。

对于一个建议的扩展与演绎之间的等同,也可以作类似的批评。如果推测行为中确实包含一个演绎的要素,那么,结论显然就是不能把演绎局限于这样一个扩展。进一步说,演绎在逻辑的新近发展中所获得的意义[参见罗伊斯在《哲学科学百科全书》(Encyclopedia of Philosophical Sciences)第一卷中论"逻辑"的那个条目],是关于各种类型的次序或蕴涵的一个普遍理论,以及对一个假设的内容的发展,尽管它当然遵循或利用这些次序类型,但既然它是部分的或选择性的,那么就不能与它们等同。实用主义学派的所有作者都坚持主张这种选择性;他们说,思维是要挑选出一个假设的特点和蕴涵,这些特点和蕴涵是与目前的问题相关的。

前述观点的实际意义可以用与伴随着对思维各阶段的严格分离的一个结论来表示,并且看来,这是对它们的一种错误解释。杜威教授说,最后一个阶段,即实验的阶段,决定了整个操作有效或是无效:归纳给出假设,演绎对它进行扩展并给它以符合要进行实验问题的形式;最后,那个问题把它的状况确定为真实或谬误。这条准则,实际中成功的准则,一直因为包含"肯定后件谬误"(fallacy of the consequent)而受到批评;实用主义者一直被说成是由"如果 a 为真,那么 b 为真",以及"b 为真",而主张"a 为真"。据称,这种推理只有在 a 是 b 的唯一可能的前项的情况下才站得住脚;一个假设一定不能仅仅适合各个事实,而一定要适合这些事实仅有的一个假设。对于这一点,摩尔教授在《创新智慧》一书中如此作答。他说,假定有多个适用于一个特定系列的事实的假设,这是怀疑论的本质,因此,如果一个假设满足了所有相关事实,那么它就是对它们的一个真实解释。但是,这样一个假定,只有在知识的最终统一中才能是确实的。没有那种统一,就无法否认我们或许会面临这样一种情境;对这种情境有多个可选的解释,我们没有手段在其间作出决定。

因此,看来需要一个更加直接相关的回答。如果我没有弄错的话,这样一个回答可以通过诉诸实用主义把反思置于其中的那个情境,即怀疑或冲突的情境来找到。一个在冲突的条件下形成的假设,总是作为相对其他已经在此范围内选择而言的一个可能选择而形成的;而实验性的检验,相关于目前的问题而言,必须在一些对相互竞争的可能选择来说具有决定性的事实的罗列中寻找。换句话说,冲突把实验引向一些关键情况,以致对一个假设的确证同时是对其他可能的选择的否定。但是,这种确认据以成为既是消极的又是积极的那些条件,正是使密尔的求异法或[契合差异]并用法(Joint Method)区别于求同法,并最终区别于通过简单列举进行的归纳的那些条件。那么,密尔以及其他作者提供的关于归纳的分析,加以适当的修改之后,就可以用于确定实验性确证的确凿程度的各种条件了。但是,如果把归纳中不同的恰当程度视为标示着建议所发源的各个事实的差异,那么,逻辑学家手中就没剩下什么手段,或至少没有什么原理来对实验结果进行评价了。因此,实用主义逻辑学家们,由于把归纳的范围限定得过于狭窄,在他最需要归纳准则的权威时就失去了它。用通俗的话来说,他似乎在原则上,在任何争论中,对任何一个说"我告诉你是这样的"的人都没法回答,无论作为确认而给出的有利结果与问题多么无关。

前述批评所指向的结论看来似乎是,无论归纳还是演绎都不能孤立地作为思维的独立步骤或过程。至少在杜威教授的五个步骤中的第三步中,两者同时出现。这个结论如果是正确的,那么,它暗示着一种更加普遍的可能性,即反思性行为作为一个整体是一,被注意到的各个阶段不是思维活动在时间上相互独立的一些部分,而是随着思考成为"推理",在这个词的褒义上说,至少其中的第二、三、四个阶段倾向于融为一个不可分割的行为。这样一种观点也许看起来像是心理学的,不同于逻辑的;不过,这种区别几乎算不上实用主义者会随意拿来作为拒绝继续这个讨论的理由。同样不可否认的是,对使"天才"区别于普通的努力意愿的这些特点的关注可以有实际的意义。即使在这个意义上,我们真的无法通过进行思考来给我们的智慧大厦添加一块砖石,我们仍然可以免于一种理智上的民主的信念。杜威教授的处理方式,也许由于误解,可能将轻率的人引向这种信念。

对这样一种观点,杜威教授本人指明了方向。在《我们如何思维》的第三章里,在"建议的各个维度"这个大字标题下,轻松、多样性和深度被作为建议的一些方面提了出来,建议与这些性质相关而会有所不同。如果在刚才提到的意义下理解"推理"一词,把它理解为具有最高程度的有效性的反思,那么认为它不外乎是以这样的"深刻性"为特征的建议,就没有什么不合理之处了;相反,如果以一种不是隐喻的方式来定义现在讨论的这种特性,那么在对推理的逻辑分析中区分出来的这些特点,就是必须被包含在这个定义中的那些了。

说得更加明确一些:不是针对一个困难而提出的每个建议都构成推理。我们可以设想有这样一些可能的解决方案,从一种暂时的观点来看,它们与问题的各个条件是无关的,就是说,它们是一些仅仅由成问题的情境的一部分所引发的建议。就情境作为一个整体而在控制建议方面的有效程度而言,尝试性的推测与要满足的条件之间所作的比较中,有很大一部分成为不必要的了,因为这些条件事先起了作用,引出相关且至少在某种程度上适当的建议。给出同一个问题,以及基本上同等的设备,在信息和普遍观念方面,两个人中的一个也许立刻得到了启发,而另一个人则要在试验一个接一个的假设的过程中长久摸索。这些假设在第一个人那里,要么一开始就被视为不合格的而抛弃了,要么对他来说从来不会产生。换句话说,聪慧的头脑和愚钝的头脑之间的差异——用詹姆斯的术语来说,分别以通过相似性的联结和通过邻接性的联结为特征的头脑之间的差异——是把注意力集中在由行动者过去经验提供的所有结果构成的目前情况之上,集中在一些既微妙又相关的类比的出现,以及与此相对照的一种关注无关紧要或无关的可能性的倾向之间的差异。如果是这样,如果反思成为推理,在这个词独特的褒义上来说的,相应于建议代表着对潜在可用的智力资源的最大利用,建议的演绎特征变得越发明显了。

那么,从这个观点来看,提出建议的行为就是这样一个行为,在其中,一个特定的情况被理解为可能类似于某个先前经历过的情境,理解为或许可以归入某条已经确立起来的(或至少是推断出来了的)法则条件之下,这条法则与条件的相关性并不是一目了然的。仍有待说明的,是这个行为在何处也包含一个归纳性的要素。用《我们如何思维》中提出的方式把建议和归纳作简单等同的做法已经被舍弃了,但如果要维持思考行为的基本统一,就必须弄清建议的归纳方面。如果我们把归纳看成是出于一个假定的原因,对所有对后果来说不是真正基本的情况的一个排除和逐渐的淘汰,这看起来就是有可能的。基于这样一种解释,我将试图说明假设的作出如何与被认为是归纳特有的那些要素相关,它如何表现从每个被证明为与结果不大有关的东西的相关先行项角度出发的一个排除。冲突由之得以解决的那个建议,重复前一段的意思来说,总是一个试图让有争议的情况归于某条或多或少模糊地被想到了的法则的尝试,或者是想要使材料符合某个其他情况,在其中内容的联系或许没有清楚地被分析出来。在给出了问题的情况下,最根本的理智上的困难永远是寻找类比,寻找相关法则;而卓越智慧的标志就是:能透过各种假象的掩饰,在繁杂琐碎的变化形式背后,发现一种基本的同一性。这种穿透力,这种在差异之中对相同的察知是归纳性的,因为它使众所周知的法则中的基本要素,可以类比的情形,从它所植根于其中,并掩盖着它对目前讨论的情境的适用性的各种偶然情况中摆脱出来。这条最终得到应用并在如此程度上(pro tanto)得到确证的法则,一开始确实包含着一个不纯的、受到不相关的东西损害的联系,从冲突的发生这一事实中显而易见。如果它的适用性领域非常清楚地被划定了,那么问题就不可能产生,或者一经察觉就得到了解决。

举个例子或许有助于说清楚这一点。关于这种穿透性的洞察力,有一个举世闻名的例子,那就是一个落下的苹果关于万有引力定律给牛顿的启发。如果之前所说的都是对的,那么,这个假设的归纳方面在于,朝向地面的直线运动这个要素从重力加速度的概念中被排除出去了:这个概念在其上得到扩展的这些新的事实,只有在该概念经过重新定义或修改的条件下,只有在其中先前被认为是基本的要素被去掉或得到重新解释的条件下,才能允许这种扩展。当然,这个假设必须付诸事实来加以检验。因此,我并不认为随着假设的出现,归纳性的关系或操作就算是完整了;我认为,归纳性的方面并不像杜威教授断言的那样,在于有一个从各种特殊事物到一个共相的过渡,而是在于一个已经存在了的共相通过它在一个新的特殊事物之上的应用而更加精确地得到了定义和划界。

如果我们同意这个观点,即对反思来说,基本的那些要素都是或可能是包含在作出假设的行为之中的,那么,剩下来有待说明的就是:杜威教授用来分析思维的其他几个步骤实际上根本就不是一些独立的操作。第一步,一个困难的产生,冲突的出现,当然不是把它视为反思的一个部分,而只是作为它的诱因。第二步,对困难的定义或定位,显然在其自身之中包含着整个过程,相应于去发现那些增长着的困难的困难之所在,提出建议,对意义进行澄清,以及最终检验的这整个操作必须具体完成:必须想到可能的其他判断,深究它们的蕴涵,并且与那些没有疑问的条件联系起来看。

这是一个循环中的另一个循环，不是一个单一行为中的不可还原的要素。对于第四步①操作，我们可以说，它不是一个定量，而是相应于进行反思的主体的敏锐或聪慧而言，其所做建议的蕴涵在一个相应的程度上对他来说是即刻就显而易见的，而对各种结果的演绎的明确过程不必具体完成；或者说，在结果对于洞察力的灵光一现来说过于广大或者过于陌生而无法把握之处，把它们清楚地呈现在意识之中的工作要么重复整个操作，要么不过是一个算计的事情，是可以设想交给加法计算器来完成的一件事。它们的蕴涵要么是陌生的，必须经常考虑到要满足的这些条件，以尝试的方式解开；要么是熟悉的，是一个旧习成规的事情，对它们的解释则是习惯或机械作用的工作。对这个步骤来说，似乎也确实如此，即它或者是一个较大的循环中的另一个循环，包含着思维的所有阶段，或者以一种与主体的敏锐、深刻性、把握的广度成反比的程度呈现出来。

现在只剩下第五步，即实验性检验这一步了。我无意于就这个陈述提出争辩，即如果反思的过程是完整的，那么，这一步就是很根本的。然而，它肯定不是作为独立变量意义上单独的一步；它回答的问题是由先前的"心理"(mental)过程、对问题的了解加上提议出来的假设提出的。它像先前那些步骤一样，表现出与聪慧程度相关的一些不同变化；先前反思的质量越高，需要用来确定结论的实验就越少。相应于一个假设真正满足一个问题各种条件的比例，实验受到对关键情况而言的越来越高的精确性的引导。如果缺乏现实的尝试，任何真正的问题确实都无法解决，那么，能力强的标志是经济的，即相关的检验，这一点也同样确实。对于这最后一个步骤，任何一个特定问题所采取的形式也是在假设成形的那个时刻得到确定的，至少其大致轮廓的确定是如此。

关于主张整个思维过程统一性的这种观点，我相信杜威教授会同意的，虽然就他这本书的目标来说，是希望人们关注对于可能发生的错误进行控制的那些地方，由此，反思的各个步骤的特点无疑比它们的统一来得重要。总而言之，我希望这一点很明白，即这个讨论的目标从来不是就思维的本质及其在经验中的功能与杜威教授的观点进行争执。毋宁说，我试着指出一些细节，在这些地方，也许只是由于不合时宜的强调，《我们如何思维》中对反思的处理呈现出对先前逻辑分析的一个系统性的重新描述，这些分析似乎是这个主题的任何架构中都含有的。或者，从另一个角度来说，我的目标是要在杜威教授对思维的解释中提示一些可能的修正，这些修正或许能

---

① 此处似缺少第三步，英文原版书即如此。——译者

促进心理学与逻辑学之间一个更有成效的互动。我已经在,比如说,《实验对于关键情况的引导》中试着提议,为他称为推测中的"深刻性"或"深度"的东西作一个客观形式的定义。或者,更加普遍地说,提示一种方法,把逻辑的各个结果转变成与心理学研究的各个目标相关的形式,反之亦然,无论这种提示有多么不恰当。工具主义者们认为,心理学与逻辑学在根本上相互关联,任何一者的进展依赖于另一者的进展的观点并非无足轻重。更加重要的是,无论哪一种可能会阻断它们之间的交通的观点、分析,都不应当在两者中的任何一个领域中被接受。

4. 询问信①

先生：

毫无疑问，许多人像我一样，发现您关于中国的这一系列有趣的文章与社论中有一种精心设计的忽视，那就是忽视中国在多大程度上是一个国家。中国不断地被提到，就好像她和瑞士一样，是一个紧密而同质的社会与政治实体。我们知道，中国有着上亿的人口。他们中有多少人是有自觉意识的呢？根据我对中国模糊的心理印象：中国是这样一个国家，它实际上没有中产阶层，只有很小的有文化的阶层，有一个实际上处于无产者水平的农民阶层，以及大量居住在内陆地区的呆头呆脑的野蛮人，他们容易受宣传或任何最原始形式的极端情绪的影响。这样一种印象对于研究《朴茨茅斯和约》签订之前的地理学的人而言，是很普遍的。

政治意义上所说的中国，或者人们听到其自称的中国，能够代表沿海城市中数十万或几百万受过教育的有钱人，或在所有人口中一个实体性的与占主导地位的少数派吗？

对于询问这个问题的人来说，这不是一个毫无用处的问题。中国是通过归顺来幸存的一个现成例子。如果中国是欧洲——（或巴尔干）——意义上的国家，那么，显然，日本无法永远在那里作威作福。如果不是，那么，组织起其工业和教育的那个国家，就可能出于政治与经济目的而吞噬她，比英国吞噬印度更为彻底（印度虽然没有被消化，但我们可以认为它被吞噬了）。或者，也许地域规模与耐性的古老惯性会胜出，而日本人会被吞噬——并被消化——就像他们的前人那样。

---

① 首次发表于《新共和》，第 25 期（1921 年），第 187 页。关于杜威对这封信的答复，见本卷第 72—78 页。

如果有一本书能对这些问题提供资料的话,烦请您把它推荐给我好吗?并且,与此同时,如果能请性情与兴趣如此令人赞赏、又在最近对中国作了访问的杜威教授在一两篇文章中对这些现象作一个简要的概括,难道不是一件美事吗?

J·W·赫尔本
于瑞士,日内瓦

5.
美国的中国政策①

先生：

您关于美国、日本与英国的社论，连同杜威教授的文章《中国内地》(7月6日)一起，恰好引起了我的注意；因为我最近刚在中国与日本作了为期10个月的逗留，在那些地方，我密切地接触了各个教育与进步团体，以及少年中国运动(Young China movement)。

虽然我无意与杜威教授就国家主义进行一场争论，在北京，我在友好的氛围中遇见了他，但是有一些事实与考虑，他同《新共和》杂志的那群人，以及我在远东地区遇到的所有美国人一样，拒绝加以面对。虚伪作为一个缺点在美国人这里表现得和英国人一样突出，而在英国人与美国人的争论中，某种温和的犬儒主义对两方面主张的准确解读而言是基本的。比如说，当我在北京读到英国出版物对孙中山的广州"暴民"的轻蔑声讨时，我问道，"他们做了什么事惹恼了香港？"《卡塞尔煤矿条约》出现了。相反地，当我发现美国的评论杂志在褒扬广州人的诚实、正直与英雄气概方面几乎到令人作呕的地步时，我同样希望深入表面现象之下。从美国的评论杂志(比如《远东评论》之类)以及杜威教授最近的文章中可以看出，有件事正在进行中。"有一个"在广州陆地上建造一个新港口的"计划"，这对香港会构成严重的竞争；但是，如果《卡塞尔煤矿条约》有用的话，本来从香港出发的某条铁路的建造是能够使这个港口的建造变得无用的。

此刻，正当我在写这封信以及准备作出我下一个批评性的猜测时，我听到了一个

---

① 首次发表于《新共和》，第28期(1921年)，第297页。关于本文的回复文章，见本卷第121—126页；关于杜威的回答，见本卷第409—410页。

消息,即乔治·H·尚克(George H. Shank)与"南中国共和国"("Republic of South China")签订了一个条约,对广东省的工业资源享有为期20年的垄断权,这使我省却了作出猜测的麻烦。美国对香港的邪恶在道德上的愤慨,如今完全得到了解释。

但是,没有得到解释的,是阅读您的报纸和为您的报纸撰写文章的这些聪明而思想开明的美国人的态度。他们所认为的外国资本家们把一种压倒性的垄断强加在一个年轻的、进步中的政府的头上的做法,同杜威教授公正地谴责为不具代表性的和腐败堕落的前一种做法相比更道德吗?北京政府——广州的敌人-压迫者,在所有方面均被谴责为不具代表性的和腐败堕落的,但美国资本在与另一个垄断条约打交道时,并不对它加以道德上的考察。美国最近与北京缔结了一个条约,其中包含对中国所有无线电台的垄断;并且,当它发现北京以中国人通常具有的好脾气,先前已经把类似的无线电台垄断权给予了日本的时候,美国政府就以将其称为中国人的"不友好行为"的措辞来进行威逼恐吓。

我是像习惯于认为所有弱小的政府,只有根据它们是服务于还是对立于我所属的英国政府的国家意图来看才是"道德的"或"邪恶的"那种人一样来写作的。我向渴望密切注意他们自己的国家在通往帝国的道路上迈出的最初步伐的那些自由主义派的美国人建议这种态度。

但更重要的是,我对中国人怀有最深切的敬意与好感;我认真地坚持主张,他们的古老文明与产生了欧洲和美国的文明是平等的;而年轻的中国正在想象并有能力逐渐使之演变的文明,将会比我们的和你们的文明优越。并且,我认为,美国在不远的将来,将如同英国与日本那样,对这种渐变和中国人的诚实正直构成巨大的威胁。"我们在华盛顿会议上的目标,"你们的威廉·哈德先生(Mr. William Hard)说,"与中国的即时解放无关,而与对中国一些事情的管理规则有关,这些事情正在拖延中国的最终解放。"如果美国资本牢牢地把握事态,那个"最终"将会成为一个遥遥无期的说法。

朵拉·W·布莱克
于伦敦

6. 自由主义与非理性主义①

自由主义者或知识分子过去常被指责为这样一些人,他们的信念缺乏健康的感情活力。但美国自由主义发现自身所处的境地,作为过去10年来种种剧变的结果,已经招致了保守人士与激进人士的嘲笑,他们说自由主义者在理智上黔驴技穷了。正直的自由主义者不必十分起劲地去花心思否认这一个指责。事实上,要保持自由主义这种信念,是一件难得多的事。保守人士,由于他为人类基本惰性以及对未知的和未尝试过的事物与生俱来的畏惧所支撑,只需通过要求创新者们证明他们的方案优于现行方案,就能相当容易地保持他的立场。在人类事务的不确定性中,这样的证明很少能够是完全的。

这同一种不确定性也使人难以反驳激进人士的信念,这种信念认为,植根于人类生活中的种种罪恶能够通过某种简单的疗法得到治愈,比如单一税制、国家或行会社会主义、共产主义,或名为个人主义的无政府状态。自由主义者不具备先天得到保障的改革原则,但是,像学习自然科学的学生一样,把这些原则作为要经常由经验事实来检验的假设来运用,他有比仅仅保持自己最初的假定更为复杂的任务。他必须用批评的眼光看待自己的这些假定,并经常修正它们来符合实际生活中显示出来的新情况。如果像激进人士那样,从这样一种确信出发,即人类的生存与发展要求有意识的改变和冒险精神,那么,他就不能使自己对所有这类冒险中固有的致命危险视而不见。要把人类从构成"过去的智慧"的一部分众多而不必要的限制和迷信中释放出来,这不是随便说说和简单地念念魔咒的问题。它要求多样而精确的知识、批判的反

---

① 本文最初作为一篇短评发表于《新共和》,第30期(1922年),第333—334页。关于杜威的答复,见本卷第421页。

思,以及一种准备去遭遇出人意料之事的恒常准备状态。因此,诚实的自由主义者必须承认生活是难以理解的,因为它超越了知识;而激进人士或保守人士的信念如果足够牢固地得到坚持的话,能使它的皈依者省去经常检验事实证据之力,并使搁置判断直到获得进一步的知识成为不必要的,甚至是不忠诚的。

这种境况说明了为什么自由主义者看起来犹豫不决和无计可施。然而,重要得多的是这样一个事实,即它解释了为什么在一个缺乏耐性的世界里,自由主义者经常试图离开他们充满困难的道路,并且要么去抓住某种简单的万灵药,要么用一种实在是过分简单的怀疑主义聊以自慰。事实上,怀疑和轻信常常结伴而行,就像在鲁滨逊(Robinson)教授的近著《形成中的心灵》(Mind in the Making)中那样,这本书以反对"人类的发现结论"开始,然后天真地把一些东西作为"不容置疑的历史事实"提出来,其中不仅有新近的社会科学那些未经充分证实的假设,还有在科学史上已经被推翻的古老陈旧的观点。毫无疑问,书中有许多引人入胜之处,但这些与它有修养的文雅一点也不沾边。鲁滨逊教授在书中显示他自己是一个真正的自由主义者,不仅是通过他对拉斯克派(the Luskers)那顽固的不宽容的巧妙嘲讽,而更多的是通过他对创新智慧(creative intelligence)信念的表白。但是,当我们问及这种创新智慧的方法和内容时,鲁滨逊教授没能给我们任何实证性和实质性的东西。他以一种一般的方式,相信人类的拯救依赖于将自然科学的方法引入我们的社会问题。但是,他对这种时兴的对理性的不信任的接受,妨碍了他对构成自然科学的方法和界限的东西进行任何仔细的分析;而他急于证明保守人士的错误这一点,促使他投靠了一种非历史的观点,认为现代科学始于培根、笛卡尔和伽利略决心逃离过去之时。然而,无可否认的事实却是,现代科学的伟大奠基者们,像维萨留①、哥白尼、哈维和开普勒这些人都精通希腊科学(Greek science),这是他们的工作不可或缺的基础。笛卡尔和伽利略也都不是白手起家的,他们是从明确的新柏拉图主义理论出发的,比如认为自然之书是用几何学的术语来书写的。相反的印象,即这些人从不顾所有先前的理论出发,决定让实验事实自己说话,这是由于著述的史学家们发现,不容易读懂16世纪和17世纪的科学原著,而满足于从像笛卡尔的《方法谈》(Discourse on Method)和培根的《新工具》(Novum Organum)之类的大众文献中去获得信息的缘故。但是,笛卡尔的《方法谈》如果脱离他的《几何学》(Geometry)和《折光学》(Optics),将是充满误导的;而培根,虽然他具有无可怀疑的天才,但并不比西奥多·罗斯福有更多的权利要求把自己

---

① 维萨留(Andreas Vesalius,1514—1564),比利时医学家,近代解剖学的奠基人。——译者

看作现代科学的一个奠基人。实际上,从哥白尼天文学出发来看,培根更像他那个时代的 W·J·布赖恩。

现在流行的观念恐惧症或对理性的不信任,在鲁滨逊教授因发现了动机或"真正的"理由的重要性而导致他轻视合理化过程或"好的"逻辑理由的发现结果中,或许得到了最具典型特征的表现。日常经验似乎相当清晰地指出人们对其宗教、政治、经济和法律政策给出的理由确实影响着这些政策的发展,并且昔日我们的祖辈所遵奉的"好的理由"也属于对今日的生活而言真正的理由。除了决定论那半生不熟的形而上学教条之外,有什么根据来否定人类根本的合理化过程的所有效用吗?这种教条被认为是由现代自然科学来证明的,但令人尊敬的自然科学家们小心翼翼地与它保持距离。今天,许多人也许会与鲁滨逊教授轻率的形而上学企图产生共鸣,这种企图是威廉·詹姆斯描绘为"不过是想清楚地思考的顽强努力"的一种人类的进取心。但尚且健在的哲学家们中间最具形而上学特色的人——布拉德雷,很久以前就指出:如果形而上学是在为我们凭借本能所持有的东西指定糟糕的理由,那么,对这些理由的寻求本身就是一种本能;并且,我们还可以补充说,它在文明的生活中扮演着主要的角色。无论如何,熟悉一下传统哲学可以通过我们称为历史的一些过去的片断,教会我们在试图驳斥像保守主义这样一种基本的人类态度时要谨慎。因为构成我们的历史的事实选取是根据哲学的模型来进行的,而因此,保守人士也能选取他的事实并像鲁滨逊先生一样出色地证明自己的立场。实际上,在鲁滨逊教授和保守人士立场的根据中,在与专门工具打交道时都有一种相同的厌恶,而人类政治、经济和社会状态中的任何实际改善正是通过这些专门工具带来的。

我们的读者千万不要认为,所有这些只是出于纯粹的学术兴趣。来自流行于当今"知识分子"中间的反理性模式对真正的自由主义的危险,是有重要意义的。针对旧理性主义的愚蠢之处的反应,使他们走向了非理性主义的另一个极端。我们必须记住,在《独立宣言》和 1789 年的法国《人权宣言》中表达自身的老自由主义,明显是理性主义的。通过对理性与理性原则的信念,它推翻了封建体制,引入了公众教育,改革了旧有的残酷刑法,使对病人身心方面的治疗变得人性化,把科学研究从神学的束缚中解放出来,并为生活的享受开发出新的来源。它之所以失败,是因为对理性的热情使它忽视了人性根源中粗野的动物本性。人对人们之间手足情谊的单纯信念忽视了各种民族主义感情,而它所珍视的信念,即启蒙会把自由竞争变成一种普遍的赐福,被私人资本主义集中(private Capitalistic concentration)的实际效果打败了。然而,这并不意味着我们必须拒斥老自由主义,而是说我们必须给它一个更加坚实的基础。因为发现人类生活之花在黑暗的土壤上有其根源,这并不在任何方面否定阳光的价值与重要性。我们似乎生活在这样一个时代,在这个时代中,对空气、天空和阳光的奥林匹斯山诸神的崇拜正在被对地下诸神的崇拜所取代。但是,自由文明的根本所在恰恰永远是认为人与生俱来的或基本的动机必须通过理性之光来加以规范和控制,能记住这一点,这总是好的。

文本研究资料

古典名著普及文庫

文本说明

在构成《杜威中期著作》(1899—1924)第 13 卷的 53 篇文章中——它们包括了杜威在 1921 至 1922 年间所撰写的全部文章,除了《人性与行为》,它收录于《杜威中期著作》第 14 卷——有 44 篇文章是随笔。这些文章的范本方面都没有任何问题。22 篇最初发表于《新共和》,4 篇最初发表于《哲学杂志》,3 篇发表于《亚洲》,7 篇发表于其他不同的杂志。其余 8 篇随笔刊登于《巴尔的摩太阳报》。另外 9 篇文章是 2 篇书评、1 份课程大纲、1 篇百科全书投稿、4 篇杂著,以及对杜威的一个访谈。

本卷的随笔中有 25 篇发表于杜威生前;其中,20 篇刊行于杜威持合作和赞许态度、但不是直接参与的,由约瑟夫·拉特纳编辑的文集《人物与事件》(纽约:亨利·霍尔特出版公司,1929 年),以及《今日教育》(G·P·普特南出版公司,1940 年)。其余 5 篇随笔中,有 4 篇发表于《中国、日本与美国》(纽约:共和出版公司,1921 年);[①]《中国是一个国家吗?》发表于《苏俄及革命世界:墨西哥-中国-土耳其印象》(纽约:新共和公司,1929 年)。这些文集的发表都得到了杜威的同意,虽然所作变更的性质——主要是对印刷错误的修正——清楚地表明,杜威本人并不曾为了发表而对原始文本加以修订。

完全可以说,一贯倾向于突出热点社会与政治关切的《新共和》,是杜威在那个时期把大量文章刊登在上面的唯一一本杂志。没有任何来自《新共和》的正式通信被保

---

① 下面这段引言出现于《中国、日本与美国》的开头:"下面这些文章是以它们被写出来时的状态加以重印的,尽管当时那些事件的面貌已经随着随后知识的增长和后续事件而发生了变化。不过,从整体上来说,作者仍然会同意他当时的观点。在文本可能会令人产生误解的地方,插入了一些脚注。写作日期被保留下来,以便对读者进行引导。"

留下来,因为有这样一条规定:一般七至八年以后要销毁各种文件。① 杜威确实在1921年给阿尔伯特·C·巴恩斯(Albert C. Barnes)写信提到:"我得到了一个发表它们并获得满意报酬的机会,除此之外,我别无所求。再说《新共和》本身做得比任何其他美国刊物都好,这或许不是很重要,但确实有一点儿关系。"②一年以后,杜威仍在称赞《新共和》。他在给巴恩斯的另一封信中写道:"《新共和》给了我一个机会,发表那些在它创办以前,我从来没有机会发表的东西。"③在数年的时间里,杜威每周获得50美元的预付费,以及决定文章主题和供稿数量的完全自由。布鲁斯·布利文(Bruce Bliven)是在数年间负责杜威著作的一位编辑,他评论说,虽然"我的改动常常是非常厉害的,但从来没有从他那里听到过一句抱怨。我发现……尽管有一些例外,但是一个人越伟大,他就越不会在词句上吹毛求疵,只要他表达的意思没有被改变"④。

在此之前,杜威曾经提及他收到了来自《亚洲》的一个迫切请求,请他为回应[J. O. P.]濮兰德的激烈言辞而写一些文章。⑤ 当时,他寄去了《老中国与新中国》和《中国的新文化》。⑥ 属于美国亚洲学会的月刊、号称"关注东方的美国杂志"的《亚洲》刊出了杜威的前一篇文章,这篇文章"对于当今这些根本问题的态度",尤其是基于对中国人的思想和心理的分析而得出的那些观点,被该杂志描述为"对《亚洲》读者一份无比珍贵的贡献"⑦。

在《新共和》中,一个题为"裁军?"的有关华盛顿会议⑧的广告写道:"《巴尔的摩太阳报》为报道会议新闻和将会在会议上产生的各个问题的讨论而作了不同寻常的

---

① 布鲁斯·布利文致乔·安·博伊兹顿,1971年6月14日,杜威研究中心,卡本代尔:南伊利诺伊大学。
② 杜威致巴恩斯,1921年3月28日,约瑟夫·拉特纳编辑,杜威著作特辑,收藏于南伊利诺伊大学,莫里斯图书馆。杜威和巴恩斯两人都认可了约瑟夫·拉特纳对杜威-巴恩斯通信进行的影印。通信的原稿藏于巴恩斯基金会,不提供作研究之用。这里所有的参考都是根据拉特纳/杜威著作特辑中的影印件。
③ 杜威致巴恩斯,1922年5月8日。
④ 布鲁斯·布利文,《五百万字后》Five Millon Words Later(纽约:约翰·戴出版公司,1970年),第203页。
⑤ 杜威致巴恩斯,1920年12月5日。
⑥ 巴瑞·基南暗示后面一篇文章的开头提到的"一位中国朋友"指的可能是胡适。《杜威在中国的实验》(The Dewey Experiment in China),剑桥,马斯:哈佛大学出版社,1977年,第251页。
⑦ 《亚洲》,第19期(1919年),第1077页。
⑧ 由沃伦·哈定总统召集的华盛顿会议,是有关限制海军军备及同盟事宜的一系列国际会议中的第二个。

安排。"列在"特约专栏撰稿人"名单之中的有:

> 约翰·杜威博士,哥伦比亚大学著名哲学教授。过去两年,他在中国与日本度过。他的研究引导他进入了政治和政体学领域,并且,他有可能比世上的任何其他美国人更适合于对将会在会议过程中产生的各种问题的诸多方面进行讨论。①

在1921年12月14日至12月17日之间,《巴尔的摩太阳报》上刊出了8篇文章,其中包括分4个单独部分发表的《华盛顿的各项议题》。文章所起的冗长标题在本卷中进行了缩短,而报章内部的副标题则略去了。第194页第一行"Principals"的错误使用作了修订,并且标识了出来。

在《哲学杂志》上刊出的两篇哲学论文是对其他文章的回应,《并无一元论或二元论的实在论》回应的是阿瑟·洛夫乔伊的《实用主义对实用主义者》,这个讨论持续至1924年;《对反思性思维的一个分析》回应的是劳伦斯·布尔梅耶的《杜威教授对思维的分析》,而后者是由杜威在1910年出版的《我们如何思维》一书催生的。虽然后一场论争中没有再出现进一步的文字材料,但是有可能引发了口头的讨论,正如杜威在给巴恩斯的信中所写:"我对布尔梅耶的回应在最近一期杂志中刊出了。他昨天得感冒回家休息了,所以我没有机会就此和他进行讨论。他认为我在问题的某些点上误解了他,肯定确实如此。"②

有3篇文章是由中国人编辑与刊登的。其中编辑质量最佳的一篇《中国与裁军》,刊于《中国学生学报》,在1905年由美东中国学生联合会(*Chinese Student's Alliance of Eastern States*, U.S.A.)创办的一份英语杂志。哥伦比亚大学俱乐部在其中扮演了一个重要角色。

杜威宣读于中国社会和政治科学学会的一篇题为"种族偏见与冲突"的文章,由该学会的杂志《中国社会与政治科学评论》发表。鉴于从整体上来说,这份北京的季刊上所出现的英语材料没有得到良好的编辑,在本卷重新刊出时,不得不在编辑方面进行大量的更正。

有5篇杜威的文章以日文发表于1921年的《改造》杂志上,这是一份日文的政治

---

① 《新共和》,第28期(1921年),第vi页。
② 杜威致巴恩斯,1922年1月25日。

类评论月刊。其中由维克多·小林(Victor Kobayashi)把题目翻译为"东方文明是精神性的而西方文明是物质性的吗?"。① 这一篇也同时以"国家之间相互理解中的一些因素"为题,用英语发表于同一期《改造》杂志的正文中。② 这份杂志缺乏对英语材料的编辑经验,同样使编辑上的更正成为必要。在1960年代后期,夏威夷大学的网冈四郎(Shiro Amioka)博士为4篇没有翻译过的文章作了英文摘要;这些摘要发表于《杜威时事通讯》③,并在本卷中集结为附录一。

尽管并未打算出版,但1922至1923年间,杜威为哥伦比亚大学的"哲学191—192"所写的题为"哲学思想的各种类型"的课程大纲,足够重要到在此加以收录。我们把杜威作了大量手写标注和更正的《约翰·杜威文本》作为范本;只有那些更正作为修订被采纳了。不完全的标注收于变更列表之中。杜威所作的三个明确的变更也作为修订而得到了采纳,以《艾尔西·里普瑞·克莱普文本》(*Elsie Ripley Clapp Papers*)的一个课程大纲复本为根据。④ 艾尔西·克莱普给她的课程大纲复本加了一个封面,上面清楚地写着:"JD给我的——/在波士顿的那年/——1922—1923"。根据杜威的习惯,他或许把刊于本卷中的这个课程大纲的一份草稿让秘书打字出来。他对打算仅供课堂教学之用⑤的课程大纲的打字稿中的细节和技术性内容漫不经心,导致参考文献方面存在大量不清楚和不一致的地方,无论在正文中还是在独立的参考文献部分。因此,目前这个课程大纲版本根据下面这些可以辨认的主要方式对原始文本进行了一些形式上的规范。

1. 提要的形式经过了规范。

2. 书籍名称规范成一个经过缩短的形式,并以斜体字表示;对书籍名称中使用的缩略文字进行了完整还原。

3. 对杂志名称进行了缩略,并以斜体字表示;卷目中的"vol."被删去了。

---

① 维克多·小林(安阿伯:密歇根大学出版社,1964年),第161页。
② 《改造》,1921年5月,第103—114页。
③ 《自然科学中的理想主义》,《改造》,1921年4月,第198—208页(《杜威时事通讯》,1969年4月,第6—8页);《科学与当今工业体系》,《改造》,1921年3月,第103—115页(《杜威时事通讯》,1969年4月,第8—10页);《种族偏见的一个哲学解释》,《改造》,1921年8月,第73—90页(《杜威时事通迅》,1969年7月,第13—17页);《太平洋会议》,《改造》,1921年9月,第235—240页(《杜威时事通迅》,1969年7月,第17—18页)。
④ 艾尔西·里普瑞·克莱普著作特辑,莫里斯图书馆,卡本代尔:南伊利诺伊大学。
⑤ 不过,杜威在第377页第21行加了一个阿拉伯数字"1"。这表明,他实际上偶尔也会对整体形式加以注意。

4. 用杂志名称及作者姓名代替了"ibid."和"same journal",并在有歧义的地方进行了补充标明。

5. 作者姓名首字母用姓氏进行代替或补充;作者姓氏规范成以大小写字母排印。

6. 卷目数字在必要的地方用阿拉伯数字替换了罗马数字,并加上"p."或"pp."以区分清楚。

7. 在语句和诸如 f., ff., esp. 和 etc. 这样的缩略语之后加上了句号。

对课程大纲中那些明显错误的更正必要地列为了修订。对第 386 页第 4 行从"心理学的"到"从心理学上来说"的更正的合理性,可以在杜威的讲座记录中找到证明。①

在这份课程大纲中,杜威"在感谢莫提默·阿德勒(Mortimer Adler)先生提供的参考书目"的基础上,开列了一个很长的参考文献部分。这个参考书目根据阿德勒最近的回忆,"是关于意义理论这个主题的",他是"为了关于在 1922 年春提交给哥伦比亚大学研究生哲学俱乐部的一篇关于意义理论的论文而准备的",②杜威参加了这个俱乐部。杜威用一页纸的篇幅开列出课程大纲中的参考书目。

杜威给萨尔蒙·O·列文森(Salmon O. Levinson)的小册子《战争的非法性》(Outlawry of War)所写前言的打字稿,被用作目前这个版本的范本。③ 杜威在这份打字稿上,用打字机和手写作了大量的更正和更改,并且补充了一个结论句。虽然他很早就答应写这样一个前言,但实际上的写作看来是在一个很短的时间内完成的。在 1921 年 11 月 26 日,列文森"寄来了小册子的校样,您非常善意地答应过为它写一个前言"④。杜威在三天后回信写道:"我已经写了一些字句,如果您不喜欢它们,可以随意地把它们扔掉,或者可以写信给我,让我知道您喜欢从我这里得到什么样的评论。"⑤列文森非常满意,他回信说:"我认为您的前言是极其出色的。对我来说,能够得知一位真正的思想家的视角,以及这本小书给这样一个头脑留下的印象,这是非常

---

① 在杜威对"哲学 191—192"所作的讲座记录中有这样一句话:"这已经暗示了思考或推理从逻辑上来说,而不仅仅是从物理或心理学上来说,是一个时间性过程"(杜威著作特辑,莫里斯图书馆,卡本代尔:南伊利诺伊大学)。
② 阿德勒致列文森,1980 年 9 月 24 日,杜威研究中心,卡本代尔:南伊利诺伊大学。
③ 列文森著作特辑,芝加哥大学,约瑟夫·瑞根斯坦图书馆。
④ 列文森致杜威,1921 年 11 月 26 日,列文森著作特辑。
⑤ 杜威致列文森,1921 年 11 月 29 日。

新鲜和富有启发性的。"①这本小册子最初是私人印刷的,后来由参议员 W·E·博拉(W. E. Borah)提交收入《国会议事录》(*Congressional Record*),对此,杜威写信给博拉道:"由于您的帮助和关注,我们欠了您很大的一个人情。"②随后,列文森承担了由国家印刷厂(Government Printing Office)再版的费用。

1919 年初,斯卡德·克莱斯请求杜威为他的书《宇宙》写一个导言,他"确信这会非常实用地有助于找到一个出版商来出版它,并且会具有更大的影响力来使读者阅读它"③。由于杜威动身去日本,故而耽搁了一些时间,一直到 1919 年 10 月,克莱斯仍在促请杜威的参与,他说:"您的导言对这本书的成功是十分必要的。"④杜威从北京确认他收到了这本书的手稿,并补充说:"我在这儿一直很忙,到目前为止,除了随便翻两页还没能做其他事情。我很乐意写一个简短的导言,并希望能很快将它完成。"⑤几个月过去了,其间,克莱斯和杜威一直保持着通信。杜威在 1920 年 5 月上旬完成了他的导言,但他对完成的结果不满意,他写道:

> 您会和我一样对这篇导言感到不满意的。看上去好像我在这个年纪以前就能写出这样的东西了,可是我没能写出来。我说介绍《宇宙》……简单地说,做任何能使它变得有用的事是不容易的,您会明白我说的是什么意思。⑥

然而,克莱斯对导言的感觉与杜威并不相同,他立即回信写道:"在我看来,它在每一个方面都异乎寻常得好。"⑦克莱斯还写信给杜威说,大卫·史塔尔·约旦(David Starr Jordan),即第二个导言的作者,也赞同说杜威的导言"是……出自在世的哲学家最有才能的人之手的一篇卓越的文字"⑧。

查尔斯·伍德对杜威所作的访谈,以"约翰·杜威教授/谈谈让教育停滞不前的那种歇斯底里"为题发表于《纽约世界报》的社评部分,就像五年前伍德对杜威所作的另一个访谈一样。在杜威一开始拒绝进行的 1917 年的那个访谈中,伍德评论说:"以

---

① 列文森致杜威,1921 年 12 月 3 日。
② 杜威致博拉,1922 年 3 月 6 日。威廉·E·博拉著作辑,华盛顿特区:美国国会图书馆。
③ 克莱斯致杜威,1919 年。斯卡德·克莱斯著作辑,华盛顿特区:美国国会图书馆。
④ 克莱斯致杜威,1919 年 10 月 3 日。
⑤ 杜威致博拉,1919 年 11 月 25 日。
⑥ 杜威致博拉,1920 年 5 月 6 日。
⑦ 克莱斯致杜威,1920 年 6 月 4 日。
⑧ 克莱斯致杜威,1920 年 6 月 22 日。

前我经常听到人们称他为'美国教育家的领袖'。做完访谈回来,我觉得这种说法并不夸张。"①伍德的看法在1922年并没有改变,他那时称杜威为"一个百分之百的教师"。我们可以推想,因为与采访者的熟识,杜威觉得他的表达肯定会得到准确的报道;由于这种可以断定的准确性和杜威表述的重要性,这篇访谈被收进了本卷之中。

B. L. ②

---

① 查尔斯·伍德,《随着和平的到来,人民大众将需要十亿美元的人性贷款并有能力获得》("With the Coming of Peace the Masses Will Demand Billion Dollar Humanity Loans and Have the Power to Get Them,")《纽约世界报》,1917年7月29日。
② 即本卷英文版文本编辑芭芭拉·莱文。——译者

校勘表

510 对范本所进行的所有实质用词和偶发拼读方面的校勘,除了下面指出的形式上的改动之外,都在这个列表中罗列了出来。每一篇文章的范本都在那篇文章的校勘表之首即被确定;对于那些经过再版而这里首次进行校订的文章,我们补充了相关的出版信息和符号。左边的页码及行数,来自目前这个版本;行数以除了行间标题之外的印刷行数来计算。半个方括号左边的文字来自本版;方括号后面是首次校勘的出处的一个缩写。W 表示"著作"——当前版本——并用于此处首次进行校勘的情况。对仅仅关乎标点符号的校订,波浪线(~)表示方括号之前的相同文字;向下的脱字符(^)表示标点符号的空缺。"rom."这个缩写意为罗马字体,用来表示斜体的省略。

本卷通篇在下列这些方面作了一些形式上或者说机械的改动:

1. 书名和杂志名称用斜体表示,并在必要时进行了补全和扩充。文章和书名都以引号标记。

2. 对杜威的文本形式进行了统一:取消 *op. cit.*;卷号用大写罗马数字表达,去掉卷号之后的期号;章节号采用阿拉伯数字;对缩写进行了规范;去掉了文章标题之后的期号。

3. 对于非内引材料,单引号改为双引号;在必要的地方补出前引号或后引号,并进行了标注;逗号和期号放到引号内。

4. 文本内部对没有歧义的标题的重复被略去了。

下面这些拼写由编辑规范成了杜威特有的用法,列在半个方括号的左边:

511 background] back-ground 359.2
centre(s)] center 103.40, 105.1, 109.26, 181.15, 191.31, 374.15, 375.24

common sense (noun)] commonsense 413.31, 419.3, 420.2, 420.3, 420.6
cooperate (all forms)] co-operate 175.17, 216.20
cooperation] coöperation 96.29, 218.36 – 37
coordinate (all forms)] co-ordinate 177.6, 181.29, 185.31, 185.33
coordinate (all forms)] coördinate 35.2 – 3, 35.5, 38.16, 38.21, 38.23
deep-seated] deepseated 243.1, 253.16
judgments] judgements 243.33
mainland] main land 124.3
matter-of-fact] matter of fact 362.4
new-comers] new comers 245.20, 245.34
organization] organisation 252.14
partisan] partizan 100.23
race prejudice] race-prejudice 248.3
ready-made] readymade 370.12 – 13
role] rôle 301.18, 331.5, 340.18, 341.35, 422.8
self-action] selfaction 365.38
self-conscious] selfconscious 277.37
self-government] self government 236.25
self-interest] self interest 339.32
self-movement] selfmovement 365.38
so-called] socalled 393.3
so-called] so called 394.40
standpoint] stand-point 390.34
story-telling] story telling 32.5
though] tho 417.2, 418.34
wide-spread] wide spread 268.33
zoologists] zoölogists 41.26

《评价与实验知识》

范本为先前出版的唯一版本,刊于《哲学评论》,第31卷(1922年),第325—351页。

3.16	committal]	W; commital
3n.1	Practise]	W; Practice
4n.2	Values]	W; Value
5n.5	them into]	W; them
8.22	sixth]	W; six
8n.1	"A Study]	W; A "Study
11n.18	XVI]	W; XVII
16.2	valuation-judgment.)]	W; ~).
17.19	available;]	W; ~:
19n.2	Making]	W; Regulation
22.8	experiment]	W; experiment it
23.24	well as]	W; well

《知识与言语反应》

范本为先前出版的唯一版本,刊于《哲学杂志》,第 19 卷(1922 年),第 561—570 页。

36.3	says:] W; ~.:⁴
36.7	Rubicon.'"⁴] W; ~.'"
37.39	to-stimuli] W; ~‸~

《并无一元论或二元论的实在论》

范本为先前出版的唯一版本,刊于《哲学杂志》,第 19 卷(1922 年),第 309—317、351—361 页。

40.10	withholding] W; witholding
43.21	interesting] W; interest / ing
47.38	present] W; past
48.26	67] W; 70
49.2	"The Thirteen Pragmatisms"] W; "Thirteen Varieties of Pragmatism"
55.8	as-to-be-] W; ~-~‸~-
56n.3	affects] W; effects
60.20	proffered] W; proferred

《对反思性思维的一个分析》

范本为先前出版的唯一版本,刊于《哲学杂志》,第 19 卷(1922 年),第 29—38 页。

66.4-5	Weismannism] W; Weissmannism
66.22	678] W; 675
67.34	similarity] W; similiarity
70.3-4	meaning] W; meaning of

《中国是一个国家吗》

范本为本文的首发稿,刊于《新共和》,第 25 期(1921 年),第 187—190 页(NR)。重刊于《苏俄及革命世界:墨西哥-中国-土耳其印象》,第 252—270 页(ISR),以及《人物与事件》,第 1 卷,第 237—243 页(CE),以"中国国家身份的诸条件"为题,在其中首次出现若干修订。

72.6	homogeneous] ISR, CE; homegeneous NR
73.38;74.7	states'] W; States' ISR; states NR, CE
74.24	miscellaneous citations warn] CE; a miscellaneous citation warns NR, ISR

74.31	familiar]	ISR, CE; familar NR
74.37	boycott of 1919]	ISR; recent boycott NR, CE
74.39	terminology]	ISR, CE; termi-/ology NR
75.19–20	pigeon-holing]	ISR, CE; pigeon-holding NR
75.40	invaders]	W; invaders that NR, ISR, CE
76.19	upper-class]	ISR; ~ ˬ ~ NR, CE
77.1	"in becoming."]	CE; ˬ~.ˬ NR, ISR

《远东的僵局》

范本为先前出版的唯一版本,刊于《新共和》,第 26 期(1921 年),第 71—74 页。

85.3	Mitsubishis]	W; Misubishis
85.13, 29, 36	Twenty-one Demands]	W; Twenty-One demands

《银行团在中国》

范本为先前出版的唯一版本,刊于《新共和》,第 26 期(1921 年),第 178—180 页。

88.3	happy ˬ hunting]	W; ~-~
88.40	Yuan Shin Kai]	W; Yuan Shi Kai

《老中国与新中国》

范本为本文的首发稿,刊于《亚洲》,第 21 卷(1921 年),第 445—450、454、456 页;重刊于《人物与事件》,第 1 卷(1929 年),第 255—269 页(CE),以"少年中国与老年中国"为题,在其中首次出现 1 个修订。

93.3	one-sixth]	CE; ~ˬ~
99.14–15	Yuan Shih-kai]	W; Yuan Shi-kai

《中国的新文化》

范本为本文的首发稿,刊于《亚洲》,第 21 卷 (1921 年):第 581—586、642 页;重刊于《人物与事件》,第 1 卷,第 270—284 页(CE),在其中首次出现 2 个修订。

109.39	"Chinafied"]	CE; "chinafied"
110.5	A]	W; *The*
112.39	politicians]	CE; pol ticians

《中国内地》

范本为本文的首发稿,刊于《新共和》,第 27 期(1921 年),第 162—165 页;重刊于

《中国、日本与美国》,第 21—27 页(CJ),在其中首次出现 2 个修订。

121.20;125.11	Cassel] W; Cassell
124.8	railways,] W; ~₀
125.22 - 125n.2	militarists.¹...agreement.] CJ; militarists.
126.1	naïve] CJ; naive

《分裂的中国》

范本为本文的首发稿,刊于《新共和》,第 27 期(1921 年),第 212—215、235—237 页;重刊于《中国、日本与美国》,第 33—44 页(CJ),在其中首次出现 5 个修订。

127.21 - 127n.2	region,¹...districts.] CJ; region,
129.6	However,] W; ~₀
130.5	carpet-bag] W; ~₀/~
130.32;133.35	Yuan Shih-kai] W; Yuan Shi Kai
131.6	Tso Lin] CJ; Tsolin
134.1 - 2	Peking...alike] CJ; Peking
134.28	stranglehold] CJ; strangle hold
134.29	with] CJ; with with
134.30	view] W; views

《再访山东》

范本为先前出版的唯一版本,刊于《新共和》,第 28 期(1921 年),第 123—126 页。

140.25	some time] W; sometimes
140.29	manoeuvres] W; manouevres
141.7	a short] W; short
145.39	Conference] W; conference

《联邦制在中国》

范本为先前出版的唯一版本,刊于《新共和》,第 28 期(1921 年),第 176—178 页。

151.33	Yuan Shih-kai] W; Yuan Shi Kai
152.21	unparalleled] W; unparallelled

《中国与裁军》

范本为先前出版的唯一版本,刊于《中国学生月报》,第 17 期(1921 年),第 16—17 页。

156.17	although] W; athough
158.24	itself.] W; ~,

158.25   isn't] W; is'nt

《美国在岔路口》

范本为本文的首发稿,刊于《新共和》,第 28 期(1921 年),第 283—286、315—317 页;重刊于《中国、日本与美国》,第 51—64 页(CJ),部分重刊于《巴尔的摩太阳报》,1921 年 11 月 4 日(S),以"中国与军备会议"为题,在其中首次出现若干修订。

160.35   Bank, etc.,] CJ; ~ˏ~·ˏ
162.8   in] S, CJ; in in
165.24   it] S, CJ; if
169.14   Yuan Shin-kai] W; Yuan Shi Kai
171.20 - 22   These...say them.] CJ; [*not present*]

《华盛顿的各项议题》

范本为先前出版的唯一版本,刊于《巴尔的摩太阳报》,1921 年 11 月 14 日;1921 年 11 月 15 日;1921 年 11 月 16 日;1921 年 11 月 17 日。

176.20   or] W; of
176.26 - 27   established] W; estatblished
178.36   Nevertheless] W; Never-the less
178.38,39   Yangtse] W; Yangste
183.21   provincial] W; provicial
184.18 - 19   disinterested] W; distinterested
185.10   allotted] W; alloted
187.9   to] W; jto
188.31   by] W; but

《中国的诉求中表现出了精明的策略》

范本为先前出版的唯一版本,刊于《巴尔的摩太阳报》,1921 年 11 月 18 日。

191.11   the] W; their
193.13   unity] W; nuity
193.14   argument] W; argue

《对中国的四条原则》

范本为先前出版的唯一版本,刊于《巴尔的摩太阳报》,1921 年 11 月 23 日。

194.1   PRINCIPLES] W; Principals
196.7   ambiguous] W; ambigious

《山东问题的各个角度》

范本为先前出版的唯一版本,刊于《巴尔的摩太阳报》,1921年12月5日。

201.25　　　　wrong] W; wrnog

《中国人的辞职》

范本为先前出版的唯一版本,刊于《巴尔的摩太阳报》,1921年12月9日。

210.8　　　　pro-Japanese] W; ~˄~

《条约的三个结果》

范本为先前出版的唯一版本,刊于《巴尔的摩太阳报》,1921年12月11日。

212.28　　　　subject] W; subjec

《关于〈四国条约〉的几点事后思考》

范本为先前出版的唯一版本,刊于《巴尔的摩太阳报》,1921年12月17日。

213.26　　　　cautious] W; cautions
213.34　　　　modified] W; modifield
216.14　　　　four-power] W; four-pact

《像中国人那样思考》

所据底本为本文的首发稿,刊于《亚洲》,第22期(1922年),第7—10、78—79页;重刊于《人物与事件》,第1卷(1929年),第199—210页(CE),以"中国人的生活哲学"为题,在其中首次出现1个修订。

217.13 - 15　　imponderables... measured.] CE; imponderables in comparison with things so tangible that they can be counted and measured: grit, stamina, loyalty, faith.
222.26　　　　*Forty Centuries*] W; *Four Thousand Years*

《美国与中国人的教育》

范本为本文的首发稿,刊于《新共和》,第30期(1922年),第15—17页;重刊于《人物与事件》,第1卷(1929年),第303—309页(CE),以"美国与中国"为题,在其中首次出现1个修订。

230.19 - 20　　　　　　independently] CE; indepently

《西伯利亚共和国》

范本为本文的首发稿,刊于《新共和》,第 25 期(1921 年),第 220—223 页;重刊于《人物与事件》,第 1 卷(1929 年),第 185—192 页(CE),在其中首次出现 3 个修订。

233.17 - 18;237.36　　Bolshevized] W; Bolshevised
235.8　　　　　　　　time␣] CE; ~,
236.39　　　　　　　Semionoff's] CE; Seminoff's
238.33　　　　　　　own] CE; only

《远东共和国:西伯利亚与日本》

范本为先前出版的唯一版本,作为第 4 个讨论刊于《远东共和国:西伯利亚与日本》,纽约:外国政策协会,1922 年,第 13 页。

240.14　　　　　　　because] W; because of
240.31　　　　　　　conditions] W; conditoins

《种族偏见与冲突》

范本为先前出版的唯一版本,刊于《中国社会与政治科学评论》,第 6 期(1922 年),第 1—17 页。

242.2　　　　　　　　to] W; ro
242.7　　　　　　　　it.] W; ~,
242.10　　　　　　　number] W; munber
242.13　　　　　　　occurrence] W; occurence
242.14　　　　　　　circumstances,] W; ~␣
242.28　　　　　　　men's] W; mens'
243.33　　　　　　　judgments] W; judgements
243.37　　　　　　　whatever] W; what ever
244.19　　　　　　　observation,] W; ~␣
244.32　　　　　　　violation] W; vio!ation
246.7　　　　　　　　putting] W; puttiug
246.14　　　　　　　tangible,] W; ~␣
246.17　　　　　　　accordingly,] W; ~␣
246.32;248.11,14,21　Negroes] W; negroes
247.36;248.13 - 14　 Negro] W; negro
248.3　　　　　　　　race␣prejudice] W; ~-~
248.17　　　　　　　environmental] W; enviromental
248.28　　　　　　　phenomena] W; phemomena

250.21	competition]	W; competitition
251.2	getting]	W; geting
251.34	nationalism]	W; nationalsim
252.17	conditions,]	W; ~∧
253.4	indiscriminate]	W; indis-/scriminate
253.9	manner,]	W; ~∧
253.31-32	Ex-President]	W; Ex-president
254.27	At]	W; And
254.39	commodities∧]	W; ~,

《日本的公众舆论》

范本为本文的首发稿,刊于《新共和》,第 28 期(1921 年),第 15—18 页;重刊于《人物与事件》,第 1 卷(1929 年),第 177—184 页(CE),以"再访日本:两年之后"为题,在其中首次出现 3 个修订。

257.13	unmistakable]	CE; unmistakeable
258.34	an opportunity furiously]	CE; furiously
261.33	gratuitously]	CE; gratuiously

《国家之间相互理解中的一些因素》

范本为先前出版的唯一版本,刊于《改造》,第 3 期(1921 年),第 17—28 页。

262.19	used]	W; and
262.19	understand]	W; inderstand
263.13	He]	W; Ke
263.21	international]	W; inernational
264.37	profess]	W; profese
265.3	speculation]	W; specution
265.8	leisure]	W; leiure
265.25	including]	W; inclusing
265.28	different]	W; diffrent
265.34	leisure]	W; leiure
265.37	said,]	W; ~∧
266.39	houses,]	W; ~∧
267.22-23	civilization]	W; civilzation
267.30	contemporary]	W; contemporaty
268.8	dynasties,]	W; ~∧
268.9	inventors,]	W; ~∧
268.24	part]	W; port
268.32	sky-scrapers]	W; shy-scrapers
269.37	diplomacy),]	W; ~)∧

270.2	commercial]	W; commerical
270.7	materialistic]	W; materialstic
270.14	even]	W; ever
270.19	European]	W; Eurpopean
270.39	West]	W; Wert

《通过亨利·亚当斯受到教育》

范本为先前出版的唯一版本,刊于《新共和》,第 29 期(1921 年),第 102—103 页。

273.16	between]	W; betweeen

《事件与意义》

范本为本文的首发稿,刊于《新共和》,第 32 期 (1922 年),第 9—10 页;重刊于《人物与事件》(纽约:亨利·霍尔特出版公司,1929 年),第 1 卷,第 125—129 页(CE),在其中首次出现 2 个修订。

277.19	buffeted]	CE; buffetted
278.26	up-to-date]	CE; uptodate

《工业与动机》

范本为本文的首发稿,刊于《明日世界》,第 5 期 (1922 年),第 357—358 页;重刊于《人物与事件》,第 2 卷(1929 年),第 739—744 页(CE),在其中首次出现 1 个修订。

281.30	If]	CE; It
282.5	a]	W; [*ital.*]

《平庸与个体性》

范本为本文的首发稿,刊于《新共和》,第 33 期 (1922 年),第 35—37 页;重刊于《人物与事件》,第 2 卷(1929 年),第 479—485 页(CE);另见《今日教育》,第 164—170 页(ET),两书均由约瑟夫·拉特纳编辑,列为 1 个修订的来源。

290.26	thirteen-year-old]	CE, ET; ～ˬ～ˬ～

《个体性、平等与优越》

范本为本文的首发稿,刊于《新共和》,第 33 期 (1922 年),第 61—63 页;重刊于《人物与事件》,第 2 卷(1929 年),第 486—492 页(CE);另见《今日教育》,第 171—177

页(ET),两书均由约瑟夫·拉特纳编辑,列为3个修订的来源。

295.1	INDIVIDUALITY,]	CE, ET; Individuality ˄
298.20	over]	CE, ET; of
298.32	An]	W; Any
299.35	over]	CE, ET; of

《美国思想边界》

范本为本文的首发稿,刊于《新共和》,第 30 期(1922 年),第 303—305 页(NR);重刊于《人物与事件》,第 2 卷(1929 年),第 447—452 页(CE),在其中首次出现 1 个修订。

301.22	idiosyncrasy]	CE; idiosyncracy
304.40	succès d'estime]	W; succés d'estime NR; *succès d'estime* CE

《实用主义的美国》

范本为本文的首发稿,刊于《新共和》,第 30 期(1922 年),第 185—187 页;重刊于《人物与事件》,第 2 卷(1929 年),第 542—547 页(CE);另见《实用主义与美国文化》,盖尔·肯尼迪编辑,波士顿:D·H·希思出版公司,1950 年,第 57—60 页(PA),列为 2 个修订的来源。

309.2	"success";]	CE, PA; "~;"
310.22	form modern]	CE, PA; [*not present*]

《社会绝对主义》

范本为本文的首发稿,刊于《新共和》,第 25 期(1921 年),第 315—318 页;重刊于《人物与事件》,第 2 卷(1929 年),第 721—727 页(CE),在其中首次出现 2 个修订。

313.4	facts-]	CE; ~—
316.15	vilification]	CE; villification

《作为工程技术的教育》

范本为本文的首发稿,刊于《新共和》,第 32 期(1922 年),第 89—91 页;重刊于《今日教育》,第 150—156 页(ET),在其中首次出现 1 个修订。

327.3	a Religion]	W; Religion
327.37	both of]	ET; of both

《作为政治的教育》

范本为本文的首发稿,刊于《新共和》,第 32 期(1922 年),第 139—141 页;重刊于《人物与事件》,第 2 卷(1929 年),第 776—781 页(CE);另见《今日教育》,第 157—163 页(ET),两书均由约瑟夫·拉特纳编辑,列为 2 个修订的来源。

332.31	deep-wrought] CE, ET; ~ ˄ ~	
332.31	time-tested] CE, ET; ~ ˄ ~	

《评〈公众舆论〉》

范本为本书评先前出版的唯一版本,刊于《新共和》,第 30 期(1922 年),第 286—288 页。

337.24	The Image] W; the Image
338.33	breakdown] W; break down
339.5	Our] W; our
340.6	become] W; becoming
341.24	report] W; the report
342.14	its] W; it
344.16	29b," etc.,] W; 29b etc.,"

《评〈首相们与总统们〉及〈东方人增长着的怒气〉》

范本为本书评先前出版的唯一版本,刊于《新共和》,第 31 期(1922 年),第 285—286 页。

345.22	and the] W; and the the

《课程大纲:哲学思想的各种类型》

范本为南伊利诺伊大学卡本代尔分校莫里斯图书馆《杜威著作特辑》中的油印本。杜威所作的全部 3 个修订都得到了采纳,根据《艾尔西·里普瑞·克莱普文本》的一个课程大纲复本,特辑,莫里斯图书馆(C)。

351.19	*Dictionary on Historical Principles*] W; Oxford Dictionary
351.20	*Cyclopedia*] W; Cyclopoedia
351.23	*Philosophy* ˄ .] W; Philosophy,.
351.25	(especially] W; "~
351.31	psychology,] W; ~;
352.14-15	attempts] W; attemtps

352.18	historical] W; historial
352.23	ordinary] W; ordinay
352.36	organizations] W; organizztions
353.5	7:] W; ~;
353.10	characteristic] W; characteristics
353.34	*Social-institutional*] W; *Social-instititional*
353.38	The] W; the
354.27	86).] W; ~.
355.16	themselves] W; themsleves
355.21	What Sort Is] W; what sort is
355.23	2:658] W; ~; ~
355.35	and] W; [*ital.*]
355.37	lect.] W; Ch.
356.10	101;] W; ~,
357.13	lenses] W; lens
358.2–3	200; Westermarck,] W; ~, ~;
358.3	Vol. 2,] W; [*illegible*]
358.6	Traits] W; Trait
358.9	quaternary] W; quarternary
358.21	etc.] W; ~.,
358.23	Marett,] W; ~;
358.29	individual] W; indivudual
358.30	14;] W; ~,
358.30	Goldenweiser] W; Golden
358.36	dissemination, etc.,] W; ~. ~.
358.39	Ayres] W; Ayers
359.3	reflection] W; refletion
359.6	*Civilisation*] W; Civilization
359.16	cosmic,] W; ~
359.28	references] W; refererces
360.7	*and*] W; in
360.11	VI.] W; II.
361.33	or events] W; of events
363.6	when that] C; as that
363.10	distinctions,] W; ~
363.15	sorts,] W; ~
363.32	repetition] W; repitition
364.11	behavioristic] W; behavoiristic
364.19	*discourse*] W; discourse
364.37	of Heraclitus] W; Heracleitus
365.1	always] W; alwaya
365.3	[Law] W; (~
365.4	jurisprudence],] W; ~,
365.13	world-stuff,] C; world-stuffed

525 appears at 364.11

365.15	Windelband]	W; Windeleband
365.15 – 16	*Philosophy*;]	W; Phil.
365.16	*Rev.*, 1901;]	W; Rev. ∧ 1901;
365.18	*Studies in the*]	W; Studies,
365.18	*Ideas*;]	W; Ideas,
366.8	allotted]	W; alloted
366.25	allotment]	W; allottment
366.37	medieval]	W; medical
367.1 – 2	statement;]	C; statement and
367.39	*Philosophie*]	W; Philosophic
368.2	cosmologically]	W; cosmologecally
369.23; 370n.1	Aristotelian]	W; Aristotleian
371.11	nature;]	W; ∼,
371.12	Souls]	W; souls
371.19	The]	W; the
371.19	Nerve";]	W; ∼∧:
371.36	*Mont-Saint-Michel*]	W; Mont. St. Michel
372.3	II]	W; THREE
372.6	*First*,]	W; ∼.
372.26	(1) is]	W; is (1)
372.30	are (2)]	W; (2) are
372.35	panpsychism]	W; pansychism
373.4	existence ∧]	W; ∼,
373.39	technically]	W; technichally
374.36	sorts]	W; sort
374.37	producing]	W; producung
375.22	meaning]	W; meanings
377.10	conditions]	W; cinditions
377.16	first (A)]	W; (A) first
377.21	I.]	W; [*not present*]
377.22	possible]	W; possibe
379.23 – 24	simultaneous]	W; similtaneous
381.2	meaning]	W; meaming
382.19 – 20	interdependences]	W; interdependence
382.27	Rhythmic]	W; Rythmic
382.27	animal]	W; amimal
382.30	*Origins*]	W; Origin
382.33	(Grosse]	W; ∧∼
382.33	*Beginnings*]	W; Origin
383.4	Interdependence]	W; Interpendence
383.5 – 6	*Other-One*]	W; Other-one
383.7	primarily]	W; promarily
383.13	human]	W; hunam
384.7	preparatory]	W; preparatpry

526

384.8	himself).]	W; ~.
384.13	Watson,]	W; ~
384.13	11]	W; II
384.14	Otis,]	W; [*not present*]
384.15	399;]	W; ~,
384.15	113;]	W; ~,
384.26	James, *Psychology*, Vol. 1,]	W; James
384.28	Bode,]	W; ~
384.32	acquaintance,]	W; ~;
384.32	*Psychology*, Vol.]	W; [*not present*]
385.5	function, see]	W; function. See
385.23	object]	W; object object
385.24	stated]	W; states
385.31	how (see]	W; how. (See
385.35	*Darwin*,]	W; Darwin
385.36	6:]	W; ~;
385.40	Introduction,]	W; Int.
386.2	26,]	W; ~;
386.4	psychologically]	W; psychological
386.26	facts")]	W; ~".
386.31	Dewey,]	W; ~
386.33	34,]	W; ~;
386.40	analytic]	W; analy / tic
387.17	97,]	W; ~
387.31	consequences]	W; a consequences
388.20	mechanical,]	W; ~
388.21	"instrumentalism]	W; ~
388.33–34	derivatives]	W; deriviatives
389.5–6	*Psychology*,]	W; Psch.
389.6	*Psychology*,]	W; Psych.
389.7	*Dictionary*,]	W; Dictionary
389.7	Sign-making]	W; Sign-Making
389.23	inference]	W; inference to
389.24–25	bk. 1,]	W; [*not present*]
389.25	pt. 2,]	W; [*not present*]
389.26	ideas.")]	W; ~."
390.8–9	selection]	W; selective
390.14	245–54]	W; 17–26
390.23	consequences;]	W; ~
390.29	Hoernlé]	W; Hoernle
390.29	*Arist.*]	W; Arist;
390.30	Signs,]	W; ~
390.30	*Problem*]	W; Problems
391.27	Bosanquet]	W; Boasanquet

391.28	54,]	W; ~;
391.30	Meaning,]	W; meaning ⌒
391.34	*Common-Sense*]	W; Common ⌒ Sense
391.37	ch.]	W; essay
391.39	"On]	W; ⌒ on
391.39	'Meaning,']	W; ⌒ ~, ⌒
391.41	Index,]	W; ~ ⌒
392.1	'Meaning'";]	W; ⌒ ~ ⌒, ⌒
392.2	Hoernlé]	W; Hoernle
392.4	ff. ;]	W; ~. ⌒
392.4–5	Whitehead]	W; Whithead
392.9	*Processes;*]	W; Processes ⌒
392.10	*Reasoning;*]	W; Reasoning,
392.13	Vol. ;]	W; ~. ⌒
392.14	Gordon]	W; Gordan
392.20	IV.]	W; IV. IV.
392.21	experiencing]	W; experience
392.25	ways:]	W; ~;
392.27	Positively,]	W; ~.
392.27–28	initiative]	W; iniative
393.36–37	discriminate]	W; discriminnate
394.1	"psychological"]	W; '~ ⌒

《投给〈教育百科辞典〉的稿件》

范本为本文的首发稿,刊于《教育百科辞典》,第 1 卷,第 32—34 页;重刊于约翰·杜威等,《教育中的理念、目标与方法》,第 1—9 页(I),在其中首次出现 2 个修订。

400.14	Helvétius]	W; Helvetius
401.26	influence upon]	I; influenc eupon
402.2	them.]	W; ~ ⌒
402.23	*Ideals*]	I; *Ideas*

《回复〈美国的中国政策〉》

范本为先前出版的唯一版本,刊于《新共和》,第 28 期(1921 年),第 297 页。

410.30	Cassel]	W; Cassell

《〈战争的非法性〉前言》

范本为芝加哥大学约瑟夫·瑞根斯坦(Joseph Regenstein)图书馆《萨蒙·O·列文森著作特辑》中的打字稿。首发于列文森,《战争的非法性》,第 7 页(AC);重刊于

《战争的非法性》,第 4 页(GP),以上两个来源列为 2 个修订的出处。

411.3   Armistice] AC, GP; armistice
411.22   regarding] AC, GP; regdaring
411.28   work,] W; work ⌢ AC, GP; world,

《〈宇宙〉的第一导言》

范本为先前出版的唯一版本,刊于斯卡德·克莱斯,《宇宙》,第 iii—v 页。

420.17-18   extravagant] W; extravagent

《答复〈自由主义与非理性主义〉》

范本为先前出版的唯一版本,刊于《新共和》,第 31 期(1922 年),第 48 页。

421.23   of] W; or

《杜威访谈报道》

范本为先前出版的唯一版本,刊于《纽约世界报》,1922 年 8 月 27 日。

426.7   bias,] W; ~⌢
426.15   than] W; then
427.12   enter] W; ente
430.6   traditions] W; triditions

《课程大纲》及《前言》中的更改①

下面两张表列出了杜威在《课程大纲》及《前言》的范本中,用手写和打字方式作出的所有更改。方括号前面的文字是原始的打字机打印文字;如果打印文字被修改过了,那么,条目前面的一个井字号(♯)意味着目前这个版本的读法在校勘表中。两个井字号(♯♯)确定了杜威在艾尔西·里普瑞·克莱普文本的《课程大纲》版本中所作的3个非常明确的更改。365.13处的更改是约翰·杜威文本的复本中作出的。

杜威所作的更改放在括号的右边,而且除非特别注明,它们都是印刷出来的。*del.* 这个缩略词用来指删去的内容。对于打印时删去的内容,用 *x'd-out*。*alt.* 这个缩略词,用来指从一个较早的形式经过某种方式的更改而来的内容。*inc.* 这个缩略词,用来指由于 shift 键的按键力度不够而仅有部分打字出来的字母。*over* 指的是写在原始文字上方而不是行间。*above* 指的是除非特别注明有补注号,否则为写在行间,但没有脱字符。*before* 和 *after* 这两个词表明在同一行之中作了一个更改。如果一个添加仅仅是一个行间添加,那么,它的样式为 *interl.* 或 *interl. w. caret*。当一个删除占据了行间添加的位置,那么,*interl.* 就消失了,它的样式写作 *above del. 'xyz'*,*w. caret above del. 'xyz'*,或者 *above x'd-out 'xyz'*。所有的脱字符都是手写的;当一个脱字符伴随着一个打字出来的行间添加,那么,它就是印刷出来的,除非注明铅笔写。当脱字符和手写的更改一起使用时,它们与这些更改用的是同一种方式。

---

① 《课程大纲》指《课程大纲:哲学思想的各种类型》;《前言》指"《战争的非法性》前言"一文,而非本卷的导言。——译者

如果一个更改直接以打字或手写方式出现在原始的那行文字下方，那么，它的样式写作 below 'xyz'。inserted 这个词指的是文本边上的添加。对于涉及一行以上的更改，斜线分隔符 / 标示出一行的结束。如果一个更改本身又被修订过了，那么，那个修订转写在方括号之内。

《课程大纲》中的更改

351.19	James, Psy II p 619 &. c] *above* 'Murray's Oxford Dictionary, on Experience;'
351.25	Lloyd, Morgan, Instinct &. Experience — on — Ed. and — ing./See Index, pp 51 &. ch v, esp 126 – 132; Russell, / Monist, Vol XXIV, p 2 – 16（article on Acquaintance）] *inserted at bottom*
352.19	Kant] *pencil-inserted at top*
352.29 – 34	*vertical line in pencil at left*
353.34 – 37	*curved line in pencil at left*
354.5 – 6	*curved line in pencil at left*
361.25 – 362.1	See Article by Smith — / Monist July 1922 —] *inserted at left*
362.7 – 29	Espinas: Archiv fur Geschichte. Vols 6 &. 7 / La Philosophie d' / active au / Siecle / av. J.C. / Vol 6, / p 491 / Vol 7 / 193. / —— / Rev / Phil / 1890,/1891/ Collected / in / Les / Origines / de la / Technologie / —— / Paris / 1897.] *inserted at top and right*
362.13 – 22	"organic projection"] *inserted at left*
362.24 – 28	Kapp / Grundlinien / Einer Philos — / der Technik] *inserted at left; encircled*
362.34	See Littre / Hippocrate, Vol IV. 658] *inserted at bottom*
##363.6	when] *interl. w. caret above del.* 'as'
363.20 – 28	James, II 340 – 43/665 – 69.] *inserted w. guideline at left*
##365.13	world-stuff,] *final* 'ed' *del.; comma added*
365.13 – 14	inner as well,] *above* 'behind all change,'
366.1 – 4	Heracleitus. art as [...] of nature] *inserted at left*
##367.1 – 2	statement;] *semicolon added before del.* 'and'
368.10	Emphasize this —] *above* 'The arts and'
370.16	(Mead)] *after* 'knowledge'
372.2	The soul, inner life and individuality-becomes a psychological, / concept thru moral instead of a metaphysico-logical concept / Windelband, inner experience-/ schoasicism ['h' *over* 'l'; 'l' *over* 'o', 'o' *above* 'l'; 'a' *over illegible letter*; 's' *over* 't'; *first* 'i' *over* 'a'] and mysticism-['ism-' *after x'd-out* 'isc'] / the individual as soul with a / dramtic history-its inner / events the importan things / nature abckground —] *type-*

	inserted at bottom
373.38	, or the [...] / meaning o] *comma alt. from period; after* 'rationalism'
374.1–2	unite ... events] *underlined*
374.12	one order of empirical existence. — / with meanings: — / empirical existence — may be / taken on three levels / 1. phy's / 2. biol. psycho-physical. / 3 Sociol.] *inserted at bottom*
#374.16	they] 'y' *over* 'se'
375.13–14	plus ... them.] *pencil-underlined*
376.38	v Problem of recognition here is [...] & conceptual] *added after* 'found'
#377.21	I.] 'I' *alt. from* 'l'
377.21	Experience as Biological] *underlined w. guideline to* 'I'
377.21	1.] *added*
388.23	Confusion of psychology & morals with logical] *added in pencil after* 'motives'
392.20	Precarious / Nature and Art] *inserted at upper right*
#392.21	experienceing] 'ing' *above final undel.* 'e'

《战争的非法性》前言中的更改

411.2	at] *typed above x'd-out* 'at'
411.2	least] *before del.* 'a number of'
411.2	some] *interl. w. caret*
411.3	League] 'g' *typed over* 'h'
411.4	like] *inserted after* 'should'
411.5	for the change] *interl. w. caret*
411.8	favored] *after x'd-out* 'opposed'
411.8	League] *x'd-out* 'u' *after* 'a'
411.9	plan] 'la' *over* 'al'
411.10	codification] 'a' *over illegible letter*
411.10	having] *interl. w. caret after* 'which has'
411.10–11	premise] *final* 'e' *over* 'c'
411.11	outlawry] 'aw' *over* 'wa'
411.13	League] 'L' *over* 'l'
411.13	idea] 'a' *over inc.* 'a'
411.14–15	much of the] *type-interl. w. caret*
411.15	physical] *interl. w. caret after x'd-out* 'a'
411.15	force] *before del.* 'to be used'
411.19	all] *final* 'l' *over* 'w' *before x'd-out* 'a'
411.19–20	propositions] *after x'd-out* 'matters'
411.20	Above all] *interl. w. caret after del.* 'And to my mind'
411.22	enlightening] 'ing' *over* 'ment'

411.22	the] *after del*. 'of'	
♯411.22	regdaring] 'd' *interl. w. caret*	
411.24	modern war] *solidus separating words*	
411.24	that] 'at' *typed above del*. 'e'	
411.24	abominations.] *above del*. 'John Dewey'	
♯411.24–29	If we ... Dewey.] *added*	

行末连字符列表

1. 范本表

以下是编辑给出的一些在范本的行末使用了连字符的可能的复合词：

6.39-40	hair-splitting	150.33	overthrew
9.6	subject-matter	164.25	self-interest
11n.19	subject-matter	165.19	preoccupation
20.14	subject-matter	166.35	goodwill
26.5	re-appraisal	167.11	postoffices
32.2	coordinates	169.37	goodwill
33.37	intra-organic	172.9-10	precondition
38.15	subject-matter	193.13-14	so-called
42.4-5	commonplace	204.29	outgivings
45.6-7	subject-matter	223.17	Non-doing
49.9	non-pragmatists	223.22	over-busied
52.11	subject-matter	263.21	good-feeling
76.20	non-success	297.14	predestined
102.5-6	self-conscious	301.10	thoroughgoing
111.4	non-political	303.30	free-thought
116.39	schoolboys'	307.6-7	neo-realism
120.18	elbow-room	333.16-17	safeguards
122.1	railways	338.17-18	self-centred
123.36	railways	340.35-36	newspapers
129.35	self-government	353.24	non-historic
131.12-13	standpoint	360.22	egocentric
143.33	so-called	371.28-29	non-indigenous
145.8	non-doing	373.9	non-philosophic
149.19	far-sighted	381.34	subject-matters

382.7-8	subject-matter	410.15-16	so-called
392.25	subject-matter	412.16	rewriting
394.8	psycho-physical	428.40	pre-eminently

2. 校勘文本表

在当前版本的复本中,被模棱两可地断开的可能的复合词中的行末连字符均未保留,除了以下这些:

6.39	hair-splitting	224.30	well-spring
13n.12	subject-matter	231.4	self-interest
16.21	one-sided	254.26	off-hand
27.15	affecto-motor	266.16	one-sided
35.32	contra-diction	270.26	wide-spread
38.21	re-agent	304.13	meeting-house
53.22	day-dreams	307.6	neo-realism
63.34	ready-made	338.13	self-centred
67.31	would-be	338.17	self-centred
81.16	over-populated	361.38	story-telling
82.39	man-power	370.12	ready-made
87.28	check-mate	371.28	non-indigenous
102.5	self-conscious	373.32	non-inferential
105.33	fire-crackers	380.7	re-organization
124.15	way-station	380.22	self-contained
151.1	so-called	382.7	subject-matter
153.25	non-existence	410.15	so-called
193.13	so-called	418.28	self-conscious

引用中具有实质意义的异文

杜威用各种不同的方法再现资料来源,从记忆性的复述到一字不差的引用都有。在一些地方,他充分引用了资料;在另一些地方,他仅仅提到作者的名字;还有这样的情况,即他完全省略了文献来源。

我们认为,杜威的引用中具有实质意义的异文的重要程度,足以使其构成这里的特定列表。对所有包括在引号中的文字,除了引号明显是用于强调或重复的情况之外,我们都找出了它们的出处;杜威的引用已经过确认,并且在必要时进行了修订。

除了在校勘表中指出的必要更正之外,我们对所有的引文都按照范本的原样予以保留;当遇到排字或印刷错误时,我们把这些实质用词和偶发拼读的更改还改回原著的写法,将其标记为著作(W)修订。尽管杜威像当时的很多学者一样,对形式的准确性漫不经心,许多对引文的改动仍有可能是在印刷过程中出现的。例如,通过将杜威的引文和原著进行对比,我们发现,除了杜威自己对所引资料进行的更改之外,一些编辑和排字工人也使被引用的资料带上了他们自己的杂志社和印刷厂的风格。因此,在目前这个版本中,我们根据资料来源对原著的拼写和大小写进行了重新改定。

杜威经常改动或省略所引材料的标点符号。当这类改动或省略具有实质意义时,我们将其改回原著的标点写法;这些更改已在校勘表中列出。杜威时常对他从资料来源中省略了的部分不加任何提示。被省略的短语出现在下面这张列表之中;对于长度超过一行的省略,我们用加了方括号的省略号[……]加以表示。我们把资料来源中的斜体视为具有实质意义的。杜威略去和添加的斜体都在此处进行了标注。

由引文出现的上下文所引起的杜威的引用与资料来源的不同在此未加罗列。

这个部分的标注符号遵循这样的格式:首先是目前这个版本中的页码,接着是词目,然后是半个方括号。方括号的后面是这些文字在原著中出现的形式,随后,在圆括号中按照顺序列出作者的姓氏,"杜威的参考书目"中的资料来源标题简称,以及所引文字在参考文献中的页数。

《评价与实验知识》

4n.5	independent] irrespective (Picard, "Basis of Values," 12.40)
5n.4	means] living interest in a means (Picard, "Basis of Values," 18.27)
5n.4	end—do] end—which may be satisfied with much less than judgment—do (Picard, "Basis of Values," 18.27–28)
8.29	a unity] unity (Prall, "Study in Theory," 271.24)
21.12	the taste] then this taste (Costello, "Judgments of Practise," 454.14)
21.12	be good] result (Costello, "Judgments of Practise," 454.15)
21.12–13	not the] and not this (Costello, "Judgments of Practise," 454.15)
22.8	*necessary*] necessary for me (Costello, "Judgments of Practise," 455.2)
22.13	statement] statement of the case (Costello, "Judgments of Practise," 455.7)
22.13	me to be] me (Costello, "Judgments of Practise," 455.7)
23.7	judgment] judgment in order (Costello, "Judgments of Practise," 451.40)
24.15	making the judgment] the making of just these judgments (Costello, "Judgments of Practise," 454.3–4)
24.24–25	Judgment] The judgment (Costello, "Judgments of Practise," 453.33)
24.25	made because] made precisely because the verification which Professor Dewey seems to call for is impossible. It is made because (Costello, "Judgments of Practise," 453.33–36)
24.26	put forever] forever put (Costello, "Judgments of Practise," 453.36)
25.23	need themselves] themselves need (Costello, "Judgments of Practise," 453.39)
25.24	new] raw (Costello, "Judgments of Practise," 453.39)
25n.17	and is] but be (Stuart, "Valuation," 298.18)

《知识与言语反应》

33.1	clear.] clear. It is the relation of response to stimulus. (Mursell, "Truth as Correspondence," 187.6–7)
36.30	read the] have read these (Mursell, "Truth as Correspondence," 188.22)
36.32	are] were (Mursell, "Truth as Correspondence," 188.24)
36.35	tomb is] tomb *is* (Mursell, "Truth as Correspondence," 188.28)

《并无一元论或二元论的实在论》

46.5	shows me] shows (Lovejoy, "Pragmatism," 69.22) [*Middle Works*

	13:471.38]
46.14	there are or] there (Lovejoy, "Pragmatism," 69.25) [*Middle Works* 13:471.40]
48.37	trying] endeavouring (Lovejoy, "Pragmatism," 70.2) [*Middle Works* 13:472.11]
48.37	most inescapable] commonest and most unescapable (Lovejoy, "Pragmatism," 70.2-3) [*Middle Works* 13:472.12]
51.24	being never] never being (Lovejoy, "Pragmatism," 48.15) [*Middle Works* 13:454.1]
51.25	distinguished] distinguishable (Lovejoy, "Pragmatism," 48.16-17) [*Middle Works* 13:454.3]
51.26	way] manner (Lovejoy, "Pragmatism," 48.18) [*Middle Works* 13:454.4]
55.16-17	anything which is an] [*ital.*] (Lovejoy, "Pragmatism," 61.16) [*Middle Works* 13:465.6]
55.17	indubitable] [*ital.*] (Lovejoy, "Pragmatism," 61.16) [*Middle Works* 13:465.7]
55.17-21	bit ... belong] [*ital.*] (Lovejoy, "Pragmatism," 61.16-20) [*Middle Works* 13:465.7-10]
58.25	the critical] critical (Rogers, "Problem of Error," 160.5)
58.26	the pragmatist] pragmatist (Rogers, "Problem of Error," 160.5)
58.33	act and live] live and act (Rogers, "Problem of Error," 160.13)

《对反思性思维的一个分析》

61.28	indissoluble] indivisible (Buermeyer, "Analysis of Thought," 677.24) [*Middle Works* 13:487.7]
66.18	wholly] entirely (Buermeyer, "Analysis of Thought," 675.27) [*Middle Works* 13:484.40]
66.20	all] of all (Buermeyer, "Analysis of Thought," 678.21) [*Middle Works* 13:488.7]

《中国是一个国家吗》

75.29	upon] on (Helburn, Letter, 187.24) [*Middle Works* 13:492.22]
75.30	education] her education (Helburn, Letter, 187.25-26) [*Middle Works* 13:492.23]
75.32	India— ... digested.] India (and India, though not digested, may be considered swallowed). (Helburn, Letter, 187.28-29) [*Middle Works* 13:492.25-26]

《老中国与新中国》

98.10	democratic politics,] politics (Bland, *China*, 91.34)

98.11	Throne, in 1911,] Throne, (Bland, *China*, 91.35)
98.14	these] [*rom.*] (Bland, *China*, 92.2)
100.9	China's] the nation's (Bland, *China*, 84.3)

《华盛顿的各项议题》

181.34	active] equal (Brailsford, "Issues," 10.7.10)
181.34	partner] party (Brailsford, "Issues," 10.7.11)
182.2	power] financial power (Brailsford, "Issues," 10.7.19)

《通过亨利·亚当斯受到教育》

272.22	1861.] 1861. He thought himself perhaps the only person living who could get full enjoyment of the drama. (Adams, *Education*, 362.12–14)
272.24–25	had ... system.] [*rom.*] (Adams, *Education*, 362.18–19)
274.3	History ... halves.] [*rom.*] (Adams, *Education*, 392.28)
274.28	a majority in the Senate] a majority (Adams, *Education*, 374.25)

《平庸与个体性》

290.18	just and rational] rational and just (Cutten, *Reconstruction*, 8.36)

《实用主义的美国》

306.4–5	in America obscured] obscured in America (Russell, "European Radical," 610.46–47)
307.15	feature of] feature and, to me as well as to you, the incomprehensible feature, of our (James, *Letters*, 260.2–4)
307.17–18	together with] with (James, *Letters*, 260.19)
307.18	upon] on (James, *Letters*, 260.20)
307.30	truth] truth therefore (Bacon, *New Organon*, 110.30)
307.30	are] are here (Bacon, *New Organon*, 110.30)
307.31	thing] things (Bacon, *New Organon*, 110.31)

《社会绝对主义》

311.5	philosophy of] philosophy of the history of (Ratzel, Advertisement, vi.6)
311.5	worth] worthy of (Ratzel, Advertisement, vi.6)
311.5–6	name must] name, must begin with the heavens and descend to the earth, must (Ratzel, Advertisement, vi.6–7)
312.2	earth] the earth (Ratzel, Advertisement, vi.7)

《作为工程技术的教育》

323.10	reason is] reason why we could reconstruct an educational system more easily than we could build a suspension bridge out of a denuded common consciousness, is (Austin, "Social Concept," 299.2.33–37)
323.11	about] of (Austin, "Social Concept," 299.2.37)

《评〈公众舆论〉》

338.20	ideal] tradition (Lippmann, *Public Opinion*, 269.25)
338.24	a context] the context (Lippmann, *Public Opinion*, 269.30)
340.13	a program] the program (Lippmann, *Public Opinion*, 245.3–4)
340.14	*at the start*] [*rom.*] (Lippmann, *Public Opinion*, 245.5)
341.29	record; in] record, and in all the corollaries of that principle; in (Lippmann, *Public Opinion*, 364.17–18)
341.34	hunger] and the hunger (Lippmann, *Public Opinion*, 365.11)
341.34–35	the three legged calf] three legged calves (Lippmann, *Public Opinion*, 365.11–12)
343.5	will] can (Lippmann, *Public Opinion*, 407.30)

《评〈首相们与总统们〉及〈东方人增长着的怒气〉》

345.13	gentlemen] officials (Sherrill, *Prime Ministers*, xxi.9)
346.3–4	Giolitti is] Giolitti, he's (Sherrill, *Prime Ministers*, 37.14)
346.27	of common] common (Hunt, *Rising Temper*, 12.10)
347.18	San Domingo] Santo Domingo (Hunt, *Rising Temper*, 247.5)
347.18	interferences] interference (Hunt, *Rising Temper*, 247.6)

《课程大纲：哲学思想的各种类型》

356.5	man] of man (Boas, *Primitive Man*, 96.6)

《投给〈教育百科辞典〉的稿件》

400.34	of what] which (Arnold, *Culture and Anarchy*, viii.9)

杜威的参考书目

杜威参考书目中的著作名称及作者姓名已经过核对和补充,以更为准确地符合这些原著;所有修正都已在"校勘表"中列出。

本节对杜威引用的每一本著作给出了充分完全的出版信息。在杜威给出的参考书目包括页码的情况下,我们可以根据他引用的文字在文献中的位置来确定他所使用的版本。我们也以类似的方式利用了杜威私人图书馆中的藏书来确定他对某一特定版本的使用。关于其他参考资料,此处列出的是根据出版地点或日期,或者依据书信及其他材料提供的信息,以及这些文献在当时容易取得的程度而在杜威手头所有的各种不同版本中最有可能被他使用的那个版本。

Ackerman, Phyllis. "Some Aspects of Pragmatism and Hegel." *Journal of Philosophy, Psychology and Scientific Methods* 15(1918):337–356.

Adams, Henry. *The Education of Henry Adams: An Autobiography.* Boston: Houghton Mifflin Co., 1918.

——. *Mont-Saint-Michel and Chartres.* Boston: Houghton Mifflin Co., 1913.

Arnold, Matthew. *Culture and Anarchy: An Essay in Political and Social Criticism.* London: Smith, Elder and Co., 1869.

Austin, Mary. "The Need for a New Social Concept." *New Republic* 31(1922):298–302.

Ayres, Clarence Edwin. "Instinct and Capacity—I. The Instinct of Belief-in-Instincts." *Journal of Philosophy* 18(1921):561–565.

——. "Instinct and Capacity—II. Homo Domesticus." *Journal of Philosophy* 18(1921):600–606.

Bacon, Francis. *The New Organon.* In *The Works of Francis Bacon*, edited by James Spedding, Robert Leslie Ellis, and Douglas Denon Heath, new ed., vol.4. London: Longmans and Co., 1875.

Bain, Alexander. *The Senses and the Intellect*. 3d ed. New York: D. Appleton and Co., 1879.

Baird, John Wallace. "The Rôle of Intent in Mental Functioning." In *Philosophical Essays in Honor of James Edwin Creighton*, edited by George Holland Sabine, pp. 307–317. New York: Macmillan Co., 1917.

Baldwin, James Mark. *Thought and Things: A Study of the Development and Meaning of Thought or Genetic Logic*. London: Swan Sonnenschein and Co., 1906.

———, ed. *Dictionary of Philosophy and Psychology*. 3 vols. in 4. New York: Macmillan Co., 1901–1905.

Benn, Alfred. "The Idea of Nature in Plato." *Archiv für Geschichte der Philosophie* 9(1896): 24–49.

Bergson, Henri. *Creative Evolution*. Translated by Arthur Mitchell. New York: Henry Holt and Co., 1911.

———. *Matter and Memory*. Translated by Nancy Margaret Paul and Scott Palmer. New York: Macmillan Co., 1911.

Bigg, Charles. *The Christian Platonists of Alexandria*. Reprinted with some additions and corrections. Oxford: Clarendon Press, 1913.

Bland, J.O.P. *China, Japan, and Korea*. New York: Charles Scribner's Sons, 1921.

Boas, Franz. *The Mind of Primitive Man*. New York: Macmillan Co., 1911.

Bode, Boyd H. "Cognitive Experience and Its Object." *Journal of Philosophy, Psychology and Scientific Methods* 2(1905): 658–663. [*The Middle Works of John Dewey, 1899–1924*, edited by Jo Ann Boydston, 3:398–404. Carbondale: Southern Illinois University Press, 1977.]

———. "Consciousness and Psychology." In *Creative Intelligence: Essays in the Pragmatic Attitude*, by John Dewey et al., pp. 228–281. New York: Henry Holt and Co., 1917.

Bolton, Thaddeus Lincoln. "Meaning as Adjustment." *Psychological Review* 15 (1908): 169–172.

Bosanquet, Bernard. *Logic; or, The Morphology of Knowledge*. 2 vols. Oxford: Clarendon Press, 1888.

Bradley, Francis Herbert. *Appearance and Reality: A Metaphysical Essay*. London: Swan Sonnenschein and Co., 1908.

———. *The Principles of Logic*. London: Kegan Paul, Trench and Co., 1883.

Brailsford, Henry Noel. "The Issues at Washington. IV. Disarmament and Co-Operation." *Baltimore Sun*, 10 November 1921.

Brogan, Albert P. "The Fundamental Value Universal." *Journal of Philosophy, Psychology and Scientific Methods* 16(1919): 96–104.

Brown, Harold Chapman. "The Problem of Philosophy." *Journal of Philosophy, Psychology and Scientific Methods* 17(1920): 281–300.

Buermeyer, Laurence. "Professor Dewey's Analysis of Thought." *Journal of Philosophy, Psychology and Scientific Methods* 17(1920): 673–681.

Burnet, John. *Early Greek Philosophy*. 3d ed. London: A. and C. Black, 1920.

Bush, Wendell T. "The Empiricism of James." *Journal of Philosophy, Psychology and Scientific Methods* 10(1913):533–541.

———. "The Existential Universe of Discourse." *Journal of Philosophy, Psychology and Scientific Methods* 6(1909):175–182.

———. "An Impression of Greek Political Philosophy." In *Studies in the History of Ideas*, edited by the Department of Philosophy, Columbia University, 1:43–79. New York: Columbia University Press, 1918.

———. "Value and Causality." *Journal of Philosophy, Psychology and Scientific Methods* 15(1918):85–96. [*Middle Works* 11:375–387.]

Butler, Samuel. *Life and Habit*. New York: E.P. Dutton and Co., 1910.

Caird, Edward. *The Critical Philosophy of Immanuel Kant*. 2 vols. Glasgow: James Maclehose and Sons, 1889.

Carpenter, Rhys. *The Esthetic Basis of Greek Art of the Fifth and Fourth Centuries* B.C. New York: Longmans, Green and Co., 1921.

The Catholic Encyclopedia. Vol.9. New York: Encyclopedia Press, 1913.

Cohen, Morris R. "Jus Naturale Redivivum." *Philosophical Review* 25(1916):761–777.

———. "Neo-Realism and the Philosophy of Royce." *Philosophical Review* 25(1916):378–382.

Cornford, Francis M. *From Religion to Philosophy*. New York: Longmans, Green and Co., 1912.

Costello, Harry Todd. "Professor Dewey's 'Judgments of Practise.'" *Journal of Philosophy, Psychology and Scientific Methods* 17(1920):449–455.

Cutten, George Barton. *The Reconstruction of Democracy*. Inaugural Address as President of Colgate University, 7 October 1922. [n.p., n.d.], 27pp.

Dewey, John. *Democracy and Education*. New York: Macmillan Co., 1916. [*Middle Works* 9.]

———. *How We Think*. Boston: D.C. Heath and Co., 1910. [*Middle Works* 6:177–356.]

———. *Human Nature and Conduct: An Introduction to Social Psychology*. New York: Henry Holt and Co., 1922. [*Middle Works* 14.]

———. *Reconstruction in Philosophy*. New York: Henry Holt and Co., 1920. [*Middle Works* 12:77–201.]

———. "An Added Note as to the 'Practical.'" In *Essays in Experimental Logic*, pp. 330–334. Chicago: University of Chicago Press, 1916. [*Middle Works* 10:366–369.]

———. "An Analysis of Reflective Thought." *Journal of Philosophy* 19(1922):29–38. [*Middle Works* 13:61–71.]

———. "The Antecedents and Stimuli of Thinking." In *Essays in Experimental Logic*, pp.103–135. Chicago: University of Chicago Press, 1916. [*Middle Works* 2:316–336.]

———. "Concerning Alleged Immediate Knowledge of Mind." *Journal of Philosophy, Psychology and Scientific Methods* 15(1918):29–35. [*Middle Works* 11:10–17.]

———. "The Control of Ideas by Facts." In *Essays in Experimental Logic*, pp. 230 – 249. Chicago: University of Chicago Press, 1916. [*Middle Works* 4:78 – 90.]

———. "Data and Meanings." In *Essays in Experimental Logic*, pp. 136 – 156. Chicago: University of Chicago Press, 1916. [*Middle Works* 2:337 – 350.]

———. "Epistemological Realism: The Alleged Ubiquity of the Knowledge Relation." In *Essays in Experimental Logic*, pp. 264 – 280. Chicago: University of Chicago Press, 1916. [*Middle Works* 6:111 – 122.]

———. "Experience and the Empirical." In *A Cyclopedia of Education*, edited by Paul Monroe, 2:546 – 549. New York: Macmillan Co., 1911. [*Middle Works* 6:445 – 451.]

———. "Experience and Objective Idealism." In *The Influence of Darwin on Philosophy and Other Essays in Contemporary Thought*, pp. 198 – 225. New York: Henry Holt and Co., 1910. [*Middle Works* 3:128 – 144.]

———. "The Experimental Theory of Knowledge." In *The Influence of Darwin on Philosophy and Other Essays in Contemporary Thought*, pp. 77 – 111. New York: Henry Holt and Co., 1910. [*Middle Works* 3:107 – 127.]

———. Introduction to *Essays in Experimental Logic*, pp. 1 – 74. Chicago: University of Chicago Press, 1916. [*Middle Works* 10:320 – 365.]

———. "Knowledge and Speech Reaction." *Journal of Philosophy* 19(1922):561 – 570. [*Middle Works* 13:29 – 39.]

———. "The Knowledge Experience and Its Relationships." *Journal of Philosophy, Psychology and Scientific Methods* 2(1905):652 – 657. [*Middle Works* 3:171 – 177.]

———. "The Knowledge Experience Again." *Journal of Philosophy, Psychology and Scientific Methods* 2(1905):707 – 711. [*Middle Works* 3:178 – 183.]

———. "The Logical Character of Ideas." In *Essays in Experimental Logic*, pp. 220 – 229. Chicago: University of Chicago Press, 1916. [*Middle Works* 4:91 – 97.]

———. "The Logic of Judgments of Practise." *Journal of Philosophy, Psychology and Scientific Methods* 12(1915):505 – 523. [*Middle Works* 8:14 – 82.]

———. "Naïve Realism *vs.* Presentative Realism." In *Essays in Experimental Logic*, pp. 250 – 263. Chicago: University of Chicago Press, 1916. [*Middle Works* 6:103 – 111.]

———. "The Need for a Recovery of Philosophy." In *Creative Intelligence: Essays in the Pragmatic Attitude*, by John Dewey et al., pp. 3 – 69. New York: Henry Holt and Co., 1917. [*Middle Works* 10:3 – 48.]

———. "Objects, Data, and Existences: A Reply to Professor McGilvary." *Journal of Philosophy, Psychology and Scientific Methods* 6(1909):13 – 21. [*Middle Works* 4:146 – 155.]

———. "The Postulate of Immediate Empiricism." In *The Influence of Darwin on Philosophy and Other Essays in Contemporary Thought*, pp. 226 – 241. New York: Henry Holt and Co., 1910. [*Middle Works* 3:158 – 167.]

———. "Psychological Doctrine and Philosophical Teaching." *Journal of Philosophy, Psychology and Scientific Methods* 11(1914):505 – 5111. [*Middle Works* 7:47 – 55.]

———. "Realism without Monism or Dualism. I. Knowledge Involving the Past." *Journal of Philosophy* 19(1922):309‒317; II. Ibid., pp. 351‒361. [*Middle Works* 13:40‒60.]

———. "Reality as Experience." *Journal of Philosophy, Psychology and Scientific Methods* 3(1906):253‒257. [*Middle Works* 3:101‒106.]

———. "The Relationship of Thought and Its Subject-Matter." In *Essays in Experimental Logic*, pp. 75‒102. Chicago: University of Chicago Press, 1916. [*Middle Works* 2:298‒315.]

———. "In Response to Professor McGilvary." *Journal of Philosophy, Psychology and Scientific Methods* 9(1912):544‒548. [*Middle Works* 7:79‒84.]

———. "Some Stages of Logical Thought." In *Essays in Experimental Logic*, pp. 183‒219. Chicago: University of Chicago Press, 1916. [*Middle Works* 1:151‒174.]

———. "Valid Knowledge and the 'Subjectivity of Experience.'" *Journal of Philosophy, Psychology and Scientific Methods* 7(1910):169‒174. [*Middle Works* 6:80‒85.]

———. "Voluntarism in the Roycean Philosophy." *Philosophical Review* 25(1916):245‒254. [*Middle Works* 10:79‒88.]

Durkheim, Émile. *The Elementary Forms of the Religious Life*. Translated by Joseph Ward Swain. New York: Macmillan Co., 1915.

Eastman, Max. *Enjoyment of Poetry: With Other Essays in Aesthetics*. New York: Charles Scribner's Sons, 1913.

Frazer, James George. *The Golden Bough: A Study in Magic and Religion*. 2d ed., rev. and enl. 3 vols. New York: Macmillan Co., 1900.

Goldenweiser, Alexander A. *Early Civilization*. New York: Alfred A. Knopf, 1922.

———. "The Deterministic and the Accidental in History." *Journal of Philosophy, Psychology and Scientific Methods* 15(1918):604‒607.

———. "Spirit, *Mana*, and the Religious Thrill." *Journal of Philosophy, Psychology and Scientific Methods* 12(1915):632‒640.

Gordon, Kate. *The Psychology of Meaning*. Chicago: University of Chicago Press, 1903.

Gore, Willard Clark. "Image and Idea in Logic." In *Studies in Logical Theory*, by John Dewey et al., University of Chicago. The Decennial Publications, second series, 11:184‒202. Chicago: University of Chicago Press, 1903.

Groos, Karl. *The Play of Animals*. Translated by Elizabeth L. Baldwin, with preface and appendix by James Mark Baldwin. New York: D. Appleton and Co., 1898.

———. *The Play of Man*. Translated by Elizabeth L. Baldwin, with preface by James Mark Baldwin. New York: D. Appleton and Co., 1901.

Grosse, Ernst. *The Beginnings of Art*. New York: D. Appleton and Co., 1897.

Hale, Robert L. "Rate Making and the Revision of the Property Concept." *Columbia Law Review* 22(1922):209‒216.

Heidel, William Arthur. περι φυσεως (*Peri physeos*); *The Conception of Nature among the Pre-Socratics*. Proceedings of the American Academy of Arts and

Sciences, vol. 45, no. 4. Boston: American Academy of Arts and Sciences, 1910 [?].

Helburn, J. W. Letter of Inquiry. *New Republic* 25(1921):187. [*Middle Works* 13: 492–493.]

Hirn, Yrjö. *The Origins of Art: A Psychological and Sociological Inquiry.* New York: Macmillan Co., 1900.

Hobhouse, Leonard Trelawney. *The Theory of Knowledge: A Contribution to Some Problems of Logic and Metaphysics.* New York: Macmillan Co., 1895.

Hoernlé, Reinhold F. A. "Image, Idea and Meaning." *Mind*, n.s. 16(1907): 70–100.

——. "A Plea for a Phenomenology of Meaning." *Proceedings of the Aristotelian Society*, n.s. 21(1921):71–89.

——. "Professor Baillie's 'Idealistic Construction of Experience.'" *Mind*, n.s. 16 (1907):547–571.

Holt, Edwin Bissell. *The Concept of Consciousness.* New York: Macmillan Co., 1914.

——. *The Freudian Wish and Its Place in Ethics.* New York: Henry Holt and Co., 1915.

Humboldt, Wilhelm von. *The Sphere and Duties of Government.* Translated by Joseph Coulthard. London: John Chapman, 1854.

Hunt, Frazier. *The Rising Temper of the East.* Indianapolis: Bobbs-Merrill Co., 1922.

Husserl, Edmund. *Ideen zu einer reinen Phanomenologie und phanomenologischen Philosophie.* Halle, a.d.S.: M. Niemeyer, 1913.

——. *Logische untersuchungen.* Halle, a.d.S.: M. Niemeyer, 1900.

Huxley, Julian Sorell. *The Individual in the Animal Kingdom.* New York: G.P. Putnam's Sons, 1912.

Ibsen, Henrik. *Ibsen's Prose Dramas.* Edited by William Archer. Vol. 1. New York: Scribner and Welford, 1890.

James, William. *The Letters of William James.* Edited by Henry James. Boston: Atlantic Monthly Press, 1920.

——. *The Principles of Psychology.* 2 vols. New York: Henry Holt and Co., 1890.

——. *Some Problems of Philosophy.* London: Longmans, Green, and Co., 1919.

Janet, Pierre. "The Relation of the Neuroses to the Psychoses." In *A Psychiatric Milestone*, pp. 115–146. Privately printed by the Society of the New York Bloomingdale Hospital, 1921.

Joachim, Harold H. "The Meaning of 'Meaning.' III." *Mind*, n.s. 29(1920):404–414.

Joad, Cyril E. M. "Universals as the Basis of Realism." In *Essays in Common-Sense Philosophy*, pp. 131–158. New York: Harcourt, Brace and Howe, 1920.

Kantor, Jacob Robert. "An Analysis of Psychological Language Data." *Psychological Review* 29(1922):267–309.

——. "The Nervous System, Psychological Fact or Fiction?" *Journal of Philosophy*

19(1922):38-49.

———. "An Objective Interpretation of Meanings." *American Journal of Psychology* 32(1921):231-248.

Katuin, Gerald A. "The Ideality of Values." *Journal of Philosophy, Psychology and Scientific Methods* 17(1920):381-386.

King, Franklin Hiram. *Farmers of Forty Centuries; or, Permanent Agriculture in China, Korea and Japan.* Edited by J. P. Bruce. New York: Harcourt, Brace and Co., [n.d.].

Klyce, Scudder. *Universe.* Winchester, Mass.: S. Klyce, 1921.

Laird, John. *A Study in Realism.* Cambridge: At the University Press, 1920.

Levinson, Salmon O. *Outlawry of War.* Chicago: American Committee for the Outlawry of War, 1922.

Lippmann, Walter. *Public Opinion.* New York: Harcourt, Brace and Co., 1922.

Locke, John. *An Essay concerning Human Understanding.* New rev. ed. Edited by Thaddeus O'Mahoney. London: Ward, Lock, and Co., [1881].

Lovejoy, Arthur Oncken. "The Meaning of φυσις in the Greek Physiologers." *Philosophical Review* 18(1909):369-383.

———. "The Obsolescence of the Eternal." *Philosophical Review* 18(1909):479-502.

———. "*Pragmatism versus* the Pragmatist." In *Essays in Critical Realism: A Cooperative Study of the Problem of Knowledge,* by Durant Drake et al., pp. 35-81. London: Macmillan and Co., 1920.

———. "The Thirteen Pragmatisms." Parts 1 and 2. *Journal of Philosophy, Psychology and Scientific Methods* 5(1908):5-12, 29-39.

Lowie, Robert Harry. *Primitive Society.* New York: Boni and Liveright, 1920.

McDonough, Agnes R. "The Development of Meaning." *Psychological Monographs* 27(1919):441-515.

McGilvary, Evander Bradley. "The 'Fringe' of William James's Psychology the Basis of Logic." *Philosophical Review* 20(1911):137-164.

Marett, Robert Ranulph. *The Threshold of Religion.* 2d ed., rev. and enl. New York: Macmillan Co., 1914.

Mead, George Herbert. "A Behavioristic Account of the Significant Symbol." *Journal of Philosophy* 19(1922):157-163.

———. "Scientific Method and Individual Thinker." In *Creative Intelligence: Essays in the Pragmatic Attitude,* by John Dewey et al., pp. 176-227. New York: Henry Holt and Co., 1917.

Meinong, Alexius. *Ueber Annahmen.* Leipzig: J. A. Barth, 1902.

Melrose, James Albert. "The Crux of the Psychological Problem." *Psychological Review* 29(1922):113-131.

Meyer, Max. *Psychology of the Othre-One.* 2d ed. Columbia: Missouri Book Co., 1922.

Mill, John Stuart. *A System of Logic, Ratiocinative and Inductive.* 5th ed. London: Parker, Son, and Bourn, 1862.

Monroe, Paul, ed. *A Cyclopedia of Education.* Vol. 2. New York: Macmillan

Co., 1911.

Moore, Addison Webster. "Existence, Meaning, and Reality in Locke's Essay and in Present Epistemology." In *Investigations Representing the Departments*, University of Chicago. The Decennial Publications, first series, 2: 29 – 51. Chicago: University of Chicago Press, 1903.

Moore, Clifford Herschel. *The Religious Thought of the Greeks*. Cambridge, Mass.: Harvard University Press, 1916.

Moore, Frederick; Skvirsky, Boris; and Smith, C. H. *The Far Eastern Republic: Siberia and Japan*. New York: Foreign Policy Assoc., 1922.

Moore, George Edward. *Philosophical Studies*. New York: Harcourt, Brace and Co., 1922.

Moore, Thomas Verner. "Image and Meaning in Memory and Perception." *Psychological Monographs* 27(1919):67 – 296.

——. "Meaning and Imagery." *Psychological Review* 24(1917):318 – 322.

——. "The Temporal Relations of Meaning and Imagery." *Psychological Review* 22 (1915):177 – 225.

Murray, Gilbert. "The Failure of Nerve." In *Four Stages of Greek Religion*, by Gilbert Murray, pp.103 – 154. New York: Columbia University Press, 1912.

Murray, James A., ed. *A New English Dictionary on Historical Principles*. Vols. 2,3,5. Oxford: Clarendon Press, 1893,1897,1901.

Mursell, James L. "Truth as Correspondence: A Re-Definition." *Journal of Philosophy* 19(1922):181 – 189.

Ogden, Robert Morris. "Imageless Thought: Résumé and Critique." *Psychological Bulletin* 8(1911):183 – 197.

——. "Some Experiments on the Consciousness of Meaning." In *Studies in Psychology, Contributed by Colleagues and Former Students of Edward Bradford Titchener*, pp.79 – 120. Worcester, Mass.: Louis N. Wilson, 1917.

Otis, Arthur S. "Do We Think in Words? Behaviorist vs. Introspective Conceptions." *Psychological Review* 27(1920):399 – 419.

Parkhurst, Helen Huss. *Recent Logical Realism*. Bryn Mawr, Pa.: New Era Co., 1917.

Peirce, Charles Sanders. "How To Make Our Ideas Clear." *Popular Science Monthly* 12(1878):286 – 302.

——. "Pragmatism." In *Dictionary of Philosophy and Psychology*, edited by James Mark Baldwin, 2:321 – 322. New York: Macmillan Co., 1902.

Perry, Ralph Barton. *The Moral Economy*. New York: Charles Scribner's Sons, 1909.

——. "The Definition of Value." *Journal of Philosophy, Psychology and Scientific Methods* 11(1914):141 – 162.

——. "Dewey and Urban on Value Judgments." *Journal of Philosophy, Psychology and Scientific Methods* 14(1917):169 – 181. [*Middle Works* 11: 361 – 374.]

Picard, Maurice. "The Psychological Basis of Values." *Journal of Philosophy, Psychology and Scientific Methods* 17(1920):11 – 20.

Pillsbury, Walter Bowers. *The Psychology of Reasoning.* New York: D. Appleton and Co., 1910.

——. "The Datum." In *Philosophical Essays in Honor of James Edwin Creighton,* edited by George Holland Sabine, pp. 162–74. New York: Macmillan Co., 1917.

——. "On Meaning. A Symposium before the Western Philosophical Association, December, 1907. I. Meaning and Image." *Psychological Review* 15 (1908): 150–158.

Pitkin, Walter B. "Some Realistic Implications of Biology." In *The New Realism: ooöperative Studies in Philosophy,* by Edwin B. Holt et al., pp. 375–467. New York: Macmillan Co., 1912.

Plato. *The Dialogues of Plato.* Translated by Benjamin Jowett. 4 vols. Boston: Jefferson Press, 1871. [*Apology,* 1:303–39; *Phaedo,* 1:361–447; *Symposium,* 1:449–514; *Phaedrus,* 1:515–585; *Republic,* 2:1–452; *Timaeus,* 2:453–583; *Laws,* 4:1–480.]

Prall, David Wight. "A Study in the Theory of Value." In *University of California Publications in Philosophy,* vol. 3, no. 2, pp. 179–290. Berkeley: University of California Press, 1921.

Pratt, James Bissett. "Critical Realism and the Possibility of Knowledge." In *Essays in Critical Realism: A Co-operative Study of the Problem of Knowledge,* by Durant Drake et al., pp. 85–113. London: Macmillan and Co., 1920.

Ratzel, Friedrich. Advertisement for H. G. Wells's *New World History.* In *New Republic* 25(1920):vi.

Robinson, Daniel Sommer. "An Alleged New Discovery in Logic." *Journal of Philosophy, Psychology and Scientific Methods* 14(1917):225–237.

Robinson, James Harvey. *The Mind in the Making: The Relation of Intelligence to Social Reform.* New York: Harper and Bros., 1921.

Rogers, Arthur Kenyon. "The Problem of Error." In *Essays in Critical Realism: A Co-operative Study of the Problem of Knowledge,* by Durant Drake et al., pp. 117–160. London: Macmillan and Co., 1920.

Royce, Josiah. *The Problem of Christianity.* Vol. 2: *The Real World and the Christian Ideas.* New York: Macmillan Co., 1913.

——. *The Religious Aspect of Philosophy: A Critique of the Bases of Conduct and Faith.* Boston: Houghton Mifflin Co., 1885.

——. *The Spirit of Modern Philosophy.* Boston: Houghton Mifflin Co., 1892.

——. *The World and the Individual.* First Series: The Four Historical Conceptions of Being. New York: Macmillan Co., 1900.

Russell, Bertrand. *The Analysis of Mind.* New York: Macmillan Co., 1921.

——. *Mysticism and Logic, and Other Essays.* New York: Longmans, Green and Co., 1918.

——. *Our Knowledge of the External World as a Field for Scientific Method in Philosophy.* Chicago: Open Court Publishing Co., 1914.

——. "Definitions and Methodological Principles in Theory of Knowledge." *Monist* 24(1914):582–593.

——. "On Denoting." *Mind,* n.s. 14(1905):479–493.

———. "As a European Radical Sees It." *Freeman* 4(1922):608-610.

———. "The Meaning of 'Meaning.' II." *Mind*, n.s. 29(1920):398-404.

———. "On the Nature of Acquaintance. I. Preliminary Description of Experience." *Monist* 24(1914):1-16; "II. Neutral Monism." Ibid., pp. 161-187; "III. Analysis of Experience." Ibid., pp. 435-453.

———. "On Propositions: What They Are and How They Mean." *Proceedings of the Aristotelian Society*, supp. 2(1921):1-43.

Santayana, George. *The Life of Reason; or, The Phases of Human Progress*. 5 vols. New York: Charles Scribner's Sons, 1905-1906.

Schiller, Ferdinand Canning Scott. *Formal Logic: A Scientific and Social Problem*. London: Macmillan and Co., 1912.

———. "The Indetermination of Meanings." *Mind*, n.s. 24(1915):539-540.

———. "The Meaning of 'Meaning.'" *Mind*, n.s. 29(1920):385-397.

———. "The Meaning of 'Meaning.'" *Mind*, n.s. 30(1921):185-190,444-447.

Sherrill, Charles Hitchcock. *Prime Ministers and Presidents*. New York: George H. Doran Co., 1922.

Sidgwick, Alfred. "The Indetermination of Meanings." *Mind*, n.s. 25(1916):101-102.

———. "Statements and Meaning." *Mind*, n.s. 30(1921):271-286.

Spaulding, Edward Gleason. *The New Rationalism*. New York: Henry Holt and Co., 1918.

———. "Realistic Aspects of Royce's Logic." *Philosophical Review* 25(1916):365-377.

Stout, George Frederick. *Analytic Psychology*. 2 vols. New York: Macmillan Co., 1896.

———. *A Manual of Psychology*. New York: Hinds and Noble, 1899.

Strong, Charles Augustus. "The Meaning of 'Meaning.'" *Mind*, n.s. 30(1921):313-316.

———. "On the Nature of the Datum." In *Essays in Critical Realism: A Co-operative Study of the Problem of Knowledge*, by Durant Drake et al., pp. 223-244. London: Macmillan and Co., 1920.

Stuart, Henry Waldgrave. "Valuation as a Logical Process." In *Studies in Logical Theory*, by John Dewey et al., University of Chicago. The Decennial Publications, second series, 11: 227-340. Chicago: University of Chicago Press, 1903.

Sumner, William Graham. *Folkways: A Study of the Sociological Importance of Usages, Manners, Customs, Mores and Morals*. Boston: Ginn and Co., 1906.

Teggart, Frederick J. *The Processes of History*. New Haven: Yale University Press, 1918.

Thompson, Helen Bradford. "A Critical Study of Bosanquet's Theory of Judgment." In *Studies in Logical Theory*, by John Dewey et al. University of Chicago. The Decennial Publications, second series, 11: 86-127. Chicago: University of Chicago Press, 1903.

Thorndike, Edward Lee. *The Psychology of Arithmetic*. New York: Macmillan Co., 1922.

———. "The Psychology of Thinking in the Case of Reading." *Psychological Review* 24(1917):220-234.

———. "Reading as Reasoning: A Study of Mistakes in Paragraph Reading." *Journal of Educational Psychology* 8(1917):323-332.

Titchener, Edward Bradford. *Lectures on the Experimental Psychology of the Thought Processes.* New York: Macmillan Co., 1909.

———. "Description vs. Statement of Meaning." *American Journal of Psychology* 23(1912):165-182.

———. "Prolegomena to a Study of Introspection." *American Journal of Psychology* 23(1912):427-448.

———. "The Psychology of the New *Britannica.*" *American Journal of Psychology* 23(1912):37-58.

———. "The Schema of Introspection." *American Journal of Psychology* 23(1912):485-508.

Tylor, Edward B. *Primitive Culture: Researches into the Development of Mythology, Philosophy, Religion, Language, Art, and Culture.* 4th ed., rev. 2 vols. London: John Murray, 1903.

Veazie, Walter. "The Meaning of φυσις in Early Greek Philosophy." In *Studies in the History of Ideas,* edited by the Department of Philosophy, Columbia University, 1:27-42. New York: Columbia University Press, 1918.

Veblen, Thorstein. *The Place of Science in Modern Civilisation and Other Essays.* New York: B.W. Huebsch, 1919.

Waitz, Theodor. *Anthropologie der Naturvölker.* Vol. 1. 2d ed. Leipzig: [n.p.], 1877.

Washburn, Margaret Floy. *Movement and Mental Imagery; Outlines of a Motor Theory of the Complexer Mental Processes.* Boston: Houghton Mifflin Co., 1916.

———, and Atherton, M. Valerie. "Mediate Associations Studied by the Method of Inhibiting Associations: An Instance of the Effect of '*Aufgabe.*'" *American Journal of Psychology* 23(1912):101-109.

———, and Chapin, Mary W. "A Study of the Images Representing the Concept 'Meaning.'" *American Journal of Psychology* 23(1912):109-114.

Watson, John Broadus. *Psychology, from the Standpoint of a Behaviorist.* Philadelphia: J.B. Lippincott Co., 1919.

———. "Is Thinking Merely the Action of Language Mechanisms?" *British Journal of Psychology* 11(1920-21):55-104.

Westermarck, Edward Alexander. *The Origin and Development of the Moral Ideas.* 2 vols. London: Macmillan and Co., 1960-1968.

Whitehead, Alfred North. *An Enquiry concerning the Principles of Natural Knowledge.* Cambridge: At the University Press, 1919.

Windelband, Wilhelm. *A History of Philosophy with Especial Reference to the Formation and Development of Its Problems and Conceptions.* 2d ed., rev. and enl. Translated by James Hayden Tufts. London: Macmillan and Co., 1901.

Woodbridge, Frederick J. E. "The Dominant Conception of the Earliest Greek

Philosophy." *Philosophical Review* 10(1901):164–165.

———. "The Field of Logic." *Science,* n.s. 20(1904):587–600.

———. "The Nature of Consciousness." *Journal of Philosophy, Psychology and Scientific Methods* 2(1905):119–125.

———. "The Problem of Consciousness." In *Studies in Philosophy and Psychology,* by former students of Charles Edward Garman, pp. 137–166. Boston: Houghton Mifflin Co., 1906.

———. "Of What Sort Is Cognitive Experience?" *Journal of Philosophy, Psychology and Scientific Methods* 2(1905):573–576. [*Middle Works* 3:393–397.]

Woodworth, Robert Sessions. "The Consciousness of Relation." In *Essays Philosophical and Psychological in Honor of William James,* by His Colleagues at Columbia University, pp. 483–507. London: Longmans, Green and Co., 1908.

———. "Imageless Thought." *Journal of Philosophy, Psychology and Scientific Methods* 3(1906):701–708.

———. "Non-Sensory Components of Sense Perception." *Journal of Philosophy, Psychology and Scientific Methods* 4(1907):169–176.

———. "A Revision of Imageless Thought." *Psychological Review* 22(1915):1–27.

Wundt, Wilhelm. *Elements of Folk Psychology.* Rev. ed. Authorized translation by Edward Leroy Schaub. New York: Macmillan Co., 1921.

索引[①]

553 Abstractionism, 418, 抽象主义

Act: 行为, 行动, 动作
　　anticipatory, 384, 预期的行为; as content of judgment, 20, 21, 作为判断内容的行为; knowledge as result of, 22, 知识作为行为的结果; and language, 383, 行为与语言; position and performance of, 13n, 行为的位置与实施; as proximate object of judgment, 13, 作为判断的直接对象的行为; related to function, 70, 与功能相关的行为; related to meaning, 63, 395, 与意义相关的行为; "signaling," 383, "标志性的"动作

Action: 行为, 行动
　　basis for, 330, 行为的基础; in inference, 52, 推理中的行为; necessities of, 49, 行动的必然性

Adams, Henry, 273, 274, 亚当斯, 亨利
Adams, John, 298—299, 303, 亚当斯, 约翰
Adaptation, 378, 适应
Addis, Charles, 87, 阿迪斯, 查尔斯
Adler, Mortimer, 391, 阿德勒, 莫提默
Agnosticism, 417, 不可知论
Aims: 目标
　　deliberation about, 12, 对目标的沉思; discipline as, 404, 作为目标的规训; educational, 320, 399—400, 教育的目标; growth as, 402, 404, 作为目标的成长; relation of, to facts, 402, 目标与事实的关系

Allies. See Great Powers, 协约国, 见"列强"
American Commission plan, 129, 美国委员会方案
Anfu Club, 122, 124, 135, 139, 145, 安福系; opposes student movement, 100, 安福系反对学生运动; overthrow of, 149—150, 安福系的倒台
Anglo-Japanese alliance: 英日同盟
　　approach to, 191, 英日同盟的接近; end to, 212, 213, 215, 英日同盟的终结; meaning of, 121, 英日同盟的意义; renewal of, 77, 91, 125—126, 177, 英日同盟的恢复; viewpoints toward, 177—179, 对英日同盟的看法

Anticipation: 预期
　　intellectual, 53, 思想上的预期; in knowledge, 457, 467, 468; 知识中的预期

Aristocracy: 贵族统治
　　and democracy, 297—298, 贵族统治与民主; intellectual, 290, 297, 302—303, 思想上的贵族统治; in U.S., 290, 美国的贵族统治

Aristotle: 亚里士多德
　　on education, 400, 亚里士多德论教育; on

[①] 本索引的每个条目后所附的页码均为英文原版书页码,即本书边码。——译者

nature and experience, 362, 367, 368, 370n, 371, 389, 亚里士多德论自然与经验; on slavery, 289, 亚里士多德论奴隶制

Armaments. See Pacific Conference, 军备, 见"太平洋会议"

Arnold, Matthew: 阿诺德, 马修
　on culture, 400, 阿诺德论文化; on education, 329, 阿诺德论教育

Art, 209—210, 艺术, 技艺
　of educational engineering, 325—326, 教育工程的技艺; and nature, 365, 艺术与自然; useful, 362—364, 有用的技艺

Assumption, 419, 假定

Attitudes: 态度
　denotation of, 4, 态度的涵义; in education, 328, 教育中的态度; motor-affecto, 27, 情感驱动的态度

Austin, Mary, 323, 奥斯丁, 玛丽

Bacon, Francis, 497, 498, 培根, 弗兰西斯; on knowledge, 310, 培根论知识; on truth, 307, 培根论真理

Balfour, Arthur James, 198, 202, 273, 贝尔福, 阿瑟·詹姆斯

Banque Industrielle, 160, 工业银行

Behavior: 行为
　analysis of, 39, 行为的分析; coordination of, 38, 行为的协调; as directed by speech, xiv, 34, 由言语引导的行为; effect of, upon epistemology, 29, 行为对认识论的影响; modes of, 39n, 行为的各种模式

Behaviorism, xiv, 39, 392, 行为主义, See also Behavior, 又见"行为"

Berkeley, George, 385, 455, 贝克莱, 乔治

Black, Dora W.: on China, 409—410, 494—495, 布莱克, 朵拉·W.: 论中国

Bland, J. O. P.: 濮兰德, J·O·P.
　on China's problems, 94, 96—97, 98, 100, 濮兰德论中国问题; Dewey opposes, 75, 杜威对濮兰德的反驳; opposes student movement, 100—102, 濮兰德反对学生运动; on Tuchuns, 98, 濮兰德论督军; on "Young China," 98, 113, 229, 濮兰德论"青年中国", See also "Young China" 又见《青年中国》

Bolsheviks, 236, 237, 布尔什维克

Bolshevism: 布尔什维主义
　contempt of, for democracy, 315, 为了民主而抛弃布尔什维主义; menace of, 240, 布尔什维主义的威胁; rumors about, 233, 关于布尔什维主义的谣言; technical sense of, 116, 专门意义上的布尔什维主义

Borah, William Edgar, 216, 博拉, 威廉·埃德加

Bosanquet, Bernard: 鲍桑奎, 贝纳德
　on How We Think, 482—491, 鲍桑奎论《我们如何思维》

Boxer Uprising, 103, 167, 245, 247, 273, 义和团造反

Bradley, Francis Herbert: 布拉德雷
　compared with Klyce, 417—418, 布拉德雷与克莱斯的比较; on metaphysics, 498, 布拉德雷论形而上学

Brailsford, Henry Noel: 布雷斯福德, 亨利·诺埃尔
　on China and Japan, 173—176, 179—182, 布雷斯福德论中国与日本; objections to, 175, 182, 对布雷斯福德的反驳

Briand, Aristide, 206, 346, 白里安, 阿里斯蒂德

British-Japanese alliance. See Anglo-Japanese alliance 英日同盟, 见"英日同盟"

Brogan, Albert P.: 布洛根, 阿尔伯特·P.
　on value, 11n, 24n, 25n, 布洛根论价值

Bryan, William Jennings, 141, 498, 布赖恩, 威廉·詹宁斯
　campaign of, against science, 301, 布赖恩反对科学的抗争; in progressive

movement,301,302,304—305,布赖恩在进步运动中

Buddha,221,佛陀

Buermeyer, Laurence:布尔梅耶,劳伦斯
 on thoughts,61—71,482—491,布尔梅耶论各种思想

Burlingame, Anson,167,蒲安臣

Bush, Wendell T.,12n,布许,文德尔·T.

Canton, China,122,123,135,153,广州,中国;British in,121,英国人在广州;compared with Peking,127—128,134,169,广州与北京的比较;demonstration at,128—129,广州的游行;education in,129,广州的教育;government at,124—125,129,132,151,183,广州政府

Capitalism,160,资本主义

Carlyle, Thomas:卡莱尔,托马斯
 on democracy,330,卡莱尔论民主

Cassel contract,121—125,410,494,卡塞尔条约

Changsha, China,151,长沙,中国

Chang Shun,131,张勋

Chang Tso Lin,131,132,134,136,150—151,210,张作霖

Chekiang, China,104,浙江,中国

Chen Kwang Ming,122,128,陈炯明
 views of,132—134,陈炯明的观点

Chesterton, Gilbert Keith,217,切斯特顿,吉尔伯特·基思

Chiang Kai-shek,xxiv,蒋介石

China:中国
 conservatism of,xxv,118,222—223,224,中国的保守主义;economic condition of,76,93,108—109,181—183,218,494—495,中国的经济状况;education in,112,118—119,228,230—232,中国的教育;family system in,xxiv,104,106,110,中国的家庭体系;and Germany,141—142,192,202,中国与德国;and Japan,xxiv,112,162,170,192—193,441—442,中国与日本;literary revolution in,109,256,中国的文学革命;nationalism of,xxiii,74—76,133—135,中国的国家主义;Pacific Conference on,191—193,194—196,关于中国的太平洋会议;political condition of,108—111,129,131—132,134,136,147,150—151,153,182,192,193,210,495,中国的政治状况;problems in,xxiv—xxv,73—74,94,98—99,103,119,153—154,162,165,170—171,182—184,186—188,192,220,230,中国的问题;reorganization of,xxiii,95,96,103,106,120,153,中国的重组;role of emperors in,xxvi,225,皇帝在中国的角色;and Russia,175,233,中国与俄国;and Siberia,237,中国与西伯利亚;student movement in,101,102,106,116—118,中国的学生运动;and U.S.,137,157,166—168,495,中国与美国

Chinese Student's Monthly,156,《中国学生月报》

Chino-Japanese War,108,中日战争

Chita, Russia,236—237,赤塔,俄国

Christianity:基督教
 influence of, on middle classes,301,基督教对中产阶级的影响;related to Chinese reform,115,基督教与中国改革的关系;

Church,304,教会

Classicism,287—288,古典主义

Classification:分类
 of art,363,艺术的分类;conceptions of,358,概念的分类;educational,290,教育上的分类;as enemy of democracy,297—298,作为民主的敌人的分类;judging by,291,通过分类来进行判断

Clemenceau, Georges,316,克列孟梭,乔治

Colgate University,289,科尔盖特大学

Columbia University,425,哥伦比亚大学

Commercialism, 306, 307, 309, 商业主义
Common sense, 413; 常识
  in act, 13, 行动中的常识; Klyce on, 420, 克莱斯论常识
Common will, 339—340, 共同意愿
Communication, 308, 交流
Confucianism, 103, 109, 111, 儒家思想, 儒教; related to Laotze, 222, 224, 225, 儒家思想与老子的关系; strength of, 256, 儒家思想的强大; vital idea in, 114, 儒家思想中有生命力的观念
Consciousness: 意识
  immediate, 352, 直接意识; related to meaning, 372, 与意义相关的意识; social, 157, 社会意识
Conservatism, 429, 保守主义
  in China, 118, 222—223, 224 中国的保守主义
Consistency, 38, 一致性
Consortium: 银行团
  accounts of, 86—87, 银行团的账户; apprehension concerning, 164—166, 关于银行团的理解; continuation of, 163, 银行团的继续; Dewey's opinion of, 90, 163, 188, 杜威对银行团的看法; difficulties of, 125, 184—185, 银行团的各种困难; effect of, 169, 银行团的效果; exclusion of Chinese bankers from, 89, 把中国银行家排除在银行团之外; formation of, 77, 银行团的形成; object of, 124, 银行团的目标; opposition to, 87—88, 96, 169, 对银行团的反对; position of, 90—91, 银行团的地位; prospects for, 92, 100, 188, 银行团的前景; railways under, 122, 144, 银行团资助下建造的铁路; U.S. involvement with, 90, 163—164, 美国在银行团中的参与
Consummation, xix, xx, 终极
Control: 控制
  in experience, 380, 经验中的控制;

individuals in, 393, 处于控制中的个体; power of, 373, 375, 控制的力量
Conversation. See Speech, 交谈, 见"言语"
Copernican revolution, 375, 哥白尼革命
Copernicus, Nicholas, 497, 哥白尼, 尼古拉
Correspondence: 反应
  nature of, 35—38, 反应的本性
Costello, Harry Todd: 科斯特洛, 哈利·托德
  on theory of value, 20—25, 科斯特洛论价值理论
Criticism, 369, 370, 批评; avoidance of, in education, 332, 在教育中对批评的避免; in esthetic matters, 7 and n, 审美问题中的批评; implications of, 14, 批评的蕴涵; Prall's interest in, 8, 普劳尔对批评的兴趣; and truth, 354 批评与真理
Culture: 文化, 文明
  of China, 114—115, 中国的文化; and growth, 404, 文化与成长; western versus oriental, 113, 西方文明对东方文明
Cutten, George B.: 卡顿, 乔治·B
  educational outlook of, 293—294, 卡顿的教育观点; his inaugural address discussed, 289—290, 卡顿得到讨论的就职演说

Dairen, China, 144, 大连, 中国
Dane, Richard, 95, 丁恩, 理查德
Data: 材料
  function of, 63, 材料的功能; for inference, 47, 用于推理的材料; versus subject-matter, 45n, 与内容相对的材料
Davis, Jefferson, 74, 戴维斯, 杰弗逊
Deduction: 演绎
  Buermeyer on, 66, 69, 布尔梅耶论演绎; definition of, 63, 66, 484—485, 演绎的定义; function of, 69—70, 演绎的功能; induction in, 69, 487, 演绎中的归纳; and suggestion, 485, 演绎与建议

Democracy:民主
    and aristocracy, xii, 297—298, 300, 民主与上层统治; Carlyle on, 330, 卡莱尔论民主; meaning of, 315—316, 民主的意义; needs of, 338, 344, 民主的需要; prospects of, 291, 民主的前景; quality of, 330—331, 民主的性质
Democritus, 366, 德谟克利特
Denotation, 389, 外延
Descartes, René, 497, 498 笛卡尔, 勒内
Determinism, xv, 决定论
Diplomacy:外交
    Chinese, 230, 中国的外交; importance of, 441, 外交的重要性; of U. S. in China, 441, 美国对中国的外交
Discrimination:区分
    need for, 310, 区分的必要; racial, 438, 种族区分
Discussion, 3, 讨论
Dogmatism, 67, 308, 314, 独断论
Doll's House, A, 110,《玩偶之家》
Dualism:二元论
    of anticipation, 459, 预期的二元论; difficulties in, 56 and n, 二元论中的困难; epistemological, 48, 认识论上的二元论; exsistential, 57, 存在上的二元论; versus idealism, 465—466, 二元论对观念论; traditional, 57, 传统二元论

Education:教育
    attainment of, 319, 427—428, 教育的成就; beliefs about, 318—320, 324, 328, 关于教育的信念; criticism of, 293, 294, 328, 332, 333; 对教育的批评; effect of habits upon, xiv, 323—324; 习惯对教育的影响; equipment for, 326, 教育设施; faith in, 321, 402; 对教育的信念; hindrances to, xv, 对教育的妨碍; importance of, 228, 230—232, 283—284, 285, 教育的重要性; Kant on, 401; 康德论教育; popular, 303, 公众教育; purpose of, 297, 320, 329, 399—405; 教育的目标; rationalizing about, 327; 关于教育的合理化; training and, 428; 训练与教育; U. S. influence on Chinese, 231—232, 美国对中国教育的影响
Education of Henry Adams, The, 272,《亨利·亚当斯的教育》
Einstein, Albert, 313, 爱因斯坦, 阿尔伯特
Eleatic school, 364, 埃利亚学派
Empedocles, 364, 恩培多克勒
Empiricism, 389, 经验主义
    critical radical, xvii, 353, 479, 批判的彻底经验主义; immediate, 449, 452, 474, 475—476, 直接经验主义; James on, 448, 詹姆斯论经验主义; problem of, 446, 经验主义的问题
Encyclopaedia and Dictionary of Education, xv,《教育百科辞典》
Environment:环境
    and meaning, 374—375, 环境与意义; versus organism, 378—379, 与有机体相对的环境; versus psychology, 381, 与心理学相对的环境
Epistemology:认识论
    Dewey's dislike for, 454—455, 杜威对认识论的不喜欢; dualistic, 456, 二元论的认识论; empiricism as, 475, 作为认识论的经验主义
Equality:平等
    Adams on, 298—99, 亚当斯论平等; Jefferson on, 299, 杰斐逊论平等; moral, 299—300, 道德上的平等; Rousseau on, 298, 卢梭论平等
Essays in Critical Realism, 40, 50, 51, 58,《批判实在论论文集》
Essays in Experimental Logic, 56n, 57n, 58n,《实验逻辑论文集》
Essence:本质
    Lovejoy on, 55, 洛夫乔伊论本质

Evangelical movement, 303, 福音运动

Events, 351, 事件

Exclusion act, 166, 排除行为

Existence: 存在
and essence, 373, 存在与本质; meaning and, 385, 386, 意义与存在

Experience: 经验
biological, 377—381, 生物学的经验; concept of absolute, 355, 绝对经验的概念; as customary art, 362—364, 作为习惯性的技艺的经验; development of culture, 358, 文化经验的发展; as doing and undergoing, 360—361, 379, 作为做与经受的经验; early, 356—359, 早期经验; as education, 294, 作为教育的经验; and experiencing, 392, 经验与经验活动; meanings of, 351—354, 369, 374, 385, 经验的意义; as mental, 451—452, 心理经验; methodological use of, 353, 经验的方法论运用; and nature, 365, 经验与自然; necessity of, ix—x, 经验的必要性; phases of, 352, 379—380, 394—395, 经验的各个方面; quality of, 379, 经验的性质; recognitive and projective, 387—388, 认知性的与前瞻性的经验; social, 381—388, 社会经验; subjectified, 372, 主体化了的经验; theoretical analysis of, 360—364, 对经验的理论分析; value of prior, 328, 先前经验的价值

Experiencing, 392—393, 经验活动

Experiment: 实验
function of, 63, 实验的功能; in induction, 65, 归纳中的实验; two kinds of, 386—387, 两种实验

Far East: 远东
coordination in respect to, 185, 有关远东的协调; peace of, 82, 85, 远东的和平; problems of, 81, 远东的各种问题, See also China; Japan 又见"中国"; "日本"

Far Eastern Republic: 远东共和国
Dewey on, 239, 杜威论远东共和国; establishment of, 235, 236, 238—239, 远东共和国的成立; fate of, 233, 远东共和国的命运; and Japan, 214, 远东共和国与日本; reports about, 241, 关于远东共和国的报导; and Russia, 238, 240, 远东共和国与俄国

Fatalism, 223, 宿命论

Fear: 恐惧
Chinese, of Japan, 441, 中国人对日本的恐惧; as enemy to progresss, 425, 作为进步的敌人的恐惧; in school life, 427, 428, 学校生活中的恐惧

Feng Kuo Chang, 133, 冯国璋

Feng-shui, 224, 风水

Feudalism, 152, 283, 296, 309, 封建制度

Foreign Bank of Belgium, 160, 比利时外国银行

France: 法国
political thought of, 346, 法国在政治上的想法; on Shantung clause, 202, 法国在山东问题上的立场, See also Great Powers, 又见"列强"

Franklin, Benjamin, 303, 富兰克林, 本杰明

Freeman, 306, 《自由人》

"Free will," xv; "自由意志"
definition of, 318—319, "自由意志"的定义

French Enlightenment, 421, 法国启蒙运动

French Indo-China Bank, 160, 法属印度支那银行

French Revolution, 117, 法国大革命

Froebel, Friedrich Wilhelm August, 401, 福禄贝尔, 弗利德里希·威廉·奥古斯特

Fukien, China, 128, 福建, 中国

Function: 功能
of community-life, 382, 社群生活的功能; consummatory, xix, 380, 终极性的功能; definition of, 377—378, 功能的定

义；distinctiveness of，70，71，功能的区分；expression as，419，作为功能的表达；induction as，64，作为功能的归纳；serial or temporal，xviii，378—379，系列的或时间性的功能

Galileo，497，伽利略
Germany：德国
　　occupies China，141—142，德国对中国的占领；treaty of，with China，192，202，德国与中国签订的条约
Gladstone, William Ewart，74，格拉德斯通，威廉·尤尔特
Godwin, William，400，葛德文，威廉
Good：善，好
　　Greeks on，450n，希腊人论善；immediate，5，直接的好；of insight，287，洞见的善；knowledge in the，286，关于善的知识；truth as，307，作为善的真理，See also Liking，又见"喜好"
"Great Awakening,"303，"大觉醒"
Great Britain：大不列颠，英国
　　friction between U. S. and，91，180，181，410，英国与美国之间的摩擦；on Japanese alliance，165，201，英国在英日同盟问题上的态度；opportunism of，xxiv，200，英国的机会主义；policy of, in Far East，176，199，409，英国在远东的政策；on U. S.，173，179，201，207，英国对美国的看法，See also Great Powers 又见"列强"
Great Powers：列强
　　agreement among，162—163，212，列强之间的一致；and Consortium loans，90—91，列强与银行团借款；interest of, in China，77，137—138，226，列强对中国的兴趣；on open door，161，列强关于门户开放的态度
Great Wall of China，195，中国的长城
Growth，xv—xvi，402—405，成长

Guam，212，215，关岛

Habits：习惯
　　and education，323—324，习惯与教育；effect of，244，252，282，习惯的影响；and meaning，389，习惯与意义；as standards，244，作为标准的习惯
Hale, Robert L.：黑尔，罗伯特·L.
　　on values，19n，黑尔论价值
Hangchow, China，105，109，杭州，中国
Hankou, China，105，汉口，中国
Hankow-Canton railway，122，124，汉口—广州铁路
Hankou-Hong Kong railway，124，166，汉口—香港铁路
Happiness，286，幸福
Hara, Takashi，87，255，259，原敬
Hard, William，495，哈德，威廉
Harding, Warren G.，210，215，258，哈定，沃伦·G.
Hart, Robert，95，赫德，罗伯特
Harvey, William，497，哈维，威廉
Hay, John，90，167，273，274，海约翰
Hegel, Georg Wilhelm Friedrich，413，418—419，黑格尔，乔治·威廉·弗利德里希
Helburn, J. W.，72，492—493，赫尔本，J. W.
Helvétius, Claude Adrien，400，爱尔维修，克洛德·阿德里安
Heraclitus，364，赫拉克利特
Heterogeneity，xxiii，异质性
Hibben, John Grier，156，160，希本，约翰·格里尔
Historians，41，历史学家们
History：历史
　　denotation of，351，历史的含义；effect of, on understanding，267—268，272，历史对理解的影响；and philosophy，353，历史与哲学；and Russia，315，历史与俄国
Hobbes, Thomas，ix—x，307，霍布斯，托马斯

Hoernlé, Reinhold, 482, 霍恩雷，莱因霍尔德

Hong Kong, China, 129, 142, 香港，中国
　assets of, 124, 香港的资源；British interests in, 123, 英国对在香港的利益；and Cassel contract, 125, 香港与卡塞尔条约；location of, 123, 香港的地理位置

Hong Kong-Shanghai Bank, 124, 160, 香港—上海银行

How We Think, 61, 63, 64, 65,《我们如何思维》；Buermeyer on, 482—491, 布尔梅耶论《我们如何思维》

Hsu Shih-chang, 135, 徐世昌

Hughes, Charles Evans, 171, 202, 205, 214, 休斯，查尔斯·埃文斯

Human Nature and Conduct, xvi, xviii,《人性与行为》

Humboldt, Wilhelm von, 401, 洪堡，威廉·冯

Hume, David, 307, 472, 休谟，大卫

Hunan province, China, 151, 湖南省，中国

Hunt, Frazier, 346—347, 亨特，弗雷泽

Hu Shih, xxiii, 胡适

Hypothecation, 488—489, 假设

Idealism：观念论，理想主义
　absolute, 478n, 绝对观念论；as epistemological problem, 372, 作为认识论问题的观念论；of faith, 310, 关于信念的理想主义；Greek, 370—371, 希腊观念论；problematical, 446, 有疑问的观念论；self-conscious, 418, 自我意识的观念论

Ideals：理念
　contrasted with aims, 399, 与目标相对的理念；educational, 399—400, 教育的理念；and facts, 402, 理念与事实

Ideas：观念
　nature of, 56, 57, 观念的本质；pragmatism's view of, 445, 实用主义对观念的看法；Identity, 418, 同一性；Illiberalism, 305, 非自由主义；Immediate Consciousness, 352, 直接意识；Immediatism, 453—454, 直接论；Imperial University, Tokyo, Japan, 259, 帝国大学，东京，日本；Implications, 416, 蕴涵；Individualism, 289, 434, 个体主义；Individuality, 289, 292, 个体性；Indo-China, 142, 印度支那

Induction：归纳
　analytic observation in, 65, 67, 归纳中的分析性发现；deduction in, 70, 487, 归纳中的演绎；definition of, 63, 483—485, 归纳的定义；Greek, 369—370, 希腊人的归纳；hypothetical character of, 67—68, 归纳的假设性质；versus inductive movement, 64, 与归纳过程相对的归纳；insistence and, 66, 坚持与归纳；Mill on, 65, 483, 密尔论归纳；scientific, 64, 65, 484, 科学归纳；and suggestion, 485, 488, 归纳与建议

Industrialism：工业体系
　in China, 221, 中国的工业体系；influences on, 283—285, 对工业体系的影响；in Japan, 260, 日本的工业体系；motives of, 281—283, 285, 工业体系的动机

Industrial revolution, 330, 工业革命
　in China, 105, 120, 中国的工业革命

Inference：推理，推论
　as knowledge, 52, 386, 作为知识的推理；stages of, 386—387, 推论的各个阶段；

Inferiority, 296, 次等

Inquiry：探究
　characteristics of, 44—47, 300, 探究的特点；importance of, to philosophy, 366, 探究对哲学的重要性；into meaning, 57, 59, 对意义的探究；methods of, 59, 386, 探究方法

Intelligence, 333, 422, 智慧

Interdependence, 382, 383, 相互依赖

Interest：兴趣
　and attention, 339, 兴趣与注意力；James

on, 364, 詹姆斯论兴趣
Intolerance, 308, 不宽容
Introspection, 392, 内省
I. Q. tests, xiii, 智商测试
Irkutsk, Russia, 235, 伊尔库茨克, 俄国
Irrationality, 243, 非理性

Jackson, Andrew, 303, 305, 杰克逊, 安德鲁
James, William, xxi, 418, 488, 詹姆斯, 威廉
    on concreteness, 308, 詹姆斯论具体性;
    Dewey on, 479n, 杜威论詹姆斯; on
    generalization, 324; 詹姆斯论普遍化;
    on metaphysics, 498; 詹姆斯论形而上
    学; on pragmatism, 447—448, 448n,
    457, 475, 詹姆斯论实用主义; on sense
    of the world, 309, 詹姆斯论对世界的感
    觉; on success, 307, 詹姆斯论成功
Japan: 日本
    on armaments, 205, 日本在军备上的态度;
    blockade of, 180, 日本的封锁; and
    China, 77, 85, 189, 193, 202—203, 205,
    255, 日本与中国; diplomacy of, 219, 日
    本的外交; economics of, 82, 85, 91,
    144, 258—260, 日本的经济; and Far
    Eastern Republic, 214, 日本与远东共和
    国; hostile methods of, 81, 82, 174, 日本
    的敌对方法; liberalism of, 84, 257, 日
    本的自由主义; patriotism and religion
    of, 257, 日本的爱国主义与宗教; public
    opinion in, 256, 258, 259—261, 日本的
    公众舆论; and Russia, 214, 日本与俄
    国; and Siberia, 237, 日本与西伯利亚;
    and U. S., 79, 80, 82, 83—85, 127, 173,
    189, 205, 212, 日本与美国, See also
    Great Powers, 又见"列强"
Japan Chronicle, 154, 257, 《今周之日本》
Japo-German War, 260, 日德战争
Jefferson, Thomas, 299, 303, 338, 杰斐逊, 托
    马斯
Judgments: 判断
    bearing of, 12, 判断的意味; character of,
    15, 16, 19—20, 45, 判断的特点;
    impartial, 434, 公正无私的判断;
    "instrumental" and "creational," 6, 10n,
    "工具性的"与"创造性的"判断; object
    of, 6, 9, 33, 44, 45—47, 判断的对象;
    and prejudice, 243, 437, 判断与偏见;
    reasons for, 14—15, 判断的理由;
    termination of, 45, 判断的终止; and
    values, 4, 24, 判断与价值; ways of
    stating, 11, 趣味判断的各种方法, See
    also Value, 又见"价值"

Kant, Immanuel: 康德, 伊曼纽尔
    on education, 401, 康德论教育
Kantor, Jacob Robert: 坎托尔, 雅各布·罗伯
    特
    on nervous system, 39n, 坎托尔论神经
    系统
Kato, Tomosaburo, 194, 205, 214, 加藤友
    三郎
Katuin, Gerald A.: 卡图因, 杰拉尔德·A.
    on values, 25n, 卡图因论价值
Kepler, Johannes, 497, 开普勒, 约翰内斯
Klyce, Scudder, 412—420, 克莱斯, 斯科德
Knowledge: 知识
    anticipatory, 50, 预期的知识; differentia
    of modern, 376, 现代知识的区分;
    examination of, 415—416, 对知识的检
    验; existence of, 47, 知识的存在; as
    instrumental, 28, 477, 工具性的知识;
    Klyce's approach to, 416, 克莱斯对待知
    识的方法; "mediatism" and
    "immediatism" in, 51, 53, 54, 385, 392,
    454, 关于知识的"中介论"和"直接论";
    physical versus psychical, 55, 477, 物理
    的知识对心理的知识; possibility of,
    43, 知识的可能性; problem of, 58, 知识
    问题; speech and, 31, 言语与知识;
    theories of, 38, 40—41, 48, 52, 354—

355,370,373,各种关于知识的理论
Kokusai news agency, 87, 241,国际新闻通讯社
Kolchak, Aleksandr Vasilyevich, 82, 234, 235, 237,高尔察克,亚历山大·瓦西里耶维奇
Korea, 76, 84, 259,朝鲜
Kwangsei, China, 122, 125,广西,中国
Kuangtung, China, 121, 122, 124, 125, 128, 132, 134,广东,中国

Labor, 429,劳动
Lamont, Thomas W., 86, 87, 89, 96, 124,拉蒙特,托马斯·W.
Language:语言
　　experience in, 356,语言中的经验; functions of, 384,语言的功能; and understanding, xiv, 355, 375, 383, 415,语言与理解
Lansing, Robert, 90,兰辛,罗伯特
Lansing-Ishii agreement, 83, 162, 166, 191,《兰辛—石井协定》
Laotze:老子
　　and Confucianism, 222, 224—225,老子与孔子; doctrine of, 221—225,老子的学说
League of Nations, 313, 411,国联
Levinson, Salmon O., 411,列文森,萨尔蒙·O.
Liberalism:自由主义
　　allied with irrationalism, 421, 496—499,与非理性主义相结合的自由主义; problems of, 496, 499,自由主义的各种问题
Liberals:自由主义者
　　in Japan, 257, 260,日本的自由主义者; task of, 496—497,自由主义者的任务
Liking:喜好
　　as absolute, 25,绝对的喜好; as attitude, 5*n*,作为态度的喜好; as indeterminate, 26,并非确定的喜好; logical implications of, 14,喜好的逻辑蕴涵; as preference, 11,作为偏好的喜好; theories of, 5*n*,各种关于喜好的理论, See also Good,又见"善,好"
Lincoln, Abraham, 302, 303,林肯,亚伯拉罕
Lippmann, Walter, 290, 330,李普曼,沃尔特; on public opinion, 337—344,李普曼论公众舆论; on stereotypes, 331,李普曼论陈规
"Literary Revolution":"文学革命"
　　in China, 109, 256,中国的"文学革命"
Liu Tze Shan, 142,刘则山
Livingstone, David, 244,列文斯通,大卫
Lloyd George, David, 345—346,劳合乔治,大卫
Locke, John, 307, 400,洛克,约翰
Lodge, Henry Cabot, 212,洛奇,亨利·加博特
Logical Empiricists, xi,逻辑经验论者
Lovejoy, Arthur O., xi,洛夫乔伊,阿瑟·O.; on anticipatory thought, 50,洛夫乔伊论预期的思想; on essence, 55,洛夫乔伊论本质; on knowledge, 51,洛夫乔伊论知识; on monistic realism, 54,洛夫乔伊论一元论的实在论; on pragmatism, 40, 49, 443—481,洛夫乔伊论实用主义; on verification, 42, 44, 48,洛夫乔伊论确证
Lusk laws, 426, 428, 497,拉斯克法令

Manchu dynasty, 98, 135, 225,满清王朝
　　conditions resulting from, 97, 103, 183,满清王朝造成的各种状况; downfall of, 113, 127,满清王朝的覆灭; efforts of, 154,满清王朝的各种努力; historic parallel of, 113, 147, 150, 152,满清王朝在历史上的平行者
Manchuria, China, 143, 151, 195,满洲,中国
　　Japan and, 80, 81, 84, 91, 144, 145, 199, 259,日本与满洲
Marx, Karl, 315,马克思,卡尔

Materialism, 417,物质主义,物质性
　　ideal factors of, 270,物质主义中的观念因素; science as, 433,作为物质主义的科学; versus spiritualism, 264,266,268,270,与精神性相对的物质性
Maturity, ix—x,成熟
May 4th Movement:五四运动
　　background of, xxi—xxii,107,110—111,115,五四运动的背景; demostration during, 128,五四运动期间的游行; Dewey's views on, 119—120,杜威对五四运动的看法; journals of, 116—118,五四运动的杂志; political bias of, 110—111,五四运动的政治基础; premise of, 116,五四运动的前提; results of, 111,116,119,五四运动的结果; social service of, 118,五四运动的社会服务
Mead, George Herbert, 29n,34n,米德,乔治·赫伯特
Meaning:意义
　　concept of, xix,369,372,意义的概念; consummatory, xx,377,终极意义; function of, 63,意义的功能; inner and outer, 390,内在的意义与外在的意义; in intellectual experience, xix,57 and n,58,374,375,385,393,思想实验的意义; nature and, xx,自然与意义; new type of, 375—376,新类型的意义; objective, 384—385,对象性的意义; psychology of, 393,意义心理学; referential and immanent, xx—xxi,388—389,关联的意义与固有的意义; social origin of, 390—391,意义的社会起源
Meaning of Meaning, the, xi,《意义的意义》
Means, 6,12,手段
Mechanism, 417,机械主义
Mediatism, 453—454,458,464,中介论
Mencius, 225,孟子
Metaphysics:形而上学

James and Bradley on, 498,詹姆斯和布拉德雷论形而上学
Middle West, 302,中西部
Militarism, 151,黩武主义; evils of, 163,黩武主义的罪恶; of Japan, 205,257,258,260,261,日本的黩武主义; in Tsinan, 139,济南的黩武主义
Mill, John Stuart, 64,401,密尔,约翰·斯图亚特; on induction, 65,483,486,密尔论归纳
Millerand, Alexander, 316,米勒兰,亚历山大
Mind in the Making, the, 421—422,497,《形成中的心灵》
Mongolia, 199,235,蒙古; Chinese subjugation of, 135,中国人对蒙古的征服; government of, 240—241,蒙古的政府; Russian control of, 195,俄国对蒙古的控制
Monism, 313,一元论
Monroe Doctrine, 167,274,门罗主义
Montague, William Pepperell, 445n,蒙塔古,威廉·佩珀雷尔
Moore, Addison Webster:摩尔,阿迪森·韦伯斯特
　　on objectivity, 450,摩尔论客观性; on skepticism, 486,摩尔论怀疑论
Moore, Frederick F., 240,穆尔,弗雷德里克·F.
Morgan, John Pierpont, 217,摩根,约翰·皮尔蓬特
Morgan, J. P.,& Co., 165,摩根集团
Mursell, James L.:缪塞尔,詹姆斯·L.
　　on correspondence, 36,缪塞尔论相互反应; on perceptual judgments, 32,缪塞尔论知觉判断

Nanking, China, 112,南京,中国
Nationalism, 249,439,国家主义
Natural science, 270,自然科学, See also Science,又见"科学"

Nature:自然
  concept of, xx, 364—365, 367, 385, 404, 433,自然的概念; in Greek life, 370—371,希腊人生活中的自然; organic versus mechanical, 365—366,与机械的自然相对的有机的自然; Socrates' contempt for, 367,苏格拉底对自然的蔑视
"Need for a New Social Concept, The," 323,"对一种新的社会观念的需求"
New culture movement,新文化运动, See May 4th Movement,见"五四运动"
New Rupublic, 421,《新共和》
Newton, Issac, 311, 313,牛顿,伊萨克
New York, N. Y.:纽约
  school system of, 426—427,纽约的学校体系; School Teachers' Union of, 427—430,纽约学校教师联合会;
Northcliffe, Alfred Charles, 177,诺斯克利夫,阿尔弗雷德·查尔斯
Nous, 369, 370,努斯,心
Novo-Nikolaievsk, Russia, 234,新尼古拉耶夫斯克,俄国

Objectivity:客观性
  A. W. Moore on, 450, A. W. 摩尔论客观性
Observation, 352,观察
Okuma, Shigenobu, 76, 112,大隈重信
Old China,老中国, See China,见"中国"
Omsk, Russia, 82, 234, 235,鄂木斯克,俄国
Open door, 90, 121, 191,门户开放;
  Japanese conception of, 233,日本人对门户开放的概念; need for, 172,门户开放的必要; U.S. and, 83, 161, 167, 174,美国与门户开放; violation of, 167—168, 195,对门户开放政策的违反
Opium, 142, 143,鸦片
Opportunism:机会主义
  of Great Britain, 200,英国的机会主义; of Northcliffe, 177,诺斯克利夫的机会主义
Organism, 378—379, 381,有机体
Orient:东方
  future peace of, 442,东方未来的和平; political opinion in, 259,东方的政治见解, See also China; Far East; Japan,又见"中国","远东","日本"

Pacific Conference:太平洋会议
  and China, 167, 181, 209—211, 228,太平洋会议与中国; crucial issues of, 145—146, 156, 166, 173, 181, 186, 442, 495,太平洋会议的关键议题; Dewey's views on, 186—189, 197, 208, 214—216, 440—441, 442,杜威对太平洋会议的看法; discusses armaments, 173—174, 204,太平洋会议讨论裁军; effect of, 158, 159, 172, 212,太平洋会议的结果; and Great Britain, 165, 273,太平洋会议与英国; Japanese views on, 205, 206, 214, 257—258,日本人对太平洋会议的看法; publicity regarding, 197—198, 203,有关太平洋会议的公开; success of, 157, 166,太平洋会议的成功; U. S. and, 206, 261, 495,美国与太平洋会议
Pan-Asianism:泛亚细亚主义
  Japaness, xxiv, 184,日本人的泛亚细亚主义; popularity of, 178,泛亚细亚主义的普及
Parmenides, 364,巴门尼德
Partisan armies, 235, 236,游击队
Patriotism:爱国主义
  Japanese, 257, 258,日本人的爱国主义
Pavlov, Ivan Petrovich, xiv,巴甫洛夫,伊万·彼得罗维奇
Peirce, Charles S., 307, 393,皮尔士,查尔斯
Peking, China, 72, 105, 122, 139, 153, 210, 495,北京,中国
  Bland in, 100—101,濮兰德在北京;

Dewey's view of, 136—137, 杜威对北京的看法; dominates China, 130, 北京掌控中国; effect of Consortium on, 169, 银行团对北京的影响; foreign support of, 136, 154, 北京的外国支持; Lamont in, 124, 拉蒙特在北京; parliament of, 130, 131, 北京的国会; position of, on Canton, 125, 127—128, 北京对待广州政府的立场; revolutionary movement against, 132, 151, 反对北京政府的革命运动; schools in, 112, 116, 北京的学校; state of, 134—135 北京的状况

Perception, 418, 知觉

Perry, Ralph Barton, 11n, 12, 20, 22, 佩里, 拉尔夫·巴顿

Pestalozzi, Johann Heinrich, 401, 裴斯塔洛齐, 约翰·海因里希

Phenomenalism, 417, 现象主义

Philosophy: 哲学
　experiential, 359—360, 经验哲学; meaning and truth in, 354, 哲学中的意义与真理; origin of Greek, xviii, 364, 希腊哲学的起源; rational discourse in, 364, 366—367, 369, 370, 哲学中的理性话语; traits of modern, 372—373, 近代哲学的特点; types of, xvii, 352—353, 375—376, 各种类型的哲学; value of, 314, 353, 哲学的价值

Picard, Maurice, 4n, 5n, 7n, 12n, 20n, 皮卡德, 莫里斯

Plato, 4, 362, 364, 柏拉图
　on education, 400, 柏拉图论教育; fundamental point of, 17, 柏拉图的基本观点; and Socrates, 367—368, 柏拉图与苏格拉底

Politics: 政治
　in Consortium, 90, 银行团中的政治; estimate of, 314, 对政治的评价; European, 164—166, 345, 欧洲政治; importance of printing in, 330, 出版在政治中的重要性; international, 161—162, 210, 国际政治; propaganda in, 331, 政治中的宣传, See also China, 又见"中国"

Port Arthur, China, 145, 旅顺, 中国

Portsmouth, Treaty of, 492, 《朴茨茅斯条约》

Pragmatic method, 27, 实用主义的方法

Pragmatism: 实用主义
　confusions in, 480—481, 实用主义中的各种混淆; Lovejoy on, 40, 49, 443—481, 洛夫乔伊论实用主义; roots of, 307, 445, 实用主义的根; tendencies of, 446, 实用主义的各种倾向; "true" and "false," 477—481, "真实的"和"虚假的"实用主义

Prall, David Wight, 8 and n, 11n, 12 and n, 20, 22, 普劳尔, 大卫·怀特

Prejudice, 偏见, See Race prejudice, 见"种族偏见"

Preparation, 402—403, 准备

Propaganda, 331, 宣传

Pseudo-idealism, 418, 伪观念论

Pseudo-intellectualism, 418, 伪理智主义

Psychology: 心理学
　behavioristic, 39, 行为主义心理学; and environment, 381, 心理学与环境; of meaning, 393, 意义心理学; problem of, 392, 心理学的各种问题

Publicity: 公开, 公布
　effect of, 285, 公开的效果; about Pacific Conference, 171—172, 197, 203, 204, 206, 209; 有关太平洋会议的公开

Public opinion: 公众舆论
　analysis of, 339—340, 对公众舆论的分析; control of, 330, 对公众舆论的控制; Dewey on, 343—344, 杜威论公众舆论; effect of press on, 340—341, 出版对公众舆论的影响; on Far East treaties, 85, 关于远东的各项条约的公众舆论;

Japanese versus Chinese, 256, 日本人的公众舆论对中国人的公众舆论
Puritanism, 277, 278, 303, 306, 清教主义
Purpose, 363, 目标

Race: 种族
   cultural factors in, 438—439, 种族中的文化因素; meaning of, 438, 种族的意义; symbols of, 438, 种族的象征; Race prejudice, xxvii—xxviii, 174, 种族偏见; alleviation of, 251—252, 254, 439, 种族偏见的减轻; effects of, 251, 261, 种族偏见的后果; factors in, 243, 245—251, 253, 437, 439, 440, 种族偏见中的各种因素
Radicalism, 429, 激进主义
Rationalization, 421, 合理化
Ratzel, Friedrich, 311, 拉策尔, 弗利德里希
Realism: 实在论
   as epistemological problem, 372, 作为认识论问题的实在论; modern analytic, 419, 近代分析实在论; monistic versus dualistic, 54, 460—461, 一元论的实在论对二元论的实在论; pluralistic, 54, 55, 多元论的实在论; "presentative," 459, "表现的"实在论
Reason, 421, 理性
Reasoning: 推理
   definition of, 64n, 推理的定义; and reflection, 487—488, 推理与反思
Reconstruction in Philosophy, xviii, 《哲学的改造》
Reference, 380, 关联, 指涉
Reflection: 反思
   course of, 58, 445, 反思的过程; as instrumental, 27, 工具性的反思; philosophic, 413, 哲学反思; in pragmatism, 480, 486—488, 490, 实用主义中的反思; in representation, 51, 再现中的反思; stages of, 490—491, 反思的各个阶段

Relation, 25n, 关系
Relativism, 417, 相对主义
Reminiscence: 回忆
   cognitive status of, 53, 回忆的认知状态; defined, 42, 经过了定义的回忆; development of, 43, 回忆的发展; Lovejoy on, 53, 洛夫乔伊论回忆
Representation: 再现, 表象
   consequences of, 52, 再现的结果; esthetic versus cognitive, 54, 与认知的再现相对的审美的再现; function of, 50, 51, 52, 456n, 464, 再现的功能; Lovejoy on, 53, 洛夫乔伊论再现; meaning as, 58, 作为再现的意义
Republicanism, 140, 151, 联邦主义
Republic of China, 中华民国, *See* China, 见"中国"
Response, 37—38, 反应
Retention, 352, 保存
Retrospection: 回顾
   importance of, in knowledge, 467—472, 回顾在知识中的重要性
Reuter news service, 241, 路透社
Revcoms, 235, 革委会
Revolution of 1911, 135, 183, 1911年的革命, 辛亥革命
Robinson, Daniel Sommer, 11n, 12, 鲁滨逊, 丹尼尔·索默
Robinson, James Harvey, 421—422, 497, 498—499, 鲁滨逊, 詹姆斯·哈维
Romanticism, 287, 288, 浪漫主义
Roosevelt, Theodore, 302, 498, 罗斯福, 西奥多
Root, Elihu: 路特, 伊莱休
   principles of, 198, 207, 215, 路特原则
Rousseau, Jean Jacques, 298, 400, 卢梭, 让·雅克
Russell, Bertrand, 258, 罗素, 伯特兰; on physical realism, 447, 罗素论物理实在论; on supreme excellences, 306, 罗素论杰出

的优秀
Russia, 113, 316, 俄国
and Japan, 214, 俄国与日本
power of, 175—176, 俄国的力量, See also Great Powers, 又见"列强"
Russian Asiatic Bank, 160, 俄罗斯亚洲银行

Saghalien, Russia, 258, 萨哈林, 俄国
Santayana, George, 58, 59, 桑塔亚那, 乔治
School Teachers' Union (New York City), 428—430, （纽约城）学校教师联合会
Science: 科学
 Bryan against, 301, 布赖恩反对科学; and causation, 372, 科学与因果性; development of, 284, 科学的发展; effect of, 434, 435—436, 科学的影响; experimentation in, 433, 科学中的实验; importance of, in education, 321, 333, 科学在教育中的重要性; J. H. Robinson on, 422, J·H·鲁滨逊论科学; and knowledge, 415, 科学与知识; meaning of, 311—312, 433, 434, 科学的意义; social application of, 433, 435, 科学的社会应用
Self-government: 自主
 in China, 129, 150, 中国的自主
Shakespeare, William, 30—31, 莎士比亚, 威廉
Shanghai, China, 72, 89, 105, 108, 122, 124, 144, 180, 上海, 中国
Shank, George H., 410, 494—495 尚克, 乔治·H.
Shantung, China, 80, 91, 199, 211, 山东, 中国
 diplomatic position of, 77, 85, 144—145, 201—203, 山东在外交上的地位; economic question in, 81, 123, 143, 山东的经济问题; occupation of, 192, 对山东的占领; opium in, 143, 山东境内的鸦片; railway, 142, 山东的铁路; and Versailles Treaty, 73, 202, 山东与《凡尔赛条约》
Sherrill, Charles Hitchcock, 345—347, 谢里尔, 查尔斯·希区柯克
Shu Shi Chang, 131, 徐世昌
Siberia, Russia, 80, 81, 82, 85, 91, 西伯利亚, 俄国
 and China, 237, 西伯利亚与中国; interest in, 233—234, 在西伯利亚的利益; and Japan, 237, 241, 西伯利亚与日本; need of, 235—236, 西伯利亚的需求; reports about, 84, 241, 关于西伯利亚的报导; and U. S., 79, 西伯利亚与美国
Signs, 383, 389, 符号
Skepticism, 68, 怀疑论
Skinner, Burrhus Frederic, xiv, 斯金纳, 伯尔赫斯·弗雷德里克
Smith, Adam, 281, 斯密, 亚当
Social absolutism: 社会绝对主义
 and Bolshevism, 316, 社会绝对主义与布尔什维主义; varieties of, 314, 社会绝对主义的各种变体
Socialism, 254, 社会主义
Scorates, 367, 苏格拉底
Solipsism, 35, 36, 孤立主义
Species, 369, 种
Speech: 言语
 and action, 29—30, 31—32, 34, 言语与行动; and auditor, 34, 言语与听话者; as cognitive, 29—31, 35, 作为认知的言语; consequences of, 35, 言语的结果; effect of, 38, 277, 言语的影响; fear of, 278, 对言语的恐惧; incompleteness of, 35, 言语的未完成性; necessity of, 276, 277, 279, 言语的必然性; object of, 34—35, 言语的对象; oversimplification of, 29, 32, 33, 38, 言语的过度简化; primary modes of, 34, 言语的首要模式
Spencer, Herbert, 311, 402, 斯宾塞, 赫伯特
Spiritualism: 精神性

elements of, 264—265, 精神性的各种要素; versus materialism, 264, 266, 268, 270, 与物质性相对的精神性

Stereotypes: 陈规
 Lippmann on, 331, 339, 李普曼论陈规

Stevens, Frederick W., 86, 88, 164, 斯蒂文斯, 弗雷德里克·W.

Stimulus: 刺激
 as cause, 33, 作为起因的刺激; to speech, 29—30, 对言语的刺激

Structuralism, xix, 结构主义

Stuart, Henry Waldgrave, 25*n*, 斯图亚特, 亨利·瓦尔德格拉夫

Student movement, 学生运动, *See* May 4th Movement, 见"五四运动"

Subjectivism, 417, 主观主义
 elimination of, 419, 主观主义的消除; essence of, 49, 主观主义的本质; pragmatic, 449, 468, 实用主义的主观主义; in public opinion, 342, 公众舆论中的主观主义

Subject-matter: 主题、论题、内容
 in experience, 381—382, 392—393, 394, 经验中的主题; of inference, 52, 推理的主题; instrumental, 388, 工具性的内容; of judgments, 9, 10—11, 判断的内容; versus object, 43—47, 与对象相对的主题; positive, 388, 实证主题

Success: 成功
 James on, 307, 詹姆斯论成功; proof of, 309, 成功的证明

Suggestion: 建议
 and experience, 67, 488, 建议与经验; as fact, 66, 487, 作为事实的建议

Sun Yat Sen: 孙逸仙, 孙中山
 and Anfu Club, 135, 孙中山与安福俱乐部; Black on, 494, 布莱克论孙中山; election of, xxii, 131, 孙中山的当选; inauguration of, 127, 孙中山的就职; Lenin's influence on, xxiii, 列宁对孙中山的影响; returns from Shanghai, 122, 孙中山自上海归来; support of, 132, 对孙中山的支持; views of, 130, 135—136, 孙中山的各种见解

Superiority, 296, 优越性

Superstition: 迷信
 Feng-shui as, 224, 作为迷信的风水; versus science, 435, 与科学相对的迷信

Szechuan, China, 87, 四川, 中国

Taft, William Howard, 303, 塔夫脱, 威廉·豪沃德

Taiping rebellion, 113, 太平天国造反

Tang Shao Yi, 130, 132, 唐绍仪

Taoism, 道家学说, *See* Laotze, 见"老子"

Tartars, 225, 鞑靼人

Teleology, 364, 神学

Telos, 369, 目的

Testing: 测试
 consequences of, 291, 测试的结果; reception of, 291, 接受测试; use and goal of, 292, 490, 测试的运用与目标

Theory of Valuation, xi, 《价值理论》

Thibet, China, 195, 西藏, 中国

Tientsin, China, 101, 144, 天津, 中国

Time: 时间
 importance of, to China, xxvi, 154, 170, 189, 223, 时间对中国的重要性; in judgment process, 13, 判断过程中的时间; and race prejudice, 252, 254, 时间与种族偏见

Times (London), 177, 《泰晤士报》(伦敦)

Tokugawa shogunate, 113, 德川幕府

Tokyo, Japan, 219, 255, 东京, 日本

Transcendence, 48

Truth: 真理, 真, 真实
 Bacon on, 307, 培根论真理; claim to, 22, 对真的要求; confusion about, 481, 关于真实性的混淆; and consistency, 38, 真理与一致性; known, 22, 已知的真理;

love of, 306, 308, 对真理的爱; about past, 469—470, 关于过去的真实

Tsinan, China, 139—140, 144, 济南, 中国

Tsing Tao, China, 141, 143—144, 青岛, 中国

Tuan Chi Jui, 133, 段祺瑞

Tuchuns, 98, 130, 150, 督军

Twenty-one Demands, 199, 211,《二十一条》cancellation of, 85,《二十一条》的取消; commemoration of, 140, 纪念《二十一条》的签订; establish Japan's position, 130,《二十一条》确立了日本的地位; opinion against, 136, 对《二十一条》的反对; treaties connected with, 85, 145—146, 167, 192, 与《二十一条》相关的各种条约

"Types of Philosophic Thought," xvi—xxi, "哲学思想的各种类型"

Uchida, Yasuya, 346, 内田康哉

Understanding: 理解
of Chinese philosophy, 226, 对中国哲学的理解; difficulties in, 264, 266, 理解中的困难; between England and U. S., 272, 273, 英国与美国之间的理解; history and, 267—268, 272, 历史与理解; importance of, 263—264, 268—269, 439, 理解的重要性; and language, 383, 理解与语言; and science, 436, 理解与科学

Unification: 统一
aspects of, 412—413, 415, 417, 统一的各个方面; method of, 413, 统一的方法

United States: 美国, 美利坚合众国
attitude of, on Anglo-Japanese alliance, 178, 美国对英日同盟的态度; and China, 79, 136—137, 156—158, 164, 167, 168, 169—170, 184, 189, 199, 230—232, 409—410, 美国与中国; financial interest of, in Europe, 164—165, 166, 美国对欧洲在财政方面的关切; and Great Britain, 165, 180, 181, 218, 美国与大不列颠; immigration in, 439, 移民到美国; naval policy of, 173, 美国的海军政策; and open door, 161, 167—168, 美国与门户开放; and Pacific Conference, 156, 261, 美国与太平洋会议; policy of, in Consortium, 91, 102, 163—164, 美国在银行团问题上的政策; policy of, in Far East, xxiii, 79—85, 161, 美国在远东的政策; power of, 164, 174, 美国的力量; pragmatism in, 306—310, 实用主义在美国; regarding Shantung, 202, 美国对山东的看法; State Department of, 86, 90, 160, 167, 201, 202, 211, 212, 410, 美国国务院; wireless contract of, 409, 美国的无线通讯合同, *See also* Great Powers, 又见"列强"

Urga, China, 240, 库伦, 中国

Valuation: 评价
conduct of, 26, 评价行为; object of, 19, 评价的对象; and values, xi, 10, 25, 评价与价值

Valuation-judgment: 评价-判断
analysis of, 15, 对评价-判断的分析; and choice, 24, 评价-判断与选择; definition of, 16, 19, 评价-判断的定义; judgments of, 15—16; object of, 17, 对评价-判断的判断; reduction of, 17 评价-判断的还原

Value: 价值
and interest, 11n, 价值与兴趣; and liking, 12n, 价值与喜好; and Logical Empiricists, xi, 价值与逻辑经验论者; meaning of, 3—6, 18, 价值的意义; significations of, 7, 价值的意指; and taste, xi—xii, 价值与趣味; and valuation, 23, 价值与评价, *See also* Judgments, 又见"判断"

Values:各种价值
  discrimination of esthetic, 17,各种审美价值的区分;doubtful, 12,各种有疑问的价值;evaluation of past, 11,对过去的各种价值的评价;Hale's theory of, 19n,黑尔关于各种价值的理论;immanent meanings as, 380,作为固有意义的各种价值;not under judgment, 16,并非处于判断之下的各种价值;series of, 20,各种价值的系列;and valuations, ix, 25,各种价值与各种评价

Verification:确证
  existence of, 22,确证的存在;indirect, 48,间接的确证;Lovejoy on, 42,471—473,洛夫乔伊论确证;versus meaning of past, 43,相对于过去的意义的确证;necessity of, 20,确证的必要性;and thought, 41,确证与思考;time of, 42,确证的时刻;and truth, 23—24,确证与真

Verkhne-Udinsk, Russia, 235, 237,上乌金斯克,俄国

Versailles, Treaty of, 179, 201, 206, 208, 213, 274, 313,《凡尔赛条约》;Chinese claims of, 110, 145,中国在《凡尔赛条约》中的要求;disillusionment following, 146, 156, 160, 261,《凡尔赛条约》之后的幻灭;and Shantung, 166, 202, 210,《凡尔赛条约》与山东

Vesalius, Andreas, 497,维萨留,安德里亚斯

Vladivostok, Russia, 235, 239, 258,符拉迪沃斯托克

War:战争
  outlawry of, 411,战争的非法性;results of, in Japan, 259—260,在日本的战争的结果

Washington Conference, 华盛顿会议, *See* Pacific Conference,见"太平洋会议"

Watson, John Broadus, xiii, xiv,华生,约翰·布罗德斯

Weihaiwei, China, 125,威海卫,中国

Wells, H. G.:威尔斯,H. G.
  on Anglo-Japanese alliance, 219,威尔斯论英日同盟;on state-mindedness, 313,威尔斯论具有国家观念;on U. S., 74,威尔斯论美国;world history of, 311,威尔斯的世界历史

Wilson, Woodrow, 180, 213, 274,威尔逊,伍德罗;influences China, 115,威尔逊影响中国;principles of, 253, 316,威尔逊原则;and Shantung, 126, 166, 210,威尔逊与山东

Words, 414—417,词

World Court, 411,世界法庭

Worth, 26—27,所值

Wu Pei Fu, 127, 151—152,吴佩孚

Yangtse River, xxiv, 127, 132, 178,长江,扬子江

Yellow Man's Burden, 80,黄种人的责任

Yellow Peril, xxvii, 249,黄祸

Yokohama Specie Bank, 85, 87, 160,横滨正金银行

"Young China":"青年中国","少年中国"
  ambiguity of, 111,"青年中国"的含混不清;attitude of, 229,"青年中国"的态度;Bland on, 94, 98, 113, 229,濮兰德论"青年中国";Dewey's predictions about, 120,杜威对"青年中国"的预言;features of, 114,"青年中国"的特点;as Japanized Chinese, 113,作为日本化了的中国人的"青年中国";origin of term, 98—99, 108,"青年中国"一词的由来;of today, 230,今日的"青年中国"

Young, Robert, 154,扬,罗伯特

Yuan Shih-kai, 88, 99, 130, 133, 151, 169,袁世凯

译后记

《杜威中期著作》第13卷(1921—1922年)包括44篇文章、2篇书评、1个课程大纲、1篇投稿、4篇杂文和1个访谈,以及6篇附录。与杜威的早期著作相比,中期著作涵盖的领域可以说更加广泛。本卷内容涉及哲学、心理学、教育、政治、国际关系、文化、经济、贸易等诸多不同的领域。与《杜威中期著作》的其他各卷一样,本卷也处处体现出杜威深邃的思想,以及观察问题的独到视野和角度。在本卷中,为《新共和》以及其他杂志所撰写的评论文章占了很大的比重。由于杂志篇幅的特点,这些文章集中体现了杜威直入主题、以简明扼要的方式理清复杂问题的本领。这为杜威驾驭多种题材的多样写作能力提供了许多鲜活的例证,也为读者充实了讲台之外的杜威的形象。

尤其值得一提的是,本卷收录的文章撰写于1921至1922年间,这正是杜威在中国停留的最后一年,以及途经日本回到美国的这段时间。此时的杜威,对中国有了比当时的大多数外国人更深入的了解。因此,对于中国读者,甚至中国近代史的研究者来说,杜威有关中国问题的文章是了解当时中国社会政治、经济、文化、军事诸方面一个有价值的参考。至少阅读这些文章,可以是一件相当有趣的事情。

拉尔夫·罗斯为本卷撰写了一个出色的导言。这篇导言对杜威在教育学、实用主义哲学、中国问题等方面思想的来龙去脉,以及思想内容的主旨,进行了独具风格的介绍。译者在此处无意画蛇添足,仅仅推荐读者在阅读本卷之前先认真地读一下这篇导言。

本卷由赵协真翻译,莫伟民统校,译校工作前后历时三年多。由于在语言、文化、理解等方面的差异,内容又涉及多学科和社会时事背景,译者和校者虽然竭尽最大的努力,并在觉得适当的地方添加了一些译注,但仍恐挂一漏万,有不妥之处,敬请学界和广大读者批评指正,以便在适当的时候加以修正。

最后,衷心感谢《杜威全集》中文版的主编和编辑们对本卷翻译工作所给予的悉心指导,以及所付出的辛苦劳动。

莫伟民、赵协真

2012 年 3 月 28 日

图书在版编目(CIP)数据

杜威全集. 中期著作. 第 13 卷:1921～1922 /(美)杜威
(Dewey, J.)著;赵协真译. —上海:华东师范大学出版社,
2012.1
 ISBN 978-7-5617-9199-8

Ⅰ.①杜… Ⅱ.①杜…②赵… Ⅲ.①杜威,J.(1859～
1952)-全集 Ⅳ.①B712.51-52

中国版本图书馆 CIP 数据核字(2012)第 008322 号

国家社科基金重大项目资助(项目批准号:12&ZD123)
以及复旦大学"985 工程"三期整体推进人文学科
研究项目的资助(项目批准号:2011RWXKZD007)

杜威全集·中期著作(1899—1924)
第十三卷(1921—1922)

著　者	[美]约翰·杜威
译　者	赵协真
校　者	莫伟民
策划编辑	朱杰人
项目编辑	王　焰　曹利群
审读编辑	朱华华
责任校对	王丽平
装帧设计	高　山

出版发行	华东师范大学出版社
社　址	上海市中山北路 3663 号　邮编 200062
网　址	www.ecnupress.com.cn
电　话	021-60821666　行政传真 021-62572105
客服电话	021-62865537　门市(邮购)电话 021-62869887
地　址	上海市中山北路 3663 号华东师范大学校内先锋路口
网　店	http://hdsdcbs.tmall.com

印 刷 者	常熟市华通印刷有限公司
开　本	787×1092　16 开
印　张	34.25
字　数	569 千字
版　次	2012 年 12 月第 1 版
印　次	2012 年 12 月第 1 次
印　数	1—2100
书　号	ISBN 978-7-5617-9199-8/B·683
定　价	108.00 元

出 版 人	朱杰人

(如发现本版图书有印订质量问题,请寄回本社客服中心调换或电话 021-62865537 联系)